四庫全書總目彙訂

修訂本

9

魏小虎 編撰

集 部

上海古籍出版社

集 部 二 十 二

別集類二十二

明太祖文集二十卷（兩江總督採進本）

明巡按直隸督學御史姚士觀、南京户部督儲主事沈鈇仝校刊。分十八類①。曰詔，曰制，曰誥，曰書，曰敕命，曰策問，曰敕問，曰論，曰樂章，曰樂歌，曰文，曰碑，曰記，曰序，曰説，曰雜著，曰祭文，曰詩。案《太祖集》初刻於洪武七年。劉基及宋濂文集所載序文俱云五卷，稱翰林學士樂韶鳳所編錄。然黃虞稷《千頃堂書目》已不著錄。所著錄者有《太祖文集》三十卷，註曰：“甲集二卷，乙集三卷，丙集文十四卷、詩一卷，丁集十卷。”又《太祖文集類編》十二卷，又《太祖詩集》五卷，又《太祖御製書彙》三卷，均與此本不符。焦竑《國史經籍志》列《太祖文集》二十卷，又三十卷。此本卷數與竑所列前一本合，當即竑所著錄歟？其刻在萬曆十四年，編次不知出誰手。目錄之末有姚士觀等跋語②，乃據舊本刻於中都，亦未能詳考所自來也。考朱彝尊《明詩綜》載有太祖《神鳳操》一首，而集内無之，則亦未為賅備。然所謂三十卷者，今未見傳本，其存佚均未可知③。近時諸家所藏弆，大抵皆即士觀等所刻。今亦據以著錄，存有明一代開國之著作焉。

【彙訂】

① "十八類"，底本作"十六類"，據殿本及下文改。

② 姚士觀刻本刊於萬曆十年(1582)，有萬曆壬午沈鈇《刻御製文集跋》，萬曆十年姚士觀識記。（崔建英等：《明別集版本志》）

③ 明初刊本《御製文集》四集三十卷，與《千頃堂書目》所載卷數相符。（丁丙：《善本書室藏書志》）

宋學士全集三十六卷（內府藏本）①

明宋濂撰。濂有《篇海類編》，已著錄。元末文章，以吳萊、柳貫、黃溍為一朝之後勁。濂初從萊學，既又學於貫與溍，其授受具有源流。又早從聞人夢吉講貫五經，其學問亦具有根柢。《明史》濂本傳稱其"自少至老，未嘗一日去書卷，於學無所不通。為文醇深演迤，與古作者並。在朝郊社、宗廟、山川、百神之典，朝會、燕饗、律曆、衣冠之制，四裔、貢賦、賞勞之儀，旁及元勳巨卿碑記刻石之詞，咸以委濂，為開國文臣之首。士大夫造門乞文者，後先相踵。外國貢使亦知其名，高麗、安南、日本至出兼金購其文集。"《劉基傳》中又稱基"所為文章，氣昌而奇，與濂並為一代之宗"②。今觀二家之集，濂文雍容渾穆，如天閑良驥，魚魚雅雅，自中節度；基文神鋒四出，如千金駿足，飛騰飄瞥，驀澗注坡。雖皆極天下之選，而以德以力，則略有閒矣。方孝孺受業於濂，努力繼之，然較其品格，亦終如蘇之與歐。蓋基講經世之略，所學不及濂之醇。方孝孺自命太高③，意氣太盛，所養不及濂之粹也。

【彙訂】

① 文淵閣《四庫》本作《文憲集》三十二卷。（沈治宏：《〈四

庫全書總目〉集部著錄圖書失誤原因析》）

②"稱"後"基"字，殿本無。

③"方"，殿本無。

宋景濂未刻集二卷（浙江巡撫採進本）

明宋濂撰。濂集重刻於嘉靖中，行世已久。此本乃國朝順治乙未濂裔孫實穎得文徵明家所藏舊槀，以示金壇蔣超，超擇其中今本未載者得三十八篇，編為此集，以補其遺。今以韓叔陽刻本重勘，其中《跋何道夫所著宣撫鄭公墓銘》等十一篇，皆今本所已載，超蓋檢之未審。其餘二十七篇則實屬佚文。推究當日之意，蓋或以元代功臣諸頌及誌銘諸篇大抵作於前朝，至明不免有所諱。或以尊崇二氏，不免過當，嫌於耽溺異學而隱之。觀楊士奇《東里集》、倪謙《文僖集》並用楊傑《無為集》例，凡為二氏而作者，皆別為卷帙，附綴木簡，不散入各體之中。則正德、嘉靖以前士大夫之持論，可大略睹矣。然古來操觚之士，如韓愈之於高閑、文暢，持論終始謹嚴，固其正也。其餘若蘇、黃諸集，不入學派者勿論。至於胡寅、真德秀，皆講學家所謂大儒，《致堂》、《西山》二集，此類正復不少。蓋文章一道，隨事立言，與訓詁經義、排纂語錄，其例小殊。宋儒尚不能拘，則濂作釋、老之文，又何必欲滅其迹歟？

誠意伯文集二十卷（浙江巡撫採進本）

明劉基撰。基有《國初禮賢錄》，已著錄。其詩文雜著凡《郁離子》四卷，《覆瓿集》十卷，《寫情集》二卷，《春秋明經》二卷，《犁眉公集》二卷①，本各自為書。成化中，巡按浙江御史戴霽等始合為一帙②，而冠以基孫廌等所撰《翊運錄》。蓋以中載詔旨制敕，故列之卷首。然其書究屬贗編，用以編入卷數，使此集標基之名，而開卷乃他人之書，殊乖體例。今移綴是錄於末簡，以正其譌③。餘十九卷則悉仍戴本之原次，以存其舊④。基遭逢興運，參預帷幄，祕計深謀，多所裨贊。世遂謬謂為前知，凡讖緯術數之說，一切附會於基，神怪謬妄，無所不至。方技家遞相熒惑，百無一真，惟此一集，尚真出基手。其詩沈鬱頓挫，自成一家，足與高啟相抗。其文閎深肅括，亦宋濂、王褘之亞⑤。楊守陳序謂：“子房之策不見詞章，元〔玄〕齡之文僅辨符檄，未見樹開國之勳業，而兼傳世之文章，可謂千古人豪。”斯言允矣。大抵其學問智略如耶律楚材、劉秉忠，而文章則非二人所及也。

【彙訂】

①“公”，殿本脫。此集卷十五、十六為《犁眉公集》。明初原刊本《犁眉公集》為五卷。

②“戴鼇”乃“戴用”之誤。此集卷首成化六年（1470）楊守陳序云：“巡浙御史戴君用與其寀薛君謙、楊君琅謀重鋟。”而據焦竑《獻徵錄》卷六二《戴公鼇墓誌銘》，戴鼇生於弘治三年庚戌（1490），亦從未在浙江任職。（江慶柏等整理：《四庫全書薈要總目提要》）

③《翊運錄》所編，多是詔旨制敕，揆以尊王之義，冠諸簡端，當時本無不協。（莫伯驥：《五十萬卷樓藏書目錄初編》）

④ 明成化六年戴用、張喜刻本卷一為《翊運錄》，卷二至四為《郁離子》（實為三卷，方合總計二十卷之數），卷五至十四為《覆瓿集》，卷十五至十六為《犁眉公集》，卷十七至十八為《寫情集》，末二卷為《春秋明經》。文淵閣《四庫》本卷一至卷十《覆瓿集》，卷十一至十二《寫情集》，卷十三至十四《春秋明經》，卷十五

至十六《犁眉公集》,卷十七至十九《郁離子》,卷二十《翊運錄》,除《翊運錄》移至末卷,其餘十九卷並未"仍戴本之原次"。(崔建英等:《明別集版本志》)

⑤"王禕",殿本作"王禕",誤。説詳卷四六《元史》條注訂誤。

鳳池吟稾十卷(浙江汪汝瑮家藏本)

明汪廣洋撰。廣洋字朝宗,高郵人,流寓太平。元末舉進士。太祖渡江,召為元帥府令史。官至右丞相,封忠勤伯。洪武十二年,坐貶廣南,於中途賜死。事蹟具《明史》本傳。廣洋有幹濟才,屢參政柄,亦無他罪惡,徒以初與楊憲同為中書左、右丞,又與胡惟庸同為左、右丞相,俱隱忍依違,不能發其姦狀,卒以黨誅。蓋巧宦而適以巧敗,故史稱其有負於委任。至於學問文章,則史稱其少師余闕①,淹通經史,善篆隸,工為詩歌②。今觀是集,大都清剛典重,一洗元人纖媚之習。朱彝尊《靜志居詩話》嘗摘其五言之"平沙誰戲馬,落日自登臺","湖水當門落,松雲傍枕浮","懷人當永夜,看月上疏桐","對客開春酒,當門掃落花","天垂芳草地,漁唱夕陽村"等句數十聯,以為可入《唐人主客圖》,《靜居》、《北郭》猶當遜之,毋論孟載。其論頗為允愜。雖當時為宋濂諸人盛名所掩,世不甚稱,然觀其遺作,究不媿一代開國之音也。

【彙訂】

①"其",殿本無。

②"詩歌",殿本作"歌詩"。

陶學士集二十卷(浙江汪汝瑮家藏本)

明陶安撰。安字主敬①,當塗人。元至正八年中浙江鄉試。

入明，官至江西行省參知政事。事蹟具《明史》本傳。其詩一曰《辭達集》，一曰《知新近稾》，一曰《黃崗寓稾》，一曰《鶴沙小記》，一曰《江行雜詠》，本各自為集②。此本分體編次，與所作詞、賦共為十卷③。其文亦十卷，而送人之序引居其半。或以安文章宿望，人得其贈言以為榮，故求之者多耶？又安以儒臣司著作，於郊社、宗廟典禮皆有奏議，若明初分祭南、北郊及四代各一廟之制，皆定於安，又刑律亦安所裁，而集中均不載其文。殆以朝廷公牘，同署者不一人，故不復列入私集也。世言祝壽之序，自歸有光始入集。考此集已有二篇，則不自有光始矣。安聲價亞於宋濂，然學術深醇，其詞皆平正典實，有先正遺風。一代開國之初，應運而生者，其氣象固終不侔也。

【彙訂】

① "主敬"，殿本作"主靜"，誤，參《明史》卷一三六本傳。

② 據明弘治十三年項經刻補修本（四庫底本）張祐後序，《知新近稾》乃《日知新近稾》之誤，《黃崗寓稾》乃《黃岡寓稾》之誤。（崔建英等：《明別集版本志》）

③ "詞賦"，殿本作"賦詞"。

西隱集十卷（浙江汪汝瑮家藏本）

明宋訥撰。訥字仲敏，滑縣人。元至正中舉進士，官鹽山知縣。洪武十三年，徵為國子助教，陞翰林學士、文淵閣大學士，遷國子祭酒卒。正德中，追謚文恪。事蹟具《明史》本傳。劉三吾撰《訥墓誌》，稱所著《西隱集》十七卷。而《明史·藝文志》、黃虞稷《千頃堂書目》俱作十卷。此本有東萊劉師魯序，稱其集初為上海張趨所手錄。滑人王崇之令上海，從其後求得而刻之。歲久漫漶,師魯因鳩工重刻,蓋即十卷之本。豈張趯繕錄之時,又有所删併,故與《墓誌》不合歟？集前四卷為賦、詩,後六卷為雜文,附以明太祖手敕四道,及《白雲茅屋賦》二篇、《記》一篇。"白雲茅屋"者,訥所築別墅之名也。訥領成均胄子之任,師道嚴正,為一時典型。文章亦渾厚醇雅,其奉敕製《太學碑》,極為太祖所賞,今具載集中。又有《壬子歲考試秋闈次北平》詩①,及《秋闈即事》諸詩。壬子乃洪武六年,蓋訥未仕之前,已應聘為北平考官,而本傳、《墓誌》均未之載②。其《過元故宮詩》十九首,尤纏綿悱惻,有風人忠厚之遺。朱彝尊《靜志居詩話》亦甚推其"半船涼色潮生海③,兩岸秋風浪拍沙"、"華表柱頭相語鶴,秣陵江上獨歸鴻"諸佳句云。

【彙訂】

①　集中卷三有《壬子歲考試秋闈次受卷官北平行省照磨葉叔則中秋詩韻》,不宜減省為《壬子歲考試秋闈次北平》。(袁芸:《〈文溯閣四庫全書提要〉別集類辨證》)

②　壬子乃洪武五年。既在元代已官鹽山知縣,豈不足稱仕乎？(楊武泉:《四庫全書總目辨誤》)

③　"亦",殿本無。

王忠文公集二十四卷(浙江巡撫採進本)

明王褘撰①。褘有《大事記續編》,已著錄。是集前十二卷題"鄱陽劉傑編輯,廬陵劉同校正"。十三卷以下則編輯者改題同,校正者改題傑。意二人各刊其半歟？傑即正統六年為義烏丞時表褘之忠於朝,得贈官賜諡者也。褘所著本為《華川前集》十卷、《後集》十卷,傑等合編為此本。卷端胡翰、胡行簡二序,皆為《前集》作，宋濂、蘇伯衡二序皆為《後集》作。其楊士奇一序，則為此本作也。禕師黃溍、友宋濂，學有淵源，故其文醇樸宏肆，有宋人軌範。濂序稱其"文凡三變：初年所作，幅程廣而運化宏；壯年出遊之後，氣象益以沈雄；暨四十以後，乃渾然天成，條理不爽"，可謂知禕之深矣。鄭瑗《井觀瑣言》稱其文"精密而氣弱"，非篤論也。集中多代擬古人之作，蓋學文之時，設身處地，以殫揣摩之功。宋代諸集往往有此，亦未可以游戲譏焉。

【彙訂】

①"王禕"，殿本作"王禕"，下同，誤。説詳卷四六《元史》條注訂誤。

翠屏集四卷（浙江汪汝瑮家藏本）

明張以寧撰。以寧有《春王正月考》，已著錄。是集為宣德三年所刊，陳璉為之序。稱以寧文集為其子孟晦所編，宋濂序之，詩集為其門人石光霽所編，劉三吾、陳南賓序之，其孫南雄教官隆復以《安南槀》續版行世①。今三序皆冠集首，而詩文集總題"光霽編次，嗣孫德慶州訓導淮續編"，與序不同，未喻其故②。其文神鋒雋利，稍乏渾涵深厚之氣。其詩五言古體，意境清逸，七言古體亦遒警。惟《倦繡篇》、《洗衣曲》等數章，稍未脱元季綺縟之習。近體皆清新，間有涉於纖仄者，如《次李宗烈韻》詩"浮生萬古有萬古，濁酒一杯復一杯"之類。然偶一見之，不為全體之累也。《明史·文苑傳》稱以寧在元以翰林侍讀學士知制誥，"在朝宿儒虞集、歐陽元〔玄〕、揭傒斯、黃溍之屬，相繼物故。以寧有俊才，博學強記，擅名於時，人呼'小張學士'"云云。則以寧兼以文章顯，不但以《春秋》名家。徐泰《詩談》稱以寧詩"高雅俊逸,超絕畦畛,如翠屏千仞,可望而不可躋",雖推挹稍過,然亦幾乎近似矣。

【彙訂】

① 據宣德三年陳璉《翠屏張先生文集序》原文,《安南橐》乃《使安南橐》之誤。(崔建英等:《明別集版本志》)

② 《總目》所據底本應為成化十六年張淮刻本《翠屏集》四卷,而非宣德三年刻本《翠屏詩集》四卷。前者卷端題"前國子博士門人淮南石光霽編次,德慶州儒學訓導嗣孫張淮續編,德慶州儒學學正後學莆田黃紀訂定,德慶州判官後學閩泉莊楷校正",後者卷端題"門人國子博士石光霽編次"。(同上)

說學齋橐四卷(浙江鮑士恭家藏本)

明危素撰。素有《草廬年譜》,已著錄。據《千頃堂書目》,其文集本五十卷,明代已散佚不存。此本乃嘉靖三十八年歸有光從吳氏得素手橐傳鈔。其文不分卷帙,但於紙尾記所作年歲,皆在元時所作。有光跋稱共一百三十六篇,此本乃止一百三十三篇。又王懋竑《白田雜著》有是集跋,稱"賦三、贊二、銘二、頌三、記五十有一、序七十有六,共一百三十八首",以有光跋為傳寫之誤。然據懋竑所列,實止一百三十七首,數亦不符。殆舊無刊版,好事者遞相傳錄,故篇數參差,不能畫一,實則一本也。素晚節不終,為世僇笑,其人本不足稱。而文章則歐、虞、黃、柳之後,屹為大宗。懋竑跋稱其文"演迤澄泓,視之若平易,而實不可幾及,非熙甫莫知其深"。其珍重鈔傳,蓋非漫然矣。

雲林集二卷(浙江鮑士恭家藏本)

明危素撰。皆在元代所作之詩,納新為編次成集者也。素家居臨川，相近有雲林山，嘗讀書其上。方方壺為作《雲林圖》，陳旅等俱賦詩以記其事，故集即以是為名。朱彝尊《曝書亭集》有是書跋，稱發雕於後至元三年。則彝尊所見，乃元時舊版。此本卷帙相符，蓋猶從原刻鈔傳者。特彝尊跋稱前有虞集序，而此本所載乃集《贈行序》一篇，絕與詩集無涉，似為後人所附入。觀其《靜志居詩話》，亦稱前有虞集《送行序》，則已自知其誤而改之矣。素於元末負盛名，入明以後，其人不為世所重，其文亦遂不復收拾。故《說學齋集》僅存在元之文，而此集亦僅存在元之詩，不足盡素之著作。然氣格雄偉，風骨遒上，足以陵轢一時。就詩論詩，要不能不推為元季一作者矣。原集共詩七十六首，浙江鮑氏知不足齋本復從他書蒐採，增入補遺十四首，較為完備，今並仍而錄之焉。

白雲集七卷（安徽巡撫採進本）

明唐桂芳撰。桂芳一名仲，字仲實，號白雲，又號三峯，歙縣人。教授元之第五子。少從洪焱祖學，弱冠為明道書院司訓。元至正中，用薦授建寧路崇安縣教諭。再任南雄路學正，以憂歸。明太祖定徽州，召對稱旨，命之仕，以瞀廢辭。尋攝紫陽書院山長。卒年七十有三。此集在程敏政所編《唐氏三先生集》中。廬陵鍾晦撰《桂芳行狀》，稱其文一以氣為主。今觀集中有《與陳浩書》，稱："嘗慕蘇老泉閉戶探賾，古今上下，融液胸臆，故下筆源源，而無艱險窘迫態。輒謂文不可學而能，氣可以養而致，此蘇老家傳法也。"蓋其平生宗旨如此。故所作容與逶迤，絕無聱牙晦澀之習。詩亦清諧婉麗，頗合雅音。集中《重修興安府孔子廟記》，稱"龍鳳元年，大丞相統軍下太平，克應天。六年冬，僉事黃公行郡興安，重建府學”。又《贈汪德元序》，稱“大丞相吳國公”。又《黃憲僉唱酬詩序》，稱“大丞相位冢宰之明年”。案龍鳳乃韓林兒年號，大丞相即明太祖。蓋明興時實假僞宋號令，故用其紀年。徽州改興安府在丁酉年，見《明史·地理志》。其爲冢宰事則《明史》不載，蓋必林兒所加官，而其後諱之。此亦可以證史也。

登州集二十三卷（福建巡撫採進本）

明林弼撰。弼字元凱，龍溪人。元至正戊子進士，爲漳州路知事。明初以儒士修禮樂書，授吏部主事，官至登州府知府。弼嘗與王廉同使安南，以卻賜金爲太祖所器。生平①著作有《梅雪齋稾》①、《使安南集》②。是集總名《登州》，蓋彙爲一編，總題以所終之官也。凡詩七卷、文十六卷。其《使安南集》，宋濂曾爲之序，稱其文辭爾雅。王禕亦嘗贈以詩③，與之唱酬。其墓誌即王廉所作，稱其詩文皆雄偉跌宕④，清峻之語，敻出塵表。蓋明初閩南以明經學古擅名文苑者，弼實爲之冠也。弼又名唐臣，以時禁國號名氏，遂仍舊名。是弼其初名，唐臣乃其改名。朱彝尊《明詩綜》則云弼初名唐臣，當由宋濂序謂唐臣更名爲弼致誤，然宋序未嘗言初名唐臣也。至弼改名既久，而此本之首尚署“林唐臣撰”，殊乖其實。今仍署弼名，著之錄焉。

【彙訂】

① “生平”，殿本作“平生”。

② “使安南集”，底本作“使南安集”，據殿本及下文改。

③ “王禕”，殿本作“王禕”，誤。説詳卷四六《元史》條註訂誤。

④ “跌宕”，殿本作“軼宕”。此集附錄王廉《中順大夫知登

州府事梅雪林公墓誌銘》原文作"公所為詩文,皆雄偉逸宕,語或清峻,夐出塵表"。

槎翁詩集八卷（浙江汪汝瑮家藏本）

明劉崧撰。崧字子高,初名楚,泰和人。元末舉於鄉。洪武三年以人材薦,授職方郎中。遷北平按察司副使,坐事輸作京師。十三年,手敕召為禮部侍郎,擢吏部尚書致仕。十四年,復召為國子司業,未旬日卒。事蹟具《明史》本傳。崧七歲能賦詩,及長,日課一篇。讀書天寒皸裂不少輟。其在官舍,孤燈諷誦,夜分不休。蓋一生耽嗜吟詠,至為刻苦。故徐泰《詩談》稱其"如冬嶺孤松,老而愈秀"。胡應麟《詩藪》稱:"當明之初,吳中詩派,昉於高啟;越中詩派,昉於劉基;閩中詩派,昉於林鴻;嶺南詩派,昉於孫蕡;而江右詩派,則昉於崧。"史亦稱崧善為詩,豫章人宗之,為西江派。大抵以清和婉約之音,提導後進。迨楊士奇等嗣起,復變為臺閣博大之體,久之遂浸成冗漫。北地、信陽乃乘其弊而力排之,遂分正、嘉之門戶。然崧詩正平典雅,實不失為正聲。固不能以末流放失,併咎創始之人矣。

東皋錄三卷（兩淮鹽政採進本）

明釋妙聲撰。妙聲字九皋,吳縣人①。元末居景德寺,後居常熟慧日寺,又主平江北禪寺。洪武三年,與釋萬金同被召,蒞天下釋教。所作詩文,繕寫藏之山房。洪武十七年,其徒德瓛始刊行之。《明史·藝文志》、《明僧宏秀集》皆作七卷。此本有汲古閣印,蓋毛晉家鈔本。前有晉題識,亦稱德瓛所刻凡詩三卷、雜文四卷。而其書雜文及詩僅共為三卷,蓋傳錄時所合併也。妙聲入明時,年已六十餘,詩文多至正中所作,故顧嗣立《元詩選》亦錄是集。然方外者流，不嬰爵祿，不能以受官與否為兩朝之斷限。既已謁帝金門，即屬歸誠新主，不能復以遺老稱矣。今繫之明，從其實也。妙聲與袁桷、張翥、危素等俱相友善，故所作頗有士風。當元季擾攘之時，感事抒懷，往往激昂可誦。雜文體裁清整，四六儷語亦具有南宋遺風。在緇流之內，雖未能語帶煙霞，固猶非氣含蔬筍者也。

【彙訂】

① 據《平江縣志》卷五一《藝文志一·著述》，妙聲乃湖南平江人。（趙振興：《〈四庫全書〉中湘籍作家里貫考定》）

覆瓿集七卷附錄一卷（兩江總督採進本）

明朱同撰。同字大同，自號紫陽山樵，休寧人。翰林學士升之子。《明史》附見升傳末。是集末有范樽跋，稱："洪武中以人材舉，為束宮官，尋進禮部侍郎。"而同時范準作《雲漢歸隱圖跋》，則云由吏部員外郎陞禮部侍郎。準字平仲，嘗受業於升，與同交至契，所記宜得其實。又《明史》但載同坐事死，而不著其詳。蔣一葵《堯山堂外紀》乃云："同以詞翰受知，宮人多乞書便面。一日，御溝有浮尸。帝疑之，遂賜死。"其說頗荒唐，未可信也。集凡詩三卷，多元末之作，爽朗有格。文四卷，議論純粹，不媿儒者之言。惟編錄者不解體裁，知有拗體律詩，而不知何者為拗體。遂以七言古體之八句者列為律詩，舛陋殊甚。今姑仍舊本錄之，而附糾其謬焉。

柘軒集四卷（兩淮鹽政採進本）

明淩雲翰撰。雲翰字彥翀，錢塘人。元至正十九年，舉浙江鄉試。除平江路學正，不赴。洪武辛酉，以薦授四川成都教授。

坐貢舉乏人，謫南荒以卒[①]。事見《歸田詩話》。瞿宗吉與之最契，語必不誣。或以為卒於官者，誤也。所作詩文雜著，藏橐於家。至永樂中，其孫始編為四卷。朱彝尊《靜志居詩話》稱："雲翰學於陳眾仲，故其詩華而不為靡，馳騁而不離乎軌。"今案集有宣德中王羽序云："莆田陳眾仲提舉浙路儒學政[②]，以文鳴於東南，程以文聲譽與之伯仲。柘軒汛掃程門，獲承指授。"其里人夏節作《雲翰行述》，亦云早游黟南程以文之門。是雲翰所師事者乃程以文[③]，而非陳旅，諸家所記甚明，彝尊之言未知何據。至謂其"五言如《陪祭作》、七言如《鬼獵圖》，才情奔放，不可羈靮，直可搴郁離之旗，摩青邱之壘"，則評品頗當，於雲翰非溢量也。

【彙訂】

①　錢謙益《列朝詩集小傳》乙集"淩教授雲翰"條云："字彥翀，仁和人。至正十九年鄉薦，除平江路學正，不赴。洪武初，除成都府學教授，以乏貢學，謫南荒，卒，歸葬西湖。"康熙《仁和縣志》卷一八《文苑·淩雲翰傳》所載同，並稱"所著有《柘軒集》"。民國《杭州府志》卷一〇七《選舉志一》，據"成化志"載，至正十九年己亥科淩雲翰，仁和人，明初成都教授。而康熙《錢塘縣志》不載此人。可知淩雲翰為仁和人。（楊武泉：《四庫全書總目辨誤》）

②　"學"字，殿本無。

③　"以"，殿本脫。

白雲稿五卷（浙江汪啟淑家藏本）

明朱右撰。右字伯賢，臨海人，自號鄒陽子。元至正二十一年嘗詣闕獻《河清頌》，不遇而歸。洪武三年，召修《元史》。六年,修日曆,除翰林院編修。七年,修《洪武正韻》,尋遷晉府右長史,卒於官。《明史·文苑傳》附載《趙壎傳》中。所著《白雲稾》本十卷,今世所傳僅存五卷,雜文之後僅有《琴操》而無詩。檢勘諸本並同,無可校補①。朱彝尊《靜志居詩話》謂:"後五卷嘗得內閣本一過眼,恨未鈔成足本。"則彝尊家所藏亦非完帙也。右為文不矯語秦、漢,惟以唐、宋為宗。嘗選韓、柳、歐陽、曾、王、三蘇為《八先生文集》②。八家之目,實權輿於此。其格律淵源,悉出於是。故所作類多修潔自好,不為支蔓之詞,亦不為艱深之語。雖謹守規程,罕能變化,未免意言並盡。而較諸野調蕪詞,馳騁自喜,終不知先民矩矱為何物者,有上下牀之別矣。

【彙訂】

① 明初刻本《白雲稾》十二卷,則真足本。(朱家濂:《讀〈四庫提要〉札記》)

② 文淵閣《四庫》本此集卷五有《新編六先生文集序》,云:"鄱陽子右編《六先生文集》,總一十六卷,唐韓昌黎三卷六十一篇,柳河東文二卷四十三篇,宋歐陽子文二卷五十五篇,見五代史者不與,曾南豐文三卷六十四篇,王荊公文三卷四十篇,三蘇先生文三卷五十七篇,編成乃為之序。"文中皆稱"六先生"。同卷《元朝文穎序》亦稱"鄱陽子右既輯《春秋傳事類編》、《三史鈎玄》及《唐宋六先生文集》"。(周錄祥:《〈四庫全書簡明目錄·集部〉訂誤》)

密菴集八卷(永樂大典本)

明謝肅撰。肅字原功,上虞人。元至正末,張士誠據吳,肅慨然欲見宰相,獻偃兵息民之策。卒無所遇,歸隱於越。洪武中,舉明經,授福建按察司僉事。以事被逮,下獄死。《明史·藝文志》、焦竑《國史經籍志》、黃虞稷《千頃堂書目》俱載蕭《密菴集》十卷。而傳本久稀,藏書家罕著於錄。惟《永樂大典》中所收蕭詩文頗多。其時蕭没未久,而姚廣孝等已錄其遺集,與古人同列,知當日即重其文矣。朱彝尊《靜志居詩話》稱蕭“初謁貢師泰於吳山仰高亭。時貢方奉詔漕閩廣粟,當泛舟大海,因與同載至海昌,留居州北,執經問難。凡一詩之出,一文之就,折衷論議,必當於理乃已”。是蕭之學問淵源,實出師泰。觀集中《題天風海濤亭詩序》云:“用先師尚書貢公玩齋所詠詩一句為起,以仰止於公。”又師泰遺集亦蕭所刊行,均惓惓不忘其本。故所作古文詞,格律具有法程。其在濰州寄人一詩,載所與同徵修禮書者有張紳、楊翮等十人之名,為《明史·禮志》所未及。又《送行人蔡天英頒琉球國王印寶》一詩①,考之《明史·外國傳》,但有賜中山、山南、山北三王鍍金銀印一事,而不言曾遣行人。凡此之類,於考史尤有所裨益。謹採掇編次,釐為八卷。又戴良原序二首別見《九靈集》中,今並取弁簡端,以略還其舊焉。

【彙訂】

　　① 集中卷三有詩題為《送行人蔡英夫奉旨頒琉球國王印寶就與國王之來享者二人同駕海舟自福建起柁》。

　　清江詩集十卷文集三十一卷(編修汪如藻家藏本)

　　明貝瓊撰。瓊字廷琚,一名闕,字廷臣,崇德人。元末領鄉薦,遭亂退居殳山。明初徵修《元史》,除國子監助教。事蹟附見《明史·宋訥傳》。考程慶玩《聲文會選》以貝闕、貝瓊為二人。然陶宗儀《輟耕錄》載妓女真真事云:“嘉興貝闕有詩。”

今《真真曲》載此集中，則瓊一名闕審矣。《兩浙名賢錄》載瓊集二十卷，明萬曆中所刻乃止三卷[1]。此本凡詩集十卷，文集分《海昌集》一卷，《雲間集》七卷，《兩峯集》三卷，《金陵集》十卷，《中都槀》九卷，《歸田槀》一卷[2]，僅有鈔本流傳。康熙丁亥，桐鄉金檀購得之，始為刊版[3]。瓊學詩於楊維楨，然其論文，稱"立言不在嶄絶刻峭，而平衍為可觀；不在荒唐險怪，而豐腴為可樂"，蓋雖出於維楨之門，而學其所長，不學其所短，宗旨頗不相襲。朱彝尊《靜志居詩話》謂其詩"爽豁類汪廣洋，整麗似劉基，圓秀勝林鴻，清空近袁凱，風華亞高啟，朗淨過張羽，繁縟愈孫蕡，足以領袖一時"。鄉曲之言，未免過實。然其詩溫厚之中自然高秀，雖不能兼有諸人之勝，而馳驟於諸人之間，實固無所多讓。其文亦沖融和雅，有一唱三嘆之音。史稱宋濂為司業，建議立四學，並祀舜、禹、湯、文為先聖。瓊作《釋奠解》駁之，識者多是瓊議。則其考證古禮，尤有依據，不但詞采之工矣。

【彙訂】

① 明萬曆三年李詩刻本為《清江貝先生集》三卷《續集》一卷，《續集》版心鎬"卷之四"。（崔建英等：《明別集版本志》）

② 文淵閣《四庫》本文集部分為《海昌集》一卷、《雲間集》七卷、《兩峯集》三卷、《金陵集》十卷、《中都槀》七卷、《中都集》二卷，共三十卷，無《歸田槀》一卷。

③ 洪武刊本《清江貝先生文集》三十卷《詩集》十卷《詩餘》一卷，載貝鏞跋云："洪武板《清江公全集》四十卷，流傳甚少。"（陸心源：《皕宋樓藏書志》）

蘇平仲集十六卷（浙江巡撫採進本）

明蘇伯衡撰。伯衡有《空同子瞽説》，已著錄。是集卷首有洪武四年劉基序，而集中《厚德菴記》云“菴成於洪武壬戌十二月”，則是《記》乃洪武十五年以後之作。基所序者，尚未定之初槁也。又集末有洪武八年胡翰跋，謂伯衡選為太學官，居太學六年。考《明史》稱伯衡“以丙午歲為國子學錄”，伯衡所著《國子學同官記》，稱“以丁未陞學正”，其詩又有《庚戌七月十日奉命編摩國史口號》，則伯衡由學正擢編修，實在洪武三年，上距丙午僅五年。翰與伯衡同時，所敘不應有誤，或史誤移後一年歟？集為正統壬戌處州推官黎諒所重刻①。宋濂序稱其“不求似古人，而未嘗不似”。又《明史·文苑傳》稱“濂以翰林學士承旨致仕，薦伯衡自代，稱其文詞蔚贍有法”，殆非虛美。鄭瑗《井觀瑣言》病其“用意太苦，遣詞太繁縟，不可為法”，則過高之論矣。

【彙訂】

① “刻”，殿本作“刊”。

胡仲子集十卷（浙江汪汝㻢家藏本）

明胡翰撰。翰字仲子，一字仲中，金華人。洪武初，以薦為衢州府教授。事蹟具《明史·文苑傳》。是集乃其門人劉剛及浦陽王懋温所編，以洪武十四年刊版。今印本罕傳，惟寫本猶存於世①。凡文九卷、詩一卷。史稱其文曰《胡仲子集》，詩曰《長山先生集》。今合為一集，豈剛等所併歟？史又稱翰“少從吳師道及吳萊學為古文，復登同邑許謙之門”。今觀其文章，多得二吳遺法。而持論多切世用，與謙之坐談誠敬小殊。然嘗與修《元史·五行志》，《序論》即其所撰，今見集中。於天人和同之際，剖析頗微。《犧尊辨》、《宗法論》諸篇，亦湛深經術，則又未嘗不精究儒理也。詩不多作，故卷帙寥寥，而格意特為高秀。朱彝尊《靜志居詩話》曰：“金華承黃文獻溍、柳文肅貫、吳貞文萊之後，多以古文詞鳴，詩非所好。以詩論，吾必以仲申為巨擘焉。”獨孤及之論曰：“五言之源生於《國風》，廣於《離騷》，著於蘇、李，盛於曹、劉。漢、魏作者，質有餘而文不足。以今揆昔，則有‘朱弦疏越，太羹遺味’之嘆。誦仲申五言，正猶路鼗出於土鼓，篆籀生於鳥跡。庶幾哉，升堂之彥乎？宜潛溪有‘學林老虎文淵鯨’之目也。”斯言允矣。

【彙訂】

① 今存明洪武十四年王懋溫刊本。

始豐稿十四卷（浙江巡撫採進本）

明徐一夔撰。一夔有《藝圃搜奇》，已著錄。朱彝尊《靜志居詩話》曰：“大章遺稿罕傳，余於京師見之新城王貽上所。凡四册，比余家藏者倍之。然驗其目無詩，猶未是足本。”案今行世凡二本。其一本六卷，當即朱彝尊家所藏。此本自一卷至三卷為前稿，自四卷至十四卷為後稿，皆雜文無詩，當即王士禎家所藏矣。據《千頃堂書目》，載一夔《始豐類稿》十五卷，此本所佚不過詩一卷耳。其文皆謹嚴有法度，無元季冗沓之習。其《與王褘論修史書》①，《明史》載之於本傳。陳繼儒嘗稱其《宋行宮考》、《吳越國考》研核精確。王士禎又稱其《錢塘鐵箭辨》精於考核②。其《歐史十國年譜備證》一篇，謂歐陽氏於吳越改元，止據寶石山制稱“寶正六年”為證，一夔復得錢鏐《將許俊墓磚》，有“寶正三年”字，以證《歐史》之不誣。又謂元瓘襲位後，不復改元。立說皆有根據。觀其所辨，始知明嘉靖閒錢德洪所撰《吳越世家疑辨》，謂"改元之事別無證據者，特為先世諱耳"，是又多資考證，不但其文之工也。

【彙訂】

① "王禕"，殿本作"王褘"，誤。說詳卷四六《元史》條註訂誤。

② 文淵閣《四庫》本此集卷七有《辨錢塘鐵箭》，《居易錄》卷十四誤作《錢塘鐵箭辨》。（周錄祥：《〈四庫全書簡明目錄·集部〉訂誤》）

王常宗集四卷補遺一卷續補遺一卷（江蘇巡撫採進本）

明王彝撰。彝字常宗，其先蜀人，本姓陳氏。父仕元為崑山教授，遂遷嘉定。洪武初，以布衣召修《元史》，賜金幣遣還。尋選入翰林①，以母老乞歸養，自號媯蜼子。後以魏觀《上梁文》事，與高啟併誅。《明史·文苑傳》附載《趙壎傳》中。其集本名《三近齋稾》，宏治中都穆編為文三卷，詩一卷。劉廷璋、浦杲又輯《補遺》一卷。今世所傳鈔本，又有《續補遺》一卷，不知何人所輯。考其體格，與全集相類，似非贗作也。王士禎《香祖筆記》曰："《王徵士集》，都少卿元〔玄〕敬編。元敬稱其古文明暢英發。又或以為'吳中四傑'之一，以常宗代張來儀者。今觀其詩，歌行擬李賀、溫庭筠，墮入惡道，餘體亦不能佳。安能與高、楊相頡頏乎。"云云。案彝之學出天台孟夢恂，夢恂之學出婺州金履祥，本真德秀《文章正宗》之派。故持論過嚴，或激而至於已甚。集中《文妖》一篇，為楊維楨而作者，曰："天下所謂妖者，狐而已矣。俄而為女婦，而世之男子惑焉。則見其黛綠朱白，柔曼傾衍之容，無乎不至。雖然，以為人也則非人，以為婦女也則非婦女，而有室家之道焉。此狐之所以妖也。浙之西言文者必曰楊先生。予觀其文，以淫詞謔語裂仁義，反名實，濁亂先聖之道。顧乃柔曼傾衍，黛綠朱白，奄然以自媚。宜乎世之為男子者之惑之也。”云云。其言矯枉過直，而詆厲亦復傷雅。雖石介作《怪說》以詆楊億，不至於是。士禎所云，或亦有激而報之乎？然其文大致淳謹，詩亦尚不失風格，雖不足以勝張羽，必以為一無可取，則又太過。《香祖筆記》成於士禎晚年，詆訶過厲，時復有之，固未可據為定論矣。

【彙訂】

①“選”，殿本作“遷”。《明史·文苑一·王彝傳》云：“以薦入翰林，母老乞歸。”

　　白石山房逸槀二卷（兩淮馬裕家藏本）

明張孟兼撰。孟兼名丁，以字行，浦江人。洪武初，徵為國子監學錄，與修《元史》。以太常丞出為山西按察司僉事。遷山東按察司副使，以執法不阿，為吳印所誣訐，棄市。《明史·文苑傳》附載《趙壎傳》中。《藝文志》載《孟兼文集》六卷，焦竑《國史經籍志》亦同。其本久已散佚。近時有孟兼十一世孫思煌者，始掇拾他書所載，重編定為五卷。而集內收他人唱和題贈之作幾十之七八，孟兼著作仍寥寥無多。此本不知何人所輯，視思煌本較多數首，疑尚出明人裒集，故思煌未之見也。孟兼與宋濂同里，其被召也，濂實薦之。太祖與劉基論一時文人，基稱宋濂第一而己居其次，又其次即孟兼。今雖不睹其全集，而即二卷以觀，其詩文溫雅清麗，具有體裁，而龍驤虎步之氣，亦隱然不可遏抑。接迹二人，良足驂駕。基雖一時之論，即以為定評可矣。

滄螺集六卷（兩淮馬裕家藏本）

明孫作撰。作字大雅，以字行，一字次知，江陰人。元至正末，避兵於吳。初受張士誠之招，旋去之松江。洪武癸丑，召修日曆。書成，除翰林院編修。以老病乞外，授太平府教授。入為國子助教，尋遷司業。以事廢為民。後復官長樂縣教諭①。作自號東家子，宋濂為作《東家子傳》，推挹甚至。《明史·文苑傳》附載《陶宗儀傳》末。是集凡詩一卷，文五卷。其詩力追黃庭堅，在元季自為別調。集中《與陳檢校詩》有曰：“蘇子落筆崩海江，豫章吐句敵山嶽。湯湯濤瀾絕崖岸，崿崿木石森劍槊。二子低昂久不下，藪澤遂包貙與鱷。至今雜沓呼從賓，誰敢崛強二子角。吾尤愛豫章，撫卷氣先愕。磨牙咋舌熊豹面，以手捫膺就束縛。士如此老固可佳，不信後來無繼作。”②其宗旨灼然可見。然才力不及庭堅之富，鎔鑄陶冶亦不及庭堅之深，雖頗拔俗而未能造古。《東家子傳》一字不及其詩，蓋有微意，非漏略也。至於文則磊落奇偉而隱有程度，卓然足以自傳。《東家子傳》謂：“他人之文束於理則詞不暢，肆於詞則理不直。惟作洞矚千古之上，析之則理勝，闢之則詞嚴，動有據依，皆非臆說。”《明史·文苑傳》亦稱其文“醇正典雅”云。

【彙訂】

①　“官”，殿本作“為”。

②　詩中“海江”、“崿崿”、“就束縛”，殿本作“山海”、“葶葶”、“來就縛”，皆誤，參此集卷一《還陳檢校山谷詩》原文。

臨安集六卷（永樂大典本）

明錢宰撰。宰字子予，一字伯均，會稽人。元至正中，中甲科。親老不赴公車，教授於鄉。明初徵修禮樂書，尋以病去。洪武六年，授國子助教。以賦早朝詩忤旨，遣歸。二十七年，又召修《書傳會選》。書成，優賚，加博士致仕。事蹟附見《明史·趙㑽傳》[1]。考集中《金陵形勝論》，末署"洪武二十七年六月國子博士致仕錢宰進"。是致仕即在奉召之年。蓋留京師者不及一歲也。宰學有原本，在元末已稱宿儒，韓宜可、唐之淳皆其弟子。其詩吐辭清拔，寓意高遠，刻意古調，不屑為豔仄之體。徐泰《詩談》譬以"霜曉鯨音，自然洪亮"。古文雖非所擅長，而謹守法度，亦無卑冗之習。其集《明史·藝文志》、焦竑《國史經籍志》俱未著錄，則在明代行世已稀[2]。今從《永樂大典》中採掇編排，參以諸選本所錄，釐為六卷，以備明初之一家。宰本浙東人，集以"臨安"名者，蓋自以為吳越武肅王十四世孫，從其舊貫也。

【彙訂】

①《明史·趙㑽傳》、《明實錄》均載錢宰於洪武十年乞休，進博士，賜敕遣歸。則其奉召復起，只是以博士原官入翰林院修書，未嘗落致仕。（余嘉錫：《四庫提要辨證》）

②《千頃堂書目》卷十七著錄《臨安集》十卷，此十卷本今尚存明末祁氏淡生堂抄本及清乾隆前抄本。（小玉：《讀〈千頃堂書目〉別集類札記》）

尚絅齋集五卷（編修朱筠家藏本）

明童冀撰。冀字中州，金華人。洪武九年徵入書館，後為湖州府教授。調北平，坐罪死。此集不知何人所編，分詩、文為二集，體例雜糅，殆不可讀。就其編目考之，原目當為《金華集》、《南行集》、《雪川集》、《北游集》四種。前三集兼載詩文，惟《北游集》有詩無文。後人不知古法，以詩歸詩，以文歸文，分為二集。而詩文之中，又不各歸其類。前後復疊，職此之由。幸其雖經割裂，尚未竄亂，其次第猶有端緒可尋。今詳考標題，仍分為四集，中間時有闕文。又《雪川集》末《跋唐五王醉歸圖》一篇、《書柳子厚伊尹五就桀贊後》一篇、《書王簡死事傳後》一篇、《書金節婦傳後》一篇、《書集芳詩文卷後》一篇、《卜釋》一篇，悉有錄無書。蓋蠹蝕殘闕，今亦仍其舊。冀在明初，與宋濂、張羽、姚廣孝相唱和，詞意清剛，不染元季綺靡之習。雖名不甚著，而在一時作者之中，固亦足相羽翼也。

考古文集二卷（浙江巡撫採進本）

明趙撝謙撰。撝謙有《六書本義》，已著錄。《明詩綜》引黃宗羲之言，謂其詩集名《考古餘事》，凡千首，不傳於世。今考焦竑《國史經籍志》，撝謙集已不著錄。黃虞稷《千頃堂書目》雖列其名，而不著卷數，則亦未見原本，信乎其久不傳也。此本所錄詩僅十餘篇，古文亦祇五十餘篇。前有順治丁酉黃世春序，稱"其子孫式微已甚，而能錄其遺集，出沒於藏書之家，殆天將藉是而彰考古"云云。蓋其後人掇拾散亡，重裒成帙者耳。集後附遺言十六條，又載其裔孫諸生護《上瓊州姜參政請復姓書》及與浙中族姓札數通。蓋撝謙沒後，其幼子流寓海南，依母族冒吳姓，故護請於姜而復之。又撝謙所作《造化經綸圖》，亦附於後，編次頗無條理。然傳刻先集者多因祖父以附子孫，自宋、元以來即往往以文集為家牒。陋例相沿，亦不自是編始矣。撝謙以小學名家，不甚以文章著。此本又僅存殘賸，未必得其精華。而意度波瀾，頗存古法，究與鈔語錄者有別。是則學有原本之故也。

劉彥昺集九卷（編修汪汝藻家藏本）

明劉炳撰。炳字彥昺，以字行，鄱陽人。洪武初，獻書言事，授中書典籤。出為大都督府掌記，除東阿知縣。閱兩考，引疾歸。《明史·文苑傳》附載《王冕傳》中。所著詩文本名《春雨軒集》，乃其門人劉子昇所編，楊維楨嘗為評定，其評亦附載集中。維楨及危素、宋濂、徐榘皆為作序，王褘①、俞貞木、周象初皆為作跋。此本題曰《劉彥昺集》，不知何人所改也。炳當元季兵亂時，與弟煜結里閈相保，寇至輒卻走。依余闕於安慶，以其孤軍不振，辭歸。蓋亦才識之士。故詩格伉爽挺拔，類其為人。惟末附雜文一卷，氣象蕭弱，殊遜其詩。知所長不在此，特以餘事及之耳②。案炳事蹟略具《明史·文苑傳》中。而《江西通志》引《豫章人物志》，所紀炳歷官本末與史多有不合。如史云炳“至正中從軍於浙”，而《志》乃云“為參政於光使金陵”，不知所據。史云炳以言事為典籤，而《志》乃云：“先參贊沐總制守鎮江，尋授廣東衛知事。”考其《弔余闕墓》文，結銜稱“大都督府掌記”，在洪武十二年。而《哀曹國公》詩有“三年參記府”句，《沐西平輓詩》有“十年參幕府”句。李文忠以洪武三年領大都督事，沐英以洪武四年同知大都督府。以年數計之，不應未授典籤，先參贊沐英軍事，前後亦相舛迕。蓋稗官野史，傳聞異詞，往往如此。今一以史文為據，而並存其同異以備考核。又舊本中書元國號皆作“原”字。蓋以明初刊版之時，猶未奉二名不偏諱之詔，故以“原”代“元”，而傳寫者仍之歟？事隔前朝，理無避忌。今悉改正，從本文焉。

【彙訂】

①"王禕",殿本作"王褘",誤。說詳卷四六《元史》條註訂誤。

②"耳",殿本作"矣"。

藍山集六卷（永樂大典本）

明藍仁撰。仁字靜之,崇安人。《明史·文苑傳》附載《陶宗儀傳》末,稱:"元末,杜本隱居武夷山,仁與弟智往師之。授以四明任松鄉詩法①,遂謝科舉,一意為詩。後辟武夷書院山長。遷邵武尉,不赴。"又稱其明初內附,"隨例徙臨濠",則必嘗仕張士誠。又集中有《甲寅仲冬攝官》詩。甲寅為洪武七年,則放歸又嘗仕宦,特其始末不可考耳。仁詩規摹唐調,而時時流入中晚。蔣易作是集序,稱:"其和平雅澹,詞意融怡,語不雕鏤,氣無脂粉,出乎性情之正,而有太平之風。惜其不列承明著作,浮湛里閭,傲睨林泉。有達士之襟懷,無騷人之哀怨。即屢更患難,而心恒裕如。要其所作,皆治世之音也。"雖推之稍過,實亦近之。閩中詩派,明一代皆祖"十子",而不知仁兄弟為之開先。遂沒其創始之功,非公論也。《明史·藝文志》載仁集六卷,朱彝尊作《明詩綜》時猶及見之②。今外間絕少傳本,杭世駿言吳焯家有之。語詳《藍澗集》條下。然吳氏藏書今進入書局者,未見此本。其存佚不可知,恐遂湮沒,謹從《永樂大典》中採掇裒輯,得詩五百餘篇,仍釐為六卷,以符原目,著之於錄焉。

【彙訂】

①"任松鄉",殿本作"任松卿",誤。《明史·文苑一》:"藍

仁,字靜之。弟智,字明之,崇安人。元時,清江杜本隱武夷,崇尚古學,仁兄弟俱往師之。授以四明任士林詩法,遂謝科舉,一意為詩。"明貝瓊《清江文集》卷八《雲閒集》載《元故兩浙都轉運鹽使司照磨任公墓誌銘》曰:"公諱耜,字子良,姓任氏……父士林,字叔實,湖州路安定書院山長,一號松鄉先生。"《總目》卷一六六《松鄉文集》條亦云:"元任士林撰。士林字叔實,號松鄉,奉化人。"

②"明詩綜",殿本作"詩綜"。

藍澗集六卷(永樂大典本)

明藍智撰。其字諸書皆作"明之",而《永樂大典》獨題"性之"。當時去明初未遠,必有所據,疑作"明之"者誤也①。《明史·文苑傳》附載《陶宗儀傳》末,稱"洪武十年,以薦授廣西按察司僉事,著廉聲"②。志乘均失載其事迹。考集中有《書懷》詩十首,乃在粤時所作,以寄其子。雲松樵者張榘為之跋,稱其"持身廉正,處事平允,三載始終無失"。則史言著廉聲者,當必有據。《劉彦昺集》有《挽藍氏昆季詩》云:"桂林持節還,高風振林谷。"則晚年又嘗謝事歸里矣。智詩清新婉約,足以肩隨其兄。五言結體高雅,翛然塵外,雖雄快不足,而雋逸有餘。七言頓挫瀏亮,亦無失唐人矩矱。與《藍山》一集卓然可稱"二難"。《靜志居詩話》謂"《藍山》、《藍澗集》中詩,選家互有參錯",殆亦因其格調相近,不能猝辨歟? 智集原目已不可考。觀焦竑《經籍志》所載,惟有《藍靜之集》,而《藍澗集》獨未之及。是明之中葉已有散佚,近亦未見傳本③。故杭世駿《榕城詩話》曰:"二藍集閩人無知者。何氏《閩書》:'藍仁有《藍山集》,藍智有《藍澗集》。'竹垞嘗輯入

《詩綜》中，以為‘十子’之先，詩派實其昆友倡之。集本合刻。吳明經焯嘗於吳門買得《藍山集》，是洪武時刊，有蔣易、張榘二序，與竹垞言吻合。而《藍澗集》究不可購。徐惟和輯《晉安風雅》時，二藍闕焉。則此集之亡久矣。”云云。惟《永樂大典》各韻中所收尚夥，蒐輯裒綴，共得古今體三百餘首。雖篇什不及《藍山集》之富，而大略已見。謹以類編次，釐為六卷。俾其兄弟著作，均不致泯沒於後世云。

【彙訂】

①《藍澗詩集》(明嘉靖間刻本)的張昶至正壬寅序曰：“建之崇安士藍智明之，業進士舉，兼長於詩，篇什雖不多，字意無閑贅。”雲松樵叟(張榘)序曰：“余初入閩，識藍靖之氏，知其有詩名，而弟明之資稟秀異，記誦明敏，心固其遠大矣。未幾，予授館邑中，而明之時來，切磋問辯，以進其所不及。”蔣易洪武壬子(1372)序言也提及藍智字明之。藍智兄藍仁《藍山詩集》倪伯文洪武庚辰(1400)序亦稱藍智字明之。各序皆早於《永樂大典》編纂時間。藍仁有《寄明之弟》詩。嘉靖《建寧府志·文學志》載：“藍智，字明之，崇安人。洪武十年以明經薦拜廣西按察司僉事，廉惠之聲著於一道，有《藍澗集》。”(司馬周：《〈四庫全書總目〉糾謬一則》)

②《藍澗詩集》蔣易序曰：“辛亥冬，明之子澤自桂林回，附稿見示。”辛亥為洪武四年，藍智已在桂林，則洪武十年薦授之説顯誤。集中卷四《書懷十首寄示小兒澤》詩後，有編纂者張榘按語云：“庚戌秋，以才賢薦授廣西簽憲……於今三載……壬子季冬望日。”庚戌為洪武三年。(李靈年：《梣樹居叢札——讀明人別集札記》)

③《千頃堂書目》卷十七、《明史·藝文志》皆著錄此集，今傳世有明嘉靖五年藍鉏等刻《藍澗詩集》六卷。（小玉：《讀〈千頃堂書目〉別集類札記》）

大全集十八卷（副都御史黃登賢家藏本）

明高啟撰。啟字季迪，長洲人。元末避張士誠之亂，遁居松江之青邱〔丘〕，自號青邱子。洪武初，召修《元史》，授翰林院國史編修，官至戶部侍郎。後坐撰魏觀《上梁文》被誅，年僅三十九。事蹟具《明史·文苑傳》。所著有《吹臺集》、《江館集》、《鳳臺集》、《婁江吟稾》、《姑蘇雜詠》，凡二千餘首。自選定為《缶鳴集》十二卷，凡九百餘首①。啟沒無子，其姪立於永樂元年鏤版行之。至景泰初，徐庸掇拾遺佚，合為一編，題曰《大全集》，劉昌為之序，即此本也。啟天才高逸，實據明一代詩人之上。其於詩，擬漢魏似漢魏，擬六朝似六朝，擬唐似唐，擬宋似宋。凡古人之所長，無不兼之。振元末纖穠縟麗之習而返之於古，啟實為有力。然行世太早，殞折太速，未能鎔鑄變化，自為一家。故備有古人之格，而反不能名啟為何格。此則天實限之，非啟過也。特其摹仿古調之中，自有精神意象存乎其閒。譬之褚臨《禊帖》，究非硬黃雙鉤者比。故終不與北地、信陽、太倉、歷下同為後人詬病焉。

【彙訂】

①《凫藻集》卷三《缶鳴集序》云："累歲以來，所著頗多。近客東江之渚，因閒始出而彙次之，自戊戌至丁未，得七百三十二篇，題之曰《缶鳴集》。自此而後著者，則別為之集焉。"可知這是《缶鳴集》之初本，為高啟自定，收錄從至正十八年（戊戌）至至正

二十七年(丁未)十年之間的作品,凡詩七百三十二首。而洪武庚戌(三年)三月王禕序云:"《高季迪詩》十二卷,凡為樂府、五七言近古體九百三十七首。"王彝序則云:"《高季迪詩集》若干卷,郯郡徐賁所編次,而稽岳王彝題其帙曰《高季迪詩集》而為之序焉。"則《岳鳴集》定本為徐賁所編次,初名當為《高季迪詩集》。(貫繼用:《高啟年譜》)

鳧藻集五卷(兩江總督採進本)

明高啟撰。唐時為古文者主於矯俗體,故成家者蔚為鉅製,不成家者則流於僻澀。宋時為古文者主於宗先正,故歐、蘇、王、曾而後,沿及於元,成家者不能盡闢門戶,不成家者亦具有典型。啟詩才富健,工於摹古,為一代巨擘,而古文則不甚著名。然生於元末,距宋未遠,猶有前輩軌度,非洪、宣以後漸流為膚廓冗沓,號"臺閣體"者所及。是集不知誰所編,以其詩集例之,殆亦啟自定。末有《魏夫人宋氏墓誌銘》。魏夫人者,蘇州知府魏觀母也。按《明史》本傳,啟坐為觀作《上梁文》見法,則為其末年之作。蓋平生古文,盡於此集矣。初無刻本。周忱為蘇州巡撫時,始得鈔本於郡人周立。立之姑,即啟婦也。正統九年,監察御史錢塘鄭士昂又得本於忱,因命教授張素校刊之,而忱為之序。此本為雍正戊申桐鄉金檀所刻①,即因鄭本而正其譌,多所校正。檀即註啟詩集者,故併刻是集,成一家完書云。

【彙訂】

①"金檀",殿本作"金壇",下同,誤。今存清雍正金檀文瑞樓刻本《青邱高季迪先生鳧藻集》五卷。

眉菴集十二卷（安徽巡撫採進本）

明楊基撰。基字孟載，其先嘉州人。祖官吳中，因家焉。始為張士誠記室。洪武初，起為滎陽縣知縣，歷官山西按察使。尋以事奪官輸作，卒於工所。《明史‧文苑傳》附載《高啟傳》中。史稱基少以《鐵笛歌》為楊維楨所稱，與高啟、張羽、徐賁號“明初四傑”。其詩頗沿元季穠纖之習。都穆《南濠詩話》摘其佳句十二聯，其所品題，得失參半。李東陽《懷麓堂詩話》謂孟載《春草詩》最傳。然“綠迷歌扇，紅襯舞裙”，已不能脫元詩氣習；至“簾為看山盡卷西”，更過纖巧；“春來簾幕怕朝東”，直豔詞耳。故徐泰《詩談》謂其“天機雲錦，自然美麗，獨時出纖巧，不及高啟之沖雅”。王世貞《藝苑巵言》謂其“情至之語，風雅掃地”。朱彝尊《靜志居詩話》亦摘其詩語類詞者至數十聯，而獨推重其五言古體。然近體之佳者，亦自清俊流逸，雖不能方駕青邱，要非餘子所及也。集初為鄭鋼版行。成化中吳人張習重刻，嘉州江朝宗為之序，習為後志云。

靜居集四卷（浙江巡撫採進本）

明張羽撰。羽字來儀，後以字行，更字附鳳。本潯陽人，僑居吳興。元末領鄉薦，為安定書院山長，再徙於吳。洪武初，徵授太常寺丞，尋坐事竄嶺南，未半道召還。羽自知不免，投龍江死。《明史‧文苑傳》附載《高啟傳》中。史稱其“文章精潔有法，尤長於詩。太祖重其文，洪武十六年，嘗自述滁陽王事，令羽撰廟碑”。何喬遠《名山藏》亦稱其“文詞典雅，紀載行事，詳而有體”。顧其詩名尤著，故編集者亦僅錄其詩，而文則未之及也。朱彝尊《靜志居詩話》謂其“五言微嫌鬱輵，近體亦非所長”，頗不免於微詞。今觀其集，律詩意取俊逸，誠多失之平熟。五言古體低昂婉轉，殊有瀏亮之作，亦不盡如彝尊所云。至於歌行，筆力雄放，音節諧暢，足為一時之豪。以之接跡青邱，先驅北郭，盧前王後之間，亦未必遽作蜂腰矣。

　　北郭集六卷（安徽巡撫採進本）

　　明徐賁撰。賁字幼文，其先蜀人，徙常州，再徙平江。張士誠開闔，辟為屬官。賁與張羽俱避居湖州之蜀山。洪武七年，被薦至京。嘗奉使晉、冀，有所廉訪。及還，檢其橐，惟紀行詩數首[1]。太祖悅，授給事中，歷官河南左布政使。會征洮岷兵過其境，坐犒勞不時，下獄死[2]。《明史・文苑傳》附載《高啟傳》中。賁善畫，亦工於書。李日華《六研齋筆記》稱其“楷筆秀整端慎，不為沓拖自恣”。詹景鳳《小辨》亦稱其小楷法鍾兼虞，然皆拘拘法內。蓋其天性端謹，不踰規矩。故其詩才氣不及高、楊、張，而法律謹嚴，字句熨貼。長篇短什，並首尾溫麗，於三家別為一格。其客吳時，常居城北之齊門，故名集曰“北郭”。舊本為吳人張習編次。今是集前後無序跋，題曰“陳邦瞻校”。蓋萬曆間重刻之本，又非習所編之舊矣[3]。

　　【彙訂】

　　① 成化二十三年（1487）張習《北郭集後錄》：“大明洪武丙辰，始用薦者出，詢俗晉冀，歸檢其橐，惟紀行詩數首。”丙辰為洪武九年。又本集卷三《晉冀紀行》詩末云：“右紀行十四首，賁於洪武九年往山西，與顧庠同交上命，問俗於晉民……二月廿三日識。”（李裕民：《四庫提要訂誤》增訂本）

　　② 張習《北郭集後錄》曰：“當大將提六軍靖洮岷，往返中

原，以所司歉其犒勞，銜而誣訴之。上以貴遷疏儒者，其於軍士之恤固未諳也，下圜圖，幸全要領而歿，實癸酉（洪武二十七年）七月也。"則實因大將誣告至死。（同上）

③張習《北郭集後錄》云："謂之北郭者，由祖自毘陵來居是城，北望齊門外，故以名集。"《四庫》所收萬曆本不全，成化張習所編本今尚存，凡十卷。（同上）

鳴盛集四卷（浙江汪啟淑家藏本）

明林鴻撰。鴻字子羽，福清人。洪武初，以薦授將樂縣訓導，歷官禮部精膳司員外郎。年未四十，自免歸。事蹟具《明史·文苑傳》。明初，閩中善詩者有長樂陳亮、高廷禮、閩縣王恭、唐泰、鄭定、王褒、周元，永福王偁，侯官黃元，而鴻為之冠，號"十才子"。其論詩，惟主唐音，所作以格調勝。是為晉安詩派之祖。李東陽《懷麓堂詩話》曰："林子羽《鳴盛集》，專學唐。袁凱《在野集》，專學杜。蓋能極力摹擬，不但字面句法，併其題目亦效之。開卷驟視，宛若舊本。然細味之，求其流出肺腑，卓爾自立者，指不能一再屈也。"是在宏、正之間，已有異議。故論者謂"閩中才雋輩出，彬彬風雅①，亦云盛矣。第晉安一派，流傳未已，守林儀部、高典籍之論②，若金科玉條，凜不敢犯。動為七律，如出一手"云云③。是其末流且馴至為世口實。然鴻倡始之時，固未嘗不舂容諧雅，自協正聲，未可以作法於涼遽相詆斥。況高棅尚不免庸音，鴻則時饒清韻，尤未可不分甲乙，一例擯排矣。此本為成化初鴻郡人溫州知府邵銅所編。末有銅跋，稱："覽其舊槀，慨然興思。因詳加校勘，補其闕略。"然如張紅橋唱和詩詞，事之有無不可知。即才人放佚，容或有之，決無存諸本集之理。此必銅攈小説妄增之④。《夢游仙記》一首,疑亦寓言紅橋之事。觀其名目,乃襲元稹《夢游春》詩,可以意會。銅亦附之簡末,殊為無識。葉盛《水東日記》載銅天順中為御史,以言事忤權姦,左遷知縣,則其人亦錚錚者。或平生以氣節自勵,文章體例,非所素嫻歟?

【彙訂】

①"彬彬風雅",殿本脱。

②"林儀部"乃"林膳部"之誤。清鄭方坤《全閩詩話》卷九"黃任"條云:"閩人户能為詩,彬彬風雅。顧習於晉安一派,磨礲沙蕩,以聲律圓穩為宗。守林膳部、高典籍之論,若金科玉律,凜不敢犯,幾於'團扇家家畫放翁'矣。"林膳部即林鴻,官禮部精膳司員外郎。高典籍乃高棟,《明史·文苑傳》附見《林鴻傳》中:"永樂初,以布衣召入翰林,為待詔,遷典籍。"

③"云云",殿本無。

④ 書中卷三有《挽紅橋》詩,卷四有《玉漏遲·記紅橋故人春遊》及《詠懷十二首》等,足證紅橋確有其人其事,實即卷四《哭沙陽朱氏》九首之"沙陽朱氏",乃朱姓。(鄧紅梅:《紅橋考證與四庫館臣的疏誤》)

白雲樵唱集四卷附錄一卷(浙江范懋柱家天一閣藏本)

明王恭撰。恭字安中,閩縣人。自稱皆山樵者,"閩中十子"之一也。成祖初,以儒士薦,修《永樂大典》,授翰林院典籍。《明史·文苑傳》附載《林鴻傳》中。其詩凡三集:一曰《鳳臺清嘯》,乃官翰林以後作,此集及《草澤狂歌》,則皆未仕以前所作。恭没之後,湮晦不傳。成化癸卯,南京户部尚書黃鎬蒐恭遺槀,始得此集於吏部郎中長樂黃汝明家。因屬汝明編次，分為前、後二集。卷首有永樂三年林環舊序[1]，兼為三集而作者。序中所列次第[2]，以此集為首，知其詩在《草澤狂歌》以前。卷末又有永樂中林蕙諸人所作《皆山樵者傳》、《贊》、《辭》、《説》，則刻成之後，續為增入者也。恭與同邑高棅齊名，同以布衣徵入翰林。然棅出山以後詩，應酬潦倒，無復清思。恭則歷官未久，投牒遽歸。迹其性情，本耽山野。此集又作於田居之日，故吐言清拔，不染俗塵，得"大曆十子"之遺意，其格韻遠在棅上。當時次第甲乙，以棅居第三，恭居第四，殆亦所謂"恥居王後"者矣。

【彙訂】

① 林環序末署"永樂九年春二月吉旦賜進士及第翰林院修撰莆田林環崇璧序"。

② "列"，殿本作"刻"，誤。

草澤狂歌五卷（編修汪如藻家藏本）

明王恭撰。案恭所作三集，《鳳臺清嘯》，已不傳。故《千頃堂書目》有其名，而闕其卷數。范氏天一閣藏本僅存其《白雲樵唱》，而無此集。此集出自秀水汪氏，蓋幾佚而僅存也。大致與《白雲樵唱》相近，而中年所作，情思較深。《靜志居詩話》嘗摘舉其集中佳句數聯。然如"渭水寒流秦塞晚，灞陵殘雨漢原秋"，"樱欄葉上驚新雨，砧杵聲中憶故園"，"幾處移家驚落葉，一年歸夢在孤舟"諸句，皆詩家常語。至"雲歸獨樹天邊小，雪罷孤峯鳥外青"句，則"小"字形容頗拙，"罷"字節次未明。又"鳥外明河秋一葉，天涯涼月夜千峯"句，尤為疵累。夫晝見飛鳥，不見明河，夜見明河，不見飛鳥，上四字自不相貫。一葉落而知秋，不係乎明河，天河夏月已明,不係乎落葉,下三字亦不相屬。蓋興之所到,偶然拈及,不足以盡其所長。讀恭詩者毋執是以刻舟求劍可矣。

半軒集十四卷(兩淮馬裕家藏本)

明王行撰。行字止仲,長洲人。少授徒於城北齊門。洪武初,有司延為學校師。後館涼國公藍玉家。玉薦之太祖,得召見。玉誅,行亦坐死。事蹟具《明史·文苑傳》。是時文士以藍黨誅者,有行與孫蕡。然蕡特為玉偶題一畫,無所攀附於其閒,其詩今在蕡集中,亦並無假借溢分之語。行則性喜談兵,當元末兩浙兵起時,嘗默坐籌其勝負,與所親言之,恒百不失一二,益以自負。及藍玉延之課其子,遂數以兵法説玉,頗與密議。又與道衍深相投契,嘗告以盍有所待,不當以浮屠老。蓋負其桀黠之才,有不肯槁死牖下者。故其文往往踔厲風發,縱橫排奡,極其意所馳騁,而不能悉歸之醇正,頗肖其為人。詩格亦清剛肅爽[①],在"北郭十子"之中,案《明史·文苑傳》,行與高啟、徐賁、高遜志、唐肅、宋克、余堯臣、張羽、呂敏、陳則號"北郭十友",亦曰"十才子"。與高啟稱為勍敵[②]。就文論文,不能不推一代奇才也。

【彙訂】

①"肅爽",殿本作"蕭爽"。

②"北郭十友"指高啟的十位朋友,"十才子"指以高啟為中心的詩人圈中最有詩才、最具詩名的十人,不應混為一談。(何宗美:《明末清初文人結社研究續編》)

西菴集九卷(浙江汪汝瑮家藏本)

明孫蕡撰。蕡字仲衍,廣東順德人。洪武三年舉於鄉,旋登進士。授工部織染局使,遷虹縣主簿。召入為翰林院典籍。出為平原主簿，坐累逮繫。旋釋之，起為蘇州經歷。復坐累戍遼東。既而以嘗為藍玉題畫，坐玉黨，論死。事蹟具《明史·文苑傳》。是編前有黃佐、葉春及所撰《小傳》，稱蕡著述甚富，自兹集外，尚有《通鑑前編綱目》、《孝經集善》、《理學訓蒙》、《和陶》、《集古律詩》。其《孝經集善》則宋濂為之序。蕡歿，諸書散逸。其詩文今行世者為門人黎貞所編。然佐稱《西菴集》八卷，而是編詩八卷、文一卷。卷端題“姑蘇葉初春選”，或初春別加釐訂，抑佐但舉其詩集歟？蕡當元季綺靡之餘，其詩獨卓然有古格。雖神骨雋異不及高啟，而要非林鴻諸人所及。小説載書生見蘇軾侍姬朝雲之魂者，得集句七言律詩十首、七言絶句十五首，今乃在此集第八卷末。蓋蕡游戲之筆，即黃佐《傳》中所稱《集古律詩》一卷是也。黎貞乃綴於集後，又併載其序。遂似蕡真有遇鬼事者，殆與林鴻集末附載張紅橋詩同一無識①。姜南《蓉塘詩話》又從而盛稱之，更無當矣。

【彙訂】

① 紅橋乃朱姓，非張姓，説詳本卷《鳴盛集》條訂誤。

南村詩集四卷（浙江鮑士恭家藏本）

明陶宗儀撰。宗儀有《國風尊經》，已著錄。是編毛晉嘗刻入《十元人集》。劉體仁《七頌堂集》有《與張實水尺牘》，稱：“讀史不載陶南村，竊謂此君靖節一流人。”今考《十元人集》内，如倪瓚、顧阿瑛亦皆親見新朝。然瓚遁跡江湖，阿瑛隨子謫徙，未沾明禄，自可附朱子《綱目》陶潛書晉之例。宗儀則身已仕明，孫作《滄螺集》中有《陶九成小傳》可證。晉仍列之元人，非事實矣。觀集中《洪武三十一年皇太孫即位》詩曰：“老臣忭舞南村底，笑對兒孫兩鬢霜。”則宗儀臣明，原不自諱。又集中《三月朔日至都門》、《二日早朝》、《三日率諸生赴禮部考試》、《十日給賞》、《十一日謝恩》諸詩，即《明史》本傳所謂洪武二十九年率諸生赴禮部試時作也。是又豈東籬采菊之人所肯為之事？又何必曲相假借，強使與栗里同稱乎？是集不知何人所編。考其題中年月及詩中詞意，入明所作十之九，惟《鐃歌》、《鼓吹曲》諸篇，似為元時作耳。其編次年月，頗為無緒，殆雜收遺槀而錄之，未遑詮次。又顧阿瑛《玉山草堂雅集》所載《澄懷樓》七律一首、《送殊上人》七律一首，皆不見收，知非宗儀自編也。毛晉品其詩如疏林早秋，殊不甚似。然格力遒健，實虞、楊、范、揭之後勁，非元末靡靡之音。其在明初，固屹然一巨手矣。

望雲集五卷（浙江鮑士恭家藏本）

明郭奎撰。奎字子章，巢縣人。早從元余闕學，慷慨有志節。朱文正開大都督府於南昌，嘗參其軍事。後文正得罪，奎亦坐誅。《明史・文苑傳》附見《王冕傳》中。奎當干戈擾攘之際，仗劍從軍，備嘗險阻，蒼涼激楚，一發於詩。五言古體，原本漢、魏，頗得遺意。七言古體，時近李白。五言律體，純為唐調。七言律體，稍雜宋音。絕句則在唐宋之間。元末明初，可云挺出。趙汸、宋濂皆為之序，推崇甚至，良不誣矣。五卷之末，附短札三篇。案嘉靖辛卯吳廷翰重刊是集，但稱“五言古詩三十七，詞歌曲十三，五七言律百有九，排律雜詩四十四”，不言有文。豈後人得其手槀附入耶？集中《送陳克明歸茶陵》詩，“瑚璉”字押入平韻，蓋古人三聲之法。古詩《上山采蘼蕪》，以“素”、“余”、“故”同押。劉琨《贈盧諶詩》，以“璆”、“叟”同押。蓋即其例，非落韻也。

蚓竅集十卷（兩江總督採進本）

明管時敏撰。時敏初名訥^①，以字行，華亭人。洪武九年，徵拜楚王府紀善，從王之國。後進左長史，事楚王楨。二十五年，乞致仕歸里。楨請命於朝，留居武昌，祿之終身。築室黃屯山，命曰全菴。而名其集曰《蚓竅》，蓋取韓愈《石鼎聯句》語也。是集即楚王所刊，中有丁鶴年評語。鶴年家於武昌，與時敏皆為楚王所禮重，故並其評語刻之。時敏學詩於楊維楨，而不蹈襲維楨之體，所作春容淡雅，多近唐音。張汝弼作董紀集序，歷數松江詩人，獨謂時敏詩"清麗優柔，足與袁凱方駕"，蓋不誣也。時敏又有《秋香百詠》、《還鄉紀行》諸篇在集外別行，見周子治所作《全菴記》中^②。今皆未見，殆久而佚矣。

【彙訂】

① "名"，殿本作"明"，誤。

② 據上海圖書館藏永樂元年楚藩刻本《蚓竅集》十卷《全菴記》一卷（四庫底本），"周子治"乃"周子冶"之誤。（崔建英等：《明別集版本志》）

西郊笑端集二卷（兩淮鹽政採進本）^①

明董紀撰。紀字良史，以字行，更字述夫，上海人。洪武壬戌舉賢良方正^②，廷試對策稱旨，授江西按察使僉事。未幾告歸，築西郊草堂以居，因即以名其集。然未及鋟版，槀藏其門人周鼎家。成化中，鼎孫光祿寺少卿庠始為刊印。此本有宣德辛亥鼎後跋，又有成化戊子錢溥序，蓋又從庠刻本傳寫者也。紀詩平易樸實，視袁凱諸人稍為不逮。故張汝弼作是集序，謂其"漫爾而仕，漫爾而歸，詩文亦漫爾而著，弗冀有傳"，頗致微詞。而朱彝尊《靜志居

詩話》則舉其題海屋詩"過橋雲磬天台寺,泊岸風帆日本船"句,謂
"亦不為率漫"。然紀集明世未經再刻,流播頗稀,《明史‧藝文
志》亦闕而不載。彝尊《明詩綜》所錄但採之賴良《大雅集》中,未
及見其全帙,故所摘佳句僅此。今觀此集,過質傷俚之弊誠所不
免。然其合作,往往得元、白、張、王遺意。汝弼以一格繩人,不足
以盡詩體。彝尊執一二語以爭之,亦未盡紀所長也。

【彙訂】

① "二卷",殿本作"一卷",誤。明成化刻本與文淵閣《四
庫》本此集皆為二卷。(王重民:《跋新印本〈四庫全書總目〉》)

② 字述夫者乃萬曆間董良史,與洪武間字良史之董紀相距
兩百餘年。(陳垣:《跋董述夫自書詩》)

　　草閣集六卷拾遺一卷文集一卷附筠谷詩一卷(兩淮鹽政採
進本)①

　　明李昱撰。昱字宗表,號草閣,錢塘人。《南雍志》作臨安
人,蓋偶署宋代地名,非明之臨安也。洪武中,官國子監助教。
昱元季避地永康、東陽間,館於胡氏,故集中與胡伯宏〔弘〕兄弟
贈答之什最多。此集乃昱沒後伯宏及其友徐孟璣、陳公明所輯。
《拾遺》一卷則其門人唐光祖所輯。《拾遺》之後又附雜文四篇,
題曰《文集》,不知何人所續輯,或亦出光祖之手歟? 昱詩才力雄
贍,古體長篇,大抵清剛雋上,矯矯不群,近體亦卓犖無凡語。雖
為高、楊、張、徐諸人盛名所掩,實則並駕中原,未定孰居先後也。
末附《筠谷詩》一帙,不著名氏。案宋濂作昱詩序②,稱其子轅字
公載,為詩能繼其家。《千頃堂書目》亦載有李轅《筠谷集》,註為
李昱之子,官宜興縣丞。殆編錄者以卷帙無多,附其父後。觀

《詩》內有《冬至前日侍父宴胡伯奇濟生堂》七言一首③，是轅作之明證矣。朱彝尊《曝書亭集》有昱《草閣集》跋，而不言末附《筠谷詩》，或所見之本偶佚此卷也。

【彙訂】

① "文集一卷"，殿本脫。《四庫》所收為《草閣集》六卷、《拾遺》一卷、《文集》一卷，明李昱撰。附《筠谷詩集》一卷，明李轅撰。（修世平：《文淵閣〈欽定四庫全書總目〉訂誤十六則》）

② 文淵閣《四庫》本此集卷首序題"楚府長史致仕金華宋濂"，而丁氏《武林往哲叢書》本序題"楚府長史致仕金華朱廉"。據《明史》本傳，宋濂非以楚府長史致仕，而朱廉仕迹相合，其籍貫義烏，古屬金華，亦可稱金華人。（周錄祥：《〈四庫全書簡明目錄・集部〉訂誤》）

③ "父"，殿本作"文"，誤，參《筠谷詩》所收《冬至前日侍父宴胡伯奇濟生堂》詩。

樗菴類稾二卷（永樂大典本）

明鄭潛撰。潛字彥昭，歙縣人。元末由內臺掾廣東帥府從事，上計京師，遂為監修國史掾。後擢正字。歷官監察御史、福建行省員外郎、海北道廉訪副使、泉州路總管。入明，起為寶應縣主簿，遷潞州同知，至洪武十年乃致仕。程敏政《新安文獻志》載其始末甚詳。黃虞稷《千頃堂書目》列之元人，誤也①。虞稷載《樗菴類稾》二卷。今從《永樂大典》裒輯，得古體詩五十首、近體詩一百四十六首，併原序三篇，仍可編為二卷，計所遺亦無幾矣。是集皆其在元所作。程以文序稱："《行役小稾》二卷，豫章鄧文著所編，凡一百五十餘篇。"其時方為監察御史。貢師泰序稱:"集其歌詩為二卷,題曰《行役稾》、《攬轡稾》。"其時為福建廉訪副使。揭汯序始稱為《樗菴類稾》,不言卷數。據其所言,仍成於元末官福建時。蓋初為《行役稾》二卷,後刪併為一卷,而益《攬轡稾》一卷,仍為二卷,終乃合為一編,改題曰《樗菴類稾》。蓋數經增損而後勒為定本,則其成集亦不苟矣。潛雖起家掾吏[②],而天資絕異,其詩詞意軒爽,有玉山朗朗之致,視元末纖穠之格,特為俊逸。入明以後,名位不昌,距纂修《永樂大典》之時年代又近。而書局諸人顧特編錄其遺稾,追配古人。知當時必有以取之,非徒然也。

【彙訂】

① "是集皆其在元所作",則列為元人,亦非無因。(小玉:《讀〈千頃堂書目〉別集類札記》)

② "掾吏",殿本作"掾史"。

春草齋集十卷附錄一卷(編修汪如藻家藏本)

明烏斯道撰。斯道字繼善,慈谿人。洪武初,官石龍縣知縣,調永新。坐事謫戍定遠,尋放還。《明史·文苑傳》附見《趙塤傳》中。所著有《秋吟稾》及此集。《千頃堂書目》載《秋吟稾》之名,而闕其卷數,蓋明代已佚。此集凡詩五卷、文五卷,與《千頃堂書目》卷數相合,蓋猶舊本。又附錄傳贊一卷,則萬曆閒其八世孫獻明所續輯也。斯道詩寄託深遠,吐屬清華,能刬滌元人繁縟之弊。文亦雅令,不為劍拔弩張之狀,夷猶淡宕,頗近自然。宋濂為作集序,所謂"俊潔如明月珠"者,蓋狀其圓潤,所謂"洶湧如春江濤"者,則與其文之紆餘為妍頗不相肖。推濂之意,特狀其詞源之不竭,非謂其騁才恃氣,以驚風駭浪為奇特也。史稱斯道工古文，兼精書法，不及其詩，殆在當時文尤見重於世歟？

耕學齋詩集十二卷（浙江巡撫採進本）

明袁華撰。華字子英，崑山人。生於元季，洪武初為蘇州府學訓導。後坐累逮繫，死於京師。此集凡古體詩七卷，近體詩五卷，不知何人所編，《明史・藝文志》不著錄。考楊維楨為作《〈可傳集〉序》，稱華自二十歲後三十年所積，無慮千餘首，吾選之得若干首云云①，疑即所謂千餘首者後人裒輯以傳也。明之初年，作者林立。華為諸家盛名所掩，故人與詩皆不甚著。實則銜華佩實，具有典型，非後來偽體所能及，固未可以流傳未廣輕之。華贈闓中孚初度詩有"同生延祐丙辰年"句，以干支推之，下至明太祖洪武元年，已五十三歲。故集中詩句，元代所作為多。如甲午、丙申、己亥、庚子、乙巳、丙午、丁未諸紀年，皆在順帝至正中。惟《癸丑正月風雨中偶成》一首作於洪武六年②，頗露悲涼感慨之語，蓋欲自附於元之遺民。然已食明祿，不必作是語矣。

【彙訂】

① "若干"，殿本作"如干"。

② 集中卷十一所收此詩實有二首。（王欣夫：《蛾術軒篋存善本書錄》）

可傳集一卷（浙江鮑士恭家藏本）

明袁華撰。其本為至正癸卯楊維楨所刪定。華，維楨弟子也。前有維楨序，稱："吾鐵門稱能詩者，南北凡百餘人，求如張憲、袁華者，不能十人。"其集名亦維楨所題，蓋推獎之甚至。而維楨與李五峯論詩，又稱："梅一於酸，鹽一於鹹，食鹽梅而味常得鹹酸之外。若華之作，僅一於鹹酸而已。"其說自相剌謬。今觀其詩，大都典雅有法，一掃元季纖穠之習，而開明初舂容之派。維楨所論，蓋標舉司空圖說，以"味外之味"務為高論耳。其實一於鹹酸，不猶愈於洪熙、宣德以後所謂"臺閣體"者併無鹹酸之可味乎？未可遽以是薄華也。華《耕學齋稾》卷帙較富，世多行之。此集《明史·藝文志》亦不著錄，《千頃堂書目》雖著錄而不載卷數，蓋黃虞稷亦未見之。今以其為楊維楨所手定，去取頗嚴。故一取其備，一取其精，與全集並著於錄焉。

　　強齋集十卷（兩淮鹽政採進本）

　　明殷奎撰。奎字孝章，號強齋，崑山人。洪武初，以薦例授州縣職。以母老請近地，除咸陽教諭，卒①。奎受業於楊維楨之門，學行純正，為當時所重。是集乃其門人余熯所編。詩文雜著凡九卷，又益以其交游贈答詩文暨行實、墓誌，共為十卷。元明之間，承先儒篤實之餘風，乘開國渾樸之初運，宋末江湖積習、門戶流波渧除已盡，故發為文章，雖不以華美為工，而訓詞爾雅，亦頗有經籍之光。如奎等者，在當時不以詞翰名，而行矩言規，學有根柢，要不失為儒者之言。視後來雕章繢句，乃有逕庭之別矣。集本刊於洪武十五年，崑山儒學訓導錢塘陳振祖為之序②。其文亦朴雅，可想見一時風氣云。

【彙訂】

　　①《列朝詩集小傳》甲集"殷文懿奎"條云："洪武二年，薦赴京師，試高等，將受郡縣職。以母老，請近地便養。忤旨，調咸陽縣教諭。念母致病，卒於官舍，年四十有六。門人私諡文懿先生。"咸陽與崑山，東西懸隔，相距甚遠。因母老請近地，遂除咸陽教諭，據錢謙益說，乃因"忤旨"，故遂適得其反。此《集》末附

錄盧熊《殷公行狀》云："司舉選者將例授以郡縣。先生懇請,願為近地學官,以便奉養老母。咈上官意,遂調西安之咸陽。"據此則因"上咈官意"。縣之教諭,官卑職微,無當於旨,當以"咈上官意"為確。附錄中又有袁華《殷君墓誌銘》,載殷奎為咸陽教諭後,"恆以母老道遠,弗克就養,抑鬱不獲信,因病內傷,遂不起矣"。可知殷奎之卒,非因請得近地,而是請而反得遠地。(楊武泉:《四庫全書總目辨誤》)

②　據湖南袁氏玄冰室藏《四庫》底本《殷強齋先生文集》龔氏新刊序,余氏未及刊行而身沒。後其同邑龔詡得其手編遺稿於其孫援處,始克付梓。丁丙《善本書室藏書志》謂刻於正統十三年,差可為信。(王次澄:《〈四庫全書總目提要〉正補二十五則》)

海桑集十卷(江蘇巡撫採進本)

明陳謨撰。謨字一德,泰和人。生於元成宗時。洪武初召赴闕,以疾辭歸。後屢聘為江浙考試官。事蹟具《明史·儒林傳》。是集有謨家傳,稱卒年九十六。考集中年月止於洪武十七年①。晏璧於永樂七年作《海桑集》序,稱謨卒後二十年,則卒於洪武二十一年戊辰也②。謨《書劉氏西齋唱和卷後》稱:"生大德間,為前朝太平幸民六十餘年。"由洪武戊辰上推大德元年丁酉,僅九十二年,或晏璧所稱乃約成數也③。其詩集、文集各五卷④,為其甥楊士奇所編⑤。國朝康熙庚申,其裔孫邦祥重刊。然《靈山寺》詩以五言長律入古體,《悼劉生》詩以七言拗律入古體,而《崆峒雲居》詩又以古體入律體,士奇未必舛誤如是,殆邦祥又有所竄亂歟?集中《通塞論》一篇,引微子、箕子反覆申明,謂革代之時不必死節,最為害理。故其客韶州時為太祖吳元年,元尚未亡,已為衛官作賀表。而集中頌明功德,不一而足,無一語故君舊國之思。其不仕也,雖稱以老病辭,然孫仲亨跋墨蹟⑥,稱"太祖龍興,弓旌首至,先生雖老,猶輿曳就道。一時老師俗儒,曲學附會先生之論,動輒矛盾。是以所如不合,遂命駕還山,拂衣去國"云云,則與柴桑東籬之志固有殊矣。至於文體簡潔,詩格春容,則東里淵源實出於是。其在明初,固颯颯乎雅音也。

【彙訂】

①《海桑集》卷四《康母陳氏貞節傳》云:"洪武十六年江西提刑按察司試僉事翁師善行縣……十九年得行移旌表。"記事已下至洪武十九年。同書卷八《袁寧窗墓誌銘》開篇即云:"大明洪武二十年丁卯正月廿五日,居士袁公寧窗卒。"(楊武泉:《四庫全書總目辨誤》)

② 晏璧序稱"先生歿之二十年",由作序之永樂七年(1409)上推,當為洪武二十三年(1390)。(同上)

③《泰和詩徵》卷五陳謨條:"集中有《歲己未年七十有五作百字令以自壽》詞一闋,與晏序所稱'生大德乙巳間'者合。又楊文貞《東里集》有《陳孟省傳》,謂'……孟省……丁卯再試,將入會,聞大父喪,遂止'。是《傳》已載《縣志》。然則先生之卒確為丁卯,上距乙巳,年實八十有三。"楊文貞即楊士奇。考楊士奇《竹林清隱記後》稱謨"為此文時,年七十有七。後五年,仲敬舉孝廉,得荔波縣丞,先生作詩送之。蓋明年,先生捐館,其改賀縣丞,先生不及見已"。此與《泰和詩徵》所考合。(何振作:《〈四庫全書總目〉考辨札記六則》)

④ 文淵閣《四庫》本此集卷一、卷二為詩,餘八卷為文。(袁芸:《〈文溯閣四庫全書提要〉別集類辨證》)

　　⑤楊士奇《外祖靜得陳先生合葬墓誌銘》謂"主一之配倪孺人,二子:伯諱謨,字以德,學者稱心吾先生;仲諱庸,字以靜,稱靜得先生"。則士奇實乃謨弟庸之外孫,於謨則為從外孫。(何振作:《〈四庫全書總目〉考辨札記六則》)

　　⑥殿本"跋"下有"其"字。

畦樂詩集一卷(江西巡撫採進本)

　　明梁蘭撰。蘭字庭秀,又字不移,泰和人。右贊善梁潛之父也。田居不仕,故以"畦樂"自號。於楊士奇為姻家,士奇嘗從之學詩。此集即士奇所編,前有洪武三十一年士奇序。考士奇所作《蘭墓誌》,稱卒於永樂八年。則編此集時,蘭猶及見之也。舊本列《泊菴集》後,蓋用《山谷集》後附刻《伐檀集》之例。今以各自為集,仍分著於錄。原目列古、今體詩二百三十四首,而五言古詩中註闕七首,實二百二十七首。題中有闕字二處,詩中亦有闕字二處,均無別本可補,今亦仍之。士奇序稱其"志平而氣和,識精而思巧,渢渢焉,穆穆焉,簡寂者不失為舒徐,疏宕者必歸於雅則。優柔而確,譏切而婉"。雖自重其師,過相推重,而於繁聲曼調之中,獨翛然存陶、韋之致,抑亦不媿於作者矣。

竹齋集三卷續集一卷附錄一卷(兩淮鹽政採進本)

　　明王冕撰。冕字元章[1],《續高士傳》作字元肅,諸暨人。本農家子,家貧,依沙門以居。夜潛坐佛膝上,映火讀書。後受業於安陽韓性,遂傳其學。然行多詭激,頗近於狂。著作郎李孝光、祕書卿泰哈布哈原作泰不華,今改正[2]。皆嘗薦於朝。知元室將亂,辭不就。明太祖下婺州,聞其名,物色得之,授諮議參軍,未幾卒。宋濂為作傳，載《潛溪集》中，敘其始末甚備，《明史·文苑傳》亦同。《續高士傳》以為太祖欲授以參軍，一夕卒，《浙江通志》據以列入《隱逸傳》。舊本亦題為元人，非其實矣③。詩集三卷，其子周所輯，劉基序之。《續集》詩及雜文一卷，又附錄呂升所為《王周行狀》，則冕女孫之子駱居敬所輯④。冕天才縱逸，其詩多排奡遒勁之氣，不可拘以常格。然高視闊步，落落獨行，無楊維楨等詭俊纖仄之習，在元、明之間要為作者。集中無絕句，惟畫梅乃以絕句題之。《續集》所收，皆自題畫梅詩。史稱其隱居九里山時，種梅千株，自號梅花屋主。尤善畫梅，求者踵至，以幅長短為得米之差云。

【彙訂】

①“元章”，殿本作“仲章”，誤。參《明史·文苑一》本傳。

②“原作泰不華今改正”，殿本無。

③ 宋濂《文憲集》卷十《王冕傳》曰：“皇帝取婺州，將攻越，物色得冕。寘幕府，授以諮議參軍，一夕以病死。”《明史·文苑一》本傳亦云：“太祖下婺州，物色得之。置幕府，授諮議參軍，一夕病卒。”與《續高士傳》所載同。

④ 文淵閣本此集末跋署“駱居安”，云：“居安日與諸弟居敬、居恭校讀刊詳。”魏驥《書竹齋先生詩集後》亦有：“竹齋先生詩集者，諸暨駱大年之所彙粹者也……大年實先生之曾孫壻……子三人：居安、居敬、居恭，亦讀書尚禮。”白圭《書竹齋先生詩集卷後》：“是集之傳實先生曾孫壻駱大年之所自也……子三人：居安、居敬、居恭。”呂升《故山樵王先生行狀》：“山樵諱周，字師文……孫女永貞適諸暨駱大年。”則居敬乃王周女孫之子，且續集之編輯，非居敬一人之力，乃大年發起，其三人共任事

者。(周錄祥:《〈四庫全書簡明目錄・集部〉訂誤》)

獨醉亭集三卷(兩淮馬裕家藏本)

明史謹撰。謹字公謹,崑山人。洪武初,以事謫居雲南。後用薦為應天府推官,降補湘陰縣丞。尋罷歸,僑居金陵以終。是集前有陳璉序,稱"洪武壬午九月"。按洪武無壬午,壬午為建文五年[1]。蓋革除之後,傳錄者所追改。又有《獨醉亭記》一篇,不著作者名氏,稱謹為"滇陽史先生"。則竄謫之時,即以編管之地著籍也。據璉所序,是集蓋謹所自編。但以體分,不題卷數。自《武當八景》以下九十三首,別題曰《遺橐》。疑謹沒以後,其後人掇拾晚年所作附於集末。然中有《經人鮓甕》詩、《謁黔寧王廟》詩,則皆在謫雲南時。又有《雪酒為金粟公賦》詩,金粟道人乃顧阿瑛別號,則元末明初之作亦在其中。殆雜採佚篇,不復甄別。觀所載題畫之詩特多,必丹青手蹟,一一錄入矣。今以原本所有,亦併存之,與謹所自定諸詩共釐為三卷。其詩不涉元季縟靡之習,亦不涉宋季酸腐之調。平正通達,而神采自然高秀,在明初可自為一家。偶桓選《乾坤清氣集》,號為精鑒,其論詩多否少可,而此集有送桓詩及題桓家攬勝樓詩。二人契分頗深,則謹之詩格可見矣。

【彙訂】

① 建文無五年,壬午為建文四年。(楊武泉:《四庫全書總目辨誤》)

海叟集四卷(副都御史黃登賢家藏本)[1]

明袁凱撰。凱字景文,華亭人。洪武中,由舉人薦授監察御史,以病免歸。事蹟具《明史・文苑傳》。其集舊有祥澤張氏刻本,乃凱所自定,歲久散佚。天順中,朱應祥、張璞所校選者名《在野集》,多以己意更竄。如"煙樹微茫獨倚欄"改為"煙樹微茫夢裏山",蓋以詩用删、山韻,而"欄"字在寒、桓韻。不知《洪武正韻》已合二部為一。凱用官韻,非奸韻也。"故國飄零事已非"改為"老去悲秋不自知",蓋以凱已仕明,欲諱其前朝之感。不知據陶宗儀《輟耕錄》,是詩作於至正末,乃用"金陵王謝燕"事,下句自明,非為元亡作也。至"雨聲終日過閒門"改為"雨聲隨處有閒門",更不知其點竄之意何居矣。宏治閒,陸深得舊刻不全本,與何景明、李夢陽更相删定,即所刊《瓦缶集》、《既晦集》是也[②]。隆慶時,何元之得祥澤舊刻,以活字校印百部傳之。萬曆閒,張所望復為重刻。此本乃國朝曹炳曾所校,以張本為主,而參以何氏本,正其謬誤,較諸本差完善焉。凱以《白燕詩》得名,時稱"袁白燕"。李夢陽序則謂"《白燕詩》最下最傳,其高者顧不傳"。今檢校全集,夢陽之說良是。何景明序謂明初詩人以凱為冠。蓋凱古體多學《文選》,近體多學杜甫,與景明持論頗符,故有此語。未免無以位置高啟諸人,故論者不以為然。然使凱馳騁於高啟諸人之閒,亦各有短長,互相勝負,居其上則未能,居其下似亦未甘也。陸深《金臺紀聞》載啟贈凱詩曰:"清新還似我,雄健不如他。"其語殊不似啟,殆都穆等依託為之。案,二語啟集不載,深聞之於穆,穆聞之史鑑,鑑聞之朱應祥云。然深以兩言為實錄,則頗不謬云。

【彙訂】

① 底本有"集外詩一卷",據殿本删。文淵閣《四庫》本無《集外詩》一卷。(沈治宏:《〈四庫全書總目〉集部著錄圖書失誤原因析》)

② "既晦集",底本作"既悔集",據殿本改。李夢陽序原文

云"叟名行既晦,集亦罕存",曹炳曾句讀未審,誤作《既晦集》。
(余嘉錫:《四庫提要辨證》)

　　榮進集四卷(江西巡撫採進本)

　　明吳伯宗撰。伯宗名佑[①],以字行,金谿人。洪武辛未進士第一,官至武英殿大學士。後降檢討以終。事蹟具《明史》本傳。伯宗守正不阿,雖忤旨貶謫不少悔[②]。胡惟庸擅權之日,勢焰張甚,獨毅然上疏劾之,風節棱棱,殊不可及[③]。所著有《南宮集》、《使交集》、《成均集》,共二十卷,又《玉堂集》四卷,今皆未見。此本中有《奉使安南》、《國學釋奠》、《玉堂燕坐》諸詩,疑原集散佚,後人掇拾殘賸,合為此編也。一卷冠以廖道南《殿閣詞林記小傳》一篇,次為鄉試、會試、御試卷。二卷、三卷皆詩,而附以賦及詩補遺。四卷為雜文。目錄首列序文,而卷首無之,蓋傳寫佚脫。詩文皆雍容典雅,有開國之規模。明　代臺閣之體,胚胎於此。其鄉試、會試諸篇,可以考見當時取士之制與文字之式。惟陸深《金臺紀聞》稱:"洪武前三科猶沿元制,用經疑。至二十一年戊辰,始定今三場之制。"而集中所載試卷,乃經義而非經疑,殊不可解。又第三卷有《上問安南事》五言詩,與諸選本所載日本使臣嗐哩嘛哈《答明太祖詔問日本風俗詩》,僅字句小異,未詳孰是。然其詩皆夸大日本之詞,不應出自伯宗之手,或伯宗後人因其曾使安南,誤剿入之歟? 今姑仍舊本錄之,而記其所疑,以備參考焉。

　　【彙訂】

　　① 據《明史》卷一三七本傳,伯宗名祐。

　　② "忤旨",殿本作"忤時",誤。《明史》卷一三七本傳云:

“忤旨，貶金縣教諭。”

　　③ 辛未為洪武二十四年，若吳伯宗為該年狀元，則入仕必始於此年。然胡惟庸因“貪賄弄權”被殺，在洪武十三年，見《明史》本傳。黃佐《武英殿大學士吳伯宗傳》（載《國朝獻徵錄》）云：“吳伯宗……洪武庚戌鄉薦舉首，辛亥中書省會試，名在前列。及廷對……伯宗條對稱旨，擢進士第一人。”辛亥乃洪武四年。《弇山堂別集》卷八“首甲不授翰林”條云：“洪武四年初開科，狀元吳伯宗授禮部員外郎，時正六品。”同書卷一八“皇明奇事述三·甲科非正科”條云：“洪武開科之歲，進士吳伯宗等，則辛亥也。”同書卷四五“內閣輔臣表·殿閣大學士未預閣務者”條云：“吳伯宗，洪武辛亥狀元，十五年任武英殿大學士，十六年降檢討。”《列朝詩集小傳》甲集“吳殿學伯宗”條、《明史·吳伯宗傳》所載登科年代均同。《明史》本傳且謂“（洪武）十五年進武英殿大學士。明年冬，坐弟仲實為三河知縣薦舉不實，詞連伯宗，降檢討……踰年卒於官”。《總目》卷一八九《經義模範》條云：“考吳伯宗《榮進集》，亦載其洪武辛亥會試中式之文，是為明之首科。”可知吳伯宗中進士第一，乃在洪武四年，即辛亥，非辛未也。且其人卒於洪武十七年。（楊武泉：《四庫全書總目辨誤》）

梁園寓稾九卷（山西巡撫採進本）

　　明王翰撰。翰字時舉，禹州人①。元季隱居中條山。明初出為周王橚長史。王素驕，有異志。翰屢諫弗納，斷指佯狂去。後王敗，得不坐。其事附見《明史·周王傳》中。後起為翰林編修，尋謫廉州教授。夷獠亂，城陷，抗節死。《明史·藝文志》載所著有《敝帚集》五卷、《梁園寓稾》九卷。《敝帚集》今未見②。

此書卷數與《明史》合。焦竑《經籍志》止稱《寓櫜》二卷，誤也。《焦志》別載翰《山林樵唱》一卷，今亦未見，殆併佚歟？翰始抗驕王，終殉國難，其立身具有本末。發為文章，率具剛勁之氣③，故古體往往有質直語。然自抒性情，無元人穠纖之習。七言古體，聲調亦頗高朗。朱彝尊輯《明詩綜》，未錄翰詩，當由未睹斯集。今以其人而特存之④，亦聖代表章忠烈，闡揚幽隱之意也。

【彙訂】

① 明天順原刊本《敝帚集》五卷，每卷首題“夏邑王翰時舉著”，與《夏縣志》合，其籍貫當以夏縣為正。（趙萬里：《敝帚集提要》）

②《敝帚集》明天順原刊本今尚存。

③“具”，殿本作“其”，誤。

④“特”，殿本無。

自怡集一卷（浙江巡撫採進本）

明劉璉撰。璉字孟藻，青田人，誠意伯基長子。洪武十年，為考功監丞，兼試監察御史。出為江西布政司右參政，為胡惟庸所脅，墮井死。事蹟附見《明史·劉基傳》。是集為其子廌所編。末附洪武十三年國史院編修官吳從善所作《哀辭》，備述基從太祖起兵，璉在南田山制馭諸草竊①，請設談洋巡檢，以靖逃盜之源，及沮沈立本媚附權臣事。惟以材略氣節稱之，不及其文章。卷首載秦府紀善黃伯生序，乃稱“嘗見其遇事剛果，坐折姦佞，不撓不阿。宜其少年銳氣，盛滿於中。今讀其詩，顧乃温柔沖淡，怛然有愛君憂國之至情，而自視欿然如有不足”，以為庶幾於聞道。今觀其詩，惟七言律詩頗涉流利圓美，不出元末之格。然僅三首,蓋非所喜作。至於五言古體,居集中之太半,皆詞旨高雅,而運思深摯,殆於駕兩宋而上之。以繼《犁眉》諸集,可謂不媿其父。而明人罕稱道之者,殆轉以勳閥掩歟?

【彙訂】

① “南田山”,殿本作“南山田”,誤倒,參吳從善《故參政劉君孟藻哀辭》原文。

斗南老人集六卷(兩淮鹽政採進本)

明胡奎撰。奎字虛白,海寧人。生元至順間,嘗游貢師泰之門。明初以儒學徵,官寧王府教授。是集前有寧王權序,稱其“晚年泊舟鄱陽望湖亭,見石刻東坡‘黑雲堆墨未遮山’詩,次韻和之。俄見一叟來,誦其詩,曰:‘子非斗南老人耶?’因以自號。”其事頗怪,疑好事者附會之,莫由詰其真妄也。朱彝尊《靜志居詩話》稱:“吾鄉雲東逸史曾手錄其槀,舊藏項氏天籟閣,繼歸高氏稽古堂,後為華山馬思贊所藏。”案今世所傳奎集皆出天籟閣鈔本,止有四卷。前有項元汴題識,而無寧王原序。此本為明初寧王府文英館所刊,見於《寧藩書目》。崑山徐氏傳是樓又從原刻影鈔,實分六卷。凡詩一千九百餘首,與項氏所藏互校,乃知彼多所脫佚,不為足本。觀寧王序中又載:“宗哲徐將軍居西山,有道士過訪,食蕨。道士吟一絕句云:‘一拳打得地皮穿,握住東風不放拳。祇待杜鵑啼血後,展開鳳尾始朝天。’問其所作,以箸書‘斗南一人’四字。時先生未有是稱,後得先生槀,方知先生詩也。”與望湖亭和詩一事,文相連屬,而朱彝尊《靜志居詩話》獨未採錄。知彝尊所見惟天籟閣殘本,其記望湖亭事亦從都穆《南濠詩話》摭入耳。奎詩不事雕飾,往往有自然之致。彝尊謂其“功力既深,格調未免太熟,誦之若古人集中所已有者。"其言誠不為過。然春雍和雅①,其長處亦不可掩,視後來之捃拾摹擬者,固有閒矣。

【彙訂】

① "春雍",殿本作"春容"。

希澹園詩三卷(編修汪如藻家藏本)

明虞堪撰。堪字克用,一字勝伯,長洲人。至正中,隱居不仕。故其《題趙孟頫畫絕句》有曰:"王孫今代玉堂仙,自畫苕溪似輞川。如此青山紅樹裏,可無十畝種瓜田。"深諷其出事二姓。然堪至洪武中,竟起為雲南府學教授,卒於官。蓋與仇遠入元事同一例。原本題曰"元虞堪",非其實也。堪隸籍長洲,而集中《巖居高士圖歌》有"我亦本是青城人"句,《畫山曲》有"家山萬里隔,蜀道正難行"句,《朱仲叔山水引》有"西蜀書生"句。而《西蜀二絕句》、《三峽謠》、《旅懷》詩、《憶錦官》詩、《送張士皋歸閩中》詩、《次韻陸高士見寄》詩皆於蜀有故鄉之思。而《成都使君王季野席上》詩,則併作於蜀。考《宋史》虞允文本蜀人,而虞集亦每自署西蜀。堪於允文為七世孫,於集為從孫,意其流寓長洲,而於蜀仍往來未絕歟?此集後有自跋,稱"丁未歲冬至前一日"。案,丁未為元至正二十七年,則皆元時所作。而入明以後篇什,遂不復見。相傳堪沒後,所遺翰墨尚數篋。其子孫不讀書,漫置屋中,久而亡之,則其散佚者固亦多矣。詩多題畫之作。又丁元末造,時有憂時感事之言。古體氣格頗高,近體亦音節諧婉。惟七言律詩刻意欲效黃庭堅,而才力淺薄,終不相近。然大致婉約秀逸,頗饒情韻,無當時穠豔之習,亦可謂娟娟獨立矣。世又有堪詩別本,題曰《鼓枻稾》者,與此集互相檢勘,其詩篇數多寡並同,惟前後編次稍異。或即堪之原本,或後人別題以行,均未可定。今附存其目於此,不復錄焉。

　　鵝湖集六卷(永樂大典本)

　　明龔斆撰。斆,鉛山人。《明史》無傳,惟《太祖本紀》載[①]:"洪武十三年九月丙午[②],置四輔官,以儒士王本、杜佑、龔斆、杜斆[③]、趙民望、吳源為春、夏官。"又《宋訥傳》稱:"訥為祭酒,與訥定學規者,司業王嘉會、龔斆。三人年俱高,鬚髮皓白,終日危坐,堂上蕭然。"而亦不詳其本末。考《鉛山縣志》稱:"斆先以明經分教廣信,輯朱子之説,補《六經圖》。御史葉孟芳薦其學行,徵入為四輔官,以老乞歸。又召為國子祭酒,卒於官。著有《經野類鈔》二十八卷。"蓋亦窮經篤學之士也。其集見於焦竑《經籍志》者六卷,流傳甚尠。程敏政《明文衡》、黃宗羲《明文海》蒐採極博,而均不及其名姓,則亡佚久矣。今惟《永樂大典》尚頗載其詩文。詩雖多沿元季餘波,而清婉諧暢,亦自琅琅可誦。文則原本經術,結構謹嚴,實能不媿於作者。其《送周倬張溥使高麗序》,稱:"洪武十八年,命倬等往封國王。"而《明史·高麗傳》失載其事。又《贈劉叔勉奉使西洋回序》稱:"洪武二年春,詔叔勉往使。三年夏,纔至西洋。"而《明史·渤泥傳》乃稱:"三年八月命御史劉敬之往使,閱半年始抵其國。"年月參錯不合,自當以斆所記為得其實,是亦足以資考證也。謹掇拾薈粹,仍依原目,定為六卷著於錄。

　　【彙訂】

　　①《明史》卷一三七《安然傳》附有王本、龔斆等傳。又洪武

十三年置龔斆等為四輔官事,亦見於《安然傳》,非惟《太祖本紀》也。(周錄祥:《〈四庫全書簡明目錄·集部〉訂誤》)

②"九月",殿本作"八月",誤。

③"杜斆",殿本脫。《明太祖實錄》卷一三三載:"(洪武十三年九月)丙午,始置四輔官,告太廟。以王本、杜佑、龔斆為春官,杜斆、趙民望、吳源為夏官。"《明史》卷二《本紀第二·太祖二》:"(洪武十三年九月)丙午,置四輔官,告於太廟。以儒士王本、杜佑、龔斆、杜斆、趙民望、吳源為春、夏官。"

　　滎陽外史集七十卷(兩淮鹽政採進本)

明鄭真撰。真字千之,鄞縣人。成化《四明郡志》稱其研窮六籍,尤長於《春秋》。吳澄嘗策以治道十二事,皆經史之雋永,真答之無凝滯。洪武四年鄉試第一。授臨淮縣教諭,陞廣信府教授。與兄駒、弟鳳並以文學擅名,真尤以古文著。初與金華宋濂聲價相埒,嘗與濂共作《裴中著存堂記》,真文先成,濂為之閣筆。後濂致位通顯,黼黻廟廊。真偓僽卑棲,以學官沒世,故聲華闃寂,傳述者稀。今觀所作,雖不能與濂並騖詞壇,而義有根柢,詞有軌度,與濂實可肩隨,未可以名位之升沈定文章之優劣也。原集百卷,明代已佚其三十卷①。今所存者亦多殘闕失次,譌不勝乙,或至於不可句讀。殆世不甚傳,故莫為是正,其不全佚者幸耳。今推驗文句,各為校定。其必不可通者,則仍原本錄之,庶不失闕疑之義焉。

【彙訂】

①　文淵閣《四庫》本實存六十五卷。(章錫良:《滎陽外史集提要》)

全室外集九卷續集一卷(安徽巡撫採進本)[①]

明僧宗泐撰。宗泐字季潭，臨安人。洪武初，舉高行沙門，命住天界寺。尋往西域求遺經，還授左善世。太祖欲授以官，固辭。太祖為撰《免官説》。其後胡惟庸謀逆，詞連宗泐，特原之。是編題曰"外集"，蓋釋氏以佛經為内學，故以詩文為外，猶宋釋道璨《柳塘外集》例也。首二卷為應制詩，及樂府供佛、讚佛諸曲。三卷至八卷為古、近體詩。九卷為疏及題跋。《續集》詩文合編，而詩文之間闕四頁，其原數遂不可考。今所存者凡詩三十六首、題跋十五篇[②]。《千頃堂書目》作《全室外集》十卷，蓋合此一卷言之耳。宗泐雖託跡緇流，而篤好儒術。故其詩風骨高騫，可抗行於作者之間。徐一夔作是集序，稱其"如霜晨老鶴，聲聞九皋，清廟朱弦，曲終三嘆"[③]，仿佛近之。皎然、齊己固未易言，要不在契嵩、惠洪下。與句曲外史張羽，均元、明之際方外之秀出者也。《千頃堂書目》載宗泐尚有《西遊集》一卷，蓋奉使求經時道路往還所作。見聞既異，其記載必有可觀。今未見其本，存佚殆不可知矣。徐楨〔禎〕卿《翦勝野聞》謂"宗泐奉使西域，未至其地，塗遇神僧幻化而歸"者。蓋未知宗泐有此集，故造是齊東之語，與所謂"宗泐蓄髮還俗"者同一謬妄也。

【彙訂】

① 底本此條與文淵閣庫書次序不符。文淵閣庫書與殿本均置於下卷"峴泉集四卷"條之前。

② 文淵閣《四庫》本《續集》僅有詩三十六首。

③ 是集固有徐序，而"昂然如霜晨老鶴"云云，乃朱右序中語。(胡玉縉：《四庫全書總目提要補正》)

卷一七〇

集 部 二 十 三

別集類二十三

岷泉集四卷①（江西巡撫採進本）②

明張宇初撰。宇初字子璿，貴溪人。張道陵四十三世孫。
洪武十年襲掌道教，永樂八年卒。《明史·方技傳》附見其父
正常《傳》中。稱其“建文時，嘗坐不法，奪印誥。成祖即位，復
之。”又稱其“嘗受道法於長春真人劉淵然，後與淵然不協，互
相詆訐”。其人品頗不純粹，然其文章乃斐然可觀。其中若
《太極釋》、《先天圖論》、《河圖原辨》、《荀子辨》、《陰符經》諸
篇，皆有合於儒者之言。《問神》一篇，悉本程、朱之理，未嘗以
雲師、風伯荒怪之說張大其教。以視誦周、孔之書而混淆儒、
墨之界者，實轉為勝之。韓愈《送浮屠文暢序》稱：“人有儒名
而墨行者③，問其名則是，校其行則非；有墨名而儒行者，問其
名則非，校其行則是。”然則若宇初者，其言既合於理，寧可以
異端之故，併斥其文乎？朱彝尊《明詩綜》稱：“其集二十卷，詩
居其半，王紳為之序。”此本皆所作雜文，惟末附歌行數十首。
卷首雖載紳序，而二十卷之舊已不復存，蓋又掇拾重編之
本矣④。

【彙訂】

①　文淵閣庫書與殿本此條及下條"唐愚士詩二卷附會稽懷古詩一卷"均置於"野古集三卷"條之後。

②　"江西巡撫採進本"，殿本作"江蘇巡撫採進本"。此書《四庫採進書目》中"江西巡撫海第二次呈送書目"、"江蘇採輯遺書目錄簡目"皆有著錄。作者張宇初為江西貴溪人，疑當從底本。（江慶柏：《殿本、浙本〈四庫全書總目〉著錄圖書進獻者主名異同考》）

③　"人"，殿本脱，據韓愈《昌黎集》卷二十《送浮屠文暢師序》原文。

④　《道藏·正乙部》"轉"、"疑"字帙收有張宇初撰《峴泉集》十二卷，所錄詩文歌詞凡三百九十八篇，其中歌行、絕、律凡二百餘首，與《明詩綜》"詩居其半"之說正合，當為原本無疑。朱氏所謂"二十卷"或為"十二卷"之誤。（張壽林：《峴泉集提要》）

唐愚士詩二卷附會稽懷古詩一卷（江蘇巡撫採進本）

明唐之淳撰。之淳字愚士，亦以字行，山陰人。肅之子也。建文初，詔詞臣修《鑑戒錄》，方孝孺薦之，授翰林院侍讀，與孝孺同領書局，卒於官。《明史·文苑傳》附載《王行傳》中。徐楨〔禎〕卿《翦勝野聞》載"明太祖以布囊貯之淳，夜越宮牆入便殿，點竄十王冊文"一事，其事荒誕不經，殆委巷小人因之淳文思敏捷，造是妄語。張芹《遺忠錄》稱："洪武中有薦之者，謝不就，曹國公李景隆俾其子師焉。征行四方皆與俱，歷燕、薊、秦、周，覽前代遺蹟，援筆而賦，淩轢一時。"考《明史·李文忠傳》，景隆以洪武十九年襲封曹國公，不載其北征事。惟《馮勝傳》載洪武二十年與傅友德、藍玉、趙庸等北征,常茂、李景隆、鄧鎮皆從。是年歲在丁卯,與集中《寓寧軒記》所載洪武丁卯相合,當即其時也。是集僅其丁卯、戊辰二年所作,似非完本。又詩文相閒成編,而總題曰“詩”,亦非體例。疑當日雜錄手槀,存此一帙,後人因鈔傳之,故編次叢雜如此歟?其詩雖未經簡汰,金礫併存,而氣格質實,無元季纖穠之習。其塞外諸作,山川物產,尤足以資考核。《會稽懷古詩》一卷,乃其少作。凡五言古詩三十首,題下各有小序,倣阮閱、曾極、張堯同之例。其中如《舜廟》不取地志“象耕”之説[①]、《禹廟》不取“禹穴藏書”之説,皆為有識。此卷本於集外別行,然篇頁寥寥,今綴於集後。末附長洲戴冠和詩三十首。大抵湊泊成篇,不及之淳原唱。以舊本所有,姑亦並存焉[②]。

【彙訂】

① “象耕”,底本作“耕象”,據殿本改。《文選·吳都賦》:“象耕鳥耘,此之自與。”李善註引《越絕書》:“舜死蒼梧,象為之耕;禹葬會稽,鳥為之耘。”

② 文淵閣庫書作《唐愚士詩》四卷,無《會稽懷古詩》、戴冠和詩。(沈治宏:《〈四庫全書總目〉集部著錄圖書失誤原因析》)

繼志齋集十二卷附錄一卷(兩淮鹽政採進本)[①]

明王紳撰。紳字仲縉,義烏人,待制禕之仲子。《明史》附見《禕傳》,稱:“禕死時,紳年十三。事母兄盡孝友。長博學,受業於宋濂。濂器之曰:‘吾友不亡矣!’蜀獻王聘紳,待以客禮。紳啟王往雲南求父遺骸,不獲,述《滇南痛哭記》以歸。建文帝時,用薦召為國子博士,預修《太祖實錄》,獻《大明鐃歌鼓吹曲》十二章,卒於官。"王泌《東朝記》以為"成祖召入翰林,編摩《太祖實錄》"者,誤也。其集冠以《鐃歌》十二首,即建文初所獻,次為賦二篇,次為古今體詩及諸雜文,末為《附錄》一卷。紳,名父之子,又師承有自。其文演迤豐蔚,不失家法。詩亦有陶、韋風致,無元季纖穠之習。在洪武、建文之時,卓然自為一家,不但行誼之高也。名其齋曰"繼志",可謂無忝所生矣。

【彙訂】

① 底本此條與文淵閣庫書次序不符。文淵閣庫書與殿本均置於"滎陽外史集七十卷"條之後。文淵閣《四庫》本實僅九卷,無附錄。書前提要云:"原目十二卷……其集殘缺失次,僅存九卷。"(修世平、張蘭俊:《〈四庫全書總目〉訂誤二十四則》;趙萬里:《〈繼志齋集〉提要》)

練中丞集二卷(兩淮馬裕家藏本)①

明練子寧撰。子寧名安,以字行,號松月居士,新淦人。洪武乙丑進士。建文時官左副都御史,燕兵入,殉節死。事迹具《明史》本傳。當燕王篡立之初,誣建文諸臣為姦黨,禁其文字甚嚴。宏治中,王佐始輯其遺文,名曰《金川玉屑》。故徐泰《詩說》有"金川練子寧《玉屑》無多,為世所寶之"語。此本乃泰和郭子章重編,附以《遺事》一卷,其裔孫綺復增輯之。黃溥《簡籍遺聞》嘗記集中可疑者三事:一曰《送花狀元歸娶》詩,謂洪武辛亥至建文庚辰,狀元但有吳伯宗、丁顯、任亨泰、許觀、張信、陳䢺、胡靖七人,無所謂狀元花綸。綸乃洪武十七年浙江鄉試第二人,不應有奉詔歸娶事。一曰《故耆老理庭黃公墓志》,謂子寧及第在洪武十八年,此志後題"洪武丙辰三月之吉",乃洪武九年,不應結銜稱"賜進士及第授翰林院修撰"。一曰集後《雜考》，引葉盛《水東日記》載長樂鄭氏有手卷，練子寧賦，張顯宗跋，稱顯宗狀元及第，洪武時亦無此狀元。其言頗核。蓋子寧一代偉人，人爭依託，因而影撰者有之，然終不以偽廢其真也②。

【彙訂】

①　底本此條與文淵閣庫書次序不符。文淵閣庫書與殿本均置於"遜志齋集二十四卷"條之後。

②　花綸為洪武乙丑科探花，張顯宗乃洪武辛未科榜眼，宋、明時以一甲三人皆稱狀元，又《故耆老理庭黃公墓志》雖作於九年，而結銜或其子孫後來所增加，皆不足為怪。（余嘉錫：《四庫提要辨證》）

遜志齋集二十四卷（內府藏本）

明方孝孺撰。孝孺有《雜誡》，已著錄。是集凡雜著八卷，書三卷，序三卷，記三卷，題跋一卷，贊一卷，祭文、誄、哀辭一卷，行狀、傳一卷，碑、表、志一卷，古體詩一卷，近體詩一卷①。史稱孝孺殉節後，文禁甚嚴。其門人王稌藏其遺稾，宣德後始稍傳播，故其中闕文脫簡頗多。原本凡三十卷，《拾遺》十卷，乃黃孔昭、謝鐸所編。此本併為二十四卷，則正德中顧璘守台州時所重刊也。孝孺學術醇正，而文章乃縱橫豪放，頗出入於東坡、龍川之間。蓋其志在於駕軼漢唐，銳復三代，故其毅然自命之氣，發揚蹈厲，時露於筆墨之間。故鄭瑗《井觀瑣言》稱②："其志高氣銳，而詞鋒浩然，足以發之。然聖人之道，與時偕行。周去唐、虞僅千年，《周禮》一書已不全用唐、虞之法。明去周幾三千年，勢移事變，不知凡幾。而乃與惠帝講求六官，改制定禮。即使燕兵不起，其所設施，亦未必能致太平。正不必執講學家門户之見，曲為之諱。惟是燕王篡立之初，齊、黃諸人為所切齒，即委蛇求活，亦勢不能存。若孝孺則深欲藉其聲名，俾草詔以欺天下。使稍稍遷就，未必不接跡‘三楊’。而致命成仁，遂湛十族而不悔。語其氣節，可謂貫金石，動天地矣。文以人重，則斯集固懸諸日月，不可磨滅之書也。”都穆《南濠詩話》曰：“《方正學先生集》，傳之天下，人人知愛誦之。但其中多雜以他人之詩，如《勉學》二十四首，乃陳子平作；《漁樵》一首，乃楊孟載作；又有《牧牛圖》一絶，亦元人作。”然兩集互見，古人多有。今姑仍原本錄之，而附存穆説備考焉。

【彙訂】

① 文淵閣《四庫》本卷九為表、箋、啟、書上，卷二十四為古詩下、律詩、絶句。

②“故”，殿本無。

貞白遺藁十卷附顯忠錄二卷（浙江孫仰曾家藏本）①

明程通撰。通字彦亨，貞白其齋名也，績溪人。洪武乙丑貢入太學，庚午舉應天鄉試。時方遣諸王將兵，因以封建策貢士於廷，通所對稱旨，擢第一。授遼府紀善，進左長史。燕王叛後，通上書數千言，論戰守大計。永樂初，錦衣衛都督紀綱發其事，詔械通詣京師，與二子俱論死。事迹具《明史》本傳。所著述凡百餘卷，悉毀於官。後十年，其弟赴荆州，遼王以所圖通像及遺藁授之。嘉靖中，黨禁漸弛，其從孫長等乃搜訪佚篇，裒為六卷。附以遼王並同時諸人贈言及行狀、小傳等篇，別為四卷。天啟中，其裔孫樞及子應階又集前後建祠請諡之文，為《顯忠錄》二卷,附綴於末,即此本也。初,通以祖平久戍,陳情乞賜還鄉,人稱其孝。及建文中,遭逢國難,上防禦封事,而卒以是死,人稱其忠。今陳情之表具在,而封事獨有題無文。蓋嘉靖中刻集時,猶有所諱而不敢存也。《封建》二策,乃其受知於太祖者,持議頗正。其他詩文,亦俱醇樸有法。雖所存無多,而大節凜然,有不僅以詞章論者。固宜與方、練諸集並傳不朽矣。

【彙訂】

① 文淵閣《四庫》本無《顯忠錄》二卷。(沈治宏:《〈四庫全書總目〉集部著錄圖書失誤原因析》)

靜學文集一卷(兩淮馬裕家藏本)

明王叔英撰。叔英名原采,以字行①,黃巖人。洪武中,與楊大中、葉見泰、方孝孺、林佑並徵至,叔英固辭還鄉。後以薦官仙居訓導,改德安教授,遷漢陽知縣。建文時,召為翰林修撰。燕兵至淮,奉詔募兵。行至廣德,會齊泰來奔,知事不可為,乃書絕命詞,自經於元妙觀。邏捕其家,妻金氏及二女並殉焉。事迹具《明史》本傳。乾隆四十一年,賜諡忠節。史稱叔英在建文朝嘗上《資治八策》。又稱方孝孺欲行井田,叔英貽之書曰:"事有行於古亦可行於今者,夏時、周冕之類是也;有行於古而不可行於今者,井田、封建之類是也。可行者行則人之從之也易,而民受其利;難行者行則人之從之也難,而民受其患。"云云。今是集三十篇,僅存序、記二體,而所上《八策》及《貽孝孺書》並無之。案,徐敬孚跋稱楊士奇嘗欲纂集叔英之文,求無完本,深悼惜之。成化年,有謝世修者,欲募刻以廣其傳。蓋搜葺重編,非其舊本。卷首林佑序作於洪武中者,乃後人所錄入,非即為此本作也。叔英嘗自云：「趙孟之貴非所慕，陶朱之富非所願。使吾文如聖賢，是吾心也。」今觀是集，大抵皆規橅昌黎，稍失之拘，而簡樸有度，非漫無裁制者比。所存雖少，已可以見其生平矣。前有黃縉所為《傳》，稱其「文章有原本，知時達勢，為用世之儒」，蓋不誣云。

【彙訂】

① 王叔英之名與字，記載歧異。《明史》本傳及葉盛《水東日記》卷二一，均作「王叔英，字原彩」。黃縉《靜學王公元彩傳》（載《國朝獻徵錄》卷二一）作「諱元彩，字叔英，號靜學」。鄭曉《王公叔英傳》（載《國朝獻徵錄》卷二一）又作「王公叔英，字元彩」。正統中楊士奇題其墓曰：「嗚呼，翰林修撰王元采之墓。」按，明李詡《戒菴漫筆》卷一「國初諱用『元』字」條，言明初「惡勝國之號」，改「元」字為「原」字。《日知錄》卷三二「元」字條亦云：「洪武中，臣下有稱元任官者，嫌於元朝之官，故改此字（按即改為「原」字）。」王叔英生於元代，入明為官，為避時忌，改其原名「元彩」為「原彩」，或棄置其名而以字行，自屬必然之事。（楊武泉：《四庫全書總目辨誤》）

芻蕘集六卷（江西巡撫採進本）

明周是修撰。是修有《綱常懿範》，已著錄。是集為其孫應竉所編。凡詩三卷，賦及雜文共三卷。大抵風骨棱棱，溢於楮墨，望而知為忠臣義士之文。其矩度波瀾，亦具合古法，不在當時作者下。世不甚稱，殆轉以氣節掩歟？史稱是修由霍邱訓導遷周王府紀善。王多不法，是修動繩以禮。今觀集中，《修己十箴》與《保國直言》二篇，蓋即是時之所作。其剛正不阿，不待後來始見矣。末附解縉所作《誌銘》及楊士奇所作《傳》。《誌銘》但稱歸京師，為紀善，預翰林纂修以死，竟不言其殉節。《傳》乃言其自經應天府學。蓋縉作《志》在永樂元年[1]，時黨禁方嚴，故諱其事。士奇作《傳》則在宣德四年，時公論稍明，故著其實也。《傳》又稱"是修數論國家大計，至指斥用事者誤國，用事者怒，眾共挫折之"云云，於當時情事，亦得其真。雖是修精貫三光，不待二人之文而顯，二人之文尤不足以榮是修。然有誓死不死者，而後見真能死者之難；有委曲以文其不死者，而後見慷慨就死者之不媿不怍。並錄存之，亦可以相形而益彰矣。

【彙訂】

①　"元年"，底本作"九年"，據殿本改。周是修卒於建文四年，墓誌銘應撰於次年。《明史》卷一四八解縉本傳載："（永樂八年）漢王言縉伺上出，私覲太子，徑歸，無人臣禮。帝怒……奏至，逮縉下詔獄，拷掠備至……十三年，錦衣衛帥紀綱上囚籍，帝見縉姓名曰：'縉猶在耶？'綱遂醉縉酒，埋積雪中，立死。年四十七。"是解縉八年至十三年間皆繫於獄中。

巽隱集四卷（浙江巡撫採進本）

明程本立撰。本立字原道，巽隱其號也，桐鄉人[1]。洪武九年，以明經擢秦王府引禮舍人，以母憂去。復補周府禮官，坐累謫雲南馬龍他郎甸長官司吏目。有平定百夷功，徵入翰林。歷官至右僉都御史，調江西按察副使。未行，值燕王篡位，遂自盡以殉。事迹具《明史》本傳。是集詩二卷、文二卷，為其曾孫山所編。宏治乙丑，桐鄉知縣莆田李廷梧序之。嘉靖初，南溪吳氏為刊版，西虞范氏又重刊之。歲久皆散佚。此本乃萬曆乙丑桐鄉知縣濮陽棐得遺槀於其裔孫九澤，而屬訓導李詩校刊者也[2]。

本立文章典雅，詩亦深穩樸健，頗近唐音。不但節義為足重，即以詞采而論，位置於明初作者之間，亦無媿色矣。

【彙訂】

①《明史·程本立傳》云："崇德人。"《明一統志》卷三九《嘉興府·人物》程本立條、清盧標《嫠志粹》卷九《貞義人物·程本立傳》，亦均云："崇德人。"《巽隱集》卷三《重題同壽堂記》云："予先世與蔡氏（按即同壽堂主人）居汴，同扈蹕南渡，同來崇德。"可知程本立之籍貫繫於崇德。《明史·地理志》："桐鄉，府西少南，宣德五年三月，以崇德縣之鳳鳴鄉置。"宣德五年上距程本立自殺之建文四年，尚有二十八年。（楊武泉：《四庫全書總目辨誤》）

② 嘉靖吳昂刻本今存。萬曆無乙丑，乙丑為嘉靖四十四年或天啟五年。檢光緒《桐鄉縣志》卷八《職官表》，南直隸廣德州人貢生濮陽棐，於隆慶五年為桐鄉知縣。濮陽棐刻本乃萬曆元年癸酉所刊。（楊武泉：《四庫全書總目辨誤》；崔建英等：《明別集版本志》）

易齋集二卷（浙江巡撫採進本）

明劉璟撰。璟字仲璟，青田人，誠意伯基之次子。洪武二十三年，太祖命襲父爵，以讓其兄子廌，乃特設閤門使授之，尋為谷王府左長史。燕王稱兵，隨谷王歸京師，令參李景隆軍事。兵敗，上書不見省，遂歸里。燕王即位，召之，稱疾不至。逮入京，下獄，自經死。乾隆四十一年，賜諡忠節。事迹附見《明史·劉基傳》。其遺文久佚不傳。明末，楊文驄令青田，從諸生蔣芳華家得鈔本，始以授梓①。考黃虞稷《千頃堂書目》載璟集十卷，疑此尚非完帙。又別有《無隱稾》一卷,今佚不見。其與此本同異,亦莫可考也。璟少通諸經,慷慨喜談兵,太祖嘗以為"真伯温子"。而詩文傷於桲率,頗遜其父。天台盧廷綱稱其詩云:"酒酣落筆詞愈工,命意不與常人同。清如冰甌玉碗貯繁露,和如大廷清廟鳴絲桐。疾如黃河怒風捲濤浪,麗如錦江秋水涵芙蓉。"雖譽之未免過實,然其氣勢蒼勁,兀傲不群,猶有《覆瓿集》之一體。且其值革除之際,捐生完節,不墜家聲,尤宜以其人而重之矣。

【彙訂】

① 今存明初刻本《易齋稾》十卷《附錄》一卷。(崔建英等:《明別集版本志》)

野古集三卷(內府藏本)

明龔詡撰。詡字大章,崑山人。父嘗,洪武中官給事中,以言事遣戍五開衛,詡遂隸軍籍。後調守金川門。燕王篡位,詡變姓名遁歸,賣藥授徒以自給。正統己未,巡撫周忱薦為松江學官,不就。又薦為太倉學官,亦不就。嘗語都御史吳訥曰:"詡仕無害於義,但恐負當日城門一慟耳。"成化己丑始卒,年八十八。《明史》附載《牛景先傳》①。是集乃崇禎乙亥其八世從孫挺所刻。前有李繼貞序,稱"刪其十之二三"。蓋詡詩格調在《長慶集》、《擊壤集》閒,其傷於鄙俚淺率者,繼貞稍汰之也。要其性情深摯,直抒胸臆。律以選聲配色,雕章琢句,誠不能與文士爭工;律以綱常名教之旨,則不合於風人者尠矣。末附《上周忱書》及王執禮、張大復等所作家傳、墓誌、謚議、像贊等篇。又有《年譜》,稱詡族姪絨所編。於建文四年,稱:"傳言乘輿遜去";於正統七年,稱"舊君還京,先生作《落葉吟》見意"。案,絨之作譜在成化十三年，楊應能事應久已論定，不應有"舊君還京"之語②。且《落葉》一詩本無明指，安知非別有託諷。而顧據斷為惠帝出奔還京之作③，亦未見其然。此《譜》於康熙乙巳挺得本於其族弟維則，故崇禎乙亥原刻《總目》不與墓銘、家傳等並列。觀是一條，其真為綬作與否，猶在兩可閒也。疑以傳疑，姑並存之而已。

【彙訂】

①　道光《昆(山)新(陽)兩縣志》卷二三《人物·卓行·龔詡傳》載，詡卒於成化三年，年八十八。同治《蘇州府志》卷九一《昆山·人物·龔詡傳》云："成化三年，年八十八，整衣端坐，口誦《大學》首章而逝。"成化三年歲次丁亥，非己丑，己丑乃成化五年。《明史·牛景先傳》並未附載龔詡傳記，且未提龔詡其人(《明史》僅《藝文志》提到龔詡《野古集》)。(楊武泉：《四庫全書總目辨誤》)

②　正統五年十一月，原籍鈞州(今河南禹州市)僧楊行祥，年九十餘，詭稱建文皇帝，由滇押解至京，被驗識破下獄死，同謀僧十二人戍遼東。其事詳載於《明宗錄》正統五年十一月丁巳條。《明史·龔閔帝紀》、《英宗前紀》所載並同。談遷《國榷》卷二四所載亦同，惟僧名作"楊應祥"。薛應旂《憲章錄》卷二四所載亦同，但僧名作"楊應能"。沈德符《萬曆野獲編》卷一"建文帝出亡"條，謂事發在正統十二年。明張朝瑞《忠節錄》卷六又謂在天順中。諸說紛紜，惟《明實錄》據當時檔案紀錄，為得其實。王世貞《弇山堂別集》卷二一《史乘考誤二》，謂僧名楊行祥，事發在正統五年，以駁薛應旂《憲章錄》之非，皆是。(同上)

③　殿本"據"下有"此"字。

案，練子寧以下諸人，據其通籍之年，蓋有在解縉諸人之後者①。然一則死革除之禍，效命於故君；一則迎靖難之師，貢媚於新主。薰蕕同器，於義未安。故分列編之，使各從其類。至龔詡卒於成化己丑，更遠在縉等之後，今亦升列於縉前②，用以昭名教是非，千秋論定。紆青拖紫之榮，竟不能與荷戟老兵爭此一紙之先後也。

【彙訂】

① "之"，殿本無。

② "今亦升列於縉前"，殿本作"今亦升列縉等前"。

文毅集十六卷（江西巡撫採進本）

明解縉撰。縉字大紳，吉水人。洪武戊辰進士，永樂初官翰林學士，出為江西參議①，改交阯。為漢王高煦所譖，下獄死。事迹具《明史》本傳②。縉所著有《白雲稾》、《東山集》、《太平奏疏》等書，歿後多散佚。天順初，金城黃諫始輯其遺文為三十卷，後亦漸湮③。嘉靖中，同邑羅洪先復與縉從孫相輯成十卷④。《千頃堂書目》又載有《似羅隱集》一卷、《學士集》二十卷，今並未見。此本十六卷，則康熙戊戌其十世孫悅所補輯也⑤。縉才氣放逸，下筆不能自休，當時有才子之目。迄今委巷流傳其少年夙慧諸事，率多鄙誕不經。故李東陽《懷麓堂詩話》謂其"詩無全稾，真偽相半"，蓋出於後人竄亂者為多。然其中佳句閒存，亦復不減作者。至其奏議，如《大庖西封事》、《白李善長冤》諸篇，俱明白剴切。黃汝亨《狂言紀略》詆其"文義繁縟，使當賈長沙，直是奴隸"，苛矣。又案《大庖西封事》中有云："陛下好觀《韻府》雜書，鈔輯穢蕪，略無文彩。若喜其便於檢閱，願集一二儒英，隨事類別，勒成一經。"云云。其後成祖修《永樂大典》，縉實為總裁官。果用分韻編類之法,勒為巨帙⑥。一切遺文墜簡,竟賴以傳於今日,以待聖朝之表章。即以功在典籍而論,其著作亦宜存錄,可不必銖銖兩兩而繩之也。

【彙訂】

①《明史》卷一四七本傳與卷六《成祖本紀》均作廣西參議,《文溯閣提要》不誤。(袁芸:《〈文溯閣四庫全書提要〉別集類辨證》)

② 依《總目》體例,當作“縉有《春雨雜述》,已著錄。”

③ 天順初黃諫輯本今存。(朱家濂:《讀〈四庫提要〉札記》)

④ 據嘉靖四十一年羅洪先《重刻解學士文集序》,“相”當作“桐”。(王重民:《中國善本書提要》)

⑤ “補輯”,殿本作“纂輯”。乾隆朝編纂《四庫全書》時明嘉靖刊本《解學士集》尚存世。據文淵閣《四庫》本此集乾隆丁亥(三十二年)解縉十一世孫韜跋,可知所據非康熙戊戌解悅所輯之本,乃解韜重修之本。(羅琳:《四庫全書》的“分纂提要”、“原本提要”、“總目提要”之間的差異)

⑥ 既曰“隨事類別”,則是類書而非韻書,“分韻編類”非其原議。(胡玉縉:《四庫全書總目提要補正》)

虛舟集五卷(山東巡撫採進本)

明王偁撰。偁字孟揚,永福人。元潮州總管翰之子。翰於明初抗節死,偁生甫六齡,其母教之讀書。洪武庚午,領鄉薦,乞歸養母。成祖即位,徵至京師,授國史院檢討,充《永樂大典》副總裁。後坐解縉黨,下獄死。偁為“閩中十子”之一,《明史·文苑傳》附見《林鴻傳》中①。是編乃其詩集。前有王汝玉序。又有解縉序二篇，一題《虛舟集序》，一題《王孟揚文集序》。又有宏治六年桑懌序②，則為袁州守王世英翻刻《虛舟集》而作。不言其別有文集，蓋當時已失傳矣。集末附《書評》及《自述誄》各一首。俌與解縉友善，其才氣學問，約略相似，卒同被讒譖以死。然縉詩頗傷剽直，俌詩恬和安雅，殆為勝之。《自述》稱："服群聖，獵百家，窮幽明，每遇登高弔古，慨然發其悲壯愉樂，一寓於文若詩。"其命意亦殊不凡。故集中若《感遇》諸作，規橅拾遺；《詠史》數篇，步趨記室；《將進酒》、《行路難》等亦頗出入於太白。雖未必盡合古人，而意度波瀾，時復具體，固不比於優孟衣冠也。

【彙訂】

①《明史·林鴻傳》云："王稱字孟敭，父翰，仕元抗節死，俌方九歲，父友吳海撫教之。"《吳海傳》云："與永福王翰善。翰嘗仕元，海數勸之死，翰果自裁，海教養其子俌，卒底成立。"《虛舟集》卷五《自述誄》云："王俌，字孟揚……先府君……歷江南福建行省郎中，至階朝列大夫潮州路總管……度時不可為，浮海去之。道闊，闔父老遮留。退居永福山中，為黃冠服者十年。朝廷聘之，恥為二姓臣，遂自引決。嗚呼！是時俌方生九齡，家毅然壁立，太夫人守節自誓，艱難備嘗。"《總目》卷一六八《友石山人遺槀》條亦云："元王翰撰……洪武開辟書再至，翰以幼子俌託其故人吳海，遂自引決。"可知王俌父死時年九歲，乃父友吳海撫教之。（胡玉縉：《四庫全書總目提要補正》；楊武泉：《四庫全書總目辨誤》）

② 桑懌乃桑悅（字民懌）之誤，説詳卷一二六《戲瑕》條注。

王舍人詩集五卷（浙江巡撫採進本）

明王紱撰。紱字孟端，無錫人，別號友石生，又曰九龍山人。

洪武中，徵至京師，尋坐累戍朔州。永樂初，用薦以善書供事文淵閣。久之，除中書舍人，卒於官。事迹具《明史·文苑傳》。集為其子默所編，又名《友石山房槀》。前有曾棨、王進序，後附章昞如、胡廣等所作《行狀》《墓表》。紱博學工書畫，所作山水竹石，風韻蕭灑，妙絕一時，說者謂可繼其鄉倪瓚。其詩雖結體稍弱，而清雅有餘。蓋其神思本清，故雖長篇短什，隨意擂染，不盡計其工拙，而擺落塵氛，自然合度。都穆《南濠詩話》獨稱《寄別娶婦者》一絕，則儈父面目，不足以見紱之長矣。

泊菴集十六卷（江西巡撫採進本）

明梁潛撰。潛字用之，泰和人。洪武丙子舉人，授蒼溪訓導，歷知四會、陽江、陽春三縣。永樂初，召修《太祖實錄》，累遷右春坊右贊善。會修《永樂大典》，代禮部尚書鄭賜為總裁，陞侍讀。永樂十五年北征，仁宗監國，以釋陳千戶事牽連坐死。事迹附見《明史·鄒濟傳》。是集前有王直、胡儼二序。儼序稱為潛子棨所編。考蕭鎡《尚約居士集》有《陳循墓誌》，稱"梁公潛以職務違錯，被逮且籍之。梁平日所作詩文，悉估書册，賣錢入官。循遣人訪求，倍價贖還。今鋟梓以傳者，循所贖也"云云。則其槀為潛所自編，因循而傳於世。儼序不載其事，而但稱其文章遭際，蓋諱言其賜死耳。潛文格清雋，而兼有縱橫浩瀚之氣，在明初可自成一隊。故鄭瑗《井觀瑣言》稱其"豐贍委曲，亦當代一作家"。楊士奇《潛墓誌》稱其"為文章，馳騁司馬子長、韓退之、蘇子瞻，亦閒出莊、列為奇，務去陳言出新意。古詩高處逼晉、宋。"此本有文無詩。集末有康熙辛酉潛裔孫天清《續刻家集小引》云："泊菴公詩集已瘞文冢，不復存人閒。"則舊本久佚矣。

毅齋詩文集八卷附錄一卷（兩淮鹽政採進本）

明王洪撰。洪字希范，錢塘人。年十八，舉洪武丁丑進士。授行人，尋擢吏科給事中。以薦入翰林，由檢討歷官修撰、侍講，為《永樂大典》副總裁官。《明史·文苑傳》附載《林鴻傳》中，稱：“成祖嘗命洪為文，洪逡巡不應詔。為同列所排，不復進用。”而是集有劉公潛所作輓詩序及莫琚後跋，乃言：“洪預修國史，會大臣欲載其家瑞異入日曆中，洪持不可。至聞於成祖前，坐謫禮部主事，卒於官。”曾棨挽洪詩所謂“玉堂分職見孤忠”，亦指是事，《明史》蓋偶遺也。此集即莫琚所編。雜文皆樸雅，駢體亦工。詩尤具有唐格，而不為林鴻、高棅之鉤摹。其《序文》及《序書》二篇，立論具見根柢。其《序胡儼詩集》謂：“至元、天曆間，趙、虞、范、揭各鳴一時之盛。及其衰也，學者以麤豪為壯，以尖新為奇，語言纖薄，音律怗懘。”論元末之弊，至為切中。則洪之所見，高出當日遠矣。雖名位不昌，要為有明初年屹然一作者。《明史·文苑傳》稱：“王偁預修《永樂大典》，學博才雄，自負無輩行，獨推讓同官王洪。”則洪之文章概可見矣。

頤菴文選二卷（兩淮鹽政採進本）

明胡儼撰。儼字若思，南昌人。洪武末，以舉人授華亭教諭。永樂初，擢翰林院檢討，與解縉等同直內閣，遷國子祭酒。洪熙元年，加太子賓客，致仕，家居二十年而卒。事迹具《明史》本傳。史稱儼“少嗜學，於象緯、占候、律算、醫卜之術無不通曉”。又稱：“是時海內混一，垂五十年，公卿大夫彬彬多文學之士。儼館閣宿儒，朝廷大著作多出其手。纂修《太祖實錄》、《永樂大典》，皆為總裁官。”而以議論戇直，為同僚所不容。故久於國學，未能大用。其詩頗近江西一派，詞旨高邁。寄託深遠，與"三楊"之和平安雅者氣象稍殊。文章則得法於熊釗，釗學於虞集，授受淵源，相承有自。故其氣格高老，律度謹嚴，可以追蹤作者，卓然為明初之一家。《明史·藝文志》載《頤菴集》本三十卷。此集詩、文各止一卷，乃後人選本，非其全帙。然嘗鼎一臠，亦足以知其概矣。

青城山人集八卷（兩淮鹽政採進本）

明王璲撰。璲字汝玉，長洲人。洪武中，舉浙江鄉試，以薦攝府學教授，改應天訓導。永樂初，擢翰林五經博士，官至左春坊左贊善。後坐解縉累，下詔獄瘐死。洪熙初，贈太子賓客，諡文靖。事迹附見《明史·鄒濟傳》。史稱璲"少從楊維楨學。嘗應制撰《神龜賦》，璲第一，解縉次之"。其文采為當世所重。然所著詩橐散佚。正統十二年，其孫鍾始裒次為編[①]，其姻家華靖刪定為八卷，即此本也。《靜志居詩話》稱其詩"不費冥索，斤斤唐人之調"。吳人徐用理集永樂後詩家三百三十人，以璲壓卷。今觀其詩，音節色澤，皆合古格，誠有擬議而不能變化者。然當元季詩格靡麗之餘，能毅然以六代、三唐為楷模，亦卓然特立之士，又不得以王[②]、李流弊預繩明初人矣。

【彙訂】

① 明正統十二年刻本此集有王鎧序，"鎧"當作"鎧"。（王重民：《中國善本書提要》）

② "得"，殿本無。

東里全集九十七卷別集四卷（江蘇巡撫採進本）[①]

明楊士奇撰。士奇有《三朝聖諭錄》，已著錄。明初"三楊"

並稱,而士奇文章特優,制誥碑版,多出其手。仁宗雅好歐陽修
文,士奇文亦平正紆餘,得其髣髴。故鄭瑗《井觀瑣言》稱:"其文
典則,無浮泛之病。雜錄敍事,極平穩不費力。後來館閣著作,
沿為流派,遂為'七子'之口實。"然李夢陽詩云:"宣德文體多渾
淪,偉哉東里廊廟珍",亦不盡沒其所長。蓋其文雖乏新裁,而不
失古格。前輩典型,遂主持數十年之風氣,非偶然也。集分正、
續二編。正集所載較少,續集幾至倍之。其《別集》四種,一即
《代言錄》,一為《聖諭錄》,一為《奏對錄》,一為士奇傳志諸文,綴
於末為《附錄》。李東陽《懷麓堂詩話》曰:"楊文貞《東里集》,手
自選擇,刻之廣東,為人竄入數首。後其子孫又刻為《續集》,非
公意也。"然則《續集》乃士奇所自芟棄,非盡得意之作。以其搜
羅較富,往往有足備考核者,故仍其舊并錄之焉。

【彙訂】

①　文淵閣《四庫》本為《東里全集》九十卷別集三卷,書前提
要云九十三卷。(修世平:《〈四庫全書總目〉訂誤十七則》,圖)

楊文敏集二十五卷(福建巡撫採進本)

明楊榮撰。榮有《後北征記》,已著錄。榮當明全盛之日,歷
事四朝,恩禮始終無閒。儒生遭遇,可謂至榮。故發為文章,具
有富貴福澤之氣。應制諸作,渢渢雅音。其他詩文,亦皆雍容平
易,肖其為人。雖無深湛幽渺之思,縱橫馳驟之才,足以震耀一
世。而逶迤有度,醇實無疵,臺閣之文所由與山林枯槁者異也。
與楊士奇同主一代之文柄,亦有由矣。柄國既久,晚進者遞相摹
擬,"城中高髻,四方一尺"。餘波所衍,漸流為膚廓冗長,千篇一
律。物窮則變,於是何、李崛起,倡為復古之論,而士奇、榮等遂

為藝林之口實。平心而論，凡文章之力，足以轉移一世者，其始也必能自成一家，其久也亦無不生弊。微獨東里一派，即前、後七子亦孰不皆然。不可以前人之盛，並回護後來之衰；亦不可以後來之衰，並掩沒前人之盛也。亦何容以末流放失①，遽病士奇與榮哉！

【彙訂】

①"亦"，殿本作"又"。

省愆集二卷（江西巡撫採進本）

明黃淮撰。淮字宗豫，永嘉人。洪武丁丑進士，除中書舍人。燕王篡位①，命入直文淵閣，陞翰林院編修，累進右春坊、大學士，輔皇太子監國。為漢王高煦所譖，坐繫詔獄十年。洪熙初復官，授武英殿大學士，累加少保，卒諡文簡。事迹具《明史》本傳。淮當革除之際，身事兩朝，不免為白圭之玷。史又言淮"性頗隘，同列有小過，輒以聞"。解縉之死，淮有力焉，人品亦不甚醇。然通達治體，多所獻替。其輔導仁宗，從容調護，尤為有功。雖以是被謗獲罪，而賜環以後，復躋禁近。迨至引年歸里，受三朝寵遇者，又數十年。遭際之隆，幾與"三楊"相埒。其文章舂容安雅，亦與"三楊"體格略同。此集乃其繫獄時所作，故以《省愆》為名。當患難幽憂之日，而和平溫厚，無所怨尤，可謂不失風人之旨。故特存之，以見其著作之梗概。至其《退直》、《入覲》、《歸田》三藁同編為《介菴集》者，門徑與"三楊"不異。《東里》諸集既已著錄，則是可姑置焉。

【彙訂】

①"篡位"，殿本作"篡立"。

金文靖集十卷（江西巡撫採進本）

明金幼孜撰。幼孜有《北征錄》，已著錄。幼孜在洪武、建文之時，無所表見。至永樂以迄宣德，皆掌文翰機密，與楊士奇諸人相亞。其文章邊幅稍狹，不及士奇諸人之博大，而雍容雅步[①]，頗亦肩隨。蓋其時明運方興，故廊廟廣颺，具有氣象，操觚者亦不知也。《千頃堂書目》載《幼孜集》十卷又《外集》一卷，又《北征集》一卷。今《外集》未見。朱彝尊《靜志居詩話》稱其《北征集》：“大漠窮沙，靡不身歷，時露悲壯之音。”則彝尊猶及見之，今亦未見。是編為其子昭伯所輯，詩文多應制之作，蓋即黃虞稷所謂十卷之本。別冠以《三朝恩榮錄》一卷，則其敕諭、誥命、祭文、像贊、神道碑之屬。幼孜事迹已詳《明史》。核以本傳，多其子孫夸侈之詞，無關考證。今刪去不載，惟以本集著錄焉。

【彙訂】

① “雍容”，殿本作“從容”。

夏忠靖集六卷附錄一卷（浙江巡撫採進本）[①]

明夏原吉撰。原吉字維喆，湘陰人。以鄉薦遊太學，選授戶部主事。燕王篡位，原吉降附。後官至戶部尚書，諡忠靖。事迹具《明史》本傳。原吉詩文集六卷，載於《明史·藝文志》，與此集卷數相合，蓋即舊本。後附《遺事》一卷，為其孫廷章所輯。刊版久佚[②]。此本乃國朝康熙乙酉，潘宗洛提督湖廣學政時，得其裔孫之所藏，重為校刊。前有楊溥序，稱其詩文“平實雅淡，不事華靡”。考原吉以政事著，不以文章著。洪、永之際，作者如林。以原吉位置其間，尚未能並駕中原，齊驅方駕。然致用之言，疏通暢達，猶有淳實之遺風。以肩隨楊士奇、黃淮諸人，固亦無媿也。

【彙訂】

① 底本此條與文淵閣庫書次序不符。文淵閣庫書與殿本均置於"金文靖集十卷"條之前。

② 明弘治十三年袁經刻本今存。(莫伯驥:《五十萬卷樓藏書目錄初編》)

抑菴集十三卷後集三十七卷(兩淮鹽政採進本)

明王直撰。直字行儉,泰和人。永樂甲申進士。正統間,拜吏部尚書,天順初,以老疾乞休。卒諡文端。事迹具《明史》本傳。直當景帝易儲之時,持之不堅,為平生之遺憾。然于謙當國,亦不能爭,其中殆有難言者。至於初諫親征,繼力爭遣使迎英宗,侃侃不撓,至以出使自任,大節究為不媿。其器識厚重,在銓曹十六年,奉職公允,亦稱名臣。詩文典雅純正,有宋、元之遺風。自永樂初為庶吉士,即承命入閣,典司制誥。後在翰林二十餘年,朝廷著作多出其手。當時與王英齊名,有"西王、東王"之目。而直尤為老壽,巋然負一代重望。蕭鎡作是集序,稱其文"汗漫演迤,若大河長川,沿洄曲折,輸寫萬狀"。蓋明自中葉以後,文士始好以矯激取名。直當宣德、正統間,去開國之初未遠,淳樸之習,猶未全漓。文章不務勝人,惟求當理。故所作貌似平易,而溫厚和平,實非後來所及①。雖不能追古作者,亦可謂尚有典型者矣。集為其子檢討稙所編。成化初,其次子稙復加校訂,而以原集未錄及致仕後所作別為《後集》云②。

【彙訂】

① "後來",殿本作"後人"。

② 明成化刻本此集題"翰林檢討男稹編集,稹鏝梓"。"稙"

當作"稹"，文淵閣《四庫》本書前提要不誤。（王重民：《中國善本書提要》）

運甓漫稾七卷（浙江巡撫採進本）

明李昌祺撰。昌祺名禎，以字行，廬陵人。永樂甲申進士，選庶吉士，授禮部郎中。<small>案，明初六科皆有庶吉士，不止翰林有之，故得以直授郎中。</small>歷官廣西、河南左布政使。事迹具《明史》本傳。是編皆古、近體詩並詩餘，乃天順三年吉安教授鄭綱所編[①]。史稱昌祺預修《永樂大典》，凡僻書疑事，人多就質。其詩清新華贍，音節自然。陳循序稱其"本之以理，充之以氣，故雅淡清麗，宏偉新奇，無不該備。不必遠較於古，就今而論，千百之中不過數輩"。曹安《讕言長語》極推其《題文丞相研》一首。朱彝尊《靜志居詩話》亦謂李禎詩"務謝朝華，力啟夕秀。取材結體，頗與段柯古相似。蓋由其一變綺靡纖巧之習，而以流逸出之。故別饒趣潤，迥異庸蕪"。鄭瑗《井觀瑣言》乃曰："李布政昌祺，人多稱其剛毅不撓。嘗觀其《運甓詩稾》，浮豔太逞，不類莊人雅士所為，所謂根也欲，焉得剛。"云云。是《梅花》一賦，足累宋璟之生平矣。執《文章正宗》一編以進退古今之作者，不亦隘乎？惟其中《騶虞歌》、《汴城閱武》諸篇，或稍傷俚俗。然論一篇之詩，當字鈇句兩而求之。論一家之詩，則當統觀其全局，不以一二章定工拙也。

【彙訂】

① 明正統刻本此集題"河南左布政使廬陵李禎著，江西吉安府知府江浦張瑄校，江西吉安府儒學教授姑蘇鄭鋼編"，"綱"當作"鋼"。（王重民：《中國善本書提要》）

古廉集十一卷附錄一卷（浙江孫仰曾家藏本）

明李時勉撰。時勉本名懋，以字行，安福人。永樂甲申進士，官至國子監祭酒。卒諡文敬，成化中改諡忠文。事迹具《明史》本傳[1]。時勉學術剛正，初以三殿災，條上時務忤成祖，繼以奏上六事忤仁宗，終以不附王振為所搆陷。前後瀕死者三，而勁直之節始終如一。其在國學，以道義砥礪諸生，人才蔚起，與南京祭酒陳敬宗號“南陳北李”，而時勉尤為人望所歸，明以來司成均者莫能先也。至其為文，則平易通達，不露圭角，多藹然仁義之言，豈非以躬行實踐，所養者醇，故與講學之家驕心盛氣以大言劫伏者異歟？其所著作，以當代重其為人，脫稾多為人持去，故所存者無多。此集乃成化中其門人戴難所編，其孫長樂知縣容〔顒〕所刊[2]，併以墓誌、傳贊之類附錄於末焉。

【彙訂】

① 湖南袁氏玄冰室藏成化黑口本《古廉文集》三卷有《古廉先生年表》，言“諡文毅”，與《明史》卷一六三李時勉本傳合。（王次澄：《〈四庫全書總目提要〉正補二十五則》）

② “容”當作“顒”，乃避嘉慶諱，殿本作“顒”。

梧岡集八卷（安徽巡撫採進本）[1]

明唐文鳳撰。文鳳字子儀，號夢鶴，歙縣人。與祖元、父桂芳俱以文學擅名。永樂中薦授興國縣知縣，改趙府紀善，卒年八十有六。文鳳宰興國，著有政績。泰和劉鴻嘗為作《賢令祠記》，見程敏政所編《唐氏三先生集》附錄中。其詩文亦豐縟深厚，刊落浮華，能不失其家法。其五世孫澤撰《墓表》云：“先生著述在鄉校者曰《朝陽類稾》；在興國者曰《政餘類稾》，又曰《章貢文橐》;在藩府者曰《進忠類橐》;在洛陽者曰《洛陽文橐》;歸田後曰《老學文橐》。"今此編所存者止詩四卷、文四卷,蓋不逮十之三四,然亦足見其大凡矣。

【彙訂】

① 底本此條與文淵閣庫書次序不符。文淵閣庫書與殿本均置於"古廉集十一卷附錄一卷"條之前。

曹月川集一卷(江蘇巡撫採進本)

明曹端撰。端有《太極圖説述解》,已著錄。明初理學,以端與薛瑄為最醇。瑄詩文集、《讀書錄》等皆傳於世。而端之遺書散佚幾盡,其集亦不復存。此本為國朝儀封張伯行裒輯而成。首以《夜行燭》,次《家規輯略》,次《語錄》,次《錄粹》,次序七篇,次詩十五首。《夜行燭》、《家規》二序不冠本書,而別載於後詩之中,閒以《太極圖贊》一篇,皆非體例。蓋編次者誤也。末附諸儒評語及張信民所纂《年譜》。端詩皆《擊壤集》派,殊不入格,文亦質直朴素,不以章句為工。然人品既已醇正,學問又復篤實,直抒所見,皆根理要,固未可繩以音律,求以藻采。況殘編斷帙,掇拾於放失之餘,固宜以其人存之矣。

薛文清集二十四卷(大學士于敏中家藏本)

明薛瑄撰。瑄有《讀書錄》,已著錄。是集為其門人關西張鼎所編。初,瑄集未有刊本。瑄孫刑部員外郎禩以橐付常州同知謝庭桂,雕版未竟而罷。宏治己酉,監察御史暢亨得其橐於毘陵朱氏①,鼎又從亨得之。字句舛譌,多非其舊。因重為校正,凡三易橐而成書。共得詩文一千七百篇,釐為二十四卷。鼎自為序,引朱子贊程子"布帛之文,菽粟之味"二語為比,殆無媿詞。

考自北宋以來，儒者率不留意於文章。如邵子《擊壤集》之類，道學家謂之正宗，詩家究謂之別派。相沿至莊泉之流，遂以“太極圈兒大，先生帽子高”、“送我兩包陳福建，還他一匹好南京”等句，命為風雅嫡派②。雖高自位置，遞相提唱，究不足以厭服人心。《劉克莊集》有《吳恕齋文集序》曰：“近世貴理學而賤詩賦。閒有篇詠，率是語錄、講義之押韻者耳。”則宋人已自厭之矣。明代醇儒，瑄為第一。而其文章雅正，具有典型，絕不以俚詞破格。其詩如《甂一齋》之類，亦閒涉理路。而大致沖澹高秀，吐言天拔，往往有陶、韋之風。蓋有德有言，瑄足當之。然後知徒以明理載道為詞，常談鄙語，無不可以入文者，究為以大言文固陋，非篤論也。

【彙訂】

①“暢亨”，底木作“楊亨”，據殿本改。今存明弘治刻本《敬軒薛先生文集》二十四卷，有弘治己酉（二年）張鼎序，曰：“文集則先生孫前刑部員外郎祺曾托前常州同知謝庭桂板刊未就。今年夏四月，前監察御史暢亨，先生同鄉，謫官陝右，道過鎮，予因訪前集。暢曰：‘某於毘陵朱氏得之矣。’予喜而閱之，但舛謬非原本矣！因做唐昌黎集校正編輯，總千七百篇，分為二十四卷，凡三易槀始克成編。”（李安綱：《薛文清公文集校勘記》；崔建英等：《明別集版本志》）

②“嫡派”，殿本作“嫡脈”。

兩溪文集二十四卷（江西巡撫採進本）

明劉球撰。球字求樂，更字廷振，安福人。永樂辛丑進士，授禮部主事。以楊士奇薦，入侍經筵，改侍講。後忤王振，下詔獄，為振黨馬順就獄中支解死。景泰初，贈翰林學士，謚忠愍。
事迹具《明史》本傳。是編皆所作雜文。球歿後二十八年，其子
廣東布政司參政鈆所編，彭時、劉定之皆為之序[①]。當王振盛
時，侯伯公卿惴惴趨風恐後。而球以一文弱詞臣，仗大義以與之
抗，至死屹不少撓。沈德符《野獲編》記其見害之後[②]，猶為屬於
馬順家。《明史》亦載其事於本傳。是其剛毅之氣，亘生死而不
可磨滅。今觀其文，乃多和平溫雅，殊不類其為人。其殆義理之
勇，非氣質用事者歟？然味其詞旨，大都光明磊落，無依阿淟涊
之態，所謂君子之文也。雖殘章斷簡，猶當寶貴。況全集哀然具
存，固宜亟為採錄，以風屬名教者矣。

【彙訂】

① 明成化刻本此集目錄下題"孤子鈆、釴類編"。文淵閣
《四庫》本卷首彭時序云："公没後二十有八年，其子廣東參政鈆、
浙江副使釴相與類集公文，鋟梓以傳，屬時序之。"（王重民：《中
國善本書提要》）

② "野獲編"，殿本作"野獲篇"，誤。沈德符著《萬曆野獲
編》卷二一"馬順范廣"條載其事。

于忠肅集十三卷（直隸總督採進本）

明于謙撰。謙字廷益，錢塘人。永樂辛丑進士，授御史，歷
官兵部尚書。英宗復辟，為徐有貞、石亨等誣陷，棄市。成化初，
追復原官。宏治初，贈特進光祿大夫、柱國、太傅，謚肅愍。萬曆
中，改謚忠肅。事迹具《明史》本傳。倪岳作謙《神道碑》，稱"謙
平生著述甚多，僅存《節菴詩文棄》、《奏議》各若干卷。禍變之
餘，蓋千百之什一"云云。是其歿後遺稾已多散佚。世所刊行

者,乃出後人掇拾而成,故其本往往互有同異。《明史·藝文志》載謙《奏議》十卷、《文集》二十卷。又嘉靖中河南刊本詩文共八卷,而無疏議。此本前為《奏議》十卷,分《北伐》、《南征》、《雜行》三類,與《藝文志》合。後次以詩一卷、雜文一卷、附錄一卷,與《藝文志》迥異,與嘉靖刊本亦迥異。蓋又重經編次,非其舊本也[①]。謙遭逢厄運,獨抱孤忠,憂國忘家,計安宗社。其大節炳垂竹帛,本不藉文字以傳。然集所載奏疏,明白洞達,切中事機,較史傳首尾完整,尤足覘其經世之略。至其詩風格遒上,興象深遠,雖志存開濟,未嘗於吟詠求工,而品格乃轉出文士上,亦足見其才之無施不可矣。又案王世貞《名卿續記》及李之藻序謙集[②],皆謂謙嘗再疏請復儲。今集中實無此疏,《明史》亦不著其事。惟倪岳《神道碑》稱:“景帝不豫,謙同廷臣上章乞復皇儲。”是當時所上乃廷臣公疏,非謙一人,故集中不載其稾。世貞等專屬之謙,殆亦考之未審歟[③]?

【彙訂】

①“舊本”,殿本作“舊帙”。

②“《名卿續記》”,殿本作《名卿績記》,誤。王世貞撰《名卿續記》四卷,有《紀錄彙編》本。

③據阮泰元《紀于忠肅公〈諫易儲〉〈請復儲〉三事詩》張次仲跋,于謙確有《諫易儲》一疏、《請復儲》二疏。(胡玉縉:《四庫全書總目提要補正》)

蘭庭集二卷(兩淮鹽政採進本)

明謝晉撰。晉字孔昭,吳縣人。工畫山水,嘗自戲為謝疊山。其名《明詩綜》作“晉”,而集末《贈盛啟東》一首,乃自題“葵邱謝緒",又附見《沈大本詩》一首,題作"寄謝緒"。案《易象傳》稱:"明出地上,晉",《雜卦傳》稱:"晉,晝也。"以其字孔昭推之,作"晉"有理,作"緒"無義,本集或傳寫之誤耶[1]?其始末不甚可考。集中有《承天門謝恩值雨》詩,則嘗以布衣應徵者也。卷首有汝南周傅、浚儀張肯二序。肯序稱晉詩二百餘篇,而此集所存乃不下四五百篇。考張序作於永樂甲申,而集末有永樂丁酉十月既望之作。丁酉上距甲申凡十四載,積詩之多,宜過於肯序所云。傅序謂:"姑蘇之詩,莫盛於楊孟載、高季迪,而孔昭得二君之旨趣。"肯序亦謂其"得性情之正,而深於學問"。然則晉不特以繪事傳矣。

【彙訂】

① 殿本"或"下有"反"字。

古穰集三十卷(兩江總督採進本)

明李賢撰。賢有《天順日錄》,已著錄。賢為英宗所倚任,自"三楊"以來,得君未有其比。雖亦頗有所輔助,而抑葉盛,排岳正,擯張寧,不救羅倫諸事,頗為史所譏議。其相業蓋在醇疵之間。文章非所註意,談藝者亦復罕稱。然其時去明初未遠,流風餘韻,尚有典型。故詩文亦皆質實嫻雅,無矯揉造作之習。此集為其壻程敏政所編。凡奏疏二卷,書一卷,記二卷,序三卷,說、題跋一卷,神道碑四卷,墓碑、碣一卷,墓表二卷,墓誌二卷,行狀、傳一卷,祭文、銘箴、贊賦、哀辭一卷,古、今體詩二卷,《和陶詩》二卷,《天順日錄》三卷,雜錄、奏疏、雜文三卷[1]。中多記載時事,亦有足備史乘參核者,未可棄也。其《天順日錄》有本別行,茲以原本編入集中,仍並錄之焉。

【彙訂】

① 文淵閣《四庫》本此集末三卷皆為雜錄，無奏疏、雜文。

武功集五卷（浙江汪啟淑家藏本）

明徐有貞撰。有貞初名珵，字元玉，吳縣人。宣德癸丑進士，官至兵部尚書兼華蓋殿大學士，封武功伯。尋下獄戍金齒，放歸，久之乃卒。事迹具《明史》本傳。有貞究心經濟，於天官、地理、兵法、水利、陰陽、方術之書無不博覽，惟傾險躁進，每欲以智數立功名。與石亨等倡議奪門，僥倖孤註之一擲。幸而得濟，又怙權植黨，威福自專，卒亦為人搆陷。所謂“君以此始，必以此終”，實深為君子所詬病。祝允明為有貞外孫，所作《蘇談》，往往回護，其詞究不足以奪公論也。然其幹略本長，見聞亦博，故其文奇氣坌涌，而學問復足以濟其辨。集中如《文武論》、《制縱論》及《題武侯像》、《出師表》諸篇，多雜縱橫之說。學術之不醇，於是可見；才氣之不可及，亦於是可見。擬諸古人，蓋夏竦《文莊集》之流。遺編具存，固不必盡以人廢也。至其詩，則多在史館酬應之作，非所擅長。集中《羽林子》二首，《靜志居詩話》謂源出右丞，然語亦平平，僅具唐人之貌。人各有能有不能，存而不論可也①。

【彙訂】

① “也”，殿本作“矣”。

倪文僖集三十二卷（副都御史黃登賢家藏本）

明倪謙撰。謙有《朝鮮紀事》，已著錄。據李東陽序，謙所著有《玉堂槀》一百卷、《上穀槀》八卷、《歸田槀》四十二卷、《南宮槀》二十卷，又有奉使朝鮮之作為《遼海編》，別行於世，今皆未見①。此本凡賦辭、琴操、古今體詩、詩餘十一卷，頌、贊、表、牋、箴、銘一卷，文二十卷。蓋謙所自編，於生平著作，汰存六之一者也②。"三楊"臺閣之體，至宏、正之閒而極弊，冗闒膚廓，幾於萬喙一音。謙當有明盛時，去前輩典型未遠。故其文步驟謹嚴，朴而不俚，簡而不陋，體近"三楊"而無其末流之失。雖不及李東陽之籠罩一時，然有質有文，亦彬彬然自成一家矣，固未可以聲價之重輕為文章之優劣也。

【彙訂】

①《遼海編》四卷，今存成化五年倪岳刻本。

② 弘治六年刻本此集卷末有其子倪岳識記，云："成化庚寅回祿之變，岳方歸省於家，倉卒之際挈一笥以出……先君文稿幸在笥中得存。岳即收拾散亡……得詩若文八百九十篇，別為三十二卷，謹用刻梓以傳。"可知非謙自編自汰。（崔建英等：《明別集版本志》）

襄毅文集十五卷（副都御史黃登賢家藏本）

明韓雍撰。雍字永熙，吳縣人。正統壬戌進士，官至右僉都御史，總督兩廣。正德閒，謚襄毅。事迹具《明史》本傳①。明自正統以後、正德以前，金華、青田流風漸遠，而茶陵、震澤猶未奮興。數十年閒，惟相沿臺閣之體，漸就庸膚。雍當其時，雖威行兩廣，以武略雄一世，不屑屑以雕章繪句為工，而英多磊落之氣，時時發見於文章。故雖未變體裁，而時饒風骨。其雜文亦高視闊步，氣象迥殊。韓愈所謂"獨得雄直氣"者，殆於近之。朱彝尊《明詩綜》但稱雍有集而不著集名，所錄雍詩一篇，又非佳作。其《賜遊西苑記》，《日下舊聞》亦不載，《靜志居詩話》絕無一字及雍,殆偶未見斯集歟？

【彙訂】

①《國朝獻徵錄》卷五八劉玠《都察院右都御史韓公雍墓誌銘》云："公諱雍,字永熙,蘇之長州人。"《明史・韓雍傳》、乾隆《長州縣志》卷二二《人物二》、同治《蘇州府志》卷八五《人物一二》所載均同,而民國《吳縣志》不載其人。王世貞《弇山堂別集》卷六四《總督兩廣軍務年表》韓雍條作"吳縣人",誤。又《弇山堂別集》卷六四云："正統壬戌進士,成化元年,以左僉都御史贊理軍務,二年,以功升右副都御史……六年,又加右都御史,起前任,致仕。"《明史》本傳亦謂其官至右都御史(正二品),"右僉都御史(正四品)"誤。(楊武泉:《四庫全書總目辨誤》)

白沙集九卷(江西巡撫採進本)

明陳獻章撰。獻章字公甫,新會人。正統丁卯舉人,以薦授翰林院檢討,追謚文恭。事迹具《明史・儒林傳》。是集為其門人湛若水校定,萬曆間何熊祥重刊之。凡文四卷,詩五卷,行狀、志、表附於後。史稱："獻章之學以靜為主。其教學者但令端坐澄心,於靜中養出端倪",頗近於禪,至今毀譽參半。其詩文偶然有合,或高妙不可思議;偶然率意,或麤野不可嚮邇,至今毀譽亦參半。王世貞集中有《書白沙集後》曰①："公甫詩不入法,文不入體,又皆不入題,而其妙處有超出法與體與題之外者②。"可謂兼盡其短長。蓋以高明絕異之姿,而又加以靜悟之力,如宗門老衲,空諸障翳,心境虛明,隨處圓通,辨才無礙。有時俚詞鄙語,衝口而談;有時妙義微言,應機而發。其見於文章者亦仍如其學問而已。雖未可謂之正宗,要未可謂非豪傑之士也。

【彙訂】

①"中"，殿本無。

②"法與體與題"，殿本作"法與體題"，誤，參王世貞《讀書後》卷四"書陳白沙集後"條原文。

類博稿十卷附錄二卷（浙江汪汝瑮家藏本）

明岳正撰。正有《類博雜言》，已著錄。天順復辟以後，奪門諸臣，挾功驕恣。帝心畏之，而不敢遽圖。正以書生支撐其間，欲設計以離曹吉祥、石亨之交。事不能成，反為所中，至於竄謫瀕死。其策雖疏，其志要為忠藎。及群姦繼敗，又阨於李賢之媢嫉，淪落以終。薑桂之性，始終不改。嘉靖初，追贈太常寺卿。制詞有云："媢邪已甚，受謗浸深。左謫南荒，再編西戍。既而逆臣伏鑕，正士賜環。擬陟卿曹，庶僉言之允協；出分符守，竟直道之難容。"紀其實也。其文章亦天真爛漫，落落自將。史稱所草《承天門災諭廷臣詔》，劃切感人，舉朝傳誦，足以見其一斑矣。是集為其門人李東陽蒐輯遺稿而成。凡詩二卷，雜文八卷。又《附錄》二卷，前一卷載諸人誌銘、傳贊等作，後一卷則東陽以葉盛所作誌銘多所隱諱，為正補傳也。《傳》稱："正晚好《皇極書》，故所作《雜言》二篇，皆闡邵子之學。而詩亦純為邵子《擊壤集》體。"東陽《懷麓堂詩話》稱"蒙翁才甚高，俯視一切，獨不屑為詩。云'既要平仄，又要對偶，安得許多工夫'"云云，蓋得其實。而《傳》乃稱以雅健脫俗，未免阿其所好。至稱其文高簡峻拔，追古作者，則不失為公評。正統、成化以後，臺閣之體，漸成暉緩之音，惟正文風格峭勁，如其為人。東陽受學於正，又娶正女，其《懷麓堂集》亦稱一代詞宗。然雍容有餘，氣骨終不逮正也。所謂言者心之聲歟？

　　平橋藁十八卷（浙江巡撫採進本）

　　明鄭文康撰。文康字時乂，號介菴，崑山人。平橋其所居地也。集中或自署曰開封，其祖貫耳。《江南通志·文苑傳》稱文康"登正統戊辰進士。以父母繼亡，遂絕意仕進。居家枕藉經史，操觚頃刻千言。藁成輒為人持去。其存者有《平橋藁》十八卷"，即此本也。初刊於天順辛巳，葉盛為之序。舊版久佚。康熙癸酉，其裔孫起泓又為重刊①。凡詩五卷，文十三卷。其詩意主勸懲，詞旨質直，頗近《擊壤集》體。而溫柔敦厚，藹然可挹，要不失為風人之遺。文章亦不屑以修詞為工，而質朴之中，自中繩墨，較其詩為尤勝。《江南通志》稱所作"多記載時事，有益勸懲，文尤簡質有法度"，殆非虛美。《靜志居詩話》以文康比石介、尹洙，雖所造深淺不同，而意度波瀾，亦庶幾近之矣。

　　【彙訂】

　　①"刊"，殿本作"刻"。

　　竹巖詩集一卷文集一卷補遺一卷（福建巡撫採進本）①

　　明柯潛撰。潛字孟時，號竹巖，莆田人，景泰辛未進士第一，官至詹事府少詹事。事迹具《明史》本傳。潛在當時，負詞林宿望，流風餘韻，蔭暎玉堂，嘗就後圃結清風亭一區，手植雙柏，數百年傳為古蹟，即所謂"柯亭"②、"學士柏"者也。柏已不存，而"柯亭"之號，得入御製《臨幸翰林院》詩，其名益著。惟《文集》乃傳本甚稀。據集首董士宏〔弘〕序，則原集在嘉靖中曾經刊版。然今福建所採進者，僅屬鈔本。又據康太和序，知當時已多闕佚。今則并康序中所稱《記盆魚》、《序愚樂》等作，亦俱未見。殆更為後人妄有刊削,彌致散亡。鈔錄亦多舛誤,彌失其真。今就是集所存詩文各一卷,重為訂正。并從鄭岳《莆陽文獻》、鄭王臣《莆風清籟集》中錄詩十首、文二首,為《補遺》一卷,附綴於末,以存梗概。其詩沖澹清婉,不落蹊徑,文亦峻整有法度。蓋其時何、李未出,文格未變,故循循軌度,猶不失明初先正之風焉。

【彙訂】

① 底本此條與文淵閣庫書次序不符。文淵閣庫書與殿本均置於"平橋稾十八卷"條之前。

② 殿本"亭"下有"與"字。

清風亭稾七卷(浙江巡撫採進本)

彭惠安集十卷附錄一卷(福建巡撫採進本)

明彭韶撰。韶有《政訓》,已著錄。韶正色立朝,嶷然耆舊。其文雖沿臺閣之體,而醇深雅正,具有根柢,不同於神瘠而貌腴。初名《從吾滯稾》。嘉靖中重刊①,乃改題此名。然據鄭岳原序,已有"遺稾散佚"之語,則似已非其舊本,故所收詩僅十餘首。如《明詩綜》載其《臨江詞》一篇,指斥束里,慷慨激烈,足起頑懦,而此集不載。又《莆風清籟集》載其詩十五首,亦半從他書錄入。是掇拾散亡,尚多未盡。特賴此一編,幸不至於全佚,是則校刊者之功耳。韶之風節雖不藉文章以傳,然文章亦足以不朽。至其巡視浙江,兼理鹽法,憐竈戶之苦,繪八圖上進,各繫以詩,具有元結《舂陵行》、鄭俠《流民圖》之意,又不僅以詞采工拙論矣。

【彙訂】

① "刊",殿本作"刻"。

清風亭稾七卷(浙江巡撫採進本)

明童軒撰。軒有《紀夢要覽》,已著錄。《千頃堂書目》載《清風亭槀》十卷。此本第一卷為騷賦，自二卷至七卷皆詩。其門人李澄所編。而劉珝、張弼評之。後有魏驥、楊守陳、沈周諸人題詞。較《千頃堂書目》少三卷，未知為原本佚脫，為黄虞稷誤記也。戴冠《濯纓亭筆記》稱：“軒性寡合，不妄取予。居南京日，家人衣食或不給。惟王恕餽以米及白金，或不受。毘陵王傮知其介，不敢致餽。有以禮幣求文者，導使詣軒，軒亦不納。”其人品本為高潔，其詩亦雅淡絕俗，然在明代不以詩名。殆正德以後北地、信陽之説盛行，寥寥清音，不諧俗尚故耶？朱彝尊《明詩綜》僅錄其《憶金陵》五言律詩一首，未盡所長。又引周吉父之言，稱其《九日》詩“黄菊酒香人病後，白蘋風冷雁來初[1]”、《草堂》詩“草堂夜雨生科斗，花徑春風叫栗留”兩聯[2]，亦非其至。或彝尊偶未見其全集，亦未可知也。軒別有《枕肱集》二十卷，又有《海岳泪談》、《諭蜀槀》，《千頃堂書目》尚著錄。今未之見，其存佚蓋莫之詳矣。

【彙訂】

① 此集卷六原詩作“白蘋風冷雁來時”。（司馬朝軍：《四庫全書總目》編纂考）

② “叫”，底本作“喚”，據此集卷六原詩及殿本改。

方洲集二十六卷附讀史錄四卷（兩淮馬裕家藏本）[1]

明張寧撰。寧有《方洲雜言》，已著錄。是集首有宏治四年仁和夏時正序，稱：“《方洲集》四十卷。”又有餘姚謝丕《續集》序，稱：“夏復拾林下之作為四卷。”又有錢升《募刻疏》，稱：“僭作《補遺》”，是又在四卷外矣。而今本乃止二十六卷，合以所附《讀史錄》僅三十卷，或錢升重刊改併歟[2]？寧官給事中，謇諤自持，六科章奏,多出其手。每有大議,必問"張給事云何",石亨、曹吉祥惡之。會有邊釁,奏使宣撫,竟論定而還,其才略為一時所稱。後以建言忤李賢,與岳正同調外,其氣節尤為天下所重。雖一麾出守,蹶不復振,而屹然宿望,不在廊廟鉅公下。今觀其奏疏諸篇,偉言正論,通達國體,不媿其名。他文亦磊落有氣。詩則頗雜浮聲,然亦無齷齪萎弱之態。觀其使朝鮮日,與館伴朴元亨登太平館樓,頃刻成七言長律六十韻[③]。殆由才調縱橫,不耐沈思之故矣。

【彙訂】

① 明萬曆錢世堯等刻本此集作《方洲集》二十六卷《讀史錄》六卷,《兩淮商人馬裕家呈送書目》著錄作三十二卷。(杜澤遜:《四庫存目標注》)

②《浙江省第五次曝書亭呈送書目》、《浙江採集遺書總錄》著錄《方洲集》四十卷,今存明弘治五年許清刻本《方洲張先生文集》四十卷。(同上)

③ "頃刻",殿本作"項刻",誤。

重編瓊臺會稾二十四卷(副都御史黃登賢家藏本)

明邱濬撰。濬有《家禮儀節》,已著錄。其文集世不一本。初其門人蔣冕等刻其詩曰《吟稾》,續又裒其記序表奏曰《類稾》。嘉靖中,鄭廷鵠合二稾所載,益以所得寫本,釐為十二卷,名曰《會稾》。天啟初,其裔孫爾毂遴《類稾》十之二,增《會稾》十之三,併《吟稾》合刻,曰《重編會稾》,即此本也。雖不及《類稾》、《會稾》之完備,而簡汰頗嚴,菁華具在,足以括濬之著作矣。濬相業無可稱,其立朝與葉盛不相能,又與莊昶相惡,具載《明史》

盛、昶二人傳中①。其"嗾御醫劉文泰陷王恕"一事②,雖其妻亦知其非,具載《明史》恕傳。講學家以其力崇朱子,曲相回護,迄不能與公論爭也。其兩廣平賊之策,言之鑿鑿,然韓雍力駁其説,竟奏蕩平,具載《明史》雍傳中。則其好論天下事,亦不過恃其博辨,非有實濟。然記誦淹洽,冠絶一時。故其文章爾雅,終勝於游談無根者流③。在有明一代,亦不得不置諸作者之列焉。

【彙訂】

① "中",殿本無。

② "陷",殿本作"誣陷"。

③ "者流",殿本無。

謙齋文錄四卷(江蘇巡撫採進本)

明徐溥撰。溥字時用,宜興人。景泰甲戌進士,官至華蓋殿大學士,謚文靖。事迹具《明史》本傳。溥於孝宗時在内閣十二年,與劉健、謝遷等協心輔治,不立異同。然於事有不可者,侃侃力爭,多所匡正。如諫止李華復官;執奏不撰三清樂章;因視朝漸晏,上疏抗論,並著謇直之節。孝宗時朝廷清暇,海内小康,論者謂溥等襄贊之力為多。今集中奏議尚存。其指事陳言,委曲懇至,具見老成憂國之忱。與隆、萬後以訏激取名,囂爭立黨者,詞氣迥殊。蓋有明盛時,士大夫風氣如是也。至其他作,則頗多應俗之文,結體亦嫌平衍。蓋當時臺閣一派,皆以春容和雅相高,流波漸染,有莫知其然而然者。王鏊《震澤紀聞》曰:"徐溥在翰林,不以文學名。及在内閣,承劉吉恣威福、報私怨之後,一以安靖調和中外①,海内寧平。行政不必出於己,惟其是;用人不必出於己,惟其賢。時稱休休有大臣之度。"云云。是文章不如器量,當時已有公評。然有德之言,終與塗飾字句者異,是又不能不以其器量重其文章矣。

【彙訂】

①"安靖",殿本作"安静",誤,參明末刻本《震澤紀聞》卷下"徐溥"條。

椒邱〔丘〕文集四十四卷（兩江總督採進本）

明何喬新撰。喬新有《周禮集註》,已著錄。《明史》喬新本傳載其歷仕中外,多著政績,又以氣節剛方為萬安、劉吉所排,故迄不得大用。又載江西巡撫林俊為喬新請諡時,中旨詰喬新致仕之由①。給事中吳世忠為訟冤,以鄒魯之劾喬新,比於蔣之奇劾歐陽修、胡紘劾朱子,是誠太過。然核其立朝始末,嶽嶽懷方,在成化、宏治之間,不能不謂之名臣也。是集前三卷為策略,蓋科舉之學,次五卷為史論,次十二卷為雜文,次十四卷為詩,次六卷為碑、誄,次三卷為奏議。《外集》一卷,則往來贈答之文,為婺源余瑩所編輯②。喬新不以文章名,而所作詳明剴切,直抒胸臆。學問經濟,實具見於斯。史稱其"博綜群籍,聞異書輒借鈔,積三萬餘帙,皆手自校讎,著述甚富"。則有本之言,固宜與枵腹高談者異矣。

【彙訂】

①"中旨",底本作"中書",據殿本改。《明史》卷一八三本傳云:"江西巡撫林俊為彭韶及喬新請諡,吏部覆從之。有旨令上喬新致仕之由,給事中吳世忠言……"

②文淵閣《四庫》本三十四卷並《外集》一卷,實收雜文十一卷（卷九至卷十九）,詩五卷,卷二十為傳。文淵閣本書前提要、

舒芬嘉靖元年序與余瑩（余瑩誤）嘉靖元年後序亦云三十四卷外集一卷。（修世平、張蘭俊：《〈四庫全書總目〉訂誤十七則》；沈津：《美國哈佛大學哈佛燕京圖書館中文善本書志》）

　　石田詩選十卷（兩江總督採進本）

　　明沈周撰。周有《石田雜記》，已著錄。此集不標體製，不譜年月，但分天文、時令等三十一類，蓋仿宋人分類杜詩之例①。據慈谿張鈇跋，蓋其友光祿寺署丞華汝德所編也。顧元慶《夷白齋詩話》載都穆學詩於周，嘗作《節婦詩》，有"青燈淚眼枯"句。周以《禮》："寡婦不夜哭"，議"燈"字未穩，是周於詩律不為不細。然周以畫名一代，詩非其所留意。又晚年畫境彌高，頹然天放，方圓自造，惟意所如。詩亦揮灑淋漓，自寫天趣，蓋不以字句取工。徒以棲心邱壑，名利兩忘，風月往還，煙雲供養，其胸次本無塵累。故所作亦不堨不琢，自然拔俗，寄興於町畦之外，可以意會而不可加之以繩削。其於詩也，亦可謂教外別傳矣。都穆《南濠詩話》稱其《詠錢》、《詠門神》、《詠簾》、《詠混堂》、《詠楊花》、《詠落花》諸聯，皆未免索之於句下。蓋穆於詩所得不深，故所見止是也。集前有吳寬序，稱其"詩餘發為圖繪，妙逼古人"。核實而論，周固以畫之餘事溢而為詩，非以詩之餘事溢而為畫。寬序其詩，故主詩而賓畫耳。又有李東陽後序。東陽與周不相識，時已為大學士，與周勢分懸隔。以吳寬嘗以寫本示之，重其為人，故越三十年後又補為作之。然二序皆為全集而作。華汝德刊此選本時，仍而錄之，非序此本者也②。

　　【彙訂】

　　①"仿"，底本作"方"，據殿本改。

② 吳寬序作於弘治十三年(1500)秋七月，李東陽後序作於正德元年(1506)六月既望。故華珵(字汝德)弘治十七年(1504)十月付梓此書時可錄吳序而不可能錄李序。李序應是安國刊刻時補入。(吳剛毅：《沈周現存著作刊本與北京圖書館庋藏之手鈔孤本〈石田彙〉之考述》)

東園文集十三卷續編一卷(福建巡撫採進本)

明鄭紀撰。紀字廷綱，別號東園，仙遊人。天順庚辰進士，官至南京戶部尚書。是集前四卷為經筵講章及奏議，後九卷為雜文。《續編》一卷，凡文二十一篇，則國朝康熙初其九世孫梁英等所續輯也①。紀入翰林後，歸臥屏山，讀書二十餘年。生平為文，無構思，無易稾。為人取去②，亦不復問。門人吳濂稱其文"甚類老泉③。其氣昌，其思深，其辭正而不阿，其辨博而不雜"。今觀集內所載諸奏疏，皆愷摯詳明，切中時政，諸體文亦多屬有關世教之言。《續編》內有《歸田咨目》十條，皆兢兢以禮法自持。蓋其人品端謹，亦有足重者焉。

【彙訂】

① 文淵閣《四庫》本卷末有《東園文集》跋，署"乾隆戊午九世孫英梁謹識"。

② "取去"，殿本作"假去"。

③ 文淵閣本此集書前提要作"門人吳儼"。吳儼，《明史》卷一八四有傳，著有《吳文肅公摘稾》。文淵閣本《吳文肅公摘稾》卷三有《東園先生文集序》："先生之文甚類老泉，某知之矣！其氣昌，其思深，其辭正而不阿，其辯博而不雜，老泉而下，莫之能及也。"(周錄祥：《〈四庫全書簡明目錄·集部〉訂誤》)

懷麓堂集一百卷（兵部侍郎紀昀家藏本）

明李東陽撰。東陽有《東祀錄》，已著錄①。東陽依阿劉瑾，人品事業均無足深論，其文章則究為明代一大宗②。自李夢陽、何景明崛起宏、正之閒，倡復古學，於是文必秦、漢，詩必盛唐，其才學足以籠罩一世，天下亦響然從之，茶陵之光焰幾燼。逮北地、信陽之派轉相摹擬，流弊漸深，論者乃稍稍復理東陽之傳，以相撐拄。蓋明洪、永以後，文以平正典雅為宗，其究漸流於庸膚。庸膚之極，不得不變而求新。正、嘉以後，文以沈博偉麗為宗，其究漸流於虛憍。虛憍之極，不得不返而務實。二百餘年，兩派互相勝負，蓋皆理勢之必然。平心而論，何、李如齊桓、晉文，功烈震天下，而霸氣終存。東陽如衰周、弱魯，力不足禦強橫，而典章文物尚有先王之遺風。殫後來雄偉奇傑之才，終不能擠而廢之，亦有由矣。其集舊版已燬，此本為國朝康熙壬戌茶陵州學正廖方達所校刻。凡《詩稾》二十卷，《文稾》三十卷，《詩後稾》十卷，《文後稾》三十卷。又《雜稾》十卷，曰《南行稾》，曰《北上錄》，曰《經筵講讀》，曰《東祀錄》，曰《集句錄》，曰《哭子錄》，曰《求退錄》，凡七種。其《詩後稾》本十卷，張鴻烈跋作二十卷，筆誤也。前有正德丙子楊一清序及東陽自序。然自序為擬古樂府作，不為全集作，後人移弁全集耳③。

【彙訂】

① 依《總目》體例，當作“東陽有《燕對錄》，已著錄”。

② “明代一大宗”，殿本作“明一代大宗”。

③ 楊一清序曰：“先生嘗自輯其詩文，凡九十卷，總名之曰《懷麓堂稾》。《詩稾》二十卷、《文稾》三十卷，在翰林時作；《詩後稾》十卷、《文後稾》三十卷，在內閣時作。《南行稾》、《北上

錄》……《講讀》、《束祀》、《集句》、《哭子》、《求退》諸錄……以皆雜記，故不入卷中……若致仕以後詩文，則別為續槁，他日當自有傳之者。"邵寶《容春堂集》有《李文正公麓堂續槁序》云："《麓堂續槁》若干卷，太師西涯李文正公致仕後著也。翁所著有《麓堂前後槁》者，刻於徽郡，公門下士提學侍御張君汝立實與圖焉。公卒之明年，汝立復得是槁，遂於蘇郡刻之，而屬寶為序。"正德刻本《懷麓堂詩續槁》八卷《文續槁》十二卷《補遺》一卷，今存殘本及抄本全帙。可知《懷麓堂集》並非全集，廖方達刻本乃將七種雜記改編為《詩文續槁》十卷，附於前、後槁之後。（錢振民：《〈懷麓堂槁〉探考》）

清谿漫槁二十四卷（浙江汪汝瑮家藏本）①

明倪岳撰。岳字舜咨，錢塘人，徙居上元，南京禮部尚書謙之子也。登天順甲申進士，官至吏部尚書，諡文毅。事迹具《明史》本傳。岳承其家學，研精典籍。明代父子俱入翰林，官九列，俱有文集傳世者，以倪氏為首。其居官不徇名譽，銓政平允，與王恕、彭韶等俱為孝宗時名臣。史稱其為禮部長貳時，禮文制度，率待岳而決。"論事未嘗苟同。前後陳請百餘事，軍國弊政，剔抉無遺。疏出，人多傳錄之。"今集中疏議共五十九篇，與所謂"百餘事"者不合，疑刊集時已有所刪擇。然如正祀典、陳災異及論西北用兵諸奏，皆建白之最大者，已具在其中。所言簡切明達，得告君之體，頗有北宋諸賢奏議遺風。他文亦浩翰流轉，不屑為追章琢句之習。蓋當時正人在位，為明治全盛之時。故岳雖不以文名，而乘時發抒，類皆經世有本之言，如布帛菽粟之切於日用。亦可知文章之關乎氣運矣。

【彙訂】

① 文淵閣《四庫》本此集書名作《青谿漫稾》，今存明正德刻本《青谿漫稾》二十四卷。

康齋文集十二卷（江蘇周厚焻家藏本）

明吳與弼撰。弼字子傅，臨川人。天順元年，以忠國公石亨薦，徵至京師①，授左春坊左諭德。辭不就職，詔行人護送歸。事迹具《明史·儒林傳》。其集初刻於撫州，凡四卷，歲久漫漶。此本乃崇禎壬申江南提學副使陳維新所刻。分為詩七卷，奏疏、書、雜著一卷，序一卷，記一卷，目錄一卷②，跋、贊、銘、啟、墓誌、墓表、祭文一卷。其詩自永樂庚寅至正統辛酉，皆編年。以下則有《洪都稾》、《遊金陵稾》、《適上饒稾》、《金臺往復稾》、《西遊稾》、《適閩稾》、《東遊稾》、《東遊饒州稾》諸名，而所註“某稾止此”之後，又有附贅之詩，蓋亦以編年續入者也。與弼出處之閒，物論頗有異同。尹直作《瑣綴錄》，詆之尤力。雖不免恩怨之口，然為石亨作族譜跋，稱：“天順戊寅七月二十一日，門下士崇仁吳與弼拜觀。”其文今載十二卷中，決非尹直所竄入。陳維新序引“薛瑄受知王振”為解，劉世節序又引“孔子欲見佛肹”為解，究不能厭天下之心也。其講學之功，備見於日錄。第一條即稱乙巳夢見孔子、文王，第二條又稱夢見朱子，後又稱丙子二月初一日夢訪朱子③，五月二十五夜夢孔子之孫奉孔子之命來訪，辛巳食後倦寢，夢朱子父子來枉顧。此猶可云向慕之極，因心生象，於理亦或有之④。至稱：“新居栽竹夜歸，其妻亦夢一老人，攜二從者，云‘孔夫子到此相訪’”，則無乃其妻戲侮弄之，而與弼不覺歟？觀其稱“隨處惟嘆聖人難學”，又稱“一味學聖人，克其不似聖人"者,其高自位置,真可謂久假而不歸,烏知其非有也。然與弼之學,實能兼採朱、陸之長而刻苦自立。其及門弟子陳獻章得其靜觀涵養,遂開白沙之宗;胡居仁得其篤志力行,遂啟餘干之學。有明一代,兩派遞傳,皆自與弼倡之,其功未可以盡没⑤。其詩文亦皆淳實近理,無後來滉漾恣肆之談。又不得以其急於行道,躁於求名,遂并其書而詆之也。

【彙訂】

①"師",殿本無。

②此集卷十一為日錄一卷,"目錄一卷"誤。(馬劉鳳:《"四庫"訂誤十五則》)

③"丙子二月",底本作"丙子三月",據殿本改。《文溯閣提要》亦作"丙子二月"。文淵閣《四庫》本此集卷八有"(丙子)二月初一日云,昨夜夢同三人觀漲,擬同訪朱子,不勝悵嘆,而覺有詩云……"(羅瑛、袁芸:《〈金毓黻手定本文溯閣四庫全書提要·別集類〉補正〈四庫全書總目〉舉例》)

④"亦或",殿本作"或亦"。

⑤"其功未可以盡没",殿本作"其端緒未可盡没"。據陳獻章《白沙子集》卷二《復趙提學僉憲書》,可知獻章雖曾學於與弼而未有所入,久之而後自以靜坐得之。(余嘉錫:《四庫提要辨證》)

樓居雜著一卷野航詩棄一卷野航文棄一卷附錄一卷(浙江巡撫採進本)

明朱存理撰。存理有《旌孝錄》,已著錄。據文徵明作《存理墓誌》,稱:"所著有《野航集》",不言卷數。存理自作《募刻詩

疏》，稱：“選得一百首之外。”沈周題其《詩橐》，亦有“雖止百篇諸
體備，不拘一律大方諧”句，知其集不過一卷。《千頃堂書目》載
其《野航漁歌》、《鶴岑集》二種，亦不言卷數，蓋已久佚。是編為
其族孫觀潛所輯。惟《樓居雜著》一卷，為當時原帙。凡題跋二
十二篇，引一篇，逸事一篇，記二篇，尺牘二篇，募疏二篇，然雜亂
無次第。又以王鏊《募造野航疏》一篇竄入其中，殊不可解。《詩
橐》、《文橐》各一卷，則觀潛採掇諸書而成。《詩橐》僅十四首，其
中一為佚句，一為聯句，實止十二首，仍冠以楊循吉、祝允明二
序。《文橐》亦僅十篇，而見於《吳都文粹續集》者八，益以《欣賞
編》所載一跋及顧氏懇賢堂所藏一帖而已。《附錄》一卷，雜錄存
理逸事及諸家詩文為存理而作者，而以觀潛跋語終焉。存理嗜
古，精賞鑒。雜著中如《題雲林子詩後》、《跋席上腐談》、《跋夷白
齋橐》、《跋夷白齋拾遺》、《書楊鐵崖遺文》、《書吾氏類集》、《跋鳴
鶴餘音後》諸篇，皆足以考證諸書之始末。詩文則皆散佚之餘，
不足以盡所長，姑附存以備一家耳。何良俊《四友齋叢說》記當
時盛推其“萬事不如杯在手，一年幾見月當頭”句，其事今載《附
錄》中。然二語格意殊卑，不審何以傳誦，“折楊皇荂，嗑然而
笑”，殊不足為存理重。蓋成、宏之際，大抵沿臺閣舊體。故見一
本色之語，遽覺耳目一新，而不知實非其至也[1]。

【彙訂】

[1] 何氏意在寫存理大叫叩扉之狂態與主人大為張具之豪
舉，而恉不在詩。（王欣夫：《蛾術軒篋存善本書錄》）

集 部 二 十 四

別集類二十四

一峯集十卷（浙江汪汝瑮家藏本）①

明羅倫撰。倫字彝正，別號一峯，江西永豐人。成化丙戌進士第一，授修撰。釋褐甫三月，以疏劾大學士李賢，謫泉州市舶副提舉。明年詔還，復原官，改南京供職。尋以疾辭歸，退居金牛山，授徒講學以終。事蹟具《明史》本傳。倫與陳獻章稱石交，然獻章以超悟為宗，而倫篤守宋儒之途轍，所學則殊。《明儒學案》云：“倫剛介絕俗，生平不作合同之語，不為軟巽之行，凍餒幾於死亡，而無足以動其中，庶可謂之無欲。”今覽其文，剛毅之氣，形於楮墨，詩亦磊砢不凡。雖執義過堅，時或失於迂闊，又喜排疊先儒傳註成語，少淘汰之功，或失於繁冗，然亦多心得之言，非外强中乾者比也。後載《夢槀》二卷，記夢之詞至三百餘首，隱約幻渺，幾莫測其用意所在，亦文集中罕見之體。以其人足重，故得附本集以傳，今亦姑仍舊本錄之焉。

【彙訂】

① 文淵閣《四庫》本為十四卷。（修世平、張蘭俊：《〈四庫全書總目〉訂誤十六則》）

篁墩集九十三卷（兩淮馬裕家藏本）

明程敏政撰。敏政有《宋遺民錄》，已著錄。是集為敏政所自訂。據《千頃堂書目》，尚有《外集》十二卷，《別集》二卷，《行素稾》一卷，《拾遺》一卷，《雜著》一卷。今皆不在此編中，疑其本別行也。敏政學問淹通，著作具有根柢，非游談無根者比。特以生於朱子之鄉，又自稱為程子之裔，故於漢儒、宋儒判如冰炭，於蜀黨、洛黨亦爭若寇讎。門戶之見既深，徇其私心，遂往往傷於偏駁。如《奏考正祀典》，欲黜鄭康成祀於其鄉；作《蘇氏檮杌》，以鍛鍊蘇軾復伊川九世之讎，全今為通人所詬厲。其文格亦頗頹唐，不出當時風氣。詩歌多至數千篇，尤多率易，求其警策者殊稀。然明之中葉，士大夫侈談性命，其病日流於空疏。敏政獨以雄才博學，挺出一時。集中徵引故實，恃其淹博，不加詳檢，舛誤者固多，其考證精當者亦時有可取。要為一時之碩學，未可盡以蕪雜廢也。其集名曰《篁墩》者，考新安有黃墩，為晉新安太守黃積所居，子孫世宅於此，故以黃為名。自羅願《新安志》、朱子《文集》所載皆同。敏政乃稱“黃”本“篁”字，因黃巢而改，遂稱曰“篁墩”，為之作記，且以自號。其說杜撰無稽。然名從主人，實為古義，今亦仍其舊稱焉。

楓山集四卷附錄一卷（浙江巡撫採進本）

明章懋撰。懋有《楓山語錄》，已著錄。懋初在詞垣，以直諫著名。今集中第一篇即其原疏。考元夕張燈，未為失德，詞臣賡韻，亦有前規。而反覆力爭，近乎伊川之諫折柳，未免矯激太過。然其意要不失於持正，故君子猶有取焉。至其平生清節，矯矯過人，可謂耿介拔俗之操。其講學恪守前賢，弗踰尺寸，不屑為浮夸表暴之談。在明代諸儒，尤為淳實。《明史》本傳稱：“或諷之為文章，則對曰：‘此小技耳，予弗暇。’有勸以著述者，曰：‘先儒之言至矣，芟其繁可也。’”蓋其旨惟在身體力行，而於語言文字之間非所留意。故生平所作，止於如此。然所存皆辭意醇正，有和平溫厚之風。蓋道德之腴，發為詞章，固非蠟貌梔言者所可比爾。

莊定山集十卷（山東巡撫採進本）

明莊昶撰。昶字孔暘，江浦人。成化丙戌進士，官至南京禮部郎中①。事蹟具《明史》本傳。昶官檢討時，以不奉詔作鼇山詩，與章懋、黃仲昭同謫。淪落者垂三十年，世頗推其氣節。惟癖於講學，故其文多闡太極圖之義，其詩亦全作《擊壤集》之體，又頗為世所嗤點。然如《病眼》詩“殘書楚漢燈前壘，草閣江山霧裏詩”句，楊慎亦嘗稱之。其他如“山隨病起青踰峻，菊到秋深瘦亦香”，“土屋背牆烘野日，午溪隨步領和風”，“碧樹可驚遊子夢，黃花偏愛老人頭”，“酒琖漫傾剛月上，釣絲纔颺恰風和”諸句，亦未嘗不語含興象。蓋其學以主靜為宗，故息慮澄觀，天機偶到，往往妙合自然，不可以文章格律論，要亦文章之一種。譬諸釣叟田翁，不可繩以禮貌，而野逸之態，乃有時可入畫圖。錄之以備別格，亦論唐詩者存《寒山子集》之意也。

【彙訂】

① 據《明史》卷一七九本傳，莊昶官至南京吏部郎中。

未軒文集十二卷補遺二卷附錄一卷（江蘇巡撫採進本）①

明黃仲昭撰。仲昭有《八閩通志》，已著錄。是集為其門人劉節所編②。凡文六卷、詩五卷、詞一卷，而以碑文、墓誌銘附之。仲昭官編修時，與章懋、莊昶並以疏爭元宵煙火事廷杖謫官，當時有"翰林三君子"之目。後懋與昶並以聚徒講學為事，而仲昭獨刻意紀述，《八閩通志》、《延平府志》、《邵武府志》、《南平縣志》、《興化府志》皆所編錄。故楓山、定山之名滿於天下，仲昭幾為所掩。然三人氣節相同，居官清介相同，文章質實亦略相同，未可以仲昭篤志勵行，不作語錄，遂分優劣於其間也。林瀚作《仲昭墓誌》，稱其"作為文章，渾厚典重，無艱深聱磈之語"。鄭岳《莆陽文獻傳》亦稱其"有《未軒集》若干卷，文詞典雅"。今觀其集，雖尚沿當日平實之格，而人品既高，自無鄙語。頡頏於作者之間，正不以坦易為嫌矣。

【彙訂】

①"補遺二卷附錄一卷"，殿本無。文淵閣《四庫》本此集有補遺二卷，無附錄一卷。（修世平、張蘭俊：《〈四庫全書總目〉訂誤十六則》）

②明嘉靖乙卯（三十四年）莆田黃氏家刻本此集有門人廬陵劉玉序，《天一閣書目》亦作劉玉，可知"劉節"乃"劉玉"之訛。後有黃希白跋，據跋可知此集實係仲昭孫希白兄弟編輯梓行。（朱家濂：《讀〈四庫提要〉札記》；王次澄：《〈四庫全書總目提要〉正補二十五則》）

醫閭集九卷（江蘇巡撫採進本）

明賀欽撰。欽字克恭，其先浙之定海人，以戍籍隸遼東義州衛。登成化丙戌進士，授戶科給事中，謝病歸。宏治初，起陝西參議。檄未至而母歿，乃上疏懇辭。服闋，遂不復出。事蹟具《明史·儒林傳》。此編乃其子士諮蒐輯遺槀並生平言行，都為一集。前三卷為《言行錄》，四卷至七卷為《存槀》，皆雜文，第八卷為《奏槁》，第九卷為《詩槁》。以欽嘗讀書醫無閭山，自號醫閭山人，因以名集。欽之學出於陳獻章。然獻章之學主靜悟，欽之學則期於反身實踐，能補苴其師之所偏。嘗言："為學不在求之高遠，在主靜以收放心而已。"故集中所錄言行，皆平易真樸，非高談性命者可比。而所上諸奏疏，亦無不通達治理，確然可見諸施行。在講學諸人之中，獨為篤實而純正。文章雖多信筆揮灑，不甚修詞，而仁義之言，藹然可見，固不必以工拙論也。

翠渠摘槁七卷補遺一卷（福建巡撫採進本）

明周瑛撰。瑛有《書纂》，已著錄。所著詩文集曰《翠渠類槁》。此本乃其門人林近龍所選錄，故曰《摘槁》。鄭岳撰瑛傳，稱其"文章渾成雅健，詩格調高古"。瑛亦嘗作絕句云："老去歸平澹，時人或未知。"則其自命不在以繁音縟節務諧俗耳矣。朱彝尊《明詩綜》、鄭工臣《莆風清籟集》並載瑛《履霜操》樂府，其言怨而不怒，足正昌黎之失。此集中乃未收之，或近龍去取失當，誤佚之歟？末附說三篇、序一篇、詩十八首，共為一卷，乃康熙戊子其七世孫維鑣於家乘中鈔出，以補《摘槁》所遺者。然冠以鄭岳所撰《傳》。其八世孫成又於雍正壬子求得瑛自撰《誌銘》，補錄於後，亦列於題跋之中。均乖編次之體。張詡作《陳獻章行狀》，稱瑛為獻章門人，而成跋力辨其非。以二人之集考之，蓋始合而終睽者，詡與成之說皆各執其一偏。《明史·儒林傳》亦稱"瑛始與獻章友。獻章之學主於靜，瑛不然之，謂學當以居敬為主"云。

家藏集七十七卷（兩淮鹽政採進本）

明吳寬撰。寬字原博，號匏菴，長洲人。成化壬辰進士第一，官至掌詹事府、禮部尚書，諡文定。事蹟具《明史》本傳[①]。集為寬所自訂。李東陽、王鏊二序皆稱詩三十卷,雜文四十卷,總為七十卷。今此本詩目相同,而文集實多七卷,又附以補遺文六篇。後序亦稱寬子中書舍人奭"搜閱笥橐,得詩三十卷,文四十七卷",與前序頗不合,疑七十卷以上乃寬原編,而其後七卷則出奭等所附益也。寬學有根柢,為當時館閣鉅手。平生學宗蘇氏,字法亦酷肖東坡,縑素流傳,賞鑒家至今藏弆。詩文亦和平恬雅,有鳴鸞佩玉之風。朱承爵《存餘堂詩話》極稱其《雪後入朝》詩②,雖非高格。至謂其"詩格尚渾厚,琢句沈著,用事典切,無漫然嘲風弄月之語",則頗為得實。以之羽翼茶陵,實如驂之有靳。至其作《史彬墓表》,稱其"以力田拓業,代為稅長",而不載有從建文君出亡之事。後人因據以正《致身錄》諸書之譌,是尤可以資考訂矣。

【彙訂】

① 依《總目》體例,當作"寬有《平吳錄》,已著錄"。

② "極",殿本無。

歸田稿八卷(浙江巡撫採進本)

明謝遷撰。遷字于喬,餘姚人。成化乙未進士第一,授修撰,官至户部尚書、謹身殿大學士,諡文正。事蹟具《明史》本傳。遷之在內閣也,與劉健同心輔政。史稱其"秉節直諒,見事明敏,天下稱為賢相"。其文集全橐,嘉靖中倭亂被燬。此集乃其致仕以後及再召時所作。自題曰《歸田稿》,以授其子至者也。國朝康熙中,其七世孫大名府同知鍾和復加蒐輯①,梓而傳之。集中奏疏,類多晚年陳謝之作。凡在朝時嘉謨讜論,均已無存。即史所稱請罷選妃嬪、禁約內官諸疏,亦不在其閒,則其散失者當復不少。然遷當歸里以後,正劉瑾、焦芳等挾怨修郤,日在危疑震撼之中。而所作詩文，大抵詞旨和平，惟惓惓寄江湖魏闕之思。老臣憂國，退不忘君，讀此一編，已足以知其忠悃矣。

【彙訂】

①“鍾和”，殿本作“鐘和”，誤，參清康熙二十三年謝鍾和刻本此集。（崔建英等：《明別集版本志》）

震澤集三十六卷（江蘇巡撫採進本）①

明王鏊撰。鏊有《史餘》，已著錄。鏊以制義名一代。雖鄉塾童稚，纔能誦讀八比，即無不知有王守溪者。然其古文亦湛深經術，典雅遒潔，有唐宋遺風。蓋有明盛時，雖為時文者亦必研索六籍，泛覽百氏，以培其根柢，而窮其波瀾。鏊困頓名場，老乃得遇②。其澤於古者已深，故時文工而古文亦工也。史稱“鏊上言‘欲仿前代制科，如博學鴻詞之類，以收異才。六年一舉，尤異者授以清要之職，有官者加秩。數年之後，上類濯磨，必以通經學古為高，脫去謏聞之陋’。時不能用”。又稱鏊“取士尚經術，險詭者一切屏去。宏、正閒，文體為一變”，則鏊之所學可知矣。集中《尊號議》、《昭穆對》，大旨與張璁、桂萼相合。故霍韜為其集序，極為推挹，至比於孔門之游、夏，未免朋黨之私。然其謂鏊“早學於蘇，晚學於韓，折衷於程、朱”，則固公論也。其《河源考》一篇，能不信篤什所言，似為有見。而雜引佛典、道書以駁崑崙之說，則考證殊為疏舛。此由明代幅員至嘉峪關而止，軺車不到之地，徒執故籍以推測之，其影響揣摩③，固亦不足怪矣。

【彙訂】

①“三十六卷”，殿本作“三十卷”，誤。明嘉靖刻本與文淵閣《四庫》本此集均為三十六卷。（修世平：《〈四庫全書總目〉訂

誤十四則》》)

②《明史·王鏊傳》謂鏊卒於嘉靖三年(1524),年七十五。又稱:"成化十年(1474)鄉試,明年會試,皆第一,廷試第三,授編修。"可推知生於景泰元年(1450),中進士時不過二十五六歲,不得曰老。(楊武泉:《四庫全書總目辨誤》)

③"影",殿本作"形",誤。

鬱洲遺稿十卷①(兩江總督採進本)②

明梁儲撰。儲字叔厚,號厚齋,晚號鬱洲,廣東順德人。成化戊戌進士,官至華蓋殿大學士,謚文康。事蹟具《明史》本傳。是集其子次挹所編。初名《鬱洲集》,香山黃佐為之序。後其孫孜官中書舍人,從內閣錄其奏疏,補入集中,釐為十卷,故名曰《鬱洲遺稿》,即此本也。儲歷事三朝,當武宗末造,正杌陧不寧之時,乃能嶽嶽懷方,彌縫匡救。集中所載奏疏,如武宗自封鎮國公,則上疏力阻。許給秦王關中閒田為牧地,則草敕時為危言以動聽,事遂得寢。又力請回鑾,疏至八九上,無非惓惓忠愛之忱。雖辭乏華腴,而義存規諫,亦可云古之遺直矣。胡維霖《墨池浪語》乃引楊慎之言,謂:"《明通紀》一書乃儲弟梁億所撰。故以不草《威武大將軍敕》歸之於儲,其實寫《威武大將軍敕》者儲也。內閣有敕書稾簿,綴撰文者姓名,何可誣也。"云云。其說獨異。然稾簿果存,不應終明之世無一人見而言之,《明史》本傳亦無明文,置之不論可也。至於集中詩文,寥寥無幾,體格亦不甚高。黃佐序稱其"生平著作多不存稾",蓋非其注意之所在云。

【彙訂】

① 文淵閣《四庫》本止八卷。(何槐昌:《〈四庫全書總目〉著

錄校正選輯四》）

②“進”，底本誤作“巡”，據殿本改。

見素文集二十八卷奏疏七卷續集十二卷（福建巡撫採進本）

明林俊撰。俊字待用，號見素，莆田人。成化戊戌進士，官至刑部尚書，諡貞肅。事蹟具《明史》本傳。俊始以糾權瑾遠謫。及撫江右，則抗逆藩；撫西蜀，則平巨寇，為宏、正閒名臣。晚年再起，斷斷持正。卒以不附合張璁、桂萼，致歿後削籍，葬以士禮。尤見後凋之節。所著詩文，張詡序謂俊致仕之時手編成集者五十餘卷。此本文二十八卷，奏疏七卷，《續集》詩文十二卷，兼及其起廢以後所作，併附以遺疏四首，與詡序不符。蓋已出後人哀輯，非俊自編之原本也。俊為文體裁不一，大都奇崛博奧，不沿襲臺閣之派。其詩多學山谷、後山兩家，頗多隱澀之詞，而氣味頗能遠俗。奏議分《兩曹》、《外臺》、《內臺》、《西征》、《起輔》、《新政》、《秋臺》六槀①，無不委曲詳盡，通達事機。平生經略，此足見其大凡矣。又案王鳳靈《續集》序，稱俊原有詩集十四卷，此本無之。別有《西征集》，凡詩歌二百二篇、跋二篇、賦一篇、書二十二篇、祭文二十四篇、序四篇、記五篇，亦不以詩為一集。觀其孫及祖跋②，稱重梓是書而詩集尚闕。是當時本未同刊，故流傳頗尠。今仍其原第著錄云。

【彙訂】

① 文淵閣《四庫》本此集，奏議分卷一為《西曹槀》二篇、《外臺槀》五篇、《內臺槀》九篇、《西巡槀》六篇，卷二為《西巡槀》十七篇，卷三為《西征槀》七篇，卷四為《西征槀》八篇，卷五為《起輔新政槀》六篇，卷六為《秋臺槀》十四篇，卷七為《秋臺槀》二十篇。

則共分七臬，且"兩曹"當作"西曹"，林俊時官"刑部四川清吏司員外郎"，故稱"西曹"。（周錄祥：《〈四庫全書簡明目錄·集部〉訂誤》）

②"及祖"，殿本作"則祖"，誤。明萬曆十三年刻本《見素集》二十八卷，卷端題"後學黃佐校正，孫男及祖重梓"，有林及祖《少保公文集跋》。（崔建英等：《明別集版本志》）

古城集六卷補遺一卷（江蘇巡撫採進本）

明張吉撰。吉字克修，號翼齋，又曰默菴，又曰怡窩，晚乃自稱曰古城，餘干人。成化辛丑進士，官至貴州左布政使。是編第一卷為《三朝奏議》，第二卷為《陸學訂疑》，第三卷為《貞觀小斷》，第四卷為《文略》，第五、第六卷為詩。末有《補遺》，皆雜文。明至正德初年，姚江之説興，而學問一變；北地、信陽之説興，而文章亦一變。吉當其時，猶兢兢守先民矩矱，高明不及王守仁，而篤實則勝之；才雄學富不及李夢陽、何景明，而平正通達則勝之。且為工部主事時，則盡言直諫，忤武宗，謫官。為廣西布政使時，又以不肯納賂劉瑾貶秩。而為肇慶府同知時，力持公議，搤擊柳璟，願與都御史秦紘同逮，卒白其冤，尤人情所難。以剛正之氣，發為文章，固不與雕章繪句同日而論矣①。

【彙訂】

①"而"，殿本無。

虛齋集五卷（浙江巡撫採進本）

明蔡清撰。清有《易經蒙引》，已著錄。《明史·藝文志》載清《虛齋文集》五卷，與此本合。蓋正德閒葛志貞所輯，林俊為之序。其後梨棗漫滅，清族孫廷魁復為重刊①，而益以《補遺》、《附錄》，分為八卷。然所增不過手簡墨蹟，本無關輕重。而史乘傳贊之作一概附入，尤多冗濫，固不若原本之持擇有要矣。清學以窮理為主，篤守朱子之說。其《讀蜀阜存稾私記》中謂："朱、陸俱祖孔、孟，而門戶不同。然陸學未盡符於大中至正之矩，不免為偏安之業。"其宗旨所在，可以概見。然其《易經蒙引》於朱子之解意有未安者，亦多所駁正，不為苟合。是其識解通達，與諸儒之黨同伐異者有殊。故其文章亦淳厚朴直，言皆有物。雖不以藻采見長，而布帛菽粟之言，殊非雕文刻鏤者所可幾也。《明史》本傳稱："清在吏部，因王恕訪以時事，清上二札，一請振紀綱，一薦劉大夏等三十餘人，恕皆納用。"今檢其札，乃不見集中。即蔡廷魁①增緝之本，亦復不載。蓋清不欲居功，已諱而削其稾矣。其斯為醇儒之用心歟？

【彙訂】

①"廷魁"，殿本作"庭魁"，下同，誤。清乾隆七年刻本《蔡文莊公集》八卷《艾菴密箴》一卷《河洛私見》一卷《太極圖說》一卷，卷端題"宗裔廷魁經五校梓，山人徐居敬重編校"，有乾隆七年蔡廷魁序。（崔建英等：《明別集版本志》）

容春堂前集二十卷後集十四卷續集十八卷別集九卷（浙江汪汝瑮家藏本）

明邵寶撰。寶有《左觿》，已著錄。寶舉鄉試，出李東陽之門。故其詩文矩度，皆宗法東陽。東陽於其詩文亦極推獎。當寶以侍郎予告歸，東陽作《信難》一篇以贈，稱其集"出入經史，蒐羅傳記，該括情事，摹寫景物，以極其所欲言。而無冗字長語、辛苦不怡之色。若欲進於古之人。"且以歐陽修之知蘇軾為比，其心之相契如此。然東陽所見祇有《前集》。其《後集》、《續集》、《別集》則寶後所續編，東陽弗及睹也。今統觀四集，其文邊幅少狹而高簡有法，要無媿於醇正之目。《明史‧儒林傳》稱"其學以洛、閩為的，嘗曰：'吾願為真士大夫，不願為假道學。'其文典重和雅，以李東陽為宗。而原本經術，粹然一出於正"，殆非虛美。其詩清和淡泊，尤能抒寫性靈。顧元慶《夷白齋詩話》極稱其乞歸終養上疏不允一篇，謂其"感動激發，最為海內傳誦"。蓋其真摯不可及云。

羅圭峯文集三十卷（江蘇巡撫採進本）

明羅玘撰。玘字景鳴，南城人。成化丁未進士，官至南京吏部右侍郎，諡文肅。事蹟具《明史‧文苑傳》。玘以氣節重一時。其《乞定宗社大計》二疏及《上李東陽書》，皆言人之所難言。其文規橅韓愈，戛戛獨造，多抑掩其意，迂折其詞，使人思之於言外。陳洪謨序稱："聞其為文，必嘔心積慮，至扃戶牖。或踞木石隱，度踰旬日，或踰歲時①，神生境具而後命筆。稍涉於萎陋詘誕之微，雖數易棄不憚。"蓋與宋陳師道之吟詩不甚相遠。其幽渺奧折也固宜，而磊落嶔崎，有意作態，不能如韓文之渾噩，亦緣於是。殆性耽孤僻，有所偏詣歟？然在明人之中，亦可謂為其難者矣。明制，以翰林教習宦官，謂之"內館"。據玘所作《白江墓碑》，蓋嘗充是任者。故集中諸文，為宦官作者頗多。雖玘之風概，可以共諒於後世。然其為微瑕，不止陶集之《閒情》，顧一一錄之，是所不可解也。《因樹屋書影》稱玘集一刻於盱眙②，再刻於南國子監，又有武進孫氏本，今皆未見。據此本所敘，則初刻於常州，再刻於荆州，版皆佚。嘉靖五年，陳洪謨得荆州本六卷，又得《續集》二卷、《奏議》一卷，彙而重刊③。後其鄉人黃端伯又於玘曾孫寬處求得逸稾，合原集編為三十卷。是其集輾轉增入，已非其舊。兹數篇者，毋乃端伯所增入歟？此本為康熙庚午玘八世從孫美才所刊，編次頗無體例。如文以壽文為冠，而以奏議列雜著後；詩亦以壽詩為冠，而名之曰“古樂府”；又以詞置賦之後、詩之前，皆為顛舛。其凡例第二條云：“集中詳加評綴，凡有資舉業者，聯圈標出。”所見如是，則其失於刊削，以多為貴亦宜矣。

【彙訂】

① 據明嘉靖五年刻本《翰林羅圭峯先生文集》陳氏序原文，“或踰歲時”乃“或遲歲時”之誤。

② “因樹屋書影稱”，殿本無。

③ 明嘉靖五年陳洪謨、余載仕刻本為《翰林羅圭峯先生文集》十八卷《續集》十二卷。（崔建英等：《明別集版本志》）

吳文肅公摘稾四卷（江蘇巡撫採進本）

明吳儼撰。儼字克溫，宜興人。成化丁未進士，官至南京禮部尚書，謚文肅。事蹟具《明史》本傳。正德初，儼主順天鄉試，以“為臣不易”命題，為劉瑾所怒，以飛語罷去。瑾誅，乃復進用。其程文今在集中。史稱：“劉瑾聞儼家多貲，遣人唊以美官。儼峻拒之，瑾怒。會大計群吏，中旨罷儼官。”即其事也。其集初藏於家。至萬曆甲申，其孫士遇始刊版。同邑王升、武進莊煦及其仲孫達可為删而存之①，故名曰《摘稾》。儼當何、李未出以前，猶守明初舊格，無鉤棘塗飾之習。其才其學，雖皆不及李東陽之宏富，而文章局度春容，詩格亦復嫻雅，往往因題寓意，不似當時臺閣流派，沿為膚廓。雖名不甚著，要與東陽肩隨，亦足相羽翼也。

【彙訂】

① 此集今存明萬曆十二年吳士遇等刻本，卷端題"同邑王升、晉陵莊煦、姪孫達可校選"，文淵閣《四庫》本書前提要作"從孫達可"。（崔建英等：《明別集版本志》）

熊峯集十卷（直隸總督採進本）

明石珤撰。珤字邦彥，藁城人。成化丁未進士，官至文淵閣大學士，謚文隱，改謚文介。事蹟具《明史》本傳。珤出李東陽之門，東陽每稱："後進可託以柄斯文者，惟珤一人。"皇甫汸嘗刪定其集為四卷，歲久版佚。國朝康熙丁未，餘姚孫光昂為藁城知縣，得《別集》遺槀於其家，為合而重刊之。嗣聞真定梁清標家有其全槀①，乃購得續刊，共為十卷，即此本也。自一卷至四卷為詩，五卷、六卷為文，七卷至九卷又為詩，十卷又為文。蓋刊版已定，不能依類續入，故其體例叢脞如是也。珤詩文皆平正通達，具有茶陵之體，故東陽特許之。當北地、信陽駸駸代興之日，而珤獨堅守師説。屢典文衡，皆力斥浮夸，使粹然一出於正。雖才學皆遜東陽，而湜湜持正，不趨時好，亦可謂堅立之士矣。

【彙訂】

① "全槀"，殿本作"全集"。

立齋遺文五卷（浙江汪汝瑮家藏本）①

明鄒智撰。智字汝愚，合州人。成化丙午鄉試第一人。時萬安方倚內官怙權。智上公車時，道過王恕，即立志欲發其姦。丁未成進士，改庶吉士。會星變，遂上疏擊安及劉吉、尹直三大學士,兼劾中官。雖留中不報,而姦黨銜之次骨,乃借他事羅織下詔獄,將擬死刑。彭韶力持之,得謫廣東石城千户所吏目。卒於官,年僅二十六。事蹟具《明史》本傳。金祺作《智墓誌》,稱"所著有《立齋集》,藏於家"。考集中《初到石城》詩第二首後有其友人順德知縣吳廷舉附註,記智自改定中四句事。末有附載《寄吳獻臣》一書,失其姓名,論刻集及作序事。則集為廷舉所編次刊刻。此本前有什邡縣訓導李廷梁序,稱"舊版佚闕,案臺李公芳麓重梓"。蓋天啟乙丑所刊也[②]。凡奏疏一卷,雜文三卷,詩一卷,附錄一卷。智疏劾權姦,直聲動天下。然於君國之間,纏綿篤摯,至死不忘,無一毫怨尤之意。其《在獄》詩有云:"夢中不識身猶繫,又逐東風入紫宸。"其《辭朝》詩有云[③]:"雲韶聲靜拜彤墀,轉覺嬋媛不自持。罪大故應誅兩觀,網疏猶得竄三危。盡披肝膽知何日,望見衣裳祇此時。但願太平無一事,孤臣萬死竟何悲。"與明季臺諫務以矯激沽名者,相去萬萬。故詩文多發於至性,不假修飾之功。雖閒傷樸遫,而真氣流溢,其感人者固在文字外矣。

【彙訂】

① 底本此條與文淵閣庫書次序不符。文淵閣庫書與殿本均置於"熊峯集十卷"條之前。

② 今存明萬曆刻本《鄒立齋先生文集》六卷,卷端題"翰林院庶吉士濮國鄒智汝愚父著,巡按四川監察御史黔南李時華應坤父校",有萬曆甲辰秋八月望日黔南方麓李時華序。天啟五年乙丑李廷梁刻本《立齋遺文》五卷卷端書名下題"儒學訓導李廷梁重刻",其序曰:"復承按臺李公芳麓重梓,又已損失",末署"時天啟五年孟夏什邡縣儒學訓導李廷梁頓首序刻"。則李時華校

刻者乃萬曆本，天啟乙丑本乃李廷梁所刊。（崔建英等：《明別集版本志》）

③ "有"，殿本無。

西村集八卷附錄一卷（兩淮馬裕家藏本）

明史鑑撰。案憲宗、孝宗時有兩史鑑。其一長洲人，宏治己未進士，見《太學題名碑》。其一吳江人，字明古，號西村，隱居不仕，即撰此集者也。鑑留心經世之務，三原王恕巡撫江南時，聞其名，延見之，訪以時政。鑑指陳利病，恕深服其才，以為可以當一面。所著詩四卷、文四卷，嘉靖閒其孫周哀而刊之，以墓表及諸人哀輓之詩附於後。周用、盧襄各為之序①。其文究悉物情，練達時勢，多關於國計民生，而於吳中水利言之尤詳。第五卷皆明初諸人列傳②，敘次簡明，疑其欲為野史而未就也。其詩亦落落無俗韻，惟古詩不知古音，所註叶韻多謬誤。文中《祭徐有貞文》及文後跋一篇，以私恩之故，為力辨"奪門"一事，未免曲筆耳。案王士禎《香祖筆記》曰："吳江門人徐翰林電發，案，電發乃檢討徐釚之字。寄《西村集》二十八卷，其鄉前輩史鑑明古著也。集中有《曾祖文質府君行狀》，案，文質乃史彬之字。祇言洪武中縛貪吏詣闕事，無一語及靖難。集是陳繼儒仲醇選。"云云。是鑑集本二十八卷。此本八卷，尚非完帙。然今未見繼儒所選本，故仍以此本著錄，而附載其卷帙之異同，備考證焉。

【彙訂】

① 據明嘉靖八年史璧刻本《西村集》八卷《附錄》一卷周用、盧襄序，"其孫周"乃"其孫臣"之誤。（崔建英等：《明別集版本志》）

② 文淵閣《四庫》本卷五為書、尺牘、序，其餘各卷亦無"明

初諸人列傳"。

胡文敬公集三卷（副都御史黃登賢家藏本）

明胡居仁撰。居仁有《易像鈔》，已著錄。居仁本從吳與弼遊，而醇正篤實，乃過其師遠甚。其學以治心養性為本，以經世宰物為用，以主忠信為先，以求放心為要。史稱"薛瑄之後，惟居仁一人而已"。居仁病學者撰述繁蕪，嘗謂："朱子註《參同契》、《陰符經》，皆可不作。"故《易傳》、《春秋傳》外，於經書皆不輕為之註。講授之語，亦惟《居業錄》一編。詩文尤罕。是集乃其門人余祐網羅散失而成。雖中多少作，然近裏著己皆粹然儒者之言，不似吳與弼書動稱夢見孔子也。

小鳴稾十卷（浙江巡撫採進本）

明秦王朱誠泳撰。誠泳號賓竹道人，太祖五世孫也。宏治元年，以鎮安王襲封。十一年薨，謚曰簡。《明史·諸王列傳》稱"誠泳性孝友恭謹，嘗銘冠服以自警"。所著有《經進小鳴集》。案朱彝尊《詩話》稱："王年十齡，嫡母陳妃以唐詩教之，日記一首。嗣位後日賦一篇，三十年靡間。"案誠泳襲爵僅十一年，此云三十年，當並其初封鎮安王時言之也。既薨，紀善強晟校刻其詩。嘉靖初，王孫定王維焯表上之，詔送史館。史稱"經進"，蓋由於此。此本不題"經進"字，蓋刻在前而進在後也。自卷一至卷八皆詩。卷九為雜文。卷十為《恩賜勝覽錄》，乃宏治癸丑，誠泳請朝命養疾於鳳泉、溫泉、湯泉時所作。其詩古體清淺而質樸，近體諧婉可誦，七絕尤為擅場。如《秋夜》詩云："霽月滿窗明似晝，梧桐如雨下空庭。"又云："空庭久坐不成寐，明月滿階砧杵聲。"又《山行》詩云："啼鳥無聲僧入定，半巖風落紫藤花。"皆風骨戍削，往往有晚唐格意。爾時館閣之中，轉無此清音矣。

方簡肅文集十卷（浙江巡撫採進本）①

明方良永撰。良永字壽卿，莆田人。宏治庚戌進士，官至右副都御史，撫治鄖陽。告歸再起，巡撫應天，中途疾作，乞致仕。旋除南京刑部尚書，良永已先卒，諡簡肅。事蹟具《明史》本傳。是集為河南按察使鄭茂所編，隆慶庚午，其孫山東布政使攸續刊之②。良永當正德時歷仕巖疆，皆著丰采。乞休後廷推屢及，輒以養親辭。今諸疏俱在集中，進退頗為不苟。其文信筆揮灑，雖不刻意求工，而和平坦易，不事鉤棘。視後來摹擬塗飾之習，轉為本色。其論劾朱寧一疏，慷慨壯烈，猶有牽裾折檻之風。又常豫決寧王宸濠反謀。濠敗後，貽書王守仁，與論定亂大計。及其生平言學，則云：“近世學者，出天入神，超悟獨到，專以心學為言，皆附於象山，其妄如此。即所為象山者似矣，而中實未然，毋亦優孟之為孫叔敖歟？”其語皆隱刺守仁，可謂卓然不阿其所好者矣。

【彙訂】

① 底本此條與文淵閣庫書次序不符。文淵閣庫書與殿本均置於“小鳴稾十卷”條之前。

② 此集今存明萬曆八年方攸續刻本（四庫底本），卷端題“嘉議大夫河南按察司按察使後學鄭茂校編，通奉大夫山東布政使司左布政使孫男攸續鋟梓”，有隆慶庚午張鰲《方簡肅公文集敘》、隆慶庚午鄭茂《方簡肅公文集後序》、萬曆庚辰（八年）方攸續《刻簡肅公文集跋》。（崔建英等：《明別集版本志》）

懷星堂集三十卷（江蘇巡撫採進本）

明祝允明撰。允明有《蘇材小纂》，已著錄。《明史・藝文

志》載《祝氏集略》三十卷,《懷星堂集》三十卷,《小集》七卷。本
傳稱其詩文集六十卷。朱彝尊《靜志居詩話》載《祝氏集略》外,
又有《金縷》、《醉紅》、《窺簾》、《暢哉》、《擲果》、《拂弦》、《玉期》等
集。今行於世者惟《祝氏集略》及此集①,凡詩八卷,雜文二十二
卷。允明與同郡唐寅並以任誕為世指目。寅以畫名,允明以書
名,文章均其餘事。寅詩頹唐淺率,老益潦倒。袁袠所輯《六如
居士集》,王世貞《藝苑卮言》以"乞兒唱蓮花落"詆之。顧璘《國
寶新編》稱:"允明學務師古,吐詞命意,迥絕俗界。效齊、梁月露
之體,高者凌徐、庾,下亦不失皮、陸。"其推挹誠為過當。然允明
詩取材頗富,造語頗妍,下擷晚唐,上薄六代,往往得其一體。其
文亦蕭灑自如②,不甚倚門傍戶。雖無江山萬里之鉅觀,而一邱
一壑,時復有致。才人之作,亦不妨存備一格矣。

【彙訂】

①《祝氏集略》與《懷星堂集》正文內容全同,實為同書異
名。(董康:《祝氏集略解題》;邱曉平:《祝允明詩文集版本
考辨》)

②"亦",殿本無。

整菴存稿二十卷(江西巡撫採進本)

明羅欽順撰。欽順之學以窮理格物為宗,力攻王守仁"良
知"之說。其大旨具見所作《困知記》中,已別著錄。至詞章之
事,非其所好,談藝家亦罕論及之。其弟欽藹作《儀訓錄》,嘗
稱①:"欽順於應酬文字辭謝居多,下筆槀成,未嘗自是。舊槀盈
笥,晚年手自芟存,餘悉焚去。謂二子曰:'此等文字世間不少,
慎勿出以示人,姑留自觀可也。'"云云。其志趣可以想見。然集

中所作，雖意境稍涉平衍，而典雅醇正，猶未失成化以來舊格。詩雖近《擊壤》派，尚不至為有韻之語錄。以抗行作者則不能，在講學諸家，亦可云"質有其文"矣。

【彙訂】

① "嘗"，殿本無。

東江家藏集四十二卷（兩淮馬裕家藏本）

明顧清撰。清有《松江府志》，已著錄。是編凡《山中稾》四卷為初集，乃未仕時作，《北遊稾》二十九卷為中集，乃既仕後作，《歸來稾》九卷為後集，乃致仕後作。皆清晚年所自編，故體例頗為精審。又有《留都稾》四卷，《存稾》十卷，為其子孫所續輯，今已不傳矣。清學端行謹，砥礪名節。當正德時，諫疏凡十數上。嘉靖初，力請停遣旗校，於時政皆有所獻替。其詩清新婉麗，天趣盎然，文章簡鍊醇雅，自嫻法律。當時何、李崛興，文體將變，清獨力守先民之矩矱。雖波瀾氣焰未能極倣奇偉麗之觀，要不謂之正聲不可也。在茶陵一派之中，亦挺然翹楚矣。

空同集六十六卷（陝西巡撫採進本）

明李夢陽撰。夢陽有《空同子》，已著錄。夢陽為戶部郎中時，疏劾劉瑾，遘禍幾危，氣節本震動一世。又倡言復古，使天下毋讀唐以後書，持論甚高，足以竦當代之耳目。故學者翕然從之，文體一變。厥後摹擬勦賊，日就窠臼。論者追原本始，歸獄夢陽，其受訾厲亦最深。考明自洪武以來，運當開國，多昌明博大之音。成化以後，安享太平，多臺閣雍容之作①，愈久愈弊，陳陳相因，遂至噉緩冗沓，千篇一律。夢陽振起痿痺，使天下復知有古書，不可謂之無功，而盛氣矜心，矯枉過直。《因樹屋書影》

載其"黃河水繞漢官牆"一詩②，以落句有"郭汾陽"字，涉用唐事，恐貽口實，遂刪除其槀，不入集中。其堅立門戶，至於如此。同時若何景明、薛蕙皆夢陽倡和之人，景明論詩諸書，既斷斷往復；蕙亦有"俊逸終憐何大復，粗豪不解李空同"句，則氣類之中已有異議，不待後來之排擊矣。平心而論，其詩才力富健，實足以籠罩一時。而古體必漢、魏，近體必盛唐，句擬字摹，食古不化，亦往往有之。所謂武庫之兵，利鈍雜陳者也。其文則故作聱牙，以艱深文其淺易。明人與其詩並重，未免怵於盛名。今並錄而存之，俾瑕瑜不掩。且以著風會轉變之由，與門戶紛競之始焉。

【彙訂】

① 殿本"作"上有"制"字。

② "因樹屋書影載"，殿本無。

山齋集二十四卷（福建巡撫採進本）

明鄭岳撰。岳有《莆陽文獻》，已著錄。其所著詩文有《蒙難錄》、《西行紀》、《南還錄》、《山齋吟槀》、《漫槀》、《淨槀》、《續槀》、《奏議》。因雕本燬毀，所存不過數種。是集乃萬曆中其曾孫炫蒐輯重鋟，凡詩七卷，文十七卷。炫跋謂"較視舊集，十未能存二三"，蓋亦幸而不佚也。柯維騏《續莆陽志》稱其"所作詩文，俱暢達蘊藉"。朱彝尊《明詩綜》引謝山子之言，亦稱其詩深於諷諭之體。考《明史》岳本傳，稱其屢拒中官崔文之干請，爭寧王宸濠之侵佔。又以爭興獻王祔廟，忤旨奪俸。其居官頗著風節。而為江西按察使時，與李夢陽互訐，為兵部侍郎時，又為聶豹劾罷。所與齟齬者，乃皆正人。蓋其天性孤介，非惟與小人相忤，即君子亦不苟合也。其文章落落遠俗,固亦有由焉。

浮湘集四卷山中集四卷憑几集五卷續集二卷息園存稾詩四卷文九卷緩慟集一卷(山西巡撫採進本)①

明顧璘撰。璘有《國寶新編》,已著錄。是編乃其詩文全集。《浮湘集》由開封府知府謫全州知州時作,蔡羽序之。《山中集》移病家居時作,陳束序之。《憑几集》、《憑几續集》皆起官湖廣巡撫時作,皇甫汸序之,璘亦有自序。《息園存稾》並刻於嘉靖戊戌,《詩稾》陳大壯序之,《文稾》鄧繼中序之②。附錄曰《緩慟集》,官工部侍郎時哭其亡女之作③,璘自序之。朱彝尊《明詩綜》稱其尚有《歸田集》④,今未見傳本,不知佚否也。《明史・文苑傳》稱“璘初與同里陳沂、王韋號‘金陵三傑’,後寶應朱應登繼起,號‘四大家’。然璘、應登羽翼李夢陽,而韋、沂則頗持異論”。又稱“璘詩矩矱唐人,以風調勝”。今觀其集,遠挹晉安之波,近驂信陽之乘,在正、嘉間,固不失為第二流之首也。

【彙訂】

① 文淵閣《四庫》本為《顧華玉集》四十五卷,其中《山中集》十卷,書前提要亦作《山中集》十卷。(修世平:《文淵閣〈欽定四庫全書總目〉訂誤十六則》)

② 今存嘉靖刻本《息園存稾》九卷,有嘉靖十七年戊戌鄧繼曾序。(崔建英等:《明別集版本志》)

③ “工部侍郎”,殿本作“刑部侍郎”,誤。《緩慟集》卷首即《俞介婦顧女墓誌銘》,曰:“女諱敬,字靜媛,南都人,工部左侍郎顧華玉長女也。”

④ “歸田集”,殿本作“歸田稾”,誤。《明詩綜》卷三十七“顧

璘"條云："有《息園》、《浮湘》、《憑几》、《山中》、《歸田》諸集"。

　　華泉集十四卷（山東巡撫採進本）

　　明邊貢撰。貢字庭實，華泉其號也，歷城人。宏治丙辰進
士，官至南京戶部尚書。事蹟具《明史·文苑傳》。是集凡詩八
卷，文六卷。魯中立《海嶽靈秀集》曰："華泉之作雖不逮何、李，
然平淡和粹，孝廟以前，海岱之才無其倫比。"胡應麟《詩藪》曰：
"世人獨推李、何為當代第一。余以為空同關中人，氣稍過勁，未
免失之怒張。大復之亮節俊語出於天性，亦自難到，但工於文句
而乏意外之趣。獨邊華泉興象飄逸，而語尤清圓，故當共推此
人。"陳子龍《明詩選》則曰："尚書才情甚富，能於沈穩處見其流
麗，聲價在昌谷之下、君采之上。今考其詩，才力雄健，不及李夢
陽、何景明善於用長；意境清遠，不及徐楨〔禎〕卿、薛蕙善於用
短。而夷猶於諸人之閒，以不戰為勝。無憑陵一世之名，而時過
事移，日久論定，亦不甚受後人之排擊。"三人所論，當以子龍為
持平矣①。昔薛蕙於嚴嵩為同年，頗相唱和。及嵩柄國，蕙即謝
絕往還，並削去舊作，不留一字，至今為論者所稱②。是集乃以
送嵩之作列為壓卷，不免見疑於清議。然詩集為貢没之後其里
人劉天民所編。時當嘉靖戊戌，正嵩權熾盛之日。或天民無識，
趨附時局以為榮，非貢本志歟③？其文集亦大名魏允孚所續刊，
自明以來，談藝家置而不論。今核其品格，實遠遜有韻之詞。蓋
才有偏長，物不兩大。附詩以行，視為琬炎〔琰〕之藉可矣④。

【彙訂】

　　①《詩藪》並無此段文字，乃見於何良俊《四友齋叢説》卷二
十六。又陳子龍《皇明詩選》卷三選錄諸家五言古詩，邊貢名下

雙行小字評曰："卧子曰：'廷實粗率未除，然時見精詣，五言尤稱長城。'轅文曰：'尚書才情甚富，能於沉穩處見其流麗。聲價在昌谷之下、君采之上。'"則所謂陳子龍論者，實出宋征輿（字轅文）。（楳臨川：《〈四庫提要〉的一處失誤》；劉敬：《〈四庫全書總目〉七子派批評研究——以七子派主體作家為中心》）

②據史傳，嚴嵩為弘治十八年進士，而薛蕙乃正德九年進士。嚴為弘治十一年舉人，見雍正《江西通志》卷五三《選舉志》；薛為正德八年舉人，見雍正《江南通志》卷一二七《選舉志》，二人又非鄉試同年。薛卒於嘉靖二十年正月，年五十三，見《明儒學案》卷五三薛蕙小傳。薛卒時，嚴嵩年六十三（據《明史·嚴嵩傳》嘉靖四十一年時，嵩自稱"年八十有四"，由此推），二人又非同年生。嚴嵩入閣為武英殿大學士，在嘉靖二十一年八月，見《明史》本傳及《宰輔年表》，此前薛蕙已卒，焉有"嵩柄國，即謝絶往還，並削去舊作"之事？（楊武泉：《四庫全書總目辨誤》）

③戊戌為嘉靖十七年，嚴嵩之權尚未熾盛。（同上）

④殿本"視"上有"姑"字。"琰"，底本作"炎"，乃避嘉慶諱改。殿本作"琰"。

劉清惠集十二卷（浙江巡撫採進本）

明劉麟撰。麟字元瑞，一字子振，江西安仁人。後流寓長興，子孫遂隸籍焉。宏治丙辰進士，官至工部尚書。事蹟具《明史》本傳①。初，麟觀政工部時，即與同年陸崑抗疏爭諫官下獄事。及為紹興府知府，又以忤劉瑾褫職。後官尚書，卒以爭蘇松織造，為宦官所擠而罷。蓋始終介介自立者。其自紹興歸也，依其姻家吳琬於長興。與孫一元、文徵明等往來倡和。世傳徵明《神樓圖》，即為麟作也。是集凡詩二卷，奏疏、雜文九卷，附錄一卷，麟曾孫慾陞所編。萬曆丙午，湖州知府無錫陳幼學刊之長興。朱鳳翔為序，稱"其文出入秦漢，詩則駸駸韋、杜"，固未免太過。至稱"其標格高入雲霄，胸中無一毫芥蒂，故所發皆盎然天趣，讀之足消鄙吝"，則得其實矣。是亦文章關乎人品之驗也。

【彙訂】

①《明史》本傳云："本安仁人，世為南京廣洋衛副千戶，因家焉。"《國朝獻徵錄》卷五〇引《實錄》云："工部尚書劉麟，以嘉靖四十年四月辛卯卒……南京廣洋衛人，弘治丙辰進士。"《弇山堂別集》卷五一《工部尚書表》云："劉麟，江西安仁人，南京廣洋衛籍。弘治丙辰進士。"《列朝詩集小傳》丙集"劉尚書麟"條："安仁人，以武功籍隸南京，弘治丙辰進士。"道光《上元縣志》卷一五《仕績》："劉麟，字元瑞，南京廣洋衛人，有文名，弘治丙辰進士。"可知劉麟非定居長興，而實籍南京廣洋衛。（楊武泉：《四庫全書總目辨誤》）

東田遺稾二卷（兩江總督採進本）①

明張羽撰。羽字鳳舉，泰興人。宏治丙辰進士，官至河南左布政使。案明初張羽，為"吳中四傑"之一。相距不過百載，而襲前輩之姓名，殊不可解。然前張羽工詩，此張羽亦復工詩，豈有心仿效，有藺相如之慕歟？是集詩、文各一卷，為其季子楨所編，其門人儲洵序之。羽為御史，抗疏劾劉瑾，直聲震朝野。集中疏劄文雖不多，皆切中時弊，方正之概，猶凜然可見。詩亦規摹盛唐，不落纖巧之習。蓋宏治、正德之間，去明初前輩猶為未遠，流風餘韻，往往尚存②。而羽之澹靜峭直，又出天性。雖其博大富健不及李東陽諸人，排戛鉅麗亦不及李夢陽諸人。而不為舊調之膚廓，亦不為新聲之塗飾，肖心而出，務達所見而止。在諸作者中，亦可以自為一隊矣。

【彙訂】

① 底本此條與文淵閣庫書次序不符。文淵閣庫書與殿本均置於"劉清惠集十二卷"條之前。

②"尚存"，殿本作"而存"。

沙溪集二十三卷（直隸總督採進本）

明孫緒撰。緒字誠甫，沙溪其自號也，故城人。宏治己未進士，官至太僕寺卿。是集文八卷，賦一卷，雜著一卷，《無用閒談》六卷，詩七卷①。其文沈著有健氣。其《無用閒談》有曰："文章與時高下，人之才力亦各不同。今人不能為秦、漢、戰國，猶秦、漢、戰國不能為《六經》也。世之文士，尺寸步驟，影響摹擬，晦澀險深，破碎難讀。"云云。其意蓋為李夢陽發，可以見其趨向矣。至於《古今仕學辨》之類，參以排偶，不古不今，則編次者失於刪汰，轉為作者累耳。其《無用閒談》多深切著明之語。論文、論詩，亦各有確見。王士禎《池北偶談》嘗摘其誤以五代王祚事為彭時事，其說良是。他如論揚雄事亦失當，然要不害其大旨。詩格頗近李東陽，而深以何孟春等註《東陽樂府》稱其"過於李、杜"為非。蓋譏譽者之溢量，非排擊東陽也。此集舊與馬中錫《東田集》合刊，然學問、筆力皆勝中錫，故今摘錄緒集，而中錫集則存其目焉。

【彙訂】

① 文淵閣本此集卷十卷首題"雜著"，載《古今仕學辨送胡

生南歸》、《病解》兩篇。卷十一至卷十六卷首亦題"雜著",皆《無
用閒談》。則"雜著"實有七卷。(周錄祥:《〈四庫全書簡明目
錄·集部〉訂誤》)

王文成全書三十八卷(浙江巡撫採進本)

明王守仁撰。守仁有《陽明鄉約法》,已著錄。是書首編語
錄三卷,為《傳習錄》,附以《朱子晚年定論》。乃守仁在時,其門
人徐愛所輯,而錢德洪刪訂之者。次文錄五卷,皆雜文。別錄十
卷,為奏疏、公移之類。外集七卷,為詩及雜文。續編六卷,則文
錄所遺,搜輯續刊者。皆守仁歿後,德洪所編次。後附以年譜五
卷、《世德記》二卷,亦德洪與王畿等所纂集也。其初本各自為
書。隆慶壬申,御史新建謝廷傑巡按浙江,始合梓以傳,仿《朱子
全書》之例以名之。蓋當時以學術宗守仁,故其推尊之如此。守
仁勳業氣節,卓然見諸施行。而為文博大昌達,詩亦秀逸有致。
不獨事功可稱,其文章自足傳世也。此書明末版佚,多有選輯別
本以行者,然皆闕略,不及是編之詳備焉①。

【彙訂】

① "焉",殿本作"云"。

雙溪集八卷(浙江朱彝尊家曝書亭藏本)

明杭淮撰。淮字東卿,宜興人。宏治乙未進士①,官至南京
總督糧儲、右副都御史。與兄濟並負詩名,與李夢陽、徐楨〔禎〕
卿、王守仁、陸深諸人遞相唱和。其詩格清體健,在宏治、正德之
際,不高談古調,亦不沿襲陳言,頗諧中道。此本乃其弟泂所編,
為朱彝尊曝書亭舊藏。卷末有彝尊手題兩行,稱:"康熙辛巳九
月十九日,竹垞老人讀一過,選入《詩綜》一十四首。"各詩內亦多

圈點甲乙之處，蓋其輯《明詩綜》時所評騭。今《詩綜》本內所錄准詩篇數，並與自記相同。中如《打牛坪》詩第三聯，原本作“碧障自雲生”，而彝尊改作“蔓草自春生”；《王思槐過訪》詩第三聯，原本作“野竹過牆初挺秀”，而彝尊改作“挺拔”，亦閒有所點定，皆較原本為善。且稱其詩“遒鍊如繭絲，抽自梭腸，似澀而有條理。五言尤擅場”，持論亦屬允愜云。

【彙訂】

① 弘治無乙未，乃己未之誤。（朱家濂：《讀〈四庫提要〉札記》）

對山集十卷（湖北巡撫採進本）

明康海撰。海有《武功縣志》，已著錄。其詩文集自明以來凡四刻。一為張太微所選，一為王世懋所選，互有去取。國朝康熙中，其里人馬氏始衷其全集刻之江寧。此本乃乾隆辛巳，其里人編修孫景烈以所藏張太微本又加刊削而刻之①。海以救李夢陽故，失身劉瑾。瑾敗，坐廢。遂放浪自恣，徵歌選妓，於文章不復精思，詩尤頹縱。王世懋序稱其“五、七言古律多率意之作。又慕少陵直攄胸臆，或同時人名號爵里，韻至便押，不麗於雅”。朱孟震序述李維楨之言，亦稱“張太微本玞珷燕石，閒列錯陳”。故馬氏所增刊，頗傷蕪雜②。景烈此本雖晚出，而去取謹嚴，於詩汰之尤力，較諸本特為完善，已足盡海所長矣。明人論海集者是非不一，要以俞汝成“文過於詩”語為不易之評③。其《擬廷臣論寧夏事狀》及《鑄錢論》諸篇，尤頗切時弊。崔銑、呂柟皆以司馬遷比之，誠為太過。然其逸氣往來，翛然自異，固在李夢陽等割剝秦、漢者上也。

【彙訂】

① 孫景烈所刊乾隆本各卷內篇目次序大體依嘉靖張治道(號太微山人)校訂本,但其中尚有序七篇、記五篇、墓碑二篇、墓誌三篇、祭文一篇、賦二篇、四言古詩一首、五言古詩四首、七言古詩二首、五言律詩一首、七言律詩一首、五言絕句一首為嘉靖本所未收,而出自王世懋等所刊萬曆本。(韓結根:《對山集版本述考》)

② 馬逸姿所刊康熙本與萬曆本相校,僅小有變動,基本保持了萬曆本原貌,屬同一版本系統。(同上)

③ 朱孟震《刊對山康先生全集敍》曰:"康德涵先生以文章名海內,不佞自束髮談藝,心竊嚮往之,於今數十年而始得從關中讀其集。既讀之,則又心竊有疑也。乃以訊之李太史本寧氏。太史曰:'集固非全也。曩先生没,其遺文散佚無次,友人張孟獨氏匯而刻之。譬之寶玉,瑜瑕並矣。又多琘玞燕石,間列而錯陳,殊弗類也。余從先生嗣子孝廉子秀訪之,蓋得十之四。又從其外孫張明府維訓訪之,得十之六。集庶幾哉稱全矣。第無有能為先生忠臣者,嚴覈而慎選之。請以屬子。'"則"琘玞燕石"之論,並非針對康海的詩文創作而發,而是不滿於張太微刻本選次不當。故後文乃有"嚴覈而慎選"之請。又俞憲(字汝成)《盛明百家詩·康狀元集》曰:"康對山著作自任文勝於詩。其詩發於天真,不事雕綴,往往直陳事理,鋪敍物情。秦聲中猶為近古。"則"文過於詩"乃俞憲引用康海自謙之詞。(劉敬:《〈四庫全書總目〉七子派批評研究——以七子派主體作家為中心》)

柏齋集十一卷(河南巡撫採進本)

明何瑭撰。瑭有《醫學管見》,已著錄。瑭篤行勵志,其論學一以格致為宗。集中《送湛若水序》，謂：「甘泉以存心為主，予以格物致知為先。非存心固無以為格致之本。物格知至，則心之體用益備。」其生平得力在此。故當時東南學者多宗王守仁良知之説，而瑭獨以躬行為本，不以講學自名。然論其篤實，乃在講學諸家上。至如《均徭》、《均糧》、《論兵》諸篇，究心世務，皆能深中時弊，尤非空談三代，迂疏無用者比。雖其文體樸質，不斤斤於格律法度之閒，而有體有用，不支不蔓，與雕章繪句之學固又當別論矣。集凡文十卷，詩一卷，為嘉靖己酉鄭王所刻①。鄭世子載堉，即瑭之甥。其律數之學，皆受之於瑭者也。

【彙訂】

①《四庫》底本實為萬曆四年賈待問編校本，有賈待問《重刻何文定公全集序》云：「斯集也，鄭王殿下始校編刻之，池州太守衛源馬公復校編重刻焉，暨余重審定，始終凡三刻。」《四庫》本僅因避諱略有刪改。（王永寬：《〈何瑭集〉校注前言》；崔建英等：《明別集版本志》）

竹澗集八卷竹澗奏議四卷（浙江汪汝瑮家藏本）①

明潘希曾撰。希曾字仲魯，金華人。宏治壬戌進士，官至兵部左侍郎。是集為嘉靖末長洲黃省曾所校②。首載詩四卷，次雜文四卷，次奏議四卷，而以墓誌、小傳之類附錄於末。核其卷數，與《千頃堂書目》所載相符，蓋猶舊本也。希曾官兵科給事中時，奏奪太監汪直義男官爵。復因災異陳八事，皆直指近倖，無所避忌。及奉使湖廣、貴州，計處邊儲，又以不賂劉瑾，矯旨下獄，拷訊除名。瑾誅，起官，復抗疏爭太素殿、天鵝房諸役，俱著直聲。今觀集中章奏，語皆剴切真摯，不為粉飾而深中事理，不媿其名。其平時雖不以文章著，而直抒胸臆，沛然有餘，亦其剛正之氣有不可掩遏者歟？又希曾治河績最著。《小傳》稱其別有《治河錄》，今已不傳。然集中條議修築諸疏，措置規模，猶見一二，是尤切於實用之文③，足以資後來考證者矣。

【彙訂】

①“竹澗集”，殿本作“竹澗文集”。文淵閣《四庫》本此集書名作《竹澗集》。

② 今存明嘉靖二十年黃省曾刻本（四庫底本）《竹澗先生文集》八卷《奏議》四卷。嘉靖年號共四十五年，二十年不得謂“嘉靖末”。（崔建英等：《明別集版本志》）

③“實用”，殿本作“時用”。

大復集三十八卷（兩淮馬裕家藏本）

明何景明撰。景明有《雍大記》，已著錄。是集凡賦二卷，詩二十六卷，文九卷，傳誌、行狀之屬附錄於末。王廷相、康海、唐龍、王世貞各為之序。正、嘉之間，景明與李夢陽俱倡為復古之學，天下翕然從之，文體一變。然二人天分各殊，取徑稍異。故集中與夢陽論詩諸書，反覆詰難，斷斷然兩不相下。平心而論，摹擬蹊徑，二人之所短略同。至夢陽雄邁之氣與景明諧雅之音亦各有所長，正不妨離之雙美，不必更分左右祖也。景明於七言古體深崇“四傑”轉韻之格，見所作《明月篇》序中。王士禎《論詩絕句》有曰：“接跡風人《明月篇》，何郎妙悟本從天。王楊盧駱當時體，莫逐刀圭誤後賢。”乃頗不以景明為然。其實七言肇自漢氏，率乏長篇。魏文帝《燕歌行》以後始自為音節，鮑照《行路難》始別成變調，繼而作者實不多逢。至永明以還，蟬聯換韻，宛轉抑揚，規模始就。故初唐以至長慶，多從其格。即杜甫諸歌行，魚龍百變，不可端倪，而《洗兵馬》、《高都護》、《驄馬行》等篇，亦不廢此一體。士禎所論，以防浮豔塗飾之弊則可，必以景明之論足誤後人，則不免於懲羹而吹齏矣。

洹詞十二卷（副都御史黃登賢家藏本）

明崔銑撰。銑有《讀易餘言》，已著錄。是集題曰《洹詞》，以銑家安陽，境有洹水故也。一卷、二卷曰《館集》，三卷曰《退集》，四卷曰《雍集》，五卷至十卷曰《休集》，十一卷、十二卷曰《三仕集》。皆編年排次，不分體裁，雜著、筆記亦參錯於其閒。銑力排王守仁之學，謂其不當舍良能而談良知。故持論行己，一歸篤實。其爭大禮，劾張璁、桂萼，風節表表，亦不媿其言。所作《政議十篇》，準今酌古，無儒生迂闊之習。他若《漫記》十條，可以補《宋史》之未備；《譌傳》兩則，可以靖明代之浮言。而《岳飛論》一篇，稱飛之急宜奉詔班師，尤識大體。蓋不以文章著，而文章自可傳也。第十一卷中有嚴嵩《鈐山堂集》序，似涉“南園作記”之疑。然嵩集載此序，題“嘉靖己亥”。據《明史》嵩傳，是時方為禮部尚書，未操國柄，尚無由預識其姦。是猶司馬光之於王安石，非陸游之於韓侂胄矣。

莊渠遺書十二卷（山東巡撫採進本）[1]

明魏校撰。校有《周禮沿革傳》，已著錄。校欲行《周禮》於後世，其說頗為迂闊。所著《六書精蘊》，欲以古篆改小篆。而所列古篆，又多杜撰，尤為紕繆。然校見聞較博，學術亦醇。故是集文律謹嚴，不失雅正。考據亦具有根柢，無忝於儒者之言。其御札問經義諸條，亦多精確。惟《郊祀論》一篇，謂見於經者獨有南郊無北郊，而以社當地祇之祭。不知《大司樂》"方丘"之文與"圜丘"相對，圜丘為郊天，方丘為祭地可知。未聞祭社於澤中之方丘，且於夏日之至也。又《祭法》"瘞埋於泰折"，祭地也，與"燔柴於泰壇"祭天之文相對，皆北郊祭地之顯證。校乃引《周禮》陰祀用黝牲，駁《祭法》祭地用騂犢為附會。不知《周禮》、《禮記》不能強合，先儒辨之甚明，無庸橫相牽合，自生糾結也。

【彙訂】

① 文淵閣《四庫》本為十六卷，書前提要不誤。（修世平：《〈四庫全書總目〉訂誤十七則》，圖）

儼山集一百卷續集十卷（兵部侍郎紀昀家藏本）

明陸深撰。深有《南巡日錄》，已著錄。是集有費寀、徐階二序，文徵明後序。《續集》前有唐錦序，後有陸師道跋。皆其子楫所編。錦序及師道跋並稱尚有《外集》四十卷，通此二集為一百五十卷。此本不載《外集》。蓋《外集》皆其筆記、雜著，又自別行也。《明史·文苑傳》稱深少與徐禎〔禎〕卿相切磨，為文章①。又善書②，仿李邕、趙孟頫。賞鑒博雅，為詞臣冠。階序稱深以經濟自許，"在翰林、在國子，數上書言事。督學於晉，參藩於楚，句宣於蜀，則皆有功德於其士民"。而惜其獨以文章見。寀序亦稱其"以剴切不諱忤宰臣，左遷以後，略無感時憤俗之意"，而舉其《發教巖》詩、《峽江道中》詩證其無所怨尤。今觀其集，雖篇章繁富，而大抵根柢學問，切近事理，非徒鬪靡夸多。當正、嘉之閒，七子之派盛行。而獨以和平典雅為宗，毅然不失其故步，抑亦可謂有守者矣。

【彙訂】

① "文章"後殿本有"有名"二字。

②"又善"，殿本無。

迪功集六卷附談藝錄一卷（兩淮鹽政採進本）

明徐禎卿撰。禎卿有《翦勝野聞》，已著錄。其平生論詩宗旨，見於《談藝錄》及《與李夢陽第一書》。如云："古詩三百，可以博其源。遺篇十九，可以約其趣。樂府雄高，可以勵其氣。《離騷》深永，可以裨其思。然後法經而植旨，繩古以崇辭。或未盡臻其奧，吾亦罕見其失也。"又云："繩漢之武，其流也猶至於魏；宗晉之體，其弊也不可以悉據。"其所談仍北地摹古之門徑①。特夢陽才雄而氣盛，故枵張其詞；禎卿慮澹而思深，故密運以意。當時不能與夢陽爭先，日久論定，亦不與夢陽俱廢，蓋以此也。王士禎《居易錄》稱："黃庭堅自定其詩為《精華錄》，僅三百首。禎卿自定《迪功集》，亦三百首。"此本凡樂府四十四首、贈答詩十六首、遊覽詩二十五首、送別詩四十首、寄憶詩二十一首、咏懷詩十二首、題詠詩二十一首、哀挽詩三首，共一百八十二首②，不足三百之數。而五卷以下則為雜文二十四篇，題"正德庚辰刊"。前有李夢陽、顧璘序，並稱六卷，當是原本。不知何以與士禎所言不符，豈士禎所見別有一本歟？毛先舒《詩辨坻》曰："昌谷《迪功集》外，復有《徐迪功外集》，皇甫子安為序而刻之者。又有《徐氏別稾》五集，曰《鸚鵡編》、《焦桐集》、《花閒集》、《野興集》、《自慰集》。"又曰："《迪功集》是所自選，風骨最高。《外集》殊復奕奕。《焦桐》多近體，最疵。《鸚鵡》多學六朝，閒雜晚唐，有《竹枝》、《楊柳》之韻。《花閒》'文章江左家家玉，煙月揚州樹樹花'，於詩為小乘，入詞亦苦於不稱。他如'花閒打散雙蝴蝶，飛過牆兒又作團'，《詠柳花詩》云'轉眼東風有遺恨，井泥流水是前程'，便是詞家情語之最。"云云。今不盡可見矣。

【彙訂】

① 徐禎卿有《月下攜兒子小閭教誦新句》詩："待與他年傳句法，好看《談藝錄》分明。"自注："時余初成此書。"據李夢陽《徐迪功別稿序》，此係作者"未第時語"。又徐縉《徐迪功集序》："初，昌穀（禎卿字）甫弱冠，遊郡庠，即工古文詞，知所向住，《談藝錄》其一也。"縉為禎卿同鄉及弘治乙丑（1505）同榜進士。又閻起山《吳郡二科志》（作於弘治癸亥，1503）曰："（徐禎卿）又斷作詩之妙，為《談藝錄》……辛酉登鄉……"明末冀本立《松窗快筆》亦云："（徐禎卿）弱冠著《談藝錄》及《嘆嘆集》……"則《談藝錄》為禎卿辛酉（1501）於吳中家鄉中舉人前已成，非進京成進士後受北方復古思潮後所作。（李雙華：《徐禎卿〈談藝錄〉寫作時間考》）

② 文淵閣《四庫》本此集實收樂府五十首、贈答詩十八首、遊覽詩二十五首、送別詩四十首、寄憶詩十九首、詠懷詩十二首、題詠詩二十二首、哀挽詩三首，共一百八十九首。（陳紅：《徐禎卿的撰述及其版本談》）

鄭少谷集二十五卷（福建巡撫採進本）

明鄭善夫撰。善夫有《經世要錄》，已著錄。其詩規模杜甫，多憂時感事之作。林貞恒《福州志》病其"時非天寶，地遠拾遺，為無病而呻吟"。然武宗時奄豎內訌，盜賊外作，詩人蒿目，未可謂之無因。王世懋《藝圃擷餘》曰："閩人家能佔畢而不甚工詩。國初林鴻、高廷禮、唐泰輩皆稱能詩，號'閩南十才子'。然出楊、徐下遠甚①，無論季迪。其後氣骨崚崚，差堪旗鼓中原者，僅一鄭善夫耳。其詩雖多摹杜,猶是邊、徐、薛、王之亞。"云云。斯言持其平矣。善夫《論詩》五言云:"大哉杜少陵,苦心良在斯。末流但叫噪,古意漫莫知。鳳鳥空中鳴,衆禽反見嗤。"觀其抒論,知其不諧於俗也。

【彙訂】

①"遠甚",殿本作"甚遠"。

太白山人漫稿八卷(浙江孫仰曾家藏本)①

明孫一元撰。一元字太初,自稱秦人,或傳為安化王孫。王世貞《題一元墓》詩曰:"死不必孫與子,生不必父與祖。突作憑陵千古人,依然寂寞一抔土。"蓋其蹤蹟詭異,當時即莫之詳也。嘗棲太白之巔,故稱"太白山人"。又嘗西入華,南入衡,東登岳,又南入吳,與劉麟、吳玧、陸崑、龍霓稱"苕溪五隱"。晚而就婚施氏,遂卒於吳興。麟為文以表其墓。事蹟具《明史・隱逸傳》。一元才地超軼,其詩排奡凌厲,往往多悲壯激越之音。《靜志居詩話》謂其"瓣香在黃庭堅",體格固略相近。然庭堅之詩,沈思研練而入之,故蟠挐崛強之勢多;一元之詩,軒豁披露而出之,故淋漓豪宕之氣盛,其意境亦小殊也。《明史・藝文志》載一元《太白山人稿》五卷。此本為崇禎中湖州周伯仁所刻②,凡八卷。蓋據吳興張氏本及陽湖本而合輯之。目錄於八卷之末尚標有補遺若干首,而卷內無之。豈當時有志搜訪而未得歟③?閔元衢《歐餘漫錄》載一元逸詩有送許相卿詩一首,見許氏譜;《題王伯雨園亭》二首,見《烏青鎮志》;《和吳甘泉》四首、《重遊》一首、《君馬黃》一首,見真蹟;《飲馬長城窟》一首,見盧志菴所錄。續於紀宣符家得十四首。又稱"鮑稚弢家有其詩④,鈔約千餘首"。而梁清遠《雕邱〔丘〕雜志》亦稱所藏一元墨蹟⑤,有《送別李遠菴北上》詩,風調極高,不知《漫槀》何以不載。則其散佚已多矣。

【彙訂】

① 底本此條與文淵閣庫書次序不符。文淵閣庫書與殿本均置於"鄭少谷集二十五卷"條之前。

② 明崇禎十二年周道仁刻本卷端題"吳興周道仁以修,潘嘉祉幼安訂"。(杜澤遜:《四庫存目標注》)

③ 周道仁刻本原有《補遺》一卷。(余嘉錫:《四庫提要辨證》)

④ "鮑稚弢",殿本作"鮑雅弢",誤。明萬曆刻本《歐餘漫錄》卷五"三紀太初逸詩"條:"適聞鮑仲孺之叔鮑稚弢君有山人詩,抄約千餘首。"

⑤ 梁清遠所著書名為《雕丘雜錄》,《總目》卷一二八著錄,有清康熙二十一年梁允恒刻本。

苑洛集二十二卷(副都御史黃登賢家藏本)

明韓邦奇撰。邦奇有《易學啟蒙意見》,已著錄。是集凡序二卷,記一卷,誌銘三卷,表一卷,傳一卷,策問一卷,詩二卷,詞一卷,奏議五卷,《見聞考隨錄》五卷。乃嘉靖末所刊,汾陽孔天允〔胤〕為之序①。當正、嘉之際,北地、信陽方用其學提唱海內。邦奇獨不相附和,以著書餘事,發為文章。不必沾沾求合於古人,而記問淹通。凡天官、地理、律呂、數術、兵法之屬無不博覽精思,得其要領。故其徵引之富,議論之核,一一具有根柢,不同掇拾浮華。至《見聞考隨錄》所紀朝廷典故,頗為詳備。其閒如譏于謙不能匡正之失,及辨張綵阿附劉瑾之事,雖不免小有偏駁，而敘次明晰，可資考據。其他辨論經義，闡發《易》數，更多精確可傳。蓋有本之學，雖瑣聞雜記，亦與空談者異也。

【彙訂】

① 今存明嘉靖三十一年賈應春刻本，有孔天胤《刻苑洛先生文集敘》。嘉靖年號有四十五年，三十一年應稱"嘉靖中"。（崔建英等：《明別集版本志》）

東洲初稿十四卷（浙江巡撫採進本）

明夏良勝撰。良勝有《中庸衍義》，已著錄。《明史》本傳稱良勝除名以後，"輯其部中章奏，名曰《銓司存稿》，凡議禮諸疏俱在"。今已不傳。此其詩文集也。前七卷為雜文，第八卷為詩，第九卷為《考定皇極指掌諸圖》，第十卷為《天文便覽》。自十一卷以下皆題曰《仕止隨錄》，十一、十二兩卷雜錄諫南巡下獄疏奏詩文及同時諸人投贈申救之作，十三、十四兩卷雜錄家居詩文。自十三卷以前皆題"門人滇池羅江編"，十四卷則題"門人鍾陵江治續編"。《明史·藝文志》載《東洲稿》十二卷，詩八卷，與此本卷帙互異。然此本題曰《初稿》，刻於正德十五年。其嘉靖以後諸作，咸未之及。史所載者，殆其全集之卷數歟①？良勝兩以直諫謫，風節凜然。其詩文無意求工，而皆嶽嶽有直氣。雖不以詞藻著名，要非雕章繪句之士所可同日語也。

【彙訂】

① 明嘉靖刻本此集即十四卷，有嘉靖甲申安成鄒守益《南歸錄》序，"刻於正德十五年。其嘉靖以後諸作，咸未之及"云云不確。《千頃堂書目》所稱詩八卷者乃第八卷為詩，非詩為八卷也。（丁丙：《善本書室藏書志》）

集部二十五

別集類二十五

升菴集八十一卷（副都御史黃登賢家藏本）

明楊慎撰。慎有《檀弓叢訓》，已著錄。此集為萬曆中四川巡撫張士佩所訂。凡賦及雜文十一卷，詩二十九卷，又雜記四十一卷。蓋士佩取慎《丹鉛錄》、《譚苑醍醐》諸書刪除重複，分類編次，附其詩文之後者也。慎以博洽冠一時，其詩含吐六朝，於明代獨立門戶。文雖不及其詩，然猶存古法，賢於何、李諸家窒塞艱澀，不可句讀者。蓋多見古書，薰蒸沈浸，吐屬自無鄙語。譬諸世祿之家，天然無寒儉之氣矣。至於論說考證，往往恃其強識，不及檢核原書，致多疏舛。又恃氣求勝，每說有窒礙，輒造古書以實之。遂為陳耀文等所詬病，致糾紛而不可解。考《因樹屋書影》有曰：「《丹鉛》諸錄出，而陳晦伯《正楊》繼之，胡元瑞《筆叢》又繼之。當時如周方叔、謝在杭、畢湖目諸君子集中，與用修為難者不止一人。然其中雖極辨難，有究是一義者，亦有互相發明者。予已彙為一書，顏曰《翼楊》。」云云。其語頗為左袒，然亦未始非平心解鬬之論也[①]。諸書本別本各行，士佩離析其文，分類排纂，合而為一，較易檢尋。而所分諸目，較《丹鉛總錄》亦尚有條理。故仍錄之集中，備互考焉。

【彙訂】

①“考因樹屋書影有曰”至“然亦未始非平心解鬬之論也”，殿本無。

東巖集六卷（浙江汪汝瑮家藏本）

明夏尚樸撰。尚樸字敦夫，東巖其號也，永豐人。正德辛未進士，官至南京太僕少卿①。尚樸初師吳與弼，後師婁諒，故《明史·儒林傳》附見諒傳中。然史於《薛瑄傳》末又稱瑄之門人有周蕙②，蕙之門人有薛敬之、李錦、王爵、夏尚樸，與諒傳不合。考傳末惟敘敬之、錦、爵三人事蹟，一字不及尚樸。則瑄傳列尚樸之名，殆衍文歟？諒以“勿忘勿助”為敬，胡居仁、羅欽順多譏其近禪。而史載尚樸常言：“纔提起便是天理，纔放下便是人欲。”魏校亟稱之。王守仁少時亦學於諒。然守仁贈尚樸詩有“舍瑟春風”之句，尚樸則答曰：“孔門沂水春風景，不出虞廷敬畏中。”至謂：“心所以窮理，未足以盡理。”又謂：“學不難於一貫，而難於萬殊。”則與王守仁“即心即理”之說迥異。又《與湛若水書》斤斤以厭常喜新為戒。其語錄中復取陳獻章與論學詩，一一為之箋疏，指其謬誤。正、嘉之際，學問漸岐，而尚樸獨恪守先儒，不為高論，可謂篤實之士矣。至其論《中庸》分八節，獨不用朱子之說，則見仁見智，各有所得，其不為苟同，即其不為苟異者也。史載所著有《中庸說》、《東巖文集》。此本為其壻劉賓所編，以語錄、《中庸說》為第一卷，與《文集》併為一編。史蓋據其初出各行之本也。尚樸本講學之士，不以文章為工，然其言醇正，固亦不乖於大雅焉。

【彙訂】

① 殿本"僕"下有"寺"字。

② "然"，殿本作"惟"。

濲谿草堂稾五十八卷（浙江巡撫採進本）

明孫承恩撰。承恩字貞父，南直隸華亭人。正德辛未進士，官至禮部尚書兼翰林院學士，掌詹事府，謚文簡。是集為其門人楊豫孫、董宜陽、朱大韶所編。七卷以前為疏、表、講章，皆進呈之作，八卷以後為賦、詩、詞、曲，二十七卷以後為雜文。承恩於嘉靖之初，以庶子充經筵講官。今集中所載《正始箴》、《鑒古韻語》及《講章》即是時所作。及官禮部時，齋宮設醮，承恩獨不肯黃冠，遂乞致仕。較之嚴嵩諸人青詞自媚者，人品卓乎不同。其文章亦純正恬雅，有明初作者之遺。卷首陸樹聲序有曰："國初之文，淳厚渾噩，彬彬焉質有其文。迨關西、信陽兩君子出，追宗秦、漢，薄魏、晉而下。海內藝學之士，咸願執鞭弭從之。標品位置，率人人自詭先秦、兩漢，以希方軌。雖體尚一新，國初淳龐渾厚之氣或少漓焉。公生長憲、孝朝，博稽宏覽，邃詣淵蓄。故出之撰述，類皆深厚爾雅，紆徐委密。論者謂公平生立言，類其為人。"云云。承恩文章宗旨，儘是數十言矣。

方齋詩文集十卷（福建巡撫採進本）

明林文俊撰。文俊字汝英，號方齋，莆田人。正德辛未進士，官至南京吏部右侍郎。事蹟具《明史》本傳[①]。湛若水撰《文俊神道碑》，載所著有《方齋存稾》，世無刊本。此本乃其家藏舊鈔，凡疏表、序文、雜著九卷，詩一卷。史稱其文章醇雅。今觀其詩，亦從容恬適，不事雕琢。國朝朱彝尊輯《明詩綜》，乃獨不載②。當由未見此本，非黜之不錄也。又近人鄭王臣輯《莆風清籟集》，所錄文俊詩尚有《彭城夜泊》七言律詩一首、《送黃主簿赴蘄水》七言絕句一首，為是集所未收，未知王臣何自得之。王臣即莆田人，於文俊為鄉里，或墨迹流傳，據以載入歟？今世傳明北監板《二十一史》，即文俊所校刊，竄改舛誤，頗為後人訾議。然文俊為祭酒，已在雕版將竣之日，陳騤《館閣續錄》所謂"經進不經修"者，未可以是并訾其詩文也。

【彙訂】

①《明史》無林文俊傳，有傳者乃林俊，其字號仕履皆與文俊異，不應混同。《國朝獻徵錄》卷七三有柯維騏《侍郎掌國子監林公文俊傳》。（楊武泉：《四庫全書總目辨誤》）

② 殿本"載"下有"之"字。

考功集十卷（江蘇巡撫採進本）

明薛蕙撰。蕙有《西原遺書》，已著錄。正、嘉之際，文體初新，北地、信陽，聲華方盛。蕙詩獨以清削婉約介乎其閒，古體上挹晉、宋，近體旁涉錢、郎。核其遺編，雖亦議擬多而變化少①，然當其自得，覺筆墨之外別有微情，非生吞漢、魏，活剝盛唐者比。其《戲成五絕句》，取何景明之俊逸，而病李夢陽之粗豪，所尚略可見矣。又蕙與湛若水俱為嚴嵩同年。嵩權極盛之時，若水年已垂耄，不免為嵩作《鈐山堂集》序，反覆推頌，頗為盛德之累。蕙初亦愛嵩文采，頗相酬答。迨其柄國以後，即薄其為人，不相聞問。凡舊時倡和，亦悉削其稿②。故全集十卷，無一字與嵩相關。人品之高，迥出流輩。其詩格蔚然孤秀，實有自來。是其所樹立，又不在區區文字閒也。

【彙訂】

① "議擬"，殿本作"擬議"。

② "削"，殿本作"除"。薛蕙非嚴嵩同年，所言"推頌"、"削稿"之事殆另有其人。參見卷一七一"華泉集十四卷"條訂誤。

雲邨文集十四卷（兩淮鹽政採進本）

明許相卿撰。相卿有《史漢方駕》，已著錄。是集為相卿所自定，簡擇頗精。自序謂棄其脫遺不可讀者，存其餘可讀者。其《自題》絕句有曰："雲邨病老語多哤，造次詩成絕宋腔。還溯開元論風格，拾遺壇上樹旌幢。"蓋自以所學為未足，欲進而求之唐人也。今觀其詩，大抵近體居多，五言有大曆之調，七言出入於陳師道、陳與義閒，可謂自知之審矣。章疏切實，雜文體裁雅潔，亦多有道之言，無明季士大夫求名若渴之習，殆篤實君子歟？其歸田後與王子揚書，稱："時慮更切，不敢以歸為幸。乃今傳聞日駭，事勢日危，旦夕念北，如昔之思南。"其惓惓君國之意，視所謂"去國一身輕似葉，高名千古重於山"者，相去蓋不啻倍蓰也。

小山類稿二十卷（浙江孫仰曾家藏本）

明張岳撰。岳字維喬，惠安人。正德丁丑進士，官至刑部侍郎，掌都察院事。復出總督湖廣、四川、貴州，卒謚襄惠。事蹟具《明史》本傳。岳初授行人，即以疏諫南巡廷杖，調南京國子監學正。嘉靖初，牽復原官，又以議禮忤張璁。繼忤夏言，忤嚴嵩父子。而卒得以功名終，若有天幸然。其剛正之操，天下推之。集中奏議分《行人司稿》、《廉州稿》、《粵藩稿》、《督撫鄖陽稿》、《巡撫江西稿》①、《督撫兩廣稿》、《總督湖廣川貴稿》②，皆據其歷官年月，次第編類。雖文義樸直，而經濟大業亦可據以考見。又史稱:"岳博覽,工文章,經術湛深,不喜王守仁學。"今觀集中《草堂學則》及諸書牘內辨學之語③,大都推闡切至,歸於篤實近裏。蓋有體有用之言,固與空談無根者異也。

【彙訂】

① "江西",殿本作"江南",誤。《元史》卷二百本傳載張岳曾撫江西。

② 文淵閣《四庫》本此集,奏議分《行人司稿》、《再任行人稿》、《廉州府稿》、《粤藩稿》、《督撫鄖陽稿》、《巡撫江西稿》、《督撫兩廣稿》、《總督湖廣川貴稿》八桌。(周錄祥:《〈四庫全書簡明目錄·集部〉訂誤》)

③ "內",殿本作"中"。

夢澤集二十三卷(安徽巡撫採進本)

明王廷陳撰。廷陳字稚欽,黃岡人。正德丁丑進士,選庶吉士。以言事廷杖,出知裕州。事蹟具《明史·文苑傳》。其集一刻於淮安,再刻於蘇州。此本為其從孫追淳知潁州時所刻,乃第三本也①。廷陳少年高第,以恃才傲物,致放廢終身,其器量殊為淺狹。至其詩意警語圓,軒然出俗,則不得不稱為一時之秀。王世貞《藝苑卮言》稱其"如良馬走坂,美女舞竿,五言尤是長城",又稱王稚欽、吳明卿之五言律"各集妙境,專至而有餘"。朱彝尊《靜志居詩話》亦謂"其音高秋竹,色豔春蘭,樂府古詩,殊多精詣"。蓋在正、嘉之間,何景明最為俊逸,廷陳之天骨雄秀,抑亦駿乘矣。若雜文則藻采太多,華掩其實,等諸自鄶無譏,無庸深論也。

【彙訂】

① 今存明嘉靖四十一年王廷瞻刻本《夢澤集》十七卷,有李

幼滋序曰："王夢澤集若干卷，舊刻於夢澤之家。今雲澤官淮，復刻之郡齋，而請余以序。"其後有嘉靖四十四年王同道刻本《夢澤集》十七卷，有皇甫汸序曰："舊刻於家塾，季弟雲澤君廷瞻刻於淮陽，姪三湘君同道又刻於吳中，而吳版益精矣！"另有嘉靖三十年辛亥呂韶序刻本，則潁州所刻已為第五本。且任潁州太守時刻此集者乃王追伊，後王追淳又增修補刻，有萬曆十八年庚寅陳文燭序與萬曆三十年壬寅王追淳識記言之甚詳。（董康：《夢澤集解題》；崔建英等：《明別集版本志》）

泰泉集十卷（江蘇巡撫採進本）

明黃佐撰。佐有《泰泉鄉禮》，已著錄。此集乃佐官南京國子監祭酒時手自編定①，其門人李時行刊版於嘉興者也。佐少以奇雋知名。及官翰林，明習掌故，博綜今古。生平著述至二百六十餘卷。在明人之中，學問最有根柢。文章銜華佩實，亦足以雄視一時。嶺南自"南園五子"以後，風雅中墜，至佐始力為提倡。如梁有譽、黎民表等，皆其弟子。廣中文學復盛，論者謂佐有功焉。其詩吐屬沖和，頗見研練。於時茶陵之焰將燼，北地之鋒方銳②，獨能力存古格，可謂不失雅音。惟其《春夜大醉言志》詩有云："倦游卻憶少年事，笑擁如花歌落梅。"自註以為欲盡理還之喻。是將以嘲風弄月之詞而牽合於理學，殊為無謂。王世貞《藝苑卮言》謂此乃佐為儒官講學，恐人得而持之，故有此語，當得其情。白璧微瑕，惟在《閒情》一賦，是亦昭明太子深惜於靖節者矣。

【彙訂】

① "祭酒"，殿本無。

②"鋒",殿本作"風"。

甫田集三十五卷附錄一卷(內府藏本)①

明文徵明撰。徵明初名璧②,以字行,更字徵仲,號衡山,長洲人。以歲貢薦授翰林院待詔。事蹟具《明史·文苑傳》。是集凡詩十五卷,文二十卷。附錄《行略》一卷,其仲子嘉所述也。徵明與沈周皆以書畫名,亦並能詩。周詩揮灑淋漓,但自寫其天趣,如雲容水態,不可限以方圓。徵明詩則雅飭之中,時饒逸韻。朱彝尊《靜志居詩話》記其告何良俊之言曰③:"吾少年學詩④,從陸放翁入,故格調卑弱,不若諸君皆唐音也。"此所謂如魚飲水,冷暖自知,皎然不誣其本志。然周天懷坦易,其畫雄深而蒼莽,詩格如之;徵明秉志雅潔,其畫細潤而蕭灑,詩格亦如之。要亦各肖其性情,不盡由於所倣效也。朱彝尊《明詩綜》錄徵明詩十五首。其《池上》一詩,得諸墨迹,為本集所不載。且稱其集外流傳者甚多,惜無廣搜為續集者。然縑素流傳,半真半贋。與其如吳鎮、倪瓚諸集多收偽本,固不如據其家集,猶不失本來面目矣。

【彙訂】

① 底本此條與文淵閣庫書次序不符。文淵閣庫書與殿本均置於"泰泉集十卷"條之前。

② 附錄中文嘉《先君行略》曰:"公諱璧。"其兄名奎、弟名室,都用星宿名。(啟功:《文徵明原名和他寫的〈落花詩〉》;周道振、張月尊:《文徵明年譜》)

③ "朱彝尊",殿本無。

④ "吾",清嘉慶二十四年扶荔山房刻本《靜志居詩話》卷一一文徵明條原文及殿本作"我"。

西邨詩集二卷補遺一卷（浙江巡撫採進本）

明朱樸撰。樸字元素，海鹽人。當正德、嘉靖閒，與文徵明、孫一元相唱酬。是集為其孫綵所編，分上、下二卷。下卷附以集句、詩餘，又別輯《補遺》一卷。其近體格調清越，超然出群。古詩差遜，然亦不墜俗氛。以不為王世貞等所獎譽，故名不甚著。然當太倉、歷下壇坫爭雄之日，士大夫奔走不遑①，“七子”之數，輾轉屢增。一時山人墨客，亦莫不望景趨風，乞齒牙之餘論，冀一顧以增聲價。蓋詩道之盛②，未有盛於是時者，詩道之濫，亦未有濫於是時者。樸獨閉户苦吟，不假借噓枯吹生之力。其人品已高，其詩品苕苕物表，固亦理之自然矣。

【彙訂】

① “士大夫”，底本作“士夫夫”，據殿本改。

② “蓋”，殿本無。

天馬山房遺藁八卷（福建巡撫採進本）

明朱淛撰。淛字必東，號損巖，莆田人。嘉靖癸未進士，授湖廣道監察御史。會興國太后誕節，詔命婦朝賀，而慈壽太后誕節轉不令命婦朝賀。淛上疏爭之，廷杖斥歸，終於家。事蹟具《明史》本傳。其詩文不事鉛華，獨抒懷抱。朱彝尊《靜志居詩話》稱其“詩無俗韻①，誦之想見其人”。蓋澤畔行吟，沈淪没世，而未嘗有一窮鬱怨尤之語，是為難也。至家居三十餘年②，於民生國計，切切不忘。集中所載南洋水利之議，山寇、海寇之防，皆指陳利病，斟酌時宜，委曲以告當事，不以罷黜而膜視，抑又難矣。其《爭誕節朝賀疏》，史僅删存大略，集中尚載其完本，用以壓卷。蓋自議禮諸臣獲罪後，舉朝皆附新局，淛與馬明衡獨惓惓故君，尤其一生大節。故編錄遺文者別為一卷，弁於集首云。

【彙訂】

① 殿本"稱"上有"亦"字。

② 《國朝獻徵錄》卷六有柯維騏《監察御史朱淛傳》謂"家居三十年"，卒年六十七。此書卷八《覓菊》詩引云："嘉靖二十年辛丑十月之望……因念昔陶靖節年未四十賦《歸去來辭》，某罷官適當其歲，荏苒星紀，今年五十有六矣。"可推知其生年為成化二十二年丙午。同書卷五《祭姚鳴山大宮諭》云："兄戊申生，淛犬馬之齒長二歲。"戊申前兩年正為丙午。則當卒於嘉靖三十一年壬子，上距嘉靖三年罷官家居僅二十八年。（楊武泉：《四庫全書總目辨誤》）

蘇門集八卷（浙江孫仰曾家藏本）

明高叔嗣撰。叔嗣字子業，號蘇門山人，祥符人。嘉靖癸未進士，官至湖廣按察使。事蹟具《明史·文苑傳》。是集凡詩四卷，文四卷。其詩初受知於李夢陽，然擺脫窠臼，自抒性情，乃迥與夢陽異調。王世貞《藝苑巵言》曰："高子業詩如空山鼓琴，沈思忽往，木葉盡脫，石氣自青。又如衛洗馬言愁，憔悴婉篤，令人心折。"王世懋《藝圃擷餘》亦曰："詩有必不能廢者，雖衆體未備，而獨擅一家之長。如孟浩然，洮洮易盡，止以五言雋永，千載並稱王、孟。我明其徐昌穀、高子業乎？二君詩有不同，而皆巧於用短。徐以高韻勝，有蟬蛻軒舉之風；高以深情勝，有深閨愁婦之態。更千百年，李、何有時興廢，二君必無絶響。"世貞、世懋談詩頗有異同，而品題叔嗣，則兩相符契，蓋論至當則無以易也。至其雜文四卷，特附綴以行。陳束原序言其詩優於文，抑亦確論矣。

愚谷集十卷（山東巡撫採進本）

明李舜臣撰。舜臣字茂欽，號愚谷，又號未邨居士，山東樂安人。嘉靖癸未進士，官至太僕寺卿。是集詩四卷，曰《部署槀》，曰《金陵槀》，曰《江西槀》，曰《歸田槀》。文六卷。前有王世貞、孔天允二序。詩格雅飭，而頗窘於邊幅，所長所短，皆在於斯。文皆古質，而稍覺有意謹嚴，或剗削太過，故王世貞嘗有“體製纖小”之譏。然於時北地、信陽之學盛行於世，方以鉤棘塗飾相高，而舜臣獨以樸直存古法。其序記多名論，而《西橋逸事狀》一篇，觸張璁、桂萼之鋒，直書不諱。文出之日，天下咋舌，抑亦剛正之士矣。據集所載諸序，所著有《易卦辱言》、《詩序考》、《毛詩出比》、《禮經讀》、《春秋左傳考例》、《穀梁三例》、《左傳讀古文考》、《二經考》、《籀文考》、《六經直音》諸書，今皆未見，然亦足見其文有根柢也。

遵巖集二十五卷（兩淮鹽政採進本）

明王慎中撰。慎中字道思，晉江人。嘉靖丙戌進士，官至河南布政使參政。事蹟具《明史·文苑傳》。正、嘉之際，北地、信陽聲華藉甚，教天下無讀唐以後書。然七子之學，得於詩者較深，得於文者頗淺。故其詩能自成家，而古文則鉤章棘句，剽襲秦、漢之面貌，遂成偽體。史稱：“慎中為文，初亦高談秦漢，謂《東京》以下無可取。已而悟歐、曾作文之法，乃盡焚舊作，一意師仿，尤得力於曾鞏。唐順之初不服其說，久乃變而從之。壯年廢棄，益肆力於文，演迤詳贍，卓然成家，與順之齊名，天下稱之曰‘王唐’。”李攀龍、王世貞力排之，卒不能掩也。其詩則初為藻豔之格。歸田以後，又雜入講學之語。頹然自放，亦與順之相似。朱彝尊《明詩綜》乃謂其五言文理精密，嗣響顏、謝。而論者輒言文勝於詩，未為知音。今考集中五言，如《遊西山》、《普光寺睡起》、《登金山》、《遊大明湖》諸篇，固皆邃穆簡遠。七言如"每夜猿聲如舍裏，四時山色在城中"，"萬井遙分初日下，群山微見遠煙中"，"琴聲初歇月挂樹，蓮唱微聞風滿川"，亦頗有風調。然綜其全集之詩，與文相較，則淺深高下，自不能掩。文勝之論①，殆不盡誣。彝尊之論，不揣本而齊其末矣。慎中集舊有《玩芳堂摘藁》、《遵巖家居》諸刻，率雜以少作。是本乃隆慶辛未慎中子同康及壻莊國禎稍為芟削重鋟，較為精整。惟簡端洪朝選序稱詩文四十卷，此本止二十五卷，目錄、卷數亦多改補，未喻其故。或刻成之後又為簡汰歟②？

【彙訂】

①"論"，殿本作"説"。

②《四庫》底本為明隆慶五年嚴鎡刻本《遵巖先生文集》二十五卷，其內容與嘉靖四十五年劉溱刻《王遵巖先生文集》四十一卷本（莊國禎、王同康輯）、隆慶五年邵廉刻《王遵巖文集》四十一卷相較，雖有新增之文，然刊落者則幾倍之，亦收入劉溱本洪朝選序。（趙萬里：《遵巖先生文集提要》；王文榮：《王慎中年譜》）

陸子餘集八卷（兩淮鹽政採進本）

明陸粲撰。粲有《左傳附註》，已著錄。是集凡文七卷，詩一卷。粲早入詞館，負盛名。洎官工科，以劾張璁、桂蕚，僝塞終身。然亦緣是息意邱園，研心經史，學問具有根柢。又為王鏊門人。《明史》粲本傳稱其少謁鋆，鋆異之曰：“此子必以文名天下。”其授受亦有端緒。徐時行序稱其“出入左氏、司馬遷，無論魏、晉”，彭年序以為“專法馬、班，雄深雅健，東漢諸家所不及”，推獎頗為太過。至黃宗羲《明文海》云：“貞山文秀美平順，不起波瀾，得之王文恪居多，乃歐陽氏之支流。”則平心之論，當之無媿色矣。其《憶父》詩一首，《明詩綜》云七歲所作，然風格老成，不應至是，疑或有所夸飾。至於《擔夫謠》之類，有香山《新樂府》遺音，《贈別王直夫二首》之類，亦綽有風格。尤未可以篇什無多，遂謂曾子固不能詩也。

念菴集二十二卷（江西巡撫採進本）

明羅洪先撰。洪先有《冬遊記》，已著錄。洪先不及見王守仁，而受學於其鄉人李中。中之學出於楊珠，故其說仍以良知為宗。後作《守仁年譜》，乃自稱曰門人，不免講學家門户之習[1]。其學惟靜觀本體，亦究不免於入禪。然人品高潔，嚴嵩欲薦之而不得，則可謂鳳翔千仞者矣。其集初刻於撫州，再刻於應天。最後諸門人編為此本，而門人胡直序之[2]。稱其學凡三變，文亦因之。初效李夢陽，既而厭之，乃從唐順之等相講磨，晚乃自行己意。其答友人書取譬於水，謂：“古之人有能者，必其中有自得實見。斯道之流行，無所不在。雖欲不為波濤湍瀾之致不可得。”斯亦有見之言也。此本為雍正癸卯其六世孫繼洪等重刻。洪先之裔，乃名繼洪，理不可曉，豈誤解不逮事則不諱耶？

【彙訂】

① 王守仁卒於嘉靖七年（1528），羅洪先生於弘治十七年（1504），不得云不及見。《陽明先生年譜》題端及序後，均稱“後

學羅洪先”，未嘗自稱門人。此譜乃錢德洪編，羅洪先考訂，不可云作。（夏定域：《四庫全書提要補正》；李裕民：《四庫提要訂誤》）

②今存明嘉靖三十四年安如磐刻本《念菴羅先生文集》四卷，卷端題“長洲俞國振編次，錫山安如磐校刊”。又嘉靖四十二年劉玠刻本《念菴羅先生文集》十三卷，劉玠時任撫州知府。可知其集初刻於無錫，再刻於撫州。胡直所序乃隆慶元年蘇士潤等刻本《念菴羅先生文集》八卷《外集》十五卷《別集》四卷，共二十七卷。（崔建英等：《明別集版本志》）

皇甫司勳集六十卷（內府藏本）

明皇甫汸撰。汸有《百泉子緒論》，已著錄。其詩文有《政學》、《還山》、《奉使》、《寓黃》、《家居》、《南都》、《禪栖》、《澶州》、《梧州》、《南中》、《山居》、《副京》、《來鴽》、《司勳》、《北征》、《南署》、《赴京》、《浩歌亭》、《安雅齋》諸集。晚年手自刪削，定為賦一卷，詩三十二卷，雜文二十七卷，冠以《集原》一篇。其諸集之名仍分註各卷之末。朱彝尊《靜志居詩話》稱汸集六十卷，即此本也。《集原》自述其詩，始為關、洛之音，一變為楚音，又一變為江左之音，又一變為燕、趙之音，又一變為蜀音，纚舉其師友淵源甚詳。今統觀所作，古體源出三謝，近體源出中唐。雖乏深湛之思，而雅飭雍容，風標自異，在明中葉不失為第二流人。馮時可《雨航雜錄》云：“皇甫百泉與王弇州名相垺，時人謂百泉如齊、魯，變可至道；弇州如秦、楚，強遂稱王。”王士禎《香祖筆記》以時可所評為確論云。

楊忠介集十三卷附錄三卷（陝西巡撫採進本）

明楊爵撰。爵有《周易辨錄》，已著錄。是編第一卷為奏議，二卷為序、碑、記，三卷為傳，四卷為書，五卷為家書，六卷為語錄，七卷為祭文、誌銘、雜著，八卷至十二卷則皆詩[1]。世宗時齋醮方興，士大夫率以青詞取媚，而爵獨據理直諫。如所陳時雪之不可以為符瑞[2]，左道之不可以惑衆，詞極剴切。下獄以後，猶疏諫以冀一悟。其忠愛悱惻，至今如見。家書二十五則，諄諄以忠孝勖其子孫，未嘗一言及私。語錄皆不為高論，而篤實明白，真粹然儒者之言。按爵與羅洪先、錢德洪諸人遊，以講學相勗。然德洪等源出姚江，務闡良知之說，爵則以躬行實踐為先。關西道學之傳，爵實開之。跡其生平，可謂不負所學者。所作詩文，大抵直抒胸臆，雖似傷平易，然有本之言，不由雕繪，其可傳者正不在區區詞采閒矣。

【彙訂】

①“八卷至十二卷”應作“八卷至十三卷”，標題“附錄三卷”應作“附錄五卷”。（馬劉鳳：《“四庫”訂誤十五則》）

②“以”，據殿本補。

荆川集十二卷（兩淮馬裕家藏本）

明唐順之撰。順之有《廣右戰功錄》，已著錄。順之學問淵博，留心經濟。自天文、地理、樂律、兵法以至句股、壬奇之術，無不精研，深欲以功名見於世。雖晚年再出[1]，當禦倭之任，不能大有所樹立，其究也仍以文章傳。然考索既深，議論具有根柢，終非井田、封建之游談。其文章法度，具見《文編》一書。所錄上自秦、漢以來，而大抵從唐、宋門庭沿溯以入。故於秦、漢之文，不似李夢陽之割剝字句，描摹面貌；於唐、宋之文，亦不似茅坤之比擬閒架，掉弄機鋒。在有明中葉，屹然為一大宗。至其末年逾而講學，文格稍變。集中如《與王慎中書》云："近來將四十年前伎倆，頭頭放舍；四十年前見解，種種抹殺，始得見些影子。"云云。則薰蒸語錄，與之俱化，分別觀之可矣。其集為無錫安如石所編，王慎中為之序。蓋二人早年論文不合，及其老也，客氣漸盡，乃互相傾挹云。

【彙訂】

①"雖"，殿本作"迨"。

皇甫少元集二十六卷外集十卷（江蘇巡撫採進本）

明皇甫涍撰。涍字子安，長洲人。嘉靖壬辰進士，除工部主事，官至浙江按察使僉事。事蹟具《明史·文苑傳》。是集凡賦一卷，詩十九卷，文六卷。又涍沒之後，其子樞等衰輯膡槀，得詩八卷，賦及雜文二卷，編為《外集》。古文非涍所刻意，亦不擅場。其詩則憲章漢、魏，取材六朝，古體多於近體，五言多於七言。其持論謂"王、宋反元習之靡，而不能不病於聲；李、何矯一時之弊，而不能不泥其跡"，可謂篤論。蓋涍與黃省曾為中表兄弟，早年襲其緒論，亦宗法北地之學。及其造詣既深，乃覺摹擬之失，故其論如此。然其鑒李、何之弊，則云詩可無用少陵，取法迪功，則云詩可無用近體，又云七言易弱，恐降格為錢、劉，亦類於懲羹吹齏者矣。王世貞《藝苑巵言》嘗謂其"如輕縑短幅，不堪裁翦"，陳子龍《明詩選》亦謂其"無縱橫蕩逸之致"。豈非以取徑太狹，故窘於邊幅歟？要其婉麗之詞，綿邈之神，以驂駕昌穀、蘇門，固無媿色也。

瑤石山人槀十六卷（浙江汪汝瑮家藏本）

明黎民表撰。民表字維敬，從化人。嘉靖甲午舉人，授翰林院孔目，遷吏部司務，以能文用為制敕房中書，後加官至參議。
《明史·文苑傳》附見《黃佐傳》中。史稱佐弟子多以行業自飭，
而梁有譽、歐大任及民表詩名最著。朱彝尊《靜志居詩話》謂民
表詩"讀之似質悶，而實沈著堅韌。王世貞所取'續五子'，無媿
大小雅材者，僅此一人"。是集前有萬曆戊子陳文燭序，稱民表
請老以歸，話別三山，曾序其詩，鎮江鍾太守刻焉。又稱民表已
下世，其子吏部郎君華衷刻此集，復屬以序。蓋民表詩凡再刻
也，其初刻今未見。此刻冠以賦三首，餘皆古、近體詩。雖錯采
鏤金，而風骨典重，無綺靡塗飾之習。蓋與太倉、歷下同源而派
稍異。故雖與王道行、石星、朱多煃、趙用賢同列為"續五子"，而
終非四人所可及也。

南行集四卷東遊集二卷北觀集四卷山中集十卷（浙江汪啟
淑家藏本）

明邱〔丘〕雲霄撰。雲霄字淩漢，號止山，崇安人，官柳城縣
知縣。《南行集》四卷，蓋自崇安至省會之作，分《建安》、《延津》、
《晉安》三橐。《東遊集》二卷，蓋遊處州之作，故二卷皆題曰《栝
蒼橐》。《北觀集》四卷，乃其入京時所作，自南遊北，故有《楚
橐》、《越橐》、《吳橐》、《宋橐》、《魯橐》、《齊橐》、《燕橐》之分。以
上三集，皆有詩而無文。獨《山中集》詩四卷外，又有文六卷，皆
居武夷止止齋時所作。四集之中，惟《南行集》編次最早。首
有豐熙序云："邱子年方富，而引志在遠。吾見其進，未見其止，
當數十年後，乃可論定。"其作序之歲，蓋嘉靖十一年甲午也[①]。
《東遊集》無序，不知何時所編。《北觀》、《山中》二集序皆題曰
"嘉靖丁未"，則最後矣。案朱彝尊《明詩綜》載雲霄所著名《止止

齋集》。又引徐夢陽評，稱其詩"雅澹勁古，景真情得"。今讀之
信然。要之不肯蹈襲前人，異乎七子之派者也。又據雲霄門人
李獻忠跋，稱雲霄所著尚有《西居集》。"西居"者，殆其官柳城時
所作。今諸集俱在，惟闕是集，或藏弆者偶佚歟？

【彙訂】

① 嘉靖十一年歲次壬辰，甲午乃嘉靖十三年。四庫本豐熙
序所記乃"嘉靖甲午"。（楊武泉：《四庫全書總目辨誤》）

洞麓堂集十卷（江西巡撫採進本）

明尹臺撰。臺字崇基，號舊山，永新人。嘉靖乙未進士，官
至南京禮部尚書。《明詩綜》稱其有《洞山集》，此作《洞麓堂集》。
考集首鄒元標序稱："《洞麓堂槀》，大宗伯洞山尹公所撰。去公
家里許，有奇洞，峯巒卓詭，遂以名堂，且名其槀。"然則"洞山"其
號，"洞麓"則其堂名，實一集也①。臺以護持楊繼盛一事，為清
議所歸。集中如《與羅念菴書》謂："近世宗良知家者，心說沸揚，
只緣金谿錯認《孟子》'先立乎其大者'一語。"又極論即心即理之
非，謂："即實有所得，亦只此心靈覺之妙，蓋非所見之理。釋氏
有見於心，無見於性。陸氏之學，大率類是。"又謂："程子之徒當
時且有失傳，如呂氏、游氏，寖入禪學。朱子沒後，勉齋、漢卿僅
足自守，不再傳盡失其旨。如何、王、金、許，皆潛畔師說，不止草
廬一人。"其攻擊姚江之學甚力，亦可謂屹然不移。惟集中有《祭
陸東湖》文一首，推其"望重朝廷，功盛社稷"云云。東湖，陸炳號
也。炳名列《明史‧佞倖傳》中，與臺殊非氣類。考史稱炳"歲入
不貲，待權要，周旋善類，亦無所吝。世宗數起大獄，炳多所保
全，折節士大夫，未嘗搆陷一人，以故朝士多稱之者"。臺之假

借，或以是故歟？然君子論公義，不論私交，究不免為白璧之瑕也。集凡文六卷，詩四卷。元標序稱："其詩數百首，力推唐雅。制疏、書序、記銘、狀表數百篇，出入漢、宋，闡繹名理，不屑綺語。"雖鄉曲之詞，例皆溢美，今核其所作，尚不盡誣云。

【彙訂】

① 此條前說尹臺"號舊山"，後說"洞山其號"。"號舊山"當是館臣筆誤。鄒元標序作於萬曆丁未三十五年，乃應黃承玄所請，為其所刻三十八卷本而作，非十卷本之序。考《明詩綜》所稱《洞山集》，即明嘉靖至萬曆年間刻《盛明百家詩後編》之《尹洞山集》。該集一卷，輯臺詩八十一首。書首有輯者俞憲題識云："今得見其《思補軒集》，蓋淵兒從南監寄回，亦止後冊三卷耳，前五卷尚缺。"《思補軒集》即《思補軒漫集》。則所謂《洞山集》或《尹洞山集》者，乃輯自臺之詩集《思補軒漫集》（有明嘉靖四十年莆田林潤刻本存世）八卷本之後三卷。而《洞麓堂集》為詩文合集，有詩五百十一首。二者絕非一集。（何振作：《〈四庫全書總目〉著錄江西人著作考辨七則》）

　張莊僖文集五卷（浙江巡撫採進本）①

　明張永明撰。永明字鍾誠，烏程人。嘉靖乙未進士，官至刑部尚書，改左都御史，諡莊僖。事蹟具《明史》本傳。是編原分六集，以禮、樂、射、御、書、數為目，蓋編次者之陋。《禮集》為誥命、祭文、贊誄、碑誌之類。《樂集》、《射集》皆南垣諫草，為南京給事中時所作②。《御集》、《書集》為中州疏略及部院彈奏事。《數集》為家訓、語錄、雜著、詩文。附《外紀》二篇，則去思碑、贈序也。其文平實質樸，不尚雕華，而多有用之言。其為給事中時劾嚴嵩交通郭勳,朋比漁利,聞者震悚。為河南巡撫時,伊王典模肆虐一方,勢橫甚,所司稍撓之,輒中以酖,莫敢誰何。永明亦抗疏劾之,卒伸國法。其風節有足多者,則發為文章,固與無物之言異矣。永明人自可傳,不以贈言為重。今削去《禮集》及《外紀》,編為五卷云。

【彙訂】

① 底本此條與文淵閣庫書次序不符。文淵閣庫書與殿本均置於"洞麓堂集十卷"條之前。

② 殿本"為"上有"其"字。

具茨集五卷補遺一卷文集八卷補遺一卷附錄一卷遺槀一卷（江蘇巡撫採進本）

明王立道撰。立道字懋中,無錫人。嘉靖乙未進士,官翰林院編修。其詩雖微嫌婉弱,而沖容淡宕,不為奇險之語,猶有中唐錢、劉之遺。文則縱橫自喜,頗於眉山為近。其《論文書》有云:"兵無常形,以正勝者什九;文無常體,以奇善者什一。盤誥之文則《六經》之什一耳。效而似者猶未可為常,而況其萬不類也哉。"其言深中當時北地諸人摹倣周、秦之弊,即其所為文可識矣。原目列《詩集》五卷,《文集》七卷,《附錄》一卷。今《詩集》之末復載《補遺》附錄二十餘首。《文集》七卷之後亦增論、表等十餘篇為一卷,載於《附錄》之前。而《附錄》後又別載《遺槀》一卷。蓋其後人掇拾續刊,零星增入,故書與目不相應耳。

青霞集十一卷年譜一卷（浙江巡撫採進本）

明沈鍊撰。鍊字純甫,會稽人。嘉靖戊戌進士,除溧陽知縣。後官錦衣衛經歷,疏論俺答請貢事,並劾嚴嵩,廷杖謫戍。

復為嵩黨路順搆入蔚州妖人閻浩案中棄市，天下冤之。隆慶初，贈光祿寺少卿。天啟初，追諡忠愍。事蹟具《明史》本傳。是編本文三卷，賦一卷，詩三卷，論草、《兵說》、尺牘四卷，合十一卷。自十二卷至十六卷則年譜、事紀、祠記。前有茅坤序及鍊子襄《刻集紀原》。襄言方鍊被禍時，籍其家，毀其著述，又榜禁毋許藏匿副本。是編蓋襄所口誦而心記者。然人子即能讀父書，不應字句無譌至十一卷之夥。此必別有藏本，不欲實言之耳。其文章勁健有氣，詩亦鬱勃磊落，肖其為人。以詞藻論，雖不及《鈐山堂集》之工，然嵩集至使天下不欲讀，當時為作集序者如湛若水諸人，至以為文章之玷，而誦鍊集者，至今肅然起敬。此則流芳遺臭，視所自為，人心是非之公，有不知然而然者矣。今錄其原本集十一卷，而以《年譜》一卷附之。至鍊之事蹟，彰彰史冊，日月爭光，不假後人之表章。其贊記諸作則概從刪薙焉。

　　滄溟集三十卷附錄一卷（山東巡撫採進本）

　　明李攀龍撰。攀龍有《詩學事類》，已著錄。是集凡詩十四卷，文十六卷，附錄誌、傳、表、誄之文一卷。明代文章，自前、後七子而大變。前七子以李夢陽為冠，何景明附翼之，後七子以攀龍為冠，王世貞應和之。後攀龍先逝，而世貞名位日昌，聲氣日廣，著述日富，壇坫遂躋攀龍上。然尊北地，排長沙，續前七子之焰者，攀龍實首倡也。殷士儋作《攀龍墓誌》，稱："文自西漢以來，詩自天寶以下，若為其毫素污者，輒不忍為。故所作一字一句，摹擬古人。驟然讀之，斑駁陸離，如見秦、漢閒人；高華偉麗，如見開元、天寶閒人也。"至萬曆閒，公安袁宏道兄弟始以贗古詆之。天啟中，臨川艾南英排之尤力[①]。今觀其集，古樂府割剝字句,誠不免剽竊之譏。諸體詩亦亮節較多,微情差少。雜文更有意詰屈其詞,塗飾其字,誠不免如諸家所譏。然攀龍資地本高,記誦亦博,其才力富健,凌轢一時,實有不可磨滅者。汰其膚廓,擷其英華,固亦豪傑之士。譽者過情,毀者亦太甚矣[2]。

【彙訂】

①《明史·艾南英傳》謂東鄉人。同書《地理志》東鄉縣條云:"正德七年八月,以臨川縣之孝岡置,析金谿、進賢、餘干、安仁縣地益之。"則其里籍當為東鄉。(楊武泉:《四庫全書總目辨誤》)

② 殿本"亦"下有"或"字。

山海漫談三卷附錄二卷(山西巡撫採進本)

明任環撰。環字應乾,號復菴,長治人。嘉靖甲辰進士[1],歷任廣平、沙河、滑縣三縣知縣,遷蘇州府同知。以禦倭功,擢按察司僉事,整飭蘇、松二府兵備道。進山東右參政。事蹟附見《明史·曹邦輔傳》。是集為乾隆丁丑其鄉人庚璵所刻。凡文二卷,詩、詞一卷。其後兩卷則所附諭祭文、本傳、墓誌及諸家題詠詩文也。環禦倭頗著奇績,當時皆以為賞薄不足酬勞。其遺集久散佚。其子孫搜求輯錄,所得不及十之一。仍名曰《山海漫談》,從其初也。其文既得諸殘燼之餘,故有見即收,不暇銓擇,多潦草應酬之作。然就其存者論之,古文皆崭崭有筆力,且高簡有法度。其中如《蘇門雙節記》、《重修白雲茅屋記》、《重修文廟祭器記》、《啟明山先生書》,雖不免參雜俗格。至於《送蕭西泉》、《朱蒲西》二序,《德風亭》、《滑縣行館》二記,《與王南崖》、《答王東臺》二書,皆絕非明人文集以時文為古文者,雖置之作者閒可也。詩如"槎泛星河秋作客,劍橫滄海夜談兵"之類,亦閒有可觀。而冗俗者多,則其後人編次,失於删汰之過。然環之為人,無媿忠孝,亦不以韻語繩之矣。

【彙訂】

① "甲辰",殿本作"甲戌",誤。嘉靖朝無甲戌。《明史》卷二百五《曹邦輔傳》附任環傳及《明清進士題名碑錄》均作嘉靖二十三年甲辰進士。

楊忠愍集三卷附錄一卷(直隸總督採進本)

明楊繼盛撰。繼盛字仲芳,號椒山,容城人。嘉靖丁未進士,官至兵部武選司員外郎。以疏劾嚴嵩,為所搆陷棄市。後追贈太常寺卿,諡忠愍①。事蹟具《明史》本傳。繼盛本以經濟氣節自許,不屑屑於文字。後人重其人品,掇拾成編。仰蒙世祖章皇帝御製序文,表其忠藎,一經褒予,曠世猶生。故雖杇蠹陳編,彌深寶惜。此本乃康熙閒蕭山章鈺所校,凡奏疏一卷,雜文一卷,詩一卷,行狀、碑記別為一卷附焉。其論馬市、劾嚴嵩二疏,史傳限於體裁,僅存大略。集本乃其全文,披肝瀝膽,伉直之氣如生。自作《年譜》一篇,學問人品,具見本末,尤史傳所不能詳。《遺囑》一篇,作於臨命前一夕,墨迹至今世守。倉卒之際,數千言無一字塗乙,尤足見其所養。詞雖質樸,而忠孝之意油然,尤足以感動百世。惟《年譜》中自記從韓邦奇學樂律,夜夢虞舜一事,頗涉怪異。然繼盛非妄語者,蓋覃思之極,緣心搆象。《世說》載衛玠以夢問樂廣,廣云是想;《管子》曰:"思之思之,鬼神通之。"固亦理之所有。昔吳與弼作《日錄》,自稱夢見孔子,人疑其偽。繼盛此語,頗與相類,明以來無疑之者。此則係乎其人,有不待口舌爭者矣。

【彙訂】

①《明史》本傳及《明史稿》本傳均作"贈太常少卿"。雍正《畿輔通志》卷七六《保定府・人物・忠節・楊繼盛傳》亦作"贈太常少卿，諡忠愍"。（楊武泉：《四庫全書總目辨誤》）

弇州山人四部稿一百七十四卷續稿二百七卷（兩江總督採進本）

明王世貞撰。世貞有《弇山堂別集》，已著錄。此乃所著別集。其曰"四部"者，賦部、詩部、文部、說部也。《正稿》說部凡七種，曰《劄記內篇》，曰《劄記外篇》，曰《左逸》，曰《短長》，曰《藝苑卮言》，曰《卮言附錄》，曰《宛委餘篇》，皆世貞為鄖陽巡撫時所自刊。《續稿》但有賦、詩、文三部，而無說部。則世貞致仕之後，手裒晚歲之作以授其少子士駿，至崇禎中，其孫始刊之。考自古文集之富，未有過於世貞者。其摹秦仿漢，與七子門徑相同。而博綜典籍，諳習掌故，則後七子不及，前七子亦不及，無論廣、續諸子也。惟其早年自命太高，求名太急，虛憍恃氣，持論遂至一偏。又負其淵博，或不暇檢點，貽議者口實。故其盛也，推尊之者徧天下；及其衰也，攻擊之者亦徧天下。平心而論，自李夢陽之說出，而學者剽竊班、馬、李、杜，自世貞之集出，學者遂剽竊世貞。故艾南英《天傭子集》有曰："後生小子不必讀書，不必作文。但架上有前、後《四部稿》，每遇應酬，頃刻裁割，便可成篇。驟讀之，無不濃麗鮮華，絢爛奪目。細案之，一腐套耳。"云云。其指陳流弊，可謂切矣。然世貞才學富贍，規模終大。譬諸五都列肆，百貨具陳，真偽駢羅，良楛淆雜，而名材環寶，亦未嘗不錯出其中。知末流之失可矣，以末流之失而盡廢世貞之集，則非通論也。

讀書後八卷（浙江巡撫採進本）[1]

明王世貞撰。此書本止四卷，為世貞《四部稿》及《續稿》所未載，遂至散佚。其姪士騏得殘本於賣餳者[1]，乃錄而刊之，名曰《附集》。後吳江許恭又採《四部稿》中書後之文為一卷，《續稿》中讀佛經之文為一卷，讀道經之文為二卷，併為八卷，重刻之。而陳繼儒為之序，稱其如呂氏《讀書記》、晁氏《讀書志》。案晁公武《讀書志》每書皆詳其卷數、撰人以及源流本末。世貞此書則九十五篇之中，為跋尾者四十二，為史論者五十三，而四十二篇之中又皆議論之文，無一考證之語，與晁氏書南轅北轍。繼儒殆未見《郡齋讀書志》，而偶聞其名，妄以意揣度之，謂亦如此書之跋尾耳[2]。《書影》記世貞"初不喜蘇文，晚乃嗜之。臨没之時，牀頭尚有蘇文一部"[3]。今觀是編，往往與蘇軾辨難，而其文反覆條暢，亦皆類軾，無復摹秦仿漢之習。又其跋《李東陽樂府》與《歸有光集》、《陳獻章集》，均心平氣和，與其生平持論不同。而《東陽樂府》跋中自稱："余作《藝苑巵言》，時年未四十，方與于鱗輩是古非今，此長彼短，未為定論。至於戲學《世説》，比擬形似，既不切當，又傷儇薄。行世已久，不能復祕。姑隨事改正，勿令多誤後人而已。"云云。然則此書為晚年進境，以少許勝多許矣[1]。其第五卷為《四部稿》中題跋二十五篇。其中如《讀亢倉子》，不知為王士元所作，則未考《孟浩然集》序；《讀三墳》，以為劉炫作，則未考《隋書・經籍志》。《讀元命苞》一篇所言乃衛元嵩之《元包》，尤為荒謬。則猶早年盛氣，不及檢校之作。許恭摭續此編，毋乃非世貞意歟？以原刻所有，姑並存之。至是編雜論古書而究為雜著，非目錄之比。無類可附，今仍著錄集部焉。

【彙訂】

① 今存明末刻本《弇州山人讀書後》八卷，卷端題"瑯琊王世貞元美撰，華亭陳繼儒仲醇定　姪士騄校正，長洲許恭訂"，有陳繼儒序、王士騄《跋先世父弇州公讀書後》。可知其姪名"士騄"，非"士騏"。（崔建英等：《明別集版本志》）

② 陳繼儒序文曰："今先生論著大約如呂氏《讀書記》及晁氏《讀書志》，每終篇標其大指，以備遺忘，而先生精確過之。"可見陳序乃比較三家之書"標其大指"的水準，非謂其體裁相似。（劉敬：《〈四庫全書總目〉七子派批評研究——以七子派主體作家為中心》）

③ "書影記"，殿本無。

④ "多許"，殿本作"多多"。

方麓集十六卷（兩淮馬裕家藏本）

明王樵撰。樵有《周易私記》，已著錄①。其集凡有二本，一為文九卷，《老子解》一卷，詩一卷。一即此本，凡詩文十四卷，又《戊申筆記》一卷、《紫薇堂劄記》一卷，較初本頗為完備。樵研思著述，於《易》、《書》、《春秋》及《四書》皆有解詁。《江南通志》稱其"性素簡默，至談經則娓娓不倦"，故文章具有根柢。又《通志》述樵之言曰："士大夫以留心案牘為俗吏，文墨詩酒為風雅。夫飽食官祿，受成吏胥，謂之風雅可乎？"故其文章頗切實際，非模山範水、嘲風弄月之詞。其詩雖不能自闢門徑，而沖和恬澹，要亦不失雅音。蓋當七子爭馳之日，尤能守成、宏先正之典型焉。

【彙訂】

①《總目》卷七著錄王樵撰《周易私錄》，"私記"字誤。

存家詩稾八卷（山東巡撫採進本）

明楊巍撰。巍字伯謙，號夢山，海豐人。嘉靖丁未進士，累官吏部尚書，贈少保。事蹟具《明史》本傳。巍敭歷中外，居官有能聲。自跋稱："幼習舉子業，不知詩。至嘉靖乙卯，補晉臬，提舉曹忭始導之為詩。歸田後，與山人呂時臣相倡和，得詩六百餘篇，屬邢侗、鄒觀光評騭而存之。"蓋其中歲學詩，與唐高適相類。而天分超卓，自然拔俗，故能不染埃壒，獨發清音。王士禎《池北偶談》稱其"五言簡古，得陶體，為明人所少"，又舉其"前年視我山中病，落日獨騎驄馬來。記得任家亭子上，連翹花發共銜杯"一絕。蓋其神韻清雋，與士禎論詩宗旨相近，故尤賞之。然其他高曠簡古之作，尚復不少，固與當時嘈雜之音相去遠矣。士禎嘗選訂其詩為三卷，屬謝重輝刻之，今未之見。此即鄒觀光刪定之本，猶全集也。

海壑吟稾十一卷（山東巡撫採進本）

明趙完璧撰。完璧字全卿，號雲壑，晚號海壑，膠州人。由歲貢生官至鞏昌府通判。是集詩五卷，文五卷。其第一卷為目錄，入之卷數，蓋唐以前例，《經典釋文》尚然也。王三錫序其詩集，謂嘉靖閒筮宦司城，抗職忤權姦，與楊椒山公同厄。案集中《北司獄中》七言律二首序云："嘉靖甲寅，秋曹檄捕豪校，某因獲罪東湖翁，劾執坐死。賴元老科臺之力，僅復瓦全。"云云。東湖者，陸炳別號也。時炳為錦衣衛都督，與嚴嵩表裏為姦，其勢張甚。完璧以指揮末秩，能與之抗。其獄中與楊繼盛倡和諸詩，有

"辛苦不妨淹日月，授書喜有漢良臣"等句。繼盛死西市，完璧作《楊烈婦詞》以哀之，有《小雅》怨誹之遺，可謂志節之士矣。其詩多觸事起興，吐屬天然，絕無叫囂怒張之態，亦與有明末造矯激取名者有殊。徒以名位未高，史不立傳，遂幾於湮沒不彰。僅賴此集之存，猶得略見其始末，亦足見正直之氣有不得而銷蝕者矣。

伐檀齋集十二卷（浙江孫仰曾家藏本）

明張元凱撰。元凱字左虞，吳縣人。以世職為蘇州衛指揮。再督漕北上，自免歸。少受《毛氏詩》，折節讀書，寄情詩酒。王世貞嘗序其詩，比之於沈慶之、曹景宗。及元凱沒後，世貞曝書，得其行卷，自嘆知之未盡，復作詩以酹之，今並載《四部稾》中。其詩大抵推陳出新，不襲窠臼，而風骨遒上，伉壯自喜，每淵淵有金石聲。所作《西苑宮詞》，《靜志居詩話》謂其高出世貞之上。他如《北游》諸律，亦多不失矩矱。蓋其才華本富，又脫屣名利，胸次曠夷。故當瑯琊、歷下之派盛行，而能不囿於風氣，宜世貞之心折不置矣。

備忘集十卷（兩淮馬裕家藏本）

明海瑞撰[1]。瑞有《元祐黨人碑考》，已著錄。案《明史·藝文志》載《海瑞文集》七卷。國朝廣東鹽運使故城賈棠與《邱濬集》合刻者，止六卷。是編載瑞所行條式、申參之文，較為全備，乃康熙中瑞六代孫廷芳重編。原跋云共一十二卷，分為十冊。今考此本冊數與跋相合，然每冊止一卷，實止十卷。較原跋尚闕二卷，未喻其故也[2]。瑞生平學問以剛為主，故自號剛峯。其入都會試時，上《平黎疏》。為戶部主事時，上《治安疏》。戇直無隱，觸世宗怒，下詔獄。然世宗覆閱其疏，亦感動太息，至擬之於比干。後巡撫應天，銳意興革，裁抑豪强，惟以利民除害為事。而矯枉過直，或不免一偏。如集中《畢戰問井地論》，力以井田為可行，謂天下治安，必由於此。蓋但睹明代隱匿兼并之弊，激為此說，而不自知其不可通。然其孤忠介節，實人所難能。故平日雖不以文名，而所作勁氣直達，侃侃而談，有凜然不可犯之概。當嘉、隆閒士風頹薾之際，切墨引繩，振頑醒瞶，誠亦救時之藥石。滌穢解結，非大黄、芒硝不能取效，未可以其峻利疑也。

【彙訂】

① 是書文淵閣《四庫》本著錄為文八卷附錄二卷，《總目》把附錄二卷合併著錄為《備忘集》不妥，因一至八卷為海瑞撰寫的詩文，附錄二卷為他人撰的輓詩及行狀。（何槐昌：《〈四庫全書總目〉著錄校正選輯》）

② 明萬曆三十年海邁刻清康熙五年海廷芳補修本《備忘集》十二卷，同版康熙十九年王元士重印本作《海忠介先生備忘集》十卷。《四庫》所據應系後者。（崔建英等：《明別集版本志》）

石洞集十八卷（安徽巡撫採進本）

明葉春及撰。春及字化甫，歸善人。嘉靖壬子舉人，官至户部郎中。事蹟附見《明史·艾穆傳》。是編首載應詔書五篇，共二卷，史所謂“授福清教諭，上書陳時政，纚纚三萬言”者是也。次載《惠安政書》十二篇，其官惠安知縣時作，共五卷。次公牘二卷。次志論二卷，為所修府縣志書之論，用《鄂州小集》例也。次詩二卷①。其第十九卷目錄作《崇文權書》，而註一“闕”字。其曾孫綸跋語謂此書奉旨所刊，版藏部署，不得而見。蓋有錄無書者也。春及為學宗陳獻章，治績為當時第一。艾穆官四川巡撫時，春及為賓州知州，嘗舉以自代。所著政書，井然有條。朱彝尊稱其詩宗杜陵，不落程、邵門户，故音節亦殊清亮。文章差近平直，而亦明暢。惟作令時符帖具載不遺，頗傷叢碎。至其在郎署時因遣使至日本，遂上言請多方購求《古文尚書》。是又誤信歐陽修《日本刀歌》，不核事實者矣。

【彙訂】

①《總目》所述凡十三卷，與總卷數不合。文淵閣《四庫》本此集卷十、十一為志論，卷十二至十四為序，卷十五為文（記、碑），卷十六為文（傳、行狀、墓表、墓誌銘），卷十七、十八為詩。（周錄祥：《〈四庫全書簡明目錄·集部〉訂誤》）

宗子相集十五卷（兩淮馬裕家藏本）

明宗臣撰。臣字子相，揚州興化人。嘉靖庚戌進士。除刑部主事，移吏部文選司，進稽勳司員外郎。以賕楊繼盛忤嚴嵩，出為福建參議，遷提學副使，卒於官。年僅三十有六。《明史·文苑傳》附載《李攀龍傳》中。蓋攀龍、徐中行、吳國倫、梁有譽及臣有“前五子”之稱也。朱彝尊《明詩綜》稱臣所著有《方城集》，而此本實題《宗子相集》，其卷目與《明史·藝文志》相合。王世貞誌臣墓，稱其寢瘵疾呕，門人稍次生平著述凡十餘卷梓之。則其集乃臣未没時所訂定也。臣常與吳國倫論詩不勝，歸而精思累日月，卒能卓然成家，為“嘉靖七子”之一。其詩跌宕俊逸，頗能取法青蓮，而意境未深，間傷淺俗。《靜志居詩話》謂：“使其不遇王、李，充之不難與昌穀、蘇門伯仲。自入七子之社，漸染習氣，日以窘弱，最可惋惜。”所言誠切中其病。然天才婉秀，吐屬風流,究無剽剟填砌之習,本質猶未盡漓也①。惟《竹閒》諸篇,體近纖仄,未免汨沒於時趨耳。至其《西門》、《西征》諸記,指陳時弊,反覆詳明。蓋臣官閩中時,禦倭具有方略,故言之親切如是,是又不可以文字論矣。

【彙訂】

① "猶",殿本無。

衡廬精舍藏槀三十卷續槀十一卷(江西巡撫採進本)

明胡直撰。直有《胡子衡齊》,已著錄。是集為其門人郭子章所刻。凡賦一卷,樂府一卷,古、近體詩四卷,文十九卷,雜著四卷①。又《續集》詩、賦一卷,文十卷,不知何人所編。卷首《盛才賦》下註"少作"二字,殆其後人取初集簡汰之餘與晚年未刻之作,裒為一帙也。直家泰和,東距衡山不千里,北距廬山亦不千里,故取二山之名名其書室,因以名集②。直初從歐陽德游③,又從羅洪先游,其學一以姚江為宗。故所作《胡子衡齊》八卷,大抵闡明心學。然《明儒學案》稱其"少駊宕,好攻古文詞。年二十六,始講學"。故其文章頗雅健有格,無鈔撮語錄之習。又其宗旨謂:"釋氏主於出世,故其學止於明心,明心則雖照乎天地萬物,而終歸於無有;儒者主於經世,故其學在於盡心,盡心則能察乎天地萬物,而常處於有。"故其文章亦頗篤實近理,未至王學末流之誕放。至於雜著諸篇,如設置獵人之類,詆諆薄俗,未免少傷忠厚。直初見歐陽德時,德病其疾惡太嚴,一切憤憤不平,是已先失仁體。殆亦其夙見未融,故嬉笑怒罵,不覺言之過歟?

【彙訂】

① 古、近體詩實為五卷(卷三至七),合計方為三十卷。文

淵閣《四庫》本書前提要、《文溯閣提要》不誤。（羅瑛、袁芸：《〈文溯閣四庫全書提要〉補正〈四庫全書總目〉舉隅——以集部別集類為例》）

② 此書卷首郭子章序云：“廬陵湊二山中，北距廬，東距衡，俱不能千里。吾師胡正甫先生生於其間。”而泰和在衡山東，依例應言“西距衡山”。（楊武泉：《四庫全書總目辨誤》）

③ “初”，殿本無。

薜荔園集四卷（福建巡撫採進本）

明佘翔撰。翔字宗漢，號鳳臺，莆田人。嘉靖戊午舉人，官全椒縣知縣。與巡按御史牴牾，投劾棄官去，放遊山水以終。其詩以雄麗高峭為宗，聲調氣格，頗近七子。故王世貞贈詩云：“十八娘紅產荔支，蠣螃舌嫩比西施。更教何物夸三絕，為有佘郎七字詩。”屠隆作《傳》，亦稱“閩產足珍貴者不獨荔支、西施舌”，蓋即指此。然人品頗高，故詩有清致，不全為七子之膚廓，未可全斥之也。《傳》稱所著有《薜荔園詩》、《佘宗漢橐》、《遊梁新編》、《金陵紀游文》。考翔遊蹤所經，至大梁、金陵為最後，今集中俱已載及。則合而編之，仍以《薜荔園詩》名也。《明詩綜》不著其名，殆僅存鈔本，流傳尚少歟？

郭鯤溟集四卷（江蘇巡撫採進本）

明郭諫臣撰。諫臣字子忠，長洲人。嘉靖壬戌進士，官至江西布政司參政。罷歸後起鄖陽巡撫，未上而卒。初，諫臣為袁州推官時，憤嚴嵩父子亂政，乃密籍嚴世蕃姦逆不道事，因御史林潤上之。世蕃遂伏法。及轉吏部主事，遷員外郎，數上書論列時事，語多切直，遂與張居正忤，乃有江西之命。甫三月，即自劾

歸。其生平伉直①，不愧其名與字。而其詩乃婉約閒雅，有范成
大、陸游之遺。雖十首以外，不免語意略同，如高仲武之論劉長
卿者。然當太倉、歷下主持壇坫之時，能毅然自為，不隨風氣，亦
足見其孤介矣。是集為其子元望所編，凡詩六百七十一首，又附
奏疏二篇。集中無與王世貞倡和詩。故世貞作序，謂交久而幾
失之，復稱："其詞咸調暢清麗，句穩而字安，不露蹊徑，而近體尤
渢渢可詠。"蓋亦重其為人，不以門户之異為嫌也。世貞謂其詩
可千餘首。此集不知誰所刊定，其亦出世貞之手歟②？

【彙訂】

①"其生平"，殿本作"平生"。

② 今存明郭元禹等刻本《鯤溟先生詩集》四卷《奏疏》一卷，
卷端題"吳郡郭諫臣子忠撰，甥韓世能存良校，姪忠寧履臺編，男
元禹、元望梓"。清康熙五十二年郭鷺刻本（四庫底本）《鯤溟先
生詩集》四卷《奏疏》一卷，卷端題"吳郡郭諫臣子忠著，甥韓世
能、男元夔仝校，五世孫鷺重刊"，有王世貞《郭鯤溟先生詩集
序》。可知此集非元望所編，王世貞所刊定。（崔建英等：《明別
集版本志》）

亦玉堂稿十卷（浙江巡撫採進本）

明沈鯉撰。鯉有《文雅社約》，已著錄。鯉嘗輯其詩文為《亦
玉堂稿》十卷，《續稿》八卷，明末版燬不存。王士禎《古夫于亭雜
錄》載其家有鯉正、續兩集，三復其文，嘆其經術湛深，議論正大。
然士禎没後，池北書庫所藏散佚皆盡，今亦未見其本。此本乃康
熙庚午劉榛裒輯殘闕所重刊①。集中有文無詩，蓋已非原稿之
舊矣②。鯉在神宗時，立朝侃直，稱為名臣。晚入政府，毅然特

立，與沈一貫相齟齬。一貫借妖書事以傾之，幾至不免，然天下知為正人也。雖沮於姦邪，不獲盡究其用，而集中所載如諫止礦稅一疏，實國脈民生之所繫，其功甚偉。他如議復建文年號、改景帝實錄、停取麒麟、請並封恭妃、請宥議禮諸臣，以及正文體、阻秦王服內請封、釋詔獄官犯諸事，皆關朝廷大體，知無不言。至於封還成命，不憚再三削牘，以冀一悟。懇款惻怛之意，至今猶可想見之。文章之工拙，抑其末矣。惟亦玉堂之名頗不可解。推求其意，蓋鯉嘗為翰林掌院學士，歸里之後，欲以廊廟山林視為一致，若曰"此亦玉堂"云爾。然考沈括《夢溪筆談》稱："唐翰林院在禁中，乃人主燕居之所，玉堂、承明、金鑾殿皆在其間。"則玉堂乃宮殿之名，非私家所可稱。鯉蓋考之未審也。

【彙訂】

①"刊"，殿本作"刻"。

② 今存明萬曆刻《亦玉堂稿》十卷，啟、楨間刻《亦玉堂續稿》八卷，原本無詩。（王重民：《中國善本書提要》）

溫恭毅公集三十卷（江蘇巡撫採進本）

明溫純撰。純字希文，三原人。嘉靖乙丑進士，官至左都御史，諡恭毅。事蹟具《明史》本傳。純在隆、萬之際，正色立朝。初忤張居正，罷官。再起，又與中使爭礦稅。卒以忤沈一貫致仕。可謂毅然自立，不負君國。雖阨於群小，無一日安於其位，而日久論定，究稱名臣。其奏疏皆切中情事，字句或失之太質，而明白曉暢，易於觀覽。蓋期於指陳利弊，初不以文字為工。其他序記銘傳諸體，則多雅飭可誦。詩凡八卷，大抵沿溯七子之派而稍失之麤。尺牘五卷，亦多關時政。末一卷為《理學六十一則》，皆論學語錄。大旨以程、朱為本，不宗姚江，而亦不甚駁姚江。蓋純一生惟以國是為己任，所爭者不在此也。言以人重，其此集之謂歟？

震川文集三十卷別集十卷（通行本）

明歸有光撰。有光有《易經淵旨》，已著錄。是編為其曾孫莊所訂。首經解，終祭文，凡二十四體。《別集》首論策，終古、今體詩，凡十有一體。初，太倉王世貞傳北地、信陽之説，以秦、漢之文倡率天下，無不靡然從風，相與剽剟古人，求附壇坫。有光獨抱唐、宋諸家遺集，與二三弟子講授於荒江老屋之間，毅然與之抗衡，至詆世貞為庸妄巨子。世貞初亦牴牾，迨於晚年，乃始心折。故其題有光遺像，贊曰："風行水上，渙為文章。風定波息，與水相忘。千載惟公，繼韓、歐陽。余豈異趣，久而自傷。"蓋所持者正，雖以世貞之高名盛氣，終無以奪之。自明季以來，學者知由韓、柳、歐、蘇沿洄以溯秦、漢者，有光實有力焉，不但以制藝雄一代也[①]。文集舊本有二，一為其族弟道傳所刻，凡二十卷，為常熟本；一為其子子祜、子寧所刻，凡三十二卷，為崑山本，去取多不相同[②]。莊以家藏鈔本互相校勘，又補入未刻之文，彙為全集，刻於國朝康熙間，前有王崇簡、徐乾學二序。莊自作凡例，極言舊刻本之譌，詆斥不遺餘力。然考汪琬《堯峯文集》有《與莊書》二篇，又反覆論其改竄之非，至著為《歸文辯誣》以攻之，是莊所輯亦未為盡善[③]。然舊本文多漏略，得莊掇拾散佚，差為完備。既別無善本，姑從而錄之。有光詩格殊不見長，汪琬乃為作箋註，王士禎頗以為譏。今未見傳本，殆當時衆論不與，即格不行歟？

【彙訂】

① 王世貞《弇州山人續稿》卷一百五十《吳中往哲象贊》於歸震

川曰："先生於古文詞,雖出之自《史》、《漢》,而大較折衷於昌黎、廬陵。不事雕飾而自有風味,超然當名家矣。"《贊》曰:"風行水上,渙為文章。當其風止,與水相忘。剪綴帖括,藻粉鋪張。江左以還,極於陳梁。千載有公,繼韓、歐陽。余豈異趨,久而始傷。"錢牧齋《初學集》卷七十九《與唐訓導汝諤論文書》、卷八十三《題歸太僕文集》、《有學集》卷四十九《題宋玉叔文集》、《列朝詩集》丁集卷六又卷十二重疊引《贊》語,皆竊易"久而始傷"為"久而自傷",以自堅其弇州"晚年定論"之說。周亮工《書影》卷一、歸莊編《震川全集》,末附弇州《贊》及《列朝詩集》中震川傳皆作"久而始傷"。一字之差,詞氣迥異。"始傷"者,方知震川之不易得,九原不作,賞音恨晚也。"自傷"者,深悔己之迷途狂走,聞道已遲,嗟悵何及也。二者毫釐千里。曰"豈異趣"者,以見己與震川同以《史》、《漢》為究竟歸宿,特取徑頓漸不同,未嘗假道於韓、歐耳。(錢鍾書:《談藝錄》)

② 今存明萬曆丙子四年雨金堂刻本《歸先生文集》三十二卷《附錄》一卷,《附錄》末記"萬曆癸酉男子祜、子寧編次,丙子浙人翁良瑜梓行"。雨金堂在浙江慈谿,今屬寧波。"崑山本"顯誤。(王重民:《中國善本書提要》)

③ 汪琬《堯峯文集》有《重訂歸先生文集考異序》,則所著書名乃《考異》而非《辯誣》。其《與莊書》所攻,歸莊《玄恭遺集》有答書二通,僅於《何氏墓碑》條自認偶失檢點,餘二條皆予駁斥。遽斥其"所輯亦未為盡善"未免失之不公。(王欣夫:《蛾術軒篋存善本書錄》)

四溟集十卷(浙江汪汝瑮家藏本)

明謝榛撰。榛字茂秦,臨清人。事蹟具《明史·文苑傳》。

榛早工詞曲。年十六，作樂府商調，少年爭歌之。已而折節讀
書，刻意為詩。李攀龍、王世貞輩結詩社，推榛為長。及攀龍名
盛，榛與論生平，頗相刻責。攀龍輩遂怒相排擠，削其名於七子、
五子之列。然當結社之始，尚論有唐諸家，定稱詩三要，皆自榛
發，諸人實心師其言也。後薄游諸藩邸，並為上客。雖終於布
衣，而聲價重一代。趙康王至輟侍姬以贈之，如姜夔、小紅故事。
其救盧柟一事，尤見氣誼。攀龍送榛西遊詩所謂"明時抱病風塵
下，短褐論交天地閒"者，頗肖其實。其詩亦不失為作者，七子交
口詆訶，乃一時恩怨之詞，固不足據為定論矣。是編刻於萬曆壬
子，乃臨清州知州盛以進得趙邸舊本，重為補訂，又以榛所撰《詩
家直說》二卷附於卷首。案榛詩足以傳，而論詩之語則多迂謬。
今惟錄此集，其《詩家直說》則別存目於"詩文評"焉。

　　蠛蠓集五卷（禮部尚書曹秀先家藏本）

　　明盧柟撰。柟字少楩，濬縣人，以貲為國子監生。負才忤縣
令，令誣以殺人，榜掠論死，淹繫數年。臨清謝榛走京師為稱冤。
適縣令已罷，平湖陸光祖代之，乃平反其獄，得不死。《明史·文
苑傳》附載於榛傳中。是集為嘉靖癸卯柟所自編[①]，凡雜文二
卷，賦一卷，詩二卷。前有自序，稱："蠛蠓者，醯雞也。取其潔於
自奉，介於自守，不如蚊蚋之侵穢彊噉[②]。又以事繫獄，類蠛蠓
之阨燕吭、罹蛛網，振其音而喑喑者。"故以名集。史稱其"騷賦
最為王世貞所稱，詩亦豪放，如其為人"。今觀其集，雖生當嘉、
隆之閒，王、李之焰方熾，而一意往還，真氣坌涌，絕不染鉤棘塗
飾之習。蓋其人光明磊落，藐玩一時，不與七子爭聲名，故亦不
隨七子學步趨。然而榛救之，世貞稱之，柟反以是重於世，亦可

謂毅然自立，無所依附者矣。

【彙訂】

①　嘉靖癸卯盧柟自序只解釋了書名的由來以及該集所收作品的體裁，並未詳其編類及其卷數，更未言為自編。穆文熙《重刻蟻蠑集引》云：“吾郡盧山人者，以詩文雄一世，而當其時則人少有能重之者。今沒去二十餘載，而所撰《蟻蠑集》始出。嶇峽張公手自校讎之，刻之太倉署中。”也未言及其成集者為誰。（袁芸：《〈文溯閣四庫全書提要〉別集類辨證》）

②　“侵”，殿本作“浸”，誤，參自序原文。

少室山房類稿一百二十卷（安徽巡撫採進本）①

明胡應麟撰。應麟有《筆叢》，已著錄。應麟藉王世貞以得名，與李維楨、屠隆、魏允中、趙用賢稱“末五子”。所作《詩藪》，類皆附合世貞《藝苑卮言》。後之詆七子者，遂并應麟而斥之。考七子之派，肇自正德，而衰於萬曆之季，橫踞海內百有餘年。其中一二主盟者雖為天下所攻擊，體無完膚，而其集終不可磨滅。非惟天姿絕異，籠罩諸家，亦由其學問淹通，足以濟其桀驁。故根柢深固，雖敗而不至亡也。末俗承流，空疏不學，不能如王、李剽剟秦、漢，乃從而剽剟王、李。黃金白雪，萬口一音。一時依附門牆，假借聲價，亦得號為名士。時移事易，轉瞬為覆瓿之用，固其所矣。應麟雖仰承餘派，沿襲頹波，而記誦淹通，實在隆、萬諸家上，故所作蕪雜之內尚具菁華。錄此一家，亦足以為讀書者勸也。是編前有王世貞所撰《石羊生傳》，稱應麟有《寓燕》、《還越》、《計偕》、《巖栖》、《卧游》、《抱膝》、《三洞》、《兩都》、《蘭陰》、《畸園》諸集，凡二十餘卷。朱彝尊《明詩綜》所載，別有《邯鄲》、

《華陽》、《養疴》、《婺江》、《白榆》、《湖上》、《青霞》等集，而無《三洞》、《畸園》之名。蓋應麟在日，諸集皆隨作隨刻，別本單行。世貞、彝尊各據所見，故名有異同。此集為萬曆戊午金華通判歙縣江湛然所刊，乃其合編之本也。

【彙訂】

①《四庫全書》所收作《少室山房集》一百二十卷。（王嘉川：《庫本〈少室山房類稿〉並非有錄無書》）

穀城山館詩集二十卷（山東巡撫採進本）

明于慎行撰。慎行有《讀史漫錄》，已著錄。慎行於李攀龍為鄉人，而不沿歷城之學。其論古樂府曰：“唐人不為古樂府，是知古樂府也，不效其體而時假其名以達所欲言①。近世一二名家，至乃逐句形模，以追遺響，則唐人所吐棄矣。”其論五言古詩曰：“魏晉之於五言，豈非神化，學之則迂矣。何者？意象空洞，樸而不敢琱；軌塗整嚴，制而不敢驕。少則難變，多則易窮。若原本性靈，極命物態，洪纖明滅，畢究精蘊，唐詎無五言古詩哉！”其生平宗旨，可以概見。然其詩典雅和平，自饒清韻。又不似竟陵、公安之學，務反前規，橫開旁徑，逞聰明而佃古法。其矯枉而不過直，抑尤難也。

【彙訂】

①“時”，底本作“特”，據此集卷一古樂府敘及殿本改。

宗伯集十卷（浙江孫仰曾家藏本）

明孫繼皋撰。繼皋字以德，無錫人。萬曆甲戌進士第一，官至吏部侍郎。當陳太后梓宮發引時，神宗稱疾不肯送，繼皋疏爭忤旨。及三殿災，大臣自陳皆慰留，獨繼皋致仕去。後追贈禮部尚書。此編題曰《宗伯集》，從所贈官也。凡雜文九卷，詩一卷。第二卷末有其子源文跋語，稱其父“生平不敢自居於名。以故諫草都焚，篋中只存辭疏十八，又求得其三，其留中者無從覓槁。即其他著述，亦多不存。今所刻碑銘誌傳之文，皆源文雜得之其子若孫暨朽縑敗扇與行於世者”云云。故集中所錄，多應制及酬贈之作。然當繼鼻之時，士習佻而文體亦弊，七子之風未艾，三袁之焰方新。或棘句鉤章，或矜奇弔詭，操觚者出此入彼，大抵隨波而靡。繼鼻詩文獨雍容恬雅，有承平臺閣之遺風，亦可謂不移於俗矣。

臨鼻文集四卷（江西巡撫採進本）

明楊寅秋撰。寅秋字義叔，號臨鼻，廬陵人。萬曆甲戌進士，官至廣西按察司副使、左江兵備道。其為貴州參議，平答干苗之亂。遷雲南副使，平土夷普應春，斬之。為廣西副使，克五山，綏安南，定府江，並賜金加秩。及征楊應龍，命為左監軍，離安、楊之黨，卒平播亂。其經濟有足取者。其文章在當時不著名，是集《千頃堂書目》亦不著錄。則明末傳本已稀，故談藝家罕所稱述。然寅秋為楊士奇之裔孫，故家典型，流風餘韻，猶有存者。故所作大抵和平典雅，有明初前輩之風，奏議尤委曲盡致。其《五山紀略》、《平播條議》等篇，於邊略亦多裨益，非徒託之空言者也。

淡然軒集八卷（浙江孫仰曾家藏本）

明余繼登撰。繼登有《典故紀聞》，已著錄。是集分奏疏二卷，序記三卷，誌銘及雜文二卷，詩一卷。繼登卒後，其友人馮琦序而刻之①。繼登當神宗朝，以災異屢見，上疏極陳一切誅求開採之害民者②。又請神宗躬郊廟,册元子,停礦税,撤中使。時將討播州楊應龍,因請罷四川礦税以佐兵食。復上言:"近者天、地、人皆不和,怨毒凝結,臣子不能感動君父,故天以非常之變警悟陛下,不可恬不為意。"云云。語皆切中時弊,其疏具載此集中。詩文則應酬之作,未免失於刊削。然大抵平正淳實,無萬曆中佻薄之習,亦尚不失典型。《明史‧馮琦傳》稱:"時士大夫多崇釋氏教,士子作文,每竊其緒言,鄙棄傳註。前尚書余繼登奏請禁約。"則所學之根柢可知也。

【彙訂】

① 據此集萬曆三十一年刻本吳達可序、李開芳跋,乃馮琦編定後,屬吳達可刻之,不果。李開芳至江西始成之。(王重民:《中國善本書提要》)

② "陳",殿本作"稱"。

涇皋藏稾二十二卷(浙江孫仰曾家藏本)

明顧憲成撰。憲成有《小心齋劄記》,已著錄。明末東林,聲氣傾動四方。君子小人,互相搏擊,置君國而爭門户,馴至於宗社淪胥,猶蔓延詬爭而未已。《春秋》責備賢者,推原禍本,不能不遺恨於清流,憲成其始事者也。考憲成與高攀龍初不過一二人相聚講學,以砥礪節概為事。迨其後標榜日甚,攀附漸多,遂致流品混淆。上者或不免於好名,其下者遂至依託門牆,假借羽翼,用以快恩仇而爭進取。非特不得比於宋之道學,並不得希蹤於漢之黨錮。故論者謂攻東林者多小人,而東林不必皆君子,亦公評也。足見聚徒立説,其流弊不可勝窮,非儒者闇修之正軌矣。惟憲成持身端潔,恬於名利,且立朝大節，多有可觀。其論説亦頗醇正，未嘗挾私見以亂是非，尚非後來依草附木者比。故姑錄其集，並論其末流之失，以示烱戒焉。

小辨齋偶存八卷附事定錄三卷（兩江總督採進本）①

明顧允成撰，允成字季時，無錫人，憲成弟也。萬曆丙戌進士，官禮部主事，謫光州州判。事蹟具《明史》本傳。允成於癸未舉會試，丙戌始殿試，以對策攻嬖幸，抑置末第。今集中以是篇為冠，次為救海瑞疏，次為爭三王並封疏，次為代翟從先論救李材及《擬上惟此四字編》二疏。沈思孝作《允成墓誌》，稱其以論救趙南星謫官，而集無此疏，疑傳寫佚也。次劄記，次説義，則允成自光州歸田後與憲成講學東林所作。次為書簡雜文。次為《吾與吟》，則所作詩，凡七十首。末附《事定錄》三卷，為沈思孝所為《墓誌銘》、高存之所為《行狀》及憲成所為《行述》。允成文皆論事講學之語②，書簡居十之九，直抒胸臆，不事修飾。詩為《擊壤集》派，亦不入格。然大節凜然，其對策、奏疏，皆真氣流溢，發於忠愛之誠。其不朽千古者，固在此不在彼也。

【彙訂】

① 文淵閣《四庫》本無《事定錄》。（沈治宏：《〈四庫全書總目〉集部著錄圖書失誤原因析》）

② "事"，底本作"詩"，據殿本改。文淵閣《四庫》本此集並無論詩之語，皆評論時事之作。（周錄祥：《〈四庫全書簡明目錄·集部〉訂誤》）

高子遺書十二卷附錄一卷（浙江巡撫採進本）

明高攀龍撰。攀龍有《周易易簡説》，已著錄。攀龍出趙南星之門,淵源有自。其學以格物為先,兼取朱、陸兩家之長。操履篤實,粹然一出於正。初自輯其語錄、文章為《就正錄》。後其門人嘉善陳龍正編為此集,凡分十二類。一曰語,二曰劄記,三曰經說、辨、贊,四曰備儀,五曰語錄,六曰詩,七曰疏、揭問,八曰書,九曰序,十曰碑、傳、記、譜、訓,十一曰誌、表、狀、祭文,十二曰題跋雜書。附錄誌狀、年譜一卷①。其講學之語,類多切近篤實,闡發周密。詩意沖澹,文格清遒,亦均無明末纖詭之習。蓋攀龍雖亦聚徒講學,不免漸染於風尚②。然嚴氣正性,卓然自立,實非標榜門户之流。故立朝大節,不媿古人,發為文章,亦不事詞藻而品格自高。此真之所以異於偽歟?

【彙訂】

① 文淵閣《四庫》本卷四為《講義》,卷五為《會語》,無附錄一卷。

② "漸染",殿本作"潿染"。

馮少墟集二十二卷(江蘇巡撫採進本)

明馮從吾撰。從吾有《元儒考略》,已著錄。其集初刻止於萬曆壬子①。此本乃其次子嘉年益以癸丑以後至天啟辛酉作,類序重刻。自卷一至卷十二皆語錄,卷十三至卷十八皆詩文,卷十九至卷二十為族譜、家乘,卷二十一至卷二十二為《關學編》②。蓋生平著作,彙於此集。其中講學之作主於明理,論事之作主於達意,不復以辭采為工。然有物之言,篤實切明。雖字句間涉俚俗,固不以弇陋議也。惟其與朱童蒙爭論首善書院講學一疏,稱:"宋之不競,以禁講學故,非以講學故也。先臣守仁,當兵事倥傯,不廢講學,卒成大功。此臣之所以不恤毀譽而為此也。”又郭允厚③、郭興治等劾鄒元標，從吾又上疏力爭，稱“京師講學，昔已有之”云云，其説頗為固執。夫士大夫自甲科通籍，於聖賢大義，不患不知。顧實踐何如耳，不在乎聚而講也。維古極盛之治，有臯、夔、稷、契，亦越小康之世，有房、杜、王、魏、韓、范、富、歐陽④，亦何嘗招百司執事環坐而談心性哉？無故而舍其職司，呼朋引伴，使其中為君子者授人以攻擊之閒，為小人者借此為攀附之途。黨禍之興，未必非賢者開門而揖盜也。至於謂宋之不競由禁講學，尤為牽合。考宋之黨禁，始於寧宗慶元二年八月，弛於嘉泰二年二月，中閒不過六七年耳。至於寶慶以後，周、程、張、邵，並從祀孔子廟庭；紫陽、東萊之流，並邀褒贈。理宗得諡為“理”，實由於是。蓋道學大盛者四五十年，而宋乃亡焉。史傳具存，可以覆案，安得以德祐之禍歸咎於慶元之禁乎？從吾初為御史，拒絕閹人，劾罷胡汝寧，禁大計苞苴，又上疏諫神宗不親政事，幾遭危禍。後廷議三案，亦持正不阿，卓然不媿為名臣。惟此兩疏，意雖善而未計其流弊。故附糾其失，俾來者無惑焉。

【彙訂】

① 殿本“集”上有“文”字。

② 文淵閣《四庫》本作二十卷，卷一至卷十二皆語錄，卷十三至卷十八有文無詩，卷十九至卷二十為《關學編》。

③ “郭允厚”，殿本作“郭元厚”，誤。郭允厚、郭興治等劾鄒元標事見《明史》卷二四三鄒元標、馮從吾本傳。

④ “歐陽”，殿本作“歐”。

石隱園藏稿八卷（山東巡撫採進本）

明畢自嚴撰。自嚴字景曾，淄川人。萬曆壬辰進士，官至户部尚書。事蹟具《明史》本傳。方自嚴總國計時，外則遼瀋連兵，封疆已蹙，而軍餉日增，内則東林、奄黨，水火紛呶，閧然置社稷而爭門户。自嚴支拄其閒，前後六年，綜核敏練，為天下所推。孫廷銓為作《墓誌》，稱其有《石隱藏稾》八卷，《奏議》一百三十六卷。其《奏議》今未見，獨此集存，凡詩一卷，文七卷。前有高珩序，稱其"官户部時，於天下大計，朗朗於胸，屈指兵食款目，如觀掌果。軍興旁午，中旨日數十下，即刻奏成手中。不似後來者止署紙尾，令司署具稾。每入署，輿後置書二寸餘。日晡事竣，必讀書。漏下數刻乃歸。鄭侯、劉晏遂抽毫、賈之籌，實古來僅事。"又稱其七言近體分滄溟、華泉之座。又作第二序，擬其文於韓、蘇，擬其四六於徐、庾。雖鄉曲之言，未免稍溢，而以經濟兼文章，則自嚴要不媿也。珩所稱《雲閒條議》十則、《冀寧大閱》十則、《災祲竊議》十三則，今皆不見集中，意其在《奏議》一百三十六卷中歟？

仰節堂集十四卷（山西巡撫採進本）

明曹于汴撰。于汴有《共發編》，已著錄。是集文十一卷，詩三卷。前有高攀龍、馮從吾序，于汴嘗從二人講學故也。攀龍序謂其"文足以定群囂，明學術；詩足以暢天機，流性蘊"，從吾序謂其"非沾沾以文章名家，而操觚自豪之士，無不退避三舍"。于汴亦嘗為從吾作《理學文鵠》序曰："關中少墟馮先生輯諸大家舉子藝百數十首，以式多士，命曰《理學文鵠》。不命以舉業，而曰理學，何也？見理學、舉業之非二也。"云云。故于汴之詩文，亦在理學、舉業之閒，或似語錄，或似八比。蓋平生制行高潔，立朝風節凜然，震耀一世。遠者大者，志固有在，原不以筆劄見長。從吾序所謂"非沾沾以文章名家"者[①]，為得其實。觀是集者，謂之文以人重可矣。集初刻於首善書院。甲申，版燬於兵。康熙癸卯初，其外孫景望蘧購得殘本，其門人呂崇烈鳩鄉人釀金重刊，崇烈為之序[②]。序末一私印曰："從真予游，聽南皋、少墟講"。少墟即從吾，真予即于汴，南皋者鄒元標也。明季風氣以講學宗派相高，故崇烈以是自標云。

【彙訂】

① "家"，殿本無。馮從吾序原文作"非沾沾以文章家名"。

② 今存此集清康熙二年呂崇烈等刻本十四卷，呂崇烈《重刻仰節堂文集序》曰："余師真予曹先生《仰節堂文集》行世已久，余曾得一部諷誦不能釋手，且當時家藏戶珍者不尠。甲申之亂，十失八九。己丑兵燹，運城極厄，無論片墨不存，並其原板不可問矣。奈何！一日先生之外孫景君字望蘧者，忽遇此集於安邑市上，蓋幾與敗絮殘楮相為没減耳。景君急購之……於是聚而謀諸弘運書院之友……相與鳩金而為重刻。"可知版毀於兵實在己丑，且望蘧所購未必為殘本。（崔建英等：《明別集版本志》）

願學集八卷（兩江總督採進本）

明鄒元標撰。元標字爾瞻，別號南皋，吉水人。萬曆辛丑進士，官至左都御史，諡忠介。事蹟具《明史》本傳[①]。元標有《祭諸儒文》，自稱"甲戌聞道"。蓋是時年方弱冠，即從泰和胡直遊也。其學亦陽明支派，而規矩準繩持之甚嚴，不墮二王流弊。初刻有《太平山房集》[②]，後重訂為此本，凡詩一卷，文七卷。其鄉人龍遇奇巡視淮鹽時為之鋟版，序者無慮十數人，雜題萬曆丁未、庚戌、甲寅、己未等年。考元標起用在天啟壬戌，此集刻於己未以前，故所載無非講學之語，而後來奏議等乃別行云③。

【彙訂】

① 辛丑為萬曆二十九年。據《明史》卷二四三及郭子章《黔記》卷四二本傳，元標為萬曆五年丁丑進士。《明儒學案》卷二三鄒元標小傳、雍正《江西通志》卷五五《選舉志》、《總目》卷九六《鄒南皋語義合編》條亦作丁丑。（楊武泉：《四庫全書總目辨誤》；張新民：《〈四庫總目提要〉補正六則》）

② "太平山房集"，殿本作"大平山房集"，誤。明萬曆四十七年龍遇奇刻本《願學集》有萬曆己未周汝登《題鄒子〈願學集〉》序，曰"南皋鄒子舊有《太平山房集》刻"。清《江西通志》卷七九鄒元標小傳亦載所著有《太平山房集》。

③ "等"，殿本無。

劉蕺山集十七卷（國子監助教張羲年家藏本）

明劉宗周撰。宗周有《周易古文鈔》，已著錄。講學之風，至明季而極盛，亦至明季而極弊。姚江一派，自王畿傳周汝登，汝登傳陶望齡、陶奭齡，無不提唱禪機，恣為高論。奭齡至以因果立説，全失儒家之本旨。宗周雖源出良知，而能以慎獨為宗，以敦行為本，臨没猶以誠敬誨弟子，其學問特為篤實。東林一派，始以務為名高，繼乃釀成朋黨。小人君子，雜糅難分，門户之禍，延及朝廷，馴至於宗社淪亡，勢猶未已。宗周雖亦周旋其間，而持躬剛正，憂國如家，不染植黨爭雄之習。立朝之日雖少，所陳奏如除詔獄、汰新餉、招無罪之流亡、恩義拊循以收天下泮渙之人心①、還內廷掃除之職、正懦帥失律之誅諸疏，皆切中當時利弊。一阨於魏忠賢，再阨於溫體仁，終阨於馬士英。而薑桂之

性,介然不改,卒以首陽一餓②,日月爭光。在有明末葉,可稱皭
皭完人,非依草附木之流所可同日語矣。是集為乾隆壬申副都
御史雷鋐所刊,冠以《人譜》、《學言》諸書,至第八卷乃為奏疏。
然諸書本自別行,且宗周所著亦不止於此。摘錄數種,殊為挂
漏,今並刪除。惟以奏疏以下十七卷勒為一編,而他書則仍別著
錄焉。

【彙訂】

①“以”,殿本無。

②“一”,殿本作“之”。

學古緒言二十五卷(副都御史黃登賢家藏本)

明婁堅撰。堅字子柔,長洲人,隆、萬間貢生。早從歸有光
游①,《明史·文苑傳》附載有光傳中。稱其與唐時升、程嘉燧號
“練川三老”,又與時升、嘉燧及李流芳號“嘉定四先生”。然嘉燧
以依附錢謙益得名,本非端士②。核其所作,與三人如蒹葭倚
玉,未可同稱。三人之中,時升、流芳雖均得有光之傳③,而能融
會師說,以成一家言者,又當以堅為冠。蓋明之末造,太倉、歷下
餘焰猶張,公安、竟陵新聲屢變,文章衰敝,莫甚斯時。堅以鄉曲
儒生,獨能支拄頹瀾,延古文之一脈④。其文沿溯八家,而不剿
襲其面貌,和平安雅,能以真樸勝人,亦可謂永嘉之末,得聞正始
之音矣。王士禎《居易錄》嘗稱其《長慶集》序,以為真古文。今
觀是集,大抵具有古法,不但是篇,士禎特偶舉其一也。

【彙訂】

① 長洲或吳縣地方志均未載婁堅事迹。惟同治《蘇州府
志》卷一一二《流寓二》云:“婁堅字子柔,嘉定人……與唐時升、

程嘉燧、李流芳齊名。"雍正《江南通志》卷一一六亦云："婁堅字子柔，嘉定人……晚與唐時升、程嘉燧稱'練川三老'。"《列朝詩集小傳》丁集下"婁貢士堅"條亦言"堅字子柔，嘉定人"。又《明史·文苑三》載歸有光傳，但未及婁堅等，而見於《文苑四》唐時升傳。婁堅少歸有光四十八歲，有光進士及第時，婁堅僅十二歲。且此集中未提及曾獲侍於有光，不過云"居常服膺先生之文"、"所聞於其門人者頗詳"，可知並非直接受教門下。(楊武泉:《四庫全書總目辨誤》;吳秋蘭:《晚明嘉定四先生研究》)

②"然嘉燧以依附錢謙益得名本非端士"，殿本作"然嘉燧依附得名本非善類"。程嘉燧以工詩畫、曉音律名。《明史》卷二百八十八《文苑四》亦云："程嘉燧，字孟陽，休寧人，僑居嘉定。工詩善畫，與通州顧養謙善。友人勸詣之，乃渡江寓古寺，與酒人歡飲三日夜，賦《詠古》五章，不見養謙而返。崇禎中，常熟錢謙益以侍郎罷歸，築耦耕堂，邀嘉燧讀書其中。閱十年，始返休寧，遂卒，年七十有九。"葉德輝《郋園讀書志》收有程嘉燧《松圓浪淘集》十八卷，並云："松圓(程嘉燧之號)早得盛名，初未依附謙益。不過晚與之昵，彼此不無阿好之詞耳。明末文人習氣，凡達官田居，必引一布衣與之唱和往來，以炫鄉里之耳目。如董宗伯之與陳眉公，亦即其習氣。謂其詩不足名家，亦是持平之論。謂非端士，毋乃儲青之惡與?"(袁芸:《〈文溯閣四庫全書提要〉別集類辨證》)

③唐時升長婁堅三歲，然其出生之年，歸有光便搬回崑山老家，此後再未在嘉定授徒講學。(黃仁生:《嘉定派的醞釀過程考論》)

④"脈"，殿本作"派"。

檀園集十二卷(安徽巡撫採進本)

明李流芳撰。流芳字長蘅,嘉定人。萬曆丙午舉人,三上公車不第。因魏忠賢亂政,遂絕意進取,築檀園,讀書其中。《明史·文苑傳》附見《唐時升傳》中。是編凡古、今體詩六卷,雜文四卷,題畫跋二卷[1]。雖才地稍弱,不能與其鄉歸有光等抗衡,而當天啟、崇禎之時,竟陵之盛氣方新,歷下之餘波未絕[2],流芳容與其間,獨恪守先正之典型,步步趨趨,詞歸雅潔。二百餘年之中,斯亦晚秀矣。謝三賓刻《嘉定四先生集》,時流芳尚存,三賓詣視其疾,索所作,因盡出平生詩文,手自芟纂,以成斯集。三賓為作序文,亦感慨悽動。三賓字象三,鄞縣人,天啟乙丑進士。後官巡按御史,守萊州,頗著勞績。掖縣毛霦《平叛記》載之最詳云。

【彙訂】

① 文淵閣《四庫》本此集卷十二《題閒孟詩册》、《跋摹書帖》乃詩跋、書跋,則末二卷非全為題畫跋。(周錄祥:《〈四庫全書簡明目錄·集部〉訂誤》)

② "竟陵之盛氣方新,歷下之餘波未絕",殿本作"異途爭鬨門戶多岐"。

忠介燼餘集三卷(兩江總督採進本)

明周順昌撰。順昌字景文,號蓼洲,吳縣人。萬曆癸丑進士,官至吏部文選司郎中。以忤魏忠賢,為所羅織,逮治拷掠,殺之於獄。崇禎初,追諡忠介。事蹟具《明史》本傳。初,順昌被逮時,篋衍著作頗多,倉卒間為友人投火滅迹。後其子茂蘭,遇片紙隻字必摹而勒之石。至其孫靖,復從戚友家搜錄成集,故名

《燼餘》，凡三卷。一卷為紀事、公移，二卷為尺牘，三卷為雜文及詩，而以《尋聲譜》附焉。《尋聲譜》者，當萬曆乙卯，順昌在閩中，常以詩扇寄鹿善繼，其後扇失而詩猶為馬潔所記憶。崇禎甲戌，善繼與潔暨孫奇逢輩錄而為譜①。國朝康熙閒，奇逢門人湯斌巡撫江蘇②，以譜貽靖，附刻集後，詳見靖跋語中。順昌氣節蓋世，本不以文章見長，且收拾於灰滅之餘，大抵案牘簡劄隨手酬應之文，非所經意。然其隱憂國事，崇尚名檢，忠憤激發之氣，時流露於楮墨閒，尚足以廉頑立懦。區區題扇一詩③，異代且珍重傳之，則是集什一僅存，固未可聽其湮沒矣。

【彙訂】

① 殿本“錄”上有“詠其事”三字。

② “奇逢”，殿本作“孫奇逢”。

③ 殿本“區區”上有“觀”字。

范文忠集十二卷（直隸總督採進本）

明范景文撰。景文有《大臣譜》，已著錄。所著詩文有《味元堂疏槁》、《思仁堂存槁》、《玉靜閣存槁》、《且園存槁》、《瀾園存槁》、《餐冰齋詩槁》諸目，其子毓秀及其甥王孫錫等合編以為此集。景文為莊烈帝所知，入閣未五十日而都城淪破，卒能從容蹈義，大節炳然。至生平歷官所至，亦多引繩切墨，持正不阿。史稱其在文選時，“值魏忠賢、魏廣微中外用事，景文同鄉，不一詣其門，亦不附東林，孤立行義而已”。是其丰裁峻厲，而不肯矯激以鶩名，在明季尤為希覯。今觀集中《攝銓》、《副銓》諸槁所載奏議，大抵剴切詳明，切中時弊。而《撫豫》、《出鎮》等槁所載諸疏，於興利除害之方，規畫不遺餘力。雖遭時艱棘，弗獲盡用，而經世之才，實可具覘其崖略。是又不獨以義烈見重矣。

幔亭詩集十五卷（福建巡撫採進本）

明徐熥撰。熥字惟和，閩縣人。萬曆戊午舉人①。負才淹蹇，肆力詩歌。大抵圭臬唐人，而不為割裂餖飣之學。卷首有張獻翼序，稱其"調非偏長，體必兼擅，力追古則，盡滌時趨"。又謝肇淛《五雜俎》謂其"才情聲調，足以伯仲高季迪，微憾古體不及"。朱彝尊《靜志居詩話》亦謂其"七言絕原本王江寧，多情至語"。審閱是集，固非盡出標榜。當明季詩道冗雜，如熥者亦可謂蟬蛻穢濁矣。王世懋《藝圃擷餘》論閩中詩人，推鄭善夫為冠。熥生平喜稱善夫，而卒年僅三十九，與善夫正同，亦頗可異。《明史·文苑傳》稱："閩中詩文自林鴻、高棅後，閱百餘年，鄭善夫繼之。迨萬曆中年，曹學佺、徐熥輩繼起，謝肇淛、鄧原岳和之，風雅復振。"不及於熥。惟《燉傳》中附見其名。然燉以博學稱，亦復工文，熥以詞采著，亦未嘗無學，二人固未易優劣也。

【彙訂】

① 錢謙益《列朝詩集小傳》丁集下"徐舉人熥"條云："熥字惟和……閩縣人……惟和舉萬曆戊子鄉薦，十餘年不第。"鄉薦為萬曆十六年戊子，非萬曆四十六年戊午。雍正《福建通志》卷五一《文苑·徐熥傳》亦云："熥舉萬曆戊子鄉薦，著有《幔亭詩集》二十卷。"（楊武泉：《四庫全書總目辨誤》）

孫白谷集六卷（江蘇巡撫採進本）

明孫傳庭撰。傳庭有《鑒勞錄》，已著錄。史載崇禎十一年李自成自蜀還走陝西，傳庭扼諸澄城，分兵五道擊之，降其驍將混天星、過天星等,朝廷恃以為屏蔽。十六年出師潼關,降其偽將四天王李養純,擒其偽果毅將軍謝君友。自成懼,謀降,賊幾盡滅。乃以中旨督戰,值霖雨七日,餉絕軍亂致敗,遂歿於陣。今證以集中《澄城報捷》諸奏疏,委曲詳盡。一一相符。惟史載崇禎十二年正月戊辰,劉宇亮、孫傳庭會師十八萬於晉州,不敢進。考集中《官軍苦戰疏》內稱:「解真定之圍,救濟南之陷,出口之役又率所統鎮將官兵,戮力合戰。」事皆在正月戊辰之後。又《恭聽處分兼瀝血忱疏》內歷舉:「正月二十七日,臣欲先發兵馳東安扼擊①,而督察不從。二十九日臣勉發曹變蛟、楊國柱等兵先往,次早復約督察同往,或臣獨往,而督察又力阻」云云。督察乃劉宇亮也。據此,則兵集不敢進,其責全在宇亮。傳庭特為所牽掣,故《本紀》連書之耳。是亦足資考證也。此集自一卷至三卷為奏疏,卷四為雜著,卷五為詩,卷六為《內傳》、《外傳》。奏疏載自崇禎十年七月二十日起,至十二年六月十二日止。其於十五年復起救開封至十六年奏疏,併佚不載。殆傳庭殉難,全家俱歿。其十五年以後槀本,或俱失於兵火歟?

【彙訂】

　　① 底本"欲"上衍"勉"字,據此集卷三《恭聽處分兼瀝血忱疏》原文及殿本刪。

　　集玉山房槀十卷(山東巡撫採進本)

　　明葛昕撰。昕字幼明,號龍池,德平人。官尚寶司卿。昕以蔭起家,初除都督府都事。陽武侯薛鋹以貧故①,幾不得襲,昕力排群議,始得襲封②。尋遷工部屯田司郎中,議裁惜薪司炭額百餘萬,又汰廠司內官五百六十一人,禍幾不測。然連三疏爭之，竟如議。又爭戚畹、鄭福濫請卹典，雖不允行③，天下壯之。其風節頗侃侃不阿。其他文亦疏爽駿快，無婥婀齷齪之氣，肖其為人。惟《贈孔劍峯》一序，似乎溺於左道，不類昕之所為。然昕不得其父母遺像，孔以術追寫如生，故喜極而譽之。發於孝子之心，不自知其言之失，猶可以曲諒者也。是集為其子如龍等所編，凡疏一卷，贊語一卷，詩一卷，誌狀一卷，記、錄、跋一卷，啟一卷，書二卷，祭文一卷④。

【彙訂】

①"陽武侯"，底本作"揚武侯"，據殿本改。《弇山堂別集》卷三八《永樂以後功臣公侯伯年表》載："陽武侯薛祿……（宣德）五年薨，子勳畜死，孫詵嗣。正統四年薨，子琮嗣。嘉靖八年薨，子翰嗣。二十三年薨，無子，族孫鏌嗣。"

② 殿本"始"上有"鏌"字。

③ "允"，殿本無。

④ 文淵閣《四庫》本書前提要作"疏一卷，讚語一卷，詩一卷，序一卷，誌狀一卷，記、錄、跋一卷，啟一卷，書二卷，祭文一卷"，與正文相合。

宋布衣集三卷（直隸總督採進本）

明宋登春撰。登春字應元，新河人。少能詩善畫。年二十餘，即棄家遠游，足跡幾遍天下。晚乃依其兄子，居江陵之天鵝池，因自號鵝池生。徐學謨為荊州守，深敬禮之。後學謨以尚書致政歸，登春訪之吳中。買舟浮錢塘，徑躍入江水以死。邢侗《來禽館集》有《弔宋叟詩序》，稱登春嘗語侗："君視宋登春，豈杉柏四周中人？"其生平立志如此，蓋亦狂誕之士也。其詩本名《鵝池集》，文名《燕石集》，學謨嘗刻之荊州。此編為康熙乙丑王培益所刊，始並詩文為一集①。登春文章簡質，可匹盧柟《蠛蠓集》，而奇古之趣勝之。其論詩先性情而後文詞，故所作平易自然，而頗乏深意。然五言頗淡遠可誦，朱彝尊《靜志居詩話》以賈島、李洞為比，亦庶幾擬於其倫矣。

【彙訂】

① 今存清康熙王培刻本《宋布衣集》二卷《清平閣倡和詩》一卷《雙鵝集》一卷，其《宋布衣集》卷端題"趙郡宋登春鵝池著，中州王培益仲閎刊"，有康熙乙丑王培《雙鵝集敘》。（崔建英等：《明別集版本志》）

忠肅集三卷（江蘇巡撫採進本）

明盧象昇撰。象昇字建斗，宜興人。天啟壬戌進士，官至兵部尚書。崇禎戊寅，大兵下鉅鹿，象昇督師戰敗，歿於陳。乾隆四十一年，賜諡忠肅。事蹟具《明史》本傳。象昇奏疏凡六集，其姪孫豪然嘗彙刻別行，今未之見。此則其詩文集也，初刻於康熙戊辰，為其幼子天馭、孫聲諧所編，萬錦雯序之。後其曾孫安節又搜羅遺墨，補葺此本。第一卷為詩三十五首，詩餘八首，傳一首，墓誌一首。詩餘末一首為《七夕歌》，蓋古詩誤編。實得詩三十六首，詩餘七首也。第二卷為記一首，書二十七首。第三卷為《明史》列傳、年譜、世表①。詩文皆有註，不著姓名。觀所註《鹿善繼傳》言及楊嗣昌死事，則非象昇自註矣。其年譜之註題四世孫師儉作，此註殆亦出其手歟？象昇年二十三登第，洎年二十九即戰鬥於流寇之間，死時年僅三十九。蓋未暇專力文藝，故詩、古文多不入格。然讀其軍中家書、尺牘，忠孝悱惻，使人感動，無意為文而能文者莫加焉。雖謂之載道之文可也。楊嗣昌媢嫉怙權，擠象昇以至於死，嗣昌卒亦身敗名裂。其子所作《孤兒籲天錄》雖巧辨百端，公論卒不可掩，藏書家亦多不肯收錄。而象昇遺集至今留天地閒。錄而存之，亦聖朝敦崇風教，扶植綱常之義也。舊本題曰《忠烈集》，蓋用明福王時舊謚。今既蒙特典褒榮，光垂千古，謹改題所賜新謚，昭表章之至意焉。

【彙訂】

① 文淵閣庫書為二卷。（沈治宏：《〈四庫全書總目〉集部著錄圖書失誤原因析》）

倪文貞集十七卷續編三卷奏疏十二卷講編四卷詩集二卷（浙江汪汝瑮家藏本）①

明倪元璐撰。元璐有《兒易內外儀》，已著錄。初，元璐官翰林時，掌外制之詞，文章典雅，為館閣所宗。其門人為刻《代言選》六卷，長洲文震孟序之。崇禎丙子，以國子監祭酒歸里，裒輯所作，名曰《鴻寶應本》，華亭陳子龍序之。壬午起官兵部侍郎，明年擢戶部尚書。時事已亟，不復作應制文字，閒取舊刻重為刊定，付其子會鼎庋藏之。乾隆壬辰，其元孫安世復編次重刻，即此本也。元璐少師鄒元標，長從劉宗周、黃道周遊，均以古人相期許，而尤留心於經濟。故其擘畫設施，鉤考兵食，皆可見諸施行，非經生空談浮議者可比。其詩文雖不脫北地、弇州之舊格，至其奏疏，則詳明剴切，多軍國大計、興亡治亂之所關，尤為當世所推重。然當天、崇之時，君子小人，雜沓並進，元黃水火，恩怨相尋，大抵置君國而爭門戶。元璐獨持論侃侃，中立不阿，故齟齬不得大用。及壞亂已極，始見委任，而已無所措其手，僅以身殉國，以忠烈傳於世而已。此世所以重其人，彌重其文也。《詩集》頗多散佚，如《聞朝鮮墮一城》七言律詩一首、《同衆友范姬集白下避暑湖亭》七言古詩一首，又律句"黃花古戍春難到，枯樹嚴關鴈不過"，"獰石魏公偏嫵媚，輕煙呂相不糊塗"等句，皆載在施男《筇竹杖》中。集中俱未收入，蓋偶未見男書歟？

【彙訂】

①"詩集二卷"，底本作"詩集四卷"，據殿本及文淵閣庫書改。清乾隆刻本亦二卷。（王重民：《跋新印本〈四庫全書總目〉》）

凌忠介集六卷（浙江汪汝瑮家藏本）

明凌義渠撰。義渠有《湘煙錄》，已著錄。義渠少以制義知名，清新婉約，極為世所傳誦。服官後，以清操直節受知莊烈帝，於文章不甚留意。此集凡詩四卷，文二卷，乃其友徐汧門人姜垓所校定。中閒不載奏疏一門，故平生建白，如為給事中時請原三河知縣劉燁責償餉銀疏、論亂民焚掠巨室疏、論大臣箝制言路疏、論中樞不職疏、預策東江叛亂及請陽撫陰剿諸疏①，皆其風采之卓卓者。今並不見於本集，則編次時亦不免有所脫遺②。然如《兵餉議》、《清慎勤論》諸篇，剛毅自立之象，凜然猶可概見。其《崇化論》有云："能為逢、比者，視碎首濺血仍無異於退食委蛇；能為申生、伯奇者，視抱石雉經仍無異於問安視膳。"蓋生平立志如此。卒之見危授命，克踐其言，固與口孔、孟而行蹢、蹮者區以別矣。

【彙訂】

①"東江"，底本作"江東"，據《明史》卷二六五凌義渠本傳

及殿本改。

②明永曆刊本《凌忠清（弘光時謚忠清）公詩文集》六卷，卷一題閩漳黃景昉閱，卷二題會稽倪元璐閱，卷三題同里閱及中閱，卷四題竟陵譚元禮閱，卷六題新安金聲閱，僅卷五題徐汧、姜垓閱。朱彝尊《靜志居詩話》明言：“臨難之頃，從容就義。惟悉取平生撰述焚之。”是奏疏當在被焚之中，非脫遺可知。（王欣夫：《蛾術軒篋存善本書錄》）

茅簷集八卷（浙江巡撫採進本）

明魏學洢撰。學洢字子敬，嘉善人，給事中大中長子也。大中忤閹被逮，學洢微服變姓名，匿定興鹿善繼家，萬計營救不得。柩歸之後，竟以毀卒。世稱忠臣、孝子萃於一門。事蹟附見《明史》大中傳。諸書所載，亦大概相近。然學洢尚有老母，而為無益之死，或頗疑其過中。今觀集中《與潘茂莊書》曰：“追比方始，洢將就浙獄矣。”又《辭里中父老書》曰：“目今公差來捉，旦夕將死。家門傾覆，無復可言。”然則大中沒後，所謂坐受楊鎬、熊廷弼賄三千三百兩者，所司仍追呼於家。學洢積憂積瘁於前，積痛於後，又重以閹黨之威虐，數者交迫，乃無生理，非真徒以一冥不視，蹈滅性之戒。故學洢之孝在於大中被禍之日，竭力殫心，蹈危履險，出萬死以冀一生。今誦其與人諸書，至性惻怛，足以感天地而動鬼神。而錢士升等作序，惟欲以隕身殉父稱之，遂諱其追逮之事，淺之乎知學洢矣。其集一刊於錢棻。棻，大中門人也。再刊於其弟學濂，是為今本。學濂頹其家聲，論者不能以大中之故，曲為寬假。然益見學洢之不朽，由所自立，不由於父蔭也。

申忠愍詩集六卷（直隸總督採進本）①

明申佳允〔胤〕撰。佳允字孔嘉，永年人②。崇禎辛未進士，官至太僕寺丞。甲申殉流寇之難，世祖章皇帝賜諡忠愍。事蹟具《明史》本傳③。佳允為杞縣知縣時，死守孤城，卒擊破流寇掃地王。其經濟有足稱者。官考功時，以舉劾公正忤溫體仁降謫。及官寺丞，方出巡牧場，而李自成圍京師，勢可避匿，或勸之弗入。佳允流涕曰：“固知京師必不守。然吾君在焉④，安危共之，何所逃避。”卒以甲申三月十二日崎嶇還京，十九日死於國難。其氣節亦震耀千古。是集為其子涵光所編。卷首有家傳，稱其於詩好稱李夢陽、何景明。今觀所作，與何、李頗不相似，大抵直抒胸臆，如其為人。但體格尚未成就，且不免浸淫明末纖仄之習。然凜然剛正之氣，足使後人起敬，不敢復以詩格繩之。言以人重，烏可沒也。舊木首載孟津王鐸序，不著年月。核其所述，蓋作於崇禎初佳允官杞縣時。後人重刻此集，仍錄以冠首。然鐸何如人，乃操筆弁冕佳允詩，今特削之，俾無為佳允辱焉。

【彙訂】

① 底本此條與文淵閣庫書次序不符。文淵閣庫書與殿本均置於“茅簷集八卷”條之前。

② “永年”，底本作“永平”，據《明史》卷二六六申佳胤本傳及殿本改。

③《明史》本傳云：“諡節愍，本朝賜諡端愍。”（鹿輝世：《申端愍詩集提要》）

④ “吾”，殿本作“我”。

陶菴全集二十二卷（浙江巡撫採進本）

明黃淳耀撰。淳耀有《山左筆談》，已著錄。淳耀湛深經術，刻意學古。所作科舉之文，精深純粹，一掃明季剽摹譎怪之習。而平日力敦古義，尤能以躬行實踐為務，毅然不為榮利所撓。如《吾師》、《自監》諸錄，皆其早年所訂論學之語，趨向極其醇正，而平易可近，絕無黨同伐異之風，足以見其所得之遠。文章和平溫厚，矩矱先民，詩亦渾雅天成，絕無懦響。於王、李、鍾、譚餘派去之惟恐若浼，可謂矯然拔俗。卒之致命成仁，垂芳百世，卓然不媿其生平，可以知立言之有本矣。集為其門人陸元輔所輯，見於《明史》者十五卷。此本為文七卷，文補遺一卷，詩八卷，詩補遺一卷，《吾師錄》一卷，《自監錄》四卷，共二十二卷，乃後人續加增輯以行者也。

集部二十六

別集類二十六

聖祖仁皇帝御製文集一百七十六卷

謹案聖祖仁皇帝御製詩文，篇章繁富，前後共分四集，以次成編。自康熙二十二年癸亥以前為《初集》。於時方戡定九嬰，削平三蘖，而念勤訪落，化著觀文。運籌決勝之餘，寓志藝林，所存尚四十卷。自康熙三十六年丁丑以前為《二集》。於時靈臺偃伯，九譯旅來，保泰持盈，勵精宵旰，萬幾餘暇，矢詠卷阿。十四年中，復積盈五十卷。自康熙五十年辛卯以前為《三集》。於時四瀛不波，五緯咸若，驪心普洽，佑命重申，堯衢時游，舜歌庸作。琱筆而錄奎章者，十四年中又積盈五十卷。皆大學士張英等所恭編也[①]。至五十一年壬辰以後，六十一年壬寅以前，承平熙皞，棟楣松雲，壽考康寧，愈游心於翰墨。而八伯徵歌之日，正百年服教之初。我世宗憲皇帝嗣踐皇圖，始命和碩莊親王允祿編為《四集》三十六卷。通一百七十六卷，合為一編。迄今流布鴻都，尊藏册府，萬方傳誦，藉以仰窺聖學之萬一。至於乾規坤矩，不可測以方圓；月采日華，不可圖以藻繪。非惟仰鑽所莫罄，抑亦歌頌所難名。惟有循環雒誦，尊若《六經》而已，莫能更贊一詞也。別有《御製詩集》二十八卷，乃高士奇等所校刊。恭檢篇目，皆已編入《文集》，次第亦無所更易。故今未敢復繕，惟附著分合之緣起，俾來茲有考焉。

【彙訂】

①"張英等"，文淵閣本書前提要作"張玉書等"。清康熙五十三年內府刻本此集目錄後編錄諸臣名銜，首為文華殿大學士兼戶部尚書臣張玉書，次為文華殿大學士兼禮部尚書臣張英。（江慶柏等：《四庫全書薈要總目提要》）

世宗憲皇帝御製文集三十卷

謹案《世宗憲皇帝御製文集》，凡文二十卷，詩十卷。文分十三體。詩則前七卷曰《雍邸集》，皆康熙壬寅以前作，後三卷曰《四宜堂集》，則御極以後作也。欽惟世宗憲皇帝神資天授，聖孝性成。當聖祖仁皇帝時，景命先歸，九齡預與，承眷顧者獨深。故問視宮闈①，殆無虛日。而晨昏餘暇，復覃精圖籍，研悅文章，汲古之勤，為儒生之所不及。迨乎握符合契，應運龍飛，宵旰勵精，心營四海。紫宮之所規畫，黼座之所諮詢者，天下臣庶，雖不能一一悉窺，至於朱批諭旨至三百六十卷，上諭內閣至一百五十九卷，上諭八旗及上諭旗務議覆、諭行旗務議奏至四十八卷，則剞劂梨棗，共見共聞。仰計十三年中，固無日不親御丹毫，疇咨庶政。而寄情翰墨，遂炳然與典誥、雅頌輝映後先。蓋體協健行，心懷無逸，精明強固之氣，舉措萬化而有餘。故旁涉詞章，尤足以陶鑄百氏。如元化運轉，時行物生，而二曜、五緯、三垣列宿，自然成在天之文也。豈非攝提、合雒以來，超軼三五之至聖哉！

【彙訂】

① "故"，殿本無。

御製樂善堂文集定本三十卷

乾隆二十三年，協辦大學士戶部尚書蔣溥等奉敕重編。欽惟我皇上聖聰夙擅，道岸先登，學海詞源，苞涵富有，昔當睿養，即擅生知。雍正庚戌之秋，嘗訂《樂善堂文鈔》十四卷。乾隆丁巳，取《文鈔》所載存十之三，益以雍正乙卯以前續著十之七，彙為《樂善堂文集》，頒示海內。詞林藝圃，弦誦相聞。至是，以初刻卷帙稍繁，復指授溥等，校閱刪定，併省去制義一卷，定為此本①。伏考今之制義，即宋之經義也，劉安節等皆載入別集。呂祖謙選《宋文鑑》，亦載入總集。初刻兼錄制義，蓋沿古例。而我皇上區分體裁，昭垂矩矱，俾共知古文、時文之分。睿鑒精深，踰安節、祖謙等之所見不啻萬倍。又考周必大所校《歐陽修集》，多至一百五十三卷，而修自定《居士集》原本乃止五十卷。《文獻通考》引葉適之言，稱其每篇閱至數十過，有累日去取未決者。所撰《集古錄跋尾》，集本視真蹟亦多所追改。我皇上奎章藻耀，籠括古今，踰修亦何啻萬倍。而釐定舊製，必審必精，聖意之謹嚴乃與修相近。天懷沖挹，尤亙古之所無矣。《易》曰："日新之謂盛德。"又曰："日進無疆。"臣等伏讀斯編，仰見謙抑之淵衷，信聖壽彌高而聖學彌進，良有由也。

【彙訂】

① 文淵閣《四庫》本作《御製樂善堂全集》，前十三集為文，十四卷至三十卷均為詩。（袁芸：《〈文溯閣四庫全書提要〉別集類辨證》）

御製文初集三十卷二集四十四卷[①]

謹案《御製文初集》三十卷，凡五百七十餘篇，為十九門[②]。《二集》四十四卷，凡四百一十餘篇，為二十三門[③]。門各以歲月為次，皆萬幾餘暇，親御丹素所成。其誥敕碑記之屬，詞臣恭擬代言者不與焉。伏考三古以來，帝王著作散見諸子百家者，大抵有韻之語為多，如黃帝《巾机銘》，唐堯《神人暢》，虞舜《南風詩》、《卿雲歌》，禹《玉牒詞》，湯《鑄鼎繇》，以及武王"丹書"之戒、成王"紫庭"之操。古籍所傳，不可縷舉，皆詩之類也。其以文傳者則殊不多見。《呂覽》記神農之教，《鬻子》記顓頊以下修政之語，案諸語今本《鬻子》不載，見賈誼《新書》所引。或出追記，或出依託，未必親所撰錄也。兩漢以後，諸帝王惟梁武帝有詩賦集，又有文集，其餘亦無有專以文傳者[④]。然武帝文集不過十卷，未為甚富。且六朝輕豔之詞，亦未能闡聖賢之奧，媲典謨之體也。惟我皇上心契道源，學蒐文海，題詠繁富，亙古所無。而古體散文亦迥超藝苑。凡闡明義理之作，多濂、洛、關、閩所未窺；考證辨訂之篇，多馬、鄭、孔、賈所未及。明政體之得失，則義深乎訓誥；示世教之勸懲，則理準乎《春秋》。至於體裁盡善，華實酌中，則賈、董、崔、蔡以還，韓、柳、歐、曾以上，號為作者，無不包羅。豈特列朝帝王之所無，臣等上下千年，編摩四庫，所謂詞壇巨擘者，屈指而計，亦孰能希聖製之萬一哉！

【彙訂】

① 文淵閣庫書尚有《三集》十六卷目錄一卷《餘集》二卷目錄一卷。（沈治宏：《〈四庫全書總目〉集部著錄圖書失誤原因析》）

② 殿本"十"下有"有"字。

③ 殿本"十"下有"有"字。

④“有”，殿本無。

御製詩初集四十八卷二集一百卷三集一百十二卷四集一百十二卷①

謹案《御製詩集》三百七十二卷，皆合古今體詩編年為次②。已刻者凡四集。自乾隆元年丙辰至乾隆十二年丁卯，計詩四千一百五十餘首，編為《初集》四十四卷，《目錄》四卷；自乾隆十三年戊辰至乾隆二十四年己卯，計詩八千四百七十餘首，編為《二集》九十四卷，《目錄》六卷，並大學士蔣溥所校刊。自乾隆二十五年庚辰至乾隆三十六年辛卯，計詩一萬一千六百二十餘首，編為《三集》一百卷，《目錄》十二卷，則大學士于敏中所校刊③。自乾隆三十七年壬辰至乾隆四十八年癸卯，計詩九千七百餘首，編為《四集》一百卷，《目錄》十二卷，則協辦大學士尚書梁國治、侍郎董誥所校刊也。統合三萬三千九百五十餘首。甲辰以後，未剞劂宣布者尚不知其數焉。自今以往，億萬斯年，更不知其數焉。自古吟詠之富，未有過於我皇上者。蓋自撫臨六幕，宰制萬幾，勤民莅政之餘，紫殿凝神，別無嗜好，惟以觀書乙夜，悅性怡情。是以聖學通微，睿思契妙，天機所到，造化生心。如雲霞之麗天，變化不窮，而形容意態，無一相複；如江河之紀地，流行不息，而波瀾湍折，無一相同；如二氣之育物，生化不已，而耳目口鼻無一相類。故從心所欲，動合自然。染翰擘牋，頃刻輒數十首。侍臣授簡，吮墨沈思，前韻未賡，新題已作，丹毫宣示，日以為常。四十八年之中，卷帙如是之浩博，職是故也。若夫有舉必書，可以注起居；隨事寓教，可以觀政事。聖人之德、聖人之功與聖人之心，無不可伏讀而見之，尤獨探尼山刪定之旨，非雕章繪句者所知矣。考帝王有集始於漢武帝，然止二卷。魏、晉至唐御撰詩文，惟《唐高宗大帝集》多至八十六卷④。今所存者亦大抵皆纂組之詞，其於聖制，固猶培塿之望華嵩。至王應麟《玉海》載宋太宗御集三百卷，真宗御集亦三百卷，仁宗御集一百卷。觀其目錄，皆湊合雜纂書籍，以充卷帙，其數既已不確。又惟真宗集稱鏤版，然宋人書目皆不著錄，是未宣布也⑤。太宗、仁宗集則並藏於禁中，不以示人。宋人詩話、説部所稱述者，太宗詩僅傳二首，真宗詩僅傳七首，仁宗僅傳二首，亦不甚工。豈如御製諸集開雕摹印，昭布寰瀛，文采煥於星漢，苞涵富於山海，為有日所共睹也哉！

【彙訂】

① 文淵閣庫書為《初集》四十四卷目錄四卷《二集》九十卷目錄十卷《三集》一百卷目錄十二卷《四集》一百卷目錄十二卷《五集》一百卷目錄十二卷《餘集》二十卷目錄三卷。（沈治宏：《〈四庫全書總目〉集部著錄圖書失誤原因析》）

② “詩”，殿本無。

③ “則”，殿本無。

④ 本紀載《梁武帝文集》一百二十卷，《梁簡文帝文集》一百卷，均多於八十六卷。（李裕民：《四庫提要訂誤》）

⑤《玉海》卷二八載祥符五年陳彭年編太宗御撰文字，總十八部二百一十四卷，同卷“祥符太宗御製御書目錄”條載為一百十九部二百一十八卷。（同上）

梅村集四十卷（通行本）

國朝吳偉業撰。偉業有《綏寇紀略》，已著錄。此集凡詩十八卷,詩餘二卷,文二十卷。其少作大抵才華豔發,吐納風流,有藻思綺合,清麗芊眠之致。及乎遭逢喪亂,閱歷興亡,激楚蒼涼,風骨彌為遒上。暮年蕭瑟,論者以庾信方之。其中歌行一體,尤所擅長。格律本乎四傑,而情韻為深;敘述類乎香山,而風華為勝。韻協宮商,感均頑豔,一時尤稱絕調。其流播詞林,仰邀睿賞,非偶然也。至於以其餘技度曲倚聲,亦復接跡屯田,嗣音淮海。王士禎詩稱"白髮填詞吳祭酒",亦非虛美。惟古文每參以儷偶,既異齊、梁,又非唐、宋,殊乖正格。黃宗羲嘗稱《梅村集》中《張南垣》、《柳敬亭》二傳,張言其藝而合於道,柳言其參寧南軍事,比之魯仲連之排難解紛,此等處皆失輕重,為倒卻文章家架子。其糾彈頗當。蓋詞人之作散文,猶道學之作韻語,雖強為學步,本質終存也。然少陵詩冠千古,而無韻之文率不可讀。人各有能有不能,固不必一一求全矣。

湯子遺書十卷附錄一卷(河南巡撫採進本)[①]

國朝湯斌撰。斌有《洛學編》,已著錄。斌在國初,與陸隴其俱號醇儒。隴其之學,篤守程、朱,其攻擊陸、王,不遺餘力。斌之學源出容城孫奇逢,其根柢在姚江,而能持新安、金谿之平。大旨主於刻勵實行,以講求實用,無王學杳冥放蕩之弊。故二人異趣而同歸。今集中所載語錄,可以見其所得力。又斌雖平生講學,而康熙己未召試,實以詞科入翰林。故集中詩賦雜文,亦皆彬彬典雅,無村塾鄙俚之氣。至其奏議諸篇,規畫周密,條析詳明,尤昭昭在人耳目者矣。蓋其著述之富雖不及陸隴其,而有體有用,則斌尤通達於治體云[②]。

【彙訂】

①"附錄一卷",殿本脱,參文淵閣庫書。

②"於",殿本無。

兼濟堂文集二十卷(直隸總督採進本)

國朝魏裔介撰。裔介有《孝經註義》。已著錄。是編奏疏二卷①,序六卷,書牘二卷,傳志二卷,祭文、論二卷,雜著二卷,樂府、古今體詩三卷,附《年譜》一卷。其平生著述,刻於江南者,有《兼濟堂集》十四卷,刻於荆南者,有《兼濟堂集》二十四卷,刻於京師者,有《文選二集》上、下二編,《崑林小品》上、下二編,《崑林外集》一編,《奏疏》、《尺牘存餘》七卷,其刻於林下者,有《文選》十卷,《嶼舫近草》五卷,《詩集》七卷,《椐林三筆》五卷。此集乃詹明章裒輯諸本,簡汰繁冗,合刊為一編者也。裔介立朝,頗著風節。其所陳奏,多關國家大體。詩文醇雅,亦不失為儒者之言。雖不以詞章名一世,而以介於國初作者之閒,固無忝焉。

【彙訂】

①"二卷",底本作"三卷",據《文溯閣提要》及殿本改。文淵閣《四庫》本此集卷一、二為奏疏。(袁芸:《〈文溯閣四庫全書提要〉別集類辨證》)

學餘堂文集二十八卷詩集五十卷外集二卷(江蘇周厚堉家藏本)

國朝施閏章撰。閏章有《矩齋雜記》,已著錄。王士禎選《感舊》、《山木》二集,所錄閏章詩最多。又取其五言近體八十二聯,為摘句圖,見所撰《池北偶談》中①。閏章嘗語士禎門人洪昇曰:"爾師詩如華嚴樓閣,彈指即見。吾詩如作室者,瓴甓木石,一一就平地築起。"士禎亦記於《居易錄》。平心而論,士禎詩自然高妙,固非閏章所及,而末學沿其餘波,多成虛響。以講學譬之,王所造如陸,施所造如朱。陸天分獨高,自能超悟,非拘守繩墨者所及;朱則篤實操修,由積學而漸進。然陸學惟陸能為之,楊簡以下,一傳而為禪矣。朱學數傳以後,尚有典型。則虛悟、實修之別也。閏章所論,或亦微有所諷,寓規於頌歟?其《蠖齋詩話》有曰:"山谷言'近世少年不肯深治經史,徒取給於詩,故致遠則泥'。此最為詩人鍼砭。詩如其人,不可不慎。浮華者浪子,叫號者粗人。窘瘠者淺,癡肥者俗。風雲月露,鋪張滿眼。識者見之,直一葉空紙耳。故曰君子以言有物。"觀其持論,其宗旨可見矣。古文亦摹仿歐、曾,不失矩度,然視其詩品則少亞。魏禧為作集序,乃置其詩而盛許其文,非篤論也。《外集》二卷,一為《硯林拾遺》,乃奉使廣東時記所見端溪石品,一為《試院冰淵》,則歷年典試序文及條約。今附存之。又有《別集》四卷,其二卷為《蠖齋詩話》,二卷為《矩齋雜記》。《詩話》別擇未精,瑕瑜參半。《雜記》頗涉神怪,尤為小說家言。今析出別存其目,茲不具錄焉。

【彙訂】

① "中",殿本無。

忠貞集十卷(浙江巡撫採進本)

國朝范承謨撰。承謨字覲公,號螺山,鑲黃旗漢軍,大學士文程子也。初充侍衛。順治辛卯,詔八旗子弟均得應試,遂以是科中式舉人。次年壬辰,成進士。改庶吉士,授弘文院編修。官至浙閩總督。康熙壬子,逆藩耿精忠叛,承謨抗節死,賜諡忠貞①。所作《畫壁詩》,石門吳震方嘗刻之《説鈴》中,為世傳誦。

是編乃其全集，為清苑劉可書所編。首論祭文、御製碑文、御題
祠額，附以《家傳》及《祠堂記》，共為一卷。次《撫浙奏議》一卷，
次《督閩奏議》一卷，次《吾廬存槀》一卷，次《百苦吟》一卷，次《畫
壁遺槀》一卷，次雜著一卷，次附錄題跋、哀挽詩文三卷。康熙五
十七年，其子時崇以《畫壁遺槀》進呈。聖祖仁皇帝親製序文，褒
揚忠烈，宸章下貴，光逮幽泉。今謹敬錄冠集端，用示我國家扶
植綱常，風勵臣節之至意。至承謨所上奏議，大都明白敷暢，多
有關國計之言。詩文直抒胸臆，慷慨激昂，嚼齦裂眥之狀，至今
猶可以想見。文以人重，承謨之謂矣。

【彙訂】

① 壬子為康熙十一年，據《清史稿·耿精忠傳》、《國朝先正
事略》卷一《范承謨事略》，耿精忠反清在康熙十三年甲寅。《總
目》卷一一七三《抱犢山房集》條亦謂"康熙十三年耿精忠作亂"。
（楊武泉：《四庫全書總目辨誤》）

　林蕙堂集二十六卷（浙江巡撫採進本）

　　國朝吳綺撰。綺有《嶺南風物記》，已著錄。王方岐作綺小
傳，稱所著有《亭皋集》、《藝香詞》、《林蕙堂文集》諸編。綺沒之
後，其子壽潛蒐訪遺槀，合而編之。此本一卷至十二卷為四
六①，即所謂《林蕙堂集》也；十三卷至二十二卷為詩，即所謂《亭
皋集》也；二十三卷至二十五卷為詩餘，即所謂《藝香詞》也；二十
六卷則以所作南曲附焉。國初以四六名者，推綺及宜興陳維崧
二人，均原出徐、庾。維崧泛濫於初唐四傑，以雄博見長；綺則出
入於《樊南》諸集，以秀逸擅勝。章藻功《與友人論四六書》曰②：
"吳園次班香宋豔，接僅短兵③；陳其年陸海潘江，末猶強弩。"其

論頗公。然異曲同工，未易定其甲乙。其詩才華富豔，瓣香在玉
谿、樊川之間。詩餘亦頗擅名，有"紅豆詞人"之號，以所作有"把
酒囑東風，種出雙紅豆"句也。所作院本，如《嘯秋風》、《繡平原》
之類，當時多被管弦。以各有別本單行，故僅以散曲九闋綴之集
末。統而觀之，鴻篇鉅製，固未足抗跡古人，而跌宕風流，亦可謂
一時才士矣。

【彙訂】

①"十二卷"，殿本作"二十卷"，誤。

②"友"，殿本脫，章藻功《思綺堂文集》卷八有《與吳殷南論
四六書》。

③《與吳殷南論四六書》原文作"接但短兵"。

精華錄十卷（山東巡撫採進本）

國朝王士禛撰。士禛有《古懽錄》，已著錄。其詩初刻有《落
牋堂集》，皆少作也。又有《阮亭詩》及《過江》、《入吳》、《白門》前
後諸集，後刪併為《漁洋前集》，而諸集皆佚①。嗣有《漁洋續
集》、《蠶尾集》、《續集》、《後集》、《南海集》、《雍益集》諸刻。是編
又刪掇諸集，合為一帙，相傳士禛所手定。其子啟汧跋語稱"門
人曹禾、盛符升仿任淵《山谷精華錄》之例，鈔為此錄"者，蓋託詞
也。士禛談詩，大抵源出嚴羽，以神韻為宗。其在揚州作《論詩
絕句》三十首，前二十八首皆品藻古人，末二首為士禛自述②。
其一曰："曾聽巴渝里社詞，三閭哀怨此中遺。詩情合在空舲峽，
冷雁哀猿和《竹枝》。"平生大指，具在是矣。當康熙中，其聲望奔
走天下，凡刊刻詩集，無不稱漁洋山人評點者，無不冠以漁洋山
人序者。下至委巷小說，如《聊齋志異》之類，士禛偶批數語於行

閒，亦大書"王阮亭先生鑒定"一行，弁於卷首，刊諸梨棗以為榮。惟吳喬竊目為"清秀李于鱗"，見《談龍錄》。汪琬亦戒人勿效其喜用僻事新字。見士禎自作《居易錄》。而趙執信作《談龍錄》，排詆尤甚。平心而論，當我朝開國之初，人皆厭明代王、李之膚廓，鍾、譚之纖仄，於是談詩者競尚宋、元。既而宋詩質直流為有韻之語錄，元詩縟豔流為對句之小詞，於是士禎等以清新俊逸之才，範水模山，批風抹月，倡天下以"不著一字，盡得風流"之說，天下遂翕然應之。然所稱者盛唐，而古體惟宗王、孟，上及於謝朓而止。較以《十九首》之驚心動魄，一字千金，則有天工人巧之分矣。近體多近錢、郎，上及乎李頎而止。律以杜甫之忠厚纏綿，沈鬱頓挫，則有浮聲切響之異矣。故國朝之有士禎，亦如宋有蘇軾、元有虞集、明有高啟，而尊之者必躋諸古人之上。激而反脣，異論遂漸生焉。此傳其說者之過，非士禎之過也。是《錄》具存，其造詣淺深，可以覆案。一切黨同伐異之見，置之不議可矣。

【彙訂】

① 康熙元年自刻本《阮亭詩選》十七卷、康熙刻本《入吳集》一卷皆有傳本存世，《販書偶記續編》亦著錄順治十八年刻本《過江集》一卷。

② 此書卷五有《戲仿元遺山論詩絕句三十二首》，前三十首皆品藻古人，末二首為自述。（司馬朝軍：《四庫全書總目精華錄》）

堯峯文鈔五十卷（內府藏本）

國朝汪琬撰。琬字苕文，號鈍翁，晚居堯峯，因以自號，長洲人。順治乙未進士，由戶部主事陞刑部郎中。降補北城兵馬司指揮，再陞戶部主事。康熙己未，召試博學鴻詞，授翰林院編修。初，琬自裒其文為《鈍翁類稾》六十二卷，《續稾》五十六卷。晚年又手自刪汰，定為此編。其門人侯官林佶為手寫而刊之。古文一脈，自明代膚濫於七子，纖佻於三袁，至啟、禎而極敝。國初風氣還淳，一時學者始復講唐、宋以來之矩矱。而琬與寧都魏禧、商邱侯方域稱為最工，宋犖嘗合刻其文以行世。然禧才雜縱橫，未歸於純粹。方域體兼華藻，稍涉於浮夸。惟琬學術既深①，軌轍復正，其言大抵原本《六經》，與二家迥別②。其氣體浩瀚，疏通暢達，頗近南宋諸家③，蹊徑亦略不同。廬陵、南豐固未易言，要之接跡唐、歸，無媿色也。琬性狷急，動見人過，交游罕善其終者。又好詆訶，見文章必摘其瑕纇，故恒不滿人，亦恒不滿於人。與王士禎為同年，後舉博學鴻詞時，乃與士禎相忤。其詩有“區區誓墓心，豈為一懷祖”句，以王述比士禎，士禎載之於《居易錄》中。又與閻若璩議禮相訐，若璩載之《潛邱劄記》中。皆為世口實。然從來勢相軋者必其力相敵。不相敵則弱者不敢，強者不屑，不至於互相排擊。否則必有先敗者，亦不能久相支拄。士禎詞章名一世，不與他人角，而所與角者惟趙執信及琬；若璩博洽亦名一世，不與他人角，而所與角者惟顧炎武及琬。則琬之文章學問，可略見矣。

【彙訂】

①“而琬與寧都魏禧商邱侯方域稱為最工宋犖嘗合刻其文以行世然禧才雜縱橫未歸於純粹方域體兼華藻稍涉於浮夸惟”四十九字，殿本無。

②“與二家迥別”，殿本無。

③殿本“近”下有“於”字。

午亭文編五十卷（山西巡撫採進本）

國朝陳廷敬撰。廷敬字子端，號説巖，澤州人，順治戊戌進士，改庶吉士，授檢討。本名敬，以是科有兩陳敬，因奉旨增“廷”字。官至大學士，諡文貞。嘗著《尊聞堂集》八十卷，晚年手定為此編，其門人林佶繕寫付雕。廷敬有午亭山村在陽城，因《水經注》載沁水逕午壁亭而名，因以名集。凡詩二十卷，雜著四卷，經解四卷，奏疏、序記及各體文共二十卷，《杜律詩話》二卷。廷敬論詩宗杜甫，不為流連光景之詞，頗不與王士禎相合，而士禎甚奇其詩。所為古文，雖汪琬性好排詆，論文少所許可，亦甚重之。生平回翔館閣，遭際昌期，出入禁闥幾四十年。值文運昌隆之日，從容載筆，典司文章。雖不似王士禎籠罩群才，廣於結納，而文章宿老，人望所歸，燕、許大手，海內無異詞焉。亦可謂和聲以鳴盛者矣。卷首有廷敬自序，謂於汪、王不苟雷同。然蹊逕雖殊，而分途並騖，實能各自成家。其不肯步趨二人者，乃所以能方駕二人歟？此固非依門傍户，假借聲譽者所知也。

讀書齋偶存稾四卷（江蘇巡撫採進本）

國朝葉方藹撰。方藹字子吉，號訒菴，崑山人。順治己亥進士，官翰林院學士[①]，兼禮部侍郎，加禮部尚書銜，卒諡文敏。方藹釋褐後，即以文章受知世祖章皇帝。其《授學士述懷》詩所云“敢道齊賢留異日，屢稱蘇軾是奇才”，記是事也。後復蒙聖祖仁皇帝召入內廷，矢音賡唱，歌詠昇平，故其詩格亦進而益上。未遇時嘗著有《觚齋集》，得第後棄不復存[②]。此本皆在朝及告歸時所作，不分體，不編年，疑為方藹所自定。故篇什雖少，而一一皆其菁華。王原祁序稱“方藹詩宗蘇、陸，文宗眉山[③]。生平服膺王士禎之詩、汪琬之文,實兼有二家之長"云云。今是槀不及雜文,而詩則諸體具備。雖未及士禎之秀骨天成,而和雅春容,渢渢乎盛世之音,與士禎亦各擅其長焉。

【彙訂】

① 殿本"官"下有"至"字。

② 殿本"後"下有"遂"字。

③ 此實據王原《學菴類稿‧哀三公詠》之語,原作"詩法傳夔州,蘇、陸屬其植"。夔州即杜甫夔州詩。文淵閣書前提要作"王原稱方藹以詩文為己任,詩宗蘇、陸,文宗眉山"。(鄧之誠:《清詩紀事初編》)

松桂堂全集三十七卷延露詞三卷南泩集三卷(江蘇巡撫採進本)

國朝彭孫遹撰。孫遹字駿孫,自號羡門生,海鹽人。順治己亥進士,官中書舍人。康熙己未,舉博學鴻詞,召試擢第一,授編修。歷官吏部侍郎,兼翰林院學士。洪惟我聖祖仁皇帝武功耆定,六幕大同,黼黻昇平,右文稽古,旁求俊乂,肇舉制科。於時景運方隆,人文蔚起,懷才抱藝之士,雲蒸鱗集,咸詣金門。司校閱者雖有李霨、杜臻、葉方藹、馮溥四人①,而甲乙次第,皆稟睿裁。如王士禎《池北偶談》所記,施閏章《省耕》詩中誤書"旗"字為"旂"字,詔降置次等一事。仰見睿鑒精詳,不遺纖芥。故得人之盛,今古罕儔。而孫遹遭際昌期,實冠是選。文章聲價,紙貴一時。今觀是集,才學富贍,詞采清華。館閣諸作,尤瑰瑋絕特。知其獨邀甄拔,領袖群才,不偶然也。孫遹所著《南泩集》、《香奩倡和集》、《金粟詞》、《延露詞》,俱先有刊本,惟全集未刊。孫遹沒後五十年，至乾隆癸亥，其孫景曾始爲開雕②，併以舊刊《南泩集》、《延露詞》附錄於後云。

【彙訂】

① 杜臻乃杜立德之誤，説詳卷八三《彙徵錄》條訂誤。

② 據光緒《海鹽縣志》卷一六《彭孫遹傳》，彭氏卒於康熙三十九年，而癸亥爲乾隆八年，上距其卒才四十三年。據此書原本提要，五十年乃自孫遹手訂時計起。（楊武泉：《四庫全書總目辨誤》）

曝書亭集八十卷附錄一卷（通行本）

國朝朱彝尊撰。彝尊有《日下舊聞》，已著錄①。此集凡賦一卷，詩二十二卷，皆編年爲次。始於順治乙酉，迄於康熙己丑，凡六十五年之作。其紀年皆用《爾雅》歲陽、歲陰之名，從古例也。詞七卷，曰《江湖載酒集》，曰《茶煙閣體物集》，曰《蕃錦集》。雜文五十卷，分二十六體。附錄《葉兒樂府》一卷，則所作小令也。彝尊未入翰林時，嘗編其行橐爲《竹垞文類》。王士禎爲作序，極稱其《永嘉詩》中《南亭》、《西射堂》、《孤嶼》、《瞿溪》諸篇。然是時僅規橅王、孟，未盡所長。至其中歲以還，則學問愈博，風骨愈壯，長篇險韻，出奇無窮。趙執信《談龍錄》論國朝之詩，以彝尊及王士禎爲大家。謂："王之才高，而學足以副之；朱之學博，而才足以運之。"及論其失，則曰："朱貪多，王愛好。"亦公論也。惟暮年老筆縱橫，天真爛漫，惟意所造，頗乏翦裁。然晚景頹唐，杜陵不免，亦不能苛論彝尊矣。至所作古文，率皆淵雅。良由茹涵既富，故根柢盤深，其題跋諸作，訂譌辨異，本本元元，實跨黃伯思、樓鑰之上。蓋以詩而論，與王士禎分途各騖，未定孰先，以文而論，則《漁洋文略》固不免瞠乎後耳。惟原本有《風懷二百韻》詩及《靜志居琴趣》長短句，皆流宕豔冶，不止陶潛之賦《閒情》。夫綺語難除，詞人常態。然韓偓《香奩集》別有篇帙，不入《內翰集》中。良以文章各有體裁，編錄亦各有義例。溷而一之，則自穢其書。今併刊除，庶不乖風雅之正焉。

【彙訂】

① 依《總目》體例，當作"彝尊有《經義考》，已著錄"。

政書八卷（山西巡撫採進本）

國朝于成龍撰。成龍有《于山奏牘》，已著錄。是集皆其歷仕所紀，曰《羅城書》，令羅城時槀也，曰《合州書》，知合州時槀也，曰《武昌書》，同知黃州署武昌府時槀也，曰《黃州書》，知黃州府時槀也，曰《八閩書》，歷任福建監司時槀也，曰《畿輔書》，巡撫直隸時槀也，曰《兩江書》，總督兩江時槀也。任監司以前，皆申詳、條議、劄檄、誡諭之作，任巡撫以後，始列奏疏，共七卷。其第八卷曰《吟咏書》，則其所作各體詩，併以文六首附於後。成龍以清節著名，而自起家令牧，至兩膺節鉞，安民戢盜諸政績，亦皆綽有成算。其經濟頗有足傳。今觀是書，其平生規畫猶可見其本末也。

愚菴小集十五卷（庶吉士祝堃家藏本）

國朝朱鶴齡撰。鶴齡有《尚書埤傳》，已著錄。此集凡賦一卷，諸體詩五卷，雜著文九卷，末附《傳家質言》十三則。鶴齡始專力於詞賦，自顧炎武勖以本原之學，始研思經義，於漢、唐註疏皆能爬梳抉摘，獨出心裁。故所作文章，亦悉能典雅醇實，不蹈剽竊摹擬之習。其《邶鄘衛三國》、《禹貢三江》、《震澤太湖》、《嶓冢漢源》諸辨，多有裨於考證。嘗箋註杜甫、李商隱詩集，故所作韻語頗出入二家之間，而寄興清遠，能不自掩其神韻。與錢謙益為同郡，初亦以其詞場宿老，頗與倡酬。既而見其首鼠兩端，居心反覆，薄其為人，遂與之絕。所作《元裕之集後》一篇，稱“裕之舉金進士，歷官左司員外郎。及金亡不仕，隱居秀容，詩文無一語指斥者。裕之於元，既足踐其土，口茹其毛，即無反詈之理。非獨免咎，亦誼當然。乃今之訕辭詆語，曾不少避，若欲掩其失身之事，以誑國人者，非徒諼也，其愚亦甚”云云。其言蓋隱指謙益輩而發，尤可謂能知大義者矣[①]。

【彙訂】

[①] 朱、錢雖曾因合注杜詩見解有異，而至反目成仇，互相攻擊，然據清康熙十年刻本此集中《聞牧齋先生訃二首》、《投贈錢宗伯牧齋先生二十五韻》、《呈牧齋先生》、《陪牧齋先生登洞庭雨花臺即席限韻作》、《和牧齋先生登莫釐峯同子長作》、《假我堂文宴次和牧齋先生韻》、《牧齋先生過訪》、《聞牧齋先生訃二首》、《與吳梅村祭酒書》等（《四庫》本多有刪削），可知朱鶴齡對錢謙益生前身後之推崇、敬重。（何齡修：《評〈清人詩文集總目提要〉》；周金標：《〈四庫提要·愚菴小集〉辨誤》）

抱犢山房集六卷（江蘇巡撫採進本）

國朝嵇永仁撰。永仁字留山，別號抱犢山農，無錫人。康熙十三年，耿精忠作亂，永仁在總督范承謨幕，同被拘繫。承謨遇害，永仁亦死難。四十七年，追贈國子監助教。是集前三卷，曰《吉吉吟》，曰《百苦吟》，皆其陷獄時與承謨及同難諸人唱和詩[①]，曰《和淚譜》，則為同難諸人所作小傳也。第四卷曰《葭秋集》，第五卷曰《竹林集》，乃其舊刻。第六卷附錄同難會稽王龍光、華亭沈天成二人之詩文。雍正中，其子曾笏編次付梓，並以誥敕及諭祭文等弁於卷首。永仁以諸生佐幕，尚未授官，而抗節殉身，義不從逆，可以媿劉秉政等於九泉。<small>案逆藩耿精忠叛時，劉秉政以巡撫降賊。</small>其所為詩文，皆縷述當時實事。獄中不得筆墨，以炭屑畫於四壁。閩人重其人品，錄而傳之，得存於世。今誦其詞，奕奕然猶有生氣。與承謨畫壁諸詩^②，同為忠臣孝子之言，爭光日月，不但以文章論矣。

【彙訂】

①“獄”，殿本作“賊”。

②“承謨”，殿本作“范承謨”。

文端集四十六卷（通政司使張若淳家藏本）

國朝張英撰。英有《易經衷論》，已著錄。此乃其詩文全集，凡《存誠堂應制詩》四卷，《存誠堂詩集》二十五卷，《篤素堂詩集》七卷，《篤素堂文集》十卷。英遭際昌辰，仰蒙聖祖仁皇帝擢侍講幄，入直禁廷，簪筆雍容，極儒臣之榮遇。矢音廣唱，篇什最多。其閒鼓吹昇平，黼黻廊廟，無不典雅和平。至於言情賦景之作，又多清微淡遠，抒寫性靈。臺閣、山林二體，古難兼擅，英乃兼而有之。其散體諸文稱心而出，不事粉飾，雖未能直追古人，而原本經術，詞旨溫厚，亦無忝於作者焉。

西河文集一百七十九卷（浙江巡撫採進本）

國朝毛奇齡撰。奇齡著述之富，甲於近代①。没後其門人子姪編為《西河合集》，分《經集》、《史集》、《文集》、《雜著》四部，凡四百餘卷。其《史問》以奇齡有遺命，不付剞劂，語見《經問》第

五卷"景泰帝"條下。餘亦不盡行於世。此本為康熙庚子其門人
蔣樞所編,但分《經集》、《文集》二部。《經集》自《仲氏易》以下凡
五十種,已別著錄。《文集》凡二百三十四卷,而策問一卷、表一
卷、《集課記》一卷、《續哀江南賦》一卷、《擬廣博詞、連珠詞》一
卷,皆有錄無書。其中如《王文成傳本》二卷、《制科雜錄》一卷、
《後觀石錄》一卷、《越語肯綮錄》一卷、《何御史孝子祠主復位錄》
一卷、《湘湖水利志》三卷、《蕭山縣志刊誤》三卷、《杭志三詰三誤
辨》一卷、《天問補註》一卷②、《勝朝彤史拾遺記》六卷、《武宗外
紀》一卷、《後鑒錄》七卷、《韻學要指》十一卷、《詩話》八卷、《詞
話》二卷,外附《徐都講詩》一卷,本各自為書。今亦分載於各部。
其當編於集部者,實文一百一十九卷③,詩五十三卷,詞七卷,統
計一百七十九卷①。奇齡之文,縱橫博辨,傲睨一世,與其經說
相表裏。不古不今,自成一格,不可以繩尺求之。然議論多所發
明,亦不可廢。其詩又次於文,不免傷於猥雜。而要亦我用我
法,不屑隨人步趨者,以餘事觀之可矣。

【彙訂】

① 依《總目》體例,當補"奇齡有《仲氏易》,已著錄"。

② "天問",殿本作"天閒",誤。《天問補註》一卷,有清康熙
刻《西河合集》本。

③ "一百一十九卷",殿本作"一百二十九卷"。實為一百三
十卷,文淵閣本書前提要不誤。(修世平:《〈四庫全書總目〉訂
誤十四則》)

④ 文淵閣《四庫》本實為詞六卷(卷一三一至一三六),卷一
三七《擬連廂詞》有目無文。共計一百八十九卷。

陳檢討四六二十卷（庶吉士祝堃家藏本）

國朝陳維崧撰，程師恭註。維崧有《兩晉南北史集珍》，已著錄①。國朝以四六名者，初有維崧及吳綺，次則章藻功《思綺堂集》亦頗見稱於世。然綺才地稍弱於維崧，藻功欲以新巧勝二家，又遁為別調。譬諸明代之詩，維崧導源於庾信，氣脈雄厚，如李夢陽之學杜；綺追步於李商隱，風格雅秀，如何景明之近中唐；藻功刻意雕鑴，純為宋格，則三袁、鍾、譚之流亞。平心而論，要當以維崧為冠。徒以傳誦者太廣，摹擬者太眾，論者遂以膚廓為疑，如明代之詆北地。實則才力富健，風骨渾成，在諸家之中，獨不失六朝、四傑之舊格。要不能以捂搤玉溪，歸咎於三十六體也。師恭此註，成於康熙癸酉。王士禎《古夫于亭雜錄》曰："昔人云：'一人知己，可以不恨。'故友陽羨陳其年，諸生時老於場屋，小試亦多不利。己未博學鴻詞之舉，以詩賦入翰林。不數年病卒京師。及歿，而其鄉人蔣京少景祁刻其遺集，無隻字遺失。皖人程叔才師恭又註釋其四六文字，以行於世。此世人不能得之子孫者，而一以桑梓後進，一以平生未面之人，而收拾護惜其文章如此。"云云。其推獎師恭頗至。然師恭所註，往往失其本旨。如《銅雀瓦賦》"彈棋愛子"句，自用曹丕巾角彈棋事，而但引《藝經》註"彈棋"引陸機《弔魏武帝文》註；"愛子傅粉佳兒"句，自用曹植傅粉對邯鄲淳事，而引《魏志》武帝欲以何晏為子及文帝疑晏傅粉事，皆似是而非②。又如《述祖德賦》"況彼鯉庭"句，自用楊汝士"桃李新陰在鯉庭"事，而但引《論語》"伯魚事；《憺園賦》"雙丁詎擬"句，自用梁武帝《賜到溉》詩"漢世重雙丁"語③，而但引《文士傳》丁儀兄弟事，皆知其一，不知其二。至於《毛貞女墮樓詩序》"空空實下天之狀"句④，自用李斯奏秦始皇"鑿之空空如下天狀”語，而補註引《劍俠傳》妙手空空兒，尤為乖謬⑤。如是之類，不一而足。且任淵、史容註黃庭堅集，於作詩本事及年月俱一一詳核，故為善本。師恭去維崧最近，文中事實緣起，可以考知。如《璇璣玉衡賦序》之“烏空楚幕，鵑去巴江”句，因聖祖召試博學鴻詞在己未歲，正平定湖廣、四川之後，故維崧云云。師恭不註其故，則突入此語，是何文義哉？特以四六之文，非註難明，而師恭捃摭故實，尚有足資考證者，故併存之，以備參稽焉。

【彙訂】

①“維崧有兩晉南北史集珍已著錄”，殿本脫。

②“似”，殿本作“近”。

③諸家所載梁武帝《贈到溉、洽》詩均作“魏世重雙丁”。

④“實”，殿本作“乃”，誤，參此書卷七《毛貞女墮樓詩序》原文。

⑤《繹史》卷一四九引蔡質《漢儀》云：“李斯治驪山陵上書云：‘臣所將隸徒七十二萬人，治驪山者，已深已極，鑿之不入，燒之不爇，扣之空空如下天狀’”，非“鑿之空空”也。（李慈銘：《桃花聖解菴日記》）

蓮洋詩鈔十卷（兩江總督採進本）

國朝吳雯撰。雯字天章，本遼陽人。順治六年，其父允升任蒲州學正①，卒於官。雯兄弟孤弱，不能歸，遂寄籍於蒲州。康熙己未，薦舉博學鴻詞，不中選。其卒也，刑部尚書王士禎為誌墓，稱初見其詩，有“泉繞漢祠外，雪明秦樹根”，“濃雲濕西嶺，春泥沾條桑”，“至今堯峯上，猶見堯時日”諸句，吟諷不絕於口。所作《居易錄》中又亟稱雯《西城別墅》諸篇。趙執信《懷舊詩》序亦稱雯"拙於時藝，困躓場屋。體貌麤醜，衣冠垢敝，或經歲不盥浴，人咸笑之。然詩才特超妙"。其詩一刻於吳中，再刻於都下，三刻於津門。後士禎為刪定，存千餘首，亦見《墓誌》中。因雯没之後，未及刊行。故《懷舊詩序》曰："蓮洋卒後，阮翁為作墓誌，且刪定其集，迄今將二十年，未行於世。意其時阮翁耄而多忘，未幾遂亡，未及歸諸吳氏也。池北書庫散失殆盡，《蓮洋集》從可知矣。"云云。然其集實已歸吳氏。乾隆辛未，汾陽劉組曾裒其全槀刻之②，又以士禎所評者別刊一小冊並行。越十三年甲申，蒲州府同知山東孫諤始從雯姪敦厚得士禎所定原本，簡汰重刊。詳載士禎之評，併以劉本所遺者補刻於後，以所見墨迹補之。其士禎所刪而劉本誤刻者，咸為汰去。凡得古詩二卷，近體五卷，補遺一卷，詩餘一卷，文一卷，冠以《墓誌》，而附以同時唱和題詠之作，即此本也。雯天才雄駿，其詩有其鄉人元好問之遺風。惟熟於梵典，好拉雜堆砌釋氏故實，是其所短。劉本無所別擇，故頗傷冗濫。此本沿新城之派，又以神韻婉約為宗，一切激昂沈著之作，多見屏斥。反似鄰於清弱，亦不足盡其所長。然終較劉本為簡潔，故置彼錄此。惟雯詩本足自傳，不藉士禎之評為輕重，而刊此本者牽於俗見，務引士禎以重雯。所載士禎評語，繁碎特甚。如《題汪如輪看劍圖》詩下附記云："原本評語'奇作'二字似阮亭先生筆蹟，'胸有造化'四字非阮亭先生筆蹟，刻本併作一處，誤。"又如《城曲眺望》詩下附記："原本題下有墨筆，評劉長卿之詩也，不知何人評，阮亭先生改作'絕似劉長卿'③。"云云。此亦何關宏旨④，而字句異同乃如是。其考證今悉刪除，以廓清耳目焉。

【彙訂】

①"學正",殿本作"學政",誤。參乾隆三十九年荊圃草堂刻本《蓮洋集》二十卷附錄王士禛《吳徵君天章墓誌銘》。學正為地方學校學官。而學政即提督學政,清初尚無此制。

②劉組曾乃臨汾人,其書坊名百祿堂,《總目》卷一八三《別本蓮洋集》條亦云:"一為臨汾劉組曾所刻。"(劉緯毅:《山西古代刻書考略》)

③"絕",據殿本補。荊圃草堂刻本《蓮洋集》卷七《城曲眺望》詩下注"絕似劉長卿"。

④"此",殿本無。

張文貞集十二卷(江蘇巡撫採進本)

國朝張玉書撰。玉書字素存,丹徒人。順治辛丑進士,選庶吉士,官至大學士,諡文貞。是集有儲大文序,不分卷帙,亦無目錄。其繕寫格紙版心皆有"松蔭堂"字,蓋其家藏鈔本,編輯未成者也。首為賦二篇,次為頌三篇、表三篇、牋六篇、疏二十篇、議一篇、書一篇、考一篇、說一篇、序二十八篇、跋一篇、記九篇、紀事十篇、傳一篇、贊二篇、策問十二篇、紀功碑二篇、墓碑六篇、神道碑四篇、墓誌銘三十二篇①。大抵皆春容典雅,渢渢乎盛世之音。其《拖諾山》、《狼居胥山》二碑敍述聖武神功,皆為詳贍,足以昭示萬世。其《紀平定江南事》、《紀滅闖、獻二賊事》、《紀三路進師下雲南事》、《紀平水西事》及《外國紀》,皆端緒詳明,得諸耳聞目見,足以彰開國之鴻烈。紀順治閒樂章及錢糧、戶口三篇,皆足資掌故。而《紀陝西殉難官事》一篇,亦足與史傳相參。他若《賜遊玉泉山記》、《賜遊化育溝後苑記》、《賜遊喀喇河屯後苑記》、《賜遊熱河後苑記》,皆足發揚太平愷樂之象。其餘碑誌亦多國初將相事蹟,可備考核。惟募疏、祭文之屬,收載太濫。蓋其後人遇槁即錄,不暇持擇,轉為全集之累,今悉刪除。而惟錄其賦、頌以下諸篇,釐為十二卷。庶不以榛楛勿翦,為將來論者所病焉。

【彙訂】

① 文淵閣《四庫》本此集實有墓誌銘二十七篇。(袁芸:《〈文溯閣四庫全書提要〉別集類辨證》)

西陂類槁三十九卷(兩江總督採進本)

國朝宋犖撰。犖有《滄浪小志》,已著錄。是書凡詩二十二卷①,詞一卷,雜文八卷,奏疏六卷。其詩之目曰《古竹圃槁》,曰《嘉禾堂槁》,曰《柳湖草》,曰《將母樓槁》,曰《古竹圃續槁》,曰《都官草》,曰《雙江唱和集》,曰《回中集》,曰《西山倡和詩》,曰《續都官草》,曰《海上雜詩》,曰《漫堂草》,曰《漫堂倡和詩》,曰《嘯雪集》,曰《廬山詩》,曰《述鹿軒詩》,曰《滄浪亭詩》,曰《迎鑾集》,曰《紅橋集》,曰《迎鑾二集》,曰《清德堂詩》,曰《迎鑾三集》,曰《藤陰倡和集》,曰《樂春閣詩》,曰《聯句集》,凡二十有五。其初本各自為集。晚年致仕居西陂,乃手自訂定,彙為茲帙。惟初刻《綿津山人詩集》,刪除不載。蓋以早年所作,格調稍殊,故別為一編,不欲使之相混也。犖雖以任子入官,不由科目,而淹通典籍,練習掌故,詩文亦為當代所推,名亞於新城王士禎。其官蘇州巡撫時,長洲邵長蘅選士禎及犖詩為《王宋二家集》②,一時頗以獻媚大吏為疑。趙執信尤持異論,併士禎而掎軋之。平心而論,犖詩大抵縱橫奔放,刻意生新,其源淵出於蘇軾③。王士禎《池北偶談》記其嘗繪軾像，而己侍立其側。後謁選果得黃州通判，為軾舊游地。又施元之《蘇詩註》久無傳本，犖在蘇州，重價購得殘帙，為校讎補綴，刊版以行。其宗法可以概見。故其詩雖不及士禎之超逸，而清剛雋上，亦拔戟自成一隊。其序記、奏議等作，亦皆流暢條達①，有眉山軌度。士禎寄犖詩有曰："尚書北闕霜侵鬢，開府江南雪滿頭。當日朱顏兩年少，王揚州與宋黃州。"言二人少為卑官，即已齊名，不自長蘅合刻始，所以釋趙執信之議也。然則士禎亦未嘗不引為同調矣。

【彙訂】

①"書"，殿本作"編"。

②《國朝先正事略》卷三八《邵青門先生事略》與《國朝耆獻類徵初編》卷四三〇宋犖撰《邵長蘅墓誌銘》、陳玉琪撰《邵長蘅傳》、鄭方坤撰《邵長蘅小傳》、錢林《文獻徵存錄》"邵長蘅"條所載籍貫均作武進。《總目》卷一五四《施註蘇詩》條、卷一八三《青門簏稾》條亦以邵長蘅為武進人。（楊武泉：《四庫全書總目辨誤》）

③"源淵"，殿本作"淵源"。

④"流暢"，殿本作"疏暢"。

鐵廬集三卷外集二卷後錄一卷（江蘇巡撫採進本）

國朝潘天成撰。天成字錫疇，溧陽人。寄籍桐城，為安慶府學生。《溧陽志》載其幼與父母避讎相失。年十五，乞食行求，遇於江西界，百計迎歸，備販以養，備極艱苦。以其閒讀書講業，竟為積學。年七十四，汔窮餓以死。《瞿源洙集》有《潘孝子傳》，與《志》所言合，蓋篤志苦行之士也。是集為其門人許重炎所編，冠以小傳、年譜。第一卷為《默齋訓言》，天成述其師湯之錡語也。二卷為雜著，天成詩文也。三卷為語錄，重炎與蔣師韓記天成語也。《外集》一卷為《勿菴訓言》，天成記其師梅文鼎語。二卷為雜著，亦天成遺文補刊者。《後錄》一卷，則其墓記之類也。天成學問源出姚江，以養心為體，以經世為用。其詩文皆抒所欲言，不甚入格。然行誼者文章之本，綱常者風教之源。天成出自寒門，終身貧賤，而天性真摯，人品高潔，類古所謂獨行者。其精神堅苦，足以自傳其文。故身沒嗣絕，而人至今重之。特錄其集，俾天下曉然知國朝立教在於敦倫紀①，礪名節，正人心，厚風俗。固不與操觚之士論文采之優劣，亦不與講學之儒爭議論之醇疵也。

【彙訂】

① “國朝”，殿本作“聖朝”。

湛園集八卷（副都御史黃登賢家藏本）

國朝姜宸英撰。宸英有《江防總論》，已著錄。初編其文為《湛園未定稿》，秦松齡、韓菼皆為序。後武進趙侗敦摘為《西溟文鈔》①。此本為黃叔琳所重編，凡八卷。宸英少習古文，年七十始得第。續學勤苦，用力頗深。集中有《與洪虞鄰書》，論兩浙十家古文事，謂兩浙自洪、永以來三百餘年，不過王子充、宋景濂、方希直、王陽明三四人。其餘謝方石、茅鹿門、徐文長等，尚具體而未醇。不應浙東、西一水之間，一時至十人之多，不欲以身廁九人之列。蓋能不涉標榜之習，以求一時之名者。其文閎肆雅健，往往有北宋人意，亦有以也。是集前二卷皆應酬之作，去取之間，未必得宸英本意，然梗概亦略具於斯矣。集末《劄記》

二卷,據鄭羽逵所作宸英小傳,本自單行。今亦別著於錄,不入是集焉。

【彙訂】

① "趙侗敦",底本作"趙同敦",據殿本改。今存乾隆四年趙侗敦匪懈堂刻本《姜西溟先生文鈔》四卷。

古懽堂集三十六卷附黔書二卷長河志籍考十卷(兩江總督採進本)

國朝田雯撰。雯字子綸,一字綸霞,號山薑,德州人。康熙甲辰進士,授中書舍人,官至戶部侍郎。是集凡文二十二卷,詩十四卷①。當康熙中年,王士禎負海內重名,文士無不依附門牆,求假借其餘論。惟雯與任邱龐塏不相辨難,亦不相結納。塏《叢碧山房集》格律謹嚴,而才地稍弱。雯則天姿高邁,記誦亦博,負其縱橫排奡之氣,欲以奇麗駕士禎上。故詩文皆組織繁富,鍛鍊刻苦,不肯規規作常語。趙執信作《談龍錄》,嘗議其詩中無人。然偏師馳突,終能自成一隊,談藝者弗能廢也。附載《黔書》二卷,其為貴州巡撫時作。又《長河志籍考》十卷,德州古廣川地,《隋書》避煬帝諱,改長河也。王士禎《居易錄》嘗稱《黔書》篇不一格,有似《考工記》者,似《公》、《穀》、《檀弓》者,似《越絕書》者,如觀偃師化人之戲。然與《長河志籍考》實皆祖郭憲《洞冥記》、王嘉《拾遺記》之體。是亦好奇之一證,存備文章之別格云爾。

【彙訂】

① 實為文二十二卷,詩十五卷,計三十七卷。(袁芸:《〈文溯閣四庫全書提要〉別集類辨證》)

榕村集四十卷（福建巡撫採進本）

國朝李光地撰。光地有《周易觀彖》，已著錄①。是集為乾隆丙辰其孫清植所校刊，其門人李紱為序。惟詩下註"自選"字，則餘皆清植排纂也。凡《觀瀾錄》一卷，《經書筆記》、《讀書筆錄》共一卷，《春秋大義》、《春秋隨筆》共一卷，《尚書句讀》一卷，《周官筆記》一卷，《初夏錄》二卷，《尊朱要旨》、《要旨續記》共一卷，《象數拾遺》、《景行摘篇》又《附記》共一卷②，文二十五卷，詩五卷，賦一卷。所註諸書及語錄刊本別行者不與焉。其不以詩文冠集而冠以劄記者，光地所長在於理學、經術，文章非所究心。然即以文章而論，亦大抵宏深肅括，不雕琢而自工。蓋有物之言，固與鏗鋐悅目者異矣。數十年來，屹然為儒林巨擘，實以學問勝，不以詞華勝也。

【彙訂】

① 依《總目》體例，當作"光地有《周易通論》，已著錄"。

② "又"，殿本無。

三魚堂文集十二卷外集六卷附錄一卷（兩江總督採進本）

國朝陸隴其撰。隴其有《古文尚書考》，已著錄。是集為其門人侯銓所編。凡雜著四卷，書一卷，尺牘一卷，序二卷，記一卷，墓表、誌銘、壙記、傳共一卷。《外集》六卷，則裒其奏議、條陳、表策、申請、公移而終之以詩，隴其行狀之類亦併附焉。目錄之末有其從子禮徵跋，言隴其平生不屑為詩古文詞，尤以濫刻文集為戒。故易簣時，篋中無遺槁。至康熙辛巳，禮徵乃旁搜廣輯，彙成是集，而屬銓分類編次。蓋隴其沒後九年，此集乃出也。其文既非隴其所手定，則其中或有未定之槁，與夫偶然涉筆，不欲自存者，均未可知。然隴其學問深醇，操履醇正，即率爾操觚之作，其不合於道者固已鮮矣。惟是隴其一生，非徒以講明心性為一室之坐談。其兩為縣尹，一為諫官，政績亦卓卓可紀，蓋體用兼優之學。而銓等乃以奏議、公牘確然見諸行事者別為《外集》。夫詩歌非隴其所長，列之《外集》可也。至於聖賢之道，本末同原，心法治法，理歸一貫。《周禮》皆述職官。《尚書》皆陳政事，周公、孔子初不以是為粗迹。即黃榦編朱子詩文，亦未嘗薄視論政之文，揮而外之。銓乃徒知以《太極論》冠篇，欲使隴其接跡周子，而以其循績別為《外集》[①]。尊空言而薄實政，是豈隴其之旨乎[②]？以此本久行於世，故姑仍原刻錄之，而附糾其編次之陋如右。

【彙訂】

① 殿本"其"上有"隴"字。

② 以《太極論》冠篇乃欲解宋儒所爭太極、先天、理氣之紛，此集雖非隴其手定，然其編次先後，門人固嘗親承指授。（張舜徽：《清人文集別錄》）

因園集十三卷（編修周永年家藏本）

國朝趙執信撰。執信字伸符，號秋谷，晚號飴山老人，益都人。雍正中分益都置博山縣，今為博山人。康熙己未進士，官至左春坊左贊善。其詩集流傳頗夥，諸本往往不同。此本曾經落水，紙墨渝敝。末有乾隆辛酉執信門人丁際隆跋，稱："是秋重謁秋谷先生於因園。時先生病目彌甚，不作詩者六年矣。從仲君羹梅得先生手定詩槀，分十三集。錄副未及校，而羹梅遂索原本以去。歲寒無事，乃校一過。曩見手書《濟南竹枝》及《宿法慶寺》二律,皆不在,蓋所刪多矣。"云云。羹梅者[1],常熟仲昰保之字,為執信門人之冠,最為篤契。則是集為執信晚年定本,手授之者矣。十三集者,一曰《并門集》,二曰《閑齋集》,三曰《還山集》,四曰《觀海集》,五曰《鼓枻集》,六曰《涓流集》,七曰《葑溪集》,八曰《紅葉山樓集》,九曰《浮家集》,十曰《金鵝館集》,十一曰《回帆集》,十二曰《懷舊集》,十三曰《礦菴集》。集各一卷,以存其舊,不復以篇頁多寡為分也。執信娶王士禎之甥女,初相契重。相傳以求作《觀海集》序,士禎屢失其期,遂漸相詬誶,釁隙終身。今觀《還山集》中,尚有酬士禎詩二首,又為士禎作《西城別墅十三詠》。至《鼓枻集》中《渡江》一首,已有"祇應羨詩老,持節問岷源"句,註曰:"謂阮翁。"又《悼吳孝廉》一首,有"漁洋未識名先著"句,其詞氣已不和平。自是以還,遂互相排擊,則謂二人之釁生於作《觀海集》時,其說當信[2]。迨其後沿波逐流,遞相祖述,堅持門戶,入主山奴,嘵嘵然迄無定說。平心而論,王以神韻縹緲為宗,趙以思路劖刻為主。王之規模闊於趙,而流弊傷於膚廓;趙之才力銳於王,而末派病於纖小。使兩家互救其短,乃可以各見所長。正不必論甘而忌辛,好丹而非素也[3]。

【彙訂】

① "者",殿本無。

② 現存《觀海集》序為陳恭尹作。趙執信在廣州見陳恭尹並託為此集寫序在康熙三十五年(1696)冬天。趙氏結束觀海在康熙三十四年冬天,從此集脫稿到開始南遊,最多不過半年,如果其間已求王漁洋作序,則談不上"屢失其期"。如果打算南遊回來求序,則不應在嶺南拜託陳氏。且趙氏在觀海以前,其《七夕雨飲松皋舍人分韻得九佳》、《題大木所寄〈晴川集〉後》等詩文

已對王氏"神韻説"在詩壇上形成的不良傾向表示不滿。二人交惡實因康熙丁丑(1697)之秋,趙執信在蘇州友人顧小謝家酒席間談及王士禛《南海集》中《留別相送諸子》、《與友夜話》兩首詩詩中無人,感情不真,約十年後,趙又在酒後指摘王《子青墓誌》中的失誤,且直言其文學功績不能與韓愈、蘇軾比肩,後均為在場王氏戚友告知本人,以致觸怒。(趙蔚芝、劉聿鑫:《〈談龍錄注釋〉前言》;陳汝潔、劉聿鑫:《王士禛、趙執信交惡真相考》)

③"好",殿本作"是"。

懷清堂集二十卷(浙江巡撫採進本)

國朝湯右曾撰。右曾字西厓①,仁和人。康熙戊辰進士,官至吏部右侍郎,兼翰林院掌院學士。少以詩見賞於王士禛。康熙五十二年,聖祖仁皇帝問掌院學士揆敘,聞湯右曾工詩,令以其集進呈。揆敘遂以右曾所作《文光果》詩上達睿覽,蒙御製賜和。今刻冠斯集之首,實千古儒者之至榮。是集刻於乾隆乙丑。論者稱浙中詩派,前推竹垞,後推西厓,兩家之間,莫有能越之者。今觀二家之集,朱彝尊學問有餘而才力又足以運掉,故能鎔鑄變化,惟意所如。右曾才足肩隨,而根柢深厚則未免稍遜,齊驅並駕,似未易言。然亦近人之卓然挺出者也。

【彙訂】

①"西厓",殿本作"西崖"。

二希堂文集十二卷(福建巡撫採進本)

國朝蔡世遠撰。世遠字聞之,漳浦人,康熙己丑進士,官至禮部侍郎,諡文勤。是編乃其所作雜文。冠以《耕籍賦》、《聖主親詣太學頌》、《青海平定詩序》、《日月合璧五星連珠頌》、《河清

頌》、《〈樂善堂文鈔〉序》，共六篇，為卷首①，志榮遇也。其餘序
四卷，記一卷，傳一卷，論、說、書共二卷，墓表、誌銘、行狀共一
卷，祝文、祭文共一卷，雜著一卷。目錄之後有其門人寧化雷鋐
附跋，稱其堂所以名"二希"者，世遠嘗自作記，言："學問未敢望
朱文公，庶幾其真希元乎？事業未敢望諸葛武侯，庶幾其范希文
乎？"其務以古賢自期，見於是矣。前有雍正庚戌皇上在藩邸時
親製序一篇，稱其"講學鼉峯，教人以忠信孝弟仁義，發明濂、洛、
關、閩，淵源有自也。及立朝，而風采議論，嘉言讜議，足以為千
百世治世之良規，則又國家棟梁之任也。今觀其文，溯源於《六
經》，闡發周、程、張、朱之理，而運以韓、柳、歐、蘇之法度。所謂
蘊之為德行，行之為事業，發之為文章者，吾於先生見之"。煌煌
天語，載在簡端。睿鑒品題，昭示中外。非惟一時之恩遇，實亦
千古之定論矣。迨我皇上龍飛御極，於甘盤舊學，篤念彌深。乾
隆己卯，諭正文體，舉世遠之文為標準。癸巳，詔編纂《四庫全
書》，世遠著作又蒙裒錄。且絲綸宣示，均字而不名，寵禮儒臣，
於斯為極。今讀其集，大抵理醇詞正，具有本原。仰見遭際聖
時，契合非偶。其上邀知遇，固不僅在文字閒矣。

【彙訂】

① "為卷首"，殿本作"不入卷數"。

敬業堂集五十卷（浙江巡撫採進本）

國朝查慎行撰。慎行有《周易玩辭集解》，已著錄。是編
裒其生平之詩，隨所游歷，各為一集。凡《慎旃集》三卷，《遄歸
集》、《西江集》共一卷，《踰淮集》一卷，《假館集》二卷，《人海
集》、《春帆集》、《獨吟集》各一卷，《竿木集》、《題壁集》共一卷，

《橘社集》、《勸酬集》、《溢城集》、《雲霧窟集》各一卷,《客船集》、《並轡集》共一卷,《冗寄集》一卷,《白雲集》、《秋鳴集》共一卷,《敝裘集》、《酒人集》共一卷,《游梁集》、《皖上集》、《中江集》各一卷,《得樹樓集》、《近遊集》共一卷,《賓雲集》一卷,《炎天冰雪集》、《垂橐集》共一卷,《杖家集》、《過夏集》各一卷,《偷存集》、《翻經集》共一卷,《赴召集》、《隨輦集》、《直廬集》、《考牧集》、《甘雨集》、《西阡集》、《迎鑾集》、《還朝集》、《道院集》各一卷,《槐簃集》二卷,《棗東集》、《長告集》、《待放集》、《計日集》、《齒會集》、《步陳集》、《吾過集》各一卷,《夏課集》、《望歲集》共一卷,《粵游集》二卷,附載《餘波詞》二卷。自古喜立集名,以楊萬里為最多。慎行此集隨筆立名,殆數倍之。其中有以二十四首為一集者,殊傷煩碎,然亦徵其無時無地不以詩為事矣。集首載王士禎原序,稱黃宗羲比其詩於陸游。士禎則謂奇創之才,慎行遜游,綿至之思,游遜慎行。又稱其五七言古體有陳師道、元好問之風。今觀慎行近體,實出劍南。但游善寫景,慎行善抒情;游善隸事,慎行善運意[1],故長短互形,士禎所評良允。至於後山古體悉出苦思,而不以變化為長;遺山古體具有健氣,而不以靈敏見巧,與慎行殊不相似。核其淵源,大抵得諸蘇軾為多。觀其積一生之力,補註蘇詩,其得力之處可見矣。明人喜稱唐詩,自國朝康熙初年窠臼漸深,往往厭而學宋,然粗直之病亦生焉。得宋人之長而不染其弊,數十年來,固當為慎行屈一指也。

【彙訂】

[1] 四"善"字,殿本皆作"喜"。

望溪集八卷（江蘇巡撫採進本）

國朝方苞撰。苞所作《周官集註》，已著錄。其古文雜著，生平不自收拾，稾多散失。告歸後，門弟子始為裒集成編。大抵隨得隨刊，故前後頗不以年月為詮次。苞於經學研究較深，集中說經之文最多。大抵指事類情，有所闡發。其古文則以法度為主，嘗謂：“周、秦以前，文之義法無一不備；唐、宋以後，步趨繩尺而猶不能無過差。”是以所作上規《史》、《漢》，下傚韓、歐，不肯少軼於規矩之外。雖大體雅潔，而變化太少，終不能絕去町畦，自闢門户。然其所論古人榘度與為文之道，頗能沈潛反覆，而得其用意之所以然。雖蹊徑未除①，而源流極正。近時為八家之文者，以苞為不失舊軌焉。

【彙訂】

① 殿本“雖”上有“故”字。

存硯樓文集十六卷（江蘇巡撫採進本）

國朝儲大文撰。大文字六雅，宜興人。康熙辛丑進士，官翰林院編修。大文初以制藝名。歸田後，乃潛心古學，尤究心於地理。故全集十六卷，而論形勢者居七卷。凡山川阻隘、邊關厄塞，靡不詳究。如《荆州論》至十一篇，《襄陽論》至七篇。《廣陵西城》一篇，推求古今城郭異地，山川異名，援據史籍，如繪圖聚米。當年進退攻守之要、成敗得失之由，皆口講而指畫之。他家作史論者多約略大概以談兵，作地志者多憑藉今名而論古。國朝百有餘年，惟閻若璩明於沿革，大文詳於險易。顧祖禹《方輿紀要》考證史文雖極博洽，往往以兩軍趨戰，中途相遇之地，即指為兵家所必爭，不及二人之精核也。惟邊塞以外，如西域諸部、蜀徼各番,驗之往往不合。蓋當道路未通,異域傳聞,圖經不備,不能及今日天威耆定,得諸目睹之真。勢使之然,固不足怪耳。其他雜文閒有隸事太繁之失,而徵引典博,終勝空疏,但取其所長可矣。

　　香屑集十八卷(江蘇巡撫採進本)

　　國朝黃之雋撰。之雋字石牧,號唐堂,華亭人。康熙辛丑進士,官至右春坊右中允。是編皆集唐人之句為香奩詩,凡古、今體九百三十餘首。前有自序,亦集唐人文句為之,凡二千六百餘言。集句為詩,始晉傅咸,今載於《藝文類聚》者皆寥寥數句,聲韻僅諧。劉勰《明詩》不列是體,蓋繼之者無其人也。有唐一代,無格不備,而自韋蟾妓女續《楚詞》兩句之外,是體竟亦闕如。至北宋石延年、王安石,閒以相角而未入於集。孔武仲始以入集,而別錄成卷,尚未單行。南宋李龏之《梅花衲》、《剪綃集》,文天祥之《集杜詩》,始別著錄,然卷帙亦無多。之雋是編雖取諸家之成句,而對偶工整,意義通貫,排比聯絡,渾若天成。且惟第二卷《無題》五言長律中重用杜甫二句、陸龜蒙二句。餘雖纏纏鉅篇,亦每人惟取一句,不相重複。且有疊韻不已,至於倒押前韻,而一一如自己出。可謂前無古人,後無來者。雖其詞皆豔冶,千變萬化,不出於綺羅脂粉之間,於風騷正軌未能有合,而就詩論詩,其記誦之博,運用之巧,亦不可無一之才矣。

　　鹿洲初集二十卷(江西巡撫採進本)①

　　國朝藍鼎元撰。鼎元有《平臺記略》,已著錄。此集為其友曠敏本所編。初定於雍正丙午。越六年壬子,又合其續槁重汰定之,仍為二十卷。故前有敏本序,序後又有敏本紀,各述其始末。鼎元喜講學,尤喜講經濟,於時事最為留心。集中如論閩、粵、黔諸省形勢及征臺灣事宜,皆言之鑿鑿,得諸閱歷,非紙上空談。至於所敘忠孝節烈諸事,亦點染生動,足裨風教。其中如論直隸水利之類,生長南方,不能達北方水性,未免掇拾陳言。《與顧太史書》之類自雪冤謗,雜以輕薄譏詈,尤所養不純②。然文筆條暢,多切事理,在近人文集中③,猶可謂有實際者也。

【彙訂】

①"江西巡撫採進本",底本作"江蘇巡撫採進本",據殿本改。《四庫採進書目》中僅"(江西巡撫海)六次續采"著錄此書。(江慶柏:《殿本、浙本〈四庫全書總目〉著錄圖書進獻者主名異同考》)

② 殿本"尤"下有"為"字。

③ 殿本"中"上有"之"字。

樊榭山房集二十卷(浙江巡撫採進本)

國朝厲鶚撰。鶚有《遼史拾遺》,已著錄。是集因所居取唐皮日休句,題曰樊榭山房,是以為名。生平博洽群書,尤熟於宋事,嘗撰《宋詩紀事》一百卷、《南宋院畫錄》八卷、《東城雜記》二卷,又與同社作《南宋雜事詩》七卷,皆考證詳明,足以傳後。其詩則吐屬嫻雅,有修潔自喜之致,絕不染南宋江湖末派。雖才力富健尚未能與朱彝尊等抗行,而恬吟密咏,綽有餘思,視國初"西泠十子"則翛然遠矣。《前集》詩分甲、乙、丙、丁、戊、己、庚、辛八卷,附以詞,分甲、乙二卷,為康熙甲午至乾隆己未之作。《續集》亦詩八卷,而以北樂府一卷、小令一卷附焉,則己未至辛未作也。

果堂集十二卷（江蘇巡撫採進本）

國朝沈彤撰。彤博究古籍，精於考據。所著有《周官祿田考》、《三經小疏》，皆已著錄。是集多訂正經學文字，如《周官頒田異同説》、《五溝異同説》、《井田軍賦説》、《釋周官地征》等篇，皆援據典核，考證精密。其於《禮經》服制多所考訂，尤足補漢、宋以來註釋家所未備。其《釋骨》一篇，雖為醫家而作，然非究貫《蒼》、《雅》，兼通《靈》、《素》者不能也。其論《堯典》星辰不兼五緯，蓋主孔安國傳。又於"在璇璣玉衡，以齊七政"，力闢《史記》"斗杓"之解。雖未必盡為定論，然各尊所聞，亦足見其用意之不苟矣。集雖不尚詞華，而頗足羽翼經傳。其實學有足取者，與文章家又別論矣[1]。

【彙訂】

[1]"又"，殿本作"固"。

松泉文集二十卷詩集二十六卷（工部侍郎汪承霈進呈本）

國朝汪由敦撰。由敦字師茗，安徽休寧人。以商籍補浙江學生，故又為錢塘籍。雍正甲辰進士，由編修官至吏部尚書，贈太子太師，諡文端。由敦記誦淹博，文章典重有體。自為諸生，即以才學著聲。及登第以後[1]，策名詞館，橐筆講幄。荷蒙皇上特達之知，洊加拔擢，入直禁廷。每應制賡吟，奉敕撰述，無不仰承聖訓，指示塗轍。藝林溯本，學海知源，所業日以益進。晚年遺槀頗夥，未及編次。其子工部右侍郎臣汪承霈謹加排次[2]，都為二集。《文集》分二十三門，《詩集》自戊子迄丁丑凡五十年之作，共成四十六卷，繕本進呈。復蒙特賁宸章，曲加評騭。嘉詩篇之雅正，許文律之清醇。御藻親摛，光垂不朽。此固由敦之績學能文,榮膺稽古。而人臣私集得以上邀天獎,題詞弁首,實千古未有之殊施。尤海內承學之士所為敬誦奎文,交相感頌者爾。

【彙訂】

① "以",殿本無。

② "臣汪承霈",殿本作"承霈"。

右別集類九百六十一部,一萬八千零三十八卷①,皆文淵閣著錄。

【彙訂】

① "九百六十一部一萬八千零三十八卷",殿本作"一千七十五部一萬八千七十二卷",實際著錄九百六十四部,底本一萬八千零三十三卷,殿本一萬八千零三卷。

案諸史著錄,但有別集、總集之分。《文獻通考》始於別集之內析出詩集、歌詞、奏議三門。考奏議皆關國政,宜與詔令並為一類,不宜列之於集。詩集亦屬別集,必欲區分,則有文無詩者將又立文集一門,彌滋繁碎。今移奏議入史部,而別集、詩集則不復區分。惟歌詞體卑而藝賤,則從馬氏之例,別立詞曲一門焉。

集 部 二 十 七

別集類存目一

董子文集一卷（編修朱筠家藏本）

漢董仲舒撰。仲舒有《春秋繁露》，已著錄。《隋書·經籍志》載仲舒集一卷，又註曰："梁二卷，亡。"《舊唐書·經籍志》、《新唐書·藝文志》俱仍載二卷，《宋史·藝文志》又作一卷。後兩本並佚。明正德己亥，巡按御史盧雍行部至景州，為仲舒故里。因修復廣川書院，祀仲舒。並哀其逸文，以成是集。然自採錄本傳外，僅益以《西京雜記》、《古文苑》所載數篇，不及張溥《百三家集》之完備，故僅存其目於此焉。

諸葛丞相集四卷（內府藏本）

國朝朱璘編。璘字青巖，常熟人①，官至南陽府知府。是編首卷所錄諸葛亮遺文一卷，陳壽所上目錄皆不載。蓋摭拾《三國志》註及諸類書而成。其《黃陵廟記》，明楊時偉作《諸葛書》，嘗以摭用蘇軾《大江東去》詞語駁辨其偽。今考陸游《入蜀記》作於乾道六年，記黃牛廟事，引古諺及李白、歐陽修詩、張詠《贊》甚詳，獨一字不及亮《記》。袁說友所刻《成都文類》作於慶元五年，亦無此文。然則贋託之本，出於南宋以後明甚。璘乃仍然載入，絕無考訂。至《心書》五十條，顯然偽託，亦取以苟充卷帙。且《武侯十六策》其偽與《心書》同，晁氏《讀書志》著錄，則猶出宋人之手。既取《心書》，又不取是《策》，何也？二卷以下皆為附錄，所列《八陳圖》及《分野》諸條，猥雜尤甚。末一卷全為璘及其子瑞圖詩文。是非刻亮集，乃刻璘家集矣。

【彙訂】

① 應為上虞人。《光緒上虞縣志校續》卷十一附朱鼎祚有傳。朱璘為南陽知府時所修的康熙《南陽府志》及光緒《上虞縣志》卷四、光緒《上虞縣志校續·經籍志》亦著錄朱璘為上虞人。清康熙三十七年萬卷堂刻本此集各卷卷首署"古虞朱璘纂輯"。卷首自序題"古虞朱璘青巖氏"，序後鈐有"臣璘之印"白文方印、"上虞朱青巖氏書記"朱文方印。（瞿冕良：《版刻質疑》；汀曦：《〈清人別集總目〉訂誤》）

陶詩析義二卷（福建巡撫採進本）

明黃文煥撰。文煥有《詩經考》，已著錄。崇禎中，文煥以召試擢翰林。會其鄉人黃道周以論楊嗣昌、陳新甲逮問，詞連文煥，同下詔獄。獄中箋註《楚辭聽直》八卷，並著此書。自序所謂"首夏之廿五日，樸被就白雲"者是也。其析義之例有三：一曰練句練章，不專平淡；一曰憂時念亂，不徒隱逸；一曰理學標宗，聖賢自任。每首附批句下，而又總論於篇末。陶詩之妙，所謂"寄至味於淡泊，發纖穠於簡古"，其神理在筆墨之外。可以涵泳與化，而不可一字一句求之於町畦之內。如伯英、逸少之跡，不可鉤摹以波磔；襄陽、雲林之書，不可比量以形象。文煥遭逢世難，借以寓意則可，必謂得陶之精微則不然也。別本或作四卷，又附以文煥自作《赭留集》一卷。雖意求附驥，而事類續貂，今析出別著於錄焉。

陶詩箋五卷（户部尚書王際華家藏本）

國朝邱嘉穗撰。嘉穗有《考定石經大學經傳解》，已著錄。是編乃所註《陶潛集》。摸索語氣，全類時文批語。其力辨潛不信佛為能崇正學，遠異端，尤為拘滯。潛之可重，在於人品志節。其不入白蓮社，特蕭散性成，不耐禪儀拘束，非有儒、佛門户在其意中也。嘉穗刻意講學，故以潛不入慧遠之社為千古第一大事，不知唐以前人正不以是論賢否耳。

陶詩彙註四卷（江蘇周厚堉家藏本）

國朝吳瞻泰撰。瞻泰字東巖，歙縣人。是編成於康熙乙酉。首卷載宋吳仁傑、王質二家年譜，末卷附詩話百餘條。其詩註則采宋湯漢、元劉履、明何孟春、張爾躬、黃文煥諸家之説。履未嘗註陶詩，蓋自其《文選補遺》摭出也。其中如辨辛丑歲《遊斜川》詩之"開歲倏五日"，亦仍舊註，未為特解。辨《讀山海經》詩之"形夭無千歲"句[①]，則持疑於曾季貍、周必大二家之説，不能遽斷。案精衛本屬銜冤，故借以寓忠臣志士之報復。若刑天爭帝不成，本屬亂賊化形而舞，仍為妖魄，正可為卓、莽之流逆常干紀之比。《山海經》之文，班班可考，潛何取而反尚其猛志耶？瞻泰不考其本，而徒爭於字形疑似之間，未為得也。又《贈長沙公族祖》一首，吳仁傑、張續往復考證，終與世系不合[②]。惟楊時偉所訂陶集，謂序首"長沙公於余為族"當讀一句，"祖同出大司馬"當讀一句。其題中"族祖"二字乃後人誤讀序文"祖"字為句，因而妄增詩題。其説頗確。而瞻泰不引，豈偶未見其本乎？集中《歸田園》詩末首，據《遯齋閒覽》定為江淹詩，有《文選》可證；《問來使》詩題一首，據《七修類稾》定為蘇舜欽詩，有《蘇子美集》可證。其《四時》一章，但據許顗《彥周詩話》定為顧愷之詩。而愷之詩於古書別無所見，似尚當存疑，未可遽刪也。《讀史述九章》，舊本不入詩集，瞻泰以其為四言韻語，移於卷末。然《畫扇》諸贊亦四言韻語，何獨舍彼取此乎？

【彙訂】

① "天"，殿本作"天"，誤。清康熙四十四年程鑒刻本此集卷四《讀山海經十三首》第十首作"精衛銜微木，將以填滄海。形天無千歲（一云"刑天舞干戚"），猛志固常在"。

② "與"，殿本作"為"。

漫叟拾遺一卷（浙江范懋柱家天一閣藏本）

是編選錄唐元結之文，不著編輯者名氏。卷末有竹岡居士跋云："《元次山全集》廣南近已重刻，湛甘泉太史序之詳矣，兹復何言。顧此數篇於警策人心，感激時事頗切，故別錄之，非有所去取也。"末署"戊寅冬季"，不著年號。以湛若水官翰林年月計之，蓋正德十三年也。

李詩鈔述註十六卷（福建巡撫採進本）

明林兆珂撰。兆珂有《詩經多識編》，已著錄。兆珂守衡州時，曾刻《杜詩鈔述註》。兹其守安慶時所刊，以白游跡多在皖，猶在衡刻甫詩意也。其書亦分體選鈔，每篇首箋故實，終加闡發，亦頗以考訂為事，欲突過蕭士贇、張齊賢舊本。然其中有本詩誤者，如《王昭君》詩"一上玉關道"，玉關與西域相通，非漢與匈奴往來之道；《懷子房》詩"我來圯橋上"，東楚謂橋為圯，不應於"圯"下加"橋"字。有傳寫誤者，如《擬古》"因之寄金徽"，據《漢書·和帝紀》、《唐書·地理志》，"金徽"當作"金微"，乃山名；《聽新鶯》"百囀歌還過，茝石聽新鶯"，據《西都賦》，"茝石"當作"茝若"，乃殿名。今註內皆未辨及[①]。至於詩之必須註而後明者，如《擬古》之"蒼然五情熱"，乃用《爾雅》"春，蒼天"郭註"萬物蒼蒼然生"語，言五情蒼然而生也；《開元寺贈衡嶽僧》之"五峯秀真骨"[②]，乃用《傳燈錄》慧可大師"一日頭痛，其頂骨如五峯秀出"事。今註內亦未證明，文義便不可曉。凡此不一而足，尚未可謂之善本也。

【彙訂】

①《王昭君》詩不過用玉關代指出塞；《經下邳圯橋懷子房》詩，王琦《李太白全集》卷二二云："或嗤詩題'圯橋'二字為複用者，按庾信《吳明徹墓誌銘》：'圯橋取履，早見兵書。'則'圯橋'之稱，唐之前早已有此誤矣。"則連用亦無不可。"金徽"乃代指琴，與詩意合，不誤。（胡振龍：《〈四庫提要〉"李詩鈔述註"條辨析》）

②"真"，底本作"其"，據李白《登巴陵開元寺西閣贈衡嶽僧方外》詩原文及殿本改。

杜律註二卷（內府藏本）

舊本題元虞集撰。集有《平猺記》，已著錄。是編所註杜詩，凡七言近體一百四十九首。卷首楊士奇序稱其"解《題桃樹》一篇，瞭然於仁民愛物之旨，深得杜意，必伯生所為。"然歐陽元〔玄〕撰集墓碑，不載其有此書。觀其詞意，亦皆淺近。考元趙汸學詩於集,而所註杜詩乃無一語及其師。董文玉為趙註作序,亦疑虞註之非真,然不云實出誰手①。案曹安《讕言長語》稱:"元進士臨川張伯成著《杜律演義》,曾昂夫作《傳》有此名。又有刊版,惜其少傳,往往誤以為虞伯生。"李東陽《懷麓堂詩話》亦云:"徐竹軒以道嘗謂予曰:'《杜律》非虞伯生註。宣德初已有刊本,乃張姓某人註,渠所親見。'"合二家之言觀之,則此註實出張伯成手,特後人假集之名以行耳②。王士禎《池北偶談》謂:"伯成名性,江西金谿人,嘗註《尚書補傳》。吳伯慶有輓詩云:'箋疏定令傳杜律,誌銘誰與繼唐碑。'"此尤可為明徵也。

【彙訂】

① 董玘在正德九年,為鮑松刻《趙子常選杜律五言》作序,僅言"然余曾聞長老先生言:《虞註》亦後人依託為之者,非伯生自註"。聽之傳言,全無實證辨析,不足為據。(馮小祿:《偽〈杜律虞注〉補說》)

② 此書解題部分完全抄自張伯成《杜詩演義》,注釋部分則主要抄自《集千家註杜工部詩集》。(羅鷺:《偽〈杜律虞注〉考》)

讀杜愚得十八卷(通行本)

明單復撰。復字陽元,會稽人。《千頃堂書目》作"嵊縣人,洪武中為漢陽河泊官",又云:"一名復亨,舉懷才抱德科,授漢陽知縣。"傳聞異詞,未詳孰是①。是編前有宣德九年黃淮序,稱楊士奇得其本於湖湘,以授江陰朱善慶兄弟刻之。考黃伯思《東觀餘論》稱嘗撰《杜詩編年集》,則編年實始自伯思②。其本今已不傳。後魯訔、黃鶴諸家穿鑿字句,鉤稽歲月,率多未安。是編冠以《新定年譜》,亦未免附會。其箋釋典故,皆勦掇《千家註》,無所考證。註後檃括大意,略為訓解,亦循文敷衍,無所發明。至每篇仿詩傳之例,註"興也"、"賦也"、"比也"字,尤多所牽合矣。

【彙訂】

① 康熙《嵊縣志》卷一〇《人物·儒林·單復亨傳》、民國《嵊縣志》卷一四《人物志·儒林·單復亨傳》據乾隆李志,均謂名復亨,嵊縣晦谿人,舉懷才抱德科,授漢陽知縣。天順元年刻本此書題"古剡單復陽元讀"。漢置剡縣,宋改名嵊縣。(楊武泉:《四庫全書總目辨誤》;杜澤遜:《四庫存目標注》)

② 黃伯思《東觀餘論》並無撰《杜詩編年集》的記載,即使編過,也應作於徽宗時,晚於神宗元豐七年呂大防《杜工部詩年譜》。(李裕民:《四庫提要訂誤》增訂本)

杜詩通十六卷本義四卷(安徽巡撫採進本)

明張綖註。綖字世文,《千頃堂書目》作字世昌,疑傳寫誤也。高郵人。正德癸酉舉人,官至光州知州。是編因清江范德機批點杜詩三百十一篇,每首先明訓詁名物,後詮作意,頗能去詩家鉤棘穿鑿之説,而其失又在於淺近。《本義》四卷①,皆釋七言律詩。大抵順文演意,均不能窺杜之藩籬也。

【彙訂】

① "四卷",殿本作"二卷",誤。今存明隆慶六年張守中刻本《杜工部詩通》十六卷《杜律本義》四卷。明嘉靖十九年高郵張氏刻本《杜律本義》亦作四卷。

杜律意註二卷(陝西巡撫採進本)

明趙統撰。統字伯一,臨潼人,嘉靖乙未進士,官至户部郎中。是編詮釋杜甫七言律詩。首論拗體,謂為杜之粗律,是全然不解聲調者。所詮釋亦皆臆度，不甚得作者之意。凡例稱所見杜詩惟虞註二卷，故雖頗有所校正，而漫無考證。如《崔氏東山草堂》詩以"芹"字為出韻，是未知唐韻"殷"字附"真"不附"文"，至宋賈昌朝乃移之。許觀《東齋紀事》、王應麟《玉海》皆可考也。

　　杜詩鈔述註十六卷（福建巡撫採進本）

　　明林兆珂撰。兆珂官西曹時即手纂是帙。及守衡州，遂刊刻之。謂甫嘗遊衡，刻甫詩於衡，所以為衡重也。自敍以為"博擷群書，增釋未備，時或附以己見"。分體選註，成十六卷。然甫詩全集凡一千四百餘首，巨製名章，往往不錄。而於《杜鵑行》、《虢國夫人》二詩，向因黃鶴、陳浩然二本誤入者，反並登選。其《秦州雜詩》二十首，則僅錄八首；《遊何氏山林》十首，則僅錄六首。竟以"其一"、"其二"標寫次第，似原詩止有此數，尤不可解。至註中援引事實，多不註出典。此又明代著述之通病，非獨兆珂一人矣。

　　杜律意箋二卷（福建巡撫採進本）

　　明顏廷榘撰。廷榘字範卿，永春人。官九江府通判，終岷府左長史。是編取杜甫詩七言律一百五十一首，先用疏釋，次加證引，名曰《意箋》，蓋取"以意逆志"之義。其譏偽虞註之草草，持論良是。然核其所解，與偽虞註正復相等也。

　　杜詩分類五卷（內府藏本）

　　明傅振商撰。振商字君雨，汝陽人。萬曆丁未進士，官至南京兵部尚書。杜詩分類始於王洙《千家註》①。振商此編則又因《千家註》本小為更定②，殊無所取也③。

【彙訂】

① 宋人分類編輯杜詩始於陳浩然《析類杜詩》,王洙所編《杜工部集》並未分類,"千家註"亦非出自王洙。(周采泉:《杜集書錄》;鄭慶篤等:《杜集書目提要》)

② 此集無論收詩總數、篇目次第、分類方式、門類名稱,都與邵寶《分類集註杜詩》完全相同,僅刪去邵本注釋。(張忠綱等:《杜集敘錄》)

③ "也",殿本無。

杜詩解八卷(浙江巡撫採進本)①

明楊德周撰。德周有《澹圃芋紀》,已著錄。是編裒詩家之論杜詩者為第一篇②。蓋即蔡夢弼《草堂詩話》之意,推而廣之。然分類不免於瑣屑。其最不檢者,如八卷"補註例"第一條云:"韓昌黎曰:'人各有能有不能。抑而行之,必發狂疾。'故杜云'束帶發狂欲大叫'。如此註,那得不補。"云云。是杜詩乃用韓語,天下寧有是事? 他如楊慎辨"槎"字一條,既全載於"訂譌字"中,又複見於"正譌例"中。如斯之類,亦往往失之嗜博也。

【彙訂】

① 民國《鄞縣通志·藝文志》作《杜詩類註》,仇兆鼇《杜少陵集詳註》凡例亦稱"楊德周之《類註》",則書名自以《杜詩類註》為是。(周采泉:《杜集書錄》)

② "篇",殿本作"編"。

杜律註評二卷(浙江巡撫採進本)

明陳與郊撰。與郊有《檀弓集註》,已著錄。是編因元張性《杜律演義》略施評點。每首皆有旁批,註文亦時有塗乙,大致皆劉辰翁之緒論也。

　　杜詩説十二卷（内府藏本）

　　國朝黃生撰。生有《字詁》，已著錄。此書以杜甫詩分體註釋，於句法、字法皆逐一為之剖別。大旨謂前人註杜求之太深，皆出於私臆，故著此以闢其謬。其説未嘗不是。然分章別段，一如評點時文之式，又不免失之太淺。中如謂《行經昭陵》詩非祿山亂後所作，《寄裴施州》詩據《文苑英華》本增“遙憶書樓碧池映”七字於末。雖亦閒有考證，然視其《字詁》、《義府》，相去不止上下牀矣。蓋深於小學而疏於詩法者也。

　　讀書堂杜詩註解二十卷（直隸總督採進本）

　　國朝張溍撰。溍字上若，磁州人。順治壬辰進士，官翰林院庶吉士。是編乃其晚年家居所作。以《千家註》為本，而稍節其冗複。凡稱“原註”者，皆《千家註》。每詩下評語及圈點，則溍所增入也。自稱：“起己丑迄癸丑，閱二十四寒暑，五易槁而成。”其用力甚勤。然多依傍舊文，尚未能獨開生面。

　　杜詩會稡二十四卷（内府藏本）

　　國朝張遠撰。案康熙中有兩張遠。其一侯官人，有《超然詩集》，別著錄。此張遠字邇可，蕭山人，由貢生官縉雲縣教諭。朱彝尊《曝書亭集》有《送遠之桂林》詩，即其人也。是書採諸家之註而成，故曰《會稡》。其分析段落，訓釋文意，頗便初學，然不免尋行數墨。詩依年譜編次，與諸本互有異同，考核亦未為詳審。

　　杜詩論文五十六卷（内府藏本）

　　國朝吳見思撰。見思字齊賢，武進人。是編成於康熙壬子。

據其凡例,蓋擬舉杜詩典故別為一書,名曰《杜詩論事》。故此編但詮釋作意,謂之《杜詩論文》。夫箋註典故,所以明文義也。論事自論事,論文自論文,是已兩無據矣。而所論之文,又皆敷衍。即以開卷言之,《望嶽》詩“齊魯青未了”,正極寫“望”字耳①。其註乃云②:“行至於齊,初見岱色,及行至於魯,岱色依然,故曰‘青未了’。”《過宋員外之問舊莊》詩杜甫自註曰:“員外季弟執金吾,見知於代,故有下句。”其語已明矣,其註乃云:“落到‘執金吾’結。”如此之類,皆頗嫌於詞費。《重題鄭氏東亭》詩“華亭入翠微”句,《爾雅》“山未及上曰翠微”,古有明訓。其註乃云:“山曰翠微,秋山也。”如此之類,考證亦多未詳。首列章法、句法、字法諸論。其“三折句法”一條,引“塵中老盡力,歲晚病傷心”一聯,謂“塵中”字、“歲晚”字一折,“老”字、“病”字一折,“盡力”字、“傷心”字一折,已嫌破碎。又引“峽雲籠樹小,湖口落船明”一聯,謂“峽”字、“湖”字一折,“雲籠”字、“日落”字一折,“樹小”字、“船明”字一折。詩家有是句法乎?

【彙訂】

① “耳”,殿本無。

② 殿本“其”上有“而”字。

杜詩闡三十三卷(江蘇周厚堉家藏本)

國朝盧元昌撰。元昌有《左傳分國纂略》,已著錄①。是書成於康熙壬戌。前有自序,稱:“杜詩有因註而顯者,有因註反晦者。一晦於訓詁之太雜,一晦於講解之太鑿,一晦於援引之太繁。反是者又為膚淺凡庸之詞曰:‘吾以杜註杜也。’則太陋。”其持論甚當。然其註如《四書》講章,其評亦如時文批語。說詩不當如是,説杜詩尤不當如是也。

【彙訂】

①《總目》未著錄《左傳分國纂略》。(楊武泉:《四庫全書總目辨誤》)

杜律疏八卷(洗馬劉權之家藏本)

國朝紀容舒撰。容舒有《唐韻考》,已著錄。此書因顧宸所撰《辟疆園杜詩註解》繁碎太甚,又多穿鑿,乃汰其蕪雜,參以己意,以成是編①。初名《杜詩詳解》,其後以所解皆律詩②,又字字句句備為詮釋,體近於疏,因改今名焉。

【彙訂】

① 此書實為《辟疆園杜詩註解》之節鈔本,其選詩序次悉依顧本,疏解多就顧註刪繁就簡,稍參己意,然較精核者皆顧註也。(張忠綱等:《杜集敍錄》)

②"其",殿本無。

讀杜心解六卷(通行本)

國朝浦起龍撰。起龍有《史通通釋》,已著錄。其書雖總題六卷,而卷首分上、下二册,不入卷數,卷一分子卷六,卷二分子卷三,卷三分子卷六,卷四分子卷二,卷五分子卷五,卷六分子卷二,實二十六卷也。自昔註杜詩者,或分體,或編年。起龍是編則於分體之中又各自編年,殊為繁碎。如《江頭五詠》,以二首編入五言古詩、三首編入五言律詩,尤割裂失倫。其賦及雜文,舊本皆繫卷末,起龍亦散附各詩之後。如《雜述》附《送孔巢父》詩後,《秋述》附《秋雨嘆》後,《祭房琯文》附《別琯墓》詩後,《説旱》附《大雨》詩後,《封西岳賦》附《贈獻納使田舍人》詩後,事尚相屬。以《三大禮賦》附《贈崔國輔于休烈》詩後，因詩中有“謬稱三賦在”句；以《皇甫淑妃碑》附《宴鄭駙馬宅》詩後，因公主為淑妃所生；以《華州試進士策問》附《洗兵馬》後，因所問乃中興之政，已為牽合。至以《天狗賦》附《靈湫》詩後，以《雕賦》附《義鶻行》後，以《畫太乙天尊圖文》附《李道士松樹障子歌》後，則強綴之甚矣。自有別集以來，無此編次法也。其間考訂年月，印證時事，頗能正諸家之疏舛。而句下之註，漏略特甚，篇末之解，繳繞亦多。又詮釋之中每參以評語，近於點論時文，彌為雜糅。與所撰《史通通釋》評與註釋夾雜成文者，同一有乖體例。殆好學深思之士而不善用所長者歟？

　　類箋王右丞集十卷附文集四卷（浙江范懋柱家天一閣藏本）

　　明顧起經撰。起經字長濟，更字元緯，無錫人，嘉靖中以國子監生官廣東鹽課副使。是集以王維詩分類重編。五言古詩分十一門，七言古詩分六門，五言律詩分十一門，五言排律分八門，五言絕句分七門，七言絕句分五門。各為箋註，而以劉辰翁評散附句下。冠以本傳、年譜，別以外編、遺詩及同詠、贈答、畫評附後。其《文集》四卷則絕無箋註。大都區別繁碎，更甚於王洙之割裂杜詩、王十朋之竄亂蘇集。如《清如玉壺冰》詩，雖題出鮑照《白頭吟》，然實省試之作，列之“閨情”，殊為不類。配隸尤多乖舛也。

　　樊紹述集註二卷（浙江巡撫採進本）

　　國朝孫之騄撰。之騄所輯《尚書大傳》，已著錄。樊宗師之文見稱於韓愈。愈所為《墓誌》稱其書號《魁紀公》者三十卷，曰《樊子》者又三十卷，《春秋集傳》十五卷。表箋以下雜文凡二百九十一篇,又雜銘二百二十,賦十,詩七百一十九。《唐書·藝文志》云:"《樊宗師集》,二百九十一卷。"而今傳於世者止此二卷。《絳守居園池記》舊有宋王晟、劉忱所註,至元時已不傳。其載於《輟耕錄》者凡有二本,其一為濼陽趙仁舉字伯昂者所箋註,其一不著註者姓名。然宗儀亦僅著其句讀,而不盡著其箋註。此本以宗儀所得前本為主,而以後一本及他本註釋並題跋附焉。至《綿州越王樓詩序》一篇,則得自計有功《唐詩紀事》,舊無句讀,之騄以意創補之①。宗師文故為詭異,本非正軌。韓愈以交游之故,曲以"文從字順"許之。然所謂二百九十一卷者,卒以無傳,則是非之公,雖愈不能奪也。之騄乃掇拾廢棄,為之註釋,謂之好奇則可,如謂有當於文章則未也。故特存舊註《絳守居園池記》一篇,示好奇之戒,而此則附存目焉。

【彙訂】

①　清初胡世安《樊子輯註》已注《詩序》,據孫氏引文,亦先有沈裕、章有成兩注。(岑仲勉:《〈絳守居園池記〉句解書目提要》)

香山詩鈔二十卷(内府藏本)

國朝楊大鶴編。大鶴字芝田,武進人。康熙己未進士,官至左春坊左諭德。是編用明馬元調所刊《白氏長慶集》本。錄十之三四,芟其所分門目,但以五言、七言分古、今體編之。

玉川子詩集註五卷(浙江巡撫採進本)①

國朝孫之騄撰。盧仝詩,《唐書·藝文志》一卷,《書錄解題》作二卷,又《外集》一卷,明正德中刊本作二卷,蓋無《外集》。《全唐詩》增多二十二篇,編為三卷。之騄又增入《櫛銘》一篇、《月》

詩一篇，編為五卷。然《月》詩見《錦繡萬花谷》，其詞不類。《櫛銘》則僅與《梳銘》異數字，乃一詩而譌為兩題，不當重入。且彭叔夏《文苑英華辨證》據羅袞《四銘》小序，知《櫛銘》乃袞所作，《唐文粹》誤題為盧仝。之駿均未能訂正，殊考之未詳也。_{案朱彝尊《明詩綜》以《櫛銘》為明人所作，僅刪去二"兮"字，尤為舛謬。併附訂於此。}仝詩故為粗獷，非風雅之正聲。之駿嗜奇，故特註之。卷首《月蝕》一篇，考據元和庚寅時事，箋註最詳。然後幅"天若不肯信，試喚皋陶鬼一問，而今三台文昌宮"云云，應以"問"字為句。之駿乃以"而今"字為句，殊為割裂^②。其他註亦多支蔓。如《客答蛺蝶》一首，引羅隱詩以釋"黃雀"字，不顧其人之在仝後，亦未免失檢矣。

【彙訂】

① 依《總目》體例，此條應置《香山詩鈔》條之前。

② "殊為"，殿本作"尤嫌"。

西崑發微三卷（江蘇巡撫採進本）

國朝吳喬撰。喬一名殳，字修齡，太倉人。是編乃所說李商隱詩。案《唐書》商隱傳稱與溫庭筠、段成式俱以四六得名，號"三十六體"。則商隱所作，別無西崑之名。楊億《西崑倡酬集》序稱取"玉山冊府"之義，名曰西崑。則西崑之名，又非商隱所作。此書標題先已失考^①。其所說，凡《無題》之詩，又無一不歸於令狐綯。如《錦瑟》一首，劉攽《中山詩話》以為令狐楚青衣之名，其說本謬。計有功《唐詩紀事》稱為令狐丞相青衣，蓋沿此文，特省書楚名耳。喬不考其源，但據丞相之文，亦執為綯之青衣。他如《少年》一首，明言"外戚平羌第一功"；《富平少侯》一

首,明言"十三身襲富平侯";《可嘆》一首,明言"趙后樓中赤鳳
來",與絢何與? 皆鍛鍊入之。然則《柳枝》五首非商隱明作一
序,亦必謂為絢作矣。

【彙訂】

①　吳喬《圍爐詩話》卷二曰:"嚴滄浪云:'西崑即義山體,而
兼溫飛卿及楊、劉諸公以名之。'馮定遠云:'《西崑酬唱》是楊、
劉、錢三人之作,和者數人,取法溫、李,一時慕效,號為西崑體。
不在此集者尚多。永叔始變之,江西以後絕矣。元人為綺麗語,
亦附西崑體。而義山詩實無此名。'余注義山《無題》詩,名曰《西
崑發微》,正嫌滄浪之粗漏也。"足見吳氏並非以為西崑即義山
體,將義山詩注取名為《西崑發微》,乃是反擊和諷刺嚴羽。(張
立榮:《北宋前期七言律詩研究》)

李長吉歌詩彙解五卷(浙江巡撫採進本)

國朝王琦撰。琦有《李太白詩註》,已著錄。註昌谷集者,宋
有吳正子,明有徐渭、董懋策、曾益、余光、姚佺,又有宋劉辰翁評
本。然賀詩鏤心劌腎,意匠多在筆墨之外,往往可以意會,不可
言詮。諸家多鑽研字句以求之,失之愈遠。琦此註兼採諸家之
本,故曰《彙解》,亦不免尋行數墨之見。或附會穿鑿,或引據失
當。如《鴈門太守行》"塞土臙脂凝夜紫"句①,舊註引《古今註》
"紫塞"為解,本不為謬。而琦必從別本作"塞上",引王勃"煙光
凝而暮山紫"句,以就"凝紫"二字,是豈塞上夜景耶? 又如《勉愛
行》"洛郊無俎豆,弊廄慙老馬"句,舊本誤"慙"為"斬"。曾益註
遂云:"斬老馬以祖別。"直謂殺馬食客,固非事理。余光註"斬"
為"絕",謂廄中無馬可乘,亦牽強未安。琦不從之,是矣。然不

知此用陶潛詩"馬廄講肆"之意,明儒者之不得志。而以為"無俎豆以餞行,即乘馬亦非强壯",仍郢書燕説也。至《蘇小小墓》詩"油壁車,久相待。冷翠燭,勞光彩。西陵下,風吹雨。""下"與"雨"叶,乃用古音。集中如讀"來"為"釐",押入支韻之類,不一而足。琦乃易末句為"風雨",改以就"待"、"彩"二韻,尤失古法矣。此類不可枚舉,與諸家亦魯、衛之政也。

【彙訂】

① "塞土",殿本作"塞上",誤。

豐溪存槀一卷(安徽巡撫採進本)

舊本題唐吕從慶撰。前有任啟運所撰小傳,稱從慶字世膺,大梁人。從其祖伸官於金陵。廣明元年黄巢攻金陵,從慶走歙之竭田。及朱温篡唐,遂遁居旌德萬山中,隱居不仕,稱唐遺民。至南唐時乃卒,年九十七。其集歷代史志書目皆不著錄。此本為乾隆庚申其裔孫積祚所刊①,稱其從叔高祖元進所手錄。黄之雋、邵泰、儲大文皆為之序,稱其湮没八百年而始顯。然其書晚出,授受源流渺不可考。越宋、元、明至今,忽傳於世,論者頗以為疑。其詩如《賊警》之"何以慰時匆",《遊多寶寺》之"先供座佛歆",《村徑即景》之"啼鳥斷還仍"及"長此樂清礽",《草堂坐雨》之"僊黍轉餘精",《薄暮步村徑》之"飛蟲摶澗舞,鳴鵲抱巢修",《醉臥田閒里人扶歸》之"垂手引模糊",《咏菊》之"風雨困秋曦",皆不似晚唐、五代人語。又其中有《懷嚴子陵前輩》一題,案李肇《國史補》稱進士互相推敬,謂之先輩,無稱古人以"前輩"之事②。杜甫詩"畫手看前輩,吳生遠擅場",又"前輩飛騰入,餘波綺麗為",亦僅用為詞藻,無稱人以"某前輩"之事。況遠隔千年，忽被此目，唐人諸集，實未前聞。又《春雪往柵山》題中有"敲詩驢子背上"語。案賈島咏"推"、"敲"二字不定，見《唐摭言》；鄭綮言："詩思在灞橋風雪中驢子背上。"見《唐詩紀事》。在今日則為故典，在唐末猶為近事，不應從慶用之。且稱吟詩為"推敲"，已屬割裂。至改為"敲詩"，明以前人實無此語。疑為贋鼎，蓋亦有由矣。

【彙訂】

① 清乾隆呂積初刻本題"唐呂從慶世膺父著，裔孫積初旭臨校字"。前有積初序，後有乾隆元年積初跋，又有乾隆庚申（五年）八月既望積祚跋云："家伯兄鑱《豐溪存槀》。"謂"乾隆庚申其裔孫積祚所刊"顯誤。（杜澤遜：《四庫存目標注》）

②"古"，據殿本補。（王重民：《跋新印本〈四庫全書總目〉》）

譚藏用詩集一卷集外詩一卷（江蘇巡撫採進本）

舊本題唐譚用之撰。用之字藏用，其履貫、時代不見於史。《新唐書·藝文志》載有《譚藏用詩》一卷，次於劉言史、黃滔之前。《全唐詩》亦載用之詩一卷，謂為五代末人。而《宋史·文苑傳》又云："開寶初，有穎贄、劉從義善為文章，張翼、譚用之善為詩，張之翰善牋啟。"則又當為宋初人。厲鶚《宋詩紀事》遂繫之於宋。眾說紛紛，莫能考定。今此集前題"姑蘇吳岫家藏本，悉依宋鈔"十一字。後有譚氏子孫札一通，稱"集本元人鈔宋版，鈔書家珍藏，罕行於世"云云。是其書當出於明之中葉。而《全唐詩》所載之七律四十首，則別為《集外詩》附之於後。蓋亦其子孫所題，以別於本集者。然自宋以來，閱數百年，收藏者從未著錄，而忽得於吳岫家。又集外諸詩皆本於《唐詩鼓吹》，當時郝天挺所選錄已不為少，乃無一篇出於本集，其故頗不可解。且反覆檢勘，頗多疑竇。如"經歷"官名不特《唐百官志》所無，即宋代亦未曾置，至元時始有此職。而集中《夢祝直》詩乃有"忽夢潯州祝經歷"句，其可疑者一也。又《吳真人奉旨求賢》詩，不似唐人語。考元時有道士吳全節，被遇成宗、仁宗、英宗，封崇文宏〔弘〕道真人，見於《元史》。而延祐中嘗命真人王壽衍求訪道行之士，與此所云"奉旨求賢"者情事相近，似當為吳全節作。其可疑者二也。又集中《贈胡守》詩鋪敍時事極詳，其大略云："因思閩廣閒，壤地有深阻。兇豪據深洞，老幼負戈弩。幸逢天子聖，元帥復神武。詔書一日下，海內盡歌舞。橫算罷舟車，求賢復科舉。"而《金盤山》詩又有貞元紀年。案貞元為德宗年號，距唐末百餘歲，時代大不相及。而證諸《唐書》，亦無閩、廣作亂之事。惟《元史》載成宗元貞元年，昭、賀、藤、邕、澧、全、衡、柳[①]、吉、贛、南安等處，蠻寇竊發。二年，上思州叛賊黃勝許攻剽水口思光寨[②]，其後屢見於《本紀》，似與"閩、廣兇豪"之語相合。而仁宗皇慶二年始行科舉，與"求賢復科舉"語亦相近。蓋元代未嘗有此制，仁宗始法古舉行，故謂之"復"。若唐則科舉一代不絕，不可謂之"復"矣。貞元年號恐當是元貞之譌。特元貞盡二年，而此作"七年"為不相符耳。其可疑者三也。又《送趙容》詩云："武林楊柳舊依依，甲第樓臺有是非。莫道天涯龍已化，但看雲際鶴還飛。"其意似指南宋之亡。若唐末五代時，則錢氏據有臨安，勢方全盛，安得有此語。其可疑者四也。豈用之遺集散佚殘闕，其子孫剽他人所作，攙雜其閒，以足卷帙，故牴牾如是歟[③]？

【彙訂】

① "柳"，殿本脫，參《元史·成宗本紀》原文。

② "水口"，殿本作"水西"，誤，參《元史·成宗本紀》原文。

③ 據《總目》所舉詩句，五首詩全出元人李存《俟菴集》。《夢祝直》即《俟菴集》卷十《夢祝直清》。《吳真人奉旨求賢》詩係《俟菴集》卷八《次間間吳真人贈溪月真人奉旨求賢韻二首》。《贈胡守》乃《俟菴集》卷一《贈胡巡檢民》。《金盤山》當指《俟菴集》卷二《登金盤山詩》，詩前有序文："至正七年五月二日，余登金盤山……因賦一詩以遺之。"《送趙容》見《俟菴集》卷九《送趙伯榮歸浙》。（董運來：《〈四庫全書總目〉補正十則》，雜）

范文正公尺牘三卷（浙江巡撫採進本）

宋范仲淹撰。仲淹有《范文正集》，已著錄①。是編皆其平生手簡，為家書三十六首、交游八十一首。蓋其家子孫所輯，宋時已於集外別行。後有張栻及朱子所作文正書帖跋語二則，當亦後人所附入。原本五卷，今止三卷，則陳振孫所改編也。

【彙訂】

① 依《總目》體例，當作"仲淹有《政府奏議》，已著錄"。

曾樂軒集一卷（兵部侍郎紀昀家藏本）

宋張維撰。維，烏程人，仁宗時官衛尉寺丞。都官郎中張先之父也。先嘗摘維所自愛詩十首，繪為《十詠圖》，孫覺為之序。周密《齊東野語》備載其詩及覺序，併述是圖始末甚詳。此本乃安邑葛鳴陽所刊，即從《齊東野語》錄出。原圖殘闕，佚其第五首，故此亦惟存九首焉。

別本公是集六卷（山東巡撫採進本）

宋劉敞撰。敞有《春秋傳》，已著錄[1]。其文集久佚，今始從《永樂大典》編次成帙[2]。此本乃錢塘吳允嘉從諸書中搜輯而成。考《宋文鑑》尚有敞所作《續謚法》一篇，唐順之《右編》有奏議六篇，此集均未收入。又誤載劉攽詩及詩文重複、文同題異者數篇。又《舜讓禹》以下三篇，鈔錄舛錯，原目亦頗失先後之序。然較之新喻所刻《三劉集》，採摭稍富。故今仍存其目，不没其蒐輯之勞焉。

【彙訂】

① 依《總目》體例，當作"敞有《春秋權衡》，已著錄"。

② 殿本"編"上有"所載"二字。

陳副使詩一卷（浙江巡撫採進本）

宋陳泊撰。泊字亞之，彭城人，即師道之祖也。皇祐中，官至三司鹽鐵副使。宋國史、實錄皆不為立傳，故《宋史》亦失載其人。此本僅詩十二首，金侃跋語謂陸繩仲從宋人墨蹟卷錄出者[1]。前有熙寧九年曲阜顏復序，後有張徽、司馬光、蘇軾、任希夷、李埴五跋。復序謂："其事業在卿大夫者，以補國利民傳。"埴跋亦謂："景行懿文，知者蓋鮮[2]。曲阜長道顏公、侯官宏中鄭公而下諸大賢，表而出之，輯成巨軸。"蓋皆當時就題卷中者。埴跋作於嘉定癸酉。自皇祐改元至是一百六十餘年，賢士大夫猶相與珍其遺篇，景企不置，則泊之為人可知矣。金侃又謂跋其後者尚有林希、孫覺、蘇轍、徐積、錢世雄諸人，惟遺侯官鄭宏中一跋。今希等諸跋並佚不存，則已非侃所見之本。又顏復稱詩二十二篇，蘇軾稱詩二十五篇，今所存僅及其半，亦不知何時散失。屬鶚《宋詩紀事》載洎詩十三篇，較此本多《過項羽廟》、《過田文墓》二篇。惟此本所有之《黃鵠》詩，鶚失采耳。

【彙訂】

① "者"，殿本無。

② "蓋"，殿本作"益"。

居士集五十卷（內府藏本）

宋歐陽修撰①。前列蘇軾序及《年譜》。舊本每卷有"熙寧五年子發等編次"數字。而軾序謂得於其子棐，乃次而論之。蓋序作於元祐六年，時發已卒，故序中不及耳。慶元中周必大編次修集，自《居士集》外，有《外集》等九種，通一百五十三卷。此編僅三之一，然出自修所手輯。《文獻通考》引葉夢得之言曰："歐陽文忠公晚年取平生所為文，自為編次，今所謂《居士集》者，往往一篇閱至數十過，有累日去取未決者。"則其選擇為最審矣。此本又取淳熙閒孫益謙所校重鑴，卷末列諸本字句異同，極為詳核。又一本為明代朝鮮所刊，校正亦極精審。以周必大所編《文忠集》已全部收入，無庸復錄，故今惟存其目焉。

【彙訂】

① 依《總目》體例，當補"修有《詩本義》，已著錄"。

歐陽遺粹十卷（編修勵守謙家藏本）

明郭雲鵬編。雲鵬爵里未詳。卷首有嘉靖丁未雲鵬自敘。以陳亮《歐陽文粹》僅錄一百三十篇，所收太隘，乃補錄八十三篇，附刻其後。然亮所錄持擇精審，與本集多有異同，宋人舊本，存之可以備參考。此則全從本集採出，字句既無可互證，又其精不及亮所錄①，而其博又不及修所自定《居士集》。實兩無所取，故析出別存其目焉。

【彙訂】

① 此集所選篇目，並非完全"從本集採出"，有的作品與本集所收差異很大。（夏漢寧：《〈歐陽先生文粹〉前言》）

老泉文鈔無卷數（編修勵守謙家藏本）①

明郭祥鵬編，祥鵬，泰和人，成化辛丑進士。是集於《蘇洵集》中摘取《權書》十篇、《衡論》十篇、《幾策》二篇②，別為一集。案洵全集具存，其文章之妙，豈止於此。此選亦無謂甚矣。

【彙訂】

① 明嘉靖二年施山刻本書名作《老泉文妙》。（杜澤遜：《四庫存目標注》）

② "幾策"，底本作"箋策"，據殿本改。蘇洵《嘉祐集》卷一即《幾策》，為《審勢》、《審敵》二篇。（同上）

東坡外集八十六卷（江蘇巡撫採進本）

不著編輯者名氏。前有焦竑序，稱"世傳東坡集多亂以他人之作。如老蘇《水官》、《九日上魏公》、《送僧智能》三詩，叔黨《颶風》、《思子臺》二賦，人知其謬。至《和陶擬古》九首、《大悲圓通閣記》，本子由作，見《欒城遺言》；《虛飄飄》三首，公與黃、秦倡和①，見少游集；《睡鄉記》擬無功《醉鄉記》而作，今並屬子瞻。《代滕甫辨謗》，王銍謂為其父作《四六話》，備載其文。大率紀次無倫，真贋相雜。最後得《外集》讀之，多前所未載，而卷帙有序。如《題跋》一部，游行詩、文字畫等各以類從，而盡去《志林》、《仇池筆記》之目，最為精核。其本傳自祕閣"云云。考《和陶擬古》九首雖見於《欒城遺言》，其實軾、轍各自有詩。所謂"客從遠林薄,依牆種楊柳"者,轍詩也;"有客叩我門,繫馬門前柳"者,軾詩也。竑所糾摘,未為盡確。又轍所作《軾墓誌》,載所作凡六集。晁、陳二家所錄,多《應詔集》十卷。《宋史·藝文志》所載凡十一集。皆無此八十六卷之本。且"外集"之名,以別"內集"。軾之詩文既已全載於此②,別無所謂"內集",則"外集"之名殊無根據。竑稱得之祕閣,不知明代之書,盡於楊士奇、張萱所錄,二家之目不載,竑又何從而得之? 此直竑以意刪併,託之舊本耳③。

【彙訂】

① "公",殿本無。

② 蘇軾現存詩二千七百餘首,詞三百六十餘首,文四千八百餘首,而此集僅錄存其詩詞文賦千餘首,謂"詩文既已全載於此",顯然於事實有乖。(王友勝:《蘇詩研究史稿》)

③ 郎曄於宋光宗紹熙二年(1191)進呈《經進東坡文集事略》,其卷五五《韓文公廟碑》題注云:"《東坡外集》載《與吳子野論〈韓文公廟碑〉書》",可見此前《外集》已傳世。梅堯臣、歐陽修等皆曾有《外集》傳世,用作正集的補編,非徒"以別內集"而已。(劉尚榮:《〈東坡外集〉雜考》)

黃樓集二卷(兩淮馬裕家藏本)

明魯點編,胡廷宴補。點有《齊雲山志》,已著錄。廷宴,漳州人。點書成於萬曆甲辰,廷宴補刊則在丁未,相距二三年。而廷宴序稱"歲久浸壞,漸以失次",殆不可曉。蓋明代朝覲官入都,例以重貨賂津要,其餘朝官則刊書一部,佐以一帕致饋,謂之書帕。其書即謂之書帕本。其倉卒不暇自刊者,則因舊官所刊,稍改面目而用之。動以舊刊漫漶為詞,而偶忘其相去不久也。

宋熙寧十年，蘇軾守徐州。值河決澶淵，南溢於泗，城幾没。軾捍禦百方，城以無恙。乃取土剋水之義，即城東門為樓，堊以黃土，名曰黃樓。其弟轍及秦觀皆為之賦，陳師道為之銘，軾亦有《九日黃樓》、《黃樓觀月》諸詩，遂為古蹟。黜官徐州，因裒軾詩文作於徐州者為一集，題曰《黃樓集》，實非皆為黃樓作也。入之"地理"，名實不倫。今仍入之"別集"，附軾集後焉。

東坡守膠西集四卷（浙江巡撫採進本）

明閻士選編。士選字立吾，綏德州人。萬曆庚辰進士，官至山東按察使。是編乃士選為萊州府知府時，采蘇軾在膠西詩文刻為一帙。以尚有挂漏，及官按察使時補完之。其王宗稷《年譜》亦僅摘錄熙寧八年乙卯軾到密州，及十年丁巳自密移知河中府復改知徐州一段。蓋借軾以重膠西也。

蘇文奇賞五十卷（江蘇周厚堉家藏本）

明陳仁錫編。仁錫有《繫辭十篇書》，已著錄。是編取《東坡七集》分體選錄，一以時文之法批點之。至於《志林》之屬，亦皆摘錄，不知是固不以文章論也。《颶風賦》乃蘇過之作，後人誤題其父。仁錫因而錄之，亦漫無考證矣。

東坡禪喜集十四卷（浙江巡撫採進本）

明凌濛初編。濛初有《聖門傳詩嫡冢》，已著錄。先是，徐長孺嘗取蘇軾談禪之文，彙集成編，唐文獻序而刊之。濛初以其未備，更為增訂。萬曆癸卯，濛初與馮夢禎遊吳閶，攜是書舟中，各加評語於上方。至天啟辛酉，與《山谷禪喜集》並付之梓。濛初喜取前人小品，以套版刻之，剞劂頗工而無裨藝苑。此亦其一種也。

東坡養生集十二卷（內府藏本）

國朝王如錫編。如錫字武工，江寧人。是編前有王思任序，則當成於前明之末，然又有康熙甲辰邱象升序。蓋書成於崇禎中，批點行世則出象升手也。其書取蘇軾詩文雜著有關於閒適頤養者，分飲食、方藥、居止、游覽、服御、翰墨、妙理、調攝、利濟、述古、志異十二門。軾以文章氣節雄視百代，其游戲諸作，大抵患難中有託而逃。如錫乃惟錄其小品，所謂飛鴻翔於寥廓，而弋者索之藪澤也。使軾僅以此見長，則軾亦一明季山人而已矣，何足以為軾乎？

蘇詩摘律六卷（內府藏本）

舊本題“長垣縣知縣無錫劉宏〔弘〕集註”，不詳時代。惟取蘇軾集七言律詩註之，潦草殊甚。

呂次儒集一卷（編修汪如藻家藏本）

宋呂南公撰。南公有《灌園集》，已於《永樂大典》中裒輯成編。此本乃後人採掇而成。僅《麻姑山詩》二十四首，《福山詩》一首，文三首，仍以符行中原序冠之。其《麻姑山詩》蓋出《麻姑山志》，前有小引。《西江詩話》所載之《葛仙峯》詩，即在其中，而題作《上葛仙壇》，標目小異。其《錢鄧州不燒楮鏹頌》一首，則自呂祖謙《宋文鑑》中錄出者也。篇帙寥寥，採摭殊為寒窘。今既別編巨帙，此為廢棄矣。

支離子集一卷（浙江鮑士恭家藏本）

一曰《竹堂集》。宋道士黃希旦撰。希旦，邵武人，一名晞，字姬仲，自號支離子。熙寧中嘗召至京師，典太乙宮事。後病卒，其徒傳為仙去，無可證驗也。此集為淳祐己酉九龍觀道士危必升所編。後附小傳云希旦為九天彌羅真人,掌上帝章奏,語甚怪妄。其詩亦凡近無深致,不類出世有道者之言。且希旦没於熙寧甲寅,不云有詩。越一百七十五年,是集忽出於羽流。則非惟仙去之説事涉荒誕,并此集殆亦依託矣。

山谷刀筆二十卷(編修汪如藻家藏本)

宋黄庭堅撰。庭堅全集已著錄,此乃所著尺牘也。以年為次,自初仕至館職四卷,居憂時三卷,在黔州三卷,戎州七卷,荆渚二卷,宜州一卷,皆於全集中摘出別行者。然是編向有宋槧本,非後人所為。考《宋史‧藝文志》,楊億亦以《刀筆》別行。蓋當時風氣有此一體云。

精華錄八卷(浙江鮑士恭家藏本)

舊本題宋任淵編。淵有《山谷内集註》,已著錄。是集皆摘錄黄庭堅詩文。前有淵序,不著年月。又有朱承爵題詞,稱“嘗得其目錄,蓋宋元祐閒刻版而亡其文,心寶其名而竊病其實。久之,始獲旁稽載籍,緣目尋詞,以還故物。若《太史大全》詩,《宋文鑑》、《文苑英華》、《文翰類選》、《光岳英華》諸集,悉掇拾無遺”云云。考庭堅卒於徽宗崇寧四年乙酉,是書之選雖無年月,然稱“黄太史《山谷集》幾萬篇,嘗節其略而謬註三十之一也”,則成於所註《内集》後。《内集註》中已稱徽宗為徽考,鄱海許尹敘《内集註》亦稱作於紹興時。此集既刻於元祐中,何以反在其後?且《錄》中詩文以本集年月核之,已有崇寧中作,何以預刻於元祐時?集中之目,亦往往與本集不合。如《夜發鄂渚曉泊漢陽親舊攜酒追送》一題,是時庭堅自武昌赴宜州貶所,故親舊追送至於漢陽。此本割裂其文,作《漢陽親舊追送》,則親舊屬之漢陽,“追送"字不可通矣。又《用前韻贈高子勉》一題，乃庭堅自用其韻，本集可考，此本乃作《和高子勉》，則事實全乖矣。《謝公定和二謝秋懷邀予同作》一題，有末四字，乃見倡和之意，此本無此四字，則謝公定自和二謝，與庭堅無關矣。甚至《雙井茶》詩"人間風日不到處"四句，乃七言古詩之前半，而割為絶句，改其題曰《內直觀化》；第十一首之《竹筍初生》一絶，改其題曰《二月江南》；《修水記》一篇，乃取庭堅《書幽芳亭》一篇，摘其中一段，而略增末數語。其餘竄亂，不可勝數。淵所註《內集》，年經事緯，考證詳明，何以此集憒憒至此？至於所錄集中不載諸詩，《西湖徙魚和蘇公》二首，乃陳師道三首之二，見《後山集》中。淵亦嘗註師道詩，何以兩集並收，漫無一語之訂正？其《新竹》一首，乃陸游詩，題曰《東湖新竹》，見《劍南集》中。淵何以能於數十年前預見之？其為偽託，固可不攻而破。且承爵序既稱"緣目尋詞"，集中一題數首者，目中並無明文，云摘選某首，何以摘選者較多？又稱所採之詩有《文苑英華》，乃宋太宗時宋白等奉敕編撰。所錄詩文，止於唐代，何以有庭堅之作？排律之名，唐、宋、元人皆無之，舊集具存，可以覆案。至元末楊士宏〔弘〕所選《唐音》，始以排律標目。明初高棅選《唐詩品彙》[①]，仍之不改，乃沿用至今。何以此本刊於宋時，已有五言排律？其為承爵依託為之，亦確鑿無疑。何景明曰："《山谷精華錄》任淵選者，其所採取，多不愜人意。"王士禎曰："《精華錄》八卷，有天社任淵自序。《錄》中取捨，未愜人意。"張宗柟亦曰："觀其錄取大意，祇以備體，且多闌入游戲之作，非上選也。"宗柟所見者稱嘉靖間摹宋槧本，士禎所見者稱明章邱李開先家宋槧本，皆在承爵之後。何景明雖正德時人，而比承爵亦差後。蓋皆即承爵此刻，託諸宋槧。觀士禎所記任淵序，與此本不異一字。而承爵之序與淵序貌為軋茁，如出一手。其作偽之跡，固了然矣。向來藏書之家珍為祕笈，蓋以名取之，未及一一核其實耳。

【彙訂】

①"明初"，殿本無。

山谷禪喜集二卷（內府藏本）

明陶元柱編。元柱始末未詳。是集於黃庭堅集中錄其闡發禪理者別為一書，蓋欲以配《東坡禪喜集》也。

后山詩集十二卷（江蘇巡撫採進本）

宋陳師道撰。師道有全集，已著錄①。此本為雍正乙巳嘉善陳唐所刊。《正集》六卷，仍魏衍所編之舊。逸詩五卷、詩餘一卷則唐搜輯諸書，補所未備者也。《正集》舊有任淵註，今皆削去。別本各行，未為不可。唐同里吳諄為作序，乃極論其註當削，則謬之甚矣。

【彙訂】

① 依《總目》體例，當作"師道有《後山談叢》，已著錄"。

襄陽遺集一卷（兩淮馬裕家藏本）

明范明泰編。明泰有《米襄陽外紀》，已著錄。此乃所輯米芾遺文。考芾《寶晉英光集》，世有傳本，明泰蓋未之見。故蒐採各書，裒為此編，然闕略殊甚。至於"倒書《心經》咒語"一則，本佛書舊文，非芾所撰，亦登簡牘，則更誤矣。

斜川集十卷（江蘇蔣曾瑩家藏本）

舊本題宋蘇過撰。過，軾之季子，字叔黨，斜川其自號也。

事蹟附載《宋史·蘇軾傳》。其集《文獻通考》作十卷，世無傳本。王士禎《香祖筆記》稱：“康熙乙酉，有書賈來益都之顔神鎮，攜蘇過叔黨《斜川集》僅二册，價至二百金有奇。惜未得見之，其存佚今不可知。”然士禎所記多傳聞之詞，未必確也。此集乃近時坊間所刊。其本但有邊闌，而不界每行之烏絲。此本染紙作古色，每頁補畫烏絲，而僞鐫“虞山汲古閣毛子晉圖書”一印，印於卷末，蓋欲以宋版炫俗。然考晁説之所作《蘇過墓誌》，過卒於宣和五年。此集中所稱乃嘉泰、開禧諸年號，以及周必大、姜堯章、韓侂胄諸人，過何從見之？其中所指時事，亦皆在南渡以後，尤為乖剌。案劉過《龍洲集》中所載之詩，與此盡同。蓋作僞者因二人同名為過，而鈔出冒題為《斜川集》，刊以漁利耳。《龍洲集》已别著錄。此本本不足存，以世傳刊本、鈔本不一而足，且卷數與《文獻通考》所載相合，恐其熒聽，故存其目而辯之焉。

　　雙峯存稾六卷（江西巡撫採進本）

　　舊本題宋進士舒邦佐平叔撰。《宋志》及諸家書目皆不著錄，厲鶚《宋詩紀事》亦不載其名。前有自序，稱“早困舉子業，竊第後方學四六語”，又稱“尚書劉公曾為辛丑省試官，余以晚出門生之禮事之”。辛丑為徽宗宣和三年，則邦佐當為北宋末人[①]。集中有《和洪龜父歲晏》詩。龜父，黃庭堅甥洪朋字也。庭堅最賞其詩，而劉克莊《後村詩話》稱其早卒。則邦佐與之倡和，又在徽宗以前。序末題“甲子歲四月”，而中云：“投紱西歸，老於三徑。”甲子為高宗紹興十四年，則其老而退休在南宋之初。而集中有《賀黃察院啟》，在紹熙四年，《迎潭帥朱殿撰啟》，在紹熙五年。上距高宗甲子凡五十年，邦佐當已百有餘歲，乃復在仕途，似無此理。況邦佐及見洪朋,則與蘇軾、陳師道、僧道潛皆同時人,特相距先後間耳。自序稱"願借後山'向來一瓣香,敬為曾南豐'"句,則陳師道語也;《真隱集》序稱"遞相傳寫,不無魚魯,謹守昔人'白鷗没浩蕩'、'採菊見南山'之戒",則蘇軾語也。其詩復云:"不如陶靖節,客至空持甌。不如蘇東坡,勝敗兩忘憂。"又云:"大蘇文章繼老蘇,魏徵勳業付魏暮。"又云:"參寥已似絮沾泥,天女雖來煖非肉。"皆作典故用之,尤為可疑。他如"池平初鬪蛤,柳老半藏鴉",即軾詩之"夜涼初吠蛤,柳老半書蟲"也;"早為挂銅鉦",即軾詩之"樹頭初日挂銅鉦"也;"小雨止還作,虛窻暗又明",即軾詩之"微雨止還滴,小窻幽且妍"也;"蜜熟花蜂亦慣營",即軾詩之"蜜熟黄蜂亦懶飛"也;"卷地風來忽吹散",即軾詩之"驀地風來忽吹散"也。即刻意學步[2],不應雷同至此[3]。其為摭軾詩贋作,痕跡顯然。至於宋璟《梅花賦》,宋已不傳。故《李綱集》有補作,其序甚明。今集中有《讀廣平〈梅花賦〉》詩,知其出在劉壎《隱居通議》之後。"梅子又生仁"句,乃以唐寅詩"試嘗梅子又生仁"句截去二字,知其出於唐寅之後。是殆近時之所為耳[4]。

【彙訂】

① 館臣乃誤以淳熙八年辛丑(1181)為宣和三年辛丑(1121),移南宋為北宋。(祝尚書:《宋人別集敍錄》)

② "即",殿本無。

③ 殿本"不"上有"亦"字。

④ 此書有宋刻本一,元刻本一,明刻本三,均為舒氏後人所編刻。初刻本乃其季子舒邁所編,有邦佐自序,並命名《雙峯猥槁》。刻成於宋寧宗嘉泰四年。紹熙之詩顯係其後裔重編,撮拾遺文時誤收,所謂贋作當亦如是。然終是淵源有自之本,雖攙入贋作,亦不能

掩其真，未可以偽本視之。（朱家濂：《讀〈四庫提要〉札記》）

別本海陵集一卷（浙江巡撫採進本）

宋周麟之撰。麟之《海陵集》二十三卷，《外集》一卷，已著錄。此本僅詩六十三首、文四篇，即《外集》一卷。書賈削去標題"外集"字，別作偽帙，以售欺耳。

李忠定集選四十四卷（福建巡撫採進本）

宋李綱撰。綱有《梁谿集》，已著錄①。此本凡錄奏議十五卷，文十六卷，詩六卷，《靖康傳信錄》三卷，《建炎進退志》四卷，冠以本傳一卷，《行狀》三卷。明萬曆中閩人李嗣元〔玄〕所選②。其凡例稱限於貲，不及全刊也。兵燹版佚。國朝康熙己酉，建寧李榮芳又重刊之，稱："購得三舊本，皆有殘闕，合之乃成完帙。"其用力頗勤。《梁谿全集》，大抵藏書舊家始有之，世不多見。今行於世者惟此本，故附存其目，不沒剞劂之功云。

【彙訂】

① 依《總目》體例，當作"綱有《建炎時政記》，已著錄"。

② "選"，殿本作"撰"，誤。

林泉結契五卷（編修汪如藻家藏本）

宋王質撰。質有《詩總聞》，已著錄。是編乃商邱宋犖摘《紹陶錄》中《山友辭》、《山友續辭》、《水友辭》、《水友續辭》、《山水友續辭》各為一卷。謂其有玩物適情之趣，改題此名。其文則無所增損也。

北山律式二卷附王炎詩一卷晁沖之詩一卷（浙江鮑士恭家藏本）

宋葉夢得所選程俱詩也。夢得有《春秋傳》，俱有《麟臺故事》，皆已著錄。是編前有夢得序，稱"致道《北山集》四十卷，既為之序。人皆知致道之文，而不知其詩。即知其詩，亦僅知其古風，而不知其律詩之妙。及門鄭晦係致道同里人，初學韻語。予謂其何舍近而就遠也。因選錄致道近體詩二卷，名曰《北山律式》"云云。其文淺鄙，不似夢得他作。《北山集》已別著錄，此為駢拇枝指，無論真偽矣。卷後附錄王炎《雙谿類稿》十數首、晁沖之《具茨集》數首，尤不解其何意。大抵雜湊之本，姑充插架之數者也。

別本汪文定集十三卷（江蘇巡撫採進本）

宋汪應辰撰。應辰全集，已於《永樂大典》內裒輯成編，別著於錄。此本乃明程敏政以內閣藏本選錄而成，非其完帙。

延平文集三卷附錄二卷（編修汪如藻家藏本）

宋李侗撰。侗有朱子所輯《延平問答》，已著錄。此本乃侗裔孫葆初更彙詩文一卷，附綴於後，改題此名，故《宋志》不載。前三卷均標曰"朱熹編"。其實朱子惟編《問答》，未編詩文，特借以為重耳。後二卷為《附錄》，則朱子所為《行狀》之類也。

別本蘆川歸來集六卷（編修汪如藻家藏本）

宋張元幹撰。是集已於《永樂大典》中裒輯成編，別著於錄。此本凡詩二卷，雜文三卷，末附《幽巖尊祖事實》一卷。詩僅有近體，又編次無緒，至以《題米元暉瀑布橫軸》一詩、《題蘇養直絕句後》一詩、《題江天暮雨圖》一詩、《題江貫道絕壁古松》一詩入之"雜文跋"類中。蓋殘闕掇拾之本也。

陳文恭公集十三卷（浙江鮑士恭家藏本）

舊本題宋陳康伯撰。康伯字長卿，弋陽人，宣和三年中上舍丙科，仕終尚書左僕射、同中書門下平章事，謚文恭。事蹟具《宋史》本傳①。是集為其裔孫以範編次，并以誥敕及諸書文字有涉於康伯者彙附於後。然遺文僅二卷，而附錄乃十一卷。末大於本，殊非體例。且遺文亦多偽作。如所載《謝敕命修家譜表》，稱："昨進家譜，敕令史院編修填諱。"自古以來，無是事理。其謝語稱"伏惟聖躬保重，聖壽隆長"，而首稱"臣康伯叩頭拜謝曰"，末稱"臣等不勝欣躍，無任感戴叩謝之至"，尤不曉宋人章表體例。又首載原序一篇，稱："乾道七年新安門人朱熹頓首拜書於碧落洞天"，其詞鄙陋殊甚。朱子年譜具在，不言有此師。朱子集中亦無此文。蓋無往而不偽也。

【彙訂】

①《宋史》卷三八四《陳康伯傳》云乾道元年卒，謚文恭。慶元初，改謚文正。清康熙二十九年刻本書名原作《陳文正公集》，《浙江省第四次鮑士恭呈送書目》等著錄亦同。（杜澤遜：《四庫存目標注》）

志道集一卷（浙江鮑士恭家藏本）

舊本題宋顧禧撰。禧字景繁，吳郡人。居於光福山，閉戶誦讀，不求仕進。紹興閒，有司以遺逸薦，不起。後築室邟村，表曰漫莊。凡田居五十年而終。嘗與吳興施宿註蘇軾詩，行於世。陸游序所謂"助以顧君景繁之賅洽"是也。茲編稱禧子宏聞搜求遺稿，從江浙提刑轉運任某鈔得若干首，取《魯論》"隱居求志"之義，題曰《志道集》。然莫知其所自來。卷首有禧姪長卿序，稱禧以文章擅名，為里中同學所忌，指作周世宗宮詞，禍幾不解。會以遺逸薦，得白。於是以杯酒釋奠①，盡焚生平所著述。凡百餘卷，無復隻字存者。其敍述禧生平頗具。惟序末署“至元壬辰”，乃元世祖即位之二十九年。禧為宋高、孝時人，相距一百餘年。安得有其姪尚在，為之作序？又考集中多載洪興祖倡和之作。興祖當紹興中以忤秦檜貶死，禧正與之同時，又似乎真出禧手。惟《贈行省任古》一首，宋時無此官名。而序中則作“提刑轉運任公”，復與宋制相合。其長卿結銜稱石泉書院山長、福州路教授，又非宋官，殊參錯不可解②。詩僅三十餘首，且多俚句，疑其出於依託焉③。

【彙訂】

①“以”，殿本無。

② 既云“茲編稱禧子宏聞搜求遺橐，從江浙提刑轉運任某抄得若干首”，又謂“然莫知其所自來”，自相牴牾。顧禧嘗與吳興施宿同註蘇詩，則開禧、嘉定中尚在。至元壬辰距嘉定壬申八十年，序云“少侍景繁”，若在十歲以內，作序時尚未到九十。行省或後人傳抄沿元官名而誤。長卿結銜乃泉州石井書院山長，其人顯已入元。（陸心源：《皕宋樓藏書志》；胡玉縉：《四庫全書總目提要補正》）

③“焉”，殿本作“也”。

千慮策二卷（江西巡撫採進本）

宋楊萬里撰。萬里有《誠齋易學》，已著錄。是編凡君道三策，國勢三策，治原三策，人才三策，論相二策，論將二策，論兵二策，馭吏三策，選法二策，刑法二策，冗官二策，民政三策。前有自序,已載於《誠齋集》中。此江西所刊別行本也。本傳稱虞允文為相,見此策,薦為國子博士,則當時已別行矣。

錦繡論二卷(永樂大典本)

舊本題宋楊萬里撰。考宋貢舉條式,第二場試論一道,限五百字以上。則此編蓋當時應試程式也①。然體例拘陋,未必真出於萬里。疑併書中國子監批點皆坊賈託名耳。

【彙訂】

① "則",殿本作"成"。

分類誠齋文膾後集十二卷(副都御史黃登賢家藏本)

不著編輯者名氏。其書分三十二類。取楊萬里《易傳》、《千慮策》中之語摘錄標題,各加批點,殊為庸俗。又有題見此集,而註云"文見《前集》"者,亦非完書。相其版式,乃麻沙舊刻,蓋宋末書坊陋本也。

蘗閣集一卷(兩淮馬裕家藏本)

舊本題宋辛棄疾撰。棄疾有《美芹十論》,已著錄。是編集六朝及唐人詩句為五、七言近體,平聲上、下三十韻,韻為一首。前有棄疾自序。今按《唐韻》及宋《禮部韻》皆上平二十八部,下平二十九部。至理宗末①,平水劉淵始併為上、下平各十五部。棄疾當高、孝②、光、寧之朝,平水韻未出,安得而用其部分?且平韻分上、下,自《廣韻》已然。集中顧以一先為十六先,至咸韻為三十,此向來韻書所無。又據魏了翁之說,《唐韻》下平作二十九先,而小變之者也。至集句始於晉傅咸,宋王安石、孔武仲皆有其體。今序首即云《集韻》非古,又舍王、孔而獨舉陳后山、林莆田,尤極疏舛。文筆亦頗類明末竟陵一派,決不出棄疾之手也。

【彙訂】

①“至”，殿本作“及”。

②“孝”，殿本脱。

別本攻媿文集三十二卷詩集十卷（兵部侍郎紀昀家藏本）

宋樓鑰撰。鑰有《攻媿集》，已著録。此本前後無序跋。又《文集》有目，而《詩集》無目，較原集少七十八卷，蓋後人選録而成。然世所傳寫大抵此本，今亦附存其目焉。

朱子大同集十三卷（江蘇巡撫採進本）

宋陳利用編，明林希元增輯。希元有《易註存疑》，已著録。是編皆朱子官同安時所作。考《朱子年譜》，二十四歲為同安主簿。越二年，受學於李侗。又四年，秩滿而歸。凡莅事七年。其稱“大同”者，唐貞觀中，於同安置大同場①，宋時亦有大同驛，從古名也。詩文皆《全集》所載，問答亦《語録》所收，別無新異。徒以賢者所莅，人爭攀附以為重，故同安之人衷刻以夸飾其地。實不足以盡朱子，而朱子亦不藉此表章也。

【彙訂】

①“場”，底本作“塲”，據殿本改。《太平寰宇記》卷一百二《江南東道十四·泉州》“同安縣”條載：“唐貞元十九年，析南安縣南界四鄉置大同場。福州偽命己亥歲，升為同安縣。”可知“貞觀”乃“貞元”之誤。

晦菴文鈔續集四卷（安徽巡撫採進本）

明崔銑編。銑有《讀易餘言》，已著録。宣德中，常熟吳訥有《晦菴文鈔》六卷。銑以其未備，復為續輯，而略釋大意於每篇之末。蓋與訥書相輔而行。目錄以七卷為始，亦合訥書計之也。

朱子文集大全類編一百十一卷(兵部侍郎紀昀家藏本)①

國朝朱玉編。玉，建陽人，朱子十六代孫也。是編以朱子正、續、別三《集》合而為一，俾諸體各以類從。每體之中，又以編年為先後，分為八冊。一冊為道學淵源、世系、題贊、事實、年譜、祭文、行狀、褒典、祠廟及門人姓氏附錄，凡三卷。二冊為賦、詩、詩餘，凡十卷。三冊為封事、奏劄，凡二卷。四冊為政蹟、宮觀、經筵、表文、疏文，凡十一卷。五冊為書劄，凡十四卷。六冊為問答，凡三十五卷。七冊為雜著，凡十五卷。八冊為序記、祝文、碑文、行狀、墓表②、墓誌、事實、年譜、遺事及庭訓、墨蹟，附編著書目，凡二十一卷。每卷各為之引述，其用力頗勤。然割裂煩瑣，究不及《大全集》之原本為能存其舊也。

【彙訂】

①"一百十一卷"，底本作"一百一十卷"，據提要所列卷數及殿本改。今存清雍正八年朱玉刻本實為一百十七卷。(王重民：《跋新印本〈四庫全書總目〉》)

②"墓表"，底本無，據朱玉刻本及殿本補。

別本象山文集六卷(江西巡撫採進本)

宋陸九淵撰。舊本題九淵門人傅子雲編。首卷為年譜，次卷為講學語錄，後四卷為詩文，末附以謚議、行狀。前有萬曆乙卯金谿傅文兆重刻序，稱"文集已經七刻，殊無善本。友人周希旦得全集而刻之金陵，集中不敢刊削一字"。又稱"吾家子雲與先生同里"云云。考九淵子持之所作《年譜》云："開禧元年乙丑，持之編遺文為二十八卷，《外集》八卷，楊簡序之。三年丁卯，撫州守括蒼高商老刊於撫州。"是為初本。又云："嘉定五年壬申八月,張衍編遺文成,傅子雲序之。"未言刊版與否。是為第二本。是年九月,江西提舉袁燮刊其文集三十二卷於倉司,稱為持之所哀益。是為第三本。紹熙四年辛卯①,燮之子甫文重刊之②。是為第四本。《文獻通考》作《象山集》二十八卷,《外集》四卷,與三十二卷數合,併載燮序於後。《宋史·藝文志》亦同。無所謂六卷之本,亦無所謂傅子雲編之事。其文僅全集五分之一,則"不敢刊削一字"之説尤為誕妄。蓋後人選刻之本,文兆以宗族之故,借張衍本有子雲作序一事,遂題其名,實非當日之舊。其年譜亦多所竄亂。如載形家占其先墓之言,有"糊糊塗塗生一箇大孔夫子"之語,顯為不學者所妄加也。

【彙訂】

① "紹熙",殿本作"紹興",皆誤。嘉定五年壬申為西元1212年,而紹熙四年癸丑為1193年,紹興四年甲寅為1134年,皆早於嘉定五年,且干支不符。惟紹定四年(1231)為辛卯。據明嘉靖王宗沐刻本《象山先生全集》所附《年譜》,"紹定四年辛卯,冬十月己未,袁甫刊先生文集。"(楊武泉:《四庫全書總目辨誤》)

② "文"當為"又"字之誤。袁燮之子名甫,字廣微,《宋史》卷四百五有傳。

別本緣督集十二卷(浙江鮑士恭家藏本)

宋曾丰撰。丰集久無完本,近始採《永樂大典》所載,葺綴成帙,已著於錄。此本為其十世孫自明所輯。萬曆癸未,詹事講為選而刻之。據事講自序,其先本曾氏裔也。所選僅詩三卷,文九卷，挂漏頗多。今已採其中《永樂大典》所未載者，編入新本。故附存其目，不更繕錄焉。

止齋論祖五卷（浙江鮑士恭家藏本）

宋陳傅良撰。傅良有《春秋傳》，已著錄。初，傅良講學城南茶院時，以科舉舊學，人無異辭，於是芟除宿說，標發新穎，學者翕然從之。此論五卷，蓋即為應舉而作也。首列《作論要訣》八章，中分四書、諸子、通鑑、君臣、時務五門，凡為論九十二篇。考《止齋文集》卷末附錄雜文數首，編內《守令》、《文章》、《民論》三篇存焉，餘皆削而不錄①。疑傅良當日自悔其少作，故其門人編次之時，不以入集，特別錄此本，私存為程試之用耳。

【彙訂】

① 文集附錄載雜文《民論》、《文章》、《守令》、《收民心》四篇。（孫詒讓：《溫州經籍志》）

南塘四六一卷（浙江巡撫採進本）

宋趙汝談撰。汝談字履常，太宗八世孫，居於餘杭。淳熙十二年進士，官至權刑部尚書。事蹟具《宋史》本傳①。汝談在當時，頗以詩名。歷掌制誥，亦以文章典雅見稱。其《嘉定賀玉璽表》有“函封遠致，不知何國之白環；琢刻孔彰，咸曰寧王之大寶”四語，王應麟《困學紀聞》極稱之。今全篇在集中。然他作不盡如是也。

【彙訂】

① 據《文獻通考》卷三二《選舉考》，淳熙十二年無進士科。《南宋館閣錄》卷九趙汝談名下注：“淳熙十一年衛涇榜進士及第。”《宋史》本傳、《咸淳臨安志》卷六七同傳、雍正《浙江通志》卷

一五八《人物・名臣・趙汝談傳》、嘉慶《餘杭縣志》卷二五《名臣・趙汝談傳》所載均作淳熙十一年進士。（楊武泉：《四庫全書總目辨誤》）

別本後樂集十卷附錄二卷（江蘇巡撫採進本）

宋衛涇撰。涇集本五十卷[1]，刊於元代，歲久散佚。今從散見《永樂大典》中者編次成帙，已著於錄。此本乃其十四世孫楫所輯。以志乘諸傳及遺像弁卷首，而以廷試策為卷一，奏疏為卷二至卷九，各以時代編次。其末卷則涇與人往還書及所題詩，而以後人祠記之類附焉[2]。楫之大旨以奏疏為主，故詩別錄於末。然與後人之文雜編，究非體例。其搜採頗為未周，亦不及新編之完備也。

【彙訂】

① 此集乃其嗣子衛樵所編刻，跋曰"先公參政文字七十卷"。《總目》卷一六一著錄《永樂大典》本《後樂集》二十卷，亦云"原本凡七十卷，乃其子樵所編"。（陳乃乾：《讀〈四庫全書總目〉條記》）

② "祠記"，殿本作"祠祀"，誤。

騷略三卷（浙江汪啟淑家藏本）

宋高似孫撰。似孫有《剡錄》，已著錄。是編皆所擬騷賦，凡三十三篇。其後《欸乃詞》一篇，集杜甫詩八句、柳宗元詩四句為之，殊纖詭也。

棠湖詩稾一卷（浙江鮑士恭家藏本）

舊本題宋岳珂撰。珂有《金陀粹編》，已著錄[1]。茲編乃所作宮詞一百首，皆咏北宋之事。前有珂自序，稱"棠湖綸釣之暇，適有猶子從軍自汴歸,誦言宮殿鐘簴,儼然猶在。慨想東京盛際,文物典章之偉觀,聖君賢相之懿範,輒用王建體,成一百首,以示黍離宗周之末志"云云②。其本為鮑氏知不足齋所刊,宋以來公私書目悉不著錄,不知其所自來③。珂序亦無年月。考珂《桯史》稱"紹熙壬子,年十歲",則端平甲午金亡之歲,其年僅五十二,固猶及見宋師之入汴。又據所作《玉楮集》,珂以紹定癸巳坐黜,至嘉熙戊戌乃重召。則滅金時,珂正閒居,與序亦合。然汴京圖籍盡入於金,史有明文。詩中乃云:"卷帙異書三十萬,至今光采動奎星。"所謂今者,何時也④?且褚摹《蘭亭》⑤,終存己法;蘇和陶詩,不掩本色。珂《玉楮集》具存,其詞與此迴殊。雖酷學唐人,未必遽失故步至於如此。又王建、王珪、花蕊夫人、宋徽宗、楊皇后諸家宮詞,今或有不省為何語者。蓋宮禁舊事,載籍不能備錄,往往無徵。此一百首則檢點宋人說部,無不可註其端委,何珂之所述盡今人之所知也⑥。昔厲鶚作《宋詩紀事》,凡鮑氏藏書,無不點勘。今所進本,標識一一具存,獨無一字及此書,則出在鶚後矣⑦。疑鶚及符曾等七人嘗合作《南宋雜事詩》,而其《北宋雜事詩》則未及成書。或遺稿偶存,好事者嫁名於珂耶⑧?

【彙訂】

①　依《總目》體例,當作"珂有《刊正九經三傳沿革例》,已著錄"。

②　宋本此集自序原文為:"適有猶子規從軍自汴歸……聖君賢相之懿範,了然在目,輒用王建體……以示黍離宗周之未忘。"(劉尚恒:《〈棠湖詩稿〉考辨》)

③　清初毛扆《汲古閣珍藏祕本書目》著錄:"宋板岳倦翁

（珂）《宮詞》、宋板《石屏詞》、許棐《梅屋詞》二本合一套，藏經紙面。許、岳二家，人間絕無。""人間絕無"，或致諸家不載。（余嘉錫：《四庫提要辨證》；劉尚恒：《〈棠湖詩稿〉考辨》）

　　④　此詩乃指宋初建崇文院、祕閣，廣聚圖書事。（同上）

　　⑤　"且"，殿本無。

　　⑥　此百首詩中惟前十首為詠宮禁之事，其後八十九首皆太祖至欽宗時朝廷大事，帝王言動，直是一代詩史，非復宮中行樂之詞。第一百首則詠高宗南渡中興之事，以總結上文。（余嘉錫：《四庫提要辨證》）

　　⑦　此集今存汲古閣舊藏南宋陳起《宋人小集》原刻本。（劉尚恒：《〈棠湖詩稿〉考辨》）

　　⑧《南宋雜事詩》乃地方文人為記地方盛衰事的紀事詩。而書中查慎行、萬經、章藻功諸序及白長庚、程夢星、金農等十一人題詞均未言及《北宋雜事詩》。厲鶚傳記年譜中也未見載。或出於後人的連類推想。（同上）

　　松垣集十一卷（衍聖公孔昭煥家藏本）

　　舊本題宋幸元龍撰。元龍字震父，高安人。《宋史》不為立傳。據集中所言，嘗舉進士。理宗朝任朝奉郎、郢州通判。以論史彌遠，為陳晐所劾，罷歸。是集《宋志》亦不著錄。所載凡疏三篇，書四篇，記事六篇，序一篇，行狀一篇，墓誌銘一篇，詩十首。前有像贊及傳，今已佚。後為事蹟一卷，載所判岳飛、万俟卨子孫爭田事①，不知何人所記，疑即集中稱"濱谷居士"者所為。濱谷名鳴鶴，即元龍後裔，搜輯遺棄，編成此帙者也。詩文各繫以評語，閒有註釋，亦頗疏略。元龍事蹟無考②。其題曰"幸清節公”,亦莫詳其得謚之由。首篇《論國是疏》内自引所作與陳晈、劉之傑二律,而終之曰“二詩之意切矣”,殊非臣子對君之體。他文亦多鄙淺。而詩謂一篇為一韻,尤古無是例,殆出依託③。其“事蹟類”中載万俟卨子孫與岳飛家爭田,委問一十三州府縣不能決。理宗御批金牌,敕賜諸侯劍、皂纛旗、袞龍筆架、玟瑁硯,委公裁斷。又稱:“判畢奏聞,上大喜,賜緋魚袋一、象笏一、玉帶一、金帛百端、梅花金臺蓋一副。”是直委巷之語矣,古來有是事乎?

【彙訂】

　①“事”,殿本無。

　② 明廖道南《楚紀》卷五二、凌迪知《萬姓統譜》卷八七、清雍正《江西通志》卷五〇、卷七一、陸心源《宋史翼》卷二二皆載其事蹟。(劉琳:《幸元龍與〈松垣文集〉》)

　③ 清小山堂鈔本《松垣文集》卷一的三篇奏疏、卷二的四篇書簡與寧、理兩朝史事如合符節,《四庫全書》本《三劉家集》附錄有幸元龍所作《鈞山故居祠堂記》與《凈慈寺西澗先生祠記》,皆可證此集非出依託。(虞雲國:《清小山堂鈔本〈松垣文集〉考述》)

　臞軒四六二卷(浙江鮑士恭家藏本)

　宋王邁撰。邁有《臞軒集》,已於《永樂大典》中裒輯成編,別著於錄。此乃所作駢體凡一百五首,蓋即從原集中摘出別行者也。

　獻醜集一卷(浙江巡撫採進本)

　宋許棐撰。棐有《梅屋集》,已著錄①。是集前有嘉熙丁酉自序,僅短文十一篇,《樵談》三十則。載左圭《百川學海》中,似非完本②。詞旨淺俗,亦無可取。

【彙訂】

①　依《總目》體例,當作"棐有《樵談》,已著錄"。

②《百川學海》本載《梅屋記》、《瘞木文》、《朱黃二君説》、《海鹽廣福求為賢首教院記》、《梅屋書自序》、《送張南窻序》、《融春室記》、《王文書目序》、《責井文》、《送教上人序》十篇短文。

漁父詞集句二卷(永樂大典本)

宋釋少嵩撰。少嵩字亞愚。其序曰:"嘉定壬申,予年十九。其秋自穆湖買船,由鄱陽、九江之巴河,往來凡數月。每遇景感懷,因集句作《漁父詞》以自適。"所集不甚工,亦李龏《剪綃集》之流亞耳。

斷腸集二卷(浙江鮑士恭家藏本)

宋朱淑真撰。淑真,錢塘女子,自號幽棲居士。嫁為市井民妻,不得志以没。宛陵魏端禮輯其詩為《斷腸集》,即此本也。其詩淺弱,不脱閨閣之習。世以淪落哀之,故得傳於後。前有田藝蘅《紀略》一篇,詞頗鄙俚,似出依託。至謂淑真寄居尼菴,日勤再生之請①,時亦牽情於才子,尤為誕語。殆因世傳淑真《生查子》詞附會之。其詞乃歐陽修作,今載在《六一詞》中,曷可誣也。語詳詞曲類《斷腸詞》條下。王士禎記康熙辛亥見淑真紹定二年手書《璇璣圖記》一篇,備錄其文於《池北偶談》中②,且稱"《斷腸集》不載此文。諸家撰閨秀詩筆者,皆未之及"云云。然流傳墨蹟,千偽一真。此文出淑真與否,無從考證。疑以傳疑,姑存是一説可矣。

【彙訂】

① "請",殿本作"説"。

② 各本《池北偶談》卷一五"朱淑貞《璇璣圖記》"條皆記時間為"紹定三年"。(楊武泉:《四庫全書總目辨誤》)

巽齋四六一卷(浙江鮑士恭家藏本)

宋危昭德撰①。昭德字子恭,昭武人。寶祐元年進士,官至權工部侍郎。事蹟具《宋史》本傳。昭德所著有《春山集》,今已久佚。此本摘錄其駢體,僅四十九首②,非完本也。

【彙訂】

① 此書作者當為危稹,字逢吉,號巽齋,撫州臨川人,淳熙十四年(1187)進士。著有《巽齋集》,《宋史》卷四一五有傳。其仕履與書中所言相合。而危昭德乃寶祐元年(1253)進士,寧宗時事皆不及見。(楊世文:《宋刻本〈四家四六〉考》)

② 實收五十篇。(施懿超:《宋四六論稿》)

石堂遺集四卷(福建巡撫採進本)

宋陳普撰。普有全集,已著錄①。此本以《渾天儀論》十六條及各體文為第一卷。賦三首、詞四首、歌二首及各體詩為第二卷。其三、四兩卷七言絕句二百餘首,皆詠史之詩。末附以雜纂十二條。乃明天啟中普里人阮光寧所選刻,非完帙也。

【彙訂】

①《總目》未著錄陳普全集。(胡玉縉:《四庫全書總目提要補正》)

東澗集一卷(江西巡撫採進本)

宋湯漢撰。漢字伯紀,安仁人,以薦授信州教授。度宗時,官至工部尚書。諡文清。事蹟具《宋史·儒林傳》[1]。史稱漢文集六十卷[2]，今惟所編《妙絕古今》尚有傳本，而文集則久佚。此本不知何人所輯，雜掇史傳所載奏疏七段，皆非全文。又益以《〈陶靖節詩註〉序》一篇、《重修楊龜山舊宅記》一篇、《〈真西山讀書記〉序》一篇、《石鼓書院記》一篇、《〈妙絕古今〉序》一篇、遺詩三首，附以諸家題跋及告身。其於原帙，蓋泰山一毫芒矣。

【彙訂】

[1] 以薦授官，不言科第，蓋以湯漢未舉進士也。然《南宋館閣續錄》卷八湯漢名下注："字伯紀，貫饒州，習《易》，甲辰進士。"雍正《江西通志》卷五一《選舉志》淳祐四年甲辰留夢炎榜進士欄載："湯漢，安仁人，工部尚書，諡文清。"《宋史》本傳云："赴禮部別院試，正奏名，授上饒縣主簿。""正奏名"，即禮部考試中選後，奏名成進士。（楊武泉：《四庫全書總目辨誤》）

[2] "史稱"，殿本作"宋稱"，當脫"史"字。《宋史》卷四三八本傳載"有文集六十卷"。

剪綃集二卷（編修汪如藻家藏本）

宋李龏撰。龏字和父，號雪林，菏澤人。是編皆集唐人之句。上卷凡二十八首，惟五言律一首，餘皆古體。下卷凡九十首，則皆七言絕句[1]。殆以艱於屬對故耶？不及石延年、王安石、孔平仲所集多矣。

【彙訂】

[1] 清初汲古閣影宋抄本此集上卷二十八首，下卷詩題八十七，其中《惆悵詩》、《雪》、《春日詠懷》、《遣興》、《送春》皆為二首，實有九十二首七絕。

汪水雲詩鈔一卷（江蘇巡撫採進本）

宋汪元量撰。元量有《湖山類稾》，已著錄。此本末有崇禎辛未舊跋，稱“夏日晒書，理雲閒人鈔詩舊册，得《水雲詩》二百二十餘首，錄成一帙。其劉辰翁所批點刊行者，藏書家必有全本。當與好事者共購之”云云。蓋其時《湖山類稾》尚無刊本，故所見止此。所附錄元納新原本作遁賢，今改正。《讀水雲集詩》并序，稱其多記亡國時事及與文天祥獄中唱和之作。此本無與天祥唱和之詩，蓋亦從《金臺集》中鈔入，非原本所有也。

須溪記鈔八卷（副都御史黃登賢家藏本）

宋劉辰翁撰。辰翁有《評點班馬異同》，已著錄[1]。其集本一百卷，明代已不傳，獨存記七十篇。其十八世孫棻等重刻之，即此本也。今全集於《永樂大典》中重為裒輯，業已成帙。此殘闕之本，可無庸復錄。以孤行已久，姑附存其目焉。

【彙訂】

[1] 當作“辰翁有《班馬異同評》，已著錄”。

雞肋集一卷（江西巡撫採進本）

宋何希之撰。希之，撫州樂安人。咸淳甲戌進士，署零陵教授。宋亡後，遁跡以終。此本首冠以廷試、省試策二篇，後附以詩文五十餘篇，皆其子孫搜輯而成。故體製舛錯，編次殊為無法，文格亦多平衍。蓋闕帙之餘，其菁華已不復存矣。

牧萊脞語十二卷二稾八卷（浙江鮑士恭家藏本）[1]

宋陳仁子撰。仁子字同俌，號古迂，茶陵人。咸淳十年漕試第一，宋亡不仕。是集名曰“牧萊”，言牧牛於草萊閒也。初稾題其門人李懋宣編，二稾題其門人譚以則編。觀卷首余恁、鄧光薦、蕭龍友序，則仁子蓋自定之，託於門人耳。仁子作《文選拾遺》，襲真德秀《文章正宗》之說，進退古今作者，若有特識。今觀所作，則殊為猥濫。諸序皆推其《南岳賦》，特以壓卷。鄧光薦比之相如，蕭龍友比之班固。然賦所云：“卓高岡兮爭長，走平壟兮要荒。方各有山，山各有綱。譬諸觀水勢之瀠洄者，必航大海、七澤之汪洋；訊花譜之繁麗者，必諏上林、艮岳之低昂。”恐馬、班決無是語。又多以表啟駢詞、語錄俚字入之古文。如《與衡陽鄒府教書》，通體皆散文，而其中忽曰：“士修於身，將用於天子之庭。春風莘野之耕，而升陑之規模已定；夜月磻谿之釣，而牧野之體段已成”云云。不惟自韓、歐以來無此文格，即“春風”、“夜月”四字，尚可謂之有根據乎？殆好為大言者耳。

【彙訂】

① 清初影元鈔本作《牧萊胜語》二十卷《二槀》八卷，《浙江省第四次鮑士恭呈送書目》、《浙江採集遺書總錄》著錄亦同。（杜澤遜：《四庫存目標注》）

寳峯集二卷（兩淮鹽政採進本）

宋趙偕撰。偕字子永，慈谿人。自以宋宗室，入元不仕，隱居大寳山東麓①。是集為其外孫顧恭所編，後兵燹散失。明嘉靖中，其裔孫廣東僉事繼宗得舊本於楊昔濟、向純夫處，重梓行之。今所鈔傳即其本也。上卷多與邑令陳文昭所論治縣規條，下卷皆古、今體詩，亦多陳腐。蓋其學以楊簡為宗，故不免以語錄為文云。

【彙訂】

① 趙偕生於元初，歿後二年元亡，純係元人。（潘柏澄：《寳

峯集敍錄》)

方韶卿集一卷(江蘇巡撫採進本)

舊本題宋方鳳撰。鳳有全集,已著錄①。此集前有曹溶圖記,蓋其家藏鈔本。然前半卷全採《宋遺民錄》,後半卷《錢塘詩》以下則皆汪元量作。蓋書賈偽鈔以射利,溶不辨而收之也。

【彙訂】

① 依《總目》體例,當作"鳳有《野服考》,已著錄"。

待清遺槀二卷(浙江巡撫採進本)①

宋潘音撰。音字聲甫,天台人②。自咸淳之末遭逢世亂,即隱居不仕,題所居曰待清軒。入元以後,仍隱遯以終。其集舊無傳本。明嘉靖閒,其後人從敗籠中得遺槀,屬徐雲卿校定而序之。詞氣頗涉粗率,未知果音之手蹟否也。

【彙訂】

① 今存諸清鈔本書名皆作《待清軒遺槀》,《浙江省第四次鮑士恭呈送書目》、《浙江採集遺書總錄》著錄亦同。(杜澤遜:《四庫存目標注》)

② 明萬曆徐象梅《兩浙名賢錄》、《宋元學案》卷九二《潘音小傳》、《嘉慶一統志·紹興府·人物》潘音條,均作新昌人。民國《新昌縣志》卷一一《潘音傳》云:"字聲甫……所著有《待清遺槀》。"(楊武泉:《四庫全書總目辨誤》)

心史七卷(江蘇巡撫採進本)

舊本題宋鄭思肖撰。思肖有《題畫詩》、《錦錢集》及所著雜文①,併附載其父震《菊山清雋集》後,已著於錄②。此書至明季始出,吳縣陸坦、休寧汪駿聲皆為刊行③。稱崇禎戊寅冬,蘇州承天寺狼山中房浚井，得一鐵函。發之有書緘封，上題"大宋孤臣鄭思肖百拜封"十字。因傳於時。凡《咸淳集》一卷，《大義集》一卷，《中興集》二卷，皆各體詩歌。《久久書》一卷，雜文一卷，略敘一卷，皆記宋亡時雜事。後附自序、自跋、盟言及療病咒一則。文詞皆蹇澀難通，紀事亦多與史不合。如雜文卷中於魏徵避仁宗諱作"證"，而李覯則不避高宗諱，又記"蒲壽庚"作"蒲受耕"。原本果思肖親書，不應錯漏至此。其載二王海上事，謂少保張世傑奉祥興皇帝奔遁，或傳今駐軍離裏。衛王溺海，當時國史野乘所記皆同，思肖尤不宜為此無稽之談。此必明末好異之徒，作此以欺世，而故為眩亂其詞者①。徐乾學《通鑑後編考異》以為海鹽姚士粦所偽託，其言必有所據也。

【彙訂】

① 應作《一百二十圖詩集》、《錦錢餘笑》。（陳福康：《〈鄭思肖集〉前言》）

② 此書卷下《先君菊山翁家傳》云："先君字叔起，號菊山，名與字之下字同。早年嘗名正東方之卦。"則當稱為鄭起，不應稱其舊名鄭震。《總目》未著錄《菊山清雋集》及鄭思肖詩文。（余嘉錫：《四庫提要辨證》）

③ 此書最早由張國維捐資於崇禎庚辰（1640）春刊刻，陸坦不過為眾多作跋者之一。（余嘉錫：《四庫提要辨證》；陳福康：《井中奇書考》）

④ 此書於仁宗、孝宗、寧宗等帝均未嚴格避諱，"證"字或因音近而筆誤或刊誤。蒲壽庚本是阿剌伯人，鄭思肖寫一同音譯名而已，書中記窩闊臺作兀窟帶、阿里木哥作阿里孛哥等甚多，皆當作如是觀。"二王海上事"，史籍野乘亦有此類傳聞，不可據

此即斷為偽書。（陳福康：《論〈心史〉絕非偽託之書》、《井中奇書考》）

羅滄洲集五卷（編修勵守謙家藏本）

舊本題宋羅公升撰。案厲鶚《宋詩紀事》載："公升字時翁，永豐人。大父開禮，從文天祥勤王，兵敗被執，不食死。公升以軍功授本邑尉，北遊圖恢復，不果。有《滄洲先生集》。"云云。其文不甚了了。天祥既敗，所謂軍功者何功，所謂本邑尉者何人所授？且宋亡之後，孑然一匹夫，何以北上圖恢復？皆於事理不甚近。毋乃據地志、家乘之文，疑以傳疑乎①？此本有曹溶名字二印，蓋其所藏。題曰："宋禮部侍郎鄧中齋中甫批點，明翰林國史修撰七世孫倫校正。"首載賦一篇，以下各體分編。而每體之中分《無名集》、《還山槀》、《抗塵集》、《癡業集》、《北行卷》五名，各為標題。其體例既為繁碎②，而以絕句居律詩前，律詩居古體前，亦為倒置③。意者其初五集自為卷帙，其後人以體分之，故雜亂如是耶？第二卷之首有《皇帝閣春帖子》二首、《端午帖子》一首、《皇后閣春帖子》一首、《夫人閣春帖子》一首④、《端午帖子》一首。考帖子詞為翰林學士之職，公升一縣尉，何由得有此作？且其祖既於宋末殉節，則其孫必不及南宋承平之盛，而其詞乃皆治世之音，殊為可疑。又第一卷末有《得家問》二首，一曰："乍喜平安報，俄增放逐愁。"又曰："東風嚴瀨水，不是冷扁舟。"公升未放逐嚴州也；一曰："萬里平泉夢，惟憐創業難。"又曰："長平門下客，知復幾任安。"公升亦非故將相也，又皆與其生平不合。至於《燕城俗吏》諸作⑤，詞氣鄙俚，如出二手。殆其子孫所為，以裝點其忠義者，蓋竄亂失真。其為果出公升與否，殊在影響之聞矣。

【彙訂】

① 舊抄本此集顧嗣立手跋云:"滄州翁名公升,字時翁,吉之永豐人。大父開禮,宋咸淳間由冑監登第,授袁州教授,尋改武岡。德祐丙子,文丞相開督府於閩、廣,號召天下勤王,辟開禮知縣事,授安撫使,後兵敗被執,不食死節,即辰翁序中所云水雲翁也。滄州少有才略,以軍功授本邑教,傷大父死節,傾資北游燕、趙,與宋宗室趙孟榮諸公圖復宋祚,知勢不可為,回經錢塘江,作《弔胥濤》以自寓,今載集中,餘亦多感憤語。"據此,則軍功為未敗以前之功,官當由天祥所授。蓋上敘開禮事,下文更端敘公升事,文義甚明。與宗室圖恢復,當在丁丑、戊寅間,其時天祥尚存,宋亦未亡,皆無可疑。(胡玉縉:《四庫全書總目提要補正》)

② 殿本"為"上有"頗"字。

③ 殿本"為"上有"頗"字。

④ 三"閣"字,殿本皆作"閣"誤,參清抄本此集卷二原文。

⑤ "燕城俗吏"應為"燕城讀史"之誤,見此集卷二。

林屋山人集一卷(浙江鮑士恭家藏本)

宋俞琬〔琰〕撰①。琬有《周易集說》,已著錄。是集詩僅一冊,附雜文數首,率淺俗不足觀。其《題楊妃圖》絕句一首及《食鰻辨》一篇,尤為鄙俚。蓋琬以數學著②,不以文章著也。後人重其高名,搜錄遺篇存之,轉為疵累耳。

【彙訂】

①"琬",當作"琰",下同,底本乃避嘉慶諱改。殿本作"琰"。

② "琬"，殿本無。

遺山詩集二十卷（江蘇巡撫採進本）

金元好問撰。好問全集已著錄。此《詩集》二十卷，乃毛晉從全集摘出，刊於《十元人集》中者①。別行已久，姑附存其目。案好問雖入元而未仕元，晉以為元人，殊誤。顧嗣立《元百家詩選初集》以好問詩為冠，又沿晉之失。今仍題曰金人，從其實焉。

【彙訂】

①《總目》著錄《遺山集》四十卷，內詩十四卷。汲古閣本二十卷，分卷與全集本異，所收詩也多出八十餘首。（杜澤遜：《四庫存目標注》；顏慶餘：《〈四庫全書總目〉訂正三則》）

水雲邨泯稿二卷（編修汪如藻家藏本）

元劉壎撰。壎有《隱居通議》，已著錄。又有《水雲邨稿》，亦著錄。此集上卷凡賦三篇，記十一篇，傳一篇，題跋四十九篇，碑二篇，墓表二篇，壙志一篇，墓誌銘五篇，贊十四篇，銘五篇，啟二十篇，書十三篇①，詩九十篇，筆記七則，下卷則皆其筆記。疑筆記在當日自為一卷，傳寫者誤割數段入上卷也。考其詩文皆《水雲邨稿》所載，其筆記亦《隱居通議》所載。蓋洪武癸丑孫瑛摘錄二書，併為一帙，非其舊本也。下卷載有瑛跋二段，雜於書中，疑後人傳寫誤亂其次。又周密《齊東野語》一段，突出不倫，亦瑛所附錄，誤合於壎書耳。

【彙訂】

①"十三篇"，底本作"十一篇"，據清汪氏振綺堂抄本此集（存卷上）及殿本改。

別本松雪齋集二卷（編修汪如藻家藏本）

　元趙孟頫撰。孟頫《全集》十卷，又《外集》一卷，已著錄①。此本為明江元禧所刊。後有萬曆甲寅跋，稱：“文敏文集湮没，因檢枕孔中所藏②，益以耳目所睹記流通之。”蓋元禧未見《全集》，故復搜輯為此本也。

【彙訂】

①　殿本“錄”上有“於”字。

②　“孔”，底本無，據明萬曆刻本此集江跋原文及殿本補。

安南即事詩一卷（浙江巡撫採進本）

　元陳孚撰。孚有《觀光》、《交州》、《玉堂》三稾，已著錄。此集詩及自註皆自孚《交州集》中鈔出，別題此名。蓋書賈鬻偽之本，藏弄者不辨而收之也。

輝山存稾一卷（浙江鮑士恭家藏本）

　元蕭國寶撰。國寶字君玉，號輝山，山陰人，流寓吳江。其集乃至順二年其嗣子英所編次，而孔東濤為之序，稱其詩清新警策，句律整嚴。然此本所載僅二十四首，為明崇禎閒其裔孫雲程重編。疑舊稾散佚，雲程掇拾成之，故所存止此也。書僅五頁，不成卷帙。已見於顧嗣立《元詩選》中，故不復錄焉①。

【彙訂】

①《元詩選》僅錄十二首，而此蕭雲程本二十四首，未可等同視之也。（杜澤遜：《四庫存目標注》）

草廬吳先生輯粹六卷（浙江范懋柱家天一閣藏本）

　明王冀所選吳澄文也。冀有《忠義錄》，已著錄。是編以《草廬全集》浩繁難竟，乃擇其尤精者錄為六卷，以便誦讀。澄之學誦説程、朱，而源實出於陸九淵。龔，金谿人，與九淵為同里，故力為表章云。

吳草廬文鈔無卷數（副都御史黃登賢家藏本）

不著編輯者名氏。前署“甲辰春退谷手選”，蓋康熙三年孫承澤所定本也。於吳澄《支言集》中鈔其十分之一，前後無序跋，亦無目錄，又不分卷帙。蓋偶然繕寫，未及成編之本耳。

剡源文鈔四卷（江蘇蔣曾瑩家藏本）

國朝黃宗羲編。宗羲有《易學象數論》，已著錄。其時戴表元《剡源集》傳本尚稀，因選其記十六首、序三十六首、墓誌銘四首、題後九首。宗羲亦間有點定，其持擇頗精審。然不足以盡表元也。

趙仲穆遺槁一卷（兩淮馬裕家藏本）

舊本題元趙雍撰。雍字仲穆，孟頫子也。官至集賢待制、同知湖州路總管府事。是集凡詩十七首，詞十七首。卷末題“延祐元年春正月寄呈德璉姊丈”。後有文徵明跋，稱：“此卷行楷兼作，轉益妍美。從烏程王天羽借觀，因題其後。”蓋從墨蹟鈔出者。詩詞皆淺弱，如所謂“坐對荷花三兩朵，紅衣落盡秋風生”者，殊不多得。徵明跋又云：“德璉，孟頫壻王國器也。長於樂府，楊鐵崖亟稱之。”云云。疑好事者依託雍作，並假借國器名也。顧嗣立《元詩選》已附錄其父孟頫詩末，今姑存其目焉。

清江碧嶂集一卷（浙江鮑士恭家藏本）

元杜本撰。本字伯原，清江人，事蹟具《元史·隱逸傳》。父謙，在文天祥幕中，嘗毀家以佐軍。本讀書能文，頗留心於經世。吳越歲饑，本上救荒策，江浙行省丞相布呼密用其言，米價頓平。

遂薦於武宗，召至京。已而去，居武夷山。文宗即位，再徵不起，終於家。嘗輯宋遺民詩為《谷音》一卷，鑒別極精。而所自作詩乃粗淺不入格。顧嗣立《元百家詩選》譏其多應酬俚近之作，非苛論也。

太平金鏡策八卷（兩江總督採進本）

元趙天麟撰。天麟自稱東平布衣，其始末無考。書中有"國家道光五葉"語，則當仁宗之世矣。其書以建八極、修八政、運八樞、樹八事、暢八脈、宣八令、示八法、舉八要為綱，而繫以六十四子目。其文皆儷偶之詞，無所建白。蓋延祐閒初復科舉，坊賈射利之本。卷首題"經進"字，又冠以進表一篇，語意舁鄙。如云："若國家使隨流待詔，更傾三峽之波濤；若國家使無罪容身，自有五湖之煙月。"自古以來，豈有此對揚之體！至末云："謹上書乞敕以聞"①尤為無理。殆詭題以炫俗目耳②。

【彙訂】

①"乞"，底本作"死"，據臺北故宮藏元至元九年建安劉氏日新堂刻本此集卷首進表原文及殿本改。

②"目"，殿本無。

水鏡集一卷（兩淮馬裕家藏本）

元元淮撰。淮字國泉，號水鏡，臨川人。至元初，以軍功顯於閩，官至溧陽路總管。是編一名《金困集》。困，古淵字，與仇遠《金淵集》同名。蓋遠亦嘗官溧陽教授，均取義於投金瀨耳。其詩有《擊壤集》之風，而理趣不逮，視遠詩則不可同日語矣。

農務集三卷（編修汪如藻家藏本）

舊本題元王楨撰。楨有《農書》，已著錄。此集凡賦五首，詩一百九十四首，贊、銘七首，皆《農書》所已載。蓋即從《農書》中鈔出，詭立此名也。其第二卷四言《民社詩》，乃《農書》祭社稷之祝詞。三卷《繭館贊》，乃《農書》之《先蠶壇贊》。《農書》"撻"詩下有"耰"詩一首，此集不載。又《鐵搭賦》佚其首句。則為後人採掇舛漏，非楨所自編明矣。

山林清氣集一卷續集一卷（浙江巡撫採進本）

元釋德淨撰。德淨字如鏡，錢塘人。泰定、天曆間，嘗與仇遠、馮子振、白珽諸人遊。其詩皆五、七言律體。又《續集》僅詩七十六首，而咏物者至五十三首，格調亦皆淺弱。末有《附集》一卷，皆同時諸人酬贈之作。前有三山王都中題五言律詩一首，又一首署"蒙古"作，亦和王韻，蓋即集中所稱"錢蒙古松壑僉事"也①。

【彙訂】

①　此詩題原文作《次韻錢蒙古松壑僉事之海康任》，蒙古乃一高昌人名字，號松壑。（楊鐮：《元詩史》）

道園集無卷數（江蘇巡撫採進本）

元虞集撰。集有《平猺記》，已著錄。此集不列卷數，惟分八冊。前七冊題曰《道園學古錄》，後一冊題曰《類棄選》。然前七冊非《學古錄》之全本，後一冊亦非《類棄》之全本。蓋坊刻摘錄，疏漏實多。且每冊之首①，皆題曰"崇仁虞集"。考集雖寓居崇仁，而其平生詩文皆自稱蜀人，不當以僑寓之地改其祖貫。此必撫州書賈所為，欲引集以重其鄉土，不足據也②。

【彙訂】

①　"冊"，底本作"則"，據殿本改。

② 此集存清康熙四十九年武垣左氏崇仁官署刻本八冊,内容與提要合,非"坊刻摘錄"、"撫州書賈所為"。(杜澤遜:《四庫存目標注》)

虞伯生詩續編三卷(浙江范懋柱家天一閣藏本)

元虞集撰。僅詩九十餘首。目錄末有至元後庚辰劉氏日新堂識語一則,稱"是集乃學士晚年所作,尤為得意。敬刻與騷壇共之"云云。考至元後庚辰者,順帝之至元六年也。是年集年六十九歲,李本訪集山中,編其詩文為《學古錄》者,即是冬之事。本所為序則在明年辛巳之十二月。是《學古錄》尚未出,不識何以有"續編"之目①? 中間題目字句,亦往往舛謁。此必當時坊賈以集負重名,故掇拾其詩數十篇,梓以射利之本耳。

【彙訂】

① 明初抄本《詩淵》中有輯自《虞先生詩》一書中的數十首詩,則此本當是《虞先生詩》的續編。(楊鐮:《元詩史》)

范文白詩集六卷(山東巡撫採進本)

元范梈撰。梈詩別有七卷之本題《范德機集》者,乃臨川葛鷴所編刊於閩中,已著錄。是集為明楊肇所選,所取纔十之六,其刪汰亦不盡當。

揭曼碩遺文一卷(江蘇巡撫採進本)

元揭傒斯撰。傒斯有全集,已著錄。是編記、序、碑、述凡九篇,為宜黃劉肇虞所輯。前有肇虞序,稱"揭集版兵燹毀没,今不可遽購。因於諸書所散見者,撮拾若干,不復別擇,概為編次"云云。蓋不知原集猶存也。惟其中《吳澄墓誌》一篇,為全集之所未收，然已刻於《支言集》首矣。

龍溪文集二卷（江西巡撫採進本）

元周聞孫撰。聞孫字以立，廬陵人。是集前有永樂辛丑鄒
緝序①，稱其年三十五，舉進士。會試中乙榜，揭傒斯薦入史館。
以論修《宋史》不合，出為龍溪書院山長。復為貞文書院山長，遭
亂還鄉里。薦於行省，以便宜授白鷺書院山長。改教授袁州，未
及赴而亂益甚，遂不仕。所著書凡二十卷，無復存者。此本乃明
正統壬戌其曾孫翰林院侍讀敘所輯，僅詩、文各一卷而已。文末
附《奏修三史以宋為正統論》一篇，全文已佚，僅載其略。鄒緝序
所論《宋史》不合者此也。自晉以來，《南》、《北史》並傳。朱子作
《綱目》，亦南、北朝分註。聞孫必尊宋比蜀漢，而抑遼、金不得比
北魏。不知遼、金各自立國，與曹氏、孫氏以漢之臣子乘時篡竊
不同。聞孫所執，殊為偏駁。以此去官，未見其有當也。

【彙訂】

① “鄒緝”，殿本作“鄒輯”，誤。鄒緝，《明史》卷一六四
有傳。

王魯公詩鈔一卷（編修汪如藻家藏本）

元王士熙撰。士熙字繼學，東平人，翰林學士承旨構之子。
以文學世其家，歷官中書省參知政事。在館閣日，與虞集、袁桷等
唱和，論者比之唐岑、賈，宋楊、劉，為有元盛世之音。此本不知何
人所鈔，與顧嗣立《元詩選》所載士熙《江亭集》八十餘首，一一相
同，惟次第小異。疑即書賈從《元詩選》鈔出，偽為舊本射利耳①。

【彙訂】

① 顧嗣立編纂《元詩選》，嘗借閱朱彝尊家所藏《元人小

集》,此鈔本乃其中一種。(羅鷺:《〈元詩選〉與元詩文獻研究》)

存復齋集十卷(浙江鮑士恭家藏本)

元朱德潤撰。德潤字澤民,睢陽人,流寓吳中。延祐末,以薦授翰林應奉文字兼國史院編修官,尋授鎮東行省儒學提舉。召見,獻《雪獵賦》稱旨。時集善書者以金泥寫梵書,遂以德潤總其事。後移疾歸。至正閒,起為江浙行中書省照磨官,參軍事,守杭、湖二郡,攝守長興。是集有虞集題詞、黃溍序,皆見微詞[①]。惟合沙俞焯序稱其文理到而辭不凡,差得其實。詩則膚淺少深致,益非其所長矣。

【彙訂】

[①] 虞集題詞云:"澤民文章典雅而理致甚明,獨惜以畫事掩其名,然識者不厭其多能也。自茲以往,澤民當豐於文而嗇於畫可也。"黃溍序云:"蓋昔之善畫者不必工於詩,工於詩矣又不必皆以文名於世。故雖鄭虔以畫、書、詩號稱三絕,而文不與焉。荀卿子謂藝之至者不兩能,澤民之多能,匪直今人之所難,求之古人固不易得也。"一致推重,並無微詞。(班書閣:《存復齋集提要》)

嘩嗒集一卷(內府藏本)

元宋无撰。无有《翠寒集》,已著錄。是集始於《禹鼎》,終於《留夢炎》,每事為七言絕句一章,凡一百一首。各敘其始末於詩後,如自註然[①]。詠史詩肇於班固。厥後詞人閒作,往往一唱三嘆,託意於語言之外。至周曇、胡曾,詞旨淺近,古法遂微。无詩頗可觀,而此集亦不免以論為詩之病。其中如《金明池黿》、《胡琴婢勝兒》之類,旁摭小說,亦殊泛濫也。

【彙訂】

① 其中也有一些詩無注。（程毅中：《月無忘齋筆記》）

論範二卷（兩淮馬裕家藏本）

題元進士歐陽起鳴撰。起鳴不知何許人。其書雜取經史諸子之語為題，各繫以論，而史事為多，共六十篇。所見多乖僻，不足採錄。

書林外集七卷（浙江鮑士恭家藏本）

元袁士元撰。士元字彥章，鄞縣人，即袁珙之父也。以薦授縣學教諭，尋擢翰林國史院檢閱官，不赴。其詩危素序之，稱其清麗可喜，然往往粗淺多累句。如《壽呂瀛海》詩云：“我方而立足先弱，公到古稀鬢未蒼。”又其甚者也。

黃楊集三卷補遺一卷（浙江鮑士恭家藏本）

元華幼武撰。幼武字彥清，無錫人。平生篤於孝友，不樂仕進，構春草堂以奉母。凡力可以娛其親者，無不為之。性好吟咏，友人陳方題其集曰《黃楊》。蓋為其愛詩甚篤，而奪於多事，故勉其無阨於閏也。然其詩未足名家，世以重其人品傳之耳。

蕭雝集一卷（浙江鮑士恭家藏本）

舊本題元女子鄭允端撰。允端字正淑，平江人，宋丞相清之五世孫女，歸同郡施伯仁。至正丙申，張士誠入平江，家為兵所破，貧病悒悒而卒，年僅三十。集首有敘傳，紀其始末。集為允端没後伯仁哀其遺槀而成，錢塘錢惟善、青城杜寅為作前、後序。明嘉靖中其五世孫仁始刻之。其詩詞意淺弱，失粘落韻者，不一而足。錢惟善等皆一代勝流，不應濫許至是。考集中《桃花集句》所謂"從教一簇開無主,終不留題崔護詩"者,楊循吉《吳中往哲記》以為蘇州李氏女子所作。或正德閒是集未刻,循吉偶爾傳譌。至於《碧筒》一首作於王夫人席上者,結有"可笑狂生楊鐵篴,風流何用飲鞾盃"句。鐵篴,楊維楨號也。與允端雖同時人,然瞿宗吉《歸田詩話》稱維楨過宗吉叔祖士衡家,"以《香奩八題》見示。依其體作八詩以呈,維楨稱賞。因以'鞾盃'命題,宗吉作《沁園春》"云云。宗吉雖不著年月,而《鐵崖復古詩》中《香奩八詠》有維楨自序,稱"至正丙午春三月"。宗吉先和詩而後詠鞾盃,又必在丙午之後。以允端小傳考之,是時已沒十年矣,安得聞鞾盃之事?此殆允端原有詩集,歲久散佚,而其後人贗撰刊行,但知維楨鞾杯事在元末,而不知有年月可考也[①]。又有萬曆丁酉江盈科序,稱改題其名曰《姑蘇鄭姬詩》,尤為妄作。如以姬為鄭姓,則其事太古,漢、唐以下無此例;如以姬為女子之美稱,則見與蔡京等矣。今仍以原名《蕭雝集》存其目焉。

【彙訂】

① 至正丙申(1356)之前,獨至正七八年夏楊維楨恒寓姑蘇,《碧筒》詩當作於此時。《草堂雅集》卷十二載袁華《次瀞天鏡韻奉懷句曲外史雲扉講師》詩云:"曾陪外史清涼室,二老風流老更狂⋯⋯已辦青鞵仍載酒,舉杯同吸鑑湖光。"句曲外史張雨為楊維楨摯友,卒於至正十年(1350)。可知楊、張諸人早有鞵杯行酒之癖。至正丙午(1366)乃為舊作《香奩八題》撰序。(孫小力:《楊維楨年譜》)

倪雲林詩集六卷(兩江總督採進本)

元倪瓚撰。瓚有《清閟閣集》,已著錄。此本為明潘瓚校刻。

凡四言古詩、五言古詩一卷,七言古詩一卷,五言律詩一卷,七言律詩一卷,五言絕句、六言絕句一卷,七言絕句一卷,不及新本之完善也。

韓山人集無卷數(浙江巡撫採進本)

元韓奕撰①。奕有《易牙遺意》,已著錄。其詩古體傷於淺率。近體如《新秋次韻》云:"豐年稻熟村如畫,南國蓴生水亦香。"《送縣學教諭》云:"官清便似居高品,任久長如在故鄉。"《東湖放舟》云:"樹影不隨流水去,荷香常帶遠風來。"《晚晴》云:"西風颯颯林閒葉,乍聽猶疑是雨聲。"一知半解,尚稍得宋人格律,其瓣香當在劍南。然如《桃源小隱》云:"山迴水轉疑無路,樹密花深別有香。"則全襲陸游舊句,不免生吞活剝矣。

【彙訂】

① 韓奕應作明人,說詳卷一一六《易牙遺意》條訂誤。

九靈山房遺槀五卷(副都御史黃登賢家藏本)

元戴良撰。良有《九靈山房集》,已著錄。初,良集世罕傳本。國朝康熙閒,其里人張以培蒐採諸書,輯為此本。傅旭元為刊版,而秀水曾安世又為校訂編次。今海內藏書咸登祕府,良之全集復出,此本掇拾殘闕,已可不錄。以世所通行,且以培等掇拾補綴之勤亦不可沒,故附存其目焉。

書山遺集二十卷(江西巡撫採進本)

元吳會撰。會字慶伯,金谿人。至正三年,嘗舉鄉薦第一。入明不仕,至洪武戊辰乃卒。以一足病廢,自稱獨足先生。所作詩文,即名《獨足雅言》,凡二十卷。李夢陽《懷麓堂詩話》尚引其輓張性詩,證《杜律註》非虞集作,則正德閒尚存①。近世已久無傳本。是集為其裔孫尚絅所蒐輯。以已非原本，故改題曰《書山遺集》，而仍編為二十卷，以存其舊。原刻《〈獨足雅言〉解》一篇，仍冠於首。會自序云："和樂暢易，清平時所著，為最先；愁促感激，辟地時所著，其次也；超逸邁放，學仙時所著，為最後也。"今觀其詩，雕繢有餘而興寄頗淺。在元末明初，尚未能獨立一幟。卷首載明初潭王梓一序，文理俚謬。又稱會卒之後，見夢於梓而求作。其事荒怪不經，殆不足辨。或好事者為之也。

【彙訂】

①《懷麓堂詩話》乃李東陽著，非李夢陽。且《懷麓堂詩話》無引吳會詩證《杜律註》非虞集作之文。明蔣冕《湘皋集》卷二六《書元張伯成〈杜詩演義〉後》云："而宣德初年已有金谿進士元人張伯成所註《杜詩演義》梓行於世……《演義》篇首有曾子白之子昂夫所撰伯成傳……傳後附錄獨足翁吳伯慶哭伯成詩，亦有'箋疏空令傳杜律'之句，則註杜律者乃張伯成，非虞文靖明矣。"

高閒雲集六卷（兩淮鹽政採進本）

元董養性撰。養性有《周易訂疑》，已著錄①。養性入明不仕，作《高閒雲賦》以自況，因以名集。前有洪武中王塑序，盛推其文及詩。此本僅詩五卷，賦一卷，文則已佚。其詩頗清遒，而淺於比興。往往意言並盡，少含蓄深婉之致。

【彙訂】

① 著《周易訂疑》之董養性乃清初人，《高閒雲集》作者名董益字養性，說詳卷七《周易訂疑》條訂誤。

程梅軒集四卷（湖北巡撫採進本）

元程從龍撰。從龍字登雲，別號漢章，嘉魚人。自元末隱居教授,入明仍不仕以終。是集為其孫鑑所編。前有其門人李德庸序及從龍小傳,又有王進、王愷二序及鑑跋,皆永樂中所作。鑑跋稱從龍著作散佚,所存惟此。前三卷凡賦二首,詞七首,餘皆古、今體詩。後一卷為雜文,僅八篇。詩文皆清而過淺,未足抗行於作者之間。

　　茶山老人遺集二卷(浙江孫仰曾家藏本)

　　元沈貞撰。貞字元吉,自號茶山老人,長興人,入明不仕。勞鉞《湖州府志》稱所著《茶山稾》十二卷,而顧應祥《長興志》則稱所著《茶山集》凡五十卷。朱彝尊編《明詩綜》,僅搜得《樂神曲》一十三首,尚多闕文。則原集之佚久矣。此本凡詩一卷,文一卷,乾隆戊午長興知縣鮑鉁與吳江王藻、歸安姚世銓、姚世鍾蒐輯而成。鉁序稱:“《縣志》所載寥寥,惟從書賈船中購得顧箬谿長興舊志,所載稍多。因刺取諸書,編錄梓之。”然所刺取之書,不著其名,未免無徵不信。《靜志居詩話》稱其人品高於楊維楨,至其詩文則頗涉粗淺①,不逮維楨遠甚。如《南川軍砦》詩“關巖虎豹千山月,堑宿貔貅萬竈煙”一聯,對句全用蘇軾語。出句改“令嚴”為“關巖”,改“鐘鼓”為“虎豹”,改“三更月”為“千山月”,乃點金成鐵。《丫白嶺》詩“彭殤等齊皆妄作,何為更泣牛山衣”,襲用杜牧語,而“牛山衣”字更拙。疑後人有所附會,非盡貞之舊稾矣。

　　【彙訂】

　　① “其”,殿本無。

　　得月稾四卷(兩淮鹽政採進本)

　　元呂不用撰。不用字則耕,上虞人。元亡不仕。洪武初舉教諭，以聾辭，自號石鼓山聾。是集為其孫鳳所編，凡詩三卷，文一卷。前有洪武九年曾衍、王霖二序，推之甚至。然詩多粗俚，文尤冗漫。

拱和詩集一卷（浙江鮑士恭家藏本）

元曹志撰。志字伯康，自號拱和居士，金華人。至正末，遭亂隱居。洪武中，以遺逸薦，不起。終於家。是集乃其家刻。前有二序，不署年月，亦不署撰人。末附《拱和詩序》及志小傳，又附其家傳三篇。惟《曹俸傳》稱六世孫服撰，《曹光遠傳》稱姚坦撰，《曹煜〔燁〕傳》稱"野史氏容〔顒〕"①，不著其姓，餘併不知誰作，其文格則如出一手。又附《曹光遠誥》一篇，後有呂祖謙《贊》，《曹彬誥》一篇，後有米芾《贊》，終以《竹卷記》一篇，又為志作，編次絕無體例。其詩惟近體，無古體。大抵流連光景，千篇一律云②。

【彙訂】

①"容"，當作"顒"，底本避嘉慶諱改。殿本作"顒"。

②"千篇"，殿本作"篇篇"。

蘭雪集一卷（浙江鮑士恭家藏本）

元松陽女子張玉孃撰①。玉孃明慧知書，少許字沈佺。既而父母有違言，玉孃不從。適佺屬疾，玉孃折簡貽佺，以死自誓。佺卒，玉孃遂以憂死。葉子奇《草木子》深以其通問為非。至嘉靖中，邑人王詔得其遺詩於《道藏》中，乃為作傳以表其事，而引無鹽、孟光為比。要其失禮之咎自不可掩，而其志則可哀已。詩格淺弱，不出閨閣之態。卷首題"張獻集錄"，蓋玉孃之族孫也。

【彙訂】

① 王詔《張玉孃傳》稱其曾大父登淳熙八年進士，又謂其母年將艾始生玉孃。此集中有《王將軍墓》一詩，自註云：“宋王將軍名遠宜，松陽人。宋亡，與元兵戰於望松嶺，死之。”據此以推，則玉孃之生年，約在宋理宗淳、寶間，卒年約在元世祖至元十五年至二十年之間，與王《傳》卒年二十八歲之說適相符合。《浙江通志》以為宋人，似較《總目》題為元人者為近是焉。（陸會因：《蘭雪集提要》）

荻溪集二卷（編修汪如藻家藏本）

舊本題元王偕撰。前有洪武癸亥馮原智序，稱偕字叔與，瑯琊人，官崑山學教授。善繪事，元亡不仕，寓居荻溪之西，以“荻溪翁”自號。今檢集中所與唱酬者，皆國朝順治閒常熟諸文士。又嘗入京師，有《慈仁寺雙松歌》。慈仁寺建於明代，亦與偕時世不相合。惟詩中有《歲暮還荻溪》諸題，當必國初人寓居荻溪者。集名偶同，坊賈遂妄取原智序冠之，指為偕作，以售欺耳。

集 部 二 十 八

别集類存目二

明宣宗詩文一卷（浙江范懋柱家天一閣藏本）

按《明史·藝文志》載宣宗文集四十四卷，今未見傳本。此册僅《廣寒殿記》一篇、《玉簪花賦》一首、詩歌詞曲三十九首①，非其全帙也。朱彝尊《明詩綜》所錄宣宗詩，多此册所未載，意者彝尊尚及見其集歟？

【彙訂】

① 提要所據之本出明萬曆鄧士龍江西刻《國朝典故》，其詩實共二十九首。（杜澤遜：《四庫存目標注》）

御製回文詩一卷（左都御史張若澄家藏本）

案此集載朱當㴲所輯《國朝典故》中。惟題曰"御製"，不著朝代。《明史·藝文志》不著錄，不知何帝所作。其詩以春、夏、秋、冬四景為題，有龍文、連環、八卦諸體，凡二十八首。蓋偶然游戲之作，流傳於外，與他書宣示頒賜，見諸國史者有殊。故史不載也。

元宮詞一卷（浙江巡撫採進本）

不著撰人名氏。前有自序，稱"永樂元年，欽賜余家一老

嫗，年七十矣，乃元宫之乳姆。女知宫中事為最悉。閒嘗細訪
之，一一備陳其事。故余詩中所錄，皆元宫之寶事"云云。末
題"永樂四年夏四月朔日，蘭雪軒製"。後有毛晉跋，亦不知為
何許人。案朱彝尊《靜志居詩話》曰："《元宫詞百首》，宛平劉
效祖序，稱周恭王所撰。"考定王以洪武十四年之國，洪熙元年
薨。序題永樂四年，則為定王無疑矣。定王名橚，太祖第五子
也。《明史·周王橚傳》用彝尊之説，蓋以所考為允矣①。詩凡
一百首。其中如"東風吹綻牡丹芽"一首、"燈月交光照綺羅"
一首、"玉京涼早是初秋"一首、"深宫春暖日初長"一首、"二十
餘年備掖庭"一首、"月明深院有霜華"一首、"珊瑚枕冷象牙
牀"一首、"金鴨燒殘午夜香"一首、"惻惻輕寒透鳳幃"一首、
"憔悴花容祇自知"一首、"小樓春淺杏花寒"一首、"御溝春水
碧如天"一首、"燕子泥香紅杏雨"一首、"春情祇在兩眉尖"一
首、"白露橫空殿宇涼"一首、"纖纖初月鵝黃嫩"一首、"夢覺銀
臺畫燭殘"一首、"曉燈垂焰落銀釭"一首，尋常宫怨之詞，殆居
五分之一。非惟語意重複，且歷代可以通用，不必定屬於元，
頗為冗泛。其他切元事者皆無註釋，後人亦不盡解，不及楊允
孚《灤京雜詠》多矣。

【彙訂】

①《明史》未必係用朱彝尊之説。明末何喬遠《名山藏》卷
三十六《分藩記》已明言："周定王橚從上所賜元嫗得聞元宫中
事，制《元宫詞》百章。"黃虞稷《千頃堂書目》卷十七、陳田《明詩
紀事》皆引《名山藏》之説，主《元宫詞》一卷為定王橚作。（王福
利：《〈元宫詞百章〉作者考辨》）

楓林集十卷(安徽巡撫採進本)

明朱升撰。升有《周易旁註》,已著錄①。是編前八卷皆詩文。而以官誥及太祖手敕編入第一卷首,與升文相連,殊為非體。第九卷載《徽州府志》本傳一首、廖道南所撰《詩贊》一首,並《翼運節略》十餘則。第十卷為附錄,皆當時投贈詩文也。升於明興之初,參贊帷幄,兼知制誥,一切典制,多出其手,與陶安、宋濂等名望相垺。陳敬則《明廷雜記》嘗稱其李善長、徐達、常遇春、劉基四誥,惜《明文衡》未及收入。《明史》本傳載太祖大封功臣,制詞多升撰,時稱典核,蓋據是文。然統觀全集,文章乃非所長。詩學《擊壤集》而不成,頗近鄙俚。故朱彝尊《明詩綜》絕不登其一字。況升身本元臣,曾膺爵祿,而《賀平浙東賦序》肆言醜詆,毫無故君舊國之思,是尤不可為訓也。

【彙訂】

①《總目》卷七著錄朱升撰《周易旁註圖説》。

槎翁集八卷(兩淮馬裕家藏本)

明劉崧撰。崧有《槎翁詩集》,已著錄。是編乃其文集,羅允升所校正,而吉安知府徐士元為之刊版①。其文頗傷流易,殊不及其詩。

【彙訂】

① 羅允升校刻之本即明嘉靖元年吉安知府徐冠刻本,實是十八卷。《兩淮商人馬裕家呈送書目》亦作十八卷。(朱家濂:《讀〈四庫提要〉札記》;杜澤遜:《四庫存目標注》)

野莊集六卷(兩淮馬裕家藏本)

明王鈍撰。鈍字士魯,太康人。元至正丙午進士。洪武初,徵授禮部主事，歷官浙江布政使。建文中，召為戶部尚書。燕王篡立①，仍故官。後以布政使勒致仕。事蹟具《明史》本傳。是集凡詩二卷，文四卷，皆未能入格。前有王崇慶序，謂嘉靖中，其後裔曰朝獻者始謀梓之。蓋集中多稱建文為今上皇帝，故靖難後懼觸語禁，久而不敢出也。

【彙訂】

① "篡立"，殿本作"篡位"。

滄浪櫂歌一卷（浙江范懋柱家天一閣藏本）

明陶宗儀撰。宗儀有《國風尊經》，已著錄。是編詩、詞合為一卷。前有正德丁丑松江唐錦序，稱其集不傳，惟得此一卷為宗儀所自編。今考其中詩、詞，皆已載《南村集》中。惟《題卞莊子刺虎圖》七言古詩一首、《題岳王廟》七言長律十四韻一首，為《南村集》所未載耳。又《對月》七言律詩"甘旨未能娛綵侍"句，《南村集》作"娛綵服"，疑此本為誤。《南浦詞序》中"一水並九山，南過村外以入於海"句，《南村集》作"一水兼九山"，則《南村集》誤也。

危學士全集十四卷（江西巡撫採進本）

明危素撰。素有《草廬年譜》，已著錄。其原集本五十卷，世久無傳。明歸有光得其手稾，因編為《說學齋稾》，凡一百三十餘篇。又所作詩名《雲林集》，乃納新所編。此本文十三卷，詩一卷，乃其鄉人取二集彙輯而成。雖名"全集"，實非原本。故今仍錄《說學齋稾》、《雲林集》以存其舊，此本則附存目焉。

元釋集一卷（編修汪如藻家藏本）

明釋克新撰。克新姓余氏，字仲銘，自號江左外史，又稱為雪廬和尚，鄱陽人。元末住嘉興水西寺。洪武初，召至南京，嘗奉詔往西域招諭吐番。所著有《雪廬南詢槀》。此本別題《元釋集》，僅古、今體詩六十餘首。考賴良《大雅集》載有克新詩四首，而此本皆無之。蓋後人於《雪廬集》中摘錄鈔存，非其全槀也。

愛禮集十卷（浙江巡撫採進本）

明劉駰撰。駰字宗道，龍谿人。洪武初徵秀才入試者八千人，駰為第一。授都御史，尋坐事徙滇卒。門人私諡愛禮先生，故以名集。凡文三卷，詩二卷，《中庸説》一卷，書啟三卷，附錄一卷。駰宗陳淳之學，詩文多涉性理，略似語錄之體。《中庸説》乃講授口義，亦無所發明。集為宏治六年浙江參政林進卿所刊。附錄《慎獨翁行狀》，紀駰父寶與駰平生行實頗具，乃其門人漳州陳拯所述。又附《趙先生書》一首，則駰之師趙彥進也。

坦齋文集二卷（江蘇巡撫採進本）

明劉三吾撰。三吾字如孫，自號坦坦翁，茶陵人①。洪武中，官翰林學士。事蹟具《明史》本傳。案鄭曉、雷禮、王世貞並謂三吾於洪武三十年以罪誅死，蔣一葵又謂三吾以作《大誥》漏言賜死。《明史》則稱以考試不實戍邊，建文初召還。今集中有《救下御製大明一統賦》，實建文時所撰，與史相合。是曉等所載皆不確。知其集在明代不甚傳，故以曉等熟於掌故者亦未之見矣。此本乃成化中桐江俞藎官茶陵時所刊。萬曆戊寅，茶陵知州韓城賈緣又重刊之②。三吾於洪武中典司文章，頗被恩遇。然其文鈎棘而淺近，未能凌轢一時也。

【彙訂】

①《明史》卷一三七本傳云："劉三吾，茶陵人，初名如孫，以

字行。"(趙萬里：《坦齋先生文集提要》)

②　俞蓋刊本為三卷，其編次與萬曆本全異，且溢出四十八篇。(同上)

一齋集十六卷(福建巡撫採進本)

明朱善撰。善有《詩解頤》，已著錄。是集首載聶鉉所作《墓誌》，稱名善繼。然集中自稱曰朱善，而《詩經解頤》亦題曰朱善，則"繼"字殆刊本誤也。是編《前集》十卷，《後集》五卷，又《廣遊集》一卷，附刊於後。善以文章為明太祖所知。然核其品第，究不能與宋濂諸人鴈行。

甘白集六卷(浙江汪啟淑家藏本)

明張適撰。適字子宜①，蘇州人。明初以儒士徵，授水部郎中，旋放歸。見集中所作其妻沈氏壙志。而其《祭西平侯文》則自署"雲南滇池漁課司大使"，是洪武末又嘗官雲南，故集中每自稱"滇池老漁"也。集為正統丁卯其子收所編。文體修潔，而未造深厚。如在嘉、隆以後則為雅音，在元、明之間則未能與諸家壁壘相當也。

【彙訂】

①　今存明刻本《甘白先生張子宜詩集》六卷、清王氏十萬卷樓鈔本《甘白先生張子宜詩集》六卷《補遺》三卷《文集》三卷，可知"字子宣"當作"字子宜"，與名適相宜。(胡玉縉：《四庫全書總目提要補正》)

秫坡詩稾七卷附錄一卷(浙江孫仰曾家藏本)

明黎貞撰。貞字彥晦，秫坡其自號也，新會人。洪武初，舉邑訓導，不就。坐事戍遼東，尋放歸。《明史·文苑傳》附見《孫蕡傳》中。是集初刻於嘉靖庚戌,歲久散佚。國朝康熙丙寅,其後人搜輯重刊。凡詩、詞、賦三卷,雜文四卷,卷八附以贈言。貞少從孫蕡學詩,蕡集即其所編次。雖所造未深,而風格尚為遒上。惜此本掇拾於殘闕之餘,其菁華已不槩見矣。

竹居集一卷(兩淮馬裕家藏本)

明王珙撰。珙字廷珪,常熟人。是集為其曾孫仲申所輯,其六世孫古始刊版[1]。朱彝尊《明詩綜》不載其名,蓋偶未見也[2]。其詩多用《洪武正韻》,蓋當時功令使然。大致出入於月泉吟社一派,亦時有秀句。而邊幅單窘,興象未深,數首之後,語意略同。觀卷中絕無古體,其根柢可知矣。

【彙訂】

① 據清嘉慶六年王氏十萬卷樓抄本卷首宣德元年王進序與卷末宣德二年徐謙以跋,王珙之子惠吉曾編成《竹居詩集》並付梓。又據正德六年李傑《重刊竹居詩集序》及正德九年“六世孫卞”跋,可知其曾孫仲申搜集舊稿準備重刊,後至其子王卞始刊刻而成。“六世孫古”當為“六世孫卞”之誤。(徐大軍:《〈四庫全書總目〉集部存目提要辨證》)

②《明詩綜》卷十六收有王珙《溪橋漫步》詩一首。(同上)

別本袁海叟詩集四卷(江蘇巡撫採進本)

明袁凱撰。凱有全集,已著錄。此本乃正德元年陸深同李夢陽所刪定,而何景明授其門人孫繼芳刊於松江。深及夢陽、景明各為之序。其版久佚,今所存者傳鈔之本也[1]。後有萬曆己丑王俞跋,已佚其前半,不能考見始末。惟篇終有“偶續前刊,輒附數言”之語,似乎俞又有所續入。然題下多註“選入《詩綜》”

字,又似朱彝尊以後之本,非其舊編矣。

【彙訂】

① 今存明正德刻本《海叟集》三卷,有正德元年李夢陽序云:"叟名行既晦,集亦罕存,子淵(陸深)購得刻本於京師士人家,楮墨焦爛蠹涅者殆半,乃刪定為今集。"(崔建英等:《明別集版本志》)

安分齋集十卷(江蘇巡撫採進本)

明鄭本忠撰。本忠自號安分先生,鄞縣人。洪武癸丑舉明經,不起。郡教授趙思盛薦,授昌國訓導,尋陞秦府教授。是集乃永樂中其子復言、永言所編。凡記三卷,序二卷,賦、詩四卷,雜文一卷。《寧波府志》稱本忠"少篤學,從鄉先生舒卓受《尚書》。方國珍據浙東三郡,擅爵祿人,本忠義不食其粟,杜門不仕。益務綜覽,涵濡渟蓄,為文必中矩度"。又稱"同時有鄭恕者,字本忠,亦為昌國訓導。建文四年,靖難兵至,不屈死。事載《遜國名臣傳》。疑為一人"。然考是集詩文有作於永樂間者,姓字、官爵偶爾相同,未可合而為一也。

三畏齋集四卷(浙江汪啟淑家藏本)

明朱吉撰。吉字季寧,吳縣人。洪武初,官中書舍人。是集凡詩二卷,雜文二卷。據其後序,當時蓋嘗刊版。今印本久佚,惟鈔本存。元末明初,作者林立。吉之所著,殊未能伯仲其間,所以世不甚傳歟?

新本白石山房槀五卷(浙江巡撫採進本)

明張孟兼撰。孟兼有《白石山房逸槀》,已著錄①。是編乃其十一世孫思煌所重編。思煌序稱"孟兼舊有《白石山房文稾》二十卷，與《蜀山遺集》並遭回祿，無片紙隻字之存。及觀焦竑《國史經籍志》載《孟兼集》六卷，乃知萬曆初猶存文淵閣。案竑書雖名《國史經籍志》，實鈔合諸史《藝文志》及諸家書目而成，非明文淵閣所貯之書，楊士奇、張萱二目可以互勘。思煌此語殆誤，謹附訂於此。然祕之內府，人閒不得而觀。兹不過殘編斷簡中採而輯之，僅存什一於千百"云云。今計編中五言古詩九首、七言古詩三首、排律一首、五言律三首[②]、七言律六首、七言絶句四首、樂歌八章、聯句二首、記四首、行狀二首、傳一首、雜文一首，皆掇拾他書而得者。附以諸家跋語，分為二卷。其三卷至五卷皆載同時投贈及後人詩文傳誌。卷帙雖增於舊本，而孟兼之著作則無所增也。

【彙訂】

① 清乾隆十四年承啟堂刻本此集各卷卷首皆題"明浦陽張丁孟兼父著"，《總目》卷一六九《白石山房逸稾》條曰"明張孟兼撰。孟兼名丁"，則當作"明張丁撰"。

② 此承啟堂刻本所收五言古詩為十九首，五言律為五首。（徐大軍：《〈四庫全書總目〉集部存目提要辨證》）

靜菴集一卷（兩淮馬裕家藏本）

明張羽撰。羽有《靜居集》，已著錄。此本刪存原集四分之一，改名《靜菴集》。不知何人所選，其去取未為精當。

陳竹山文集四卷（江西巡撫採進本）

明陳誠撰。誠有《使西域記》，已著錄。是集分內、外二篇。《內篇》二卷，皆其奉使時所撰述，僅文十餘首，詩一百三十餘首。《外篇》二卷，則皆當時投贈詩文并其先世諸狀也。

退菴遺槀七卷（兩淮馬裕家藏本）

明鄧林撰。林初名彝，又名觀善，字士齊①，後成祖為改今名，新會人。洪武丙子舉人，任潯州府貴縣教諭。秩滿入京，預修《永樂大典》，凡五年，出為南昌教授。後又秩滿，試高等，遷吏部主事。宣宗時，以事謫杭州。在杭多湖山之遊，倡和甚富，田汝成作《西湖志》多採之。此本乃太常寺少卿會稽陳贄為廣東參議時掇拾遺槀而成也。

【彙訂】

①"士齊"，殿本作"士齋"，誤。清抄本《退菴鄧先生遺槀》七卷卷首陳贄序云："退菴鄧先生諱林，字觀善，一字士齊。"黎貞《純素子傳》亦云："純素子姓鄧名彝，士齊其字也。"

尹訥菴遺槀八卷附錄二卷（江西巡撫採進本）

明尹昌隆撰。昌隆字彥謙，泰和人。洪武丁丑進士，永樂二年擢左春坊左中允①，改禮部主事。為尚書呂震誣構見殺。事蹟具《明史》本傳。昌隆死非其罪，史稱其為厲鬼以報震。然當燕王構逆之初，昌隆即勸惠帝以禪讓，其說甚謬。燕王篡立之後，獨以是奏得貸死，則其人亦不甚可重。是集為其八世孫應中所梓，鄒元標序之。《附錄》二卷，則載其詔敕、行狀、序傳之屬也。《傳》中稱"為中允時進講，有《穿楊集》。仁宗命其家錄進，中途舟覆沒於水"云云。朱彝尊《明詩綜》祇稱有集而不載其名，蓋未見此本。然所選《送孟潛陽先生教授邵武府學》五言古詩一首，是編亦不錄。蓋採自他書，編此集者又未見也。

【彙訂】

①"左中允"，底本作"右中允"，據《明史》卷一六二本傳、

《總目》卷一三七《永樂大典》條及殿本改。（徐大軍：《〈四庫全書總目〉集部存目提要辨證》）

黃介菴集十一卷（浙江汪啟淑家藏本）

明黃淮撰。淮有《省愆集》，已著錄。案《千頃堂書目》載淮所著有《介菴集》、《歸田稾》，均不著卷數。此本總名《介菴集》，而分《退直》、《入覲》、《歸田》三稾。疑黃虞稷未見此本，但據傳聞載入也。據目錄，本十二卷。今第七卷已佚，故以十一卷著錄焉①。

【彙訂】

① 明刻本十五卷，缺第四至第七四卷，《四庫》底本經書賈移易竄改，以十四卷為第四卷，十五卷為第五卷，十三卷為第六卷，又撤去前後敍跋及所缺四卷之目，以泯其跡。（孫詒讓：《溫州經籍志》）

冢宰文集一卷（浙江范懋柱家天一閣藏本）

明張紞撰。紞有《雲南機務鈔黃》，已著錄。此集為嘉靖中富平訓導王道所編。道序稱“烽火之餘，僅存什一於千百”，蓋其所遺者僅此也①。卷首有道所纂《宦績》一篇，言紞以永樂之故，勺水不入口，如是者七日，終於吏部後堂。考《明史》本傳，成祖咎建文之改官制者，乃令紞解職務，月給半俸，居京師。紞懼，自經於吏部後堂。妻子相牽，投池中死。道所云云，固善善從長之意，然非其實也。

【彙訂】

① 今存明嘉靖七年王道刻本《張鸚菴先生集》二卷。（崔建英等：《明別集版本志》）

王天游集十卷（兩江總督採進本）

明王達撰。達有《筆疇》，已著錄。是集乃其門人王孚所編。卷末又有其門人翟厚跋，謂其"館閣鉅製及《諸子辨》等篇，咸未見錄，乃重為增補編次，仍為十卷"云云。則厚所重定，非孚之舊本矣。據孚稱達所著有《天遊小稾》、《梅花百詠》、《古今孝子贊》，俱已梓行。《詩》、《書》二經《心法》，學者多傳之。又有《耐軒雜錄》五卷、《問津集》一卷、《南歸集》一卷、《通書發明》一卷、《天遊詩集》十卷、《文集》三十卷，今皆未見[1]。惟《景仰撮書》一卷、《筆疇》二卷，附於此集之末者，今尚有別本行世，蓋即從此集鈔出云。

【彙訂】

[1]《總目》卷一九二著錄明王化醇輯《百花鼓吹》五卷《梅花鼓吹》二卷，工達《梅花百詠》是其中一種。（楊鎌：《元詩史》）

黃忠宣集八卷（兩淮馬裕家藏本）

明黃福撰。福字如錫，號後樂翁，昌邑人。洪武甲子舉人，官至南京戶部尚書，兼掌兵部，參贊留都機務。事蹟具《明史》本傳。是集為其子琮所編。冠以《奉使安南水程》，殊乖體例。餘多手札公牘，皆不入格。蓋福本以政績傳也。

坦菴文集八卷（江西巡撫採進本）

明梁本之撰。本之名混，以字行，坦菴其別號也，泰和人。洪武中為瑞州府學訓導，遷溧陽教諭，改魯王府紀善。本之與其兄潛齊名。蕭鎡稱"所作泫〔泓〕淳澄深，端重典則，蓋莊人學者之文"。然規模與其兄相近，骨力根柢則皆不及其兄也。

桐嶼集四卷（浙江汪啟淑家藏本）

明釋德祥撰。德祥字麟洲，號止菴，錢塘人。洪武中住持徑山。吳之鯨《武林梵刹志》稱德祥以《西園》詩忤上意[①]。今觀集中所載《夏日西園》一律，有“熱時無處可乘涼”，又有“林木三年未得長”諸句，語意頗近譏諷，之鯨説當有所據。都穆《南濠詩話》曰：“國初詩僧稱宗泐、來復。同時有德祥者，亦工於詩。其《送僧東遊》詩云：‘與雲秋別寺，同月夜行船。’《詠蟬》云：‘玉貌名並出，黃雀患相連。’泐、復不能道也”云云。今案《送僧》一聯，乃四靈之末派；《詠蟬》一聯，尤落滯相。穆之所品，殊屬乖方。朱彝尊《明詩綜》於此集雖多所採錄，然氣格薄弱，終不能與泐等並馳也[②]。卷首有福建布政使富春姚肇序，稱詩集一卷。今本實四卷，又集外詩一首。其為何人所分析，則不可考矣。

【彙訂】

① 吳之鯨《武林梵志》（無“刹”字）未提及“德祥以《西園》詩忤上意”。（李裕民：《四庫提要訂誤》）

② “馳”，殿本作“驅”。

松月集一卷（兩淮鹽政採進本）

明釋睿略撰。睿略字道權，號簡菴，蘇州人。嘗以“松月”匾其軒，人呼為松月翁，因以名集。前有洪武癸酉俞貞序[①]。後載姚廣孝《塔銘》，稱其詩“格高趣遠，絕肖唐人制作，無一點塵俗氣”。今觀其集，大致亦承九僧、四靈之派，而陶冶之力則不及古人。故邊幅淺狹，意言並盡，五首以外，規模略同。廣孝之言未為篤論也。

【彙訂】

① 永樂刻本序末署作"洪武癸酉六月朔包山俞貞木序"。
（徐大軍：《〈四庫全書總目〉集部存目提要辨證》）

林公輔集三卷（編修汪如藻家藏本）

明林右撰。右字公輔，臨海人。洪武中，官中書舍人，進春坊大學士，輔導皇太孫。以事謫中都教授。是集多記序酬應之作，惟題後數則間及史事，亦無特識。至於故國舊君，動多詆斥。其視徐鉉撰李煜《碑》但陳運數有歸者，用心之厚薄尤相去遠矣。

逃虛子集十一卷類稾補遺八卷（浙江范懋柱家天一閣藏本）

明姚廣孝撰。廣孝，長洲人。初為僧，名道衍，字斯道。洪武中，以僧宗泐薦，選侍燕邸。燕王謀逆，資其策力居多。篡立之後，乃使復姓，賜今名。爵至資善大夫、太子少師，封榮國公。然迄未改僧服。事蹟具《明史》本傳。廣孝為高啟"北郭十友"之一①，所著初名《獨菴集》，没後吳人合刻其詩文，曰《逃虛子集》。後又掇拾放佚，謂之《補遺》。其詩清新婉約，頗存古調，然與嚴嵩《鈐山堂集》同為儒者所羞稱。是非之公，終古不可掩也。附載《道餘錄》二卷，持論尤無忌憚。《姑蘇志》曰："姚榮國著《道餘錄》，專詆程、朱。少師亡後，其友人張洪謂人曰：'少師與我厚，今死矣，無以報之。但每見《道餘錄》，輒為焚棄。'"云云。是其書之妄謬，雖親暱者不能曲諱矣。

【彙訂】

① 以姚廣孝（僧道衍）為"北郭十友"之一乃據高啟《春日懷十友詩》，然《總目》卷一六九《半軒集》條云："明王行撰……在'北郭十子'之中（案《明史·文苑傳》），行與高啟、徐賁、高遜志、

唐肅、宋克、余堯臣、張羽、呂敏、陳則號"北郭十友"，亦曰"十才子"），與高啓稱為勍敵"，不取此説。（何宗美：《明末清初文人結社研究續編》）

光菴集二卷（兩淮馬裕家藏本）

明王賓撰。賓字仲光，長洲人。博聞强記，尤精醫學。隱居奉母，以孝行稱。少與姚廣孝相善。《吳中往哲記》稱："廣孝既貴，歸訪賓，賓弗與見。方盥，掩面而走。"黃姬水《貧士傳》所記相同，《明史》廣孝傳中亦略載其事。然觀賓集有所作《賑災記》，稱廣孝為少師，鋪陳功德甚至。賓没後，廣孝為之傳，亦極稱譽。是兩人交契，終始如一。蓋流俗欲推尊賓者造作此言，殊非事實。集凡文一卷，後附諸家讚頌及《吳中古蹟詩》一卷。詩共一百三十七首，各有小序。其文務為奇崛之語，聞傷冗贅，未能成家。詩詞亦頗傷流易。卷首記唐鈺、林德暘二事，全錄舊文而無所論斷[1]。或賓嘗手書此二節，後人不考，誤編入集歟？

【彙訂】

[1] 楊璉真加發宋帝后陵，唐珏、林景熙（字德暘）收遺骨葬之，見《續通鑑》卷一八四。"唐鈺"誤。《總目》卷一六五《晞髮集》條不誤。（楊武泉：《四庫全書總目辨誤》）

別本東里文集二十五卷（江蘇巡撫採進本）

明楊士奇撰。士奇有《代言錄》，已著錄[1]。是集記二卷，序六卷，題跋四卷，碑銘十卷，雜文三卷[2]。末一卷題曰"方外"，凡為二氏所作悉別編焉。蓋用楊傑《無為集》例，疑即《懷麓堂詩話》所謂士奇自定之本。以不及全集之完備，故附存其目焉。

【彙訂】

① 《總目》卷五三著錄楊士奇撰《三朝聖諭錄》，卷五六著錄《代言錄》。故此條當作"士奇有《三朝聖諭錄》，已著錄"。

② 明刻本此集題跋為三卷（卷九至十一），雜文為四卷（卷二十二為"傳錄"，卷二十三為表、議、贊、告等，卷二十四為辭、賦、銘、箴等，卷二十五為"方外"）。（徐大軍：《〈四庫全書總目〉集部存目提要辨證》）

胡文穆集二十卷（江西巡撫採進本）

明胡廣撰。廣有《胡文穆雜著》，已著錄。是集其裔孫張書等所刻。凡詩八卷，應制詩文一卷，各體文七卷，題跋二卷，《扈從詩》及《扈從北征日記》一卷。其第十九卷即所謂《雜著》也。朱彝尊《明詩綜》錄其《楊白花》一首，謂："世傳袁景文賦此題。蓋緣讓皇遜國而作，不無故主之思。集中過顏平原、文信國、余青陽祠，輒有弔古之作。其題宋思陵所書《洛神賦》，詞意悽惋，不類牧豬奴。"云云。似有意為廣湔洗。又卷首米嘉績序極論靖難之事，斥死節諸臣之非，而以廣之迎降為是。然公論久定，要非可以他説解也。集中論："漢高祖初入關，秦王子嬰獻傳國璽；王莽篡漢，亦從孺子嬰取傳國璽。其受傳相似，所謂天時，非人力所致。"又論："李若水乃宋之賊，豈可以列之《忠義》，《宋史》失討賊之公。"云云。持論殊為倒置。惟《記高昌碑》有裨史事，《李元忠神道碑》所載事蹟頗詳，亦足備唐史之闕耳。

節菴集八卷續編一卷（浙江巡撫採進本）

明高得暘撰。得暘字節菴①，錢塘人，遷居臨安。洪武閒有司以文學薦，三為校官。永樂初擢為宗人府經歷，充《永樂大典》

副總裁。是集首雜著一卷,次各體詩七卷。鄒濟《墓誌》謂其生平稾多不存,故所錄僅止於此。《誌》又稱得暘與修《永樂大典》,分掌"三禮",編摩有方。今核所纂"三禮"諸條,於前人經説,去取尚為精審。蓋亦博識之士。其詩文以清麗為宗,如曲澗迴谿,瑩澈見底,而一往清激,尚少淳蓄之致。姚廣孝序乃以"江漢奔流,曲折千里"擬之,過其實矣。

【彙訂】

① 錢謙益《列朝詩集小傳》"高經歷得暘"條、《本朝分省人物考》、《千頃堂書目》皆謂字孟升。(徐大軍:《〈四庫全書總目〉集部存目提要辨證》)

存軒集無卷數(江蘇巡撫採進本)

明趙友同撰。友同字彥如,浦江人,徙居長洲。洪武末,官華亭訓導。永樂初,用薦授御醫,與修《永樂大典》、《五經大全》諸書。集首結銜稱修職郎、太醫院御醫兼文淵閣副總裁,蓋明初官制如此也。其集皆賦、頌、記、序、雜文而無詩,共一百四十四翻。篇首雖標"卷一",而書中實不分卷數①。其文沿南宋餘習,頗為平衍,在明初未為作手②。

【彙訂】

①"數",殿本無。

②"未為作手",殿本作"未能挺出"。

澹然集五卷(兩江總督採進本)

明陳敬宗撰。敬宗字光世,號澹然居士,慈谿人。永樂甲申進士,選庶吉士,預修《永樂大典》。官至國子監祭酒,贈禮部侍郎。諡文定。事蹟具《明史》本傳。敬宗與李時勉同舉進士,同時為南北祭酒。時勉立朝剛勁，而待諸生則平恕；敬宗亦立身端直，而待諸生則甚嚴。然同以德望為士林師範，世不得而優劣之。惟文章質樸太甚，又遜於時勉耳。所著詩文集，《明史·藝文志》作十八卷。此本乃萬曆四十四年慈谿知縣吳門陳其柱所編，僅詩三卷，文二卷，亦非完本也。

　　寅菴集三卷外集四卷附錄一卷（兩淮馬裕家藏本）

　　明羅肅撰。肅字汝敬，號寅菴，以字行，廬陵人。永樂甲申進士，官至陝西巡撫。是集為其元孫廷相所編。詩文無詭僻之習，亦無精深之致。《外集》四卷，皆誥敕、像贊、誄祭之詞。《附錄》一卷，為桃林四景詩文，蓋羅氏聚族之地也。

　　覺非集十卷（浙江巡撫採進本）

　　明羅亨信撰。亨信字用實，號樂素，東莞人。永樂甲申進士，官至左副都御史。亨信居諫垣有直聲。其巡撫大同、宣府，值英宗北狩，捍城有功。生平著述，每不留稿。是集乃其後人收拾散逸，而邱濬、祁順為之詮次。其中頌美中官之文至十餘篇，編錄者略不刪汰，殊不可解也。

　　西墅集十卷（浙江朱彝尊家曝書亭藏本）

　　明曾棨撰。棨字子棨，永豐人。永樂甲申進士第一，官至少詹事。棨文章捷敏，信筆千百言立就。劉昌《懸笥瑣探》稱成祖嘗御試《天馬歌》，棨文先成，詞旨瀏亮，成祖賜以瑪瑙帶。其思速可見。然集中一題百首，往往才氣用事，而按切肌理，不耐推敲，是亦速成之過也。此本乃萬曆中永豐知縣德清吳期炤所選錄，雖頗為簡汰，而菁華終鮮。鄭瑗《井觀瑣言》曰："曾子棨詩，佳處不減崑體。"曹安《讕言長語》亦曰："曾學士棨《巢睫集》[①]，絶似唐人。"殆未確焉。

【彙訂】

①"巢睫集"，殿本作"蚊睫集"，誤。今存明成化七年張綱刻本《巢睫集》五卷。《讕言長語》亦作《巢睫集》。

東墅詩集六卷（浙江范懋柱家天一閣藏本）

明周述撰。述字崇述，東墅其別號也，吉水人。永樂甲申進士，官至左春坊左庶子。事蹟具《明史》本傳。述及第時，與從弟孟簡同榜，成祖至比之二蘇。史亦稱其文章雅贍。然其詩不出當時臺閣之體也①。

【彙訂】

①"也"，殿本無。

質菴文集無卷數（浙江汪啟淑家藏本）

明章敞撰。敞字尚文，會稽人。永樂甲申進士，由庶吉士授刑部主事，官至禮部侍郎。嘗與修《永樂大典》及《五經四書性理大全》。事蹟具《明史》本傳。其集本四十卷，其子瑾等所編。因倭亂散失，茲編所存不及十之二三，乃其裔孫元綸所搜輯也。凡賦四篇，詩百餘首，文僅三篇：二篇為記，一篇為敘，又一篇併不標題。皆錯雜於詩中，殊無倫次。又《明詩綜》載敞《長安雪夜歸興》絕句，集中無之，則舛漏亦殊不少。末附錄《祝壽詩》一卷，亦非古法也。

南齋摘稿十卷（浙江巡撫採進本）

明魏驥撰。驥字仲房，號南齋，蕭山人。永樂乙酉舉人，以進士副榜授松江訓導。召修《永樂大典》，擢太常寺博士。官至南京吏部尚書，諡文靖。事蹟具《明史》本傳。是編為其孫壻福建布政使錢塘洪鍾所編。《前集》四卷，兩京居官時所作，《後集》六卷，自景泰辛未歸田至成化辛卯所作。蓋驥年九十八始卒，故身歷七朝，各有著述也。前有鍾序云："公為文一本諸性情所發，初不事雕刻，務奇巧。其橐具存，皆公親書。但其簡帙浩繁，未易徧刻。再閱原橐，凡題上有點註者，皆公墨蹟。玩其詞意，皆有益於事者也。因摘取以付諸梓，名曰《摘橐》。"黃虞稷《千頃堂書目》別載有驥前、後集二十卷，蓋其未摘之全橐。今未見傳本，其存佚不可考矣。

東岡集十卷（兩淮鹽政採進本）

明柯暹撰。暹字啟暉，更字用晦，建德人。永樂乙酉領鄉薦，年僅十六。明年與修《永樂大典》，選入翰林。知機宜文字，進《元〔玄〕兔詩》，授戶科給事中。以三殿災，應詔陳言，謫交阯驛州知州。累遷雲南按察使，致仕歸。事蹟附見《明史·鄒緝傳》。是集乃暹晚年所手訂。劉定之序稱其詩文奇崛，出人意表。今觀所作，文豪邁有餘，而落筆太快，少瀠洄渟蓄之致[1]。詩亦矢口即成，不耐咀詠。是亦登科太早，才高學淺之效歟？

【彙訂】

[1] "瀠洄渟蓄"，殿本作"渟瀠洄蓄"。

石潭存橐三卷（兩江總督採進本）

明劉髦撰。髦有《易傳撮要》，已著錄。是編上卷為詩，中卷即《易傳撮要》，下卷為《義方錄》。《義方錄》者，皆寄其子定之之手札，而定之彙粹成編者也。

若金集二卷（江西巡撫採進本）

明彭百鍊撰。百鍊字若金，泰和人。永樂乙未進士，官至廣西道監察御史。是編前有任敬敏序，稱遺文分為十四卷。而是編僅二卷，文三十九首、詩四首，後附他人所為碑誌題詠而已。考其族孫敏求跋，蓋散佚之餘，後復重鈔成帙也。

芳寒集二卷（浙江汪啟淑家藏本）

明孫瑀撰。瑀字原貞，以字行，德興人。永樂乙未進士，官至兵部尚書。是編乃其孫孚吉等所編，凡文一卷，詩一卷。前有李東陽序，稱其詩“平正通達，無鉤棘險怪之態”。今觀諸作，大抵純任自然，不事結構，韓愈所謂“此詩有何好有何惡”也。

芳洲集十卷（江西巡撫採進本）

明陳循撰。循字德遵，泰和人。永樂乙未進士第一，官至戶部尚書、華蓋殿大學士。英宗復辟，謫戍鐵嶺。石亨敗後，循上疏自訟，詔放還。事蹟具《明史》本傳。是編其裔孫以躍所輯。《附錄》一卷，則論祭文、誌銘、祭文、輓詩、乞恩復官疏及祀鄉賢文移。首列奏對而無章疏。其自訟疏本傳尚載其略，乃削而不存，未喻何故。殆久而佚其藁耶？

東行百詠集句九卷附芳洲年譜一卷（浙江汪汝瑮家藏本）[1]

明陳循撰。是編乃其被謫東行時，集古人詩句以成七絕。初得三百首，復疊和其韻至千餘首。集句皆不著姓名，頗多竄易牽就。和韻諸作，更多累句。後附《年譜》一卷，乃其門人王翔所錄。當時敕諭及循所進詩頌俱載入其中，亦非體例也。

【彙訂】

[1] 明成化元年廬陵陳氏家刻本此集為十卷，附年譜一卷。天順六年壬午陳循自序云“均分十卷”，作“九卷”疑誤。（胡玉縉：《四庫全書總目提要補正》）

襪線集十五卷（江西巡撫採進本）

明蕭儀撰。儀字德容，樂安人。永樂乙未進士，官吏部主事。以疏論遷都北京不便，忤旨見殺。《明史》附見《夏原吉傳》中。是集乃其子超、進所編。據其原目，凡文十卷，詩十卷。此本僅十五卷，蓋詩佚其五卷矣。其文有紆徐曲折之致，而意境不深。其詩為朱彝尊《明詩綜》所不錄，殆偶未見歟？

半隱集十卷（浙江汪汝瑮家藏本）

明陳衡撰。衡字克平，淳安人。永樂丁酉舉人，官亳州學正。是集序四卷，記一卷，説一卷，詩四卷，附雜文於後。末有其甥方漢所撰《行狀》。詩文皆不入格，於明初諸人為未能方軌並鶩也[①]。

【彙訂】

① "於明初諸人為"，殿本作"與明初諸人"。

石溪文集七卷附錄一卷（江西巡撫採進本）

明周敘撰。敘字功敘，吉水人。永樂戊戌進士，官至南京翰林院侍講學士。事蹟具《明史》本傳。是編詩三卷，賦、頌、詞一卷，文三卷，又以誥敕、誌傳為《附錄》一卷。史稱敘初選庶吉士，作《黃鸚鵡賦》稱旨，得授編修。今觀所作，雖有春容宏敞之氣，而不免失之膚廓。蓋臺閣一派，至是漸成矣。其集編次無法，至以五言六句別標一體，區之古詩之外，而五言長律反入於古詩之中，殊乖體例。

尋樂文集二十卷（江西巡撫採進本）

明習經撰。經字嘉言，號寅清居士，晚自號尋樂翁，新喻人。永樂戊戌進士，官至詹事府詹事。經於成祖時亦以試《黃鸚鵡賦》稱旨,擢授編修。其賦今在集中。又有《皇都大一統賦》,朱彝尊撰《日下舊聞》未經收入,蓋未見此集也。集為其子興化府同知襄所編。其文結構頗有法,而意境太狹,往往失於枯寂,未可云似淡而腴。詩則七言長句清婉頗似東陽[1],而他體未能悉稱也。

【彙訂】

[1]"東陽",殿本作"東楊",誤。

松瞿集二十八卷(江西巡撫採進本)

明曾鶴齡撰。鶴齡字延年,一字延之,泰和人。永樂辛丑進士第一,官至侍講學士。詩多牽率之作,命意不深,而措詞結局,往往為韻所窘,殆非所擅長。文則說理明暢,次序有法,大抵規橅歐陽,頗近王直《抑菴集》,而沈著則不及也。直為作《墓誌》,於其文章亦無所稱譽云。

河汾詩集八卷(浙江汪汝瑮家藏本)

明薛瑄撰。瑄有《讀書錄》,已著錄。是集第一卷載賦五篇,餘皆古、今體詩。其孫楫於成化閒裒拾遺棄而成,門人閻禹錫為之序。今考所載詩賦,皆已編入《全集》中[1],此猶其初出別行之本也。

【彙訂】

[1]《薛文清公全集》、《薛文清公文集》所編收的《河汾詩集》,漏收一百四十餘篇,僅五律已達一百十餘篇。(李安綱《薛文清公文集校勘記》)

嘯臺集二十卷木天清氣集十四卷(浙江汪汝瑮家藏本)

明高棅撰。棅一名廷禮,字彥恢,號漫士,福建長樂人。永樂閒,自布衣徵為翰林待詔,陞典籍。《明史·文苑傳》附見《林鴻傳》中。"閩中十子"之一也。其山居時所作名《嘯臺集》,入京後所作名《木天清氣集》。棟嘗選《唐詩品彙》,專主唐音,實與閩縣林鴻共開晉安一派①。沿習既久,學者剽竊形似,日益庸廓,併創始者受詬厲焉。今觀《嘯臺集》詩八百首,尚稍見風骨。至《木天清氣集》六百六十餘首,大率應酬冗長之作。"清氣"之云,殆名不副實。其初與林鴻齊名,日久論定,鴻集尚見傳錄,而棟集幾於覆瓿,蓋亦有由矣。

【彙訂】

① 據《明史·文苑二·林鴻傳》,鴻為福建福清人,雍正《福建通志》卷五一《人物·文苑·林鴻傳》、《總目》卷一六九《鳴盛集》條均同。(楊武泉:《四庫全書總目辨誤》)

道山集六卷(浙江汪汝瑮家藏本)

明鄭棠撰。棠字叔美,浦陽人。永樂中,官翰林院檢討。是集編次猥雜。第一卷為賦,二卷為辭頌,銘贊,四言、五言古體詩,歌行,樂府,七言絕句,填詞,而附以論二篇,三卷為記、序,而附以五、七言律詩,五言絕句,後又附以雜文,殊漫無體例。卷四為經筵講義,卷五、卷六為《元史評》。以雜著附入,則固唐以來例也。棠以文章選入翰林,由典籍至檢討,而於詩殊不擅長。朱彝尊作《明詩綜》,不登一字,蓋非疏漏矣。

恒軒集六卷(浙江汪啟淑家藏本)

明韓經撰。經字本常,山陰人,宋太尉琦之十二世孫。以行誼稱於鄉里。屢徵不出,家居教授以終。是集為其子監察御史陽所編,凡古體詩二卷,近體詩四卷。語多質直,主於抒寫己意而止，非屑屑以文字求工者也。

　　西澗文集十六卷（浙江巡撫採進本）

　　明熊直撰。直字敬方，吉水人。永樂中舉人，以子槪貴，贈右都御史。是集詩二卷，文十四卷。有宣德五年楊士奇序稱："蘇明允父子，一時皆有文名。而明允老成巋然，時號老蘇，其官位竟不顯。暨子貴，乃進身後之命。敬方亦今之明允乎？"今觀其文，視明初宋濂①、王褘，去之尚遠，似未容上擬眉山也。

　　【彙訂】

　　①"明初"，殿本無。

　　鳳鳴後集十卷（浙江汪汝瑮家藏本）

　　明鄭楷撰。楷字叔度，浦陽人，官蜀府左長史。是集第一卷中載近體詩數首，餘皆雜文。前後無序跋。其曰《後集》，當尚有《前集》也。朱彝尊《明詩綜》載義門鄭氏有楗、杖、榦、桐四人，而不及楷。今觀其《謝銀鈔箋》中稱"家長兄榦"，則楷為榦弟。殆因不以詩名，故彝尊佚之，抑或偶未之見耶？

　　貫珠編貝集五卷（兩淮鹽政採進本）

　　明沈行撰。行字履德，錢塘人。是編前有魏驥序，則當在永樂、宣德閒也。是編皆集句之詩，兼取唐、宋、元人之作。"貫珠"言其聲之和，"編貝"言其材之富，然牽強湊合，在所不免。視後來《香屑集》之類，其工巧自然，百不及一矣。

　　敝帚集二卷（江蘇巡撫採進本）

　　明陳益撰。益字啟行，自號行素，高安人。永樂閒以《五經》教授於其鄉，至景泰甲戌始卒。是集乃宏治乙未其子揚所刊①，後燼於火。萬曆中，其裔孫德又重刊之。所載皆古、今體詩，雜文僅寥寥數篇。其意境頗清，而歉於深厚，文亦如之。末以同時諸人哀輓之作別為一卷，附於集末，則皆德所裒集也。

【彙訂】

① "揚"，殿本作"楊"。

草窗集一卷（浙江范懋柱家天一閣藏本）

明劉溥撰。溥字原博，草窗其別號也，長洲人。宣德初，授惠民局副使，後調太醫院吏目。事蹟具《明史·文苑傳》。史稱溥恥以醫自名，日以吟詠為事。其詩初擬西崑，晚更奇縱，與湯允〔胤〕勣、蘇平、蘇正、沈愚、王淮、晏鐸、鄒亮、蔣忠、王貞慶等稱"景泰十才子"，而溥為之首。今九人之集皆未見，惟溥集存①。溥際土木之變，忠憤悱惻之意，時見於詩，亦頗有足取者。故朱彝尊《靜志居詩話》謂其在彼法中猶為差勝。然溥嘗語客云："不讀二萬卷書，看溥詩不得。"則虛憍太甚矣。宋人云"不讀萬卷書，不行萬里路，看杜詩不得"，溥乃更加一倍乎？

【彙訂】

① 湯胤勣、蘇平皆有文集存世。

廖恭敏佚槀一卷附錄一卷（江西巡撫採進本）①

明廖莊撰。莊字安止②，號東山，吉水人。宣德庚戌進士，官至刑部左侍郎，諡恭敏。事蹟具《明史》本傳。莊為給事中時，嘗劾輔臣楊士奇縱子稷恃勢稔惡事，下獄。士奇固良相，而溺愛其子，庇之實甚。當其權位嚴重之日，已為言人所不敢言。景泰中，疏請同群臣朝見上皇於南宮，又言皇姪猶子也，宜令親儒臣，誦經書，以繫人心，回天意。疏上，廷杖，貶官定羌驛丞。當新故嫌疑之際,尤為言人所難言。其勁節孤忠,足以震動一世,而文章則非所專門。所著有《東山居士集》,日久散佚,惟自序尚存。《千頃堂書目》則載莊《漁梁集》二卷,今亦惟存其自序。是兩集皆亡,黃虞稷特據所徵各家書目載之耳。此本為莊裔孫仲蔚及其里人李日東所輯,僅奏疏五篇,其大要已見於本傳。雜文二十篇、詩五首,則又草草應酬之作,莊固不必藉是以傳。《附錄》一卷,皆祭文、碑誌之屬,莊亦不必藉是為重也。

【彙訂】

①殿本此條置"尚約居士集"條之後。

②"安止",殿本作"安正",誤,參《明史》卷一六二本傳及《江西通志》卷七八《人物・吉安府》小傳。

滄軒集七卷(浙江巡撫採進本)

明馬愉撰。愉字性和,臨朐人。宣德丁未進士第一,正統五年以侍講學士入直文淵閣,官至禮部右侍郎。事蹟附見《明史・楊溥傳》。愉沒後,詩文散失。成化庚子,山東參政邢居正命青州知府劉時勉哀集遺亡而刊之。凡詩、賦四卷,雜文三卷,第六卷又有歌詩錯雜其中。蓋隨得隨編,故先後無序。詩多酬應之作,或佳者多佚耶?然史稱愉"端重簡默,門無私謁。論事務寬厚"。又載其清理滯獄及善處蕃使二事,絕不稱及其著作,蓋不以文采見也。

別本滄軒集八卷(兩淮鹽政採進本)

明馬愉撰。愉集散佚之後,其鄉人都御史遲翔鳳購得殘本,更於愉家掇拾逸作,補葺刻之,故題曰《續刻》。目中註"續刻"字者,皆翔鳳所增也①。

【彙訂】

① 明嘉靖四十一年刻本《澹軒集》八卷卷首有序，末署"嘉靖四十一年歲次壬戌孟冬吉旦賜進士出身都察院都御史後學邅鳳翔謹序"，序中述及其續刻之事甚詳。（徐大軍：《〈四庫全書總目〉集部存目提要辨證》）

尚約居士集 無卷數（江西巡撫採進本）

明蕭鎡撰。鎡字孟勤，泰和人。宣德丁未進士，官至戶部尚書、文淵閣大學士，兼翰林院學士。事蹟附見《明史‧陳循傳》。案鎡為蕭鵬舉之子，鵬舉學詩於劉崧，鎡不墜其家法①。史稱其"學問該博，文章爾雅"，其門人邱濬序稱其文"正大光明，不為浮誕奇崛"。蓋洪、宣間臺閣之體大率如是也。

【彙訂】

① 殿本"不"上有"亦"字。

淡軒稿十二卷補遺一卷（福建巡撫採進本）

明林文撰。文字恒簡，莆田人。宣德庚戌進士，官至太常寺少卿兼翰林院學士，諡襄敏。是集詩三卷，文七卷，其十一、十二兩卷乃附錄誥敕及行狀、神道碑。《補遺》一卷，則又其詩文雜著。凡有二本，初刻者為其孫岳州同知希範，重刻者為其曾孫南京大理寺寺正炳章。此本即炳章所校也①。

【彙訂】

① 明嘉靖四十五年林炳章刻本此集題曰"湖廣岳州府同知林希範刻於岳陽公署，南京大理寺左寺正林炳章重刻於金陵公署"，並無孫、曾孫字樣。明末刻《淡軒先生詩文集》十二卷《補遺》一卷，卷端題"湖廣岳州府同知孫希範刻於岳陽公署，南京大

理寺左寺正曾孫炳章重刻於金陵公署”,當即館臣所本。然集後林炳章《重刻探花公摘稿後序》稱林文為“家太祖淡軒公”,稱林希範為“大父去非公”,又卷前嘉靖四年廖梯《題淡軒先生遺集》稱林文乃希範“先曾祖”,嘉靖十年郭日休《淡翁文集敘》稱其為林文“聞孫”,則希範乃林文之曾孫,炳章乃希範之孫。(陳國安:《淡軒稿提要》)

吳竹坡文集五卷詩集二十八卷(江西巡撫採進本)

明吳節撰。節字與儉,竹坡其號也,安成人。宣德庚戌進士,官至太常寺卿兼侍讀學士。是集為其七世孫琦所刊。後附彭華所作《行狀》,稱其“為文章,援筆即就,多至數千言,滔滔不竭,無刻苦艱窘態。於詩五七言古、今體隨題命意,開合起伏,不拘拘摹擬,而自合矩度”云云。今觀其詩文,皆直抒胸臆,縱筆所如,無不自達之意。華所論頗得其真。而渟蓄深厚,亦遂不及古人。所謂不踐跡亦不入室者歟?

雲川文集六卷附恭愍遺文一卷(江西巡撫採進本)

明鍾復撰。復字彥彰,雲川其號也,永豐人。宣德癸丑進士,官至翰林院侍講。其詩文不出當時臺閣之體。末附其子同遺文四篇,一曰《直言安國疏》,二曰《送叔祖士傑之任序》,三曰《送伯氏世楨南歸序》,四曰《友蘭軒詩跋》。同字世京,號待時。景泰辛未進士,官至貴州道監察御史。以疏爭建儲下詔獄。一時獻媚求榮者,欲借以傾動英宗,鍛鍊炮烙,備極慘毒。而同義不負故主,卒無一語連南內,竟拷斃於獄,天下悲之。事蹟具《明史》本傳。卷末又附《墓誌》一篇,章綸為撰文,廖莊為書丹,皆與同時建言受禍,幸而未死者也。《誌》稱同在獄所作詩文槁,編藏於枕畔，為獄卒竊去，故所存止此。忠臣著作，理宜甄錄。以寥寥不成卷帙，故附存其目於此，示表章焉。

松岡集十一卷（浙江汪汝瑮家藏本）

明姜洪撰。洪字啟洪，號松岡，江西樂安人。宣德癸丑進士，改庶吉士，除檢討，升修撰，以疾乞歸。是集序二卷，記一卷，歌詩二卷，賦、頌、銘、贊、表一卷，近體詩五卷。文頗平淡，詩亦妥適，而步趨東里，得其形似，格律未能逾上也[①]。

【彙訂】

① "格律"，殿本作"格力"。

畏菴集十卷（兩淮馬裕家藏本）

明周旋撰。旋字中規，別號畏菴，永嘉人。正統丙辰進士第一，官至左春坊左庶子。是集凡詩、賦五卷，雜文五卷[①]。樂清章綸為之序，稱其典雅閒淡。然在當時，猶馳驅於流輩之中，未能自闢蹊徑。

【彙訂】

① 明崇禎元年刻本此集卷一收《庭試策》一篇和《及第謝恩表》二篇，卷二至卷五方為詩賦。（徐大軍：《〈四庫全書總目〉集部存目提要辨證》）

桐山詩集十卷（浙江汪汝瑮家藏本）

明王偉撰。偉字士英，攸縣人。正統丙辰進士，官至兵部侍郎。事蹟附見《明史·于謙傳》。偉所著有《詩學正蒙》，久已散佚。其《桐山文集》，繁昌吳琛序刻之，今亦未見。此集凡詩九卷，又以偉引疾告歸疏及贈行之作為《附錄》一卷，乃其弟傑所錄，其子添楨所重刊也。史稱偉"喜任智術。既為于謙所引，恐人目己為朋附，乃密奏謙短，冀以自異。後卒以謙黨罷官"。蓋反覆不常之士。又稱其"年十四，隨父戍宣府，宣宗巡邊，獻《安邊頌》，得補安州學生"。則亦儁才。然詩多率意酬應，乏研鍊之功，蓋才士之文往往如斯矣。

呆齋集四十五卷（浙江巡撫採進本）

明劉定之撰。定之有《易經圖釋》，已著錄。是集《前稾》十六卷，《存稾》二十四卷，皆分類編錄。如《代祀錄》、《永新人物錄》、經筵講章、策略，皆在其中。而鄉會三場試卷，亦皆附列。《續稾》五卷，則成化乙酉以後所作，不復分類，以一歲為一卷焉。《明史》本傳稱定之"以文學名一時。嘗有中旨命製元宵詩，內使卻立以俟。據案伸紙，立成絕句百首。又嘗一日草九制，筆不停書。有質宋人名字者，就列其世次，若譜系然"。人服其敏博。然其榛楛勿翦，亦由於此。李東陽《懷麓堂詩話》曰："劉文安公不甚喜為詩，縱其學力，往往有出語奇崛，用事精當者。如《英廟輓歌》、《石鍾山歌》等篇，皆可傳誦，讀者擇而觀之可也。"其言可謂婉而章矣。

完菴詩集一卷（江蘇巡撫採進本）

不著撰人名氏。惟篇首有吳寬序，稱："完菴先生劉公，少為刑部。屬出僉山西按察司事，居三載，棄官歸吳中。所與倡和者，武功徐公、參政祝公及隱士沈石田數人。"考《江南通志·人物·文苑類》中載，劉珏字廷美，長洲人，正統三年舉人，官至山西按察司僉事。老而好學，工於唐律，時人稱為"劉八句"。所敘仕履，與寬序合。又"藝文類"中載："《完菴詩集》，長洲劉珏撰。"與書名亦合，則此集蓋珏所作。然其詩有亮節而乏微情，不能如

《志》所稱也。

劉文介公集三十卷（兩淮鹽政採進本）

明劉儼撰。儼字宣化，吉水人。正統壬戌進士第一，累官太常寺少卿、春坊大學士，掌院事。《明史》附見《周敘傳》。稱其"景泰中典順天鄉試，力持公道，黜大學士陳循、王文之子，幾得危禍"。蓋剛正不撓之士也。是集策表、講章一卷，記四卷，序十四卷，雜著六卷，五七言古、今體詩五卷。尚沿臺閣舊體，無疵累之可摘，亦無精華之可挹。

姚文敏集八卷（浙江汪汝瑮家藏本）

明姚夔撰。夔字大章，桐廬人。正統壬戌進士，官至吏部尚書，謚文敏。事蹟具《明史》本傳。是集本名《蘿蟲堆稾》，後其子璽刊版，改題此名。夔一代名臣，風裁嶽嶽，不媿古人。而詩文乃直抒胸臆，不中繩度。如《寄弟》詩云："嫩韭蒸來香滿口，一飡午膳倍尋常。"太不以詞藻為工矣。此所謂人各有能有不能也。

蘭軒集四卷（浙江汪汝瑮家藏本）

明沈彬撰。彬字原質，武康人。正統壬戌進士，官至刑部郎中。其居官以强幹著，不以詩文自鳴，遺稾亦多散佚。没後百有餘年，至隆慶己巳，其鄉人周維新始序而刻之，以墓誌、墓表諸篇附於後。

靜軒集十三卷（浙江汪汝瑮家藏本）

明陳宜撰。宜字公宜，靜軒其號也，泰和人。正統壬戌進士，官至兵部侍郎。路璧所作宜小傳，稱有《金臺集》、《金陵集》、《滇南集》、《金臺晚集》存於家。此本其季子佩所編録[①]，累朝誥救、家譜序與搢紳投贈之作,共為七卷,冠於前,併以為佩而作者,附載卷內。自第八卷以後,始為宜所著詩文。編次殊無體例。

【彙訂】

① "佩",殿本作"楓",下同。

商文毅公集十卷(浙江巡撫採進本)

一名《素菴集》。明商輅撰。輅有《商文毅疏稾略》,已著錄。是編為萬曆中淳安知縣漢陽劉體元所編,凡文九卷,詩一卷。多館閣應酬之作,不出當時嗶緩之體。

菉竹堂稾八卷(兩淮鹽政採進本)

明葉盛撰。盛有《葉文莊奏議》,已著錄。是集乃盛所自訂,凡詩、詞四卷,文四卷。詩、詞皆非所長。文有勁直之氣,稍勝於詩,然亦無傑構。惟碑志諸篇什尚頗整飭有法耳①。

【彙訂】

① "篇什",殿本作"篇"。

卞郎中詩集七卷(浙江汪汝瑮家藏本)

明卞榮撰。榮字華伯,江陰人。正統乙丑進士,官至戶部郎中。榮在景泰間,盛有詩名。居郎署二十年。朝騎甫歸,持牘乞詩者擁塞戶限,日應百篇。湯沐《公餘日錄》盛稱其"狀元自是渴睡漢,宰相須用讀書人"一聯,以為雖有翦裁,渾無痕跡。蓋亦儁才。然所作大半皆酬贈哀輓之章,亦多淺率。蓋得之太易也。是集為其門人無錫吳鍵所刊①,附以雜文十餘首,亦非所長。李東陽《懷麓堂詩話》曰:"詩在卷冊中易看,入集便難看。古人詩集非大家數,除選出者鮮有可觀。卞戶部華伯在景泰間盛有詩

名,對客揮翰,敏捷無比。近刻為全集,殆不逮所聞。"是當時已
有公論矣。

【彙訂】

① 明成化十六年刻本卷首有寧良序云:"其門生錫山吳縕
編刊。"卷末朱鏞序、徐壽跋及薛章憲《卞公墓銘》皆謂吳縕所編。
各家目錄亦錄作吳縕編。(徐大軍:《〈四庫全書總目〉集部存目
提要辨證》)

白沙詩教解十卷附詩教外傳五卷(安徽巡撫採進本)

明陳獻章撰,湛若水註。獻章有《白沙集》,若水有《二禮經
傳測》,皆已著錄。《白沙詩教》凡一百六十六篇,皆闡發性理之
作。《詩教外傳》則皆獻章語錄之類,足與詩相發明者。若水以
類排纂,各為之標目。獻章於詩家為別調,不妨存備一格。若水
務尊師説,必以為風雅正宗,至別撰此書以行。言之似乎成理,
而實則不然。王士禎《居易錄》曰:"如欲講學,何不竟作語錄?"
可謂要言不煩矣。

彭文憲集四卷(江西巡撫採進本)

明彭時撰。時有《可齋雜記》,已著錄。其集原本十卷,歲久
散佚。此本乃其六世從孫篤福所刊。掇拾殘膡,取盈卷帙,不足
見所長矣。

劉古直集十六卷(浙江汪汝瑮家藏本)

明劉珝撰。珝字叔溫,號古直,壽光人。正統戊辰進士,官
至戶部尚書、謹身殿大學士,諡文和。事蹟具《明史》本傳。是集
乃其子太常寺卿銑所編①,凡詩五卷,文十一卷,志、表、祭文附
於末。珝當萬安、劉吉等朋比亂政之時,頗能持正。故本傳稱:

"安貪狡,吉陰刻。珝為稍優,顧喜談論,人目為狂躁。"又《萬安傳》稱:"在内閣者劉吉、劉珝。安為首輔,與南人相黨附。珝與尚書尹旻、王越又以北人為黨,互相傾軋。然珝疏淺而安深鷙,故珝卒不能勝。"則珝亦一客氣用事,輕率不檢者耳。朱彝尊《明詩綜》謂其詩"率意塗寫,不事翦裁",蓋肖其為人也。彝尊又引李東陽語,謂"公於詩,興之所到,筆不能閣,而無毫髮點綴呻吟之病"云云。考東陽序中無此語,其語乃在王承裕序中。考此本二序皆五頁,版心號數相同,裝緝者互易其末頁。彝尊以仁裕語為東陽語,知所見之本,二序亦互易末頁矣。

【彙訂】

① "銃",殿本作"銳",誤。今存嘉靖三年劉銳刻本《古直先生文集》十六卷《附錄》一卷,有李東陽、王承裕序。

王端毅文集九卷(江蘇巡撫採進本)

明王恕撰。恕有《玩易意見》,已著錄。是集乃嘉靖壬子祥符李濂所編。前六卷為文集,平實淺顯,無所雕飾,如其為人。喬世寧序稱當時以為其文無假英藻,而質厚有餘,不務以閎辨,而歸準於躬行。又最稱其《答劉太保書》。第七卷即《玩易意見》,八卷曰《石渠意見》,九卷曰《意見拾遺》,皆說經之語,各有別本單行。濂用李石《方舟集》例,又編入集中也。

鳴秋集二卷(兩淮鹽政採進本)

明趙迪撰。迪字景哲,懷安人,自號白湖小隱。朱彝尊《靜志居詩話》謂:"余憲《百家詩》以迪為山人,徐庸《湖海耆英集》載其《元夕應制詩》,徐泰《明風雅》則云①:'迪,宜陽人,官吏部侍郎。'然《鳴秋集》有景泰五年迪仲子壯後序,中云:'先人值時多故，投老林泉。'而同時閩人均有輓鳴秋山人詩。則二徐所云，自是別一人矣。"是集即其仲子壯所編。前載林誌序，稱其"古詩不下魏、晉，而諸作則醇乎唐"②。今考其詩，古體頗為薄弱，誌說殊誣。律詩諧暢，差有唐音，然亦晉安一派也。

【彙訂】

① "則"，殿本無。

② "醇"，殿本作"純"。

王文肅集十二卷（浙江孫仰曾家藏本）

明王儼撰。儼有《毘陵志》，已著錄。此集亦名《思軒槀》。卷首載李東陽所作《傳》，謂其官吏部尚書時，上疏陳八事，多見採納。今其疏不見集中，止存《經筵進講》、《文華進講》二卷。殆有所避而不載歟？抑東陽溢美也。

王太傅集二卷（浙江汪汝瑮家藏本）

明王越撰。越字世昌，濬縣人。景泰辛未進士，官至兵部尚書。以功封威寧伯，諡襄敏。此集稱"王太傅"者，其贈官也。考《明史》越本傳，功名頗有可觀。惟以前結汪直，後依李廣，為士論所輕。是集分體編輯，附錄雜文。前有嘉靖九年吳江吳洪序，稱其"遺槀散佚不傳。有郿人高德崇錄所見聞，刻之於學舍，乃行於世"。後越曾孫紹思別輯全集。其跋中所稱"在楚有《太傅詩文集》"者，即此本也。

王襄敏集二卷續集一卷（浙江汪汝瑮家藏本）

明王越撰。是編即其曾孫紹思所輯。第一卷為疏議，皆處置邊務及奏報捷音，第二卷為雜文。《續集》一卷為詩及詩餘。而以李東陽所作《墓誌》、崔銑所作《神道碑》附錄於末。越本魁傑之才，其詩文有河朔激壯之音，而往往傷於粗率。

野菴文集十卷（江西巡撫採進本）

明吳宣撰。宣字師尼，野菴其別號也，崇仁人。景泰癸酉舉人，授左軍督府經歷。坐劾長官不法繫獄，十年始得釋。改中府，陞鎮遠府知府，道病卒。其文落落有氣，而格律未嚴。是集乃其門人王君謨等所編，未經刊行，其元孫道南復訂正藏於家。前有道南自述顛末一篇。

奉使錄二卷（兩江總督採進本）

明張寧撰。寧有《方洲集》，已著錄①。是集乃寧天順四年出使朝鮮所作，已編入《方洲集》內。此其初出別行之本也。上卷首敘奉使召對及奏槀數篇，餘皆途中留題之作。下卷則至朝鮮以後篇什，題曰《皇華集》，註云“朝鮮刻本”。前有崔恒序，乃奉國王李琛命編次而序之者也。朱彝尊《靜志居詩話》載寧兩使朝鮮，水館星郵，留題殆遍。館伴朴元亨詩篇唱和，殊不相下。及偕登太平館樓，寧成七律六十韻。元亨誦至“谿流殘白春前雪，柳折新黃夜半風”之句，乃閣筆曰：“不敢屬和矣。”然其詩縱調騁情，才思雖捷而少沈思。故王世貞謂寧詩“如小權急流，一瞬而過，無復雅觀”也。

【彙訂】

① 依《總目》體例，當作“寧有《方洲雜言》，已著錄”。

彭文思集六卷（江西巡撫採進本）

明彭華撰。華字彥實，安福人。景泰甲戌進士，官至吏部侍郎，入內閣。踰年以風疾去。卒諡文思。事蹟附見《明史·萬安傳》。所著有《素菴集》九卷。李東陽序稱其文“嚴整峭潔，力追古作者”。

今未見傳本。此本為其六世孫篤福所編,視原集僅十之三矣。

恥菴集十卷(浙江汪汝瑮家藏本)

明陳煒撰。煒字文曜,別號恥菴,閩縣人。天順庚辰進士,官至浙江左布政使。煒風裁峻整,為御史時劾罷錦衣指揮門達。在江西平反疑獄,為民興利除弊,具有實績。詩文非所注意。是集乃正德初其從子墀為東莞知縣時所刊,嘉靖中其孫全之復補輯之,而以讚、輓諸詩附於其末。

禮庭吟二卷(衍聖公孔昭煥家藏本)

明孔承慶撰。承慶字永祚,曲阜人,至聖六十代孫也。年三十一,未及襲封而卒。其外祖王惟善為哀其遺詩以成此集[①],有景泰間同郡許彬序,又有天順丁丑長洲劉鉉序,歲久散佚。康熙庚辰,衍聖公孔毓圻檢校先世遺稿,又得而重刊之。

【彙訂】

① 明景泰六年原刻本為三卷,其許彬序云:"幸其有子二人,長弘緒,今甫七歲;次弘泰,今甫五歲……弘緒之外祖順天府尹惟善王公憐承慶早世,取其遺稿,擇言之精者得百六十五首,命工壽梓。"可知王惟善實為孔承慶岳父。(徐大軍:《〈四庫全書總目〉集部存目提要辨證》)

耕石齋石田集九卷(兩江總督採進本)

明沈周撰。周有《石田雜記》,已著錄。是集乃瞿式耜所刪定,凡詩八卷,文一卷[①]。其詩與華汝德本互有出入,文則華本所未收。然周詩猶以天趣勝,文則更非所長,徒為贅疣矣。

【彙訂】

① 此本《詩鈔》八卷為錢謙益所選,見錢氏序(載《牧齋初學

集》卷四十）。（陳正宏：《沈周年譜》）

　　桂坡集十五卷（浙江汪汝瑮家藏本）

　　明左贊撰。贊字時翊，南城人。天順丁丑進士，官至廣東布政使。是編凡《前集》五卷，《後集》八卷，皆詩賦雜文，而以所作《方外》諸篇別為一卷，附於末，蓋用楊傑《無為集》例。至於樂府一卷之中，如《關山月》、《楊白華》之類，皆古題，而忽以詞曲續其後，則從來無此體例。殆以宋人詞曲亦標樂府之名，故合為一。不知源流遞變，格律各殊，不可以宋之樂府竟當古樂府也。贊嘗刪定《李覯集》，蓋亦頗留心詩古文者。然所作質朴而不能健，清淺而不能腴，其於古格，僅僅具體云爾。

　　別本彭惠安公文集七卷附錄一卷（兩江總督採進本）

　　明彭韶撰。韶有《政訓》，已著錄。所著詩文名《從吾滯藁》，已散佚不存[1]。是集乃御史陳時周所重編，已多所刊削，非盡精要。《附錄》一卷，則楊守陳、陳獻章等贈言及府志傳論也。

【彙訂】

　　[1]《總目》卷一七〇《彭惠安集》條明言：“初名《從吾滯藁》。嘉靖中重刊，乃改題此名。”（王重民：《中國善本書提要》）

　　餘力藁十二卷（副都御史黃登賢家藏本）

　　明徐貫撰。貫字元一，淳安人。天順丁丑進士，官至工部尚書，諡康懿。是集乃貫所自定，前有宏治己未自序。其子頤初刊於舒城，間有遺佚。嘉靖壬子，其次子健倅歸州時，復增訂梓行。詩文皆平實，然大半應酬之作也[1]。

【彙訂】

　　[1]“然大半應酬之作也”，殿本作“亦大半應酬之作”。

栗菴遺槀二卷（浙江汪汝瑮家藏本）

明鄭環撰。環字瑤夫，號栗菴，仁和人。天順庚辰進士，官至太常寺少卿。是集有其子孟緪跋，稱環集本十卷，不戒於火，茲集乃其搜輯另編者。楊守陳作環墓碑，稱其文章典雅贍密。今此本所存無多，體亦不備，不足以見其全。守陳所論，難遽定其確否也。

東白集二十四卷（浙江孫仰曾家藏本）

明張元禎撰。元禎五歲能詩，寧靖王召見，名之曰元徵。巡撫韓雍為改今名。字廷祥，南昌人。天順庚辰進士，官至吏部左侍郎兼翰林院學士，掌詹事府。天啓初，追謚文裕。事蹟具《明史》本傳。是集凡詩文二十三卷，末卷則附錄事實、祭文。元禎以講學為事。其在講筵，請增講《太極圖》、《西銘》、《通書》。夫帝王之學與儒者異，詎可舍治亂興亡之戒，而談理氣之本原？史稱後輩姍笑其迂闊，殆非無因矣。其詩文樸遫無華，亦刻意摹擬宋儒，得其形似也。

定菴集五卷（兩淮鹽政採進本）

明張悅撰。悅字時敏，華亭人。天順庚辰進士，官至南京兵部尚書，謚莊簡。事蹟具《明史》本傳。是集凡詩一卷，文四卷，大抵流易有餘，而頗乏雋永之味。

巽川集十六卷附錄二卷（浙江孫仰曾家藏本）

明祁順撰。順字致和，巽川其號也，東莞人。天順庚辰進士，官至江西左布政使。其集前載有韻之文，次為詩詞，次為散體。末附張元正〔禎〕所作《墓誌》、賈宏所作《墓表》，各為一卷①。

【彙訂】

① 明嘉靖刻本此集附錄上為墓誌、墓表及朋輩所贈詩文、祭文。清康熙二年在茲堂刻本亦有附錄兩卷，墓誌、墓表及祁順同時之人唱和投贈之詩文集為一卷，另一卷題作《貞菴詩》，收有祁順之弟祁頤之詩若干首，非墓誌、墓表各為一卷。且墓誌題"南昌張元禎撰"，墓表末署"賜進士及第資政大夫禮部尚書兼經筵日講官鉛山費宏撰"。可知"禎"避諱作"正"，"費"蓋因形近而譌作"賈"。（董康：《巽川祁先生文集解題》；徐大軍：《〈四庫全書總目〉集部存目提要辨證》）

東園詩集續編八卷（浙江范懋柱家天一閣藏本）

明鄭紀撰。紀有《東園文集》，已著錄。是編其詩集也。初，紀子主一、主敬嘗編其詩為十二卷，今未見傳本。此本乃其少子忠搜輯遺篇，故題曰"續集"。集中如"古壘斜連江樹没，饑烏恒傍野人飛"，"橋頭雨歇徑初溜①，天際雲收山漸多"等句，亦頗有南宋風格，然亦止於如此耳。

【彙訂】

① "徑"，殿本作"溪"。

東瀧遺槀四卷（江西巡撫採進本）

明彭教撰。教字敷五，號東瀧，吉水人。天順甲申進士第一，官至翰林院侍講。集中詩文，類多應酬之作。李東陽序云："敷五年僅四十餘，編摩考校之外，無由自試，而文又不盡其蘊。"蓋亦微詞也。

閔莊懿集八卷（浙江巡撫採進本）

明閔珪撰。珪字朝英，烏程人。天順甲申進士，官至南京刑

部尚書、左都御史。事蹟具《明史》本傳。是編乃其詩集。集中
七言律詩多至六卷，大抵皆酬贈之作。蓋珪老成持重，治獄平
允，為當代名臣，後以不阿劉瑾告歸。其立身自有本末，吟詠則
非所留意云。

桃溪淨稾八十四卷（江蘇巡撫採進本）

明謝鐸撰。鐸有《赤城論諫錄》，已著錄。是集凡詩四十五
卷，文三十九卷。蓋李東陽因其舊本再取而芟之，故以《桃溪淨
稾》為名。然瑕瑜參半，猶不能悉為刊除也。

滄洲集十卷續集二卷（浙江汪汝瑮家藏本）

明張泰撰。泰字亨父，太倉人。天順甲申進士，官至翰林院
修撰。事蹟具《明史·文苑傳》。泰為人恬淡，獨喜為詩。初與
李東陽齊名，後東陽久持文柄，所學彌老彌深。而泰不幸早終，
未及成就，故聲華銷歇，世不復稱。今觀是集，大抵圓轉流便而
短於含蓄，正如清水半灣，洮洮易盡，視東陽《懷麓堂集》實相去
逕庭。故東陽作序亦云"將極於古人，而不意其遽止"云。

西山類稾五卷（兩淮馬裕家藏本）

明謝復撰。復字一陽，祁門人。少從吳與弼游，與陳獻章為
同門友，而篤實勝於獻章。故集中有《書獻章詩後》一篇，頗詆其
晚涉於佛、老，其宗旨可見。然其詩文則不出講學之門徑，與談
藝家又別論云。

陳剩夫集四卷（福建巡撫採進本）

明陳真晟撰。真晟字晦德，改字剩夫，又自號曰布衣。家本
泉州，以父隸鎮海衛戍籍，遂為漳州人。天順中，嘗詣闕上書，獻

所撰《程朱正學纂要》，兼上書執政，均不見收。又上書當路，獻所撰《正教正考會通》，亦不見省而罷。又作《學校正教文廟配享疏》，擬詣闕再上，未及行而卒。事蹟具《明史·儒林傳》。是集乃真晟卒後其鄉人林祺所編。康熙己丑，儀封張伯行官福建巡撫，乃為序而刻之。所獻二書，今皆載集中。其《程朱正學纂要》，首為《程氏學制》，次為《推明朱子兼補之法》，次為《心學圖說》，其圖凡二，一為《六十四卦圓圖》，圖下大書一“心”字，一為《太極圖》，圖下亦大書“心”字。次為《立師說》、《補正學》、《輔皇儲》、《隆教本》、《振風教》五條。其《正教正考會要》首列《朱子學校貢舉私議》，次《敕諭大略》，次《程氏學制》，次《呂氏鄉約》，次《德業》、《過違》二條，次《立師》、《考德》、《考文》三條。大意以為天下之事莫大乎此。故次卷載所上當路書曰：“朱子抱哭其書四百年矣，曾無一人憐而省之者。此魏鶴山、真西山、許魯齋、吳草廬諸儒不能無大罪也。既讀其書，宗其道，則實吾師也、父也。豈有視父、師之哭而弟子能恝然耶？”又謂宋、元兩朝皆以不用程、朱之學，故上干天怒，奪其命以與明。持論頗僻。又《題〈玉堂賞花集〉後》，詆諆執政，謂不賞其《程朱纂要》，而群聚賞花，後世不免謂之俗相。尤為褊激。林雍作《真晟行實》，稱其“既無所遇，每四顧徬徨，不能自釋”，亦異乎尋孔、顏之樂者矣。

　　履坦幽懷集二卷（編修祝德麟家藏本）

　　明祝淇撰。淇字汝淵，號夢窻，海寧人。以子萃貴，封刑部主事。《明詩綜》作祝祺，云“或作淇”。此本乃其家刻，明作“淇”字，則《詩綜》誤也。是集為餘姚胡培所編，凡文一卷，詩一卷。

思元〔玄〕集十六卷(浙江汪啟淑家藏本)

明桑悅撰。悅有《桑子庸言》,已著錄。是編賦一卷,文八卷,詩六卷,詩餘一卷。附刻一卷,則悅之志傳也。史稱悅為人怪妄,敢為大言以欺人。朱彝尊《靜志居詩話》稱悅"在長沙,著《庸言》,自詡窮究天人之際,非儒者所知。又自稱其詩根於太極"。則史所云怪妄,不虛也。所作《兩都賦》,有名於時,然去班固、張衡實不可道里計,而夸誕如是。淺之乎其為人矣。

涑水集二卷(兩淮鹽政採進本)

明文洪撰。洪字功大,號希素,長洲人。成化乙酉舉人,官涑水縣教諭,故以名集。洪為待詔徵明之祖,故朱彝尊《靜志居詩話》云:"長洲文氏,世載其德,希素先生實始之。"詩饒有恬淡之致。是集案洪自序稱"檢前後所作,汰之得百篇",蓋所自編。然此本末附遺文七篇,則後來又有增入,非手定之舊槀矣。

龍臯文集十九卷(浙江孫仰曾家藏本)

明陸簡撰。簡字廉伯①,號治齋,龍臯其別號也,武進人。成化丙戌進士,官至詹事府少詹事。是集有文無詩,冠以日講直解及經筵講章。李東陽為撰《墓誌》,稱其文"縝密峻潔,力追古作。而不輕應接,有求之經歲而不得者",又云所著已累百數十卷。今所存者僅若此,則知其佚者多也。其文義蘊未深,而平正樸實,於長沙一派為近。蓋何、李未出之前,文格大率如是也②。

【彙訂】

①"廉伯",底本作"伯廉",據殿本乙。明嘉靖元年楊鑢刻本卷首有李東陽所撰《冶齋陸公墓誌銘》云:"公諱簡,字廉伯,一字鏡行,號冶齋,又號龍臯子。"又有太原喬宇《冶齋陸先生像

贊》。(徐大軍:《〈四庫全書總目〉集部存目提要辨證》)

②"如是",殿本作"如此"。

東海文集五卷(兩江總督採進本)①

明張弼撰。弼字汝弼,華亭人。成化丙戌進士,官至南安府知府。事蹟具《明史·文苑傳》。是集前四卷皆雜文,後一卷皆附錄弔輓銘贊之作。考吳鉞序稱其子輯錄詩文若干卷,則其文原與詩合刻,此本偶佚其半也。弼工草書,為世所重。其文則直抒胸臆,不事鍛鍊。李東陽《懷麓堂詩話》載弼自評其"書不如詩,詩不如文",以為英雄欺人之語,誠篤論云。

【彙訂】

①《兩淮鹽政李呈送書目》著錄《東海文集》五卷,江蘇、浙江呈本皆九卷足本。則《總目》所據為兩淮呈本甚明,作"兩江總督採進本"誤。(杜澤遜:《四庫存目標注》)

東皋文集十三卷附錄一卷(浙江巡撫採進本)

明陸淵之撰。淵之字克深,上虞人。成化丙戌進士,官至河南布政使。是集為其門人王汝鄰所刻。前有其門人劉瑞序曰:"讀先生之文者,知其大可也。乃若較聲律,評矩矱,區區於文字家者,亦淺之乎知先生矣。"殆微詞歟?

張文僖公文集十四卷詩集二十二卷(浙江巡撫採進本)

明張昇撰。昇字啟昭,南城人。成化己丑進士第一,官至禮部尚書。事蹟具《明史》本傳。是編乃其子浙江布政使元錫所刊。前有嘉靖元年邵寶序,謂此書本名《柏崖集》。刻成而賜謚之命適至,遂以名之。然本傳不言有謚,或偶漏歟?昇立朝頗著風節,而其文多應酬之作。末附《瀛涯勝覽》及《北行錄》、《西行錄》,皆縷述見聞,無所考證。詩則近體多於古體①,而七言近體尤多於五言。是足驗其所得矣。

【彙訂】

①"詩則",殿本作"其詩"。

使東日錄一卷(浙江巡撫採進本)①

明董越撰。越有《朝鮮賦》,已著錄。是集乃宏〔弘〕治元年越為朝鮮頒詔正使途中紀行之詩。考越奉使時官庶子,而刻本首行結銜乃作"儒林郎、大理寺"。"寺"字以下刊版刓滅,不可辨其姓名。疑或校刊者所題歟?

【彙訂】

① 此書在《各省進呈書目》中僅著錄於《浙江省第五次鄭大節呈送書目》及《二老閣呈送書》,則應為浙江鄭大節家藏本,作"浙江巡撫採進本"誤。(江慶柏:《四庫全書私人呈送本中的鄭大節家藏本》)

太和堂集六卷(浙江汪汝瑮家藏本)

明屠勳撰。勳字元勳,平湖人。成化己丑進士,官至刑部尚書,諡康僖。是編詩四卷,文二卷,以神道碑、墓誌附於末。陳懿典序稱合刻屠氏家藏二集。蓋其子應埈有《蘭暉堂集》,當日合為一編耳。

交石類稾三卷(兩淮鹽政採進本)

明吳文度撰。文度字憲之,應天人。成化壬辰進士,官至南京戶部尚書。事蹟附見《明史·張泰傳》。是集詩一卷,文二卷,皆詞旨樸僿。蓋文度官汀州知府時有惠政,汀州人為之刊行以誌遺愛,是固不以詞采論也。

文溫州集十二卷（浙江巡撫採進本）

明文林撰。林有《瑯琊漫鈔》，已著錄。林嘗為溫州府知府，故其集以溫州名。其中《陳馬政》諸篇，皆官南京太僕寺丞時作。總題以溫州，從所終也。

孫清簡公集二卷（兩江總督採進本）

明孫需撰。需字孚吉，別號冰檗翁，德興人。成化壬辰進士，官至南京吏部尚書，諡清簡。事蹟附見《明史·孫原貞傳》。需初為南京御史，以劾妖僧繼曉，廷杖調外。為禮部尚書，又忤劉瑾罷官。以風節著。巡撫河南、陝西、鄖陽，抑權貴，綏流亡，尤具有循績。詩文則非所長。是集初名《冰檗藁》，其孫世良改今名。末有隆慶庚午世良記曰：“壬戌循例至京師奉遺藁。請瞿昆湖、姜晉齋摘其尤者得四帙。丁卯過常郡，謀諸王百穀，更為分門別類，釐為上、下二卷。是刻豈欲上匹大方，持示海內，第俾子孫異日有所取以承藉云耳。”其言篤實，想見需之家法。王世貞序謂其詩文“沖然而不為藻采，淡然而若無深思”，亦有微詞焉。

石淙藁十九卷（安徽巡撫採進本）

明楊一清撰。一清有《關中奏題藁》，已著錄。考《明史·藝文志》載一清《奏議》三十卷，《石淙類藁》四十五卷，詩二十卷。今所傳《關中奏題藁》已與三十卷之數不符。此本有詩無文，首《鳳池藁》，次《省墓藁》，次《禫後藁》，次《西巡藁》，次《北行藁》，次《容臺藁》，次《行臺藁》，次《歸田前藁》①，次《自訟藁》，次《制府藁》，次《吏部藁》，次《玉堂藁》，次《歸田後藁》，次《督府藁》，次《玉堂後藁》。各以類分，止十九卷，與《藝文志》卷目亦不合。惟

《督府橐》後別附簡札一卷，當爲文集中一種，裝緝誤入於此。史志或併此數之歟？

【彙訂】

① "歸田前橐"，殿本作"歸田橐"。明嘉靖刻本此集卷八爲《歸田詩橐》，卷前題"歸田前類"。

東溪橐十卷（兩淮鹽政採進本）

明鄧庠撰。庠字宗周，宜章人。成化壬辰進士，官至南京户部尚書，終蘇州巡撫。是編乃其詩集。凡《吟橐》五卷，《入覲聯句録》一卷，《續橐》三卷，《別橐》一卷，而以石珤所作小傳附焉。

梅巖小橐三十卷（浙江汪汝瑮家藏本）

明張旭撰。旭字廷曙，休寧人。成化甲午舉人，歷官孝豐、伊陽、高明三縣知縣。是集凡詩二十二卷，文八卷①。其詩長於集句，採摭成語，位置聯絡，往往如出自然。其所自作，則雖律調工整，而傷於剽利，蓋學《長慶集》而不至者也。散體諸文，大抵應俗之作矣。

【彙訂】

① 據《浙江採集遺書簡録總目》，四庫底本即明正德元年刻本，據其自序、凡例與正文，實爲詩二十卷，文十卷。（徐大軍：《〈四庫全書總目〉集部存目提要辨證》）

東田漫橐六卷（直隸總督採進本）

明馬中錫撰。中錫字天禄，別號東田，故城人。成化乙未進士，官至左都御史。事蹟具《明史》本傳。是集爲其子師言所編。同邑孫緒序之，稱其詩"卑者亦邁許渾，高者當在劉長卿、陸龜蒙之列"。而其末力詆"竊片語，摘數字，規規於聲韻步驟，摹仿愈工,背馳愈遠"。蓋為李夢陽而發。其排斥北地,未為不當,然中錫詩格實出入於《劍南集》中①,精神魄力尚不能逮夢陽也。

【彙訂】

①"於",殿本無。

別本東田集十五卷(直隸總督採進本)

明馬中錫撰。是集為國朝康熙丁亥中錫鄉人賈棠所刊,凡文五卷,詩十卷。案《嵩陽雜識》曰:"李空同與韓貫道草疏,劉瑾切齒,必欲置之死,賴康滸西營救而脫。後滸西得罪,空同議論稍過嚴,人作《中山狼傳》以詆之。"王士禎《居易錄》亦稱中錫《中山狼傳》為刺李夢陽負康海而作①。今其文在第五卷中。然海以救夢陽坐累,夢陽特未營救之耳。未嘗逞凶反噬,如傳所云云也。疑中錫別有所指,而好事者以康、李為同時之人,又有相負一事,附會其說也。

【彙訂】

① 王士禎《池北偶談》卷十四云:"《中山狼傳》,見馬中錫《東田集》……則此傳為馬刺空同作無疑"。非《居易錄》所載。(余嘉錫:《四庫提要辨證》)

滇南行槀四卷附錄一卷(江西巡撫採進本)

明蘇章撰。章字文簡,號雲崖,餘干人。成化乙未進士,官至延平府知府。初,章官兵部主事時,因星變事劾妖僧繼曉、方士李孜省,謫姚安通判。因裒其所作共為一集,故以《滇南行槀》為名。末附詞四闋、《祭胡敬齋文》一首。《附錄》一卷,則其行實及諸家題跋與入祀鄉賢文卷也。章少問學於陳獻章之門,嘗出胡居仁於獄,與吳與弼亦友善。蓋亦刻意講學者。故所作皆率意而成,不能入格云。

七星詩文存十二卷(江西巡撫採進本)

明劉鴻撰。鴻字雲表,泰和人。以居七星坳,自號七星居士。成化丁酉舉人。屢上公車不第,遂放游山水以終。是集為泰和知縣區時行所編,前有正德五年羅欽順序。其文風格疏暢,多自抒抑塞磊落之懷。詩則率意而成,興寄頗淺。五言絕句中《西州詞》第一首,乃全錄《西州古詞》四句,殊不可解。疑或手書是詞①,其後人不考而誤收也。

【彙訂】

① "詞",殿本作"詩"。

碧川文選四卷(兩江總督採進本)

明楊守阯撰。守阯字惟立,號碧川,鄞縣人。成化戊戌進士,官至南京吏部左侍郎,加尚書銜致仕。事蹟附見《明史·楊守陳傳》。按《明分省人物考》云:"《碧川文鈔》二十九卷,雜文儲橐又若干卷。"此本為其外孫陸錡所刻①。前有陳琳序曰:"楊公自摘手橐凡一百五十三篇,藏於家,陸君釐為四卷。"云云。則此為守阯手定之本矣。《明人物考》又云:"守阯嘗書數語於遺橐曰:'學文師韓吏部,學道師程伊川。'"然其文才力萎弱②,不能規橅韓筆也。

【彙訂】

① 明嘉靖四年陸鈳刻本陳琳序曰:"碧川楊公自摘手稿凡一百五十三篇,藏於家,歿且十餘載矣。嘉靖乙酉,安慶守陸君鈳釐四卷,題《碧川文選》梓之。"又有自署嘉靖乙酉春正月外孫陸鈳識語,則知"陸錡"乃"陸鈳"之誤。(徐大軍:《〈四庫全書總

目〉集部存目提要辨證》)

②"萎弱",殿本作"頗弱"。

西征集無卷數（浙江汪汝瑮家藏本）

明林俊撰。俊有《見素文集》,已著錄。是集皆其正德四年再起官四川巡撫,平定巴虁土寇時作,故以"西征"為名。凡詩歌一百二篇,跋二篇,賦一篇,書二十三篇,祭文二十四篇,序四篇,記五篇。末附戴錦所撰《西征傳》,述靖亂始末頗詳。

半江集十五卷（兩淮馬裕家藏本）

明趙寬撰。寬字栗夫,號半江,吳江人。成化辛丑進士,官至廣東按察使。是集初為其邑人王思誠所刊,王守仁、費宏皆為之序。守仁序不載卷數,但惜其遺橐散佚。宏序稱詩六卷,文如之。此本凡詩八卷、文七卷,蓋其仲子櫛掇拾補緝,又增三卷也。

柴墟齋集十五卷（兩江總督採進本）①

明儲巏撰。巏字靜夫,號柴墟,泰州人。成化甲辰進士,官至戶部侍郎。劉瑾用事,引疾歸。瑾誅,復起,調南京吏部侍郎。卒諡文懿。事蹟具《明史·文苑傳》。是集為其曾孫耀所刊,詩五卷,序文三卷,墓誌一卷,雜著二卷,奏疏一卷,書簡三卷。巏嘗與李夢陽、何景明、徐楨〔禎〕卿相倡和。其詩規仿陶、韋,文亦恬雅。至於才力富健,則不及夢陽等也。

【彙訂】

① 明嘉靖四年刻本、萬曆四十二年儲燿刻本書名均作《柴墟文集》,《兩江第一次書目》著錄作《儲文懿柴墟集》。（杜澤遜:《四庫存目標注》)

虛齋先生遺集十卷（編修祝德麟家藏本）

明祝萃撰。萃字維真，海寧人。成化甲辰進士，官至廣東布政司參政。是集文五卷，詩五卷。文頗春容，詩亦妥帖。蓋成、宏閒臺閣之體也[①]。

【彙訂】

①“之”，殿本無。

蔡文莊集八卷（浙江巡撫採進本）

明蔡清撰。清有《易經蒙引》，已著錄。其集凡有二本，一為石崖葛氏所刊，即《明史·藝文志》所載五卷之本；一即此本，乾隆壬戌其族孫廷魁所重刊也。自一卷至五卷，仍其舊文而重訂其目，又搜輯墨蹟遺藁為補遺一卷。附以其孫邦駒所集事蹟及志、書、傳、序，為《附錄》二卷。集中有《與孫九峯書》，述寧王宸濠譏其不能詩文。廷魁序中因反覆辨論，歷詆古來文士，而以清之詩文為著作之極軌。夫文以載道，不易之論也。然自戰國以下，即已岐為二途，或以義理傳，或以詞藻見，如珍錯之於菽粟，錦繡之於布帛，勢不能偏廢其一。故謂清之著作主於講學明道，不必以聲偶為詩，以彫繪為文，此公論也。謂文章必以清為正軌，而漢以來作者皆不足以為詩文，則主持太過矣。廷魁序又稱以家藏《密箋》、善本《太極圖說》、《河洛私見》三種附焉，而此本無之。蓋本各自為書，故或附載或別行也。

雪洲文集十四卷（浙江巡撫採進本）

明黃瓚撰。瓚字公獻，儀真人。成化甲辰進士，官至南京兵部侍郎。是集乃其子襄所刊。自一卷至六卷為詩，自七卷至十二卷為文，十三、十四兩卷題曰《續集》，詩文並列，蓋補遺也。詩多伉厲之響，文亦意境未深。集中載為山東巡撫時薦劾方面各官疏，於所糾之人俱闕其名，殆不欲暴人之短耶？

雨村集四卷（直隸總督採進本）

明周東撰。東字伯震，號雨村，阜城人。成化甲辰進士，官至大理寺少卿。以伉直忤劉瑾。時實鐍將變，乃使勘事陝西。會亂作，死之。是集詩一卷，雜文一卷。其後二卷為《正論》八篇，蓋東所著之子書①，編以入集。詩文皆不甚留意。《正論》多刺時之語，蓋亦發憤而著書。然東之足不朽者，終在氣節也。

【彙訂】

①"蓋東所著之子書"，底本作"蓋東子所著之書"，據殿本乙。

松籌堂集十二卷（兩淮鹽政採進本）

明楊循吉撰。循吉有《蘇州府纂修識異》，已著錄①。其平生詩文雜著幾及千卷，蕪累頗甚。是集雖經別裁，尚多俗體。蓋循吉任誕不羈，故其詞往往近俳云。

【彙訂】

①《總目》卷五三著錄楊循吉撰《蘇州府纂修識略》六卷。

都下贈僧詩一卷（浙江汪汝瑮家藏本）

明楊循吉撰。循吉好與方外遊。成化丙午，大給祠牒，吳僧多集京師。其所識緇流，時或往訪。比其還也，各賦詩以送之，因錄為一通。吳寬跋其後。後二年，循吉復摹寬書，刻之持定塔院。

菊花百詠一卷（浙江汪汝瑮家藏本）

明楊循吉撰。以菊花種類，各案其名，繫以七言絕句，分為十一類。天文類自《滿天星》以下三首，地理類自《岳州紅》以下三首，人物類自《狀元紅》以下二十一首，宮室類《金樓子》一首，珍寶類自《銀絞絲》以下七首，時令類自《海棠春》以下六首，花木類自《白牡丹》以下三十二首，身體類自《金寶相》以下三首，鳥獸類自《金鳳仙》以下十三首，衣服類自《黃疊羅》以下十四首，器用類自《蘸金香》以下十八首。

齋中拙咏一卷（浙江汪汝瑮家藏本）

明楊循吉撰。凡古、今體詩二十一首。皆循吉官禮部主事，以病乞歸，將發京師，及至家後所作。又以成化甲辰、丙午至宏治戊申所作聯句詩六首附於末。徐景鳳彙刻循吉所著為《南峯逸槁》，此其一種也。

燈窻末藝一卷攢眉集一卷（浙江汪汝瑮家藏本）

明楊循吉撰。皆所作古文，合兩集僅四十餘首。頗岩逸有奇氣，而縱橫曼衍，亦多不入格。徐景鳳亦嘗刻入《南峯逸槁》中。

東所文集十三卷（浙江汪啟淑家藏本）

明張詡撰。詡有《白沙遺言》，已著錄[1]。是集凡雜文十卷，詩三卷[2]。其學出於新會，故所為《白沙文集》序、《白沙遺言纂要》序、《周禮重言重意互註》序，及學記、與友人往復諸書，大抵皆本陳氏之說。

【彙訂】

[1]《總目》卷九五著錄張詡編《白沙遺言纂要》十卷。

[2] 此集明嘉靖三十年張希舉刻本目錄、正文均為雜文九卷，詩四卷。（徐大軍：《〈四庫全書總目〉集部存目提要辨證》）

南海雜詠十卷（浙江汪汝㻆家藏本）

明張詡撰。是集雜詠廣州古蹟，分為九門。每題之下，各列小序，皆摭志乘為之，無所糾正。詩亦罕逢新語。

李大厓集二十卷附錄一卷（浙江孫仰曾家藏本）

明李承箕撰。承箕字世卿，嘉魚人。讀書大厓山，自號大厓居士。成化丙午舉人。嘗徒步至嶺南，從陳獻章游。及歸，遂隱居黃公山，不復仕進。《明史·儒林傳》附載於獻章傳末。是編乃其弟立卿所刻。《明史·藝文志》載《大厓集》二十卷，與此本合。前十二卷為詩，後八卷為雜文。《附錄》一卷，則墓表、行狀及陳獻章所贈詩文。前有其兄承芳所作《〈采菊稾〉引》。《采菊稾》者，即獻章所贈古詩凡十三首，裝潢成卷，以其首句有“采菊”二字，因以名焉。然此宜入《附錄》，乃以冠諸簡端。蓋欲假獻章以重承箕，殊非體例。且重不重繫乎其人，亦不繫乎其師也。

費文憲集選要七卷（兩江總督採進本）

明費宏撰。宏字子充，鉛山人。成化丁未進士第一，官至史部尚書、華蓋殿大學士，諡文憲。事蹟具《明史》本傳。所著《鵝湖摘稾》本二十卷。此本乃徐階、劉同升所選錄，非全帙也[①]。

【彙訂】

①《兩江第一次書目》著錄《費文憲摘稾》十二本，《兩淮商人馬裕家呈送書目》：“《文憲集》七卷”，《浙江省第六次呈送書目》：“《費文憲公集》七卷”，《浙江採集遺書總錄》：“《費文憲公集》七卷……此集一名《鵝湖稾》。”則兩江所呈當即《鵝湖摘稾》二十卷，非徐階、劉同升所選《選要》七卷。提要所據應是兩淮馬裕或浙江呈本。（杜澤遜：《四庫存目標注》）

湘皋集三十三卷（浙江孫仰曾家藏本）

明蔣冕撰。冕字敬所，_{案《明史》本傳，冕字敬之。然編首王宗沐、黃}
_{佐、陳邦偁、呂調陽四序俱稱敬所，同時之人不應有誤，疑《明史》乃刊本之謁①。}
全州人。成化丁未進士，官至戶部尚書、謹身殿大學士，諡文定。
事蹟具《明史》本傳。是集分奏對四卷，奏疏三卷，附錄召對及經
筵講章、敕諭等槖一卷，詩八卷，詞一卷，序、記等雜文十六卷。
冕當正德之末，主昏政怠，獨持正不撓。凡所建白，俱切時務。
嘉靖初大禮議起，冕固執為人後之説，卒齟齬以去。丰裁嶽嶽，
在當時不媿名臣。其詩文則未能挺出也。

【彙訂】

① 明嘉靖三十三年王宗沐等刻本三序雖俱稱“敬所”，然各
卷卷下均題作“洮陽蔣冕敬之著，臨桂後學殷從儉輯”。據明丘
濬撰《蔣冕敬之字辭》（《重編瓊臺會稿》卷二一）云：“既冠，來拜
予求字，乃名之曰敬之。”可知“敬之”不誤。明廖道南《殿閣詞林
記》、黃虞稷《千頃堂書目》、清雍正《廣西通志》等皆云蔣冕字敬
之。或本有二字。又黃佐序但稱“湘源蔣公”，未稱敬所。（徐大
軍：《〈四庫全書總目〉集部存目提要辨證》；杜澤遜：《四庫存目
標注》）

別本熊峰集四卷（浙江汪汝瑮家藏本）

明石珤撰。珤有《全集》十卷，已著錄。案朱彝尊《明詩綜》
稱珤所著名《恒陽集》。曲周令皇甫汸刪定為四卷，詩僅一百九
十餘首。今此集題作《熊峰先生集》，前後無序跋，詩亦一百九十
餘首。而《詩綜》所錄惟《春日雜言》、《秋蓮曲》、《會昌宮詞》三首
在集中，其《送邵國賢》、《芟田行》、《春渡滹沱》諸篇皆未之載。

疑此為初刊別行之本，非汸所選，故集名亦各不同。然卷數、篇數又合，殊不可解。今未見原刻，其同異莫能詳也。以此雖舊本，而不及康熙中所刻新本之賅備。故錄其新本，而此本附存目焉。

董山集十五卷（浙江孫仰曾家藏本）

明李堂撰。堂字時升，鄞縣人。成化丁未進士，官至工部右侍郎、總理漕河。鄞有赤董山，即《越絕書》所謂"赤董之溪，涸而出銅"者。堂居其側，故以名集。其文根據未深，持論頗多臆斷。

西軒效唐集錄十二卷（浙江孫仰曾家藏本）

明丁養浩撰。養浩字師孟，別號西軒，仁和人。成化丁未進士，官至雲南布政使。是集詩八卷，文四卷。其名"效唐"者，蓋取法唐人之意。然殊不類唐音也。

黿峰類槀二十六卷（浙江巡撫採進本）

明毛紀撰。紀有《密勿槀》，已著錄。是集乃紀致仕後所手定。前十八卷為文，後八卷為詩。朱彝尊《明詩綜》載紀有《黿頭類槀》，蓋即此編。校刊偶疏，誤以"峰"字為"頭"字也。

赤城集二十三卷（兩淮馬裕家藏本）①

明夏鍭撰。鍭字德樹，天台人。成化丁未進士，官至南京大理寺左評事②。事蹟附見《明史·夏塤傳》。其詩欲為別調，而轉乖雅則。文亦惟意所如，不可繩以古法。史稱鍭宏治四年謁選時，疏請復李文祥、羅倫官③，併請罷大學士劉吉，忤旨下獄。後官評事時，又疏論賦斂、徭役、馬政、鹽課利弊及宗藩、戚里侵漁狀。蓋亦讜正之士，非專意於詞章者也。

【彙訂】

①《兩淮商人馬裕家呈送書目》無夏鍭撰《赤城集》,只有宋林表民撰《赤城集》十八卷。(王重民:《中國善本書提要》)

②“至”,殿本無。

③《明史》卷一五九與谷應泰《明史紀事本末》載夏鍭上言事,均未提及羅倫之名。據《明史》卷一七九羅倫本傳,其人成化十四年(1478)已卒,而夏鍭上書在弘治四年(1491)。(徐大軍:《〈四庫全書總目〉集部存目提要辨證》)

西巡類藁八卷(浙江范懋柱家天一閣藏本)

明吳廷舉撰。廷舉字獻臣,梧州人。成化丁未進士,官至南京工部尚書,諡清惠。事蹟具《明史》本傳。此集乃其正德初官廣東按察司副使時,巡歷省治以西諸郡所上奏疏及往來文牘詩詞之類,故曰《西巡類藁》。《明史》言其發中官潘忠罪,為忠反訐,下詔獄。劉瑾矯詔枷之,幾死。今觀此編,廷舉所上凡十疏,內有劾岷王府內監陳鶴稱令旨差往廣東,違法乘驛騷擾;又奏各省鹽務差內監查盤者,因斂銀內進;又有人事銀以賄各衙門,賀禮銀以賄司禮監。此三者並科擾百姓,請敕御史體察。而盤查廣東鹽庫之內監韋霦將鹽課盡解京,令廣東無以充軍餉,其事不可行。其關涉於內官者不過如此,無發潘忠罪事。編首有劉瑞序云:“逆瑾切齒於君,其黨探望風旨誣奏,即械下錦衣衛獄,枷吏部門左,垂死而後釋之。”瑞,廷舉同時人,其言必得實。然則史傳疑誤也。

月湖集四十八卷(浙江巡撫採進本)

明楊廉撰。廉字方震,豐城人。成化丁未進士,官至南京禮部尚書，諡文恪。事蹟具《明史·儒林傳》。是編凡分六集。以所作歲月核之，《月湖淨稾》十九卷①，《續稾》二卷，《遺稾》一卷，當在前，《月湖四稾》十卷，《五稾》七卷，《六稾》七卷，當在後。原本次序顛倒，蓋編次偶誤也。廉以氣節稱，而其父崇嘗從吳與弼遊，因亦喜講學。請頒薛瑄《讀書錄》於同朝，請躋周、程、張、朱於漢、唐諸儒上，皆其所奏。故其詩多涉理路，其文亦概似語錄云。

【彙訂】

①"湖"，殿本作"溯"，誤。

程念齋集十卷（江西巡撫採進本）

明程楷撰。楷字念齋，饒州人。成化丁未進士，改庶吉士。是集末有方瓚跋，稱其家居時所著有《東樓南樓日錄》，游太學時有《屏嵐書屋稾》，官翰林時有《來英亭稾》，皆散落不存。此本乃其郡人史簡所摘鈔，凡文七卷，詩詞八卷①。古文具有間架，而醞釀未深。詩詞亦多率意之作，不留心於陶鍊。

【彙訂】

① 據提要所述，江西呈本為十五卷，今存明嘉靖刻本作《念齋文集》十四卷附錄一卷。《總目》作十卷，當脫"五"字。（杜澤遜：《四庫存目標注》）

集 部 二 十 九

別集類存目三

東嶠集十五卷（湖北巡撫採進本）

明李承芳撰。承芳字茂卿①，嘉魚人。宏治庚戌進士，官大理寺評事。《明史·儒林傳》與其弟承箕同附《陳獻章傳》末。是集詩多俚俗，如《詠馮道》云：“地獄剗燒舂磨具，定將此賊謝入人。”《白頭吟》云：“恨殺相如非正氣，未曾焚卻《白頭吟》。”皆墮入下劣詩魔，文亦拙澀。曾璵序謂其“識類許魯齋，志類范叔子，睦族類范文正，而詩文則甚自類”，蓋譏其無所師法也。

【彙訂】

①“茂卿”，底本作“茂卿”，據殿本改。明嘉靖三年刻本《東嶠先生集》十五卷，卷一署嘉魚李承芳茂卿。末附李承箕撰《行狀》，亦云字茂卿。

戒菴文集二十卷（兩江總督採進本）

明靳貴撰。貴字充遂①，號戒菴，丹徒人。宏治庚戌進士，官至武英殿大學士，諡文僖。是集乃吳郡蔡羽所編。凡文十八卷，詩二卷，大半皆應俗之作。

【彙訂】

① 明焦竑《國朝獻徵錄》卷一五王鏊《贈太傅文僖靳公貴墓誌銘》、清朱彞尊《明詩綜》卷三一、光緒《丹徒縣志》卷二六《名賢志》皆載靳貴字充道。（楊武泉：《四庫全書總目辨誤》）

集古梅花詩四卷（浙江巡撫採進本）

明童琥撰。琥字廷瑞，蘭谿人。宏治庚戌進士，官至工部郎中。是編皆集句成詩，以詠梅花，得五言律詩、七言律詩、七言絕句各百首。又旁及紅梅，得七言律詩十首。所採上自六代，下及明初，排比聯貫，往往巧合。然非詩家正格，徒弊精神於無用之地耳。

白露山人遺槀二卷（浙江巡撫採進本）

明黃傅撰。傅字夢弼，蘭谿人。宏治庚戌進士，官至監察御史。是編詩、文各一卷。其居在邑之白露山陽，故以山自號，因以名集。傅受業章懋之門，清苦自持，不媿其師。集中有“死臥溪山鬼亦清”句，可以見其志節。然年未四十而卒，文章則未成就也。

鶴灘集六卷（浙江巡撫採進本）

明錢福撰。福字與謙，松江華亭人。宏治庚戌進士第一，官翰林院修撰。家近鶴灘，因以自號。福少而穎悟，詩文以敏捷見長，故委巷鄙俚之詞率以歸之。今觀是集，實少俳諧之作，知小說多附會也。末為《鶴灘紀事》一卷，蓋後人綴緝遺聞，又多溢美，亦不盡可憑。

勉齋遺槀三卷（浙江巡撫採進本）

明鄭滿撰。滿字守謙，慈谿人。宏治壬子舉人，官至山東濮州知州。是集為其仍孫梁敬所編①,凡文二卷,詩一卷。大旨不詭於正,而頗乏修詞之功。

【彙訂】

① 清康熙刻本卷首有康熙戊申萬斯大序,明言此集乃鄭滿十八世孫鄭禹梅所輯。各卷卷下皆題曰:"明慈谿鄭滿守謙父著,仍孫梁敬輯。"《總目》卷一八三錄有鄭梁《寒村集》三十六卷,並云"梁字禹梅,慈谿人。康熙戊辰進士,官至高州府知府。"則"敬"字不過表恭敬之意,當作"是集為其仍孫梁所編"。(徐大軍:《〈四庫全書總目〉集部存目提要辨證》)

毛文簡集二卷(江蘇巡撫採進本)

明毛澄撰。澄號三江,太倉人。宏治癸丑進士第一,官至禮部尚書。嘉靖初,議大禮不合,致仕歸,道卒。事蹟具《明史》本傳。是集皆所作雜文。前有李維楨序,稱澄沒十餘年,其子希原哀所作詩文,為《三江集》,未及剞劂而散佚。後其從曾孫君明搜拾鳩合,屬維楨校刊,更名曰《遺槀》,"詩已無一存,文存者僅二卷耳"云云。此本題曰《毛文簡集》,與序不合,豈又經重刊歟?

何燕泉詩四卷(兩淮馬裕家藏本)

明何孟春撰。孟春有《何文簡疏議》,已著錄。孟春少遊李東陽之門,傳其詩派,而才力不及其富贍,故往往失之平衍。是編乃嘉靖閒署郴州事蔣文化選錄刊行,亦非其全集也。

吳文端集四十卷(安徽巡撫採進本)

明吳一鵬撰。一鵬字南夫,號白樓,長洲人。宏治癸丑進士,官至南京吏部尚書,諡文端。事蹟具《明史》本傳。一鵬力爭大禮,抗張璁、桂萼之鋒,頗著風節,而不以文章名。是集前有徐階序,稱其子純叔所編,而不著其名。朱彝尊《靜志居詩話》謂:"一鵬名位與守溪王鏊鼎峙吳中,詩品亦在伯仲閒。"然鏊不以詩名,即一鵬之詩可知也。

姚東泉文集八卷(兩淮鹽政採進本)

明姚鏌撰。鏌字東泉,慈谿人。宏治癸丑進士[①],官至右都御史,總督兩廣,中蜚語罷職。後復起為兵部尚書,總制三邊,辭不赴。以規避落職,卒於家。事蹟具《明史》本傳。是集序、記二卷,奏疏四卷,雜文一卷,《學政事宜》一卷。文皆嘽緩,尤多吏牘之辭。蓋鏌本以武略見也。

【彙訂】

①《明史》卷二〇〇本傳云:"姚鏌,字英之,慈谿人,弘治六年進士。"東泉應為其號。(徐大軍:《〈四庫全書總目〉集部存目提要辨證》)

靜芳亭摘稿八卷(浙江孫仰曾家藏本)

明陳洪謨撰。洪謨有《治世餘聞》,已著錄。是集為洪謨所自定。以致仕之後,居高吾山下,築亭山中,榜曰"靜芳",故以名其集。又自稱高吾子,故亦曰《高吾摘稿》。其詩音節諧暢而意境不深。蓋宏、正之閒,風氣初變,漸趨七子之派,而未盡離三楊之體也。《明史・藝文志》有陳洪謨《文集》二卷,不載其詩。今乃獨有詩集,而文集未見傳本[①]。考此本卷首標題之下俱有"詩集"二字,知尚別有文集,故以示別,非史誤也。

【彙訂】

①"傳本",底本作"本傳",據殿本乙。

矩洲集十卷附樗亭集一卷（浙江汪汝瑮家藏本）

明黃衷撰。衷有《海語》，已著錄。考《千頃堂書目》，衷有文集、詩集各十卷。是編乃其詩集也。凡《吳中槀》一卷，《南中槀》一卷，《閩中槀》一卷，《粵中槀》一卷，《湖中槀》一卷，《伐檀槀》一卷，《草堂前後槀》二卷，《續槀》二卷，多描寫風景之作。末附《樗亭集》一卷，乃其弟裳所撰，篇帙不多，體格亦弱。

仁峯文集二十四卷外集一卷（安徽巡撫採進本）

明汪循撰。循字進之，休寧人。宏治丙辰進士，官至順天府通判。《江南通志》稱其游莊昶之門，與王守仁數相論辨。蓋亦講學之流。集中有《答程瞳書》云：“朱子著書立言，皆欲使人明其理，反求於心。未嘗教人弄故紙糟粕，以資一己功利。後之習其學者，徒知排比章句，而擴充變化之無功；辨析詞理，而持守涵養之不力。專訓詁者，附會穿鑿，疊牀架屋，汨心思，亂耳目；工文詞者，飾筌蹄，取青紫，龍斷罔利，中立為奸。朱子之學果如是乎？”其持論亦頗中流弊。然於瞳之囂爭門户，不一糾正，則猶未破癥結也。其文第取疏暢，不事翦裁，詩亦不出《擊壤》一派。是集凡文十七卷，日錄二卷①，詩五卷，末附詩話數則。《外集》一卷，附錄敕命、行實、墓銘、祭文之類。題嘉靖辛卯書林劉氏刊行。其子戢跋謂“先刻其强半”，蓋尚非全槀。刻本亦頗多脱佚，失於校正云。

【彙訂】

①“日錄”，殿本作“目錄”，誤。清康熙刻本《汪仁峯先生文集》二十九卷《外集》四卷，卷二十一至卷二十三為《日錄》。

渼陂集十六卷續集三卷（陝西巡撫採進本）

明王九思撰。九思字敬夫，鄠縣人。宏治丙辰進士，官至吏部郎中。坐劉瑾黨,降壽州同知,尋勒致仕。九思為"宏治七子"之一,《明史‧文苑傳》附見《李夢陽傳》中。是集前有自序,稱"始為翰林時,詩學靡麗,文體萎弱。其後德涵、獻吉導予易其習。獻吉改正予詩槀今尚在,而文由德涵改正者尤多"云云。是其平生相砥礪者,在李夢陽、康海二人,故其詩體、文格與二人相似。而詩之富健不及夢陽,文之粗率尤甚於海。蓋樂府是其長技,他皆未稱其名也。正集十六卷,為嘉靖癸巳九思門人監察御史王獻所刊。《續集》三卷,乃九思晚年之作,嘉靖丙午巡撫翁萬達續刊行之[①]。

【彙訂】

① "刊",殿本作"刻"。

南川槀十二卷(浙江汪汝瑮家藏本)

明陶諧撰。諧字世和,號南川,會稽人。宏治丙辰進士,改庶吉士,授工科給事中。以忤劉瑾,逮訊謫戍肅州。後起江南按察司僉事,官至兵部侍郎,總督兩廣軍務。諡莊敏。事蹟具《明史》本傳。是編分為十集,曰《西行槀》、《北上槀》、《洪都槀》、《十州槀》、《再北上槀》、《題贈槀》、《行臺槀》、《草堂續槀》、《北遊槀》、《歸閒槀》,各一卷。雜著、奏疏二卷。正德三年劉瑾所矯示奸黨敕諭一通及諧下獄自辨一疏,亦附載於末。蓋其初刻之本,後乃重編為《莊敏集》也[①]。

【彙訂】

① 明嘉靖十二年嶺表書院刻本題作《南川漫遊槀》十卷,其卷四題作《中州槀》,卷末嘉靖十二年陵水縣儒學教諭張宿跋、黃虞稷《千頃堂書目》亦作《中州槀》。後無雜著二卷,可知此編後

又有所增補。（徐大軍：《〈四庫全書總目〉集部存目提要辨證》）

陶莊敏集八卷附蘭渚遺槀一卷（江蘇巡撫採進本）

明陶諧撰。是集凡詩六卷，文二卷。據諧自序，但自錄其詩，雜著、奏疏蓋其後人所續入。後附《蘭渚遺槀》，則其孫尚寶司丞允淳所撰也。諧以風節震一世，詩文直抒胸臆，明白坦易，不甚鎔鑄翦裁。允淳詩亦淺弱，而《同日册六妃》四絕句尤乖立言之體。以詩家之法言之，不當如是徑直，以臣子之禮言之，亦不容如是褻媟也。

靜觀堂集十四卷（浙江朱彝尊家曝書亭藏本）

明顧潛撰。潛字孔昭，崐山人。宏治丙辰進士，官至直隸提學御史。以忼直忤尚書劉宇，宇譖之於劉瑾，出為馬湖知府，未任罷歸。是集凡詩六卷，文八卷，俱平正樸實，不事修飾，蓋當時風氣類然。《蘇州府志》稱所著尚有《讀史新知》、《林下記聞》、《湖壩醉韻》、《惇史》、《夢林》等集，方鵬序又稱其有《稽古治要》若干卷，蓋亦多所著述者。今皆不可見矣。

華泉集選四卷（山東巡撫採進本）

明邊貢撰。貢《華泉集》，已著錄。此本乃國朝王士禎所刪定，其序謂：“濟南詩派，大昌於華泉、滄溟二氏，而蓽路藍縷之功，又以邊氏為首庸。”其比之曹植、謝靈運，雖不免夸飾，然於李攀龍集終置不論，而獨加意於貢集，其去取之閒，亦有微意也。

陽明要書八卷附錄五卷（浙江巡撫採進本）

明王守仁撰，葉紹容〔顒〕編①。守仁有《保甲法》，已著錄②。紹永〔顒〕③，吳江人。是書成於崇禎乙亥，取守仁《全書》摘其要語。前有小序八首及凡例四條，皆著其刪纂之大意。《浙江通志》載宋儀望輯《陽明文粹》十一卷，王畿輯《陽明文選》八卷，而無此書之名。蓋偶未見也。

【彙訂】

①"葉紹容"，"容"當作"顒"，乃避嘉慶諱改。殿本作"顒"。明崇禎八年刻本此書題"陳龍正纂"，有崇禎五年壬申嘉善陳龍正序。崇禎八年葉紹顒廣州刻本清初印本題"松陵葉紹顒纂，魏里陳龍正參"，有崇禎八年乙亥上元日吳江葉紹顒序。據二序可知是書實陳龍正纂，葉紹顒參。（杜澤遜：《四庫存目標注》）

②《總目》卷八四著錄王守仁撰《陽明鄉約法》一卷，在《陽明保甲法》一卷之前。依《總目》體例，當作"守仁有《鄉約法》，已著錄"。

③"紹永"，"永"當作"顒"，乃避嘉慶諱改。殿本作"顒"。

王陽明集十六卷（浙江巡撫採進本）

明王守仁撰，其五世孫貽樂重編。案守仁《全集》刻於明嘉靖中，久而版佚。國朝康熙初，貽樂為滕縣知縣，乃重為掇拾，定為此本。然視原集已闕其半。其目分《論學書》、《南贛書》、《平濠書》、《思田書》、《雜著書》，亦頗瑣屑。又因有李贄所作《年譜》，而遂以"卓吾鑒定"題其前，尤為依託。迴不及原本之完善也。

陽明文鈔二十卷（江西巡撫採進本）

明王守仁撰。是編康熙己巳江都張問達所編。以《傳習錄》、《大學或問》為首，奏疏、序記、諸講學書及論說、雜著、賦、詩、公移次之，而終以《陽明年譜》。

陽明全集二十卷傳習錄一卷語錄一卷（浙江巡撫採進本）

明王守仁撰。此本為康熙中餘姚俞嶙所編，刪除錢德洪本正錄、外錄、別錄之目，併為一集，更其舊第。首載年譜，次以書、序、記、說諸體，而以《傳習錄》、《語錄》附焉。

張伎陵集七卷（浙江范懋柱家天一閣藏本）

明張鳳翔撰。鳳翔字光世，號伎陵子，洵陽人。宏治己未進士，官戶部主事。是集前六卷為詩，附賦三篇，後一卷為雜文。鳳翔年僅三十而卒，文章本未成就。與李夢陽為同年，夢陽為作小傳，至比之王勃，當時頗以為黨。今觀集中所附夢陽評點，惟《白巖賦》一篇稱揚過甚，其他詩文率多譏彈之語。則夢陽實未嘗心滿之也。

凌谿集十八卷（浙江巡撫採進本）

明朱應登撰，應登字升之，寶應人。宏治己未進士，官至雲南布政司參政。“宏治七子”之一也①。《明史·文苑傳》附見《顧璘傳》中。是集凡賦二卷，詩十卷，文五卷，附錄碑文、傳銘、詩文一卷。朱彝尊《靜志居詩話》云：“李、何並興。李目空諸子，自三秦而外，得其門者蓋寡。心摹手追，凌谿一人而已。”其口占絕句云：“文章康、李傳新體，驅逐唐儒駕馬、遷。”是其生平惟以北地為宗，故詩文格調相近。然沈著頓挫處，則才力不及夢陽。顧璘為作碑文，稱其詩“上準《風》、《雅》，下採沈、宋，磅礴蘊藉，鬱興一代之體。”未免諛墓之辭矣②。

【彙訂】

①《明史·李夢陽傳》載“七才子”，其中無朱應登。同傳另載“十才子”，朱居其一。嘉慶重修《揚州府志》卷四七《人物志·

朱應登傳》亦不言"七子之一"。民國《寶應縣志》卷一一《列傳上·朱應登傳》謂與李夢陽等號"十才子"。（楊武泉：《四庫全書總目辨誤》）

②明嘉靖刻本《凌谿先生集》卷一〇《口占五絶句》（其三）云："文章康、李傳新體，驅逐唐儒駕馬遷。更羨崔、何能闊步，今人重見馬蹄篇。"若前兩句爲"生平惟以北地爲宗"之證，那後兩句豈不可以視爲"宗信陽"之證？顧璘所作碑文亦附於《凌谿集》卷一八。文曰："皇朝文尚淳厚，自成化、弘治間質文始備，翰苑專門不可一二數。其在台省，初有無錫邵公寶、海陵儲公巏等開啓門戶。自是，關西李夢陽、河南何景明、姑蘇徐禎卿、維揚則先生，嶽立宇內，發憤覃精，力紹正宗。其文刊脫近習，卓然以秦漢爲法；其詩上准風、雅，下采沈、宋，磅礴蘊藉。鬱興一代之體，功亦偉乎！然皆位不至公輔，天年早終。蓋天既畀修名，遂奪諸福，揆諸損益之數，無足過慟。徒平生故人仰天長號耳。"則其說當爲泛指文中提及的復古派作家，不是特指朱應登。是對這些復古派作家文學宗尚的概括，而並非確指其達到的文學造詣。所謂"諛墓"之責，實屬誤讀文獻。（劉敬：《〈四庫全書總目〉七子派批評研究——以七子派主體作家爲中心》）

貞翁淨稿十二卷（浙江汪汝瑮家藏本）

明周倫撰。倫字伯明，晚號貞翁，崑山人。宏治己未進士，官至南京刑部尚書，諡康僖。是集爲趙士英所刪定，其詩沿臺閣舊派，不免膚廓。士英序謂其有得於陶元亮、王摩詰兩家，非定論也。

白齋竹里集七卷（浙江汪汝瑮家藏本）

明張琦撰。琦字君玉，鄞縣人。宏治己未進士，官至興化府知府，加布政使參政致仕。是集前有嘉靖癸未自序，稱：“守莆陽日，既梓平生所作。積數年，又得若干首，有相知君子，贊予續梓之。文橐力綿不能盡刻，姑芟摭數十篇，附詩之後。”是琦尚有前集行世，此則歸田後所刻續集也。琦當何、李盛時，別以獨造為宗，自開蹊逕。王世貞《藝苑巵言》謂其“如夜蛙鳴露，自極聲致，然不脫於泥中”。蓋其用思雖苦，鍊骨未輕，有意生新，未免圭角太露。散體則縱筆所如，如《遺稽行實》一篇，至以案牘語入文，尤非體裁也。

夢蕉存稾四卷（浙江汪汝瑮家藏本）

明游潛撰。潛有《博物志補》，已著錄。是集凡詩三卷，文一卷。其詩工拙互見。七言如“薜蕉曉雨濕蝴蝶，楊柳晚風吹栗留”、“雲深野岸客稀到，天闊斜陽鴉亂啼”等句，皆頗有作意。古詩則摹擬溫、李，而才力未至。散體不多作，僅二三十篇，亦未入格。其集曰“夢蕉”者，案集中有《夢蕉亭睡起》詩，自註云“亭在鍾城山隙處”，蓋其別業云。

對山集十九卷（陝西巡撫採進本）

明康海撰。海有《武功縣志》，已著錄。海晚歲縱情聲伎，故樂府特為擅長，詩文皆不甚留意，不免利鈍互陳。今已以孫景烈刪定之本繕入《四庫》。此本即張太微所編之原集[①]，附存其目，不沒其裒輯之功云爾。

【彙訂】

① 嘉靖二十四年乙巳張治道（號太微山人）校訂原刻本為

十六卷,而十九卷本又增墓誌及祭文三卷,當刻於嘉靖二十五年
丙午季春之後。(韓結根:《〈對山集〉版本述考》)

　　王氏家藏集六十八卷(浙江汪汝瑮家藏本)

　　一曰《浚川集》,明王廷相撰。廷相有《慎言》,已著錄。其詩
文列名七子之中,然軌轍相循,亦不出北地、信陽門户。鄭善夫
詩所謂:"海内談詩王子衡,春風坐遍魯諸生。"一時興到之言,非
篤論也。王士禎《論詩絶句》曰:"三代而還盡好名,文人從古善
相輕。君看少谷山人死,獨有平生王子衡。"蓋善夫殁後,廷相始
見是詩,矙恤其家甚至也。亦頗有微詞矣。

　　内臺集七卷(江蘇巡撫採進本)

　　明王廷相撰。是編刻於嘉靖丙申,凡詩二卷,詞一卷,雜著
一卷,奏疏一卷,雜文二卷[①],又在《家藏集》之後者也。時廷相
為都御史,故以"内臺"為名云。

【彙訂】

　　① 明嘉靖十五年(丙申)張鵬刻本與嘉靖間李復初敘刻本
均為雜詩二卷,樂府長短句一卷,雜著一卷,雜文三卷(卷七為表
奏十四首)。(葛榮晉:《王廷相生平學術編年》)

　　魯文恪存集十卷(浙江孫仰曾家藏本)

　　明魯鐸撰。鐸字振之,號蓮北,景陵人。宏治壬戌進士,官
至南京國子監祭酒。卒贈禮部侍郎,謚文恪。事蹟具《明史》本
傳。是編為其子彭嘉所編。前四卷皆詩。第五卷為《使交槀》,
鐸官編修時,嘗奉使安南故也。第六卷以下為雜文。史稱:"鐸
為司業日,與祭酒趙永皆李東陽門生也。東陽生日,相約以二帕
為壽,索笥無有,有乾魚食過半矣,乃攜其半餽東陽。"云云。案

司業秩六品，何至貧不能具二帕？無帕可徒往，何必以食殘之物
為敬？皆於事理為不近。此殆世人欲著其清介，故甚其詞，史因
而錄之。然亦足見其素行孤高，故致影造是語，不能不謂之賢者
也。至於詩文則皆不甚擅長，蓋其平生志趣不在於斯耳。

山堂萃稿十六卷（浙江汪汝瑮家藏本）

明徐問撰。問有《讀書劄記》，已著錄。是編詩六卷，文十卷，而
奏疏三篇附詩之末，體例殊別。其詩文平正通達而傷於淺易，中有
孫偉、方豪、黃佐三人評語。蓋即以點勘之本付雕，亦非古式。

白石野稿十七卷（兩江總督採進本）

明林魁撰。魁自號白石山人，龍溪人。宏治壬戌進士，官至
雲南兵備副使[1]。是集賦、詩、詞六卷，序記、雜言等十卷。前有
自序，稱：“平生應酬雜稿，毋慮千首。審非作家，然亦一愚之發
也。”今觀集中，如上吏部揭帖及與楊一清、李東陽諸書，頗足覘
其學行。詩亦俊逸，惟其稱心而談，不免乏鍛鍊之功耳。

【彙訂】

[1]《明一統志》卷七八《漳州府·人物》“林魁”條云：“調雲
南兵備，撫鐵索青夷諸苗有功，陞廣東參政，致仕。”雍正《福建通
志》卷四六《漳州府·人物·林魁傳》所載同。（楊武泉：《四庫
全書總目辨誤》）

水南稿十九卷（浙江汪汝瑮家藏本）

明陳霆撰。霆有《唐餘紀傳》，已著錄。是集所載諸詩，意境
頗為蕭灑，而才氣坌涌，信筆而成，故往往不暇檢點。古文大致
樸直，而少波瀾頓挫之勝。惟詩餘一體較工，其豪邁激越，猶有
蘇、辛遺範。末附詩話二卷[1]。中閒論詞一條，謂明代騷人多不

務此。閒有知者，十中之一二。則其自負亦不淺矣。

【彙訂】

①"二卷"，底本作"一卷"，據殿本改。明正德五年刻本此集末二卷為詩話。

周恭肅集十六卷(浙江汪汝瑮家藏本)

明周用撰。用字行之，吳江人。宏治壬戌進士，官至吏部尚書，諡恭肅。事蹟具《明史》本傳。是集為其子國南所編，凡詩九卷，詩餘一卷，文六卷。其詩古體多嘽緩之音，近體音節頗宏整。文則平實坦易，縱其筆之所如。

樗林摘槁三卷附錄一卷(浙江汪汝瑮家藏本)

明秦鏜撰。鏜字國和，號樂易，又自號類樗子，無錫人。宏治甲子舉人，親没後不復進取。嘉靖中，召選人不願試者，授以散銜致仕，遂循例授南京都察院都事。是集為其子淮、漳所刊，凡詩三卷，附錄贊、銘、誌文為一卷①。鏜隱居不仕，絕意時名。其於詩特以寄興，故附錄諸篇皆敘其隱德，而不及其文章。朱彝尊《明詩綜》亦未採錄一篇云。

【彙訂】

① 明嘉靖三十九年(1560)刻本此集卷首有嘉靖乙巳(1545)倪容序，又嘉靖辛亥(1551)豐城胡傑序，皆謂此編由淮、漳兄弟刻成。然又有"嘉靖三十九年歲次庚申十月朔諙封奉政大夫通政使司左參議男翰百拜書於永思軒"之序云："《樗林摘槁》一帙，實我先文林公樂易府君手摘而輯錄以藏焉者。嘉靖甲辰，府君既棄我諸孤，我先仲兄嘗釐為四卷而刻之矣……庚申之夏……遂請命於伯兄，與姻親施少溪氏，取前所刻，以類而編次

之,兼正其字譌者,約為三卷,少溪且為之於書而重刻焉。"可知
淮、漳所刊乃四卷本,此三卷本乃秦鍠季子秦翰分類重編並刊
刻。(徐大軍:《〈四庫全書總目〉集部存目提要辨證》)

末齋集二十二卷(浙江巡撫採進本)

明顧鼎臣撰。鼎臣字九和,崑山人。宏治乙丑進士第一,官
至武英殿大學士,諡文康。事蹟具《明史》本傳。初,鼎臣以直講
筵受世宗恩眷,世宗好長生術,內殿設齋醮,鼎臣進《步虛詞》七
章,且列上壇中應行事宜。又享太廟,上命鼎臣及霍韜捧主。二
人有期功當辭,鼎臣乃言:"古者諸侯絕期,今公卿即古諸侯,請
得毋避。"深為清議所譏。惟其憫東南賦役失均,屢陳其弊,及請
崑山築城,卒免倭患,為其鄉人所稱。《明史·藝文志》載鼎臣集
二十四卷。今所存者凡二本。一為其孫晉瑤等輯,凡文橐六卷,
詩六卷,《續橐》六卷[1]。其題曰《顧文康集》,較史志少六卷[2]。
此本多《三集》四卷,亦止二十二卷,不足二十四卷之數[3]。或集
本殘闕,或史文偶誤,則莫之詳矣[4]。

【彙訂】

[1] 殿本"續"上有"又"字。

[2] "志",殿本無。

[3] 今存清順治二年顧晉瑤刻《顧文康公三集》四卷,可知
《三集》亦為晉瑤所輯。

[4] 明萬曆至清順治顧氏家刻本此書有《文草》十卷卷首一
卷,足本總計二十七卷。(杜澤遜:《四庫存目標注》)

鈐山堂集三十五卷(編修勵守謙家藏本)

明嚴嵩撰。嵩字惟中,分宜人。宏治乙丑進士,官至大學

士。事蹟具《明史·姦臣傳》。嵩雖怙寵擅權，其詩在流輩之中乃獨為迴出。王世貞《樂府變》云：「孔雀雖有毒，不能掩文章。」亦公論也。然迹其所為，究非他文士有才無行，可以節取者比。故吟詠雖工，僅存其目，以明彰癉之義焉①。

【彙訂】

①“明”，殿本作“昭”。

洹詞別本十七卷附錄四卷（兩江總督採進本）

明崔銑撰。銑有《讀易餘言》，已著錄。是集原本為趙王所刊，僅十二卷，編年排次而不分體。此本乃嘉靖甲寅池州知府周鏜命貴池教諭范蒩所重編，始區別體裁，以類彙次，而其文則無所增損焉①。

【彙訂】

① 明嘉靖三十三年刻本《崔氏洹詞》十七卷《附錄》四卷，前有王引年嘉靖己酉五月序，後有嘉靖甲寅六月池州知府周鏜跋，與趙藩味經堂原本核對，共遺漏或刪減了九十八篇文字。（周國瑞：《〈四庫全書總目〉關於〈洹詞〉著錄中的錯誤》）

甘泉集三十二卷（廣東巡撫採進本）

明湛若水撰。若水有《二禮經傳測》，已著錄。據若水門人洪垣所記，其集本四十八冊，刊以行世者十五冊。此本凡《樵語》一卷，《新論》一卷，《雍語》一卷，《二業合一訓》一卷，《大科訓規》一卷，書一卷，《新泉問辨錄》一卷，《新泉問辨續錄》一卷，《問疑錄》一卷，《問疑續錄》一卷，《金陵問答》一卷，《金臺問答》一卷，《書問》二卷，《古樂經傳或問》一卷，序、記、章疏三卷，講章一卷，雜著一卷，《約言》一卷，《語錄》一卷，《揚子折衷略》一卷，《非老子略》一卷,詩二卷,《歸來紀行略》一卷,《嶽游紀行略》一卷,祭文、碑銘二卷,《外集》一卷①。蓋語錄居十之九,詩文其餘贅耳。

【彙訂】

① 清康熙二十年黃楷刻本此書內容與提要合,唯提要所列僅三十一卷,《雍語》下漏略《知新後語》一卷,又《歸來紀行略》乃《歸去紀行略》之誤。(杜澤遜:《四庫存目標注》)

梅國集四十一卷(浙江孫仰曾家藏本)

明劉節撰。節有《春秋列傳》,已著錄。是集凡詩十二卷,附以詩餘、雜文二十九卷。考節所輯《廣文選》①,採摭浩博,而門目瑣碎,體例冗雜,頗有貪多務得之失。其所自作,亦惟取明白條暢,盡所欲言,往往下筆不能自休,故不免稍傷於蔓衍。

【彙訂】

①“考”,殿本無。

寶制堂錄二卷(江西巡撫採進本)

明劉節撰。是集乃節官副都御史時①,其子魯掇拾雜槀而成。前有林庭㭿、呂柟、方豪三序,皆題曰《寶制堂私錄》,以明非節所自編。此本標題乃皆作《寶制堂錄》,蓋其曾孫一翼等重刻所改也。然節之著作備於《梅國集》中,此未全之本也。

【彙訂】

①“節”,殿本無。

石川集四卷附集一卷(浙江巡撫採進本)①

明殷雲霄撰。雲霄字近夫,壽張人。宏治乙丑進士,官至南京工科給事中。嘗疏論武宗納有娠女子馬姬事②,以峭直稱。《明史·文苑傳》附載《鄭善夫傳》中。是集分二種,又各分詩文為二卷。曰《瀛洲集》者，官靖江知縣時作，曰《芝田集》者，官青田知縣時作。附一卷曰《金陵槁》者，則官南京時作也。史稱雲霄"嘗作蓄艾堂，聚書數千卷，以作者自命"。多與孫一元唱和，詩派亦與相近。然大抵才情富贍，而骨格未堅。

【彙訂】

① 此書在《各省進呈書目》中僅著錄於《浙江省第九次進呈書目》與《浙江採集遺書總錄》，又見於《二老閣進呈書》，"浙江巡撫採進本"應為"浙江鄭大節家藏本"之誤。（江慶柏：《四庫全書私人呈送本中的鄭大節家藏本》）

②"馬姬"，殿本作"馬氏"。

孟有涯集十七卷（浙江孫仰曾家藏本）

明孟洋撰。洋字望之，一字有涯，信陽人。宏治乙丑進士，官至監察御史。以論張璁、桂萼，下獄。謫桂林府教授，移知汶上縣，終南京大理寺卿。是集詩十三卷，文四卷。洋娶於何氏，故其詩格多效何景明，而才則不逮。景明之没，洋誌其墓，其文亦不甚工。

玉巖集九卷附錄一卷（兩江總督採進本）

明周廣撰，廣有《江西通志》，已著錄。所著詩文，自釋褐以前曰《初槁》，官縣令時曰《鳴琴槁》，御史時曰《排雲槁》，謫懷遠時曰《啖荔槁》，官建昌時曰《量移槁》，曰《乞骸槁》，謫竹寨時曰《沅芷槁》，官江西時曰《攬轡槁》，曰《閱江槁》，《視學》，福建時曰《外臺槁》，官巡撫時曰《內臺槁》，官刑部時曰《邦禁槁》，篇帙甚富。後其子句同邑周鳳鳴簡汰編次，定為此集。凡詩六卷，文三卷，卷中仍註原集諸名。《附錄》一卷，則誌狀之屬也。廣在正德中疏攻錢寧，直聲動海内，而文名不甚著。故歸有光序止著其生平大節，而不論其詩文之工拙云。

倪小野集二十二卷（江蘇巡撫採進本）

明倪宗正撰。宗正字本端，餘姚人。宏治乙丑進士。官兵部武選司員外郎時，嘗以言事廷杖。後終於南雄府知府。嘉靖中賜祭葬，贈學士，諡文忠。所著有《豐富集》、《突兀稾》、《觀海集》、《太倉稾》，晚年復有《小野集》十六卷。此本二十二卷，蓋國朝康熙中，其七世孫健宗彙輯重刻①，而題以最後之名者也。謝遷《豐富集》序述李東陽之言，謂明之詩文，至宗正而集大成，未免推之已甚。宗正嘗有詩云：“偶入棠陵眼，難齊少谷肩。”棠陵，方豪別號，少谷，鄭善夫別號也。可謂自知之審矣。

【彙訂】

① 清康熙四十九年倪繼宗刻本此集八卷，題“七世孫繼宗編次”。（杜澤遜：《四庫存目標注》）

治齋集十七卷（浙江孫仰曾家藏本）

明萬鏜撰。鏜字仕鳴，進賢人。宏治乙丑進士，官至吏部尚書。事蹟附見《明史·李默傳》。是編凡奏議十卷，分順天、南兵①、南臺、勘夷、北兵、吏部、辭謝、稱賀八集，文集四卷，詩詞三卷。每集冠以自序，而其文一字不易。蓋其後人印行之時，分冠每集之首，而忘其合而編之，遂致複出也。史載鏜為南京都御史時，以星變上言八事，除名，頗著丰采。後為嚴嵩汲引，起為副都御史。徵湖廣蠟爾山蠻，剿撫失宜，暫平復叛，委罪於偏裨以解。及居吏部，委曲以順嵩，反為趙文華斥擠罷官。則是集所載奏議，未必盡為可據。詩文則更其餘事矣。

【彙訂】

　　① "南兵"，底本作"南京"，據殿本改。《天一閣書目》卷二著錄《治齋奏議》四本，子目有《南兵集》一卷。《明史》卷二百二載萬鏜曾歷任順天府尹、南京兵部侍郎、南京右都御史、兵部侍郎、吏部尚書等。（朱家濂：《讀〈四庫提要〉札記》）

　　南原集七卷（江蘇周厚堉家藏本）

　　明王韋撰。韋字欽佩，上元人。宏治乙丑進士，官至太僕寺少卿。《明史·文苑傳》附見《顧璘傳》中。韋與璘及朱應登、陳沂相友善，時有"朱顧陳王"之目。朱、顧皆羽翼北地，共立壇壝。而韋與陳沂獨心懲剽襲之非，頗欲自出手眼。閣試《春陰》一篇，當時至謂有神助。然所作多尚穠麗，亦未能突過李、何。是編璘所選定，凡詩三卷，文四卷。前有璘所作小傳一篇。

　　西樵遺稿八卷（浙江巡撫採進本）

　　明方獻夫撰。獻夫有《周易傳義約説》，已著錄。是集名曰《西樵》，以早年讀書西樵山也。獻夫緣議禮驟貴，故開卷即冠所上大禮疏。《明史》本傳謂其"雖執大政，氣厭厭不振"，入閣之初，"攻者四起"。故集中多引疾求退之章，無所謂嘉言碩畫云。

　　行遠集行遠外集皆無卷數（內府藏本）

　　明陸深撰。深有《南巡錄》，已著錄[1]。其文集、續集，刻於嘉靖中。此集則崇禎庚午其曾孫休寧縣知縣起龍所編[2]。前有起龍《述言》一篇，稱深"隨地著述，散見四方者，邈不可購。所鎸正、續集，一百五十卷有奇，十不得五。迄今模糊散佚，又十之二三。起龍睠懷先澤，多方搜購，見輒筆之。又積至二十餘卷，以

次校編"。又稱"附以年譜，重開生面"云云。今考此本所載，皆
《文裕集》所已收。蓋其時舊刻散佚，因掇拾所存，重刻此版，故
稱"蒐購"。實則非續獲於正、續二集之外也。所稱年譜，今亦不
存。或裝緝偶漏，或歲久版又佚缺歟？

【彙訂】

①《總目》卷五三著錄陸深撰《南巡日錄》一卷《北還錄》
一卷。

② 明陸起龍刻清康熙六十一年陸瀛齡補修本此書前有五
世孫陸瀛齡序云："先伯祖吉雲公宰永寧時重付剞劂。"又從曾孫
陸起龍原跋云："歲丁丑（崇禎十年），小子承乏江右之永寧……
爰付開雕。"光緒《吉安府志》卷十二載陸起龍崇禎九年至十二年
任永寧縣知縣。可知"休寧"乃"永寧"之誤，崇禎庚午（二年）乃
崇禎丁丑之誤。（杜澤遜：《四庫存目標注》）

雪窗詩六卷（浙江汪汝瑮家藏本）

明吳爰撰。爰字翼夫，上海人。本姓陸，以父贅於吳，故冒
其姓。本名瑗，後去玉旁名爰，則不知其何故也。是集為其門人
高介所編，淺弱殊甚。如《謝定翁招聯句》詩云："舊雨不來新雨
至，繡衣寧豈布衣嫌。""寧豈"二字，殆不成語。又附載其里人張
衍評語，如《朱隱翁易齋》詩曰："庖犧王天下，龍馬負河圖。夏禹
治水成，元龜呈洛書。"即密點其旁，批於句下曰："味《易》之深，
有此等語。"通集大抵此類，殆故相侮弄耶？

霞城集二十四卷（浙江汪汝瑮家藏本）

明程誥撰。誥字自邑，歙縣人。生平好遊，所至山川都邑，
輒紀以詩。卷帙雖多，亦瑕瑜互見。朱彝尊《靜志居詩話》云：

"諳詩氣格專學空同。第才情稍鈍,色澤未鮮。五言庶稱具體耳。"其論當矣。

類槀十卷(江西巡撫採進本)

明涂幾撰。幾字守約,又字孟規,宜黃人。以隱居著述稱。然朱彝尊《靜志居詩話》謂幾"嘗撰時事策十九篇,上書孝廟①,大言不怍,蓋非安於遯世者"云云。今觀其集,亦不甚講經世之學也。

【彙訂】

①"書",底本作"言",據朱彝尊《明詩綜》卷十二"涂幾"條引《詩話》及殿本改。

士齋集三卷(兩淮鹽政採進本)

明女子鄒賽貞撰。賽貞,當塗人。贈監察御史謙之女,翰林院編修濮韶之母也。當時稱為女士,故自號曰士齋。是集凡詩二卷,雜文一卷,其壻大學士費宏為之序。考明宏治中有御史鄒魯,謫官蕭山令,以私憾害何舜賓。其子競結客復仇,毆魯幾死。遣官鞫實,競與魯皆抵罪。見於《明史·孝義傳》。今以賽貞所作其父謙行狀證之,則賽貞即魯之妹也。

丹巖集十卷(浙江孫仰曾家藏本)

明黃雲撰。雲字應龍,丹巖其別號也,崑山人。宏治中,以歲貢授瑞州訓導。是集凡詩四卷,文六卷,其門人巡按御史高安朱實昌所編。中多與沈周、文徵明諸人往來題詠之作。

東壁遺槀二卷(浙江孫仰曾家藏本)

明蔣燾撰。燾字仰仁,長洲人,徐有貞之外孫也。九歲能究經史百家言，十一歲補郡學生，十七歲而卒。祝允明為作遺文後序，載其死為丹臺記，事甚怪。燾外舅程遵為作墓誌、墓碣、集序，乃無一語及之。允明故好奇，所作《野記》、《志怪》諸書，朱孟震《河上楮談》稱其百無一信。則所述燾事，殆影附《李賀小傳》為之，未必有據矣。是編乃燾沒之後，遵所編次。凡論十五篇，策五篇，表四篇，皆其揣摩科舉之文。大抵才氣溢發，有蘇氏父子遺意。而神鋒太儁，義蘊未深，則天限其年，學問未足副之也。遵序稱燾在時，嘗題其文曰《東壁錄》。故因其志，題曰《東壁遺稾》云。

　　尋樂堂集十一卷（江西巡撫採進本）

　　明王烈撰。烈字正邦，樂安人，尋樂其別號也。成化、宏治間諸生。是集文五卷，詩六卷。末附其族孫澂江府經歷素節所撰《行實》一篇，載其論文、論經史之語。蓋志人而學則未廣者也。

　　康谷子集六卷（湖南巡撫採進本）

　　明劉養微撰。養微字敬伯，廣濟人。是集前三卷為樂府及詩，四卷則其《說鈴》及《自譜》四則。其詩宗李夢陽，而才力薄弱，頗窘於邊幅。其《說鈴》內極推夢陽，謂古色過於子美，未免為偏好之言。五卷以下附其弟養吉詩文[1]，及其遠祖天行、文煥等傳。又附劉秉�《石浪詩鈔》、劉醇駿《盟鷗集》、劉鷗化《味閒軒遺稾》數種，皆寥寥數篇，姑備劉氏一家之書而已。

【彙訂】

　　[1]“養吉”，底本作“養言”，據殿本改。清乾隆四十一年劉傳等刻本此集卷五題“廣濟劉養吉修仲著”。（杜澤遜：《四庫存目標注》）

句曲紀遊詩一卷（兩淮馬裕家藏本）

明朱凱撰。凱字堯民，長洲人。與同里朱存理齊名，稱為"二朱先生"。所著有《堯民集》，久已散佚。故朱彝尊《明詩綜》不載其詩，但附其名於存理之下。且云有《句曲紀遊》一卷，亦不傳①。此本乃馬裕家所藏，末有馬人伯跋，謂"崇禎己巳仲秋，蒐錄成、宏諸先哲詩。因凱度先生談及，借得此本，鈔於雙橘齋中"云云。則明末尚有傳本，彝尊偶未見耳。編中古體八首、近體十七首，乃正德丁卯三月十三日凱與東陽沈用之、沈宜永兄弟，同游三茅山而作。前有凱自序，末有凱友吳奕跋。

【彙訂】

①"亦"，殿本作"今"。

謙光堂詩集八卷（兩江總督採進本）①

明文城王朱彌鉗撰。彌鉗號秋江翁，唐莊王芝阯次子。初封文城王，後以子宇溫嗣封唐王，彌鉗亦追封唐王，謚曰恭。《明史》附見唐王桱傳，稱其"有學行，孝友篤至"。是集諸體詩凡八卷，而賦物居其大半，《詠梅》一韻至百首。頗見才氣，而骨格尚未成就。集為正德戊寅彌鉗所自編，卷首有嘉靖辛丑思誠子序，思誠子即宇溫自號也。親藩尊貴，筆札例不署名。然子序父集，則又不當拘此格。此亦於禮未協者矣。

【彙訂】

①"兩江總督採進本"，底本作"兩廣總督採進本"，據殿本改。《四庫採進書目》中僅"兩江第二次書目"著錄此書。（江慶柏：《殿本、浙本〈四庫全書總目〉著錄圖書進獻者主名異同考》）

省愆槀五卷（江西巡撫採進本）

明劉魁撰。魁字煥吾，泰和人。正德丁卯舉人，官至工部員外郎。嘉靖時[1]，疏諫雷壇工作太急，忤旨廷杖，與楊爵、周怡同長繫鎮撫司獄。久之，釋歸而卒。隆慶初，贈太常寺少卿。事蹟具《明史》本傳。所著有《晴川集》、《仁恩錄》，今皆不傳。此編乃其詩集，其六世族孫承琦所編，與黃淮《省愆集》同名，蓋亦獄中作也。魁少從王守仁游，講良知之學，登朝以氣節著。吟詠非所注意，大抵皆一時遣興之作而已。

【彙訂】

[1] "時"，底本作"初"，據殿本改。《明史》卷二百九本傳載疏諫雷殿事在嘉靖二十一年秋。雍正《江西通志》卷七八《吉安府人物·劉魁傳》所載同。（楊武泉：《四庫全書總目辨誤》）

禺山文集一卷詩集四卷（江蘇巡撫採進本）

明張含撰。含字愈光，永昌衛人，正德丁卯舉人。其學出於李夢陽。又與楊慎最契，故詩文皆慎所評定。慎序有曰："張子自少不喜為時文舉子語，見宋人厭棄之猶膩也。其為文必《弓》、《左》，字必《蒼》、《雅》。"其推挹甚至。然其病正坐於此，故襞積字句，而乏鎔鑄運化之功。明人別有雕鏤堆砌一派，含其先聲歟[1]？蓋慎在雲南，無可共語。得一好奇之士，遂為空谷足音，不覺譽之過當。且慎名既重，聞者咸推波助瀾，而贋古之文，又足以駴俗目，含遂盛為文士所稱。實則塗飾之學，與其師同一病源，各現變證也。

【彙訂】

[1] 楊慎序"其為文必《弓》、《左》，字必《蒼》、《雅》"云云乃其

文評,不應視同詩評。(藍華增:《〈四庫提要〉張含詩評語的失誤》)

涇野集三十六卷(浙江汪汝瑮家藏本)

明呂柟撰。柟有《周易說翼》,已著錄。其集初刻於西安,既而佚闕。其門人徐紳、吳遵、陶欽重為删補編次,刻於真定①。此本即真定刻也。柟之學出薛敬之,敬之之學出於薛瑄,授受有源,故大旨不失醇正。然頗刻意於字句,好以詰屈奧澀為高古。往往離奇不常,掩抑不盡,貌似周、秦閒子書。其亦漸漬於空同之說者歟?

【彙訂】

① 明嘉靖三十四年於德昌刻本此集卷一題"巡按直隸等處監察御史門人建德徐紳、海寧吳遵、彭澤陶欽臯編刻"。可知"陶欽"乃"陶欽臯"之誤。(杜澤遜:《四庫存目標注》)

矯亭存槁十八卷續槁八卷(兩淮馬裕家藏本)

明方鵬撰。鵬有《續觀感錄》,已著錄①。是集詩文多應酬之作。所載筆記,亦無所發明。

【彙訂】

① 依《總目》體例,當作"鵬有《崑山人物志》,已著錄"。

韓五泉詩集四卷附錄二卷(浙江汪汝瑮家藏本)

明韓邦靖撰。邦靖有《朝邑縣志》,已著錄。是集乃其兄邦奇所編,以誌傳二卷附錄於後。邦靖兄弟,負重名,時有"關中二韓"之目。而詩則不出當日之風氣。王九思云:"五泉子七言絕句詩,絕類少陵,古歌詞浸淫唐初,逼漢、魏矣。"標榜之詞,未免溢美。朱彝尊《靜志居詩話》曰:"五泉心摹手追乃在大復,比於

西原、南泠不足,方之孟有渥、李嵩渚似勝一籌。"斯為平允之
論矣。

鳥鼠山人集二十九卷(兩淮馬裕家藏本)

明胡纘宗撰。纘宗有《安慶府志》,已著錄。是編凡《正德
集》四卷,《嘉靖集》七卷,《鳥鼠山人小集》十六卷,《後集》二
卷①。其詩激昂悲壯,頗近秦聲,無姒媚之態,是其所長,多粗厲
之音,是其所短。

【彙訂】

① 明嘉靖刻本作《鳥鼠山人小集》十六卷《後集》二卷。卷
一至卷四版心題《正德集》,卷五至七題《嘉靖集》,卷八至十六題
《鳥鼠集》。《兩淮商人馬裕家呈送書目》亦作《鳥鼠山人集》十六
卷《後集》二卷。(葉德輝:《郋園讀書志》;杜澤遜:《四庫存目
標注》)

擬涯翁擬古樂府二卷(陝西巡撫採進本)

明胡纘宗撰。纘宗游李東陽之門,乃取《東陽古樂府》二卷,
以次屬和。立題指事,率由東陽之舊,亦間有所釐正。凡一百八
首。太康張光孝為之評,而其弟統宗為之註。

擬漢樂府八卷(陝西巡撫採進本)

明胡纘宗撰。一名《興上集》,以其多成之興上也。漢樂府
多聲詞合寫,不能復辨,沈約《宋書》言之甚明。纘宗乃揣摩題意
為之,殊類於刻舟求劍。況唐人歌詩之法,宋人不傳。惟《小秦
王》一調,勉強歌之,尚須雜以虛聲,乃能入律。宋人歌詞之法,
元人亦不傳。《白石道人歌曲》自度諸腔,所注節拍,今皆不省為
何等事矣。纘宗乃於千年以外,求漢樂府之音節,不愈難而愈

遠乎？

邃谷集十二卷（兩淮馬裕家藏本）

明戴冠撰。案，明有兩戴冠，其一長洲人，有《禮記集說辨疑》，已著錄。此戴冠字仲鶡，信陽人。正德戊辰進士，官至山東提學副使。事蹟具《明史》本傳。或混為一人，非也。冠受業於鄉人何景明，詩亦似之。然景明詩雖風姿俊逸，而醞釀猶深。冠才學皆遜於師，而徒守其格調，殆所謂“時女步春，終傷婉弱”者矣。

少岷拾存稾四卷附司徒大事記一卷（兩江總督採進本）①

明曾璵撰。璵字東玉，瀘州人。正德戊辰進士，官至建昌府知府。宸濠之叛，璵率屬引兵從王守仁破賊，收復南康。集中有《平江凱歌》，即記是事也。璵號少岷山人，其集本曰《少岷存稾》。此本乃隆慶辛未南京工部主事章懋所選定，故曰“拾存”。後載《司徒大事紀》一卷，自“裁冗食”至“重漕政”凡十條，皆陳當世時務，題曰“戶部江西司郎中臣曾璵修”。蓋奏進之書，附刻集末者也。

【彙訂】

①“兩江總督採進本”，底本作“兩廣總督採進本”，據殿本改。《四庫採進書目》中僅“兩江第二次書目”著錄此書。（江慶柏：《殿本、浙本〈四庫全書總目〉著錄圖書進獻者主名異同考》）

毛襄懋集十八卷（江西巡撫採進本）

明毛伯溫撰。伯溫有《奏議》，已著錄。此本凡詩十卷，文八卷。文格頗疏暢。詩則所造不深，詞多淺易。蓋伯溫北拒蒙古，南服安南，以功名自見於世，文章非所專營。童承敘序稱①：“正德閒,李、何首倡,《雅》、《頌》復振,嗣響有唐,伯溫亦其一。"乃自尊其師之詞,非公論也。

【彙訂】

①"童承敍",底本作"童承欽",據殿本改。嘉靖十九年王儀刻本毛伯溫撰《東塘集》十卷,有嘉靖十八年童承敍序。(朱家濂:《讀〈四庫提要〉札記》)

東塘詩集十卷(浙江范懋柱家天一閣藏本)

明毛伯溫撰。是集為伯溫所自編,後併入全集。此乃其初出別行之本。

歐陽恭簡集二十二卷(浙江巡撫採進本)

明歐陽鐸撰。鐸字崇道,泰和人。正德戊辰進士,官至吏部右侍郎,謚恭簡。事蹟具《明史》本傳。史稱鐸清介自持,內行修飭。嘗知延平,"毁淫祠百十所,以其材葺學宮壇廟"。今考集中《延平改建山川壇記》具載其事,與史相符。集中又有上嚴嵩書,然祇敍述榮遇,而無一字及其相業,猶異於稱功頌德之流。其文娟秀自喜,而邊幅頗狹。詩多近體,又遜於文。

東畬集十四卷(浙江汪汝瑮家藏本)

明錢琦撰。琦有《錢子測語》,已著錄。是集為其子薔、蕎等所編。其文如申請設縣事宜以及論禦寇、勸捕蝗諸作,皆能留心世務,詩則氣味和粹,而警策者稀。陸師道稱其七言絕句云①:"江北滁南數日程,蕭蕭落木送秋聲。夕陽滿地鳥飛絕,人在亂山堆裏行。"頗亦瀟灑有致。然集中似此者,正不多覯也。

【彙訂】

①"陸師道",殿本作"陸師遂",誤。明萬曆三十二年錢蕎

刻本《錢臨江先生集》有陸師道嘉靖乙丑序，謂其七言詩"江北滁南數日程"一首平實而懇到。

峯溪集五卷外集一卷（浙江孫仰曾家藏本）

明孫璽撰。璽字朝信，平湖人。正德戊辰進士，官至山西按察司僉事。是集乃其子刑部尚書植所編。璽先世居松江之華亭，南有九峯，東有盛溪，自號曰峯溪道人，併以名集。卷一至卷四為詩，多往來滇、晉道中遊覽之作。卷五為文，不過試策、書啟之類。外集則其任揚州時所頒條令也。

棠陵集八卷（浙江汪汝琭家藏本）

明方豪撰。豪有《斷碑集》，已著錄。是集前六卷為文，後二卷為詩。豪與鄭善夫友善，集中有《祭鄭繼之文》，敘交情極為篤摯。而詩則不及善夫遠甚。

鍾筠溪家藏集三十卷（浙江范懋柱家天一閣藏本）

明鍾芳撰。芳有《春秋集要》，已著錄。《瓊州府志》載芳詩文集二十卷。此集文二十四卷，詩六卷，與《志》不符。蓋《志》誤"三"為"二"也。第二十卷、第二十一卷為讀書札記。第二十二卷為《皇極經世圖續》，所推起宋神宗，迄明嘉靖。第二十三卷為雜著。第二十四卷為《夷情要覽》。蓋皆各自為書者，附編於文集中云。

丁吏部文選八卷（江蘇巡撫採進本）

明丁奉撰。奉字獻之，常熟人。正德戊辰進士，官至南京吏部郎中。著有《南湖留棄》、《南湖逸棄》，此集則宣城梅守箕合二棄選輯者也。凡詩四卷，文四卷，而詩末附以史贊，文末又附詩三首,體例頗為叢脞。詩文皆未成家,史論二卷亦大半陳因之語。

漁石集四卷(兩淮鹽政採進本)

明唐龍撰。龍有《易經大旨》,已著錄。龍敺歷中外,所著有《黔南集》、《江右集》、《關中集》、《晉陽集》、《淮陽集》①。陝西提學僉事王維賢為合而刻之,以成此集。其文頗具浩瀚之氣,詩尤長於五言。然集中自朱彝尊《詩話》所摘數聯以外,亦復罕逢佳句矣。

【彙訂】

①“淮陽集”,殿本作“維上集”。《明史》卷二百二唐龍本傳載嘉靖七年改右僉都御史總督漕運兼巡撫鳳陽諸府。明嘉靖十一年王惟賢刻本此集康海序云:“唐子巡按雲南、江西,提學陝西,掌憲山西,督曹淮上。”疑其集名為《淮上集》。

涂水集八卷(浙江朱彝尊家曝書亭藏本)①

明寇天敘撰。天敘字子惇,榆次人。正德戊辰進士,官至兵部侍郎。事蹟具《明史》本傳。是集凡詩文三卷,巡撫陝西時奏疏五卷。天敘為應天府丞時,值武宗南征宸濠,力抗權倖,以風節著。後巡撫甘肅,又屢以戰功顯。詞采則非所擅長。故郭璽序亦稱其平日未嘗肆志於文章云。

【彙訂】

①“涂水集”,殿本作“塗水集”,誤。《浙江省第五次曝書亭呈送書目》作《涂水集》五卷,今存明嘉靖寇陽刻藍印本《涂水先生集》六卷。

東廓集十二卷(江西巡撫採進本)

明鄒守益撰。守益字謙之,安福人。正德辛未進士,官至南京國子監祭酒。隆慶初，追諡文莊。事蹟具《明史‧儒林傳》。守益傳王守仁之學，詩文皆闡發心性之語。其門人陳辰始編錄所作為《東廓初稾》。東廓，山名，守益講學處也。諸門人又梓其切要者一百二十四篇，名曰《摘稾》。而晚年著述則未之備。是編為嘉靖中所刊，題"建寧府知府劉佃彙選，同知董燦編次，通判黃文明掄集"，又題門人周怡、宋儀望、邵廉續編，孫德涵等十八人重輯①。錯互顛舛，莫知竟出誰手也。史稱世宗欲去興獻帝"本生"之稱，守益疏諫，下獄拷掠。嘉靖二十九年，九廟災②，守益疏陳上下交修之道，又忤旨落職。其疏具載本傳，今集中乃不載。考《千頃堂書目》，此集之外尚有《東廓遺稾》十三卷，今未見其本。或別收於《遺稾》中歟③？

【彙訂】

① 清刻本此集卷端題孫德涵等十人，姪孫德溁，曾孫袞立等四人，玄孫世祚等二人重輯，實共十七人。（杜澤遜：《讀〈四庫提要〉瑣記》）

② 據《明史》卷十七《世宗本紀》，九廟災事在嘉靖二十年四月。（余嘉錫：《四庫提要辨證》）

③ 《明史》卷二八三鄒守益本傳所引《九廟災自陳疏》僅"殷中宗高宗反妖為祥，享國長久"十三字，未嘗具載全文。此疏實載本集卷三，《明詩紀事》戊籤卷十一已言之。（同上）

陽峰家藏集三十五卷（浙江孫仰曾家藏本）

明張璧撰。璧字崇象，石首人。正德辛未進士，官至禮部尚書、東閣大學士，諡文簡。是集為璧居內閣時所自編。首以經筵講章及議典禮之文，次為應制諸詩及誥敕、賦頌、表疏，次為古、今體詩及雜文。璧當夏言、嚴嵩相持之時，入閣不及一年而卒。《明史》不為立傳，其人蓋無所短長者。今觀其詩文，殆亦如其為人焉。

黼菴遺稾十卷（江蘇巡撫採進本）

明柴奇撰。奇字德美，崑山人，正德辛未進士，官至應天府尹。奇在正德時，諫南巡，劾權倖，及上邊儲、屯政諸疏，頗著直聲。以當時自焚其草，故集中不載。是編前有正德辛巳題識，稱“舊有《石池詩稾》、《石池文稾》、《嘉樹軒紀聞》各一册，己卯轉南光祿，失之。重置一册，錄後來之作。時有所憶，或就人錄得，亦錯置其間”云云。蓋猶奇所手編也。凡詩六卷，雜文四卷，皆平易有餘，精深不足。鄒守益序稱其詩文“典雅雄健，不落凡敝，不矜刻峭”，友朋推挹之詞耳。

巽峯集十二卷附錄一卷（兩淮鹽政採進本）

明尹襄撰。襄字舜弼，號巽峯，永新人。正德辛未進士，官至司經局洗馬。是集凡詩五卷，文七卷。後有其子祖懋題識，謂原集十卷，刻於閩中，繼復收輯得十二卷。其文持論頗純正，而波瀾結構則未造古人。

平田詩集二卷（陝西巡撫採進本）

明管楫撰。楫字汝濟，號平田，又號竹木山人，咸寧人。正德辛未進士，官至右副都御史，巡撫山東。因與嚴嵩相忤，辭疾家居二十年。文徵明嘗畫《平田草堂》、《杜曲山房》二圖，並詩貽之，重其人也。此集前有張治道序，稱驪邑令刻諸縣齋，楫不知也。又有楫自序，稱再閱舊稾，又删其十之三。然其本今皆不傳。故朱彝尊作《明詩綜》，不列其名。此本乃乾隆初其裔孫錫綏所輯。其詩頗沿七子之派。蓋楫與薛蕙、何景明、高叔嗣諸人相倡和，漸染而然也。

費文通集選要六卷（江蘇巡撫採進本）

明費宷撰。宷有《廣信府志》，已著錄。所著文名《鍾石集》，本二十四卷。此本乃劉同升、許穀所選，與其兄宏詩文合刻之本也。

東巖詩集八卷（浙江巡撫採進本）①

明夏尚樸撰。尚樸有《東巖文集》，已著錄。此編乃其詩集，多涉理語，近白沙、定山流派。集中《讀〈擊壤集〉》絕句云："閒中風月吟邊見，始信堯夫是我師。"其宗法可知也。

【彙訂】

①《浙江省第六次呈送書目》作六卷，與傳世明嘉靖四十五年斯正刻本合。作"八卷"恐誤。（杜澤遜：《四庫存目標注》）

古菴文集十卷（兩江總督採進本）

明毛憲撰。憲有《諫垣奏草》，已著錄。是集乃其子訢所編，凡文八卷，詩二卷。憲居言路，以戇直稱，故所作頗有剛勁之氣。以耳疾謝歸。後與王守仁、湛若水諸人講學，繩墨自守，務為篤實。故亦不恣意高談。然以文章而論，則於是事非當家也。

蓉川集七卷（兩江總督採進本）

明齊之鸞撰。之鸞字瑞卿，桐城人。正德辛未進士，官至河南按察使。事蹟具《明史》本傳。是集為其曾孫山所編，凡五種。一曰《南征紀行》，為其從征宸濠時所作雜詩，後附賦一首。一曰《悠然亭雜詩》，為其官南京時作，後附記、序三首。一曰《開堰集》,為其在安慶時所作。一曰《歷官疏草》,皆其奏議,起正德九年,訖嘉靖八年,每種為一卷。一曰《入夏錄》,析為三卷,乃其僉事寧夏時作,前二卷皆詩,後一卷則雜文。別以汪元錫等贈言附於末,而總冠以小傳、行狀、年譜。後有山跋語,稱:"閒遊市闤,得遺槀數篇。已而遍歷茶坊藥肆,恣意搜輯,編次成帙。因康熙己未詔修《明史》,檄取《入夏錄》送官,遂哀而付諸剞劂。"蓋之鸞位雖不顯,然在正、嘉之間,卓卓稱名臣。故史館徵其著作,以備采擇。今觀其奏疏,詞多剴切,猶可想見風采。詩則非所擅長也。

節愛汪府君詩集二卷(浙江范懋柱家天一閣藏本)

明汪文盛撰。文盛字希周,崇陽人。正德辛未進士,除饒州推官,入為兵部武選司主事,諫南巡廷杖。嘉靖初出知福州,歷官按察使,以僉都御史巡撫雲南,進大理卿。事蹟附見《明史·毛伯溫傳》。伯溫之官安南也,文盛功居多,顧不得優敘,論者惜之。其知福州也,有惠政,郡人為立節愛祠。故傅海舟編次其詩,即以名集[①]。詩多虛響,不出北地、信陽門徑。朱彝尊《明詩綜》所選"萬年枝上露清華"一首,題曰《西苑》。今考此集,實為《擬古八首》之一。不知彝尊何以改其原題,其偶誤也歟?

【彙訂】

①《浙江採集遺書總錄》作傅汝舟編。汝舟,萬曆間福建侯官人。(杜澤遜:《四庫存目標注》)

後齋遺槀二卷(浙江汪汝琭家藏本)

明陳憲撰。憲字伯度,後齋其號也,餘干人。正德辛未進士,官至貴州布政使司參議。是集《公餘紀拙》一卷,《粵江行槀》

一卷,乃憲之子鄞縣丞照所編。首有鄞縣人戴鼇序^①,謂其"得鄉先哲胡居仁之傳,故詩多理語,鮮風人之致"云。蓋當時本以理學推之也^②。

【彙訂】

①"鄞縣人",殿本無。

②"蓋當時本以理學推之也",殿本無。

桃谷遺稾一卷(兩淮馬裕家藏本)

明陸俸撰。俸字天爵,吳縣人。正德辛未進士。官刑部時,嘗以諫南巡廷杖。後終於寶慶府知府。其詩多應酬牽率之作,而時露風格。岳岱《今雨瑤華》謂其"晚就操觚,靈心夙構,穎悟居多",蓋天姿高而學力未至者也。

漸齋詩草二卷(浙江巡撫採進本)

明趙漢撰。漢字鴻逵,平湖人。正德辛未進士,官至山西布政司參政。是集刻於嘉靖乙卯。詩學江西,於爾時為別調。然風格雖異,興象未深,究不能獨絕一時也^①。

【彙訂】

①"究不能獨絕一時也",殿本無。

襄敏集四卷(浙江汪啟淑家藏本)

明王以旂撰。以旂有《漕河奏議》,已著錄。是集為其子篤所編,凡詩二卷,文二卷。以旂治河、按邊,皆以功見,而詞章不著於當時。此集所存,大抵皆應酬作也。

琴溪集八卷(兩淮鹽政採進本)

明陳寰撰。寰字原大,常熟人。正德辛未進士,官至南京國子監祭酒。寰與桂蕚為同年。官翰林時,乃力斥蕚議大禮之非,坐是移南京,旋告歸。其人足重,詩文則皆不入格。

八厓集十三卷(浙江巡撫採進本)

明周廷用撰。廷用字子賢,華容人。正德辛未進士,官至江西按察使。是集賦一卷,詩六卷,文二卷。後附《緒論》四卷,則其訓飭士民之説。顧璘《國寶新編》以廷用為殿,其贊云:"按察人豪,闊視放言,文藻性成,早垂鉅篇。"然廷用自以耿直傳,不必以文藻著也。

常評事集一卷(山西巡撫採進本)

明常倫撰。倫字明卿,號樓居子,沁水人。正德辛未進士,除大理寺評事,謫壽州州判,遷知寧羌州。負才凌傲,屢為忌者所中。後因跨馬疾馳,馬渴赴飲,墮水死,年僅三十有四。是集賦五首,樂府二十一首,各體詩百餘首,傳、贊等雜著數篇附之。王世貞謂其詩"如沙苑兒駒[1],驕嘶自賞,未諧步驟",陳子龍則謂其"氣骨高朗,頗能自運"。今觀是編,合二人之論,乃為定評。國朝王士禛《分甘餘話》云:"明詩人有早慧而年不得四十者,如陳后岡、董中峯與明卿之屬,汗血方新而筋骨未就,秀而不實,殊可惜也。"

【彙訂】

[1] "苑",殿本脱,參王世貞《藝苑巵言》卷五原文。

鷗汀長古集二卷前集二卷別集二卷續集一卷漁嘯集二卷頓詩一卷(直隸總督採進本)

明頓鋭撰。鋭字叔養,涿州人。正德辛未進士,官代府右長史。鋭少負詩名,當時稱"涿郡有才一石,鋭得其八斗"。晚年卜居懷玉山,吟詠自適。其五言古詩氣韻清拔,頗為入格。七言古詩跌盪自喜,而少剪裁。近體專尚音節,數篇以外,意境多同。蓋變化之功猶未至也。

杏東集十卷(浙江孫仰曾家藏本)

明郭維藩撰。維藩字价夫,正德辛未進士,官至太常寺少卿,兼翰林院侍讀學士掌院事。是集詩、文各五卷,皆乏深湛之思。其門人河南巡撫蔡汝枏序稱所著《經筵》、《南雍》二槀,俱不可見。此集已非完書,由維藩存日,無意傳其詞章。蓋亦道其實也。

海涯集十卷(浙江汪汝瑮家藏本)

明顧磐撰。磐字子安,南直隸通州人,正德癸酉舉人。是集詩四卷,詩餘附焉,文六卷。集中如考正鄉賢祀典以及水利、馬政諸作,於鄉邑利病,亦頗為詳核①。然大致以流利為主,故不為詰屈,亦不造精深。

【彙訂】

① "為",殿本無。

南湖詩集四卷(浙江汪汝瑮家藏本)

明張綖撰。綖有《杜詩通》,已著錄。是集詩多豔體,頗涉佻薄,殆《玉臺》、《香奩》之末流。每卷皆附詞數闋。考綖嘗作《填詞圖譜》,蓋刻意於倚聲者,宜其詩皆如詞矣。

古山集四卷(江西巡撫採進本)

明桂華撰。華字子樸,安仁人。正德癸酉舉人,大學士萼之兄也。嘗從胡居仁門人張正游,故所學頗為醇正。詩文則尚未成家。

渭厓文集十卷（江蘇巡撫採進本）

明霍韜撰。韜有《明良集》，已著錄。是編為其子與瑕、與琦所編，皆所作雜文，惟七卷有詩數十首。韜性強執謬戾，不顧是非。議尊興獻為皇考，則斥司馬光不知忠孝，不當從祀孔廟；議合祀天地，則並詆及《周禮》，可謂無忌憚者。其他文亦皆爭辨迫急，異乎有德之言，前有倫以諒、金立敬二序，譽之甚力。蓋一其鄉曲，一其年家子也。

西原遺書二卷（直隸總督採進本）

明薛蕙撰[①]。蕙有《約言》，已著錄。是編乃戶部侍郎南充王廷所輯，嘉靖癸亥刻於揚州，皆其與人講學往復書札也。其闡《中庸》中和之說，《孟子》性善之旨，研析頗至。惟推崇釋、道太甚，如云："空寂者，即吾未發之本心；定慧者，即古聖人之誠明。"又云："禪學不惟賢於後世之仙學，雖吾後儒之學亦非其倫。"又於論《黃庭》、《大洞》諸經，俱自謂得其要妙。皆不免參雜二氏，未能粹然一出於正。蕙本詩人，《考功》一集，馳驟於何景明、徐禎〔禎〕卿、高叔嗣閒，並鷙爭先，原足以自傳不朽。乃求名不已，晚年忽遁而講學。所講之學，又蹖駁如是，反貽嗤點於後來。蛇本無足，子為之足，其蕙之謂乎？

【彙訂】

① 此書《總目》卷一二四子部雜家類雜學之屬已著錄，此重出。（朱家濂：《讀〈四庫提要〉札記》）

谿田文集十一卷補遺一卷（兩江總督採進本）

明馬理撰。理有《周易贊義》，已著錄。是集凡文六卷，詩五卷。《補遺》一卷，則有文無詩。理少從王恕游，務為篤實之學，故所詁諸經，亦多所闡發。惟其文喜摹《尚書》，似夏侯湛《昆弟誥》之體，遣詞宅句，塗飾琱刻。其為贗古，視李夢陽又甚焉。《明史·儒林傳》載："楊一清督學關中，見理及呂柟、康海文，大奇之，曰：'康生之文章，馬生、呂生之經術，皆天下士也。'"則一清雖賞識之，已不以文章許理與柟矣。史又稱理"名震都下，高麗使者慕之，錄其文以去"。蓋亦以其人重之耳。

頤山私槀十卷（副都御史黃登賢家藏本）

明吳仕撰。仕字克學，號頤山，宜興人。正德甲戌進士，官至四川布政司參政。是編凡詩三卷，文七卷。皆意境平淺，不耐尋繹。

南泠集十二卷（兩江總督採進本）

明蔣山卿撰。山卿字子雲，《千頃堂書目》作字仙卿，傳寫誤也，儀真人。正德甲戌進士，官至廣西布政司參政。是集為山卿所自訂，其門人喬佑校刻。前有自序云："弱冠見東吳顧吏部、寶應朱戶曹，教以讀漢、魏、晉、宋、唐人之詩。年二十九，舉進士。好與同年亳州薛子蕙研攻古作。是時信陽何子景明與薛鄰，嘗聞其緒論焉。"其學詩大旨，已盡於此。顧璘序稱其"下筆千言，才情煥發，朋輩每為斂手"，而王世貞又以"不堪咀嚼"少之，持論互異。今觀其集，正韓愈所謂無好無惡之詩耳。

函山集十卷（山東巡撫採進本）

明劉天民撰。天民字希尹，號函山，歷城人。正德甲戌進士，除户部主事。諫武宗南征，廷杖，改禮部。諫大禮，復廷杖，遷吏部郎中，出知壽州。歷官按察司副使。朱彝尊《詩話》稱天民"晚以計吏罷，憤懣不平，恒逃於詞曲"，而顧璘序則稱其"内境春融,神遊太古,無芥蔕於得失"。今觀其集中,如《擬宮詞》五十首,《古別離》、《宿楚相祠》等作,尚可謂怨而不怒者。特其摹仿太多,不能卓然自成一家耳。所著本有《蟲吟草閒集》、《剌壽棗》、《遊蜀棗》、《田閒集》諸目。其孫亮采彙而刻之,共為此集云。

嵩渚集一百卷(浙江汪汝㻏家藏本)

明李濂撰。濂有《祥符先賢傳》,已著錄。《明史·文苑傳》載濂"少年嘗作《理情賦》,其友左國璣持以示李夢陽,夢陽大嗟賞,訪之吹臺。濂自此聲馳河洛閒。既罷歸,益肆力於學,遂以古文名於時"。又稱濂"初受知夢陽,後不屑附和"。此集詩三十八卷,文六十二卷,乃濂所自訂。皆於七子之外,挺然自為一格。大抵筆鋒踔厲,泉涌颷馳,而裁翦尚疏,不免才多之患。濂跋石珤《熊峯集》,謂"詩文傳世,豈貴於多",其説良是。而自定己作,乃不能盡翦榛楛,信乎割愛之難也。

觀政集一卷(浙江范懋柱家天一閣藏本)

明李濂撰。濂是集乃其正德乙亥在京觀政時所作,故以為名。凡賦二篇,各體詩二百五十四首,雜著八篇。考濂為正德甲戌進士,乙亥為登第之次年,猶少作也。

洞陽詩集二十卷(浙江汪汝㻏家藏本)

明顧可久撰。可久字興新,無錫人。正德甲戌進士,官至廣東按察司副使。是編標曰《洞陽詩集》,而子目俱題曰《在澗集》。考《千頃堂書目》,可久有《在署草》八卷,《在疚草》二卷,《溫陵集》六卷,《虔州草》一卷,《珠崖草》一卷,《在澗集》十九卷,無《洞陽集》之名。蓋總彙諸集,名曰《洞陽》,而仍各自為書也。此集凡二十卷，首尾完具。而黃虞稷作十九卷，豈所見之本偶未全歟？其詩古體頗散漫，律體多乏堅老，七言絕句尤學質樸而不成。

人瑞翁集一卷（浙江巡撫採進本）

明林春澤撰。春澤字德敷，侯官人。正德甲戌進士，官至平番府知府①。年百有四歲，有司為建人瑞坊，故以"人瑞翁"名其集。原本十二卷，今未見傳本②。此本其曾孫慎所重編也。春澤少與鄭善夫游，互相切磋，故其詩頗有體裁，但乏深思厚力耳。

【彙訂】

①《閩書》卷七十五本傳載："字德敷……出為程番知府。"民國《福建通志》卷三四《明列傳》"林春澤"條、清雍正《福建通志》卷四三《人物一》本傳、乾隆《福州府志》卷五十《人物志》本傳均作"出為程番知府"。程番府即今貴陽市。（楊武泉：《四庫全書總目辨誤》；林祖泉：《〈四庫全書總目提要〉中閩人著作糾錯》）

② 日本內閣文庫藏有萬曆間刻本《人瑞翁集》十二卷。（黃仁生：《日本現藏稀見元明文集考證與提要》）

谷平文集五卷（江西巡撫採進本）

明李中撰。中字子庸，吉水人。正德甲戌進士，官至總督南京糧儲、都察院副都御史。諡莊介。事蹟具《明史》本傳。是集為其門人羅洪先所編。其曰"谷平"者，以其所居之里名之也。凡疏二十有八，日錄三百九十六，書問三十有三，詩文一百六十有五，大抵講學者為多。

石居漫興稾二卷（浙江汪汝瑮家藏本）

明陳器撰。器字德器，臨海人。正德甲戌進士，官至刑部郎中。嘗得三奇石，置之別業，晨夕臨玩，遂自號三石山人。而其孫承翁編次遺稿，亦遂名曰“石居”。詞多淺易，尚未成家。

明水文集十四卷（兩江總督採進本）

明陳九川撰。九川字惟濬，號竹亭，臨川人。正德甲戌進士，官太常寺博士。時以直諫廷杖。嘉靖初為禮部主客司郎中，復以事謫戍。放還，居明水山，遂易號明水。初九川釋褐時，告歸謁王守仁，講無善無惡之旨，遂稱弟子。撫州為姚江之學者，自九川始。是集乃其門人董君和所編。凡文八卷，大抵皆講學之語，詩六卷，小有韻致而不免薄弱。

鹿原存稿九卷（浙江汪汝瑮家藏本）

明戴欽撰。欽字時亮，馬平人。正德甲戌進士，官至刑部郎中。以諫大禮廷杖，創重而卒[①]。其集刻於閩者八卷，曰《玉溪存稿》[②]，刻於滇者二卷，曰《戴秋官集》。此則其姪希顥所合輯，凡文二卷，詩七卷。欽與何景明、李濂、薛蕙等同時友善，所作頗刻意摹古，然不越北地之餘派。

【彙訂】

① 戴欽詩文集各版本中的序跋均言卒於丙戌（嘉靖五年，1526年），已是廷杖後兩年。《明史·何孟春傳》記其事，稱“員外郎戴欽”，則其時任刑部陝西司員外郎，而其後尚陞任刑部雲南司郎中。如一直杖創未愈，且有生命之虞，當不會陞遷，故廷杖卒之說難以成立。據李文鳳《月山叢談》記載：“惜時亮不自重，信方士，學神仙術，餌金石，毒發膚裂以死。”李氏上距戴欽時代甚近，又曾接聞於其姪戴希顥，其記載當更為可信。（石勇：《戴欽生平及著作考》）

②"玉溪存藁"，殿本作"王溪存藁"，誤。玉溪是閩江支流，今存民國《廣西叢書》覆刻明嘉靖初刻本《玉溪存藁》八卷。（同上）

黃洛邨集二卷（兩江總督採進本）

明黃宏〔弘〕綱撰。宏綱字正之，雩都人①。正德丙子舉人，官至刑部主事。是集乃其孫宜璞所刻。上卷書翰，多與鄒守益、羅洪先、聶豹輩講學之語。蓋宏綱師事王守仁，傳良知之說也。下卷雜著及詩數十首，則率皆應俗之作。

【彙訂】

①"雩都"，底本作"鄠都"，據殿本改。《同治雩都縣志》卷八《選舉·舉人》有黃宏〔弘〕綱，字正之，正德丙子科。卷十《人物·理學》有傳。

雙江文集十四卷（江西巡撫採進本）

明聶豹撰。豹有《困辨錄》，已著錄。是集乃其姪禮部郎中靜所編。第一卷至第十一卷皆文，第十二卷為詩，第十三卷又為壽文、雜著，而註曰："即《困辨錄》。"疑靜所編本十二卷，其後人又摭壽文及《困辨錄》附見其後也。

東洲集二十卷續集十卷（江蘇巡撫採進本）

明崔桐撰。桐字來鳳，海門人。正德丁丑進士，官至禮部右侍郎。事蹟附見《明史·舒芬傳》。以與芬俱以疏諫南巡廷杖故也①。是集凡詩九卷，詞一卷，文十卷。《續集》詩六卷，文四卷。《江南通志》所載，卷帙與此相同。《千頃堂書目》作《東洲集》三十卷，《續集》十卷，《明史·藝文志》作《東洲集》四十卷。疑黃虞稷誤"二十"為"三十"，《明志》據虞稷之目合而計之，共為四十卷也。

【彙訂】

① "俱"下"以"字,殿本無。

東麓橐十卷(兩淮鹽政採進本)

明汪佃撰。佃字友之,弋陽人。正德丁丑進士,官至翰林院編修①,後出為建寧府通判。其集無大疵累,亦無所見長。

【彙訂】

① "至",殿本無。

青湖文集十四卷(浙江巡撫採進本)

明汪應軫撰。應軫字子宿,浙江山陰人。正德丁丑進士,官至江西提學僉事。事蹟具《明史》本傳。是集為其子延良所編,前七卷為文,後七卷為詩。應軫有吏才,兼以氣節著。史稱其"在戶科歲餘,所上凡三十餘疏,皆切時弊"。今觀集中諸奏牘,多侃直之言,頗見風采。詩文則率皆樸實,猶守成、宏之舊格。

紫峯集十三卷(福建巡撫採進本)

明陳琛撰。琛有《易經淺說》,已著錄。是集詩五卷,文七卷,《正學編》一卷,末以《年譜》附焉。初刻於嘉靖中,此其裔孫所重刻也。《明史·儒林傳》附見《蔡清傳》末①,稱琛"杜門獨學。清見其文異之,曰:'吾得友此人足矣。'琛因介友人以見清"云云。今觀其詩,皆《濂洛風雅》一派,其文亦類語錄、講義。蓋其淵源如是云。

【彙訂】

① "見",殿本作"琛"。

青蘿文集二十卷（兩江總督採進本）

明王漸逵撰。漸逵字用儀[1]，號青蘿子，番禺人。正德丁丑進士，官刑部主事。家居十餘年，以薦起官，言事不報，復乞歸。是集文八卷，首載《陳愚見以裨聖化》、《乞創立以存根本》兩疏，即其復起時所上。詩分《北遊》、《大隱》、《羅浮》、《靈洲》、《中洞》、《樾森》、《雙魚》、《深明》、《洛澄》、《越山》、《白雲》、《蘿山》十二稾，稾為一卷。其《鐵橋》一絶，朱彝尊《詩話》謂其追蹤唐許碏"閬苑花前"之作[2]。然沙中金屑，正復不能多覯也。

【彙訂】

[1]《粵大記》卷一四本傳作字伯鴻。（李裕民：《四庫提要訂誤》增訂本）

[2]"唐"，殿本無。

西元〔玄〕集八卷（浙江汪汝瑮家藏本）

明馬汝驥撰。汝驥字仲房，綏德人。正德丁丑進士，改庶吉士。以諫南巡廷杖，出為澤州知州。世宗立，召還，授編修，官至禮部右侍郎。謚文簡。事蹟附見《明史·舒芬傳》。是集古體二卷，今體六卷。蔣一葵云："仲房詩有沈理而無元趣。黃青甫謂其詩整鍊似法顏、謝，隊仗森然。求之聲律，未造其深，亦不失為高流。"蓋汝驥刻意鎔鍊，務求典實，其長短皆在於是也。

戴中丞遺集八卷（兩江總督採進本）

明戴鰲撰。鰲字時重，或作時量，字之譌也，號東石，鄞縣人。正德丁丑進士，官至四川巡撫。是集《千頃堂書目》作《東石遺稾》。凡詩四卷，雜文五卷[1]，其子士充所編。張時徹序謂其"負恢廓之才，不屑屑爭雄鉛槧。或有勾請，輒伸紙濡毫應之"。

故集中諸作多傷率易。獨《鄞水利三敘》及《海防策》，以情形目擊，言之較為確鑿云。

【彙訂】

① 據明嘉靖三十九年戴士充刻本此集，"五卷"乃"四卷"之訛。

筆峯存稾五卷（福建巡撫採進本）

明王鳳靈撰。鳳靈字應時，莆田人，筆峯其自號也。正德丁丑進士，官至廣西布政司參政。鳳靈官刑曹時，曾疏論宦官張銳、都督錢安大辟之不當贖，及給事中陳洸顯罪之無可曲宥。其言甚直，朝議莫能奪。守淮時，救災疏六十上。卒以好激論天下事，見忌罷歸，死於倭難。生平所著有《淮陽急稾》及《漫稾》、《彙稾》、《淨稾》，各二十卷，旋皆散佚。兹集乃其孫介所蒐輯。至崇禎時版澷，元孫夢暘又重刊之，凡文四卷，賦、詩一卷。

桂洲集十八卷（江西巡撫採進本）

明夏言撰。言有《南宮奏稾》，已著錄。此集凡賦、詩、詞八卷，文十卷。首有《年譜》，言未相時以詞曲擅名。然集內詞亦未甚工。詩文宏整而平易，猶明中葉之舊格。

朱福州集六卷（浙江汪汝㻛家藏本）

明朱豹撰。豹字子文，上海人。正德丁丑進士，官至福州府知府。是集為其子察卿及其友馮遷所編，凡詩三卷，奏疏三卷。詩學中唐，以流麗清切為主。

過庭私錄七卷外集一卷（江西巡撫採進本）①

明吳鼎撰。鼎字維新，號泉亭，又自號支離子，錢塘人。正德丁丑進士，官至廣西布政司參議。是集其仲子遵晦所錄，故以

"過庭"為名。皆散體之文,末附賦騷古詩數首。《外集》則皆詩也。文有整飭平雅者,亦有微近俗調者。金石文字頗失翦裁,有韻之文則更遜矣。

【彙訂】

①《四庫採進書目》中僅《江蘇省第二次書目》著錄此書,疑"江西巡撫採進本"當作"江蘇巡撫採進本"。(杜澤遜:《四庫存目標注》)

半洲稾四卷(浙江孫仰曾家藏本)

明張經撰。卷首題曰蔡經,蓋其未復姓時所刊也。經字廷彝,侯官人。正德丁丑進士,累官南京兵部尚書,總督軍務。改左都御史,為嚴嵩構陷,坐以失律棄市。後追諡襄愍。事蹟具《明史》本傳。是集第一卷為《北寓稾》,乃經官御史時所著。次為《南行稾》,為嘉興府知府時所著。次為《西征稾》,為大理寺卿奉命安輯關西時所著①。次為《東巡稾》,巡撫山東時所著。詩多五、七言近體,頗摹唐調。蓋正當太倉、歷下初變風氣之時也。

【彙訂】

① 殿本"奉"上有"時"字。

鄭思齋文集一卷(浙江范懋柱家天一閣藏本)

明鄭洛書撰。洛書字啟範,思齋其號也,莆田人。正德丁丑進士,官至監察御史、提督南直隸學政。事蹟附見《明史·解一貫傳》。是集前後無序跋,不知誰所編次,亦無目錄。僅序九篇,記三篇,賦二篇,寥寥不成卷帙。又皆應酬之作,殆非完本。

林次崖集十八卷(福建巡撫採進本)

明林希元撰。希元有《易經存疑》,已著錄。是集為其子有梧所編。凡奏疏四卷，書二卷，揭帖附焉，序三卷，記、碑共一卷，論、説、議共一卷，雜著一卷，誌、表一卷，傳、行狀一卷，祭文、哀詞二卷，詩二卷，詞附焉。希元之學，宗其鄉人蔡清。故於明代諸儒，惟推薛瑄、胡居仁。與王守仁同時，而排其《傳習錄》最力。雖與守仁門人季本同年相善，而與本之書亦不少假借其師。其祭守仁文，但推其功業而已，無一字及其學問也。至其氣質剛急，鋭於用世，則類其鄉人陳真晟。故其為南京大理寺評事，則忤江彬，忤御史譚會，忤大理寺卿陳琳，坐謫泗州州判。及為大理寺丞，又請剿遼東叛兵，坐謫欽州知州。官廣東時，值安南莫登庸篡國，力請討之，疏凡六上，竟坐是中計典歸。歸後又以爭郡邑利病，幾中危法。其負氣喜任事，蓋可想見。其由泗州再入大理也，蓋方獻夫、霍韜薦之，故與二人頗相契。集中《與周石厓書》亦自稱氣味與几厓相似。又自稱大禮、安南之議，所見與兀厓同。兀厓者，韜別號也。然在泗州時，張璁、桂萼欲援之同議大禮，終謝不行。則諸人固不足為希元累矣。集中有《與汪可亭書》曰："今海内推大家者二人，曰李崆峒、何大復。二子雕詞鑄意，刮陳去新，力挽頹風，以還之古，似為一時文人也①。然考其所得，典謨已乎，盤誥已乎，余皆未能知也。"云云。則非惟學問闢姚江，即文章亦闢北地、信陽。故其詩文皆惟意所如，務盡所欲言乃止，往往俚語與雅詞相參，儷句與散體閒用。蓋其素志原不欲以是見長云。

【彙訂】

①"似"，殿本作"以"，誤，參清乾隆十八年陳臚聲詒燕堂刻本此集卷五《與興節推汪可亭書》原文。

玩鹿亭槀八卷附錄一卷（浙江巡撫採進本）

明萬表撰。表有《海寇議》，已著錄。萬氏世以勳績顯。表獨才兼文武，每與唐順之等講學，禦倭亦有功績，號為儒將。然其詩文氣格稍弱，故終不能與一時文士角逐詞壇。是集凡詩二卷，文六卷，末附錄贈答詩啟及行狀、墓誌。乃其子達甫所編，其孫邦孚所刻[①]。達甫有《皆非集》，邦孚有《一枝軒槀》，皆能傳其家學云。

【彙訂】

① “刻”，殿本作“刊”。

少石集十三卷（兩淮馬裕家藏本）

明陸鈇撰。鈇有《山東通志》，已著錄。是集詩五卷，文七卷，雜著一卷。前有張時徹序，稱其“華不近浮，質不近俚”，而惜其志之未艾。蓋具體而未成家者，故序有微詞云。

少華集四卷（浙江孫仰曾家藏本）

明詹泮撰。泮字少華，玉山人。正德辛巳進士，官至禮科給事中，乞養歸。泮嘗從章懋游，以講學自任，其詩文亦別為一格。是集乃其子長至、長生所編，雜文、詩、詞共三卷，外錄一卷則皆他人之贈言也。

介塘文略一卷（浙江范懋柱家天一閣藏本）

明王相撰。相號介塘，鄞縣人。正德辛巳進士，官翰林院編修。嘉靖初，以爭大禮廷杖，卒。事蹟附見《明史·王思傳》。是冊僅雜文十八篇，且多酬贈之作。所著歲月，皆在嘉靖二、三年。蓋叢殘鈔本，非其遺集。文格頗傷於雕琢，亦七子流派也。

棟峯遺槀二卷（浙江孫仰曾家藏本）

明曾梧撰。梧字于易[①]，江西廣昌人。正德辛巳進士，官至常德府知府[②]。是集凡文一卷，詩一卷，文冠以應詔疏，反覆申明合祀天地之說，蓋是事古今聚訟，儒者各尊其所聞，不足異也。初錄於嘉靖中，後毀於火。天啟辛酉，其曾孫邦泰又重刻焉。

【彙訂】

①"于易"，殿本作"于易"。明嘉靖《常德府志》卷十二《官守志·歷官·郡守》曾梧條作"字于陽"，清同治《廣昌縣志》卷五《人物志·宦業傳》曾梧條作"字子暘"。

②"常德"，底本作"常州"，據殿本改。《浙江採集遺書總錄》著錄："《棟峯遺槀》二卷，刊本，明常德知府廣昌曾梧撰。"

龍湖文集十五卷（浙江巡撫採進本）

明張治撰。治字文邦，茶陵人。正德辛巳進士，官至文淵閣大學士。謚文隱，改謚文毅。萬曆初，復改謚文蕭。是集凡文十卷，詩五卷，乃豐城雷禮與治壻彭宣所編刊，版久漫漶。雍正丙午，宣之從曾孫思眷得舊刻校正，屬其子維新重刊於浙江。治《明史》無傳，《獻徵錄》稱其"臨事不阿，以是失世宗旨。及其卒也，命與中謚。隆慶改元，始更謚焉"。然觀何喬遠所撰小傳，不能舉其相業，集中奏疏，於時事亦罕指陳。喬遠所稱"為輔臣時，默默不自得，冀乘閒爭諫"，殆亦曲解之詞歟？歸有光、薛應旂皆治所取士，當時以識鑒稱，而詩文則未能自為一家。朱彝尊《靜志居詩話》嘗摘其《夜過洞庭》詩云："曉發吳閶門，夕渡廣陵汜。日暮江帆遲，洞庭三百里。微風澹無波，明月照天水。隱隱見君山，鐘聲翠微裏。"以吳地而混於楚。且云："文蕭家茶陵，與洞庭

湖密邇，豈得以君山屬吳耶？"今觀集中是詩，"曉發吳閶門"作
"武昌門"，"夕渡廣陵泝"作"黃陵泝"，"洞庭三百里"作"八百
里"，則固未嘗涉於吳地。豈彝尊所見之本，乃思眷序所謂"翻本
雜淆"，或思眷重校，因彝尊是語而改之歟①？

【彙訂】

① 此集明嘉靖原刻本作"吳昌門"、"黃陵泝"、"三百里"，古
吳昌即平江縣。（王重民：《中國善本書提要》）

張水南集十一卷（江蘇巡撫採進本）

明張袞撰。袞字補之，江陰人。正德辛巳進士，歷官至南京
光祿寺卿。是集凡詩二卷，文九卷。袞在諫垣，頗多建白。嘉靖
中，倭擾東南。袞家居在危城中，馳書政府，條上禦倭五事。蓋
亦留心於經世者。詞章則又當別論焉。

張文忠集十九卷（浙江巡撫採進本）

明張孚敬撰。孚敬有《諭對錄》，已著錄。是集凡奏疏八卷，
詩槀四卷，續槀一卷，文槀六卷。孚敬以議禮得君，故其著述強
半皆考禮之詞。不惟議興獻王禮，而且議郊祀禮，議孔廟禮；不
惟撰《明倫大典》，而且撰《禮記章句》，自謂"有明一主持禮教之
人"。其間所論，未必百無一當。然穿鑿附會以遷就時局者，比
比然也。

宏〔弘〕藝錄三十二卷（江蘇巡撫採進本）

明邵經邦撰。經邦字仲德，仁和人。正德辛巳進士，官至刑
部員外郎。以論劾張孚敬下獄謫戍。事蹟具《明史》本傳。經邦
以講學自任，嘗采古今論學語，發明其旨，為《宏〔弘〕道錄》；又刪
掇諸史，為《宏〔弘〕簡錄》；所著詩文，則別為此《錄》。經邦自作

《誌銘》所云"三宏集成,瞽開聾鳴"者是也。考其自作小傳,稱榷
稅荆州時,裒所著為《宏藝錄》,故卷首自序題"嘉靖四年乙酉"。
而集中所載,並及於暮年絕筆。則又後人續編,非其手定之本
矣。經邦《上武宗疏》及《中興保治》、《日食建言》諸疏,皆慷慨激
烈,足以見其志節。其他詩文則類皆抒寫胸臆,不屑屑以研鍊為
工。卷首《藝苑元〔玄〕機》七十三條,專明作詩之法,以嚴羽詩有
別才非關學之說為不然。且謂"《清廟》'緝熙',莫非至理所寓,
未可不謂之詩。人惟狃於習俗,謂與經生不同,故往往粘皮帶
骨"。觀其持論,其宗旨概可知也。

群玉樓集八卷(山西巡撫採進本)

明李默撰。默有《建陽人物傳》,已著錄。是集凡文五卷,詩
三卷,乃其子太學生培所編。康太和序稱其"鎔意鑄詞,不涉蹊
徑,然少傷於樸直"[1]。原集刊於萬曆元年,此本為其裔孫重刊[2]。
默為趙文華借策題謗訕,搆陷下獄以死。有孝廉江宗者力爭之,
故卷末以《江舉人上侍郎趙文華書》附焉。其事蓋史所未及也。

【彙訂】

[1] 明萬曆元年李培刻本此書有康大和序,作"康太和"誤。
(杜澤遜:《四庫存目標注》)

[2] "刊",殿本作"刻"。

秬山槀一卷(浙江巡撫採進本)

明田頊撰。頊字太素,龍溪人。正德辛巳進士,官至貴州提
學副使[1]。是集前半卷為雜文,後半卷為詩,大抵皆應酬之作。
文格頗淺弱。惟詩頗爽朗,蓋沿"前七子"之流波,有意規橅唐
人,而模擬未免有跡也。

【彙訂】

① 民國《福建通志》卷三十四《明列傳》載："田頊字希古，尤溪人……遷貴州按察副使。"清乾隆《永春州志》卷二十五《人物志》、《閩書》卷一〇一所在略同。明嘉靖《尤溪縣志》卷首題"太素山人田頊輯"，同書卷七《選舉志》正德辛巳進士有田頊。嘉靖《龍溪縣志》之《選舉志》、《人物志》均無田頊。雍正《福建通志》卷三六《選舉志》有田頊，作尤溪人。龍溪，明屬漳州府；尤溪，明屬延平府。（楊武泉：《四庫全書總目辨誤》；林祖泉：《〈四庫全書總目提要〉中閩人著作糾錯》）

甏餘集十二卷（江蘇巡撫採進本）

明朱紈撰。紈有《茂邊紀事》，已著錄。是集九卷以前皆其在官時章疏、公移。十卷曰《海道紀言》，其巡撫閩浙時所著詩文。十一卷即《茂邊紀事》，其整飭威茂兵備時所著平寇始末，並詩數十首。末卷曰《永感錄》，則其先人行述、誌銘及諸人贈言也。

李徵伯存槀十三卷（兩淮鹽政採進本）

明李兆先撰。兆先字徵伯，茶陵人，大學士東陽之子。以蔭為國子生，年二十七而卒。《懷麓堂詩話》載兆先論詩之語，可云夙慧。東陽所作兆先誌文，亦悼惜特甚。而沈周《客座新聞》乃載其父子相譴一事，則狂縱無復人理。雖晉人放達，不至於斯。平心而論，殆才雋而不修行檢，譽之者有所粉飾，毀之者亦有所附會耳。是集凡詩、賦、雜文十一卷。又《東行槀》一卷，乃其自京師赴山東之作。附錄一卷，則東陽所為兆先誌及同時諸人慰問詩具在焉。

董從吾稾一卷（浙江汪啟淑家藏本）

明董澐撰。澐字復宗，一字子壽，號蘿石，海鹽人。《明史·儒林傳》附載《錢德洪傳》末。嘉靖甲申，澐年六十八，始遊會稽，從王守仁講學。或沮之，澐曰：“吾從吾所好耳。”遂又自號從吾。其集以詩與語錄、雜文共為一編，而附守仁和贈諸作。大抵皆暮年談理之詞也。卷末有其子穀跋，稱尚有詩文若干卷未刻。蓋講學以後，轉以早年之作為不足存云。

嗜泉詩存二卷附錄一卷（浙江巡撫採進本）

明李璋撰。璋字政虹，海鹽人。是集前有正德四年璋自序，稱取舊刻痛加刊削，存十之一，並及近作為二卷，雜著、詩餘為一卷，易其名曰《詩存》。此本為其十世孫鳳藻所刊，上卷為古體，下卷為近體，附錄詩說五則，而獨無詩餘、雜著。據其九世族孫纘祖後序，蓋舊刊已佚，此重刻者殘本耳。卷末摘句三十四聯，同時諸人和章及《小傳》、《墓誌銘》，皆鳳藻所纘也。纘祖跋又稱尚有重刊殘本《詩鈔》第八、第九兩卷。今未見傳本，其存佚不可知矣。

譚樵海集六卷附幽谷集一卷霜巖集一卷（江西巡撫採進本）

明譚寶煥撰。寶煥，江西樂安人，樵海其號也。集凡文三卷，詩三卷。寶煥少好講學，為文多涉理趣，詩尤沿《擊壤集》流派。如《自示》云：“從今脊骨剛如鐵，一擔綱常勿放肩。”《寄鄧九邱〔丘〕》云：“還與先生磨太極，乾坤肯負苦心人。”較《定山集》抑又甚矣。末附《幽谷集》一卷，其孫欽瑗作，《霜巖集》一卷，其曾孫清巖作也①。

【彙訂】

① 譚寶煥《性理吟》乾隆裔孫刻本題“姪孫欽瑗霜巖甫編”，

則所附二集當同出自其姪孫欽瑗字霜巖者。（杜澤遜：《四庫存目標注》）

性理吟二卷（江西巡撫採進本）

明譚寶煥撰。是集成於正德壬申，前有自序。皆以《四書》及《性理》中字句為題，前列朱子之説，而以一詩括其意。前集一卷為七言絕句，後集一卷為七言律詩。其意不在於詩，亦遂難以詩論也[1]。

【彙訂】

[1]　“也”，殿本作“矣”。

鴻泥堂小稾八卷續稾十卷（浙江孫仰曾家藏本）

明薛章憲撰。章憲字堯卿，自號浮休居士，江陰人。《小稾》刻於正德丁丑，其子布所編。《續稾》刻於嘉靖庚申，邑人沈翰卿所編。詩文皆乏神韻，蓋摹古而僅得其貌也。

東原集七卷（兩江總督採進本）

明杜瓊撰。瓊有《紀善錄》，已著錄。其詩以平正暢達為宗，而傷於樸儜。後有正德己卯俞弁跋，稱刻本體製未備，此集乃其鄉人僉都御史張企翱所輯補云。

佘山人詩集四卷（浙江孫仰曾家藏本）

明佘世亨撰。卷首題嶺南，不著郡邑。《廣東通志》亦失載其姓名。惟歐大任序稱其“在正德、嘉靖間，好遊名山。去家數載而歸，卜居粵秀山下”。粵秀為廣州山名，則當為廣州人矣。大任又稱：“山人有子嘉詔，既成進士，試令合肥。手錄山人詩四卷，即縣齋刻之。”案《太學題名碑》嘉靖乙丑科有三甲進士佘嘉詔,廣東順德縣人,蓋即世亨之子也。其詩近體居多,古體僅寥寥數篇耳。

雅宜集十卷(兩淮馬裕家藏本)

明王寵撰。寵字履吉,自號雅宜山人,長洲人。八舉不第,終於諸生。《明史·文苑傳》附見《文徵明傳》中[1]。是集詩八卷,文二卷。詩分體編列,而各以"正德稾"、"嘉靖稾"字繫標題之下。蓋約略編年之意,以自記所造淺深。大抵才力富贍,而抑鬱之氣激為亢厲,亦往往失之過怐。文則非所留意,姑附存詩後云爾。

【彙訂】

[1]《列朝詩集小傳》丙集"王貢士寵"條稱"吳縣人"。同治《蘇州府志》卷八〇《人物志七》云:"王寵字履仁,更字履吉。其先吳江人,本章姓,父為後於王,遂為吳縣人。"(楊武泉:《四庫全書總目辨誤》)

集 部 三 十

別集類存目四

少鶴詩集八卷（兩江總督採進本）

明武岡王顯槐撰。顯槐，楚端王榮㳦第三子，愍王顯榕之弟，嘉靖十七年封。榮㳦嘗自稱黃鶴道人，故顯槐自號曰少鶴①。嘉靖乙巳，顯榕為其世子英燿所弑，世宗命顯槐攝國事。事蹟附見《明史·楚王楨傳》。此集乃其解政後所自編也。《千頃堂書目》載顯槐尚有文集及續集八卷，今未之見，惟此集存。

【彙訂】

① 明嘉靖武岡王府刻本作《少鶴詩稿》，則"少鶴"當作"少鵠"，"黃鶴道人"亦當作"黃鵠道人"。（杜澤遜：《讀〈四庫提要〉瑣記》）

雁湖釣叟自在吟九卷附錄一卷（浙江孫仰曾家藏本）

明王周撰。周字質齋，嘉興人。屢試不售，自號雁湖釣叟。是集以年月先後編次。其詩皆率意直書，不拘格律，故名曰《自在吟》。末附錄同時題贈一卷並前序、後跋，皆稱其子為觀察，而不著其名。據王錫命、張大忠等題詞，咸自稱年姪，證以《太學題名碑》所載，知其子乃嘉靖乙未進士王俸，後官至都御史。是編前四卷所稱北上寓京諸詩，即俸官京師迎養時作也。

十岳山人詩集四卷（浙江孫仰曾家藏本）

明王寅撰。寅字仲房，一字亮卿，歙縣人。嘗北走大梁，問詩於李夢陽。中年習禪，事古峯和尚。古峯曰："吾徧遊海內五岳，今將徧歷海外五岳而後出世。"寅聞其語而悅之，因自號十岳山人。是集寅所自編。其詩音節宏亮，皆步趨北地之派。而鑄語未堅，時多累句。

邊仲子詩一卷（山東巡撫採進本）

明邊習撰。習字仲學，濟南人，戶部尚書貢之次子。王士禎《論詩絕句》所謂"不及尚書有邊習，猶傳林雨忽霑衣"者是也。貢雖仕宦通顯[1]，而圖籍以外無餘資。習竟貧困以沒，僅存其七十歲客孫氏時詩一卷。本名《睡足軒集》，士禎與徐夜共選定之，附刻其父詩集後，改題今名。習詩遠不及其父，尤多應俗之作。其輓李東陽二詩，論雖公而評太訐，亦乖詩品。夜等特以名父之子重之耳。

【彙訂】

[1] "通顯"，殿本作"顯達"。

世經堂集二十六卷（安徽巡撫採進本）

明徐階撰。階所編《武穆集》，已著錄[1]。是集文二十四卷，賦頌、詩詞二卷。其中敷陳治體之文皆能不詭於正，餘則未見所長。

【彙訂】

[1]《總目》卷一五八著錄《岳武穆遺文》一卷，"乃明徐階所

編",然未載徐階仕履。(胡玉縉:《四庫全書總目提要補正》)

少湖文集七卷(兩江總督採進本)

明徐階撰。是集乃階外謫延平府推官時,三年秩滿北上,延平士人哀其前後諸作,為之付梓。凡文五卷,語錄一卷,詩一卷。大都應酬之文,十居六七,皆不足以傳,特用誌遺愛云爾。

歐陽南野集三十卷(江蘇巡撫採進本)

明歐陽德撰。德字崇一,泰和人。嘉靖癸未進士,官至禮部尚書。卒諡文莊。事蹟具《明史‧儒林傳》。是集為其門人王宗沐所編。凡《內集》十卷,皆講學之文;《外集》六卷,皆應制及章奏、案牘之文;《別集》十四卷,則應俗之詩文也。德之學宗法姚江,故惟以提唱良知者為內,而餘則外之、別之云。

南野文選四卷(江西巡撫採進本)

明歐陽德撰。此本為隆慶中其門人馮惟訥等所編①,於全集僅十分取一。然德在朝著述,如建儲、災異諸疏,皆能言人所不能言,而是編不載,則惟訥等所錄皆講學之文故也。是可以觀明儒之所尚矣。

【彙訂】

① 明嘉靖刻本此集有嘉靖甲子(1564)王畿序云:"歐陽南野子《文集》行於世久矣,門人督學少洲馮君(惟訥)慮其浩博,授《集》於予,選其尤有關於學者若干篇,謀諸會稽尹陽山莊君,將梓於傳。而門人宗伯石麓李君(春芳)亦以所選《集》寄至。遂參互校輯,共得文二百一十篇,釐為四卷,而屬予序之。"該本卷端題"友人王畿選校,門人李春芳選編,馮惟訥校訂",與王畿序相合。是馮惟訥等所編本實編於嘉靖間,非隆慶中。(何振作:

《〈四庫全書總目〉考辨札記六則》》

　　笠江集十二卷（浙江孫仰曾家藏本）

　　明潘恩撰。恩字子仁，上海人。嘉靖癸未進士，官至左都御史，諡恭定。事蹟附見《明史‧周延傳》。是集為諸生聶叔頤所編，凡賦、詩五卷，策、表、箋、序、碑、記四卷，說、對、贊、誌銘、祭文及雜述三卷。前有陸樹聲序，稱恩所著有《笠江集》、《笠江近稾》，皆已梓行。既沒，而其子允哲、允端合前後刻彙為《恭定全集》。今此本仍題曰《笠江集》，殆當時編集未成，故以新序冠於舊本歟①？

　　【彙訂】

　　① 前集十二卷刻於嘉靖三十三、四年間，《近稿》十二卷刻於隆、萬間，而潘恩卒於萬曆十年，其二子乃將前集與《近稿》彙印為一編，倩陸樹聲另弁新序。非重新編類，另刻新版。（王重民：《中國善本書提要》）

　　章介菴集十一卷（江西巡撫採進本）

　　明章袞撰。袞字汝明，臨川人。嘉靖癸未進士，官至陝西按察司副使。是集首載《大學口義》、《中庸口義》各一卷，皆訓釋章句之語。三卷以下皆雜文，十卷為各體詩，而以《隨筆》、《瑣言》終焉。《瑣言》者，袞所作語錄也。其文疏爽而頗乏體要。序《王臨川集》幾萬言，極論新法之善。謂："元祐若能守而不變，孰非繼述之善。"又論："公以瞑眩之藥攻治之於先，司馬公又以瞑眩之藥潰亂之於後，遂使國論屢搖，民心再擾。"云云。毅然翻久定之案，可謂桑梓情深矣。

　　芝園定集五十一卷別集十一卷（浙江汪汝瑮家藏本）

　　明張時徹撰。時徹有《善行錄》，已著錄。是集凡分二編，一曰《定集》，為賦、詩二十卷，雜文二十七卷，史論四卷；一曰《別集》，為奏議五卷，公移六卷。詩、文皆分體，而律詩中又分《兩京》、《藩臬》、《歸田》三槀，《明史·藝文志》載《芝園全集》八十五卷。考《浙江通志》，時徹尚有《芝園外集》，史蓋合而總計之。然《浙江通志》載《芝園定集》五十六卷，別集十一卷，外集二十四卷，與此卷數亦不合。或《定集》當為五十一卷，《別集》當為十一卷，《外集》當為二十四卷，共八十六卷。史誤"八十六"為"八十五"，《通志》誤"五十一"為"五十六"歟？其詩文不出常格。樂府喜用古題，而所擬諸篇，皆舍其本詞而擬其增減入樂之詞，未免逐影而失形。史論尤多偏駁。

疣贅錄九卷續錄二卷（江蘇巡撫採進本）[①]

明顧夢圭撰。夢圭字武祥，號雍里，崑山人。嘉靖癸未進士，官至江西右布政使。此集為夢圭所自編，同里歸有光序之。末載《府志》列傳及有光所撰《墓誌》，則其五世孫登重刊時所附入也。首二卷為《就正編》，乃其讀書劄記之語，上卷論《五經》、《四書》，下卷皆雜論，而說經講學者居多。大旨以心學為宗，闡王守仁之餘緒。考有光序中稱夢圭"暇日以所為文名之曰《疣贅錄》"，則"疣贅"但其文集之名，不應冠於此書。《蘇州府志》載其有《北海》、《齊梁》、《武平》、《還山》諸槀，集中亦不標此名。意者四槀乃其詩集，與《就正編》皆別行。登重刊時始合為一編，而仍襲其文集之名歟？文凡五卷，詩凡四卷，《續錄》則文一卷有奇，而詩附焉。詩文皆平正通達，直抒胸臆，無鉤章棘句之習，惟詩有捶字未堅者。蓋當有明中葉，風氣初更，學問移於姚江，而文章未移於北地，猶沿長沙舊格者也。

【彙訂】

① "疣贅"，殿本作"贅疣"，下同，誤倒，參清雍正七年顧懷艻刻本此集及歸有光《震川集》卷二《雍里先生文集序》。

北泉集無卷數（副都御史黃登賢家藏本）

明藍田撰。田字玉甫，號北泉，即墨人。嘉靖癸未進士，官至河南道監察御史。事蹟附見《明史·葉應驄傳》。當張璁等希旨議大禮，田反覆抗論，凡七上章，受廷杖幾殆。復糾劾陳洸不法事，直聲動一時。今集中惟錄《劾禮部尚書席書》一疏，不知何故。其他古、近體詩及書記、雜文，亦未分卷。考《千頃堂書目》，田有《侍御集》十卷，又《東歸倡和》一卷，則此本已非完書。且田生平可傳者在諸諫草，今章疏闕佚，則此本非菁華所在矣。

石比部集八卷（江蘇周厚垍家藏本）

明石英中撰。英中字子珍，上海人。嘉靖癸未進士，官刑部主事。是集凡詩三卷，文四卷。英在西曹，以受誣被囚。其《七宣紀夢》及《古樂府》等篇，皆獄中所作，頗磊落有氣。嘗自評其文如赤手捕龍蛇，蓋才情俊逸而未能斂才就法者也。

飛鴻亭集二十卷（兩淮鹽政採進本）

明吳鵬撰。鵬字萬里，秀水人。嘉靖癸未進士，官至吏部尚書。飛鴻亭者，鵬謝事娛老之所，因以名集。《千頃堂書目》作十二卷，此本實二十卷，蓋黃虞稷誤倒其文也。鵬常使安南，故集中有《征南行》諸篇。其詩文多應酬之作，未能精汰。後有其孫維貞跋①，稱於奏疏外檢得若干首，又云先有狀、譜之作。今是集俱不載，豈尚有闕佚耶？

【彙訂】

① 明萬曆吳氏家刻本此集題：“秀水吳鵬萬里父著，長孫惟貞校梓。”有萬曆二十二年甲午吳惟貞跋。則“吳維貞”乃“吳惟貞”之訛。（杜澤遜：《讀〈四庫提要〉瑣記》）

葉海峯文一卷（浙江范懋柱家天一閣藏本）

明葉良佩撰。良佩有《周易義叢》，已著錄。《天台志》稱良佩所著有《海峯堂前槀》十八卷。此冊乃天一閣鈔本，所載皆雜文，僅四十二頁。蓋後人所摘錄，非其全集也。

兩崖集八卷（湖北巡撫採進本）

明朱廷立撰。廷立有《鹽政志》，已著錄。是集凡詩四卷，文四卷。其門人兵部尚書劉體乾撰《墓誌》，稱其學出於姚江，而擠之者復出自姚江之流。今其文集內推尊王守仁甚至。而詩集中《東隣女》、《西隣婦》二首，詳其詞意，實有所託諷，意即指所謂擠之者歟？ 講學而至相傾軋，不知所講何學也。

水西居士集八卷（山東巡撫採進本）

明華鑰撰。鑰字德啟，號水西，無錫人。嘉靖癸未進士，官至兵部郎中。是集詩二卷，文六卷。其詩多慶賀贈答之什，流麗有餘而深厚不足。其文亦尚未成就。

春谿詩集四卷（浙江朱彝尊家曝書亭藏本）

明狄沖撰。沖字仲虛，溧陽人。嘉靖癸未進士，官至南京工部郎中。是集分《未達》、《筮仕》、《南行》、《移滇》、《居筠》、《近遊》、《金陵》七槀，其《擬李東陽樂府》一百二首，自謂神似。然全襲原題，篇模句仿，實牀上牀、屋下屋也。

王鳳林文集四卷詩集三卷（浙江汪汝瑮家藏本）

明王從善撰。從善字承吉，號鳳林，襄陽人。嘉靖癸未進士，官吏部考功司主事。是編乃其子之瑞所編，多牽率應酬之作。《千頃堂書目》不著錄，殆偶未見歟？

中川遺槀三十三卷（浙江巡撫採進本）

明王教撰。教字庸之，祥符人。嘉靖癸未進士，官至南京兵部右侍郎。是集乃其子在阡所編，凡賦二卷，古今體詩十三卷，樂章及詩餘一卷，雜文十九卷。前有李濂序，稱其：「學窺本原，志在康濟，居嘗語人曰：‘吾賦性蹇拙，詞翰誠非所長。’」是教平日本不以詩文自命。故所作卷帙雖富，大抵縱筆所之，不甚剪裁結構也。

水洲文集四卷（兩江總督採進本）

明魏良弼撰。良弼字師說，別號水洲，新建人。嘉靖癸未進士，官至禮科都給事中。以劾張璁為所中，削籍歸。隆慶初，即家晉太常寺少卿致仕。天啟初，追諡忠簡。事蹟具《明史》本傳。是集為南昌劉曰寧所刪訂，豐城熊劍化為刻於華亭。據其原目，凡奏議、書簡、語錄、撰述、詩賦等五卷，附錄碑記、行略一卷。此本佚其第三卷之語錄與其第四卷之撰述，僅存四卷，非完帙矣。原序稱其學為陽明高弟，建言受杖者三。今疏槀具載一、二卷中，蓋亦剛直之士。詞章則非所長也。

東遊集一卷（浙江汪啟淑家藏本）

明黃金撰。金號莘溪，莆田人。嘉靖癸未進士，官山東新城縣知縣。是集即其赴新城時所作。自出京至濟南，凡所遊歷，俱紀以詩，率皆淺易。又閒以應酬雜著，若《賀施少府榮膺旌獎序》之類，錯載於詩之前後，尤無體例。

北海野人槖一卷（兩江總督採進本）

明黃禎撰。禎字德兆，號北海野人，安邱〔丘〕人。嘉靖癸未進士，官至吏部文選司郎中。《府志》稱其免官歸，日事吟咏，為文力追古作者，與李舜臣齊名，海內謂之"李黃"。然明代他書不甚著"李黃"之名，疑興記夸飾之詞，未必確也。宋弼《山左明詩鈔》謂禎有《北上》及《戶部》、《符臺》諸集。是編僅鈔存騷賦九首，五言古詩數十首，前後無序跋，蓋非全帙矣。

漳埜文集八卷（兩江總督採進本）

明李新芳撰。新芳字元德，別號漳埜，潞州人。嘉靖癸未進士，官至監察御史。是集為其門人楊世卿所編。前六卷為雜文，後二卷為詩賦，以行狀、墓誌附於後。其文講學之作多至三卷，而他文宗旨亦不離乎是。其詩亦《濂洛風雅》之派也[1]。

【彙訂】

[1] "也"，殿本無。

端簡文集十二卷（兩江總督採進本）

明鄭曉撰。曉有《禹貢圖說》，已著錄。是編第一卷為說經，第二卷為詩，第三卷至八卷為雜文，第九卷至十二卷為奏疏。於奏疏中又分三類，首淮揚，次兵部，次刑部。曉熟諳典故，通達國體，志在經世，於韻語頗不多作。其文亦直抒所見，不以詞藻求工。前有萬曆庚子彭夢祖序，稱曉"著作甚富，沒後懼累界火，存者未及什一。其孫敬仲始為蒐集付梓"云。

婁子敬文集六卷（浙江巡撫採進本）

明婁樞撰。樞字子敬[1]，河內人。嘉靖乙酉舉人，官廣宗縣知縣。集中雜著頗留心經世之學。其論《資治通鑑》，專以首篇

"命晉大夫為諸侯"立論。雖亦有所見,而以此一條遂欲盡《通鑑》之義,未免主持太過。至於《韓延壽、趙廣漢考》、《甘陳功罪考》、《唐棄維州考》,則皆人人意中語耳。

【彙訂】

①《浙江採集遺書總錄》有《婁子靜文集》六卷,婁樞撰。明王元登刻本亦作《婁子靜文集》。其字亦當作子靜。(杜澤遜:《四庫存目標注》)

海樵先生集二十一卷(安徽巡撫採進本)

明陳鶴撰。鶴字鳴野,山陰人。案《浙江通志》:"鶴,嘉靖乙酉舉人。年十七,襲蔭紹興衛百户。非其志也,遂棄官稱山人。"則亦孤僻之士矣。是編賦一卷,古體詩四卷,近體詩九卷,文七卷。隆慶丁卯,其子以世職莅兵粵東,屬南海盧夢陽、番禺黎民表校正編次。明自中葉以後,山人墨客多以詩遨遊公卿間。然有才者纖詭,使氣者粗疏,體格蕪雜,率同一轍。朱彝尊《詩話》稱鶴"才鋒雖鈍,而鑄詞差醇,似比諸家稍勝"。考盧夢陽序稱其"築室飛來山麓,閉户伏枕,手不釋卷,足不下牀者七年"。蓋卷軸較多,故與枵腹拈韻者異也。其絕句頗為清雋,不止彝尊所摘律詩數聯。然趁筆而出,往往利鈍互陳。視孫一元《太白山人集》,尚未足旗鼓相當焉。

長谷集十五卷(安徽巡撫採進本)

明徐獻忠撰。獻忠有《吳興掌故》,已著錄①。是集賦一卷,詩三卷,文十一卷。嘉靖甲子,松江府知府袁汝是與其鄉士大夫醵金刻之,編次者其門人董宜陽也。朱彝尊《詩話》稱其詩"沖澹無累句,所少者警拔",足為定評。至其論松江加耗、守備、錢法、水利諸書，條析利弊，皆頗詳悉，在一鄉亦足資考核焉。

【彙訂】

①《總目》卷七四著錄徐獻忠撰《吳興掌故集》。

胥臺集二十卷（浙江汪汝瑮家藏本）

明袁袠撰。袠有《世緯》，已著錄。是編詩不失體格而特乏堅蒼①，文亦俊爽而醞釀未免少薄。初為其嗣子尊尼所刊，詩、文各十卷，題曰《袁永之集》。此本為萬曆甲申衡藩所重刊，改題曰《胥臺集》，實則一書。故《千頃堂書目》載《袁永之集》二十卷，註作《胥臺集》也。前有左長史鄭復亨序，言衡府司理張炳忠為袠之甥，以是集贄於衡王，因為開雕云。

【彙訂】

①"特"，殿本作"時"。

趙浚谷集十六卷（浙江汪汝瑮家藏本）

明趙時春撰。時春有《平涼府志》，已著錄①。時春素以將略自命，不屑屑以詩文名。然《明史》本傳稱其"讀書善強記，文章豪肆，與唐順之、王慎中齊名"。今觀其詩文，多慷慨自喜，不可拘以格律。胡松序所謂"秦人而為秦聲"，亦其風氣然也。然則史所謂"文章豪肆"者，長短俱在是矣。是集詩六卷，文十卷，皆編年而不分體。徐階序稱十六卷，與此集合。李開先序則謂"詩六卷，文九卷，凡十五卷。續有作者，當續入之"。蓋開先序在嘉靖乙丑，而階序在萬曆庚辰。時春沒後十五年，又有所續入也②。

【彙訂】

①《總目》卷七四著錄趙時春撰《平涼府通志》。

②嘉靖四十四年乙丑與萬曆八年庚辰相距十五年。然據《國朝獻徵錄》卷六三載徐階《浚谷趙公時春墓誌銘》，趙時春歿於隆慶元年，下距萬曆八年僅十三年。原本刻於嘉靖乙丑，而文止於四十二年。隆慶元年又補四十二年以後所作為卷第十，此本實即李開先序刻本。徐階序乃為萬曆庚辰周鑒刻本所作。（王重民：《中國善本書提要》；楊武泉：《四庫全書總目辨誤》）

別本浚谷集十七卷（安徽巡撫採進本）

明趙時春撰。此本凡詩二卷，賦及雜文十五卷，有其甥周鑒序。《明史·藝文志》載時春集作十七卷，即據此本也。

雲崗選槀二十卷（浙江孫仰曾家藏本）

明龔用卿撰。用卿字鳴治，懷安人。嘉靖丙戌進士第一，官至南京國子監祭酒。是編首賦，次詞，次詩，次雜義。考古人以詞為詩餘，今編入詩前，殊乖體例。所作亦大抵館閣體也。

東匯詩集十卷（兩江總督採進本）

明呂希周撰。希周字師旦，崇德人。嘉靖丙戌進士，官至通政使。是集編於嘉靖甲寅，其子端甫《志》云：“始自乙酉，迄今甲寅，共詩一千二百八十九首。呈於太保東湖公，欣然命付之梓。”東湖，陸炳別號也，為希周門人。朱彝尊《詩話》云：“東匯於詩，亦沾沾自喜。其集不甚傳，由其子請論定於陸武惠也。同里曹秋嶽侍郎集明三百年名公手蹟，裝潢成冊，多至七百家，東匯《雜詩》在焉。比集中所載者較勝。”今詳端甫《志》，希周家居至甲寅尚無恙。曹溶所集，當是其甲寅以後詩歟？

陸簣齋集十卷外集二卷（禮部尚書曹秀先家藏本）

明陸坺撰。坺有《簣齋雜著》，已著錄。是集為郁天民所編。外集二卷，則附錄誥敕、誌狀及贈送、誄奠之文與士民頌德之作也。徐階志其墓，稱坺讀書恥為章句，嘗曰：“人心與事物不相離。舍事物而徒求諸心者，禪學也；逐事物而不求諸心者，俗學也。”故集中有《〈傳習錄〉存疑》，不附和陸學，又有《〈詩傳〉存疑》，亦不盡墨守朱學。持論可謂篤實。詩文則多近質樸，蓋非所留意云。

田叔禾集十二卷（浙江汪汝瑮家藏本）

明田汝成撰。汝成有《炎徼紀聞》，已著錄。其全㝩本名《豫陽集》，亦名《楊園集》。此集乃汝成晚年令其子藝蘅所編，凡詩文三百六十九首，五十以後所作均不在是焉。汝成歸田後，盤桓湖山，搜剔名勝，殊以風流自賞。其詩律隊仗修整①，頗自娟娟秀出。然使逢大敵，則未足相當。文體亦頗傷平易。

【彙訂】

① “詩律”，殿本作“詩皆”。

玩芳堂摘稾四卷（兩江總督採進本）

明王慎中撰。慎中有《遵巖文集》，已著錄。此本乃嘉靖中江陵曹忭以御史巡按江西，取篋中所有慎中之文，校而刻之。僅一百首，故以“摘稾”為名。

江午坡集四卷（江西巡撫採進本）

明江以達撰。以達字于順，號午坡，貴溪人。嘉靖丙戌進士，官至湖南提學副使，案《千頃堂書目》作福建提學，誤。福建去湖廣頗遠，不至忤楚藩也。以忤楚藩繫獄。後放歸，病卒。《明史·文苑傳》附見

《王慎中傳》中。朱彝尊《靜志居詩話》曰：“午坡以北地文出廬陵、
眉山之上。”又謂：“昌黎詩不逮文，尚染習氣。”云云。今考其語見
集中所載《張東沙集序》。然其《與霍渭崖論文書》云：“模形者神
遺，斲句者氣索，景會者意脱，蕊繁者菱衰。譬諸畫地為餅以餤則
難，刻木為人，束之衣冠，與之酬色笑而施揖讓則不可。”其於正、
嘉之時剽竊摹擬之病，又未嘗不知之。而趨向如是，何耶？

　　劾饞錄二十卷（江蘇周厚埧家藏本）

　　明馮恩撰。恩字子仁，華亭人。嘉靖丙戌進士，官南京監察
御史。以疏論張璁、汪鋐、方獻夫三人，下獄擬死。其子行可刺
血書疏請代死，謫戍雷州。越六年，赦歸。隆慶初，進大理寺丞，
致仕。事蹟具《明史》本傳。是集凡文十五卷，詩五卷。恩為行
人時，嘗奉命勞兩廣總督王守仁，因從王守仁講學。故其詩文得
守仁餘緒為多。其最得名者，在嘉靖壬辰《彗星見應詔陳言》
疏。其被禍也，蓋坐以上言大臣德政律，固非其罪。然恩為御
史，抨擊權姦，是其職也，至於所不抨擊者，置之不論可矣。乃一
一臚舉所長，類乎薦牘。是既欲有所退，又欲有所進，卿相之簡
擢，臺諫操之矣。此亦憤激一決，不暇擇言。既乖政體，又授議
者以閒也。且稱：“禮部尚書夏言多蓄之學，不羈之才，駕馭任
之，庶幾救時宰相。禮部右侍郎顧鼎臣警悟疏通，不局偏長，器
足任重。”核以二人本傳，亦皆不確。蓋其忠鯁之氣，足貫金石，
而立言則不必盡當，是固當分別觀之者耳。

　　少泉集三十三卷（浙江孫仰曾家藏本）

　　明王格撰。格字汝化，京山人。嘉靖丙戌進士，改庶吉士，
出為分巡河北道按察司僉事①。世宗南巡，坐行宫火，杖黜。隆

慶初,授太僕寺少卿,致仕。《明史·文苑傳》附見《王廷陳傳》末。《千頃堂書目》載格《少泉集》十卷。今考此本,凡《詩選》十卷,《詩續選》八卷,《詩新選》六卷,《文選》五卷,《續文選》四卷,共三十三卷。黃虞稷蓋僅得其《詩選》著錄也②。朱彝尊《靜志居詩話》稱其"信口矢筆,合作者寡"。今考王世貞序云:"公於意非不能深,不欲使其淫於詩之外;於象非不能極,不欲使其游於見之表。才不可盡,則引矩以囿之;亂不勝靡,則為質以禦之。"詳其語意,殆亦微詞也歟?

【彙訂】

① 殿本"司"下有"使"字。

② 今存《少泉詩集》十卷,卷十末鑴"少泉詩集卷十俟續"。(王重民:《中國善本書提要》;崔建英等:《明別集版本志》)

穀原文草四卷(兩江總督採進本)

明蘇祐撰。祐有《逌斿瑣語》,已著錄。是編乃其文集也。原分四卷,每卷又自分上、下。詞多駢麗,規仿《文選》,而真氣不足以充之,在七子派中又為旁支矣。

穀原集十卷(山東巡撫採進本)

明蘇祐撰。此編乃其詩集,大旨宗李攀龍之說,不肯作唐以後格,而亦不能變唐以前格。故音節琅琅,都無新意。

岳雲石集五卷(直隸總督採進本)

明岳倫撰。倫字雲石,懷安衛人,嘉靖丙戌進士,官至工部郎中,卒贈太常寺少卿。是集文三卷,詩二卷,附以其子魯訟冤疏。案集中最著之文,莫若劾張璁、桂萼疏。疏後附世宗諭旨曰:"張璁著回家省改。桂萼革去散官,以尚書致仕。"

然考璁、萼本傳，璁之罷也，一由給事中陸粲，再由御史譚繢①、端廷赦、唐愈賢，三由魏良弼、秦鰲；萼之罷也，獨由給事中陸粲。不見有倫劾罷二人之事，與史傳絕不相符，疑以傳疑可矣。

【彙訂】

① 譚繢，《明史·張璁傳》作譚纘。同書何孟春、鄭自璧等人之傳皆作譚纘。（楊武泉：《四庫全書總目辨誤》）

金陵覽勝詩一卷（浙江范懋柱家天一閣藏本）

明章恩撰。恩字元之，山陰人。是集刻於嘉靖丙戌，皆五、七言近體，多題咏名勝之作。其所列古蹟，如桃花小峴及虎踞關，皆志乘所未載。然才力稍弱①，尚未足以摹寫江山。

【彙訂】

① "力"，殿本無。

別本羅念菴集十三卷（浙江汪汝㻫家藏本）

明羅洪先撰。洪先有《冬遊記》，已著錄。是編為嘉靖癸亥其同年滁陽胡松所刻①。凡書二卷，雜著一卷，序、記、傳、狀、銘、表各一卷，祭文及雜文二卷，古、律詩二卷。蓋初刊之本，非其全帙也。

【彙訂】

① 明嘉靖四十二年刻本《今庵羅先生集》十三卷，前有嘉靖四十二年癸亥滁陽胡松序。唯刻行者為撫州知府劉玠，非胡松所刻。（杜澤遜：《讀〈四庫提要〉瑣記》）

松溪集十卷（兩淮鹽政採進本）

明程文德撰。文德字舜敷，永康人。嘉靖己丑進士，官至吏部左侍郎,掌詹事府。調南京工部右侍郎,疏辭忤旨,除名歸。萬曆中,追贈禮部尚書,諡文恭。事蹟具《明史·儒林傳》。是集第一卷為對策、講章,二卷為頌及古體詩,三卷為今體詩,四卷為奏疏、表,五卷為書,六卷為序,七卷為記、跋,八卷為祭文,九卷為傳、誌銘,十卷為雜著。詩非所長。奏疏內如《賑濟疏》[①],所條陳便宜諸事,頗切明季時政之弊。又所奏《郊壇事例》,皆《明史》各志及《明會典》、王圻《續通考》所未載。考文德自述謂"私淑王子",蓋亦講良知之學者。如《寄諸生書》稱:"今古聖賢之道,不違其心。"《復王畿書》謂:"全真返初,以求放心。"《跋〈陽明文錄〉》謂:"'明德新民,無外無內'之疑於禪者,非是。"皆不免於回護。至其論學云:"學問之道,必先立志。志既立,則行有定適。格致誠正,戒懼慎獨,別其塗轍,學問思辯,自不容已。"是尚知以躬行實踐為歸。史稱文德初從章懋游,後乃從王守仁。故與王畿輩之涉於禪悅者差少異耳。

【彙訂】

① 殿本"奏"上有"惟"字。

程文恭遺稾三十二卷(浙江巡撫採進本)

明程文德撰。此集二十二卷以前皆文[①],二十一卷以後皆詩[②],較《松溪集》為賅備。然體格則一也。

【彙訂】

① "二十二卷",殿本作"二十三卷",誤。明萬曆十二年程光裕刻本此集卷二十三首為賦三篇、頌一篇,以下皆為四言、五言古詩。

② "二十一卷"乃"二十四卷"之誤。

周漢中集四卷（內府藏本）

明周顯宗撰。顯宗字子考，濮州人。嘉靖己丑進士，官至漢中府知府。是集前三卷為《自適槀》，皆所著詩詞、雜文。後一卷為《感寓錄》，則隨筆劄記也。詩不入格。《感寓錄》亦多雜禪語，以空悟為宗。

南北奉使集二卷（浙江汪啟淑家藏本）

明唐順之撰。順之有《廣右戰功錄》，已著錄。是編一為《北奉使集》，乃其以職方郎中出覈薊鎮兵籍時所作；一為《南奉使集》，乃視師江浙所作。兩集俱載其籌邊勦寇之事。先敕諭，次題疏，次啟劄，次詩篇，前後皆無序跋。

陳后岡詩集一卷文集一卷（浙江巡撫採進本）

明陳束撰，束字約之，鄞縣人。嘉靖己丑進士，官至河南提學副使。事蹟具《明史・文苑傳》。束與唐順之為同年，其倡為初唐、六朝之作，以矯李、何之習，而所學不逮順之。又自翰林改禮部主事，迨復官編修，旋即外調。恒忽忽不樂，年僅三十餘而卒，文章亦未成就。故順之終以古文鳴，而束無稱焉。詩集為順之所編，皆嘉靖甲午、乙未、丁酉三年之作，其餘僅寥寥數首。文集為張時徹所刊，分京、楚、閩、洛四集，以居官之地名之。初刻於蜀中，又刻於吳郡。此本乃萬曆中其同邑林可成所校刊也。

燕詒錄十三卷（兩江總督採進本）

明孫應奎撰。應奎字文卿，號蒙泉，餘姚人。嘉靖己丑進士，官至右副都御史，總理河道，後左遷山東布政使。《明史》附見建陽孫應奎傳，而以“餘姚孫應奎”別之[1]。蓋與《胡松傳》中附載績溪胡松，均以同姓名合傳也。是集前三卷皆《憶言》，其語錄也。次書二卷,文二卷,詩三卷。次《河南存稾》二卷,《林居續稾》一卷,則詩文雜編焉。應奎受業於王守仁,講良知之學。初官禮科給事中,疏劾汪鋐,頗有直聲。然其著作,則自成其為講學家之詩文而已。

【彙訂】

①《明史》餘姚孫應奎事迹,乃附見洛陽孫應奎傳,洛陽孫應奎與建陽毫無關涉。(楊武泉:《四庫全書總目辨誤》)

胡莊肅集六卷(安徽巡撫採進本)

明胡松撰。松有《滁州志》,已著錄。是集惟第二卷末附載詩賦,餘俱雜著。考《明史》本傳,松初以禮部郎任山西提學副使,上邊務十二事,帝嘉其忠懇,進左參政。巡撫江西時,會討廣東寇張璉,又援閩破倭,功績甚偉。然其經世之文,惟《答翟中丞邊事書》及《厚蓄》、《實塞》、《防邊》、《制蠻》四篇頗見謀略,餘皆不載集中。豈別有奏議集歟? 其中《格物解》謂"心外無事,事外無心",蓋從事於姚江之學者,其功名亦略相彷彿焉。卷首有凌約《東遊稾》序,鄔宗源、趙大綱《南浮稾》序,徐獻忠《西遊集》序,田汝成、徐渭《浙垣稾》序。殆各集別有專本,此其彙而刻之者也。

別本胡莊肅集八卷(山東巡撫採進本)

明胡松撰。是集凡文六卷,詩二卷。與六卷之本稍有增删,而大致相同。

鶴田草堂集十卷(浙江巡撫採進本)

明蔡雲程撰。雲程字亨之,臨海人。嘉靖己丑進士,官至刑部尚書。是集詩三卷,文七卷。雲程當王、李盛行之時,獨無摹

擬剽竊之習，可謂不轉移於風氣。然根柢頗薄，亦不能自樹
一幟。

熊南沙文集八卷（浙江汪汝瑮家藏本）

明熊過撰。過有《周易象旨決錄》，已著錄。是集乃隆慶戊
辰其門人嚴清所刻。前四卷為疏、序、書、記，後四卷為題、跋、
引、傳、碑、銘、祭文、雜著。過留心經學，其文章亦列名"八才子"
中，然集中諸作，大抵應酬之文也。

環溪集六卷（兩江總督採進本）

明沈愷撰。愷有《夜燈管測》，已著錄。是集皆所著雜文，乃
其門人任子龍所編。前有徐階序，題曰《〈鳳峯雜集〉序》。又有
文徵明序，亦題曰《〈鳳峯子詩槀〉序》。疑今名為後來所追改，而
又佚其詩集歟？考《千頃堂書目》別載《環溪集》二十六卷，則此
非其全也。愷文章頗尚古雅，不肯作秦、漢以下語，而模仿太甚，
遂與北地同歸。

閒居集十二卷（兩江總督採進本）

明李開先撰。開先有《中麓畫品》，已著錄。是集詩四卷，文
八卷，皆歸田後所作。其自序謂："年四十，罷歸田里。既無用世
之心，又無名後之志。作不必工，信口直寫，名其集曰《閒居》，以
別居官時苦心也。"嘉靖初，開先與王慎中、唐順之、熊過、陳束、
任瀚、趙時春、呂高稱"八才子"。其時慎中、順之倡議盡洗李、何
剽擬之習，而開先與時春等復羽翼之。然開先雅以功名自負。
既廢以後，猶作《塞上曲》一百首，以寓其志。又末卷有《蘇息民
困或問》及《顏神事宜》、《濬渠私議》、《漯議》諸篇，亦尚汲汲於經
世，不甚爭文苑之名。故所作隨筆揮灑，一篇或至數千言。其詩

亦往往疊韻至百首。其持論確於李、何，而終不能奪李、何之壇坫，蓋有由矣。

蔡可泉集十五卷（浙江巡撫採進本）

明蔡克廉撰。克廉字道卿，晉江人。嘉靖己丑進士，官至戶部尚書。其文每篇皆係以時地，末綴以各體詩及案牘之文。萬曆初，其子應龍、應麟錄而梓之。克廉少與鄉人王慎中齊名，而其文乃遠不及慎中。蘇濬序稱："克廉秉樞執鉞時，慎中已跧伏故園，日尋歐、曾之緒，而克廉方銳意事功。論者謂慎中闃寂邱園，故文獨工。"云云。是當時已有定評矣。

端肅公集十卷（山東巡撫採進本）

明葛守禮撰。守禮字與立，德平人。嘉靖己丑進士，官至左都御史。諡端肅。是集凡文九卷，詩一卷，邢侗為之序。

知白堂槀十四卷（浙江孫仰曾家藏本）

明翁溥撰。溥字德宏，諸暨人。嘉靖己丑進士，官至南京刑部尚書。諡榮靖。是集乃其門人金元立、潘季馴所編。凡詩六卷，雜文八卷。其中奏疏十五篇，乃巡撫江西及為吏科時所上，皆無關大計。其餘亦大抵應酬之作。

張靜思文集十卷附錄二卷（江蘇巡撫採進本）

明張選撰。選字舜舉，無錫人。嘉靖己丑進士，授蕭山知縣，擢戶科給事中。會太廟祫祭，世宗遣勳臣代行禮。選抗疏力諫，廷杖削籍。隆慶初，復原官。終於通政司參議。事蹟具《明史》本傳。是集乃其曾孫纘曾所編，凡文九卷，詩一卷。其末二卷，則附錄居官政績及碑銘、小傳也。

泫濱集十卷附錄二卷（直隸總督採進本）

明蔡靉撰。靉有《泫濱語錄》，已著錄。是集為其門人李登雲等所編，凡文六卷，詩四卷，銘、贊之類附於詩末。《附錄》二卷，則其朋友贈答與門人稱頌之作也。靉早師真定張璿，入仕後師朝邑韓邦奇、增城湛若水。平居務講學，立朝務氣節，文章蓋非所長云。

崔筆山文集十卷（安徽巡撫採進本）

明崔涯撰。涯號筆山，太平人。嘉靖己丑進士，官至監察御史。是集自一卷至七卷為奏疏及雜著，八卷為古、今體詩。九卷為《虎異》，十卷為《鵲異》，兩卷之末各附以頌德詩文。涯在當時有伉直聲，而文章非其所長，詩尤不入格。所謂《虎異》者，涯巡視山西時，有虎自入神廟，為人所殪。《鵲異》者，涯巡視福建時，有葉氏為奴所殺，憑鵲以訴冤。涯皆自紀其事，而所屬縉紳各歌頌之，因彙刊集後。昔猛虎渡河，劉寬以為偶然，而涯乃以恍惚之事引為己功。人之度量，相去蓋不可道里計矣。

環碧齋詩集三卷尺牘三卷（浙江孫仰曾家藏本）

明祝世祿撰。世祿有《環碧齋小言》，已著錄。《西江志》稱其"工詩善草書，談理獨抒心得"。今觀其詩，格調頗伉爽而簡汰未嚴，尺牘更開"三袁"一派矣。所謂"談理獨抒心得"者，殆即指《小言》。已訂正於"雜家類"中，茲不具論焉。

司勳文集八卷（兩淮鹽政採進本）

明羅虞臣撰。虞臣字熙載，廣東順德人。嘉靖己丑進士，官吏部稽勳司主事。事蹟附見《明史·劉世毅傳》[①]。虞臣以初任刑部主事，提牢時寬假張延齡，為大猾劉東山所訐，下獄拷掠，斥為民。既歸，結廬山中，讀書纂述，年僅三十五而卒。然其他著作不傳，惟是集存。其平生不屑為詩賦，故集中皆散體之文。自六卷以下，則採錄所作家乘以足之，惟以《中官傳》六七篇參雜其閒耳。其文疎快有氣，然皆率其才氣，縱筆一往，未能範以法度也。洗桂奇序以司馬遷擬之，談何容易乎！

【彙訂】

①《明史》有《劉世龍傳》，無《劉世毅傳》，《明史稿》卷一九一同。羅虞臣事迹即附見於《劉世龍傳》末。（楊武泉：《四庫全書總目辨誤》）

五嶽山人集三十八卷（江蘇巡撫採進本）

明黃省曾撰。省曾有《西洋朝貢典錄》①，已著錄。是集凡賦、詩十八卷，雜文二十卷。王世貞序稱其古、今體詩皆出自六代、三唐，於他文亦推許甚至。及其為《藝苑巵言》，則云："勉之詩如假山，雖爾華整，大費人力。"朱彝尊《靜志居詩話》亦謂其"詩品太庸，沙礫盈前，無金可採"。今觀其集，兩家之說不虛矣。中第二十卷為《客問》四十章，二十一卷、二十二卷為《擬詩外傳》，二十三卷為《黃氏家語》，明人亦摘出別行。其《客問》雜論物理，多臆揣之說。《擬詩外傳》未免優孟衣冠。至《家語》創立篇名，儗同孔氏，抑又僭矣。

【彙訂】

①"錄"，殿本作"議"，誤。說詳卷一二四"擬詩外傳"條訂誤。

蓉山集十六卷（江西巡撫採進本）

明董燧撰。燧字兆時，蓉山其號也，臨川人。嘉靖辛卯舉人，官至南京刑部郎中。燧少從王艮、聶豹講良知之學。是集自首卷至六卷，皆其《問答會語》。七卷至十卷為詩，十一卷至十六卷為雜文。

　　孔文谷詩集十四卷（山西巡撫採進本）

　　明孔天允撰。天允字汝錫，號文谷，又號管涔山人，汾州人。嘉靖壬辰進士第二，於故事當授編修。以藩戚，外補陝西提學僉事，官至浙江布政司參政。朱彝尊《靜志居詩話》云：“管涔山人如新調鸚鵡，雖復多言，舌音終強。”蓋深不取之。此集為同安洪朝選所刻。內《履霜集》一卷，《澤鳴槀》一卷，《漁嬉槀》以編年為次，自隆慶丁卯至萬曆戊寅十二年所作，分十二卷。校以浙江採進之本，佚闕尚多，非其完帙。考《千頃堂書目》亦載天允《詩集》十四卷，則黃虞稷所見即此本矣。

　　孔文谷文集十六卷續集四卷詩集二十四卷（浙江巡撫採進本）

　　明孔天允撰。此本較其家刻多文集二十卷，而詩則惟有《履霜集》、《漁嬉槀》，闕《澤鳴槀》一卷，所作《霞海篇》亦不在其中。相其《詩集》版式，蓋隨作隨刻，故傳本多少不定也。焦竑《國史經籍志》載天允集僅三卷，是即多所續增之明驗矣。

　　霞海篇一卷（浙江巡撫採進本）①

　　明孔天允撰。是編乃其督學浙江時，案臨台州所作，故以“霞海”為名。凡詩三十四首，力摹“三謝”而未成。如《望司成程公》詩起句曰：“瞻塗脰來旌，邂逅欣邁斯。”以“脰”字為引領而望之意，是不止“札闥鴻休”矣。

　　【彙訂】

　　① 此書在《各省進呈書目》中僅著錄於《浙江省第五次鄭大

節呈送書目》及《二老閣呈送書》,則應為浙江鄭大節家藏本,作"浙江巡撫採進本"誤。(江慶柏:《四庫全書私人呈送本中的鄭大節家藏本》)

　　祐山文集十卷詩集四卷(江蘇周厚堉家藏本)

　　明馮汝弼撰。汝弼有《祐山雜記》,已著錄。其官工科給事中時,論劾汪鋐罪狀,直聲震動一時。其人足以不朽。其詩文則以人見重,非以詞章傳也。

　　粵臺槀二卷(兩江總督採進本)

　　明謝少南撰。少南字與槐,上元人。嘉靖壬辰進士,官至河南布政司參政①。是集乃其提學廣西時所作,詩與文各一卷。詩尚不失清拔,文則未之逮也。《千頃堂書目》別載少南《河垣槀》一卷,《謫臺槀》一卷,今未見傳本,疑其佚矣。

【彙訂】

　　① 謝少南官至布政使,説詳卷七四"嘉靖全州志"條訂誤。且按《總目》互見例,本條應刪籍貫、仕履,改曰:"少南有《嘉靖全州志》,已著錄。"(楊武泉:《四庫全書總目辨誤》)

　　序芳園槀二卷(浙江巡撫採進本)

　　明趙伊撰。伊字子衡,平湖人。嘉靖壬辰進士,官至廣西按察司副使。是集為其甥沈懋孝所選,附以劉子伯批點。其詩時有清脱之致而醖釀未深。

　　菲泉存槀八卷(浙江汪汝瑮家藏本)

　　明來汝賢撰。汝賢字子禹,蕭山人。嘉靖壬辰進士,官至禮部主事。是集凡詩二卷,文六卷。末附許應元所撰《墓誌》及姜

寶所撰《誣枉記》。蓋汝賢由丹陽知縣行取入都後,同僚譖其受
金,為巡按御史所論劾,故作此以辯之。寶即汝賢之門人也。
《千頃堂書目》載此集作十六卷,疑或有續集而佚之。至云汝賢
字汝禹,則"汝"字傳寫誤耳。

洛原遺稿八卷(浙江汪汝瑮家藏本)

明白悅撰。悅字貞夫,武進人。嘉靖壬辰進士,官至江西按
察司僉事。悅為尚書昂之孫,家世鼎貴。而獨刻意學詩,句調華
贍,神理頗清,視當時襞積者差勝。特格律未能變化,往往雷同。

蔣道林文粹九卷(兩江總督採進本)

明蔣信撰。信有《道林諸集》,已著錄。是集為其門人姚學
閔所編。其文不事華藻,惟直抒胸臆,期於明暢而止。蓋信嘗從
王守仁於龍場驛,後又從湛若水遊,所重惟在於講學耳①。

【彙訂】

①"於",殿本無。

巾石遺編一卷(江西巡撫採進本)

明呂懷撰。懷有《周易卦變圖傳》,已著錄。據《千頃堂書
目》,所著《巾石類稿》本三十卷①。是集不知何人所編,皆掇拾
於殘賸之餘,寥寥數篇,不成卷帙。疑原本散佚,此或其子孫所
錄存也。

【彙訂】

①"所著",殿本作"所作"。

閔午塘詩集七卷(浙江巡撫採進本)

明閔如霖撰。如霖字師望,號午塘,烏程人。嘉靖壬辰進

士,官至南京禮部尚書。是集為其門人吏部侍郎姚宏〔弘〕謨所
編。詩多應酬之作,雖清圓而乏骨力,古體尤不擅長。《千頃堂
書目》載《午塘集》十六卷,殆尚有文集九卷而佚之歟①?

【彙訂】

① 是集傳世有兩刻。一為萬曆二年閔道孚等刻本《午堂先
生集》十六卷,卷一至七詩,卷八至十六文。二為萬曆十年閔一
範刻本《閔午塘先生詩集》七卷。浙江進呈本當即後者,非有缺
佚。(杜澤遜:《讀〈四庫提要〉瑣記》)

冰玉堂綴逸稾二卷蘭舟漫稾一卷附二餘詞一卷(浙江孫仰
曾家藏本)

明陳如綸撰。如綸字德宣,號午江,太倉人。嘉靖壬辰進
士,官至福建布政司參議。文集為其子謙亨等所編。初稾本十
卷,以弗戒於火,稾盡亡。謙亨搜求殘賸,緝為二卷,故題曰“綴
逸”。其詩別名《蘭舟漫稾》,為如綸所自編。乃嘉靖甲辰服闋,
補江西按察司僉事時,途中所作。其詩餘別名《二餘詞》,亦如綸
自編。“二餘”者,如綸別號也。

包侍御集六卷(江蘇周厚堉家藏本)

明包節撰。節有《陝西行都司志》,已著錄。是編前二卷為
《臺中稾》,官御史時作,後四卷為《湟中稾》,戍莊浪時作。二編
皆兼載詩文。節嘗謂《文苑英華》詩可以續《昭明文選》①,因輯
《苑詩類選》三十卷。故所作纖麗為多,大抵皆取材於是也。

【彙訂】

① “詩”,底本作“集”,據殿本改。明嘉靖三十七年包杞等
刻本此集卷五《〈苑詩類選〉後序》云:“按《文苑英華》……凡千

卷,詩一類且三百卷……予自壬寅歲在告居間,則取《苑》詩而讀之,乃知其續《昭明》而成者也。"

承啟堂稿二十九卷(浙江巡撫採進本)

明錢薇撰。薇字懋垣,海鹽人。嘉靖壬辰進士,官至禮科給事中。隆慶初,贈太常寺少卿,事蹟具《明史》本傳。是集乃其門人嚴從簡所編。凡詩七卷,文二十卷,附錄誌銘、行狀、墓表、傳誄一卷,末一卷則其曾孫嘉徵二疏並行狀、誌銘也。嘉徵字孚千,天啟辛酉副榜貢生,官松溪縣知縣。嘗劾魏忠賢十大罪,其疏為世所傳云。

自知堂集二十四卷(浙江汪汝瑮家藏本)

明蔡汝楠撰。汝楠有《說經劄記》,已著錄。是集詩七卷,文十七卷,其門人朱炳如所編。《明史》稱汝楠初喜文章,從王慎中、唐順之、高叔嗣、顧璘、皇甫涍兄弟游。中年復好講學,與鄒守益、羅洪先相善,詩格遂漸頹唐,頗有"壽陵餘子失其故步"之譏。然汝楠才地本不足鴈行王、唐諸人,亦不盡繫於講學之後荒廢吟咏也。

涇林集八卷(江蘇周厚堉家藏本)

明周復俊撰。復俊有《東吳名賢記》,已著錄。是集一名《六梅館集》,凡詩三卷,雜文五卷。其詩皆有楊慎評語。據其孫元〔玄〕暐跋①,蓋慎戍雲南之時,與復俊遇於仙村草堂,劇談七晝夜,因為評定其詩。一梓於蜀中,再梓於玉田。後編入全集,評亦遂仍其舊云。

【彙訂】

① 明萬曆二十年刻本此集後有孫周玄暐跋,作"玄暐"誤。

（杜澤遜：《四庫存目標注》）

龍谿全集二十卷（兩江總督採進本）

明王畿撰。畿字汝中，號龍谿，山陰人。嘉靖壬辰進士，官至兵部武選司郎中。事蹟具《明史·儒林傳》。畿傳王守仁良知之學，而漸失其本旨。如謂：“虛寂微密，是千聖相傳之祕。從此悟入，乃範圍三教之宗。”又謂：“佛氏所說，本是吾儒大路。”是不止陽儒而陰釋矣。故史稱其“雜以禪機，亦不自諱”。史又載：“畿嘗言‘學當致知見性而已，應事有小過，不足累。’故在官不免干請，以不謹斥。”蓋王學末流之恣肆，實自畿始。《明史》雖收入《儒林傳》，而稱“士之浮誕不逞者，率自名龍谿弟子”云云。深著其弊，蓋有由也。是集為其子應斌、應吉所編，凡語錄八卷，書、序、雜著、記說共九卷，詩一卷，祭文、誌狀表傳二卷。其門人蕭良榦刊之，丁賓又為重鐫，而益以《大象義述》一卷，傳誌、祭文一卷。

龍溪語錄八卷（浙江巡撫採進本）①

明王畿撰。是編雖名“語錄”，實即畿之文集。前有李贄序，謂之《龍溪集鈔》，蓋又經贄所品定也。合是二人以成此書，則書可知矣。

【彙訂】

① 此書在《各省進呈書目》中僅著錄於《浙江省第五次鄭大節呈送書目》，“浙江巡撫採進本”應為“浙江鄭大節家藏本”之誤。（江慶柏：《四庫全書私人呈送本中的鄭大節家藏本》）

王侍御集七卷（浙江巡撫採進本）

明王瑛撰。瑛字汝玉，無錫人。嘉靖壬辰進士，官至監察御史。是編為其子鴻臚寺主簿同穀所刊,蓋歐大任所選定。前二卷為古體,後五卷為近體。前有小傳,亦大任所作。末有崔銑《兩巡紀行橐》跋一篇。兩巡者,一出理北直隸、山東、河南馬政,一巡按福建也。集中無此標目,蓋其詩已散入集中。銑跋無所附麗,故綴於後。鄭啟謨序題曰《石沙漫橐》,亦與此本標題不同。則瑛世居石沙山,初以名集,同穀改題今名也。

少峯草堂詩集一卷(浙江巡撫採進本)

明林應亮撰。應亮字熙載,侯官人,人瑞翁春澤子也。嘉靖壬辰進士,官至戶部右侍郎,總督倉場。是集《千頃堂書目》作二卷,此本僅一卷。其詩皆沿七子之派。

寒邨集四卷(浙江汪啟淑家藏本)

明蘇志皋撰。志皋字德明,別號寒村,固安人。嘉靖壬辰進士,官至副都御史。此集凡詩二卷,雜文二卷。有汪來後序,稱其尚有《巡撫奏議》十八卷,《譯語》、《畫跋》、《恒言》各一卷,今並不傳。

東白草堂集四卷(兩江總督採進本)

明顧存仁撰。存仁有《太僕寺志》,已著錄。是編詩分四集,每集一卷。曰《使蜀初編》,存仁為給事中時作;曰《居庸內編》,曰《居庸外編》,曰《居庸別編》,存仁編管保安時作。《別編》末《答羅太史韻》十首,自記作於吳中。蓋當隆慶改元,存仁將起用時也。朱彝尊《靜志居詩話》稱其建言受杖。起草時鬼近榻前詰,且鴉鳴戶上,無所畏縮。其勁直如是。故其詩亦稱心而談,罕鍛鍊之功云。

期齋集十四卷（江蘇巡撫採進本）

明吕本撰。本字汝立，號南渠，又號期齋，餘姚人。初冒姓李，晚乃歸宗。嘉靖壬辰進士，官至武英殿大學士。諡文安。本在位不久，即遭憂以歸，遂不復出。家居數十年，以亭館花竹之勝擅名一時。是編詩四卷，文十卷，為其子禮部主事元所編。大抵應酬之作，仍沿臺閣之體。

璞岡集三卷（浙江孫仰曾家藏本）

明馬汝彰撰。汝彰字存美，璞岡其號也，汲縣人。嘉靖壬辰進士，官至雲南右布政使。是編乃汝彰所自編。垂没之時，其友人陰秉暘欲刻之，汝彰不可。汝彰没，其嗣子繩祖與其壻阮承謙始刻之，而秉暘為之序，其始末具載序中。凡文一卷，詩一卷，詩餘一卷，皆不擅長。蓋其友、其子、其壻均不及汝彰之自知也。

許水部槀三卷（浙江汪汝瑮家藏本）

明許應元撰。應元字子春，錢塘人。嘉靖壬辰進士，官至廣西布政使。是集乃應元官夔州知府時所自刊。以皆官郎署時所作，故仍以“水部”名集。凡詩一卷，文二卷。

元光漫槀五卷（浙江巡撫採進本）

明李黴撰。黴字誠之，湖廣桃源人。嘉靖壬辰進士，官至布政司參議。歸田後結廬於元光洞，因以名集。其於律詩題曰“八句”，而不名律詩；於絶句題曰“四句”，而不名絶句，為唐、宋諸集未見之例。詩多出韻，又不合《洪武正韻》，亦不知何説也。前序稱六卷，而其書實止五卷，後餘一頁，蓋殘闕之本。故今以五卷著錄焉。

蓋心堂集二卷（浙江范懋柱家天一閣藏本）

明王尚文撰。尚文字寶江，真定人。嘉靖壬辰武進士，累官福建總兵官、挂征蠻將軍印、都督同知。明萬曆戊寅，廣西桂林、柳州苗獞煽亂，馬平獞韋王朋率東甌、大產諸蠻，攻掠村落，尚文剿平之。是書所載，衹當時奏疏、剳啟，附以贈言、壽序之類。故標題《蓋心堂集》，而以《征蠻紀略》為子目。然韋王朋與堡兵爭鬬之由，及要挾東甌、大產諸蠻事實，書中多不一敘。又十寨先後分合開設事宜，亦未能備載。均不及《明史・土司傳》及《廣西通志》之詳實。非紀事之書，與"紀略"之名殊不相應。今從其總名，仍題曰《蓋心堂集》。存其目於集部，庶不失實焉。

白雲山房集二卷（浙江汪汝瑮家藏本）

明高應冕撰。應冕字文中，仁和人。嘉靖甲午舉人，官光州知州。是集序、記、雜文凡八十七篇。中如《游閒公子》、《白雲先生》、《羲皇上人》諸傳，《虞秦對曹交篇》諸文，大抵構虛託喻，游戲筆墨。惟《縱囚》一辨差為有見云。

求志齋言草三十卷（兩淮鹽政採進本）

明陳瀚撰。瀚號龍嶽，秀水人。嘉靖甲午舉人，官至廉州府知府。是集兼載詩、文，詞頗質實而微嫌鈍置。前有薛僑序，稱所著《學論》十篇，尤其平日所自得。今在第十七卷中。然皆宋儒所常言，無所闡發也。

孫文恪集二十卷附錄一卷（兩江總督採進本）

明孫陞撰。陞字志高，餘姚人，燧之子也。嘉靖乙未進士，官至南京禮部尚書。是集文十四卷，詩六卷，其子鑛等所編。有《與人論詩、文書》云："李空同步武古人。學李謦則燕途入秦，車轍所歷,可循而至。"又云:"空同與何大復辯論,詆其好詞乖法之失。何氏亦嘗詆李,謂其作疎鹵,間涉於宋。總之,負氣求勝,各不相下。"觀於是言,可以知其瓣香所在矣。《附錄》一卷,乃其繼室楊文儷作。文儷,仁和人,工部員外郎應獅之女。諸子成進士者四人,鑨、鋌、鑛皆至尚書,鋠至太僕寺卿,皆文儷教之。蓋有明一代,以女子而工科舉之文者,文儷一人而已。詩其餘事也。

西野遺槀十四卷(兩江總督採進本)

明李璣撰。璣字邦在,號西野,豐城人。嘉靖乙未進士,官至南京禮部尚書。是集前有何鏜序,稱璣文槀多燬於火,仲孫自茂掇拾其僅存者[1],裒為五帙授梓。此本多至十四卷,又崇禎中其曾孫九疇所刻也[2]。凡文十卷,詩三卷,雜著一卷。詩中以古體與五言古風分為二目,殊乖體例。

【彙訂】

[1] "僅",殿本無。明隆慶五年刻崇禎七年重修本此集卷前何鏜隆慶五年序云:"仲孫自茂掇拾其猶存者,裒為五帙。"

[2] 李九疇僅對隆慶五年原刻版重修刷印,并未重刻,各卷末"不肖孫九疇裒輯"之"九疇"二字,及"玄孫玉鉉、玉鋮重刻"一行,均係後來挖補。"五帙"意為五冊,非指五卷。(杜澤遜:《四庫存目標注》)

文肅集二十三卷(兩江總督採進本)

明趙貞吉撰。貞吉字孟靜,内江人。嘉靖乙未進士,官至文淵閣大學士。謚文肅。事蹟具《明史》本傳。是集凡詩六卷,文十七卷。貞吉學以釋氏為宗,姜寶為之序曰:"今世論學者,多陰採二氏之微妙,而陽諱其名。公於此能言之,敢言之,又訟言之,昌言之，而不少避忌。蓋其所見真，所論當，人固莫得而訾議也。"其持論可謂悍矣。

駱兩溪集十四卷附錄一卷（江蘇周厚堉家藏本）

明駱文盛撰。文盛字質甫，武康人。嘉靖乙未進士，官翰林院編修。初，蔡汝枏刻其詩集七卷，並為之評點。卷首汝枏序即為詩集而作。此集益以雜文、筆記七卷，蓋楊鶴所續增也。其詩文皆於淺弱之中時有清遠之致。蓋文盛官翰林時，以不附嚴嵩，遂移疾不出。後貧病垂死，有以千金求居閒者，尚力揮之，至没無以葬。事具吳尚文序及卷末尚文《書事》中。是其胸次本高，故吐言不俗。特編次者欲取卷帙之富，未能盡窮其榛楛耳。

奚囊蠹餘十八卷（安徽巡撫採進本）[①]

明張瀚撰。瀚有《臺省疏稾》，已著錄。是集賦一卷，詩九卷，記一卷，雜著一卷，墓誌二卷，行狀、行略一卷，祭文一卷，書二卷。瀚於萬曆中以忤張居正罷歸，頗著風節。《浙江通志》稱其"善書法，工點染，詩文莊嚴典則，歸之《爾雅》"。然集中酬贈牽率，什居六七，雖平正無瑕，而殊少醞釀。其自序謂："奔走四方三十餘年[②]，每以一囊自隨，凡所得簡札、詩帖，俱納其中。積久蠹蝕，因取其字畫稍全、章句可讀者，錄出成帙。"故名曰《奚囊蠹餘》云。

【彙訂】

① "十八卷"，殿本作"二卷"。原集實為二十卷，詩九卷下尚有序二卷。（王重民：《中國善本書提要》）

② "三十"，底本作"二十"，據隆慶三年張佳胤刻本此集卷前張瀚隆慶戊辰（二年）自序原文及殿本改。

璉川詩集八卷（浙江汪汝瑮家藏本）

明施峻撰。峻字平叔，歸安人。嘉靖乙未進士，官至青州府知府。朱彝尊《靜志居詩話》謂平叔"以七律自詡，然殊不見好。諸體過修邊幅，未免氣餒"。是集有顧應祥序，亦謂："唐以後詩，音調格律相尚，鍛鍊益工，其氣益弱。"亦似微致不滿焉。

陳梧岡集九卷（兩江總督採進本）

明陳堯撰。堯字敬甫，號梧岡，南通州人。嘉靖乙未進士，官至刑部左侍郎。《明史·藝文志》載堯文集五卷，詩集三卷。是集乃文二卷，詩二卷，與《志》不符。然首尾完具，篇次分明，《志》蓋偶沿《千頃堂書目》之誤也。其文樸直不支，而微傷太質。其詩又遜於文。

驪山集十四卷（陝西巡撫採進本）

明趙統撰。統有《杜律意註》，已著錄。是集乃楊光訓所編。集中自謂："嘉靖丁未，誤儷陷獄，近三十年，多為詩。萬曆癸酉恤歸，仍歲為一集。"此本凡賦及詩九卷，文一卷，雜著二卷，詩話二卷，總題曰《驪山集》，似光訓有所刪汰也。前有朱勤芙序，稱其："命意搜微，多出己見。大都骨力莽蒼，學殖淹博。稍稍融透，莫難鴈行獻吉。"然則明譏其未融透矣，何不悟而猶刊以弁集也？

方山文錄二十二卷（浙江孫仰曾家藏本）

明薛應旂撰。應旂有《四書人物考》，已著錄。是集為應旂所自編。其學初出於邵寶，後從泰和歐陽德，德，姚江派也。又從高陵呂柟，柟，河東派也。故所見出入朱、陸之間。然先入為主，宗良知者居多。集中論學之語互有醇疵，蓋由於此。至其

《識勢論》中稱："黨錮興而漢社屋，元〔玄〕談盛而晉室傾，清流濁
而唐祚移，學禁作而宋舟覆。其初文雅雍容，議論標緻，不過起
於一二人之獵勝。而其究乃致怨惡沸騰於寰中，干戈相尋於海
内，而潰敗不可收拾。"云云。若於七八十年之前，預見講學之亡
明者，則篤論也①。其文章當李、何崛起之時，獨毅然不變於風
氣。然應旂以時文擅長，古文特自抒胸臆，惟意所如。故往往輕
快有餘，少停蓄深厚之意，如十五卷《費文通傳》稱："公生成化癸
卯三月十四日，距卒六十有六年。初娶婁氏，以產卒；繼娶金谿
吳都御史女，復卒，俱贈夫人。五子，長某，次某。"云云。此誌狀
之文，非傳之體，於文格亦多未合。所謂不踐迹亦不入於室者
歟？所作史論，如漢武帝、蘇軾諸篇，特為平允。而《漢文帝論》
中稱賈生不死，文帝終必用之，《賈誼論》中又稱文帝終不能用
之。取快筆端，自相矛盾，亦不可盡據為典要也。

【彙訂】

①　所引《識勢論》中四句只有"玄談盛而晉室傾"一句説得
是，其餘三句俱説翻了本意。莫非不錮之、不投之濁流、不禁之，
則禍不至此，是非諸人之過，而錮之、濁之、禁之者之過歟？當改
作："朋黨興而漢社屋，玄談盛而晉室傾，清流多而唐祚移，道學
衆而宋舟覆。"（吳梯：《巾箱拾羽》）

兩城集二十卷（山東巡撫採進本）

明靳學顏撰。學顏字子愚，濟寧人。嘉靖乙未進士，官至吏
部左侍郎。事蹟具《明史》本傳。是集前有於若瀛序，稱所著有
《閒存集》、《兩城集》、《荒棄》、《園志》等部。没後所存，僅十之二
三。其子需等復哀輯為詩十四卷，文六卷，即此本也。其詩格律

清整，而蹊徑尚存，不脫歷下流派。文則偶然揮灑而已。

嵩陽集無卷數（浙江朱彝尊家曝書亭藏本）

明劉繪撰。繪字子素，一字少質，光州人。嘉靖乙未進士，官至重慶府知府。事蹟具《明史》本傳。是集首賦，次詩，次書，次疏，復以詩、賦殿後，而不分卷帙。蓋編次未定，旋作旋刊，明人文集往往多如是也。其詩局度頗宏整，而乏深致；文不加修飾，暢所欲言。如《〈春秋補傳〉序》云：“古之註經者務簡，後之註經者務繁，古之註經者務簡而經益明，後之註經者務繁而經益晦。《六經》之註，莫不皆然，而《春秋》為甚。”持論頗為平允。至劾夏言一疏，但以不戴所賜香葉冠激世宗之怒，則非諫臣之體。案《明史》夏言本傳稱賜香葉束髮巾，言謂人臣非法服，不受。帝積憤欲去言，嚴嵩因得間之。至言得罪下獄，帝猶及前不戴香冠事。據此，則繪是疏或當有所受之歟？

王氏存笥稾二十卷（江蘇巡撫採進本）

明王維楨撰。維楨字允寧，華州人。嘉靖乙未進士，官至南京國子監祭酒。《明史·文苑傳》附見《李夢陽傳》中。《千頃堂書目》載維楨《存笥稾》二十卷，又全集四十二卷。今全集未見傳本，惟此集存[①]，乃其友餘姚孫陞所編也。前十六卷為雜文，後四卷為古、今體詩。陞序稱其“文法司馬遷，詩法漢、魏，近體尤宗杜氏”。朱彝尊《靜志居詩話》則謂：“七律滯鈍，五言有句無篇。”今觀其集，彝尊之論為允。胡應麟又稱：“其文矯健，勝其詩。”亦不儘然。

【彙訂】

① 今傳世之本有嘉靖三十六年刻本二十卷、嘉靖三十七年

刻本二十卷、嘉靖四十年刻本二十卷、萬曆七年刻本二十九卷、萬曆三十四年刻本三十九卷，崇禎十二年刻本四十四卷（即全集本）。（杜澤遜：《讀〈四庫提要〉瑣記》）

天山草堂存稾八卷（浙江巡撫採進本）

明何維柏撰。維柏字喬仲，南海人。嘉靖乙未進士，改庶吉士，授監察御史。坐劾嚴嵩，廷杖除名。隆慶初，復原官，累遷南京禮部尚書。諡端恪。事蹟具《明史》本傳。是集文六卷，詩二卷。文集中有講義、語錄二種，皆以《白沙緒論》為宗。其詩亦多講學語。蓋維柏嘗從陳獻章游也。朱彝尊《明詩綜》謂其《乞休》詩云：“樂事尚饒新歲月，勝游不改舊雲山。”乃侍其父與鄉人為九老會時所作。今考《乞休》詩為萬曆丙子得旨歸老之作。而和其父與九老韻七律二首，則作於嘉靖戊申，乃劾嚴嵩後削籍歸里時作。彝尊徵引偶誤，殆亦未見此集歟。

金齋集四卷（直隸總督採進本）

明宋諾撰。諾字子重，號金齋，故城人。嘉靖乙未進士[①]，官至兗州府知府。是集文三卷，詩一卷，而別以策對、書啟之類附入詩後。其《歷官條教》又標“政績”一目，體例頗為糅雜。集中大抵宦游應酬之作。

【彙訂】

① 乙未為嘉靖十四年，然《國朝獻徵錄》卷九六載于慎行《宋公諾墓誌銘》謂“乙丑第進士”，乙丑為嘉靖四十四年。雍正《畿輔通志》卷六二《選舉志》亦同。（楊武泉：《四庫全書總目辨誤》）

沈鳳岡集四卷（山西巡撫採進本）

明沈良才撰。良才字鳳岡，泰州人。嘉靖乙未進士，官至兵部右侍郎。其為吏科給事中時，嘗疏劾嚴嵩，頗見風采。詩則尚未成家。

　　陳文岡集二十卷（内府藏本）
　　明陳棐撰。棐，鄢陵人，文岡其字也。嘉靖乙未進士，官至甘肅巡撫。是集詩文多率筆，奏疏亦多迂論。

　　省中槀二卷二臺槀二卷歸田槀十卷（兩淮鹽政採進本）
　　明許穀撰。穀字仲貽，上元人。嘉靖乙未進士，官至尚寶司卿。《二臺槀》、《歸田槀》皆詩集，惟《省中槀》兼有雜文。詩格頗爽俊，當其合處，時得古人之意。而失於芟擇，多參以應俗之作，遂不免沙中金屑之憾。《千頃堂書目》載所作尚有《武林槀》一卷。此本不載，或裝緝者偶佚歟？

　　徐陽溪集六卷（江西巡撫採進本）
　　明徐燦撰。燦字文華，後更字本充，號陽溪，奉新人。嘉靖丁酉舉人。嘗館於嚴嵩家。一日嵩與朝官燕，方獻酬，客皆跪受爵，燦遂慨然辭歸。蓋亦知幾之士，較賢於張胄。平生喜講良知之學，故其文皆質俚，詩亦類《擊壤集》派。

　　見滄文集十五卷（浙江巡撫採進本）
　　明茅瓚撰。瓚字見滄，錢塘人。嘉靖戊戌進士第一，官至吏部左侍郎。是集為其門人趙應元所編，而其子藉吉校刊之。第一卷為廷對策，二卷至七卷為各體詩，八卷以下皆雜文，大抵應俗之作也。

　　袁文榮詩略二卷（江蘇巡撫採進本）
　　明袁煒撰。煒字懋中，慈谿人。嘉靖戊戌進士，官至建極殿大學士。諡文榮。事蹟附見《明史‧嚴訥傳》。史稱："煒才思敏捷，帝半夜出片紙，命撰青詞，舉筆立成。遇中外獻瑞，輒極詞頌美。帝畜一貓死，命儒臣撰詞以醮。煒詞有'化獅作龍'語，帝大喜。其詭詞媚上多類此。時謂李春芳、嚴訥、郭樸及煒為'青詞宰相'。"又稱："煒自負能文，見他人所作，稍不當意，輒肆詆誚。館閣士出其門者，斥辱尤不堪，故人皆畏而惡之。"是編首題"門人王穉登校"，蓋穉登以山人游煒之門也。申時行序稱煒所為詩甚多，歲久散逸。其孫景祖、景高搜遺草，得若干首，名之曰《詩略》。案《明史‧藝文志》袁煒《詩集》八卷，是煒別有全集。此其選本，故題曰《詩略》耳。集中佳句寥寥，不識何以狂傲如是。又兩卷無一應制之作，殆穉登削之耶？

愛吾廬集八卷（江西巡撫採進本）

明徐良傅撰。良傅字了弼，東鄉人。嘉靖戊戌進士，官至史科給事中。以言事斥為民。其門人湯顯祖所作《傳》，載其行履頗詳。集凡八卷。詩體略近七子，氣度安雅，而風骨不足以振之。古文則序多至數十篇，而論、碑、記、祭文僅得六篇。第八卷中題曰"瑞金楊于莊採補"[①]。疑本有散佚，而後人掇拾刊行之，非其全也。

【彙訂】

① "楊于莊"，底本作"楊子莊"，據殿本改。《瑞金縣志》卷十二有楊于莊所作《繼堂記》，注曰邑人。（王重民：《跋新印本〈四庫全書總目〉》）

崇蘭館集二十卷（浙江汪汝瑮家藏本）

明莫如忠撰。如忠字子良，華亭人。嘉靖戊戌進士，官至浙江布政使。告歸，杜門著書，年至八十餘乃卒。《明史·文苑傳》附載《董其昌傳》中。其詩頗具唐音，五言近體尤多佳句。文則應俗之作居多，惟題跋十餘則頗為雅令。案如忠精於賞鑒，流傳墨蹟題識最多，此所收猶未盡也。

陳兩湖集三十四卷（江西巡撫採進本）

明陳昌積撰。昌積號兩湖，泰和人。嘉靖戊戌進士，官至尚寶司少卿，兼翰林院學士。嘗手刪其文為《龍津槀》，後其子文揚、文振又益以古、今體詩，合為此集。其詩文悉才調富有，而馳驟自喜，細大不捐。

松風軒藏槀八卷（江西巡撫採進本）

明陳昌積撰。此集《千頃堂書目》不著錄，蓋其初刻未定之本也。

己寬堂集四卷（浙江孫仰曾家藏本）

明陳鎏撰。鎏字子兼，號雨泉，吳縣人，自署曰潁川，從郡望也。嘉靖戊戌進士，官至四川提學副使，署布政使。是集所載詩，自嘉靖壬辰至萬曆乙亥，計四十四年之作。篇什雖多，頗傷蕪雜。前有岷王定燿序，言其子出《己寬堂詩文》二編①。而此帙有詩無文，蓋不全之本也。然《千頃堂書目》已作四卷，則文集之佚久矣。

　【彙訂】

　① 明萬曆二十六年刻本此集前有萬曆戊戌岷藩玉谷序。據《明史·諸王世表三》，當時在位之岷藩乃朱企鈴，非朱定燿。（杜澤遜：《四庫存目標注》）

錢永州集八卷（兩淮鹽政採進本）

明錢芹撰。芹字懋文，號泮泉，海鹽人，琦之次子也。嘉靖戊戌進士，官至永州府知府。故以"永州"名集。首列奏疏二卷，頗切當時利弊。其"斥異端"一條，蓋為陶仲文而發也。惟其學出自湛若水，後乃改從王守仁，故於姚江一派推挹頗深，持論不無少偏云。

華陽漫稾十四卷（浙江汪汝瑮家藏本）①

明章煥撰。煥有《平倭四疏》，已著錄。其官總督南京倉儲副都御史時，以赴任遲延，言者劾其怠慢君命，逮治，謫戍廣東。卷中題羅浮山人，蓋在粵時所自號也。集為其子德基所編，凡奏疏四卷，雜文九卷，詩一卷，而以德基從戍時賦詩百餘首附於末。

【彙訂】

①　"華陽漫稾"，殿本作"陽華漫稾"，誤。《浙江省第四次汪汝瑮家呈送書目》、《浙江採集遺書總錄》皆著錄《華陽漫稾》八卷，《千頃堂書目》卷二三作十三卷。

天目山齋歲編二十四卷（浙江汪汝瑮家藏本）

明吳維嶽撰。維嶽字峻伯，孝豐人。嘉靖戊戌進士，官至右都御史巡撫貴州①。《明史·文苑傳》附見《王世貞傳》中，為嘉靖"廣五子"之一。是集皆其讀書天目山時，吟詠倡和之作。分年編次，起嘉靖己亥，訖壬戌。朱彝尊《靜志居詩話》謂峻伯詩"如鉛刀土花，不堪削洒"。雖詆之太過，然覆核斯集，其論亦非無因也。

【彙訂】

①　右都御史為總督兼銜，巡撫則不及。《國朝獻徵錄》卷六

三載汪道昆《吳公維嶽行狀》,謂官至都察院右僉都御史巡撫貴州,《列朝詩集小傳》丁集上《吳維嶽傳》、同治《孝豐縣志》卷七《人物·政治·吳維嶽傳》所載並同。(楊武泉:《四庫全書總目辨誤》)

白華樓藏稿十一卷續稿十五卷吟稿八卷玉芝山房稿二十二卷耄年錄七卷(浙江巡撫採進本)①

明茅坤撰。坤有《徐海本末》,已著錄。是編《藏稿》、《續稿》皆其雜著之文,《吟稿》則皆詩也。《玉芝山房稿》文十六卷,詩六卷。《耄年錄》則詩、文、雜編,不復分類。坤刻意摹司馬遷、歐陽修之文,喜跌宕激射,所選《史記鈔》、《八家文鈔》、《歐陽史鈔》,即其生平之宗旨。然根柢少薄,摹擬有迹。秦、漢文之有窠臼,自李夢陽始;唐、宋文之亦有窠臼,則自坤始。故施於制義則為別調獨彈,而古文之品終不能與唐順之、歸有光諸人抗顏而行也。至《耄年錄》,則精力既衰,頹唐自放,益非復壯盛之時刻意為文之舊矣。

【彙訂】

① 明萬曆刻本《白華樓吟稿》均為十卷,《耄年錄》均為九卷。(張夢新:《茅坤研究》)

大拙堂集九卷(浙江巡撫採進本)

明楊載鳴撰。載鳴字虛卿,泰和人。嘉靖戊戌進士,官至通政使。是集前六卷為雜文,後二卷為詩,末一卷為雜著。載鳴為楊士奇之裔。士奇,泰和人。嘉靖戊戌《題名碑錄》亦作泰和人。而卷首稱廬陵楊載鳴,蓋署古郡名也。

大司空遺稿十卷(浙江巡撫採進本)

明陳紹儒撰。紹儒字師孔,南海人。嘉靖戊戌進士,官至南京工部尚書。是集文八卷,詩二卷。詩皆嘉靖四十年以後至萬曆八年以前之作。其文有意刻畫韓、柳,而往往失之粗率。詩則音調諧美,亦學唐格而過於摹擬者也。

譲溪甲集四卷乙集十卷(浙江孫仰曾家藏本)

明游震得撰。震得字汝潛,婺源人。嘉靖戊戌進士,授行人,擢監察御史。以疏諫世宗好方士,廷杖謫外。後官至左副都御史巡撫福建,以興化失守罷歸。再起,督轄南京糧儲。震得少與歐陽德、鄒守益諸人游,故頗講姚江之學。然與王畿書,多所規正,猶異於末派之狂禪。興化之役,由指揮歐陽深孤軍戰没,震得封疆大臣,不能不為法受惡。且所薦譚綸、劉顯、戚繼光諸人,卒皆有所建立。故論者或恕焉。是集其所手定,《甲集》四卷,皆講學之語;《乙集》十卷,則詩、文、雜著也。

鷄土集六卷(直隸總督採進本)

明劉乾撰。乾字仲坤,號易菴,保定人。嘉靖戊戌進士,官國子監丞。是集詩、詞二卷,賦、記、雜文四卷。其以“鷄土”命名者,自序為夢入太極宮見玉鷄,以為文章之兆。其說頗荒唐不經。詩文亦不入格。而《夢上天》詩、《夢戚賦》、《紀夢文》諸篇,乃屢屢見之集中,何其好說夢歟?

青峯存集十二卷(江西巡撫採進本)

明汪柏撰①。柏字廷節,號青峯,浮梁人。嘉靖戊戌進士,官至光祿寺卿。其文氣度恬雅,無剽竊摹擬之病,而微嫌其弱。詩亦學宋格而未成。蓋不囿於李、何之門徑,而其力又不足以勝之也。集為其姪思聰所刻,第一卷為表、論,第二卷為詩歌、樂府、詞,三卷以下皆雜文,編次殊為錯亂。思聰序稱柏“歷官廣、浙，正當海寇猖獗之時，經略海防，不啻數萬言。居常自謂：'應酬文字，雖蒙士大夫許可，不過空言。此則身當其事，曲中機宜，異時修海防者，吾言恐不可廢。'謄寫成帙，以呈大參王公及巡海林公。未及領回，此後無緣復取。"云云。則此集所存，原非柏愜意之作矣。

【彙訂】

①"汪柏"，底本作"江柏"，據清康熙三十六年汪逢源等刻本《青峰先生存稿》八卷及殿本改。（杜澤遜：《四庫存目標注》）

同春堂遺稾四卷（江蘇巡撫採進本）

明劉熠撰。熠字元麗，海鹽人。嘉靖庚子舉人，官至監察御史。是集乃崇禎丁丑其曾孫江南布政司參政泓所編。國朝順治中，其元孫維棟始刻之。韻語皆非所長，古文亦不入格。

泌園集三十七卷（浙江孫仰曾家藏本）

明董份撰。份字用均，泌園其號也，烏程人。嘉靖辛丑進士，官至禮部尚書兼翰林學士。是集為其孫嗣茂所編，凡詩七卷，文三十卷。

嚴文靖公集十二卷（浙江汪啟淑家藏本）

明嚴訥撰。訥有《春秋國華》，已著錄。《明史》訥本傳稱訥入直西苑，所撰青詞皆稱旨。然文格未能拔俗，集中亦大抵應酬之作，末附詩四十六首。朱彝尊錄其《對月》一首於《明詩綜》，與此本頗有異同，殆有所點竄歟？

高文襄公集四十四卷（安徽巡撫採進本）

明高拱撰。拱有《春秋正旨》，已著錄。是編分《外制集》一卷,《綸扉内槀》一卷,《外槀》一卷,《獻忱集》二卷,《政府書答》二卷,《掌銓題槀》十四卷,《南宫奏牘》二卷,《防邊紀事》一卷,《伏戎紀事》一卷,《綏廣紀事》一卷,《程士集》二卷,《本語》三卷,《春秋正旨》一卷,《大學直講》一卷,《中庸直講》一卷,《論語直講》三卷,《問辯錄》五卷,《病榻遺言》二卷,每類前各有題詞。《明史·藝文志》作《獻忱集》五卷,《詩文集》四十四卷。今《獻忱集》即在卷内,而四十四卷中有文無詩,殊不可解。又別本四十二册,無卷數,以《問辯錄》居首,内多《土蠻紀事》、《靖夷紀事》二種,餘皆相同①。疑爲初刻之本也②。

【彙訂】

①　"皆",殿本無。

②　明萬曆刻四十二卷本《高文襄公文集》中有《防邊紀事》一卷,其中包括《搋虜紀事》(即《土蠻紀事》)與《靖夷紀事》。(岳天雷:《高拱著作版本考辨》)

玉堂公草十卷(副都御史黄登賢家藏本)

明高拱撰。是編首載《大學講義》一卷,《中庸講義》一卷,《論語講義》三卷,皆嘉靖間藩邸所講。次爲《程士錄》二卷,載嘉靖戊午及乙丑鄉會錄序及所撰程文。三場皆備,獨無《易經》文,未喻其故。後爲《獻忱集》二卷,皆辭謝稱賀諸表奏。次爲《綸扉槀》一卷,則在政府時作也。皆已見全集。此蓋初刻之本,故《綸扉外槀》不與焉。

外制集一卷(安徽巡撫採進本)

明高拱撰。嘉靖乙巳,世宗令輔臣舉編修二人、檢討三人,於中祕撰文官誥敕,拱時在列。是編乃其代言之槀也。前有自序,稱:"掌誥敕者,初以閣學或翰詹掌貳,後乃屬之兩院供事官,至是始復翰林之舊。"云。

政府書答四卷(河南巡撫採進本)

明高拱撰。皆錄其為首輔時,與各省文武大僚尺牘。分《庚午防秋》、《款處北邊》、《捷宣東塞》、《安綏廣東》、《礜服貴番》、《各省應答》、《調處徐府》等七目。其文大都為籌酌時政而發。至徐階一事,則全為自明心迹而設矣。

萬子迂談八卷(江西巡撫採進本)

明萬衣撰。衣字章甫,潯陽人。嘉靖辛丑進士,官至河南左布政使。是集《內編》一卷,通論天地造化之理,及古今人事之變。《諸經劄記》二卷,上卷專解《五經》之義,多雜採先儒之說。如論朱子《詩集傳》一條,本之王應麟;論淫詩一條,本之王柏;論《春秋》策書之例十有五,而筆削之義有八一條,本之趙汸者,不一而足。然謂《六經》皆厄於傳疏,其宗旨未免偏僻。下卷專論律呂,其云十分為寸,則三分損益之法不可行。以之規西山之誤,則頗為明確。其《迂談外篇》一卷,雜論兵制、屯鹽等事。又文三卷,詩一卷,書啟一卷。皆不過直抒胸臆,不復計其工拙矣。

履菴集十二卷(浙江巡撫採進本)

明萬士和撰。士和字思節,宜興人。嘉靖辛丑進士,官至禮部尚書,諡文恭。事蹟具《明史》本傳。是集凡詩、詞三卷,雜文九卷。其官江西、貴州、湖廣、山東,以至為宗伯時事蹟,頗散見於其中。然過任自然,罕鑄詞之功。蓋士和受業唐順之,能不染七子雕繪之習。而殫心吏事,又未能竟其業也。

瞿文懿制敕稾一卷制科集四卷詩文集十六卷（兩淮馬裕家藏本）

明瞿景淳撰。景淳字師道，號昆湖，常熟人。嘉靖甲辰進士，官至南京吏部右侍郎。事蹟具《明史》本傳。是集為其子汝稷所編，首卷《制稾》十一篇，《敕稾》二十七篇，蓋即《明史·藝文志》所謂瞿景淳《內制集》也。其《制科集》四卷，皆應試策論諸作。《詩文集》十六卷，則文居其十五卷，詩、賦一卷，特附見備體而已。景淳清介自持，史載其與嚴嵩論胡宗憲，及不撰陸炳妻誥詞，皆觸忤權姦，無所憚畏。其制義亦名一時，至今有“王唐瞿薛”之稱。古文則非所擅長也。

石龍菴詩草四卷附刻二卷（浙江孫仰曾家藏本）

明徐學詩撰。學詩字以言，別號龍川，上虞人。嘉靖甲辰進士，授刑部主事，遷郎中。以劾嚴嵩父子罷職。隆慶初，起南京通政司參議，未上而卒，贈大理寺少卿。學詩不以詩名，而所作音節頗清亮。蓋嘗與李攀龍相贈答，故流派與之相近。遺稾多闕字，邑人黃之璧為補入，以圈別之。後二卷則附刻劾嵩疏稾及傳略諸篇。

山帶閣集三十三卷（浙江孫仰曾家藏本）

明朱曰藩撰。曰藩字子价，號射陂，寶應人，雲南布政司參政應登之子。嘉靖甲辰進士，官至九江府知府。是集詩十五卷，雜文十八卷①。應登詩倣李夢陽，曰藩則法楊慎，嘗因所知，通訊滇南，慎為選其詩七十餘首品題之。其在金陵，懸慎畫像於寓齋，集中有《人日瞻禮升菴公像》詩是也。然其詩穠麗，僅得慎之一體。王世貞《藝苑巵言》謂其“如高座道人忽作番語”，則詆之太甚矣。

【彙訂】

① “詩十五卷雜文十八卷”，殿本作“詩二十五卷雜文二十八卷”。明萬曆刻本此集實為詩二十五卷，雜文八卷。（王重民：《中國善本書提要》）

石室祕鈔五卷（福建巡撫採進本）①

明魏文焌撰。文焌字德章，侯官人。嘉靖甲辰進士，官至廣西按察司使。是集初刊於萬曆丙戌。崇禎庚午，其孫定海知縣汝為又重刊之。凡雜著二卷，皆讀書論古之作。其中如駁方孝孺之疑《子華子》，則未覩晁公武及朱子説；謂王充假蔡邕以自重，則未考充為肅宗時人，不免疏舛。第三卷為詩。五卷、六卷為雜文②，中《征支羅記》、《征龍洲記》、《松潘備兵本末》，敍其戰功頗詳。福州道山下有朱子所書“石室清隱”字，文焌家近山麓，遂以名其集云。

【彙訂】

① 明萬曆刻本，明崇禎四年魏賢訓、魏賢訒刻本書名均作《石室私鈔》，《福建省呈送第四次書目》著錄亦同。（杜澤遜：《四庫存目標注》）

② 據明崇禎四年刻本《石室私鈔》五卷，當作“四卷、五卷為雜文”。（王重民：《中國善本書提要》）

白雪樓詩集十卷（江蘇周厚垍家藏本）

明李攀龍撰。攀龍有《詩學事類》，已著錄。此集刻於嘉靖癸亥，猶在《滄溟集》之前。前有魏棠序①。又有《擬古樂府》序二篇，一為歷城許邦才撰，一為攀龍自序。蓋當時特以樂府相誇,然而後來受詬厲者亦惟樂府最甚焉。

【彙訂】

① 明嘉靖四十二年刻本此集有楚人魏裳順甫氏序,作"魏棠"誤。(杜澤遜:《四庫存目標注》)

李滄溟集選四卷(江西巡撫採進本)①

明李攀龍撰,宋光庭所選②。光庭,莆田人,始末未詳。王、李二家皆以詩擅長,文則不逮詩遠甚,攀龍之文尤不逮王世貞。光庭乃獨選其文,可謂不善持擇矣。每卷之首皆題曰《補註李滄溟集》,而書實無註,亦不可解。

【彙訂】

① "江西巡撫採進本",底本作"浙江巡撫採進本",據殿本改。《四庫採進書目》中僅"江西巡撫海第四次呈送書目"著錄此書。(江慶柏:《殿本、浙本〈四庫全書總目〉著錄圖書進獻者主名異同考》)

② 明宋光廷刻本此集題"莆田宋光廷稱修父校閱",前有宋光廷重鋟題辭。作"宋光庭"誤。(杜澤遜:《四庫存目標注》)

敬所文集三十卷(江蘇巡撫採進本)

明王宗沐撰。宗沐有《海運詳考》,已著錄。此集自一卷至十卷為序、頌、書、啟,曰《內編》;十一卷至二十卷為詩、論、碑、賦、說、傳、書後、約、策問、祭文、行狀、銘誌、講義,曰《別編》;二十一卷至三十卷,為奏疏、雜著、文移,曰《外編》。《明史·藝文志》載宗沐奏疏四卷,文集三十卷。此本止三十卷,而奏疏在焉,卷首題門人張位選集。然則史所載者其全集,此為位所編定歟?抑其奏疏又有集外別行之本,史並載之也?

師暇哀言十二卷（浙江孫仰曾家藏本）

明吳桂芳撰。桂芳字子實，新建人。嘉靖甲辰進士，官至工部尚書。事蹟具《明史》本傳。是集乃其總督兩廣時所自編，時方禦倭，故題曰《師暇哀言》。其文平正通達，無鉤章棘句之習，而亦無警策。蓋猶沿臺閣舊體。詩力摹唐調，亦頗宏敞，而有學步太甚者。如陳子昂有“王師非樂戰，之子慎佳兵”句，桂芳《送張玉亭慮囚淮上》襲用其調曰：“王仁非好殺，之子慎祥刑。”非所謂擬議變化之道也。

五鵲別集二卷（直隸總督採進本）

明盧寧撰。寧字獻子，號冠巖，南海人。嘉靖甲辰進士，官至登州府知府。寧受業黃佐之門，佐《樂典》序即所作也。是集乃其官南京刑部時，講學新泉精舍，其門人程子明所刻。及守登州，所屬黃縣知縣劉珙又重刻之。以寧先有《五鵲臺集》，故此以“別集”名。凡詩一卷，文一卷。皆湊泊成篇，不能入格。

崇質堂集二十卷（江西巡撫採進本）

明李萬實撰。萬實字少虛，南豐人。嘉靖甲辰進士，官至浙江按察司副使。其為給事中時，嘗疏論權璫改官，蓋亦骨鯁之士。是集凡詩九卷，文十一卷。《江西通志》稱所作奏疏別名《恬仕錄》，徐龍川序，而此集末亦載有奏疏三卷。蓋其初別本單行，後又編入集中也。萬實傳姚江之說。其文體平正，不事錘鎔，猶講學家之格。其詩頗學韋、柳，意取清妍。雖風骨未就，而姿致可觀，則其天分之高也。

小海存槁八卷（兩江總督採進本）

明馮覲撰。覲字晉叔，別號小海，海寧人。嘉靖甲辰進士，官至廣東按察司副使。是集詩三卷，文五卷，乃其子有翼所編。張瀚序稱其“簡易明鬯，不假雕琢”，頗非溢美。然才地頗弱，未足名家。集中有《庚戌言兵事書》，乃覲爲兵部郎時所作，以上丁汝夔者。中有“請就京城外土城遺址增築外羅城，以備不虞”一條，其後竟築外城。説者謂功成於許論，而不知覲已發其端也①。

【彙訂】

① 庚戌爲嘉靖二十九年，而毛伯温早在二十一年已建言築京師外城，見《明史·毛伯温傳》及孫承澤《天府廣記》卷四“城池”篇。（楊武泉：《四庫全書總目辨誤》）

太乙詩集五卷（陝西巡撫採進本）

明張鍊撰。鍊字伯純，武功人。嘉靖甲辰進士，官至湖南按察司僉事①。其集曰“太乙”者，太乙山名，在武功，王維所謂“太乙近天都”也。鍊以自號，因以名集。其詩源出長慶，而更加率易。如云“一種勳庸一代賢，蜚聲滿路勢熏天。憑君回首寰中事，若箇豪華過百年”之類，殊不類詩格。至如“能使機衡在我，從他造物弄人”等句，則愈涉俗矣。

【彙訂】

① 依《總目》體例，當作“鍊有《經濟錄》，已著錄”。

無聞堂稿十七卷（浙江孫仰曾家藏本）

明趙鈇撰。鈇有《古今原始》，已著錄。是集凡文十二卷，詩五卷，乃其子鴻賜所編。林樹聲爲作《墓誌》，稱其“《幾希圖説》、《闢方士論》講學諸説，皆闡明理道，發前人所未發”。今惟《幾希圖説》見集中①，餘皆不載。盛汝謙爲作《行狀》，載《自祭文》一篇,集中亦不載。蓋亦簡汰而存者也。釳學出姚江,主良知之說。文頗磊落自喜,而亦微近七子之派。

【彙訂】

① "惟",殿本無。

郭東山文集七卷詩集二卷(江蘇巡撫採進本)

明郭文周撰。文周字景復,號東山,福安人。嘉靖甲辰進士,官至監察御史巡按廣東。其文集多應酬之作。詩分前、後二卷,前卷為《南畿槀》,後卷為《菊邊閒譚集》、《解組槀》。

百川集十二卷(浙江巡撫採進本)

明孫樓撰。樓字子虛,常熟人。嘉靖丙午舉人,官湖州府推官。工於制義,與胡友信、瞿景淳等相上下。詩、古文則非專門也①。

【彙訂】

① "也",殿本無。

貽安堂集十卷(兩江總督採進本)

明李春芳撰。春芳字子實,號石麓,福建興化人。嘉靖丁未進士第一,官至中極殿大學士。諡文定。事蹟具《明史》本傳①。春芳與嚴訥、郭樸、袁煒同有"青詞宰相"之目,史具載於《袁煒傳》中,然所作皆不傳②。是集為其子茂材所編。疏、表、序、記之文居多,詩則不滿一卷。李戴、于慎行、朱賡、李維楨為之序,皆謂春芳不規規以文墨見長,是以其存草僅如此云。

【彙訂】

① "所作",殿本作"青詞"。

② 明福建興化為府,治莆田(原興化縣於正統十三年廢,見

《明史·地理志》），但此省、縣之地方志均不載李春芳於人物志。王世貞《弇山堂別集》卷四一《少師表》及卷四五《內閣輔臣年表》均列李春芳為直隸興化人。《明史·李春芳傳》作"揚州興化人"。雍正《江南通志》、《嘉慶一統志·揚州府》卷、咸豐《興化縣志》所載均同。揚州興化在高郵東北，今為市。可知"福建"為"揚州"之誤。（楊武泉：《四庫全書總目辨誤》）

　　太岳集四十六卷（浙江巡撫採進本）

　　明張居正撰。居正有《書經直解》，已著錄。神宗初年，居正獨持國柄。後毀譽不一，迄無定評。要其振作有為之功與威福自擅之罪，俱不能相掩。至文章本非所長，集中奏疏、啟劄最多，皆在廟堂時論事之作。往往縱筆而成，未嘗有所鍛鍊也。

　　餘清堂槀三十二卷（江蘇周厚堉家藏本）

　　明汪鋡撰。鋡字遠峯，鄞縣人。嘉靖丁未進士，官全禮部尚書，掌詹事府，兼翰林院學士。是集詩八卷，文二十四卷。考《千頃堂書目》，鋡有《餘清堂槀》十二卷，今未見其本。又有《餘清堂定槀》三十二卷，即此編也。

　　念初堂槀四卷續集二卷（兩淮馬裕家藏本）

　　明陳嘉謨撰。嘉謨，廬陵人。嘉靖丁未進士，官至四川按察司副使。隆慶庚午移疾歸。召為湖廣布政司左參政，不起。優游林下以終。其詩起於嘉靖丁未[①]，終於萬曆癸卯。往來仕宦者二十三年，而閒居者三十三年，故多自適之言。序引邵子《擊壤集》自擬，而詩中屢引陳獻章語，其旨趣可知也。

【彙訂】

① "起"，殿本作"始"。

友慶堂合稾七卷（江西巡撫採進本）

明王時槐撰。時槐有《廣仁類編》，已著錄，是集凡書二卷，序、記、傳、墓誌一卷，語錄一卷，説、跋及《石經大學略義》一卷，雜著、詩、詞一卷。詩詞不多作，亦非所長。文皆講學之語，而兼出入於老、莊之間，明季所謂心學者也。其《石經大學略義》，自云出於賈逵，而表章於鄭曉。且稱王守仁《大學古本》“一依註疏之舊，味其文字，旨趣亦未甚瑩，似不無錯簡”云云。不知鄭曉所傳，乃豐坊之偽本，諸儒考證已明，譎妄畢露。時槐更噓其殘燼，誤之甚矣。

周叔夜集十一卷（浙江孫仰曾家藏本）

明周思兼撰。思兼有《學道記言》，已著錄。思兼以循吏著，然史稱其少有文名。是集為王世貞所刪定。文頗學三蘇，詩則七子之流派也。

鳳洲筆記二十四卷續集四卷後集四卷（兩淮鹽政採進本）

明王世貞撰。世貞有《弇山堂別集》，已著錄。是集乃隆慶己巳黄美中所編①。前有美中序，稱世貞“著作不能盡見，會從其姪孫少川子得此集，因編刻以公天下”。蓋當時摘選之本也。然命詩文曰“筆記”，其稱名可謂不倫矣。

【彙訂】

① “是”，殿本作“此”。

弇州稾選十六卷（兩淮鹽政採進本）

明王世貞撰，沈一貫選。一貫有《易學》，已著錄。世貞才大學博，自謂靡所不有，方成大家，故其正、續《四部稾》頗傷蕪雜。晚年悔其少作，而未及手自刪定。一貫是編别裁澄汰，意在擷其菁華。而宗旨所歸，仍尊秦、漢而薄唐、宋，終未能棄短取長也。

文恪集二十二卷（兩淮鹽政採進本）

明林燫撰。燫字貞恒，閩縣人。嘉靖丁未進士，官至南京禮部尚書。諡文恪。事蹟附見《明史·林瀚傳》。是集詩六卷，文十六卷，末附王世貞、王穉登所撰《傳》二篇。《千頃堂書目》載林燫《學士文集》十六卷，《詩集》六卷。集名不同，然卷數皆相合，蓋即此本。疑燫沒後重刻，改題其諡也。

三洲詩膾八卷（浙江孫仰曾家藏本）

明沈淮撰。淮字澂伯，仁和人，嘉靖丁未進士。是集前後無序跋，亦無目錄，其完闕不可考。詩則體格尚未成就，累句亦多。

金輿山房稿十四卷（江蘇巡撫採進本）

明殷士儋撰。士儋字正夫，號棠川，歷城人。嘉靖丁未進士，官至武英殿大學士。諡文莊。事蹟附見《明史·趙貞吉傳》。是集為其門人于慎行所編，凡詩、頌二卷，文十一卷，講義一卷。士儋與李攀龍游。今觀其詩文，蓋直以鄉曲之誼相周旋耳，其投契不在文章也。

道峯集六卷（浙江汪汝瑮家藏本）

明章适撰。适字景南，道峯其號也，蘭谿人。嘉靖丁未進士，官至禮科給事中。以疏請景、裕二王出閣講讀，忤旨告歸。是集乃适沒之後，其鄉人所刊。凡詩五卷，雜著一卷，而奏疏一篇冠於首，蓋當時以此一事重之也。詩頗娟雅，而醖釀不深。王世貞序稱其在陶、韋之閒,則過矣[1]。

【彙訂】

[1]"則",殿本無。

彭比部集八卷(浙江巡撫採進本)

明彭輅撰。輅字子殷,海鹽人[1]。嘉靖丁未進士,官南京刑部主事,以察典罷歸。集為其子潤宏所編[2]。焦竑稱其"於七子盛時,意氣高簡,不少貶以就俗"。今觀集中,多與王世貞酬答之作,體格亦近七子。竑所言不盡然也。

【彙訂】

[1] 彭輅乃嘉興人,所撰《生壙志》述祖先南遷,"謂嘉禾樂園,遂擁貲土著",可證。(江巨榮:《〈彭比部集序〉與彭輅其人——湯顯祖佚文拾零》)

[2] 明萬曆三十九年彭潤宏刻本作《沖谿先生集》二十二卷,前八卷詩,九卷以下皆文。館臣著錄之本非足本。(杜澤遜:《四庫存目標注》)

華陽館文集十七卷續集二卷(江西巡撫採進本)

明宋儀望撰。儀望字望之,永豐人。嘉靖丁未進士,授吳縣知縣,徵拜御史。以劾胡宗憲、阮鶚,忤嚴嵩,貶夷陵州判。嵩敗,擢霸州兵備僉事,後官至大理寺卿。卒以忤張居正被劾歸。事蹟具《明史》本傳。儀望少師聶豹,故其學以王守仁為宗。集中如《刻陽明文集》、《文粹》等序,足以見其大旨。其《從祀或問》亦即為守仁配享事作。故史稱守仁從祀,儀望有力焉。其集凡文十二卷,詩五卷。《續集》第一卷題曰《內篇》,即《從祀或問》;第二卷則其督學福建時訓飭士子條規。其文本名《華陽館集》,

其詩則別名《河東集》，此本合為一編，總題曰《華陽館文集》，殆其後人所併歟？

華陽文集十二卷（浙江汪汝瑮家藏本）

明宋儀望撰。《千頃堂書目》載《華陽館文集》十二卷，又《詩集》十四卷。此集皆其雜文，卷數亦相合，蓋猶儀望之原本。惟許宗魯、張獻翼諸人所作《詩集》序，皆附錄集末，未喻何故。或裝輯者誤歟？然重編之本僅有詩五卷，則十四卷之本久佚矣。又疑以諸序無所附麗，故綴之《文集》末也[1]。

【彙訂】

[1] 詩、文合刻，將詩、文序皆附錄集末亦不失其編次體例。十四卷本《詩集》今存明嘉靖三十七年刻本（闕）、萬曆三年魏學禮吳郡刻本。（何振作：《〈四庫全書總目〉著錄江西人著作考辨七則》）

太函集一百二十卷（安徽巡撫採進本）

明汪道昆撰。道昆有《五車霏玉》，已著錄。是編刻於萬曆辛卯，凡文一百六卷，詩十四卷，卷首有自序及目錄六卷。道昆名在“後五子”中，最高自標置。《因樹屋書影》曰：“廣陵陸弼記，嘉靖閒汪伯玉以襄陽守遷臬副，丹陽姜寶以翰林出提學四川，道經楚省，三人會飲於黃鶴樓。伯玉舉杯大言曰：‘蜀人如蘇軾者，文章一字不通，當以劣等處之。’衆皆咢眙。”云云，其狂誕殊甚[1]。然文章實皆偽體。沈德符《敝帚軒剩語》云：“王、李初起，道昆尚未得與其列。後以張居正心膂驟貴，其副墨行世，暴得時名。世貞力引之，世遂稱元美、伯玉。汪文刻意摹古，時援古語以證今事，往往扞格不暢，其病大抵與歷下同。世貞晚年甚不服之,嘗云:'予心服江陵之功而不敢言,以世所曹惡也;予心誹太函之文而不敢言,以世所曹好也。無奈此二屈事何?'"云云。其論頗為切中。德符又稱:"張居正父七十,世貞、道昆俱有幛詞,世貞刻集中。六、七年居正敗,遂削去。道昆垂没,自刻全集,在居正身後十年。而全載此文,不竄去一字,稍存雅道。"云云。今案《封柱國少師張公七十壽序》一首,見此集第十二卷中,則德符之言為信。然以居正父為衆父父,至比之於蒼蒼之不言,究不可以為訓也。

【彙訂】

① "因樹屋書影曰"至"其狂誕殊甚",殿本無。

副墨五卷(内府藏本)

明汪道昆撰。是集刻於《太函集》之前,《千頃堂書目》載作二十四卷。此本五卷,殆非完帙。又載道昆尚有《太函遺書》二卷,今亦未見傳本。

汪次公集十二卷(浙江汪汝瑮家藏本)

明汪道貫撰。道貫字仲淹,休寧人,道昆弟也。其名因道昆而著。故李維楨作序,以王世懋為比。然道昆固不及世貞,道貫才力亦不及世懋也。

江右詩槀二卷(浙江汪汝瑮家藏本)

明李先芳撰。先芳有《讀書私記》,已著錄。宋弼《山左明詩鈔》稱其有《李氏山房詩錄》,不著卷數。邢侗《來禽館集》有先芳《行狀》,稱所著《東岱山房槀》三十卷。此集總題為《東岱山房詩錄》,而子目則作《江右詩槀》。蓋其集中之一種,嘉靖戊申知新喻縣時作也。嘉、隆詩社,先芳首倡,厥後王、李踵興,遂擯斥先芳,不與七子之列。繼以先芳憤激,乃收之"廣五子"中。于慎行稱其詩與李攀龍異曲同工,邢侗亦稱:"歷下名愈高,濮陽苦為所掩。然修戈俯糒,未嘗一日忘于鱗。"今觀其詩,才力實出攀龍下。慎行等以鄉曲情均,不欲分左右袒耳。明末攻七子者,遂欲以躋攀龍之上,非篤論也。

李氏山房詩選六卷(江蘇周厚堉家藏本)

明李先芳撰。此本乃皇甫汸所選,分體編次,亦閒有評語,蓋非其全集也[①]。

【彙訂】

①"蓋非其全集也",殿本無。(盧弼:《四庫湖北先正遺書札記》)

集 部 三 十 一

別集類存目五

北虞先生遺文八卷（安徽巡撫採進本）

明邵圭潔撰。圭潔字伯如，一字茂齊，號北虞，常熟人。嘉靖己酉舉人。其詩妥適而乏警策，惟散文筆力頗縱宕。然史論諸篇縱橫曼衍，已啟後來顧大韶等之風。是集爲其子兵部主事鼇所編①，分爲二帙。前一帙凡六卷，繕寫多脫誤；後一帙凡二卷，與前帙間有重複。豈編次未定之本歟？

【彙訂】

① 明萬曆三十四年刻本此集作六卷，題"仲子鼇校"。"鼇"字恐爲"鼇"字之譌。（杜澤遜：《四庫存目標注》）

平山文集八卷詩集八卷（直隸總督採進本）

明何濤撰。濤字仲平，江西廣昌人，嘉靖己酉舉人。據集中所言，蓋嘗官於安慶，不知爲安慶何官也。詩文皆率其所欲言。詩集第五卷有《讀白集卒業》一首，可以知其宗尚矣。

子威集三十二卷（兩淮馬裕家藏本）

明劉鳳撰。鳳有《續吳中先賢贊》，已著錄。其文皆僻字奧

句,尤澀體之餖飣者。《江左脞談》載:"劉侍御子威,好為詰屈聲
牙之文,吳人推服之無敢後。袁卜士景休,字孟逸^①,每向人抉
摘其字句鉤棘、文義紕繆者以為姍笑。子威聞之怒,訴於邑尉,
攝而笞之。尉數之曰:'若復敢姍笑劉侍御文章耶?'景休仰而對
曰:'民寧再受笞數十,終不能改口呫舌,妄誤劉侍御也。'"是亦
可資笑噱者矣。

【彙訂】

①"吳人推服之無敢後袁卜士景休字孟逸",殿本作"里有
卜士袁景休者"。

素園存稿十八卷(浙江巡撫採進本)

明方宏〔弘〕靜撰。宏靜字定之,歙縣人,嘉靖庚戌進士。朱
彝尊《明詩綜》載其官至南京戶部右侍郎,《千頃堂書目》亦同。
《江南通志》則載其奉使入浙,擊水寨寇,論功當敘,中蜚語歸,卒
贈工部尚書。據集內《山中稿》小序稱,自撫浙待命凡十載,自
留京歸田經廿載。葉向高序亦云然。是宏靜實自南京罷歸,《通
志》所記偶誤也。是集目錄祇十六卷,而書實十八卷,其目錄之
次序前後參互,亦與卷內不合,皆校刊之疎漏。又《千頃堂書目》
載是集作二十卷。殆初刻十六卷,後增至十八卷,又增至二十
卷,而目則未改歟?

雲山堂集六卷(浙江孫仰曾家藏本)

明魏裳撰。裳字順甫,蒲圻人。嘉靖庚戌進士,官至濟南府
知府。《明史·文苑傳》附載《王世貞傳》中。是集前三卷皆詩,
後三卷為雜文。當嘉、隆之際,李攀龍、王世貞方負盛名,而裳與
南昌余曰德德甫、銅梁張佳允〔胤〕肖甫、新蔡張九一助甫實左右

之，當時稱為"四甫"。裳才地稍弱，尤為墨守不變。集首佳允序謂其"文非《左》、《國》、兩司馬，詩非建安、大曆，則不以寓目"。此即其力持王、李餘論之證。故世貞《藝苑巵言》亦稱其不失門宗云。

大雅堂摘稾無卷數（江西巡撫採進本）

明況叔祺撰。叔祺有《考古詞綜》，已著錄。是集《千頃堂書目》不載，《江西通志》亦稱是時王、李之學盛行，有"後五子"、"廣五子"等目，而不及叔祺。《大雅堂集》世亦罕有傳者，則明代已不行於世矣。此本題云《摘稾》，則尚非叔祺之全集。詩止近體無古體，叔祺尤不應若是之陋。或選錄者不諳古體，惟取其所能解耶？

居來山房集六十五卷（江蘇巡撫採進本）

明張佳允撰。佳允字肖甫，銅梁人。初號爐山，以其家在居來兩山之間，更號居來山人。案，居來，一作崌崍，蓋字之別體。嘉靖庚戌進士，官至兵部尚書，總督薊遼。事蹟具《明史》本傳。佳允為郎時，與王世貞諸人相酬和。七子仕宦多不達，而佳允鎮雄邊，定大變，以功名始終。論者謂其詩文才氣縱橫，而頗乏深致。蓋雄心大略，不耐研思於字句閒也。是集賦一卷，詩二十八卷，雜文三十五卷，末一卷附錄行狀、墓誌，後又載同時諸人所作序、記等文十一篇。

天目山堂集二十卷附錄一卷（兩淮鹽政採進本）

明徐中行撰。中行字子與，號龍灣，長興人。讀書天目山下，故自稱天目山人。嘉靖庚戌進士，官至江西左布政使。《明史·文苑傳》附見《李攀龍傳》中。中行為"後七子"之一，王世貞

《藝苑卮言》亟稱之,以為“左準右繩,靡所不合”。胡應麟《詩藪》則惜其少深沈之致①,陳子龍《明詩選》復有摹古太似之譏②。是非恩怨,輾轉相爭。要之,或褒或貶,各有所當,合而觀之,則中行之定評出矣。雜文亦有意矯揉,頗失渾雅。蓋當時風尚,七子同一軌轍,非如是不能預壇坫也。

【彙訂】

①“深沈”,殿本作“沈深”。

②“左準右繩,靡所不合”,非出自《藝苑卮言》,乃見於王世貞為此集所作序文中。陳子龍《皇明詩選》對徐中行並無“摹古太似之譏”。(劉敬:《〈四庫全書總目〉七子派批評研究——以七子派主體作家為中心》)

青蘿館詩六卷(兩江總督採進本)

明徐中行撰。是集乃隆慶中其壻汪時元所刻①,其守汝寧以後之詩居三分之二②。汰其古文,又汰其少作,較前集為精簡③。然中行於北地之學漸染既深,時元能刪其枝蔓,不能變其根柢也。

【彙訂】

① 明隆慶五年刻本此集題“吳興徐中行著 門人汪時元校刻”,前有隆慶四年陳有守序云“子壻汪時元,余嘗介之學詩有年”,則汪時元係陳有守之壻,非徐中行壻。(董康:《青蘿館詩解題》)

②“三分之二”,底本作“三分之一”,疑誤,據殿本改。

③“前集”,殿本作“全集”。

余德甫集十四卷(江蘇周厚堉家藏本)

明余曰德撰。曰德初名應舉,字德甫,南昌人。嘉靖庚戌進士,官至福建按察司副使。《明史·文苑傳》附見《王世貞傳》中。

與魏裳、汪道昆、張佳允、張九一，所謂"嘉靖後五子"也。世貞稱其詩"古近體無所不佳，近體獨超；近體五七言無所不超，七言獨妙"①。《靜志居詩話》則謂："其詩尚未見門戶，元美冠諸後五子之首，未免阿其所好。"今觀是集，彝尊所論公矣。

【彙訂】

① 此集王世貞序原文"七言律尤妙"。（劉敬：《〈四庫全書總目〉七子派批評研究——以七子派主體作家爲中心》）

豐陽集十二卷（浙江巡撫採進本）

明馮皋謨撰，皋謨字明卿，海鹽人。嘉靖庚戌進士，官至福建布政司參政。是集凡詩四卷，文八卷。皋謨在粵平大盜張璉，擊敗倭寇，皆有功。又創議立條鞭投櫃之法，至今稱便，其經濟頗可觀。而詩文則但有浮聲，殊乏切響。許聞造《行狀》稱皋謨官刑部時，與梁有譽、宗臣、吳國倫、徐中行相善，切劘爲詩，故其趨向亦相近云。

采薇集四卷幽貞集二卷邕歈集六卷（兩江總督採進本）

明董傳策撰。傳策有《奏疏輯略》，已著錄。此三集乃傳策以嘉靖戊午遣戍，至隆慶丁卯召還，前後十年之詩也。《采薇集》爲四言、樂府、歌行、絕句等體，《幽貞集》爲五言古體，《邕歈集》爲七言律體。詩多激烈，如其爲人。案《千頃堂書目》，《采薇集》作十四卷，《幽貞集》作十一卷，《邕歈集》作七卷，與此互異。明人集多隨作隨刊，卷帙無定。未知爲此本不完，或黃虞稷誤載。又有《廓然子槀》二卷，《蘧廬槀》七卷，此本不載，殆偶佚矣。

甔甀洞槀五十四卷續槀二十七卷（山東巡撫採進本）

明吳國倫撰。國倫有《陳張本末略》，已著錄。初，國倫爲兵科給事中時,以倡衆賻楊繼盛,忤嚴嵩,左遷,世稱其義。在"後七子"中最爲老壽。初與王世貞、李攀龍唱和,後與李維楨、汪道昆輩狎主詩盟,其著述頗富。然在當時,胡元瑞作《詩藪》,已譏其"用句多同,一篇而外,不耐多讀"[1]。國朝朱彝尊《靜志居詩話》亦謂:"王、李既沒,《甔甀》幾與《四部》爭富,而海内之爲真詩者寡。"則文章不逮其行誼矣。此《甔甀洞槀》國倫所手定,《續槀》則其子士良所校刊[2]。《明史·藝文志》此二集外又載其詩槀十五卷,今未之見,意其散佚歟[3]?

【彙訂】

①《詩藪續編》卷二云:"然于鱗則用字多同,明卿(吳國倫字明卿)則用句多同,故十篇而外,不耐多讀,皆大有所短也。"(劉敬:《〈四庫全書總目〉七子派批評研究——以七子派主體作家爲中心》)

②"校刊",殿本作"校刻"。

③"歟",殿本作"也"。

蘇山集二十卷(兩淮鹽政採進本)[1]

明陳柏撰。柏字子堅,一字憲卿,沔陽人。嘉靖庚戌進士,官至井陘兵備副使。是集凡詩十卷,文十卷,詩頗宕逸有姿,而失於薄弱。文又不及其詩。《千頃堂書目》別載柏《見南山集》八卷,不載此集。殆偶未見歟?

【彙訂】

① 此書見《兩淮商人馬裕家呈送書目》,"兩淮鹽政採進本"恐誤。(杜澤遜:《四庫存目標注》)

蘇山選集七卷(浙江巡撫採進本)

明陳柏撰。是集爲莆田黃謙所選定,凡詩四卷,文三卷。

《千頃堂書目》作五卷，傳寫誤也。

　　小漁遺槀十二卷（浙江巡撫採進本）

　　明唐汝楫撰。汝楫字思濟，蘭谿人，吏部尚書龍之子。龍號漁石，故汝楫自號小漁。嘉靖庚戌進士第一，官至左春坊左諭德。事蹟附見《明史·唐龍傳》。史稱龍與嚴嵩相善，汝楫又以素附嵩得第一人及第，後坐嵩黨奪官。則其人不足重，其文章亦不為世所稱。是集為萬曆乙卯蘭谿知縣莊起元所編，皆應俗之文。起元稱其著作甚夥，散佚不傳，僅從其孫宗本、曾孫明照索得殘槀，就而編次云。

　　春明槀十四卷（浙江汪汝瑮家藏本）

　　明徐學謨撰。學謨有《春秋億》，已著錄。是編皆其以尚書召起，再入都時所作，故以“春明”為名。凡文編十卷，詩編三卷，續編一卷。文編末四卷為《齊語》，皆所著雜說。《千頃堂書目》作八卷，蓋除《齊語》計之也。其《論詩》一條云：“近來作者，綴成數十豔語，如黃金、白雪、紫氣、中原、居庸、碣石之類，不顧本題應否，強以竄入，專愚聾瞽，自以為前無古人。小兒效顰，引為同調，南北傳染，終作癘風，詩道幾絕。”其語蓋為王、李而發。學謨與王世貞里閈相近，而立論如此，頗不為習俗所染。然詩多懦響，終不能副所言也。

　　徐氏海隅集四十卷（浙江孫仰曾家藏本）

　　明徐學謨撰。《明史·藝文志》載學謨文集四十三卷，《千頃堂書目》亦載學謨《海隅集》四十三卷。此本僅四十卷，前無序目。蓋姦黠書賈以殘闕之本割去序目，冒為完書也。開卷即列《寶殿》、《玉芝》諸頌，蓋當時風氣類然。至其《書易名始末》一篇,與世傳學謨初名學詩,以其時有上虞徐學詩疏劾嚴嵩,懼以同名罹禍,故改名學謨者,説又不同。蓋莫得而詳焉①。

【彙訂】

① 王世貞《弇山堂別集》卷一六"皇明奇事述"敍其始末頗詳。(楊武泉:《四庫全書總目辨誤》)

歸有園稾二十九卷(江蘇巡撫採進本)①

明徐學謨撰。是集文二十二卷,詩七卷,乃其歸田後所作。學謨嘗謂:"昔人有云:近世士夫以官為家②,罷則無所於歸。"故自早歲罷荆州守,即構一園,名曰歸有,因以名其詩文。中多酬應之筆,其雜著中《塵譜》、《鏡戒》二卷,尤未免失之於俚。

【彙訂】

① "江蘇巡撫採進本",殿本作"江西巡撫採進本",誤。《四庫採進書目》中"江蘇省第一次書目"、"江蘇採輯遺書目錄簡目"著錄此書。(江慶柏:《殿本、浙本〈四庫全書總目〉著錄圖書進獻者主名異同考》)

② "士夫",底本作"士大夫",據明萬曆二十一年張汝濟刻四十年徐元暇重修本此集張汝濟序原文及殿本改。

留餘堂集四卷(浙江巡撫採進本)

明潘季馴撰。季馴平生功業著於治河,所作《河防一覽》,已著錄。是集詩一卷,文三卷,皆不見所長①。《千頃堂書目》作五卷,或尚佚一卷歟②?

【彙訂】

① "不見",殿本作"無所"。

② "或",殿本作"此其"。

李温陵集二十卷（江蘇周厚堉家藏本）

明李贄撰。贄有《九正易因》，已著錄。是集一卷至十三卷為答書、雜述，即《焚書》也。十四卷至十七卷為《讀史》，即摘錄《藏書》史論也①。十八、十九二卷為《道原錄》，即《説書》也②。第二十卷則以所為之詩終焉。前有自序，蓋因刻《説書》而並摘《焚書》、《藏書》，合為此集也。贄非聖無法，敢為異論，雖以妖言逮治，懼而自到，而焦竑等盛相推重，頗熒衆聽。遂使鄉塾陋儒，翕然尊信，至今為人心風俗之害。故其人可誅，其書可燬，而仍存其目，以明正其為名教之罪人，誣民之邪説。庶無識之士，不至怵於虛名，而受其簧鼓，是亦彰癉之義也。

【彙訂】

① 四卷并非全摘自《藏書》。（侯外廬主編：《中國思想通史》）

②《道原錄》為《道古錄》之誤，《道古錄》非《説書》。（同上）

周禹川集五卷（直隸總督採進本）

明周大章撰。大章字章之，號禹川，吳江人。嘉靖壬子舉人，官至瑞安縣知縣。是編為《文藝集》二卷，皆所作雜文；《禦倭武略》三卷，前二卷載《防倭方略》，後一卷附錄投贈詩文。嘉靖中，江以南屢被倭寇，大章以書生佐守吏，調兵食，所至克捷，鄉里實受其利。然生平本不以文章名，其《禦倭武略》中多載公移、劄付之類，尤為叢雜。

羽王先生集略無卷數（兩江總督採進本）

明張鳴鳳撰。鳴鳳有《桂故》，已著錄①。是集為僧超撥所刻，超撥即鳴鳳之孫也。自稱家遺鐫集七種，值兵火幸存，因從全槀内錄其十分之二,付之剞劂。然《桂故》等三書亦在其内。惟詩文集及《漕書八論》,世無別行之本。而超撥删削無識,往往去其菁華,挈其蕭艾,已非復鳴鳳之舊矣。

【彙訂】

① 依《總目》體例,當作“鳴鳳有《西遷註》,已著錄”。

子相文選五卷(江西巡撫採進本)

明宗臣撰。臣有《宗子相集》,已著錄。是編止詩一卷,文四卷。為鄭二陽所選評,姜承宗、姜纘宗所編輯,於集外別行者也。

九愚山房詩集十三卷(山西巡撫採進本)

明何東序撰。東序字崇教,號肖山,猗氏人。嘉靖癸丑進士,官至右僉都御史,巡撫延綏。其詩未能入格,而尤喜作古樂府,凡郭茂倩《樂府詩集》古題,擬之幾遍,甚至郊廟樂章,亦仿為之。然唐人已不能擬漢、魏,而東序欲為唐人所不能,不亦難乎?

惺堂文集十四卷(江西巡撫採進本)

明史桂芳撰。桂芳字景實,號惺堂,鄱陽人。嘉靖癸丑進士,官至兩浙鹽運使。桂芳與羅汝芳、耿定向講學,其語錄稱誦陳獻章“未分無極源頭在,誰畫先天樣子來? 碧玉樓中閒隱几,十千川繞又山迴”之句①,謂數十年不似今夕了悟,其宗旨可見。而文章頗朴實,不為虛渺之談。集末附《書經補說》三卷②,多與先儒立異。其謂周武王無封箕子事,說亦甚辯。然史傳炳然,古無異論,安可懸斷其誣也?

【彙訂】

① “十千川繞又山回”,殿本作“十千山繞又川回”。明嘉靖

十二年刻本《白沙子》卷八有《再和碧玉樓韻》詩，末句作"千千山繞又川回"。

②胡介《皇明史惺堂先生遺稿序》云："《遺稿》序二卷，書四卷，傳一卷，雜著二卷，墓誌、祭文一卷，語錄一卷，《書經補說》一卷，共十二卷，而先生之傳、志、行狀與門人所編《年譜》，各為一卷，附於《遺稿》之前後。"現存清順治十六年史簡等刻本與乾隆十四年史珥等增修本《皇明史惺堂先生遺稿》均為十一卷，附《嘗惺先生書經補說》一卷。十四卷者或將所附史稽古（桂芳孫）《蕩淡人僅存稿》二卷、史乘古（桂芳孫）《僑翁詩鈔》一卷一并計入。（楊光輝：《〈皇明史惺堂先生遺稿〉版本考》）

曹太史含齋集十六卷（浙江孫仰曾家藏本）

明曹大章撰。大章字一呈，號含齋，金壇人。嘉靖癸丑進士，官翰林院編修，以廢疾罷。是集凡文十三卷，詩三卷，多慶祝哀輓之篇，應試策論亦悉載焉。

姜鳳阿文集三十八卷（江西巡撫採進本）

明姜寶撰。寶有《周易傳義補疑》，已著錄。是集分十槀：《初槀》一卷，《中祕槀》一卷，《讀禮槀》一卷，《史館槀》三卷，《西川槀》二卷，《周南槀》二卷，《八閩槀》二卷，《銀臺槀》二卷，《南雍槀》二卷，《家居槀》十一卷，《留部槀》十一卷。寶少從學於唐順之，其行文步驟開闔，頗得力於師說。而學力根柢不及順之之深厚，故論明代之文者不及焉。王世貞序謂："宏、正而後，士大夫禰《檀》、《左》而昃先秦。及其流弊①，而為似龍出之無所自，施之無所當。六季之習，巧者猴棘端，侈者繡土木。"而極推寶之學為能深造自得。蓋世貞晚年亦深厭字劋句竊之病，而折服於歸有光諸人，故其説如此也。

【彙訂】

①“及”，明萬曆刻本此集汪道昆序（非王世貞序）及殿本作“乃”。

虛籟集十四卷（湖南巡撫採進本）

明劉堯誨撰。堯誨號凝齋，臨武人。嘉靖癸丑進士，官至南京兵部尚書。是集為其六世孫心忠所編，凡文九卷，詩五卷，詞三首、偈四首共為一卷。其論性、論格物，頗拾姚江緒餘。書啟、序記中皆贈答應酬之作，標題多稱父母、郡祖、都臺、乃堂之類，亦頗嫌太質。

綠波樓詩集十四卷（河南巡撫採進本）

明張九一撰。九一字助甫，號周田，新蔡人。嘉靖癸丑進士，官至右僉都御史，巡撫寧夏。《明史·文苑傳》附見《王世貞傳》中。世貞詩亦謂“吾黨有三甫”，蓋余曰德字德甫，張佳允字肖甫，與九一字助甫為“三甫”也。案此與“四甫”之説不同，蓋作詩之時，魏裳猶未入社也。論者謂其詩高華雄爽，振宕不羈。於七子齊盟，風氣雷同之時，自稱拔俗。然今觀其集，實未能於七子之外別開門徑。蓋九一服膺王世貞，曾因世貞父忤故，觸忤嚴嵩，遭遷謫而不悔，即其生平規橅無可知矣。九一官湖廣參議時，嘗構綠波樓，後遂以名其集。舊版已燬，此本國朝康熙中新蔡知縣呂民服所重錄也。

學孔精言舍彙槀十二卷（兩江總督採進本）①

明孫應鰲撰。應鰲有《淮海易談》，已著錄。《明史·藝文志》載應鰲《彙槀》十六卷。此本十二卷，前有萬曆己卯劉伯變序，言集首奏疏，終於古風、絕、律。今第十二卷止於五言律詩，而絕句、七言律詩皆闕，知非足本矣。

【彙訂】

①“言”字衍。《兩江第一次書目》著錄《學孔精舍彙稾》三本。清光緒六年獨山莫氏刻《孫文恭公遺書》內有《學孔精舍詩鈔》六卷。上海圖書館藏有《學孔精舍詩鈔》二卷，清咸豐三年文述之鈔本，書名均無“言”字。（杜澤遜：《讀〈四庫提要〉別記》）

百可亭摘稾九卷（浙江巡撫採進本）

明龐尚鵬撰。尚鵬字少南，南海人。嘉靖癸丑進士，官至副都御史巡撫福建。天啟初，追諡惠敏。事蹟具《明史》本傳。是集奏疏四卷，雜文三卷，詩二卷，凡分三編。《千頃堂書目》作三卷，蓋僅據其雜文一種也。詩文皆樸實，惟奏議頗為明暢，其與張居正小簡尤切直，居正復書附焉。蓋論萬曆四年九月居正奪情事也。史稱：“居正深銜之，嗾史科給事中陳三謨以給由歲月有誤劾之，遂罷去。家居四年而卒。”云。

石泉山房集十卷（江西巡撫採進本）

明郭汝霖撰。汝霖字時望，號一厓，永豐人。嘉靖癸丑進士，官至南京太常寺卿。汝霖從鄒守益、歐陽德諸人講學，故其議論與羅汝芳一派相近。古詩頗規模陳子昂、李白諸人，得其形似，近體則又次焉。

李子田文集四卷（兩江總督採進本）

明李蓘撰。蓘有《黃谷瑣談》，已著錄。所選宋、元《藝圃集》頗有別裁，而文章沿歷城、太倉之派，未能自闢門庭。其持論務合儒、釋為一，遂並孟子而非之。如曰：“孟子非排告子也，排告子而自異於孔氏諸聖人也；諸儒非尊孟氏也，尊孟氏而自別於孔氏諸聖人也。"①可云大繆②。

【彙訂】

① "孟氏"，殿本作"孟子"，疑誤。

② "大繆"，殿本作"大紕繆矣"。

近溪子文集五卷（江蘇巡撫採進本）

明羅汝芳撰。汝芳有《孝經宗旨》，已著錄。其學出於顏鈞①，承姚江之末流，而極於泛濫。故其説放誕自如，敢為高論。著述最易成編，多至四五十種，即其集亦非一刻。有《近溪子集》，其門人杜應奎編；有《近溪子全集》，其孫懷祖刊；有《批點近溪子集》，耿定向所編；有《批點近溪子續集》，楊起元所編；有《明德公文集》、《近溪先生詩集》②、《近溪子附集》、《近溪子外編》，有《從姑山集》、《續集》，並其孫懷智所編；有《明德詩集》，其門人左宗郢刊。今多散佚。此集則其曾孫萬先所刊也。

【彙訂】

① "顏鈞"，底本作"顏均"，據殿本改。《明史·儒林傳》云："（王）艮傳林春、徐樾，樾傳顏鈞，鈞傳羅汝芳、梁汝元，汝芳傳楊起元、周汝登、蔡悉。"顏鈞，《明儒學案·泰州學案》有傳。

② 殿本"詩"上有"全"字，疑衍。

愧非集十四卷（山東巡撫採進本）

明馬攀龍撰。攀龍字沖霄，號愧非子，陽信人。嘉靖乙卯舉人①，官禮部主事。是編凡《談略》四卷，《乾坤逆旅集》一卷，《漫槀》一卷，《遊涉槀》一卷，《游林槀》一卷，《邯鄲學步集》四卷，《忙

忙亭槀》二卷。《明詩統》稱其博學雄才②,著述甚富,惜年不稱
壽。今以集考之,攀龍為學官時,有院試詩云:"五十老文學,低
頭竊自羞。"自註云:"余赴試許州,自傷老大,猶滯學博。"云云。
其後遷邯鄲令,轉京邑,入為主事,有《早春入朝》詩句云③:"書
生慶際遇,白首得為郎。"又《長安除夕》有"為客已三載,壯志灰
頹齡"等句。則"年不稱壽"之說非也。《談略》所引,多小說俚
語。詩用《洪武正韻》,又與詩餘雜編,亦乖體例。

【彙訂】

①"乙卯",殿本作"己卯",誤。清乾隆《山東通志》卷十五
之一《選舉志一》明嘉靖三十四年乙卯科舉人有馬攀龍,陽信人,
主事。嘉靖無己卯。

②"明詩統",殿本作"明詩綜",誤。明萬曆刻本李騰鵬輯
《皇明詩統》卷三十一收錄馬攀龍詩四首,前附小傳,而《明詩綜》
未載馬攀龍詩。

③"詩",殿本無。

震堂集六卷(江蘇巡撫採進本)

明王養端撰。養端字茂成,遂昌人,嘉靖乙卯舉人。是集為
其鄉人何鏜所刪定,而遂昌知縣池明刻之。其時王、李並馳,海
內響應,故養端所作,亦沿二家之波。大都一字一句必似古人,
而意趣則罕所自得。冠以《擬古樂府》一卷,望其標目,古色斑
然;核其文章,乃多無取。如《李延年歌》、漢武帝《李夫人歌》,皆
偶爾神來,遂成絕調,即作者亦不能再為,而皆衍為長篇,味如嚼
蠟;《焦仲卿妻詩》、《木蘭詩》,正以委曲瑣屑入妙,而縮為數句,
又似斷鶴①。至於樂府諸篇,古詞僅在。如曰摹其音節,則"無

詔伶人,事謝絲管",劉勰言之矣。非夔非曠,誰能於千百年後得
其律呂?如曰闡其意義,則標名既每難詳,詞句尤多譌闕。吳兢
所解,已多在影響之間,今安得知其本旨?《釣竿》、《朱鷺》之類,
尚可緣題成文,至《東光》、《翁離》諸篇,題既不明,詞又不解,一
概描摹不已。實不知何所見而云然矣。

【彙訂】

①"斷鶴",殿本作"斷鳧"。

潛學稿十二卷(浙江巡撫採進本)

明鄧元錫撰。元錫有《三禮繹》,已著錄①。此其所作雜文
及語錄也。其語錄力闢心學,在當時尚為篤實,文章則頗為朴
儓,未足擅長。

【彙訂】

①《總目》卷二五著錄鄧元錫撰《三禮編繹》。

耿天台文集二十卷(湖北巡撫採進本)

明耿定向撰。定向有《碩輔寶鑑要覽》,已著錄。是集為其
門人劉元卿所編。凡詩賦一卷,雜文十九卷。末一卷為時藝,蓋
用《宋文鑑》收張才叔經義例也。定向之學,歸宿在王守仁。故
集中第十三卷以薛瑄諸人為列傳,而以守仁為世家。此蓋陰用
《史記·孔子世家》之例,不但以守仁封新建伯也。黃宗羲《明儒
學案》列之泰州王艮派下,摘其與張居正論趙用賢、吳中行等書,
以為雖欲少殺其禍,亦近於誦六藝以文姦言,又摘其劾御史王
藩臣疏,以為鉗制言官。考與居正書在第六卷中,核其詞意,
蓋求寬言者之罰,不得不先解居正之怒,求解其怒,不得不先
順其意而使之喜。於是借伊尹之任以獻諛頌,遂為天下口實。

案《明史》定向本傳稱居正奪情，定向貽書友人，譽為伊尹，而貶言者，時議訾之。蓋偶未檢此集，誤以與居正為與友人，謹附識於此。《糾王藩臣疏》今在第二卷中，大旨慍藩臣劾巡撫周繼，未以揭帖送都御史。使藩臣所劾不實，定向糾其妄奏可也。乃因遺誤送揭，閱一月之後，始糾其不實。此爭私憤，非爭公論矣。顧允成作《客問》以詰定向，定向不能答，厥有由歟？大抵定向之學，兼講作用。觀其全集，大略可知。宗羲所論，雖責備賢者之言[1]，要不可謂之無因[2]。

【彙訂】

[1]"雖責備賢者之言"，殿本無。

[2]殿本"因"下有"也"字。

濟美堂集八卷（福建巡撫採進本）

明吳文華撰。文華有《粤西疏稾》，已著錄。是集凡詩文四卷，頗沿臺閣舊體。後四卷即《粤西奏議》及《留都奏議》[1]，其初別本各行，後又編入集中也。

【彙訂】

[1]"後"，底本作"前"，據明萬曆耿定力刻清印本此集及殿本改。

屏居集八卷浪游集六卷耕餘集八卷（江蘇巡撫採進本）

明姚汝循撰。汝循字敘卿，江寧人。嘉靖丙辰進士，官至大名府知府，終於嘉州知州。汝循自大名罷官歸田，著《屏居集》。及嘉州罷後，歷游燕、趙、楚、蜀間，著《浪遊集》。晚年退耕秦淮，著《耕餘集》。王穉登序其《耕餘集》，謂其沖若陶、韋，然陶、韋不在其貌也。

濟美堂集六卷（浙江巡撫採進本）

明陳瓚撰。案世宗時有兩陳瓚：其一獻縣人，嘉靖丁未進士，官至南京吏部尚書，即嘗為楊繼盛奏請卹典者。此陳瓚字廷裸，常熟人，嘉靖丙辰進士，官至刑部左侍郎，諡莊靖。事蹟附見《明史·魏時亮傳》。是編首列疏一卷，詞頗伉直，餘多酬應之文。六卷之末附詩二十八首、詞一首，亦非所長。

蘭暉堂集四卷（浙江汪汝㻛家藏本）

明屠應埈撰。應埈字文升，刑部尚書勳之子。嘉靖丙辰進士，官至左春坊左諭德。《明史·文苑傳》附載《王慎中傳》中①。應埈為文善比事屬辭，詩法汎濫諸家，時有獨造，一時名出其父右。然牽於華藻，蘊蓄未深。是編凡詩二卷，文二卷，與其父集本別行。後其曾孫繩德等又取勳所著《太和堂集》，與是集合刻，名曰《屠氏家藏二集》云。

【彙訂】

① 丙辰為嘉靖三十五年，然《明史》本傳謂"舉嘉靖五年（丙戌）進士"。《弇山堂別集》卷八二《科試考》、《列朝詩集小傳》丁集上、雍正《浙江通志》卷一三二《選舉志》、光緒《平湖縣志》卷一三《選舉志》所載均同。又據《明史》本傳，屠應埈官至右諭德。光緒《平湖縣志》卷一五《屠應埈傳》云："尋陞春坊右諭德。"後因抗疏乞歸，"歸而疾作，竟不起"。（楊武泉：《四庫全書總目辨誤》）

怡雲堂集十卷（江西巡撫採進本）

明蔡國珍撰。國珍字汝聘，奉新人。嘉靖丙辰進士，官至吏部尚書，諡恭靖。事蹟具《明史》本傳。是集乃其從曾孫尚才所編，凡詩四卷，文六卷。詩皆近體，尚才序謂從敗簏中得其歸田後所作詩一帙，以類編次①，蓋非全槁也。卷四後附其子若孫之詩。卷五、卷六乃國珍所作奏疏、序記諸文。又卷七、卷八附以敕命、墓表及壽文、祭文。卷九又為國珍所作書啟、小詞。卷十又附刻他人書啟。編次殊為無緒。且詩實四卷，而序云二卷，尤為不檢矣。

【彙訂】

① "以"，殿本作"分"。

心泉集二十五卷（浙江孫仰曾家藏本）

明何源撰。源字仲深，號心泉，江西廣昌人。嘉靖己未進士，官至刑部左侍郎，諡靖惠。源官吏部文選司主事時，張居正以親故託之，拒弗應，緣是引疾歸。及為南京吏部侍郎，京察黜陟公允，為海瑞所稱，以為士人致身報主當如是。後卒於官，貧幾不能殮，蓋以氣節自負者。是集為其子孔賢、孔賓所編，凡文二十二卷，詩賦、歌詞三卷，大抵非公牘即應酬之作。然源之足以不朽者，固不在此也。

張滸東集十四卷（河南巡撫採進本）

明張鹵撰。鹵字召和，號滸東，儀封人。嘉靖己未進士，官至右副都御史巡撫保定。以忤張居正、馮保，左遷南京太常寺卿，旋乞休歸，終於家①。是集凡詩六卷，文八卷。初刻於天啟五年，為其子永忠及門人王安仁所訂定。版久燬，此本為其後人重刊。其中如《慶成宴》、《代巡》、《贈別》諸作，本五言長律，而雜之古體中；《題鹿鳴宴圖》，本七言古詩，而列之詞內。編次頗為舛誤。且考鹵在諫垣時，陳奏頗為侃直。其後三領節鉞，能殄叛卒，修邊備，與中朝權貴相抗，多有政績可紀。而集中章疏乃無一篇。意者尚別有奏議自為一集乎？

【彙訂】

① 依《總目》體例，當作"鹵有《嘉隆疏鈔》，已著錄"。

華陽洞稾二十二卷（兩江總督採進本）

明張祥鳶撰。祥鳶字道卿，別號虛齋，金壇人。嘉靖己未進士，官至雲南府知府。是編文十三卷，詩九卷。祥鳶多與"嘉靖七子"相往還，而詩能不涉其窠臼，然所造則尚未深也。

王奉常集六十九卷（江蘇周厚堉家藏本）

明王世懋撰。世懋有《卻金傳》，已著錄。是集賦、詩、詞十五卷，文五十四卷。第五十二卷曰《澹思子》，第五十三卷曰《藝圃擷餘》，第五十四卷曰《經子臆解》、《易爻解》，皆所作雜說、筆記，附編集內者也。世懋名亞於其兄世貞，而澹於聲氣，持論較世貞為謹嚴。厥後《藝苑巵言》為世口實，而《藝圃擷餘》論者乃無異議，高明、沈潛之別也。但天姿、學力皆不及世貞，故所作未能相抗耳，朱彝尊《靜志居詩話》云："敬美才雖不逮哲昆，習氣猶未陷溺。"斯持平之論也。

關洛記游稾二卷（兩淮鹽政採進本）

明王世懋撰。是集乃萬曆辛巳世懋官陝西提學副使，旋以曇陽子事為臺諫所彈，乃移疾自洛陽東歸時作。上卷游記三篇，下卷詩七十七首。屠隆為之序，亦全作二氏支離語。蓋一時士大夫習氣如斯也。

賜閒堂集四十卷（兩淮鹽政採進本）

明申時行撰。時行有《書經講義會編》，已著錄。是集賦、詩共六卷,文及雜著共三十四卷。其相業無咎無譽,詩文亦如其為人。

　　王文肅集五十二卷附錄二卷(檢討蕭芝家藏本)

　　明王錫爵撰。錫爵有《王文肅奏草》,已著錄。是集為其孫時敏所編,凡雜文十二卷,書十八卷,奏疏二十二卷,附載《榮哀錄》一卷,誌狀、碑傳一卷①。前有申時行序,然時行乃序其奏疏,非序其全集,時敏刊刻之時,取以冠編耳。時敏跋稱:"彙集文稾,不能十之五六,詩稾經年廣搜,未能成帙。"又稱"入閣以後參軍代筆,奉有先命,不敢混入"云。

【彙訂】

　　① 此書實為五十五卷,其中奏疏共二十三卷(卷三一至五三),即《總目》卷五六著錄《王文肅奏草》二十三卷。附榮哀錄二卷(卷五四、五五)。(王重民:《中國善本書提要》;高琪:《王文肅公文集提要》)

　　觀我堂摘稾十二卷(安徽巡撫採進本)

　　明李材撰。材有《李見羅書》,已著錄。其學出於姚江而稍變其說,遂開止修一派,與良知一派並傳。然制行頗率意自恣,官巡撫時,毀參將署為書院,致激兵變。後雲南巡按御史劾其破蠻冒功,逮問坐繫十餘年。謫戍福建,乃仍用巡撫儀從以往,為當時所怪。黃宗羲《明儒學案》謂:"其以師道自任,不因患難而改,不知者謂其不忘開府門面,則失之。"然師道尊嚴,豈在鼓吹張蓋? 宗羲以姚江一派門戶相同,從而為之曲說耳。是集凡《大學古本義》一卷,《書問》十卷,《雜著》一卷,皆其講學之文也。

敬和堂集八卷（浙江巡撫採進本）

明許孚遠撰。孚遠字孟中，德清人。嘉靖壬戌進士，官至兵部左侍郎。事蹟具《明史·儒林傳》。孚遠之學雖出於唐樞，然史稱其篤信良知，而惡夫援良知以入佛者。故與羅汝芳、楊起元、周汝登斷斷相爭，在姚江末派之中，最為篤實。馮從吾、劉宗周、丁元薦傳其所學，皆能有所樹立。是集前有葉向高序，蓋萬曆甲午孚遠為福建巡撫時所刊，每卷之首尚空其次第未鐫。以版心號數計之，凡序一卷，記一卷，雜著一卷，書一卷，疏二卷，公移二卷云。

衛陽集十四卷（直隸總督採進本）

明周世選撰。世選字文賢，故城人。嘉靖壬戌進士，官至南京兵部尚書。是集以衛陽為名，蓋故城在衛河之陽，世選以自號，因以名集也。世選以風節著，文章非所留意。然集中章奏，如諫穆宗馳馬於禁掖、神宗講武於宮中，皆不知明之積弱，由於朝廷之宴安；朝廷之宴安，由於諸帝之不知兵事，持論殊為迂闊。又姚希孟序謂大學士高拱構禍華亭，將引世選效指臂，弗應，遂被逐去。復引其祭拱文中隱顯參商語以證之。然世選出拱之門，不受指嗾，具見特立之操。乃拱既卒，而必特彰其事於祭文，是又不如置之不辨之為厚矣。

海亭集四卷（福建巡撫採進本）

明鄭普撰。普字汝德，海亭其號也，南安人。嘉靖壬戌進士[1]，官至雲南府知府。是集文三卷，皆應酬之作，詩一卷，僅二十餘首，亦殊寥寥。據王慎中所作《墓誌》，謂普精於經學。觀集中《復林次崖二書》，亦憑虛理斷之學，非元元本本之學也。

【彙訂】

① 壬戌為嘉靖四十一年，然王慎中《知府鄭海亭墓誌銘》（載《國朝獻徵錄》卷一〇二）謂"嘉靖壬辰進士"。雍正《福建通志》卷三六《選舉志》所載亦同。且王慎中嘉靖三十八年已卒。（楊武泉：《四庫全書總目辨誤》）

覆瓿草六卷（浙江汪汝瑮家藏本）

明林熞撰。熞字貞耀，閩縣人。嘉靖壬戌進士，官至南京工部尚書。事蹟附見《明史・林瀚傳》。集首有王穉登序，言熞官未踰藩鎮，既告歸幾二十年，乃以薦為太僕，俄復請歸。與史不合。蓋史舉其所終之官，穉登所稱則其刻集時官也。穉登序極論七子末流之弊，而獨稱熞詩為有道之言。然是集為胡應麟所編，應麟故依附七子者。集中所錄，大抵舊調居多，新意殊少，仍七子之支派而已。

逍遙園集二十卷（江蘇周厚堉家藏本）

明穆文熙撰。文熙有《七雄策纂》，已著錄。是集為南師仲所編。凡詩十卷，文十卷。《明史・藝文志》作《逍遙園集》十卷，疑刊本誤脫"二"字也①。

【彙訂】

①《四庫》所據為明萬曆二十九年穆光胤刻本，作《穆考功逍遙園集選》二十卷。傳世另有明萬曆十五年劉懷恕刻本，作《逍遙園集》十卷，是《明史・藝文志》所據。（杜澤遜：《讀〈四庫提要〉別記》）

處實堂集八卷（江蘇周厚堉家藏本）

明張鳳翼撰。鳳翼有《夢占類考》，已著錄。是編詩四卷，文三卷,末一卷曰《談輅》,則其筆記也。鳳翼才氣亞於其弟獻翼,故不似獻翼之狂誕,而詞采亦復少遜。生平好填詞,集中多論傳奇之語。《千頃堂書目》載鳳翼《處實堂前集》十二卷,《後集》六卷,與此本皆不符,未喻其故。

文起堂集十卷(兩淮馬裕家藏本)

明張獻翼撰。獻翼有《讀易紀聞》,已著錄。是集凡賦一卷,詩六卷,雜文三卷。其詩文多參以俳偶,蓋獻翼雖頗與李攀龍筆札往還,而與皇甫㳄尤契。故學其含咀魏、晉而未能成家云。

紈綺集一卷(安徽巡撫採進本)

明張獻翼撰。乃自錄其早歲所作,於《文起堂集》外別行者也。

狎鷗子摘槀一卷(江西巡撫採進本)[1]

明吳崇節撰。崇節有《古史要評》,已著錄。此其為武岡知縣罷歸後,所為文也。前有《狎鷗亭賦》及《霞塘八景》絕句,後則雜文,寥寥僅十數篇,皆詞意淺薄。中有《悟蓮生傳》,詳其詞意,乃崇節自謂,而其《狎鷗亭賦》又自稱豫石子,隨地易號,殆仿元結之例歟?

【彙訂】

[1] "江西巡撫採進本",底本作"江蘇巡撫採進本",據殿本改。《四庫採進書目》未著錄此書。吳崇節乃江西弋陽人,《總目》卷九〇著錄其《古史要評》,乃江西巡撫採進本,疑此集亦為江西巡撫採進。(江慶柏:《殿本、浙本〈四庫全書總目〉著錄圖書進獻者主名異同考》)

魯望集十二卷（兩淮馬裕家藏本）

明袁尊尼撰。尊尼字魯望，吳縣人，僉事袠之子。嘉靖乙丑進士，官至山東提學副使。是集純為七子之體，故王世貞序極稱之。

天池草二十六卷（編修吳典家藏本）

明王宏〔弘〕誨撰。宏誨字紹傳，瓊州安定人。嘉靖乙丑進士①，官至南京禮部尚書。宏誨初釋褐時，值海瑞廷杖下詔獄，力調護之。張居正當國，又嘗作《火樹篇》、《春雪歌》以諷，為居正所銜，蓋亦介特之士也。是集文二十卷，詩六卷，集首載諭祭文及本傳，猶古人附錄之例。又載其三世誥命，已為破格。至以萬曆己丑宏誨為會試副總裁，遂並載是科題名錄，則從來編別集者無此變體矣。

【彙訂】

① 明清瓊州府屬縣有定安，無安定。《弇山堂別集》卷四九《南京禮部尚書表》、雍正《廣東通志》卷三三《選舉志》均載嘉靖四十四乙丑科進士王弘誨為定安人。（楊武泉：《四庫全書總目辨誤》）

謝山存槀十卷（江蘇巡撫採進本）

明陳吾德撰。吾德字有齋，廣東新會人。嘉靖乙丑進士，官至浙江按察司僉事。吾德傳陳獻章之學，居官忤張居正，屢遭貶謫，其氣節亦錚錚者。詩文則直述胸臆而已。

震川文集初本三十二卷（安徽巡撫採進本）

明歸有光撰。有光有《易經淵旨》，已著錄。是編為其子子祐、子寧所輯。前有萬曆三年周詩序，所謂崑山本者是也①。其中漏略尚多，故其曾孫莊又裒輯為四十卷，而有光之文始全。相傳子寧改竄父書,有光見夢於賈人童姓②,其事雖不足信,而字句之譌舛,誠有如莊所指摘者。末載《行述》一篇,子祐所作;又《序略》一篇,子寧所作也。

【彙訂】

① 子祐、子寧所輯乃浙人翁良瑜兩金堂所刊,非"崑山本",說詳卷一七二"震川文集"條訂誤。

② 據翁良瑜《祭文》,"賈人童姓"乃"賈人翁姓"之誤。《總目》蓋沿襲自《列朝詩集小傳》。(王欣夫:《蛾術軒篋存善本書錄》;邵毅平:《〈震川先生集〉編刊始末》)

二酉園詩集十二卷文集十四卷續集二十三卷(湖北巡撫採進本)

明陳文燭撰。文燭字玉叔,沔陽人。嘉靖乙丑進士,官至南京大理寺卿。其詩分八集:曰《漢陰詩》,曰《廷中詩》,曰《淮上詩》,曰《嵩和詩》,曰《西蜀詩》,曰《東岱詩》,曰《金焦詩》,曰《黃蓬詩》。陳思育、王喬桂、皇甫汸、袁福徵、黃省曾①、沈明臣、李先芳、孫斯億、任瀚、高啟愚、熊敦朴、陳宗虞、曾可耕、吳國倫、方沆、黃一正、李維楨、屠隆、周光鎬十九人序之。文曰《五岳山人前集》、《五岳山人後集》,王世貞、歸有光、汪道昆、茅坤序之,後總編為《二酉園文集》,道昆、世貞又序之。《續集》則文燭身後,其孫之蓮所輯②。皆文無詩,亦無當時名士序。惟之蓮自序之,又與文燭之壻龍膺各為一跋而已。斯亦生死之際,交遊盛衰之驗,而文壇標榜,其不足盡據可知矣。

【彙訂】

① "黃省曾",底本作"黃貫曾",據殿本改。明刻本此集有

舊序二十篇，其一為黃省曾作。（王重民：《跋新印本〈四庫全書總目〉》）

②明萬曆十二年陳文燭婿龍膺徽州刻本三集俱全，天啟元年至三年陳之遴重刻《詩集》、《文集》，五年又續刻《續集》。則《續集》非陳之遴所輯。（杜澤遜：《四庫存目標注》）

楊端潔集無卷數（江西巡撫採進本）

明楊時喬撰。時喬有《周易古今文全書》，已著錄。是集為其子聖踐所編。江右之學，惟時喬一本程、朱，故集中《大學》、《周易》諸序及孔、朱二像碑，皆力闢心學之誤云。

洪洲類槀四卷（浙江汪啟淑家藏本）

明王圻撰。圻有《東吳水利考》，已著錄。是集凡詩一卷，文三卷，乃其提學湖廣時所自編，其孫謨又為重刻。圻所著述，如《續文獻通考》、《三才圖會》、《稗史類編》諸書，皆篇帙浩繁，動至一二百卷。雖龐雜割裂，利鈍互陳，其採輯編排，用力亦云勤篤。計其平日，殆無時不考古研今。其於詩文，殆以餘事視之，故寥寥如此，存而不論可矣①。

【彙訂】

①《千頃堂書目》著錄王圻撰《洪洲類稿》十六卷、《明農稿》四卷。國家圖書館藏明刊本《王侍御類稿》十六卷，卷前有其子王思義撰《續刻先侍御類稿引》，云："故楚中所梓有《洪洲類稿》……往昔先侍御嘗自哀其稿彙為帙，題曰《明農》，蓋四倍於前刻云，未付殺青，屬罹大故，竟為無賴者匿，不得梓。義恐久益散佚，先侍御奚囊之業遂至漫瀲，因搜故簏，尚存殘剩，命小史錄出，鋟諸梨棗，并前《類稿》，共為一集，題曰《王侍御類稿》，為卷

凡十有六卷，比前稿多誌狀、尺牘及雜著，而末復附唱和集及誌狀、行實。"可知王圻詩文非僅其壯歲所刻四卷本《洪洲類稿》"寥寥如此"。（王重民：《中國善本書提要》；向燕南：《〈四庫全書總目·洪洲類稿〉提要辨誤》）

寶善堂槀二卷（兩淮鹽政採進本）

舊本題慶成王宗川撰，不著其名。考《明史》晉王棡第四子濟炫封慶成王，其子孫襲封者，無宗川之名。集中孔天允序稱王纂世十葉，趙訥跋亦云王祖考安穆王，以世次推之，宗川蓋即榮懿王慎鍾之號。穆文熙《詩話》稱榮懿王以賢孝稱，器質敦厚，詩亦有體裁，足相證也。然《明詩綜》載有慎鍾《夏日登萬佛樓次朱使君韻》詩一首，而此集中不載，則又未詳其故矣。

山居集八卷（浙江范懋柱家天一閣藏本）

明栗應宏撰。應宏字道甫，長子人。嘉靖中舉人，屢試不第，耕讀太行山中。祥符高叔嗣謝病歸，應宏往與訂交，叔嗣作《紫團山人歌》贈之，是集即叔嗣所序也。集中惟五言近體，頗有隱秀之致，餘體則自鄶無譏。《千頃堂書目》載是集作六卷，疑字之誤。又載有《太行集》十六卷，今未見傳本。

吾野漫筆十三卷（浙江巡撫採進本）

明許炯撰。炯字吾野，新會人，嘉靖中舉人。是集凡文七卷，詩六卷。前有自序，謂："少時不慧，從群兒騎竹馬、黏蜻蜓、捕鳥雀為戲。未幾病痁忽劇，夢一父老出袖中書授之，俄墜而覺，自是遂能把筆作詩。"其一卷首篇《述戒》稱"有通元先生過而誨之"云云。蓋才高而無所師法者。故其漫書各篇內，謂范仲淹、揚雄之流也，肖於僭矣；蘇洵、荀卿之流也，隣於詐矣。又謂：

"蘇洵《辨姦》訾王安石也[1]，吾以為洵亦安石之徒。"云云。皆率意一往，不復絜以規矩者也。

【彙訂】

①"王"，殿本無。

俞仲蔚集二十四卷（浙江汪汝瑮家藏本）

明俞允文撰。允文初名允執，仲蔚其字也，崑山人，嘉靖中諸生。年四十即棄去舉子業，一意為詩。《明史·文苑傳》附載《王穉登傳》中。允文與王世貞善，故與盧柟、李先芳、吳維岳、區大任，世貞目為"廣五子"。然允文論詩，乃深不滿李攀龍，特才地差弱，終不能與之抗衡耳。大抵"廣五子"中，柟最挺出，大任次之，先芳、維岳及允文又其次也。

天隱子遺槀十七卷（浙江巡撫採進本）

明嚴果撰。果字毅之，震澤人，嘉靖時布衣。是集詩七卷，文十卷。首有王思任序云："弇州旴衡海內，才子俱上贄貢。所不能致者，會稽徐文長、臨川湯若士，其鄉則嚴毅之。"可謂卓然自立之士。然其詩文則尚非徐渭、湯顯祖匹也[1]。

【彙訂】

①"匹也"，殿本作"之匹"。

汪山人集十八卷（浙江孫仰曾家藏本）

明汪少廉撰。少廉字古矜，休寧人，嘉靖中布衣。其集第一卷為賦，二卷至十六卷為詩，末二卷為雜文。詩於分體中又各分類，名目繁細，每類中又註編年於其下，叢碎彌甚。所作音節高亢而神理不具，往往失之蹈襲。其《邊憤》一詩，朱彝尊《明詩綜》獨取之，然究不出少陵《諸將》蹊徑也。

大鄣山人集五十三卷（安徽巡撫採進本）

明吳子玉撰。子玉字瑞穀，休寧人，嘉靖中貢生。其文規橅李攀龍，集中分體二十，皆以某部為題，其敘事、志略、說譜等目，並出臆造。

何翰林集二十二卷（兩淮鹽政採進本）[①]

明何良俊撰。良俊有《四友齋叢說》，已著錄。是集乃其詩、文、雜著，並《語林》之小序亦載焉。朱彝尊《明詩綜》載其有《清森閣集》。《千頃堂書目》載良俊《清森閣集》無卷數，又載其《柘湖集》二十八卷。據集首莫如忠序，稱是集二十八卷，蓋即所謂《柘湖集》者。此本僅二十二卷，目錄亦復殘闕，則已非完書矣。良俊在當時頗有文名，所作縱橫跌宕，亦時有六朝遺意。而落筆微傷太快，殆亦才人輕脫之習歟？

【彙訂】

① 此集見《兩淮商人馬裕家呈送書目》，疑"兩淮鹽政採進本"當作"兩淮馬裕家藏本"。（杜澤遜：《讀〈四庫提要〉別記》）

芸暉館彙十四卷（浙江巡撫採進本）

明茅翁積撰。翁積字稺延，歸安人，副使坤之子也。豪蕩不羈，以任俠自負，故所作多文酒讌會之詞。是集凡詩十卷，文二卷，樂府二卷，而以行狀、墓誌銘、小傳附其後。

兔園草六卷（江蘇巡撫採進本）

明曹乾學撰。乾學字叔驥，太倉人。與王世貞為媚家，又與趙宧光輩友善，故集中多遊覽酬贈之作。其詩不盡落嫠東窠臼。然邊幅窘束，則才地限之也。

黃説仲詩草十八卷（浙江孫仰曾家藏本）

明黃惟楫撰。惟楫字説仲，天台人。其詩多與王世貞、區大任等唱酬之作，蓋亦沿七子之流波者。

被褐先生稾十七卷（江蘇巡撫採進本）

明華善述撰。善述字仲達，無錫人。是集惟末一卷為雜文，餘卷皆詩也。王世貞為作序云：“其詩或並比興而忘之，大概不可為典要。”是深不滿之矣。

童子鳴集六卷（浙江汪汝瑮家藏本）

明童佩撰。佩字子鳴，龍游人。世為書賈，佩獨以詩文遊公卿間，嘗受業於歸有光。其歿也，王世貞為作傳，王穉登為作墓誌，蓋亦宋陳起之流也。詩格清越，不失古音，而時有累句。如《讀李博士集》“繞屋梅花然”句，蓋用沈約詩“山櫻紅欲然”語。以之品梅，殊不類。又如《觀魏知古告身歌》“高齋試展竹滿牆”句，上四字下三字，遐不相貫。他如“囊琴挾水流，客鬢帶山蒼”之類，皆失之纖巧；“公牘無盈案，私錢不入囊”之類，皆失之拙俚；“川原呈伎倆”之類，尤失之儇佻。舊序稱其“閉户屬草，必屢易而後出，出則使人彈射其疵。往往未愜，並其稾削之，不留一字”，殊不盡然也。

松韻堂集十二卷（浙江孫仰曾家藏本）

明孫七政撰。七政字齊之，常熟人。與王世貞諸人遊，故詩亦類七子之體，而字句時傷於笨滯。

王世周集二十卷（江蘇巡撫採進本）

明王伯稠撰。伯稠字世周，崑山人。是集卷首有王世貞兄弟序，頗相推許。然考其所作，似過於標榜。

壯遊編三卷(浙江巡撫採進本)

明王叔承撰。叔承初名光允,以字行,更字承父,晚更字子幻,自號崑崙山人,吳江人。《明史·文苑傳》附載《王穉登傳》中。叔承早棄舉子業、縱游齊、魯、燕、趙,又入閩、入楚。其在鄴下,鄭若庸薦之趙康王。叔承以王無下士實意,賦詩以行,有"壯心欲別逢知己,羞向侯門待晚餐"之句。又客大學士李春芳家,亦以使酒偃蹇謝去。史稱其與王錫爵為布衣交。"錫爵再召時,有建三王並封議者。叔承遺書數千言,謂當引大義以去就爭,不當依違兩端,負主恩,辜物望"。蓋其氣節懷抱[①],亦非當時山人墨客以詩句為市者比。最後從顧養謙於塞上,無所成就而歸,乃不復出。此集即其初入都時作也。

【彙訂】

[①] "蓋其氣節",殿本作"其所"。

吳越游八卷(浙江孫仰曾家藏本)

明王叔承撰。是集前六卷為詩,無錫陳以忠所刻;後二卷為雜文,烏程范應期所刻。《千頃堂書目》作十卷,與此本不合,或字誤歟?

涉江詩選七卷(浙江孫仰曾家藏本)

明潘之恒撰。之恒有《黃海》,已著錄。之恒初以文詞受知於汪道昆、王世貞,既而赴公車不得志,渡江歷潯陽、武昌,從公安袁宏道兄弟游。宏道稱其出汪、王之門,而能不入其蹊徑。然當時論者又謂之恒依傍汪、王,終不能有所解駁,宏道徒以其論與己合而收之。迹其生平,蓋始終隨人作計者也。集本二十卷,宏道刪定為此本[①]。凡甲、乙集各三卷,丙集一卷[②]。

【彙訂】

① 據馮時可《潘景升涉江詩序》:"選出袁儀部者四卷,為甲集;江大理拾所遺二卷,稱乙集;顧國博復選袁江所未見者,為後集。"非全為袁宏道删定。(黄仁生:《日本現藏稀見元明文集考證與提要》)

② 日本尊經閣文庫藏有萬曆間刻本,可知甲集為四卷,乙集為二卷。(同上)

翏翏集四十卷(浙江孫仰曾家藏本)

明俞安期撰。安期有《唐類函》,已著錄。是集騷一卷,賦二卷,詩三十七卷,雜文一卷。安期之名本由依附七子而成,故詩亦不出其流派。朱彝尊《静志居詩話》稱其"賦景有餘,言情不足。如觀翦綵花,青紅碧綠,非不爛然。即而視之,總與根株不相符"。可謂定評矣。

江山人集七卷(浙江汪汝瑮家藏本)

明江瓘撰。瓘有《名醫類案》,已著錄。是集凡詩五卷,文二卷。汪道昆為作傳,稱其少補諸生,以病謝舉子業,專事吟咏。故其詩較勝於文,特稍嫌薄弱。别有《武夷游稾》、《游金陵詩》二集,今皆未見。獨此集之末附存其原序二篇而已。

尚元草八卷咏物詩二卷(浙江巡撫採進本)

明姚兗撰。兗字叔信,號元岳,秀水人。何三畏為作小傳,稱其少以事繫獄,與詩僧同羈,因得其詩法。蓋其派出自山林,故所作終無俗氣。王穉登序稱其詩"清真古淡,不事藻繢,猶春岫孤霞,寒林片月",則稍過其實矣。

少嶽集四卷（浙江巡撫採進本）

明項元淇撰。元淇字子瞻，秀水人。以貲為光祿寺署丞。是集乃其弟元汴所刊。凡元汴與元淇唱和諸作，亦附入焉。近體頗妥適，古體則力不逮矣。

蛣蜣集八卷（兩淮鹽政採進本）

明鄭若庸撰。若庸有《類雋》，已著錄。"蛣蜣生"其所自號，因以名集。凡文七卷，詩一卷。其詩與謝榛齊名，然材力遜榛之富健，文又其餘事矣。

北遊漫稾二卷（兩江總督採進本）

明鄭若庸撰。是集為歙人汪良迪所輯。前有王錫爵序，稱："山人今年已八十，違趙而居清源，又已數年。"故今集中清源之詩不一而足，乃其晚年作也。《明詩綜》載若庸有《蛣蜣集》，不及此稾。然所錄諸詩具在茲集。蓋《蛣蜣集》詩止一卷，良迪併入此稾耳。

越草一卷（浙江范懋柱家天一閣藏本）

明沈明臣撰。明臣有《通州志》，已著錄。明臣屢試不第，與山陰徐渭同入胡宗憲幕。宗憲逮繫卒於獄，賓客星散。獨明臣持所作誄詞遍為訟冤，其行誼為世所重。詩則才氣坌涌，得之太易。此集乃萬曆己卯明臣適鹽官時所作，留其稾於錢氏者。鹽官地近禦兒，故越境也，因以《越草》為名。《元日》以下數首，乃其家居所作。以同為是年之詩，故並附錄焉。

豐對樓詩選四十三卷（浙江巡撫採進本）[①]

明沈明臣撰。明臣生平所作詩凡七千篇，屬其猶子九疇選定為四百篇,今未見傳本②。是集為廣陵陳大科所校梓,凡為詩四千四百八十九首,較九疇所選增十倍③。白居易詩尚以所存太富,有沙中金屑之憾,則不及居易者可知矣。

【彙訂】

① 此書見《浙江省第四次汪汝瑮家呈送書目》,疑"浙江巡撫採進本"當作"浙江汪汝瑮家藏本"。(杜澤遜:《讀〈四庫提要〉別記》)。

② 今存明萬曆六年刻本《沈嘉則詩選》十卷,沈明臣跋曰:"垂三十年於茲,計草殆萬篇,而自汰去者三之一,以三之二授從子箕仲選,復汰去七之六半,而止存四百篇……於是梓全就題曰《沈嘉則詩選》,凡十卷。"(崔建英等:《明別集版本志》)

③ 明萬曆二十四年陳大科陳堯佐刻本《豐對樓詩選》四十三卷,原題"甬句東沈明臣嘉則父著,從子沈九疇箕仲氏選",大科序云:"先生仲子箕仲為選其諸體各若干首,總題曰《豐對樓詩選》,則視箕仲疇(疇字疑衍)曩所選者四百廣之矣,則視王元美所稱我將以所餘者六千六百而更衡之衡之(衡之二字衍)矣。"則此集亦為沈九疇所選。(王重民:《中國善本書提要》)

徐文長集三十卷(兩江總督採進本)

明徐渭撰。渭有《筆元要旨》,已著錄。陶望齡作渭小傳,載渭嘗自言書第一,詩二,文三,畫四。今其書畫流傳者,逸氣縱橫,片楮尺縑,人以為寶。其詩欲出入李白、李賀之間,而才高識僻,流為魔趣。選言失雅,纖佻居多。譬之急管幺絃,淒清幽渺,足以感蕩心靈,而揆以中聲,終為別調。觀袁宏道之激賞,知其臭味所近矣。其文則源出蘇軾,頗勝其詩,故唐順之、茅坤諸人皆相推挹。中多代胡宗憲之作,《進白鹿》前、後二表,尤世所豔稱。其代宗憲謝嚴嵩啟云:"凡人有疾痛疴癢[1],必求免於天地父母。然天地能覆載之,而不能起於顛擠;父母欲保全之[2],而未必如斯委曲。伏惟兼德,無可並名。名且不能,報何為計。"云云。雖身居幕府,指縱惟人,然使申謝朝廷,更作何語? 錄之於集,豈止白圭之玷乎? 蓋渭本俊才,又受業於季本,傳姚江縱恣之派。案渭師季本,見《明史·文苑傳》。不幸而學問未充,聲名太早,一為權貴所知,遂侈然不復檢束。及乎時移事易,佗傺窮愁,自知決不見用於時,益憤激無聊,放言高論,不復問古人法度為何物。故其詩遂為公安一派之先鞭,而其文亦為金人瑞等濫觴之始。蘇軾曰:"非才之難,處才之難。"諒矣。渭所著有《文長集》、《闕篇》、《櫻桃館集》三種,鍾瑞先合刻之,以成此集。又有商濬所刻[3],題曰《徐文長三集》者,亦即此本[4]。前有陶望齡、袁宏道所作二《傳》。宏道以為一掃近代蕪穢之習,其言太過。望齡以為:"文長負才性,惟不能謹防節目,跡其初終。蓋有處士之氣,其詩與文亦然。雖未免瑕纇,咸成其為文長而已。"是則平心之論也。

【彙訂】

① "疴癢",殿本及明萬曆四十二年鍾人傑刻本此集卷十六《又啟嚴公》原文作"癢疴"。

② "欲",底本作"能",據《又啟嚴公》原文及殿本改。

③ "商濬",殿本作"商氏"。

④ 《徐文長集》乃鍾人傑先刻於萬曆甲寅,《徐文長三集》則為商濬刻於萬曆庚子,二者相差極大。(葉德輝:《郋園讀書志》)

徐文長逸稾二十四卷（江蘇周厚堉家藏本）

明徐渭撰。此本為其鄉人張汝霖、王思任所同選。如末卷所載《優人譃》、《喫酸梨偈》、《放鷯圖偈》、對聯、燈謎諸作，鄙俚猥雜，豈可入之集中？鮑照集中載《字謎》，恐非當時舊本，未可援以為例。況照詞猶雅，不似渭所作"摸著無節，看著有節，兩頭冰冷，中閒火熱"之類也。

朱邦憲集十五卷（江蘇巡撫採進本）

明朱察卿撰。察卿，上海人，福州知府豹之子，邦憲其字也。為太學生，慷慨任俠，與沈明臣、王穉登友善。集凡詩二百五十四首，文一百五十六首，即明臣所訂定也。

白陽集無卷數（江蘇巡撫採進本）

明陳淳撰。淳字道復，後以字行，別字復甫，號白陽山人，長洲人。以諸生援例入北監，卒業歸，不復就選。《明史·文苑傳》附見《文徵明傳》中。淳少從徵明游，以書畫擅名，為世寶重。詩則寄意而已，非其所長。是集其五世從孫仁錫所編，以同時贈答之篇附之卷末。與沈周集合刻之，以兩人之詩皆為畫掩也。

隆池山樵集二卷（浙江孫仰曾家藏本）

明彭年撰。年字孔嘉，長洲人，隆池山樵其號也。《明史·文苑傳》附見《文徵明傳》中。年書名亞於徵明，然當時鮮有稱其詩者。獨王世貞序稱徵明詩以韻勝，而年詩以邊幅勝，其詞亦頗有抑揚矣。又據世貞序，稱徵明孫子騑乃年女壻①。年死後，其家取其詩文草鬻於某甲，得緡錢以資葬。後有永嘉王公者，從某甲購得之。然已佚其大半，其存者僅十之三，故此編有詩無文。《明史·藝文志》載《隆池山樵集》三卷，與此不合，疑刊本偶誤

“二”字為“三”云。

【彙訂】

①“子騑”，底本作“子悱”，據明刻本《隆池山樵詩集》卷首王世貞《彭孔嘉詩集序》及殿本改。

止止堂集五卷（浙江孫仰曾家藏本）

明戚繼光撰。繼光有《練兵實紀》，已著錄。《千頃堂書目》載繼光《止止堂集》無卷數，又《橫槊稿》三卷，《愚愚稿》一卷。今此本《橫槊稿》亦三卷，《愚愚稿》則多一卷，編首總題《止止堂集》①。前有萬曆二年工部尚書郭朝賓序，而集中有萬曆庚辰紀年，在朝賓作序之後，蓋又嘗續有增益。知虞稷所見《愚愚稿》一卷，乃初刻之本，非著錄之誤也。繼光有平倭功，當時推為良將，詩亦伉健近燕、趙之音。而雜説中乃多及陰騭果報、神怪之事，不免偏駁。考繼光有《登盤山絕頂》七律一首，格律頗壯。今石刻尚存，而兩集中皆不收，殆作於刻集之後歟②？

【彙訂】

①“編”，殿本作“篇”。

②“之”，殿本無。

句漏集四卷（浙江范懋柱家天一閣藏本）

明顧起綸撰。起綸字更生，號元名，無錫人，官鬱林州州判。是集即在鬱林所作，前二卷皆游覽詩。三、四卷名《感知篇》，乃歷敍素所相知者，各賦一詩，繫以小序。凡四十首，中閒人品亦甚為雜糅。如於趙文華，乃稱其“雅志豪邁，名冠英流”，序其罷廢事，則曰“感激罷官去”。而於方士陶仲文，亦以“風神端恪，恭誠一至”稱之。皆不免阿私所好也。

赤城集三卷（浙江范懋柱家天一閣藏本）

明顧起綸撰。是集乃萬曆戊寅起綸游赤城時所作①。上卷為詩六十一首，下卷為游記一篇，而以贈答倡和之作閒於上、下卷之閒，別為中卷。似別集而非別集，似總集而非總集，體例頗為未善。然中卷有"附錄"字，知以起綸為主矣。故仍入之"別集類"焉。

【彙訂】

①"時"，殿本無。

卯洞集四卷（浙江汪汝瑮家藏本）

明徐珊撰。珊號三溪，餘姚人，官辰州府同知。卯洞在盤順中里，介於楚、蜀之交。嘉靖閒，珊以廟工採木於是，積其二年中所作公牘、雜文為二卷，詩歌為二卷，因以其地名集。中有《讀高蘇門集》詩，蓋宗法所在。大致不失風格，而深微則不及叔嗣也。

傅山人集三卷（浙江范懋柱家天一閣藏本）

明傅汝舟撰。汝舟本名舟，字虛木，號丁戊山人，一曰磊老，侯官人。晚慕仙家服食之術，舍鄉井遨遊山水，其詩刻意學鄭善夫，喜為荒誕詭譎之語。王世貞比之"言《法華》作風語，凡多聖少"。然奇崛處亦頗能獨造，特旁門曲徑，不入正宗耳。

包參軍集六卷（浙江巡撫採進本）①

明包大中撰。大中字庸之，別號三川，寧波人。官建陽縣縣丞。以嘗預征倭之役，故稱曰"參軍"。是集隨事立名，曰《薄游集》，曰《武夷集》，曰《歸來集》，曰《台鴈集》，各一卷；曰《東征漫槀》，二卷。然《薄游集》題"卷之一"，則當有佚卷矣。

【彙訂】

① 此書在《各省進呈書目》中僅著錄於《浙江省第五次鄭大節呈送書目》及《二老閣呈送書》,則應為浙江鄭大節家藏本,作"浙江巡撫採進本"誤。(江慶柏:《四庫全書私人呈送本中的鄭大節家藏本》)

滄漚集八卷(江蘇周厚堉家藏本)

明張重華撰。重華字虞侯,華亭人。是編前有張位、姜寶二序。位序稱其有集百卷,先梓八卷。寶序稱:"其文言言欲奇,其詩首首欲出塵清新。"然大抵拉雜不入格。如稱"九峯三泖"曰"九三",雖《絳守居園池記》亦不至於斯矣。

栗齋文集十一卷(安徽巡撫採進本)

明金瑤撰。瑤有《六爻原意》,已著錄。是集乃其外孫汪從龍所梓[1]。文頗有軼宕之致。其闡發經義之作,大抵空言多而實際少。蓋其說《易》、說《周禮》,即多以臆斷云。

【彙訂】

① "汪從龍",底本作"江從龍",據明萬曆四十一年瀛山書院刻本此集校梓者姓名、范淶序、汪從龍跋及殿本改。(杜澤遜:《四庫存目標注》)

檗菴集二卷(編修汪如藻家藏本)

明汪禔撰。禔字介夫,別號檗菴,祁門人。《江南通志》稱所著有《家禮砭俗》、《投壺儀節》,其學蓋深於《禮》。故集中《與胡天敍書》、《論王生二書》、《與汪子立書》、《贈葉生新娶序》、《胡氏初堂記》、《新居告祖文》、《奉主還宗子祠文》、《宗法議》,皆本禮以立言。惟卷端《上學使者》一書,猶明代學校之舊習,可以不作耳。其詩則全作《擊壤集》體，不以聲律論矣。

湛然堂詩槀無卷數（江西巡撫採進本）

明陳汝瑒撰。汝瑒字席珍，高安人，官廣昌縣知縣。其自敍詩註云"望五貢薦"，蓋由貢生起家也。是集為其子邦綸屬陳起元所選定，格意頗為平實，然不足自名一家。

甌川詩集四卷（江西巡撫採進本）

明董緒撰。緒字禹方，樂安人。少從鄒守益、聶豹游，講良知之學。故其詩不求工於聲律，以理趣為主，蓋《濂洛風雅》之流派也。其子刑部尚書裕初刻於東莞，歲久版漶，其裔孫又為重刻。然此本亦字多殘闕，殆難卒讀。據其目錄，尚有附錄誌狀之屬，亦佚之矣。

田子藝集二十一卷（浙江汪汝瑮家藏本）

明田藝蘅撰。藝蘅有《大明同文集》，已著錄。此為文選[①]、詩選十八卷，乃其為諸生時所刊。《北觀初槀》、《二槀》三卷，則以歲貢入京廷試時所作[②]。藝蘅在嘉、隆間猶為博洽[③]，而詩格頗嫌冗漫。

【彙訂】

① "為"，殿本作"集"。

② "以"，殿本無。

③ 殿本"間"上有"之"字。

方建元詩集十二卷續集一卷（浙江孫仰曾家藏本）

明方于魯撰。于魯有《方氏墨譜》，已著錄。是編前集以各體分編，總名《佳日樓集》。續集僅詩二十九首，文一首，題曰《師心草》，則其子嘉樹所續刻也。于魯初以製墨名，後與汪道昆唱和,遂招入豐干社中。然世終稱其墨也。

石西集八卷附崇禮堂詩一卷(編修汪如藻家藏本)

明汪子祜撰①。子祜字受夫,別號石西,石門人。性喜為詩,自二十歲至七十歲,皆編年為集。後其元孫宗豫蒐輯遺稾,屬汪懋麟等定為是編。凡詩六卷,賦一卷,文一卷。後附《崇禮堂詩》一卷,則宗豫父伯薦之作②。伯薦字士倩,崇禎戊辰恩貢生。

【彙訂】

①"汪子祜",殿本作"汪子祐",下同,誤。清康熙四十八年汪宗豫刻本此集題"祁門汪子祜受夫著,同族後學耀麟叔定選輯,五世孫宗豫武山校梓"。(杜澤遜:《四庫存目標注》)

②"宗豫",殿本作"崇豫",誤。

石盂集十七卷(兩江總督採進本)

明汪坦撰。坦字仲安,號識環①,鄞縣人。是集為其子長文所刊,凡詩賦十卷,雜文七卷。前有屠隆序,稱:"其詩自'三百篇'、《騷》、《選》、漢魏六朝、唐、宋,文自左、馬、班、揚、崔、蔡、韓、柳、蘇、王諸體,靡所不詣。"然核其所作,不出七子之體。

【彙訂】

①"識環",底本作"誠環",據殿本改。明萬曆刻本此集有萬曆丙戌屠隆序,稱"汪識環先生"。(崔建英等:《明別集版本志》)

石門詩集一卷(福建巡撫採進本)

一名《霞居集》。明高瀔撰①。瀔字宗呂,號石門,又號髯仙,侯官人。朱彝尊《靜志居詩話》云少谷鄭善夫居鼈峯北,從之遊者九人，鄉黨目為十才子，瀷居首，傅汝舟次之。今卷首林向哲序稱其“峻而不刻②，清而不矯”，亦非虛語。然竟以為與少谷相伯仲，則溢美矣。瀷詩向未付梓，流傳俱屬鈔本。《明詩綜》載其《岳陽樓》一詩，有“殘雨數聲衡岳曉”句。今檢原集，“數聲”實作“數峯”，較“聲”字為工。考徐𤊻《晉安風雅》所載亦同，蓋《詩綜》刊本偶誤耳。

【彙訂】

①“高瀷”，殿本作“高瀫”，下同，誤。清道光二十一年刻本作《石門集》七卷，題“明侯官高瀷宗呂著”。（杜澤遜：《四庫存目標注》）

②“峻”，底本作“俊”，據道光刻本《石門集》卷首林向哲序原文及殿本改。

東厓遺集二卷（浙江汪汝瑮家藏本）

明王襞撰。襞字宗順，自號天南逸叟，泰州安豐場人。是集其門人林訥所輯。上卷為像贊、墓圖、年譜、語錄及同時贈答雜文，下卷為所作詩、賦，附載行狀、銘誌、祭文、世系、門人姓氏、刊集始末。襞少從其父王艮至會稽，傳王守仁之學，沈桐贈之詩云：“念子賢者後，至理早已融。譬彼三世醫，指授寧無從。”蓋其父子皆刻意講學，非以文章為事者。朱彝尊《靜志居詩話》謂襞詩如“一室風過雨，三更月到窗”，“好雨應宜早，秋花不恨遲”，“坐雨新亭曉，聞潮落月時”，“老攜杖履歸山谷，閒看兒孫種水田”等句，亦有活脫之趣，然終非專門也。

傀儡集一卷（浙江巡撫採進本）

舊本題古杭月堂宗賢撰，不著時代。考之志乘，亦不載其名氏。據其題名，似乎衲子。故所與唱和者亦衲子為多。集中有和沈石田《鵲橋仙》詞，知為正、嘉閒人也。詩筆清曠，頗近自然。特邊幅少狹，不免傷於寒瘦。

松菊堂集二十四卷（浙江孫仰曾家藏本）

明孫鑨撰。鑨字端峯，餘姚人。江西巡撫燧之孫，工部尚書陞之子也，官上林苑丞。是集凡詩二十卷，雜文四卷，詩句清雋，不入前、後七子之派。文則不免於平衍。鑨晚歸爝湖，於宅東構漆園居之，作《漆園供事別傳》。如《滕六司農》、《玉羽仙翁》、《食苹仙子》、《秦大夫》、《清修子》、《姑射仙》諸傳，皆以文為戲之筆也。

鄭京兆集十二卷外集二卷（浙江巡撫採進本）

明鄭心材撰。心材字敬仲，號思泉，海鹽人。刑部尚書曉之孫，光祿寺少卿履淳之子。以廕生官至應天府治中。是集為其壻項皐謨所校，凡詩文、雜著十二卷。其外集二卷，則附錄墓碑、行實之類也。考其子端允所作《行實》中稱所著文集以外，有《昭明文選鈔》、《唐人列傳》、《見聞紀鈔》三書。今本《唐人列傳》乃編在第六卷。其外集別題曰《葬錄》，與目錄不相應。蓋隨意編次，故無體例也。心材老於場屋，必欲一第而卒不可得，年五十始就銓。平生精銳之氣，已消磨於時文中[①]，詩、古文特偶試為之耳。

【彙訂】

① "於"，殿本無。

冬谿集二卷（浙江巡撫採進本）

明釋方澤撰。方澤字雲望，號冬谿，嘉善人，秀水精嚴寺僧也。明詩選本載方澤詩，俱作《冬谿內外集》，據此本實作《冬谿外内集》。上卷為外集，下卷為内集，以詩為外，以文為内。蓋詩多涉文字，而文皆關禪義，故其下卷之詩亦不謂之詩而謂之偈。則其外、内之義，即程氏之外學、内學，作"内外"者，誤也。集中文章艳率①，不出方丈語錄之格。詩稍近雅而亦不工。

【彙訂】

① "文章"，殿本作"文筆"。

徐花潭集二卷（浙江巡撫採進本）

明嘉靖中朝鮮生員徐敬德撰。敬德貧居講學，年五十六，其國提學金安國以遺逸薦，授奉參，力辭不就。居於花潭，因以為號。是集雜文、雜詩共二卷。其文中《原理氣》一篇，末有附記，稱曰先生。《鬼神生死論》一篇，末亦有附記，稱："以上四篇，皆先生病呃時作。"詩中《次申企齋韻》一首附錄原作，稱"企齋贈先生詩"。蓋其門人所編也。敬德之學，一以宋儒為宗，而尤究心於周子《太極圖説》、邵子《皇極經世》，集中雜著皆發揮二書之旨。其《送沈教授序》，全然邵子之學也。其《論喪制疏》、《答朴枝華書》，亦頗究心於禮制①。蓋東士之務正學者。詩則强為《擊壤集》派，又多雜其國方音，如所謂"窮秋盛節換，木落天地瘦"，體近郊、島者不多見也。他如《無弦琴銘》："不用其弦，用其弦弦，律外宫商，吾得其天。非樂之以音，樂其音音；非聽之以耳，聽之以心。彼哉子期，曷耳吾琴。"稍得蘇、黃意者，亦偶一遇之。然朝鮮文士大抵以吟咏聞於上國，其卓然傳濂、洛、關、閩之説，以教其鄉者，自敬德始。亦可謂豪傑之士矣。故詩文雖不入格，特存其目，以表其人焉。

【彙訂】

① "於"，殿本無。

卷一七九

集部三十二

别集類存目六

滄海披沙集十三卷(江蘇巡撫採進本)

明泌水王朱珵堦撰。珵堦號玉源,瀋簡王模之七世孫,昭定王恬烆子。隆慶元年襲封,萬曆二十九年卒,謚康僖。見《明史·諸王世表》[①]。所著有《衡漳初稾》、《栖雲洞集》、《雲竇寤言》、《葵園紀言》、《公族論》等書,嘗刻於遜學書院。繼合為一編,於吳中重刊之[②],總名曰《滄海披沙集》。穆文熙《詩話》謂王詩"丰神俊逸,思致雅澹,格調在大曆以前"。今觀集中,若《夏日東園》詩"月落棋聲久,涼生酒興多",《潛龍寺訪孟誠菴》詩"借宿閒多咏,求名靜覺非",《春初過涵春閣》詩"酒嫌蘆筍少,春恨李花多"等句。其格調頗近四靈,殊未足追蹤大曆。至於文體聱牙,更不出王、李流派矣。

【彙訂】

① 朱珵堦見《明史·諸王世表三》及《諸王傳三·沈王模傳》,沈王朱模就藩潞州,第六子佶熖封沁水王,珵堦王號亦當為沁水王。(楊武泉:《四庫全書總目辨誤》)

② "刊",殿本作"刻"。

芝堂遺草七卷（福建巡撫採進本）

明葉朝榮撰。朝榮有《詩經存固》，已著錄。是集為其子大學士向高所刊，凡詩一卷，雜文六卷。其名"芝堂"者，朝榮判江州時，有靈芝產於所作仕學軒前，改軒曰瑞芝堂。自為之記，因以名集。朝榮詩格、文格並明白坦易，大抵偶然涉筆，非刻意欲成一家者也。

四遊槀六卷（浙江巡撫採進本）

明趙志臯撰。志臯有《內閣奏疏槀》，已著錄。是集前二卷為初入翰林時作，第三卷為官南京時作，第四卷為使楚時作，第五卷為客粵時作，題曰"四遊"，蓋取於此。第六卷乃還山以後之作，亦並附焉。

朱秉器集八卷（浙江汪汝瑮家藏本）

明朱孟震撰。孟震有《河上楮談》，已著錄。此集文四卷，詩四卷，為張九一所選錄。文不出當時習尚，詩則音節諧暢而意境不深。

穀城山館文集四十二卷（山東巡撫採進本）

明于慎行撰。慎行有《讀史漫錄》，已著錄。此集乃所作雜文也。明中葉以後，文格日卑，學淺者蹈故守常，才高者破律壞度。慎行之文雖不涉弔詭之習，至於精心結構，灝氣流行，終未能與唐順之、王慎中、歸有光等並據壇坫。故錄其詩集，而文集則附存目焉。

龐眉生集十六卷（山東巡撫採進本）

明于慎思撰。慎思字無妄，號航隱，東阿人，于慎行之弟也。是集詩七卷,雜文八卷,樂府一卷,皆有縱橫排奡之氣而頗涉粗豪。

程幼博集六卷(浙江孫仰曾家藏本)

明程大約撰。大約字幼博,休寧人[1]。是集為于慎行所選,凡雜文二卷,詩四卷。多暢所欲言,不拘格律,如泛駕之馬,不可以羈勒範之。前有焦竑序,引孔子"辭達"之說,謂:"《巷伯》之譏刺,巧言之怨悱,何人斯之迫切?自後世論之,豈不傷溫柔敦厚之體?而聖人乃錄之於經,以為與辭達之旨有合。"又稱其"骯髒之姿,不為世格所約結。持論侃侃,脂韋突梯之人多所不悅,而亦為慷慨好義者之所深與"。則大約固賦性剛毅,直情而徑行者。宜發於文章,亦肖其為人也。

【彙訂】

[1] 程大約字幼博,歙縣人,當補"大約有《程氏墨苑》,已著錄"。(黃大維:《〈四庫全書總目提要〉中墨書、墨譜考證》)

雲東拾草十四卷附錄一卷(浙江孫仰曾家藏本)

明韓世能撰。世能字存良[1],長洲人。隆慶戊辰進士,官至南京禮部侍郎,召入兼翰林學士。事蹟附見《明史·黃鳳翔傳》。世能以鑒藏書畫名一時,張丑所為輯《南陽書畫表》也。史稱其"教習庶吉士。館閣文字,是科為盛"。考董其昌《洛神賦十三行》跋稱"館師韓宗伯",則當為萬曆己丑科。據《明史·文苑傳》所載焦竑、黃輝諸人,固較他科為稍勝。然世能詩文則不出王、李門徑。是集為所自編。沒後二十年,其子逢祐乃刊行。附以誥敕、諭祭葬文及碑銘、傳狀。

【彙訂】

[1] "存良",殿本作"存錄",誤,參《明史》卷二一六《黃鳳翔

傳》附《韓世能傳》、俞汝楫《禮部志稾》卷四二《歷官表·左右侍郎》"韓世能"條。

玉恩堂集九卷附錄一卷（浙江孫仰曾家藏本）

明林景暘撰。景暘字紹熙，華亭人。隆慶戊辰進士，官至南京太僕寺卿。是集為其子有麟所編。凡奏議二卷，參詞二卷，詩二卷，文三卷，附錄碑志、行狀一卷。王錫爵、張以誠二序及張孟男所撰《碑》，申時行所撰《墓誌》，皆不稱其文章。惟杜士全序及王圻所作《行狀》稍稱之云。

醒後集五卷續集一卷附京省次五卷（福建巡撫採進本）

明盧維禎撰。維禎字瑞峯，號水竹居士，漳浦人。隆慶戊辰進士，官至戶部侍郎。是集為維禎致仕以後所自刊，題曰"醒後"，言如夢之醒也。其集以奏疏、公移、評駁與詩文、雜著共為一編。蓋維禎留心吏事，故案牘亦一一錄存。末附《京省次》一册，中分地望次、府州縣次、財賦次、會狀次、甲科卿輔次。蓋亦手錄成編，以備紀事。但刊入文集則濫矣。

朱文懿文集十二卷（浙江巡撫採進本）

明朱賡撰。賡字少欽，浙江山陰人。隆慶戊辰進士，官至文華殿大學士。事蹟具《明史》本傳。萬曆二十九年，大學士趙志臯罷，神宗慮朝臣植黨，乃起賡入閣。後沈一貫、沈鯉並罷，賡遂獨相七年。史稱其"醇謹無過，然無所建白"。惟是時東林聲氣，傾動一時。賡獨借漢、唐、宋朋黨之害以立論，謂："漢之黨皆君子，而罹小人之害，其勢在小人。故使卓、操之徒得以假手而國移於强臣。唐之黨，君子、小人互相攻擊，其勢兩盛而卒兩敗。故使朱全忠得以竊入而國移於盜賊。宋之黨，皆以德行、文章標

表一時，其勢在君子。而芟除太過，不能使其身安於朝廷之上。故使吕、蔡諸人得以藉口而國移於鄰敵。黨愈衆則害愈深，變愈大。”其言切中時病。厥後明社既屋，乃信廣言。其深識早見，有非顧、葉諸人所及者。其文則未能自成一家，其人蓋本不以詞章名也①。

【彙訂】

① “其人”，殿本無。

王文端集十四卷（山西巡撫採進本）

明王家屏撰。家屏有《王文端奏疏》，已著錄。據《明史・藝文志》，其集凡二十卷。《千頃堂書目》作《復宿山房集》，凡四十卷。今未見傳本①。是集奏疏四卷，詩二卷，尺牘八卷，凡三種。據尺牘卷首韓爌序，稱家屏之子已裒彙全帙，次第授梓。則此其不完之本也②。朱彝尊《明詩綜》載其《題長陵四駿圖》古體詩四首，兹集亦未載入，知其散佚者多矣。

【彙訂】

① 今存明萬曆魏養蒙刻本《復宿山房集》四十卷。（杜澤遜：《四庫存目標注》）

② 韓爌萬曆四十五年《王文端公尺牘》序曰：“《王文端公尺牘》凡八卷，既成刻矣。先是嗣人兩中書裒彙全帙，次第授梓，奏疏、詩文各爲題辭，而至是以《尺牘》徵敍言，爌得以受而卒業焉。”則彙刻已畢，非不完之本。（崔建英等：《明別集版本志》）

溪山堂草四卷（浙江汪汝璨家藏本）

明沈思孝撰。思孝有《秦錄》，已著錄。是編乃其晚年之作。思孝名入“琅琊四十子”之列。論者謂其晚交姚士粦，故間作聲牙之語。然其有韻之文亦復流麗清脫①，特雜著喜為澀體耳。

【彙訂】

① "清脫"，殿本無。

　　天遠樓集二十七卷（浙江孫仰曾家藏本）

　　明徐顯卿撰。顯卿字公望①，號檢菴，長洲人。隆慶戊辰進士，官至吏部侍郎。是集為其嗣子元洊所編。前有王穉登序曰："先生卜居陽羨，士大夫莫名先生文，先生亦不自名文也。余與先生雖同枌櫺，迹若風馬牛。然第聞人言，先生長者，遂亦長者先生。未幾，先生來過余，每談立言之業，不束向讓三，即南向讓再。余竟莫名先生，而僅識先生長者。"云云。是殆有微詞矣。

【彙訂】

① "公望"，殿本作"高望"，誤。明萬曆刻本此集題"吳郡徐顯卿公望著"，俞汝楫《禮部志稿》卷四二《歷官表·左右侍郎》"徐顯卿"條亦作字公望。

　　華禮部集八卷（浙江巡撫採進本）

　　明華叔陽撰。叔陽字起龍，無錫人。隆慶戊辰進士，官禮部主事，年二十九卒。叔陽為華察之子，王世貞之壻。故所作五言頗有父風，七言則詞調朗暢，兼涉太倉流派。其以詩部、文部分卷，亦仿世貞《四部稾》式也。

　　閒雲館集鈔六卷（兩江總督採進本）

　　明張位撰。位有《問奇集》，已著錄。是集據于慎行原序有內、外二編，今本乃其從子希載所選錄，故名"集鈔"。每篇具綴評語，皆希載所為。《明史》稱位當神宗並封三王，遽請篤修交泰，早兆高禖，及疏薦楊鎬依違礦稅諸事。其疏稾是集皆不載，蓋希載諱而刪之也。又史稱位諡文莊，而此集皆稱文端，則未喻其故矣。集刻於康熙九年，而首有黎元寬序。蓋明末編訂之時，元寬尚在云。

江岷嶽文集四卷（浙江巡撫採進本）

明江以東撰。以東字貞伯，全椒人。隆慶戊辰進士，官至江西提學副使。是集為其門人謝廷諒、謝廷讚、舒曰敬、晏文輝同編。凡詩一卷，文三卷，皆不出當時風氣。其第一卷目錄惟載奏疏二篇，而集中並載諸記，又割二卷中序數篇附之，亦編校之疎也。

鐘臺集十二卷（福建巡撫採進本）

明田一儁撰。一儁字德萬，大田人。隆慶戊辰進士，官至禮部侍郎。事蹟具《明史》本傳。一儁提身嚴苦，家無餘貲。為侍講時，以劾張居正救吳中行有直聲，其人自正。詩文則未能逮古也①。

【彙訂】

① "詩文則未能逮古也"，殿本作"其文則未能逮古"。

大泌山房集一百三十四卷（安徽巡撫採進本）

明李維楨撰。維楨有《史通評釋》，已著錄。是集詩六卷，雜文一百二十八卷。而一百二十八卷之中，世家、傳誌、碑表、行狀、金石之文獨居六十卷。記載之富，無逾於是。然牽率之作過多，不特文格卑冗，並事實亦未可徵信。《明史·文苑傳》稱維楨"為人樂易闊達，賓客雜進。其文章宏肆有才氣，海內請求者無虛日，能屈曲以副所望。碑版之文，照耀四裔。門下士招富人大賈，受取金錢，代為請乞，亦應之無倦。然文多率意應酬，品格不能高也”。朱彝尊《明詩綜》亦謂本寧著作“如官廚宿饌，麤鹿肥麖，雖胹脯具陳，蠡薆雜進，無當於味”[①]。今核是集，知非故為詆毀矣。

【彙訂】

① 此段文字實出自《靜志居詩話》卷十二“李維禎”條，《明詩綜》卷四十七亦明引《詩話》。（劉敬：《〈四庫全書總目〉七子派批評研究——以七子派主體作家為中心》）

劉聘君全集十二卷（江西巡撫採進本）

明劉元卿撰。元卿有《大象觀》，已著錄。元卿師事耿定向及同邑劉陽，講求心學。而其詩文乃多慶弔之篇，罕見闡發理道，類閩中所刊《林網山集》。考《江西通志》，元卿所著本有《山居草》、《還山續草》諸編。此本為其門人洪雲蒸等所輯。觀其體例舛雜，知其去取之失當，蓋已非元卿之舊本矣。

不二齋文選七卷（浙江巡撫採進本）

明張元忭撰。元忭有《紹興府志》，已著錄。《明史·儒林傳》稱元忭“少負氣節，年十九，聞楊繼盛死，為文遙祭之”。又稱其“自未第時，即與鄧以讚從王畿游，傳良知之學。然皆勵志潛修，躬行實踐。以讚品端志潔，元忭亦矩矱儼然，無蹈入禪寂之病”，與畿之恣肆迥殊。是集凡文六卷，詩一卷，亦無語錄粗鄙之習，但於是事非當行耳。

粵草十卷蜀草七卷（江西巡撫採進本）

明郭子章撰。子章有《蠙衣生易解》，已著錄。其平生所作之文，皆每官一地即為一集。此《粵草》，其官廣東潮州知府時作；《蜀草》，其官四川提學僉事時作也。前有萬曆庚寅周應鼇序，稱子章没於廬山,《粵草》先出。越若干年,《蜀草》乃出。蓋作於諸草之前,而刻則在子章身後①。其標題皆曰《自學編》,則子章諸草之總名云。

【彙訂】

① 周應鼇原序云:"及廬山先生捐館舍,元年,而《粵草》出,又若干年,浡有《蜀草》。"據《明儒學案》卷二十二,廬山先生即胡直,卒於萬曆十三年,則《粵草》成於萬曆十三年。萬曆庚寅即萬曆十八年,《粵草》、《蜀草》皆於此年校刻。而《燕草》、《閩草》、《傳草》俱成於此前。又據子章子孔延為撰《年譜》,子章實卒於萬曆四十六年。(王重民:《中國善本書提要》;何振作:《〈四庫全書總目〉考辨札記六則》)

晉草九卷楚草十二卷家草七卷(江西巡撫採進本)

明郭子章撰。是集以《晉草》、《楚草》、《家草》合為一編①。《晉草》,乃其由浙江參政遷山西按察使時所作,在萬曆二十一年。《楚草》乃其由山西遷湖廣布政使時所作,在二十二年。《家草》則由福建布政使入覲,歸而乞休時作,在二十六年也。此後即接《黔草》矣。是集鈔本,譌脫甚多,並佚其《家草》之第六卷。考其總目所闕,凡尺牘十八首。故原目八卷,今以七卷著錄焉。

【彙訂】

①"是集以晉草楚草家草合為一編",殿本無。

黔草二十一卷(浙江汪汝瑮家藏本)

明郭子章撰。是集自為一編,乃其巡撫貴州時作。總目雖題二十一卷,而第八卷分九子卷,第九、第十、第十一、第十二、第十七卷皆分二子卷,卷十四分三子卷,實三十四卷。不明其例。至卷十四後,既曰"卷又十四",又曰"卷又又十四",尤肸見也。

案《千頃堂書目》,子章所著尚有《閩草》十六卷,《留草》十卷,《浙草》十六卷,《閩藩草》九卷,《養草》一卷,《苦草》六卷,《傳草》二十四卷,今皆未見①。而《粵草》十卷,黃虞稷乃不著錄。蓋當時隨作隨刻,又隨意並數種為一帙②,多寡分合,初無一定,故所見參差不一耳。

【彙訂】

①《江西巡撫海第三次呈送書目》有《蟫衣生浙草》二本,館臣失檢。(杜澤遜:《四庫存目標注》)。

②"並",殿本作"以"。

李中丞文集二卷(江西巡撫採進本)

明李淶撰。淶字源甫,號養愚,雩都人。隆慶辛未進士,官至右僉都御史巡撫應天。是集為國朝康熙十年其里人易學實所刻,大抵皆應俗之作。蓋淶本以清介著,學實之刻其遺文,特重其為人耳。

文潔集四卷(江西巡撫採進本)

明鄧以讚撰。以讚字定宇,新建人。隆慶辛未進士,官至吏部侍郎。諡文潔。事蹟具《明史·儒林傳》。以讚早以孝行聞,晚退居西山三十年,以清介為世所重,而無所著述。此本乃吉水鄒元標蒐輯於斷簡散帙之中,宜興吳達可為之付梓。其講學語僅存數則,餘不過奏疏三首與書、序、記、傳諸應酬之文耳。中附詩數十首,尤非所長也。

方初菴集十六卷(浙江孫仰曾家藏本)

明方揚撰。揚字思善,號初菴,歙縣人。隆慶辛未進士,官至杭州府知府。是集第一卷為語錄,二卷為箴論,三、四卷為詩,五卷至十六卷為雜文。其語錄、箋論尚皆切實，惟詩文多應酬之作。末附莅官時諸告條，尤為冗雜。揚本有《山中》、《燕中》、《中州》、《南署》等槀，此集乃其門人賀燦然所合編也。

賜陳如岡文集二卷（兩江總督採進本）

明陳大科撰。大科字思進，號如岡，南通州人。隆慶辛未進士，官至右都御史兼兵部侍郎，總督兩廣。大科官給事中時，因歲旱上弭災六事。遷太常卿時，又疏救李獻可等，又劾太監馮保，有直聲。及總督兩廣，有定安南功。是集上一卷具錄當時奏疏，下一卷則雜文數篇而已。

賜餘堂集十四卷（內府藏本）

明吳中行撰。中行字子道，號復菴，武進人。隆慶辛未進士。官編修時，與趙用賢等論張居正，廷杖削籍。後屢起屢廢，卒不大顯，終於侍講學士，掌南京翰林院事。事蹟具《明史》本傳。是集為其子大理寺少卿亮所編。中行以鯁直稱，詞章不甚著於世。集中《植綱常》、《正朝廷》二疏，氣節凜然，又不以詞章論矣。

鄒聚所文集六卷外集一卷（浙江巡撫採進本）

明鄒德涵撰。德涵字汝海，安福人。隆慶辛未進士，官至河南按察司僉事。《明史·儒林傳》附見其祖守益傳末。是集凡詩一卷，文五卷。其《外集》一卷，則皆歷官誥敕及往來書牘也。詩文多涉禪機，持論亦往往偏駁。史稱：“守益子善，服習父訓，踐履無怠，稱其家學。而德涵從耿定理游，定理不答。發憤湛思，自覺有得，於是專以悟為宗。於祖、父所傳，始一變。”云。

研山山人漫集一卷（浙江孫仰曾家藏本）

明方旰撰。旰字文明[①]，後棄舉子業，將遊五岳，取《莊子·逍遙遊》語，改名大年。蘇州人，居洞庭東山。是集為湖州沈庭詔所編。前有隆慶二年姜元序、茅翁積《方山人傳》。又列翁積詩評數條，逐體分論，多大言無實，至詆束晳《補亡》穢不可讀。其分五言律、五言排律為二格，而云排律本賦體，又謂絕句裁自近體，皆漫無依據。其推重旰詩，以四言、六言比嵇康，五言比陶潛，五言律比張九齡，五言絕句比王維。然皆所謂形骸之外，去之愈遠。七言古詩尤為淺薄。翁積總評謂："侈萬言於毫末，恣百態於細縹，雖有歉於豪士，實無損於專門。"則亦知其才地之弱矣。

【彙訂】

① 二"旰"字，底本皆誤作"旴"，據殿本改。旰，陸德明釋文："日始出。"與其字文明合。

蒼耳齋詩集十七卷（浙江孫仰曾家藏本）

明方問孝撰。問孝字胥成，歙縣人，仕履未詳。《歙縣志》亦無其名姓。集中有與汪道昆詩，當是隆、萬間人。其詩風華有餘，深厚不足。蓋亦沿七子之派，多浮聲而少切響也。

交翠館集十卷（江西巡撫採進本）

明萬道光撰。道光字日章，臨川人。是集詩文皆未入格。其學以金谿為宗，說經諸篇皆疏於考證。如或謂《綱目》不出朱子手，道光以為無的考，是不知有趙師淵也。"伊尹放之于桐"，"放"字為"教"字之誤，乃沈括《夢溪筆談》之說，道光亦未能引據[①]。

【彙訂】

① 以為"放"字為"教"字之誤，改"伊尹放太甲於桐"為"伊尹

教太甲於桐”乃孫奕《示兒編》卷二“放諸桐”條,《夢溪筆談》及《補筆談》、《續筆談》均不涉此。(楊武泉:《四庫全書總目辨誤》)

　　汪禹乂詩集八卷(浙江孫仰曾家藏本)

　　明汪淮撰。淮字禹乂,休寧人,隆慶開山人也。是集皆古、今體詩,前有陳履、王世貞、劉鳳、汪道昆、吳子玉諸人序。子玉序稱:“令其伯子懋孝手錄成卷,謐於余。”蓋淮所自編。其詩皆依託七子之門戶,故世貞等頗獎借焉。

　　巢雲軒詩集六卷續集五卷詩餘一卷(安徽巡撫採進本)

　　明吳宗儒撰。宗儒字次魯,號黃麓,晚號止耕,休寧人。其詩工於聲律,然運意不深,風骨亦未成就。

　　卓光祿集三卷(浙江汪汝㻞家藏本)

　　明卓明卿撰。明卿有《卓氏藻林》,已著錄。所著有《卓澂甫詩集》、《續集》、《北游槀》、《文集》、《三山游槀》諸編。其子爾康請曹子念衰合刪定,編為此集。其詩頗囿於風氣,未能自出新裁。

　　卓澂甫詩續集三卷(江蘇巡撫採進本)

　　明卓明卿撰。是集為明卿所自編,刻於萬曆甲申。李維楨序稱:“元美兄弟左提右挈,足使澂甫不朽。”深有不滿之詞焉。

　　廣讌堂集二十四卷(兩淮鹽政採進本)

　　明樊山王朱翊鈗撰。翊鈗字匡鼎,自號隱真子,荊王瞻堈六世孫。萬曆庚子襲封。其父載岑以文行稱,翊鈗世其家學,與弟翊𤄷、翊塑皆好為詩。兄弟嘗共處一樓,號花蕚社。楚藩多強橫,樊山一派其最文雅者也。是集賦及三言、四言詩共一卷,五、七言古、今體詩共二十二卷,長短句一卷,大抵多近香山之派。末有《道德經説奥》二卷,題曰朱孟嘗撰。蓋亦楚宗,是以附錄。與詩集為不倫,今別入子部道家類焉。

梅雪軒詩稾四卷(兩淮鹽政採進本)

明朱敬鑙撰。敬鑙字進父,秦愍王楝八世孫。萬曆中為奉國中尉。詩格淺弱,敷衍成篇而已。

樂陶吟草三卷(浙江巡撫採進本)

明姚舜牧撰。舜牧有《易經疑問》,已著錄。是集乃康熙癸丑其曾孫淳顯所刊。朱彝尊《靜志居詩話》謂舜牧“以厚德聞鄉里,事難悉書。詩不專工,然頗自喜”。今觀是編,皆沿白沙、定山之派。首載《論詩》二首有云:“試讀三百篇,寫意不求工。但能矢口發,含蓄自無窮。”其宗旨可見矣。據淳顯後序,所刊乃詩文全集,此本有詩而無文,豈佚其半耶①?

【彙訂】

① 今存姚舜牧文集《來恩堂草》十六卷。《浙江省第六次呈送書目》有《姚承菴文集》十六卷,《浙江省第十二次呈送書目》有《姚承菴詩集》三卷。(葉啟勳:《來恩堂草》提要;杜澤遜:《四庫存目標注》)

林初文詩選一卷(兩江總督採進本)

明林章撰。章本名春元,字初文,福清人。萬曆癸酉舉人,坐事除名。後上書言兵事,瘐死於獄。是集前有曹學佺序曰:“初文才士,為嫉者所中。所作多散佚,其子哀輯為一帙,梁溪尤時純付梓。”則是集本有刊版,而此乃寫本,蓋傳錄於版佚之後也。凡賦二首,詩八十二首。學佺序稱其《海月賦》,而此本無之,蓋鈔胥又有所漏矣①。

【彙訂】

① 曹學佺序云:"君之詩《蛾眉篇》最著,《秋徵賦》司寇以之自比《海月賦》者。"司寇指謝傑,任刑部左侍郎,故稱。謝傑見林章《秋徵賦》,乃比之自己所作《海月賦》。則《海月賦》非林章之作,亦不存在鈔胥漏鈔的問題。(江慶柏:《〈四庫全書總目〉考訂十七則》》)

鬱儀樓集五十四卷(江蘇巡撫採進本)

明鄒迪光撰。迪光字彥吉,無錫人。萬曆甲戌進士,官至湖廣提學副使。年四十,即罷歸。築室惠山,多與文士觴詠,優游林下者幾三十年。時王世貞已没,迪光欲代領其壇坫,然竟不能也。是集凡賦一卷,詩二十九卷,雜文二十四卷①。其詩文皆欲矯雕鐫,翻成淺易。故朱彝尊《靜志居詩話》深不滿焉,特略取其絕句而已。

【彙訂】

① 今存明萬曆三十二年序刻本此集為賦一卷,詩二十八卷,雜文二十五卷。

石語齋集二十六卷(兩江總督採進本)

明鄒迪光撰。其以"石語"名齋,蓋用庾信讀温子昇《韓陵山寺碑》事,亦高自位置矣。案《江南通志·文苑傳》載迪光集凡三百餘卷,而不詳其名。《明詩綜》載迪光所著有《鬱儀樓集》、《調象菴槀》、《始青閣集》,不載此集。明人集刻本叢雜,著錄互異,此亦其一也。

調象菴槀四十卷(兩江總督採進本)

明鄒迪光撰。案《涅盤經》曰:"譬如醉象,狂駭暴惡,多欲殺害。有調象師，以大鐵鉤鉤斲其項。即時調順，惡心都盡。一切衆生，亦復如是。貪慾瞋恚愚癡醉故，欲多造惡孽[①]。諸菩薩等，以聞法鉤斲之令住，更不得起造諸惡心。"云云[②]。此編乃迪光之續集，蓋晚歲所作。時方歸心釋氏，故以"調象"名菴，因以名集云[③]。

【彙訂】

① "孽"，殿本作"業"，疑皆衍文，參《涅槃經》卷二五原文。

② "諸惡"，殿本作"惡諸"，誤，參《涅槃經》卷二五原文。

③ 明萬曆刻本此集自序云："昔調達出象五百觸佛，佛為豎五指作五獅，而象皆讋隕不敢動。調達感悟，因入法門為弟子。余奉佛氏，故以名齋，復以名其集。"

快獨集十八卷（山東巡撫採進本）

明李堯民撰。堯民字耕堯，濟寧人。萬曆甲戌進士，官至工部右侍郎。是集凡詩六卷，文十二卷，快獨者，所居樓名也。雜文中奏議一類[①]，敷陳頗為剀切。詩則秀潤有餘而興象不足，純為七子之派。故序之者為李維楨焉。

【彙訂】

① "奏議"，殿本作"奏疏"。明萬曆三十六年康丕揚刻本此集卷十三至十五為奏疏。

征南草一卷（陝西巡撫採進本）

明王邦俊撰。邦俊字虞卿，郿州人。萬曆甲戌進士，官至貴州兵備參政。是編即貴州所作。時苗民不靖，起邦俊理兵事，故以"征南"為名。凡詩三十餘首，賦一首。又《母老乞致仕上兩院呈詞》一首，亦並附焉。

林伯子詩草一卷（福建巡撫採進本）

明林兆珂撰。兆珂有《詩經多識編》，已著錄。此集本名《挈朋草》。其題曰“林伯子”者，蓋其序為柯壽愷所作，乃當日同社之辭也。凡詩二百三十餘首。其中七言律詩頗得錢、劉風調，集中亦惟此體最多。古詩則不能入格。蓋晉安一派，皆從七言律詩入門也①。

【彙訂】

①“門”，殿本無。

隅園集十八卷蘋川集八卷（浙江巡撫採進本）

明陳與郊撰。與郊有《檀弓集註》，已著錄。《隅園集》皆所作雜文及詞曲。其文摹仿漢、魏，似古色斑駁，而不出弇州《四部》之門徑。又以其子臯坐鹽徒事，陷冤獄，上書武安王及縣城隍神，亦載集中。雖秦《詛楚文》，古有其事，編入文集，頗覺不倫。《蘋川集》皆其里居之時與人尺牘，益為小品矣。《與郊集》總名《奉常俟橐》，凡分四種，首為《隅園集》，次為《黃門集》，次為《蘋川集》，次為《誃癡符》①。“誃癡符”者，語出《顏氏家訓》，謂可笑之詩賦也。今《黃門集》別入“奏議”，《誃癡符》又有錄無書，故惟以此二編著錄集部焉。

【彙訂】

①“誃癡符”，殿本作“聆癡符”，下同，誤，參《顏氏家訓》卷上原文。

去偽齋文集十卷（江蘇巡撫採進本）

明呂坤撰。坤有《四禮疑》，已著錄。是集為其孫慎多等所刊①。坤於明季講學諸儒中，最為篤實，是集亦多有裨世道之文，而出於後人之編錄，一切俳諧筆墨，無不具載。夫韓愈《雜説》僅數條耳。其他寓言，惟《毛穎傳》、《石鼎聯句》編入集中。《革華傳》、《嘲鼾睡》諸篇，即不編入。李漢所以為有識，惜編是集者昧此也。至於應俗之文連牘不已，益為眼中金屑矣。

【彙訂】

① 此集明萬曆四十四年丙辰由呂坤長子知畏彙編，次年王鳳翔初刻。清康熙十三年甲寅呂慎多重刻。（鄭涵：《呂坤年譜》；崔建英等：《明別集版本志》）

來禽館集二十九卷（浙江汪汝瑮家藏本）

明邢侗撰。侗字子愿，臨邑人。萬曆甲戌進士，官至陝西行太僕卿。《明史・文苑傳》附載《董其昌傳》中。是集凡文二十四卷，詩僅五卷。侗以善書得名，當時有"北邢南董"之目。其序于慎行詩集，謂李、何學唐為化鳩之眼，而於太倉、歷下並有微詞。蓋能不依七子門户者。故所作大抵和平雅秀，王士禎《論詩絶句》亦有"來禽夫子本神清"之語。特骨幹未堅，不能自成一隊，文體則更近於澀矣。

支子餘集五十二卷（浙江汪汝瑮家藏本）

明支大綸撰。大綸有《世穆兩朝編年史》，已著錄。是編乃大綸自萬曆丙子至壬寅所撰詩賦雜文，凡《藝餘》十四卷，《政餘》八卷，《屯餘》八卷，《耕餘》八卷，《敎餘》二卷，《述餘》六卷。又《永陵編年史》四卷，《昭陵編年史》二卷①，即所為《世穆兩朝編年史》也。集內酬應之作居多，語亦閒涉荒誕，觀其《自題像贊》及《題觀音像贊》，竟以孔子自居，是何言歟？

【彙訂】

① "昭"，殿本作"明"，誤。明穆宗陵號昭陵。《皇明永陵編年史》四卷，《昭陵編年史》二卷，有明萬曆二十四年刻本。

御龍子集七十七卷（兩江總督採進本）

明范守己撰。守己有《曲洧新聞》，已著錄①。是編以集為名，實則兼收其說部，故目錄每卷惟署曰"御龍子第幾"。首為《膚語》四卷，次《天官舉正》六卷，次《參兩通極》六卷，次即《曲洧新聞》四卷，次乃為《吹劍草》五十三卷②。《膚語》皆襲宋人緒論，無所發明；《天官舉正》則鈔撮各史天文志，亦無所考正。《參兩通極》摹仿《太元》、《潛虛》、《皇極經世》諸書，於八卦之外，別為元、息、進、隆、中、殺、消③、沮八卦名④，因而乘之為九八七十二卦，以當七十二候。變象曰繹，變象辭曰勇，變爻象曰繇。末為《索辭》八篇，以擬《繫辭》。又出諸家僭經之卜。《曲洧新聞》雜記時事，蓋仿朱弁《曲洧舊聞》。而於張居正屢以謀篡書之，未免恩怨之詞，不足徵信。《吹劍草》為所作詩文，自稱不作唐以後語。然刻意摹擬，斧鑿之痕不化。

【彙訂】

①《總目》未著錄《曲洧新聞》，范守己事迹見於卷五四"肅皇外史"條。依《總目》體例，當作"守己有《肅皇外史》，已著錄"。（楊武泉：《四庫全書總目辨誤》）

② 明萬曆十八年侯廷珮刻本此集《參兩通極》六卷後尚有《瑣談》四卷，提要漏載，故所述五種書卷數相加僅七十三卷。（呂友仁、李正輝：《〈四庫全書總目〉補正十六則》；杜澤遜：《四庫存目標注》）

③"殺消",底本作"消殺",據殿本改。

④ 侯廷珮刻本此集中《參兩通極》所列為元、息、進、隆、中、殺、退、消、徂九疇。

鄬埜集十二卷(浙江孫仰曾家藏本)

明范守己撰。是編於宦遊所至,各為一集。曰《西餉橐》,曰《雲閒橐》,曰《北行橐》,曰《吳中橐》。詩文詞賦雜編,不分體裁。王世貞為之序,語亦在抑揚之閒。

場居集二卷田居橐一卷河上橐一卷(直隸總督採進本)

明李化龍撰。化龍有《平播全書》,已著錄。其平生以經濟著,《平播》、《治河》諸疏,表表當代,原不必以詩見。乃必欲以功業兼文章,其畫蛇之足乎?

少室山房續橐十五卷(浙江汪汝瑮家藏本)

明胡應麟撰。應麟有《筆叢》,已著錄。是編凡《兩都集》一卷,《蘭陰集》一卷,《華陽集》十卷,《養痾集》二卷,《青霞橐》一卷,僅止五種。蓋《類橐》未出以前,隨作隨刊之本也。

郊居遺橐十卷(安徽巡撫採進本)

明沈懋學撰。懋學字君典,宣城人。萬曆丁丑進士第一,授翰林院修撰。追諡文節。事蹟附見《明史·田一儁傳》。是編詩三卷,雜文七卷,萬曆乙巳其兄子有容刻於福建①。懋學官翰林時,值張居正奪情,與吳中行、趙用賢謀各上疏。吳、趙皆受杖去國,而懋學疏章為人所持,不果進。乃貽居正子嗣修書,又與工部尚書李幼滋書以爭之。今集中有《擬救建言諸臣令大學士張居正奔喪疏》一篇,蓋即其時未上之橐。然非擬疏之難,上疏之難也。既未上矣，存之何為乎？

【彙訂】

① "刻"，殿本作"刊"。

快雪堂集六十四卷（浙江朱彝尊家曝書亭藏本）

明馮夢禎撰。夢禎有《歷代貢舉志》，已著錄。夢禎舊藏王義之《快雪時晴帖》，故以名堂。後帖歸馮銓，堂名亦隨之而移，實則始自夢禎也。是編文六十二卷，詩止二卷。所作皆喜於疏快，不以鏤刻為工，而隨意所如，無復古人矩矱矣。

海門先生集十二卷（浙江朱彝尊家曝書亭藏本）

明周汝登撰。汝登有《聖學宗傳》，已著錄。是集凡文十卷，詩二卷。集中如《九解》九篇，越中、南都、剡中、東粤、新安《會語》五篇，皆聚徒講學之語。其釋"良知"二字，謂："良訓甚也，當如至善、至德、至禮、全樂、太極、太初等，'至'字、'太'字，皆'甚'字之義，有不可擬議，不可名言之妙。"其立義新奇，非惟孟子無此說，即王守仁亦無此說。斯真龍溪末派，惟所欲言者矣。詩亦作白沙、定山之體。其《正唐詩》一十五首，尤不可解。如取李白"問余何事棲碧山"一首，翻其意而竄改之曰："桃花流水依然在，別有天地只人閒。"是不幾王安石之"一鳥不鳴山更幽"乎？

東越證學錄十六卷（安徽巡撫採進本）

明周汝登撰。汝登傳王畿之說，故是《錄》以"證學"為名，而會語亦與詩文並列。

可菴書牘十卷（兩江總督採進本）

明張棟撰。棟字可菴，崑山人。萬曆丁丑進士，官至兵科都給事中。是編為其邑人王煥所編，以其歷任書牘分卷排纂，亦王儉一官一集之例也。

詹養貞集三卷（江西巡撫採進本）

明詹事講撰。事講字明甫，別號養貞，江西樂安人。萬曆丁丑進士，官至北直隸提學御史。其集初刻於萬曆戊戌，凡文三卷，詩四卷。後詩集散佚，僅存文集。國朝乾隆庚申，其元孫道行重刊之，即此本也。事講從羅洪先遊，傳姚江良知之學。陳獻章、王守仁之從祀，實允事講之請，集中以此疏為冠。蓋其生平宗旨所在也。

片玉集四卷（江西巡撫採進本）

明陳邦科撰。邦科字俊卿，號警亭，高安人。萬曆丁丑進士，官至河間府知府。是集凡《閩瀛漫語》一卷，《言責要覽》一卷，《留臺疏槀》一卷，《聽花軒摘槀》一卷。其《閩瀛漫語》皆設為問答以辨析物理，力闢星命輪迴之說，持論甚正。其謂“欲端善敗之原者謹諸德，握治亂之機者慎諸人”，尤為切實。至謂“理之變者為怪，氣之變者非怪，國家之盛衰本於乖和，不關祥異”，則主持太過。欲破讖緯之妄，轉岐天人而二之，不幾於“天變不足畏”乎？《言責要覽》及《留臺疏槀》皆其官南京御史時所作。明至萬曆以後，居言路者大率矯激攻訐，以致國是紛拏，迄於亂亡而未已。邦科所列十一條，分目為四十三，中有當緩言者三，婉言者二，勿輕言者七，勿為人言者五，可謂曲中明季諸臣之習。其《疏槀》，如《論罪讁言官救李材》、《論西夏撫賊失策》諸篇，亦頗剴切。惟詩筆粗屬，全不入格耳。敖文禎作《邦科墓誌》，云所著尚有《循良模範》、《辨問錄》二書。今集中未見，或選刻時所佚歟？

梅谷集十八卷（浙江巡撫採進本）

明莊履豐撰。履豐字中熙，晉江人。萬曆丁丑進士，改庶吉士。其集前十四卷皆雜文，後四卷為詩，其門人黃汝良、何喬遠等所編。履豐以奉兄喪歸里，遘疾早卒，未掌制誥。而集中有册文、奏書等篇，殆皆其館課之擬作耶？

寶菴集八卷（江蘇周厚堉家藏本）

明顧紹芳撰。紹芳字實甫，太倉人。萬曆丁丑進士，官至左春坊左贊善。是編前有馮琦《三太史集序》一篇，稱紹芳及王敬卿、葛仲明之詩皆所手定。則此集為三家之一種也。朱彝尊《靜志居詩話》云：“實甫詩工於五律，不露新穎，矜鍊以出之，頗有近於孟襄陽、高蘇門者。”今觀其集，終覺意境未深也。

瑞陽阿集十卷（兩江總督採進本）

明江東之撰。東之字長信，歙縣人。萬曆丁丑進士，官至右僉都御史巡撫貴州。事蹟具《明史》本傳。明別有洗馬江朝宗字曰東之，或混為一人，非也。東之嘗築室瑞金山中，故以“瑞陽阿”名集。其立朝頗著風節。初劾馮保、徐爵，又劾王宗載、于應昌及駙馬都尉侯拱宸，繼以爭壽宮事與李植、楊可立均坐貶，其詳見魏禧所為《傳》中。故集中奏議居半云。

楊文懿集十二卷（浙江巡撫採進本）

明楊起元撰。起元有《識仁編》，已著錄[1]。是集為其孫廷春所刊。據目錄作二十卷，而自十一卷至十八卷皆註云嗣刻。其有錄有書者僅十二卷，蓋裒輯未竟之本也。

【彙訂】

[1]《總目》卷一二五著錄《識仁編》二卷，羅汝芳撰，其門人

楊起元編,同卷著錄楊起元撰《證學編》。依《總目》體例,當作
"起元有《證學編》,已著錄"。

松門稿八卷(浙江巡撫採進本)

明王庭譔撰。庭譔字敬卿,華州人。萬曆庚辰進士,官至翰
林院修撰。年未四十而没,故詩文皆未成就。馮琦序其詩,稱其
"有沈鷙邁往之氣,而文以質掩",蓋道其實云。

孟雲浦集八卷年譜一卷附錄一卷(河南巡撫採進本)

明孟化鯉撰。化鯉字叔龍,號雲浦,新安人。萬曆庚辰進士,
官至吏部文選司郎中。持正不阿,後以奏起給事中張棟先事,削
籍歸。事蹟具《明史·儒林傳》。化鯉少從尤時熙遊,講良知之
學,以無欲為宗,以慎獨為本。其集初刻於萬曆閒,此本則康熙癸
卯其後人所重刊也[①]。據其原目,卷一為《尊聞錄》,皆所聞於時熙
之語,卷二至卷五為文,卷六、卷七為雜著,卷八為詩。首冠以《年
譜》,其門人王以悟所編。附刻謚議、像贊諸作,則其後人所續輯。

【彙訂】

① 據明萬曆二十五年刻清康熙二年增修本此集,實爲修版
重印。(杜澤遜:《讀〈四庫提要〉別記》)

梅園集二十卷(浙江汪汝瑮家藏本)

明沈一中撰。一中字長孺,鄞縣人。萬曆庚辰進士,官至布
政使。是集詩、賦八卷,雜文十二卷。大抵欲以才藻見長,而短
於翦裁澄汰。

九芝集選十二卷(內府藏本)

明龍膺撰。膺字君御,武陵人。萬曆庚辰進士,官至南京太

常寺卿。是集皆所作詩、賦，乃其兄襄所選定。以卷首冠以《九芝賦》，遂以名之。

姑孰集二卷（浙江巡撫採進本）

明章嘉禎撰。嘉禎字元禮，德清人。萬曆庚辰進士，官至大理寺寺丞。是集詩、文雜編，殊無體例，蓋未定之稾。詩筆亦清雋而多近率易。其名曰"姑孰"，以嘉禎嘗為當塗知縣故也。

崇雅堂集十五卷（山東巡撫採進本）

明鍾羽正撰。羽正字叔濂，益都人。萬曆庚辰進士，官至工部尚書。事蹟具《明史》本傳。是集賦、詩六卷，文九卷，為其門人高有聞、元野鶴所編①。羽正清介耿直，為時所重，故集中奏疏多切中時弊，其他雜文則率爾操觚者居多。詩多感激時事之作，氣體尚遒，然未免沿七子之末派。

【彙訂】

① 清順治十五年丁耀亢刻本此集前有高有聞序云："有丁君野鶴者……爰梓諸文公諸當代。"可知元野鶴乃丁野鶴之誤。（杜澤遜：《四庫存目標注》）

負苞堂稾九卷（浙江汪汝瑮家藏本）

明臧懋循撰。懋循字晉叔，長興人。萬曆庚辰進士，官國子監博士。詩多綺羅脂粉語，未免近靡靡之響。懋循善顧曲，元明雜劇皆所梓行。故詞曲序、引屢見集中，亦其結習之所在也。

農丈人文集二十卷詩集八卷（浙江巡撫採進本）

明余寅撰。寅有《乙未私志》，已著錄。朱彝尊《靜志居詩話》謂其"自負古文，然於作者尚遠。其於詩自謂涉其藩，未窺其奧,亦自知之矣"。是集乃其歸田以後所輯。考農丈人星見《天官書》,又《雲仙雜記》載陶潛聽水,稱"吾師農丈人"事。寅之命名,似取陶語也。

楊道行集十七卷(浙江巡撫採進本)

明楊于庭撰。于庭有《春秋質疑》,已著錄。是集于庭所自編。其詩沿何、李之派,故擬騷、擬樂府古詩,不能變化蹊徑。惟五言古詩時露清挺,本色尚存。其官職方時,值寧夏及倭寇之亂,於本兵多所贊畫。及事平,而竟中察典,與虞淳熙同罷歸。是為萬曆中門戶交爭之始。故憤鬱不平,屢形篇詠。然事殊屈子而怨甚行吟,未免失之過激,與風人溫厚之旨為有閒矣。

青棠詩集八卷(浙江孫仰曾家藏本)

明董嗣成撰。嗣成字伯念,烏程人。萬曆庚辰進士,官至禮部郎中。是編乃嗣成没後,其友茅維所編。前有謝肇淛序,稱嗣成"古選憲章陶、謝,近體沐浴岑、王,如姑射仙人飡風飲瀣",蓋略舉其近似。至云:"使天假以年,駸駸乎將立壇坫,與海內爭雄。"則已顯言其學力尚淺矣。

鄒孚如集無卷數(浙江巡撫採進本)

明鄒觀光撰。觀光字孚如,雲夢人。萬曆庚辰進士,官至南京兵部郎中。擢太僕寺少卿,未上而卒。是集皆雜文,無詩。前無序目,版心亦不刊卷次,蓋未定之本。其文往往體近制藝,蓋揣摩科舉,先入者深。觀其《雲夢儒學藏書記》,極論明人不務博學。非久歷名場,不能言之如是切中也。《三楚文獻錄》稱觀光與魏允中、顧憲成以文學經濟相砥礪。在吏部發諸吏增減文書拜官事,抵罪者數百人,一洗部弊。因陳論不合,乞歸養。事親十餘年，始補南職方郎。是其生平建豎，固不以詞章見長矣。

來復堂集二十五卷（江西巡撫採進本）

明曾維倫撰[①]。維倫字惇吾，江西樂安人。萬曆庚辰進士，官至嘉興府同知。是集前有萬曆丁亥黃洪憲序，稱維倫出詩、古文一編，則是集原本為所自定。然未及授梓[②]，歲久漸佚。乾隆壬戌，其六世孫廷試乃裒輯佚稾刊版，即此本也。維倫學出姚江，與焦竑、李材、羅汝芳等共闡良知之旨。故文集十九卷，以《理學見解》三卷為冠[③]；詩集六卷，以理學詩六十一首為冠云。

【彙訂】

① "曾維倫"，底本作"曾維綸"，下同，據殿本改。《太學進士題名碑錄》萬曆庚辰科三甲有曾維倫（第二百二十八名）。清乾隆九年曾廷試刻本《來復堂遺集》二十五卷，卷一題"神樂曾維倫惇吾手著"。（王重民：《跋新印本〈四庫全書總目〉》）

② "授梓"，殿本作"校梓"。

③ 清乾隆九年刻本卷一、二為《理學見解》，卷三為傳。

玉堂遺稾無卷數（湖北巡撫採進本）

明蕭良有撰。良有字以占，號漢沖，漢陽人。萬曆庚辰進士，官至國子監祭酒。良有在史局十五年，長於當時制誥之文，規模宏敞，有承平臺閣之體。是集為其曾孫延昭等所編，分類排比，不分卷數。末有補遺及葉向高所撰《墓誌》一篇。

亦為堂集四卷（江蘇巡撫採進本）

明史孟麟撰。孟麟字際明，號玉池，宜興人。萬曆癸未進士，官至太僕寺卿。崇禎初，追贈禮部右侍郎。事蹟具《明史》本傳。孟麟持正不阿，屢忤權倖，氣節動天下。其沒也，倪元璐為作傳，趙南星序其奏疏，鄒元標序其語錄。其人品可以想見。其集凡《奏疏》一卷，《明道附言》一卷，《詩草》一卷，《文草》一卷。又一別本題曰《史太僕集》，所載亦同，蓋一書而再刻也。孟麟本講東林學。御史劉光復嘗斥東林，又嘗糾李三才，及光復爭挺擊下獄，孟麟乃疏救之。東林頗以為疑。孟麟與三才書曰："論朋友則功名為輕，論君臣則朋友之私義又輕。"可謂能見其大。倪元璐亦曰："初趙公為選部時，先生曾未識面。第以賢姦消長，繫國否泰，情迫憂危，勢無結舌苟容，不惜再棄官以伸公是。不知者以為為友，予謂是乃純為君耳，何友之有？"然則孟麟在東林中，為超然於門户外矣。至其文章則惟意所如，無復修詞之功，直以餘事視之可也。

方衆甫集十四卷（江蘇巡撫採進本）

明方應選撰。應選字衆甫，別號明齋，華亭人。萬曆癸未進士，官至盧龍兵備副使。應選初牧汝州，刻有汝上詩、文二集。其子又增並遺槀，刻為此本。其詩古體頗清麗。文筆亦尚健舉，而漸染習尚，未盡脱當時風氣。

葛太史集五卷（山東巡撫採進本）

明葛曦撰。曦字仲明，號鳳池，德平人。萬曆癸未進士，官翰林院檢討。據崇禎丙子其姪如麟後序，稱全集八卷。此本止五卷。以原目較之，尚佚《諭朵顏衛檄》、《擬俘獻雲南叛夷露布》、《重修順天府學記》三首。而《勤政勵學箴》一篇，又不列入目錄。參差錯亂，莫之詳也。其詩尚沿歷下餘派，少精湛之思，而音響亦自琅琅可誦。較之竟陵、公安以後鉤章棘句者尚有閒焉。

占星堂集十五卷（浙江孫仰曾家藏本）

明唐文獻撰。文獻字元徵，南直隸華亭人。萬曆丙戌進士，官至禮部右侍郎、翰林院學士。諡文恪。事蹟具《明史》本傳。朱彝尊《靜志居詩話》載文獻“未第時，曾見奎宿於堂上”，故以“占星”名其堂，因以名集。

大雲集無卷數（兩江總督採進本）

明曹璜撰。璜字伯玉，別號元素，益都人。萬曆丙戌進士，官至通政司右參議。是集鈔本凡十册，前無序目，亦不分卷帙。前四册為雜文及經解、奏疏、禪語。然殘闕殊甚，多不可讀。後六册則其官西安知府及提學湖廣時案牘之文，而西安為最詳。如社約、救荒、織造、開礦諸規議，大抵皆委曲懇到。其言：“關中居天下阨塞，戶口百萬，乃此公私之積，處之如掃。守令無一人長思舉其事者，而民惟寄死生於天。河南之事奚保不再見也。”璜守西安在萬曆中年，其於啟、禎時事，曲突移薪，若有先見。其解經則多影響支離。至《臨濟大意》、《楞伽質義》諸篇，尤旁涉雜學。蓋明季士大夫流於禪者十之九也。

中祕草三卷（湖北巡撫採進本）

明李沂撰。沂字景魯，嘉魚人。萬曆丙戌進士，官至吏科給事中。劾東廠太監張鯨，廷杖削籍，後贈光祿少卿。事蹟具《明史》本傳。是集皆其為庶吉士時所作。自記謂每月上旬、中旬、下旬試於翰苑者，曰《館草》；每月朔望試於東閣者，曰《閣草》。皆詳錄當時閣師、館師評語。末附載劾張鯨疏一篇，及廷杖之後王錫爵、楊起元、袁黃通問三尺牘。

尊拙堂文集十二卷（浙江巡撫採進本）

明丁元薦撰。元薦有《西山日記》，已著錄。元薦受業顧憲成，入東林黨籍，當時以節行稱。而文章質率，不出講學家窠臼。

永思齋文集六卷（直隸總督採進本）

明李日茂撰。日茂字文華，號培吾，青縣人。萬曆丙戌進士，官至山東按察司副使。日茂官御史時，有《諫三王並封疏》，今載集中，詞頗激直。而《明史·王錫爵傳》載當時爭封議諸臣，但有趙志臯、張位、史孟麟、羅萬化、岳元聲、顧允成、張納陛、陳泰來、于孔兼、李啟美、曾鳳儀、鍾化民、項德禎、李騰芳等，獨不及日茂之名，未詳其故。至諫並封第二疏，據《行狀》稱，撰槀未上，乃亦收入集中，則過矣。第二、三卷內多案牘之文，頗為冗碎。

滇池集十六卷（江蘇巡撫採進本）

明張文柱撰。文柱字仲立，崑山人。萬曆戊子舉人，官臨清縣知縣[①]。是集前七卷為詩、賦，後九卷為雜文。每篇之下，或標云“見《遺草》”、“見《薄遊集》”、“見扇”、“見題壁”、“見友人集鈔”。蓋其後人博蒐佚槀而成也。

【彙訂】

① “知”上“縣”字，殿本無。《列朝詩集小傳》丁集上“張臨清文柱”條云：“文柱字仲立，崑山人……萬曆戊子領鄉薦，除臨清州守，凡四年，卒於官。”道光《昆新兩縣志》卷二〇《列傳》、同治《蘇州府志》卷九三《人物二〇·張棟傳》附弟文柱傳均稱張文柱為臨清知州。《明史·地理志》“東昌府”條云：“臨清州，洪武二年七月改屬，弘治二年升為州。”是張文柱之時，臨清為州。（楊武泉：《四庫全書總目辨誤》）

容臺文集九卷詩集四卷別集四卷（兩淮馬裕家藏本）

明董其昌撰。其昌有《學科考略》，已著錄。其昌以書畫擅名，論者比之趙孟頫。然其詩文多率爾而成[①]，不暇研鍊。詞章之學，蓋不及孟頫多矣。

【彙訂】

①“然其詩文多率爾而成”，殿本作“其詩文則多率爾而成”。

竹素堂藏稾十四卷（浙江孫仰曾家藏本）

明陳所藴撰。所藴字子有，上海人。萬曆己丑進士，官至南京太僕寺少卿。是集凡雜文十一卷，詩三卷。前有王宏誨、陳文燭序，俱稱其官為陳比部，蓋在郎署時所輯也。詩文摹擬太甚，未能杼軸予懷。詹景鳳《明辨類函》嘗稱所藴“文法汪伯玉，幾為敵國。詩健而潔，近體亦似于鱗”，則其宗法概可見矣。

青藜館集四卷（江蘇巡撫採進本）

明周如砥撰。如砥字季平，號礪齋，即墨人。萬曆己丑進士，官至國子監祭酒。是集刊於崇禎壬午，詩不及一卷，餘皆雜文，多館課及應酬之作。如《〈太上感應篇〉序》之類，亦備錄不遺，編次殊為蕪雜。前有王思任、公鼐二序。思任序多稱其制藝，鼐序多稱其德量，其微意可思矣。

小山草十卷（浙江巡撫採進本）

明郝敬撰。敬有《周易正解》，已著錄。是編首為《鯫生蠡管》三卷，首載《闢佛書》，次則辨論經旨之文，又雜著三卷，尺牘一卷，家乘三卷。蓋其《山草堂全書》之一種[①]。敬喜説經，古文非所留意，置之不論不議可矣。

【彙訂】

① 殿本“山”上有“小”字，衍。明萬曆崇禎間郝洪範刻《山

草堂集》内編，正文首題"山草堂集第九"，二行題"小山草卷之一"。

姜同節集八卷（江蘇巡撫採進本）

明姜志禮撰。志禮字立之，丹陽人。萬曆己丑進士，官至尚寶司卿，致仕後加太常寺少卿。是集惟第五卷後半為詩，餘皆雜文，所載諸疏，論列時事，頗為切直。其守泉州時，清還沙格澳及辨李相國偽書事；官兩廣時，拒李鳳、高寀兩璫及擒叛猺韋尚勝事，政績多可稱。官山東參政時，以爭福王莊田謫官；官尚寶時，河南進玉璽，魏忠賢欲令表獻，執不可。其風節亦殊可取。詩文則類皆應酬之作也。

劉直洲集十卷（浙江孫仰曾家藏本）

明劉文卿撰。文卿字徯如，江西廣昌人。萬曆己丑進士，官至南京兵部員外郎。文卿性孤介，嘗以忤權姦左遷，其文頗有英氣。惟年僅三十三而卒，功候未深，故風格未就。集中如《急選被論辯疏》及海防二議，台州、金華二府《興革條議》，亦可以考見時政也。

吳繼疏集十二卷（江西巡撫採進本）①

明吳仁度撰。仁度字君重，金谿人。萬曆己丑進士，官至工部侍郎。《明史·儒林傳》附載其父悌傳末。其集初刻於萬曆乙卯，此本為其六世從孫廷相所重編。凡《中書考功奏疏》一卷，《撫晉奏議》六卷，《撫晉全草》三卷，各註原本卷次於下。又《遺槀》二卷，各註"新增"字。《撫州府志》稱其"為文不拘訓詁，每脫槀，即棄去，故無存者"。此二卷蓋廷相摭拾殘剩，附於奏議、公牘之後者也。仁度初除中書舍人時，嘗爭三王並封之事，其疏今載第一卷中。撫晉時亦頗有擘畫。《遺稾》則隨筆寫意而已。

【彙訂】

①"江西巡撫採進本"，底本作"江蘇巡撫採進本"，據殿本改。《四庫採進書目》中僅"江西巡撫海第四次呈送書目"著錄此書。（江慶柏：《殿本、浙本〈四庫全書總目〉著錄圖書進獻者主名異同考》）

葉玉成全集四卷附錄二卷（浙江巡撫採進本）

明葉永盛撰。永盛字子沐，涇縣人。萬曆己丑進士，官至太僕寺少卿。事蹟具《明史》本傳。是集雜文一卷，奏疏三卷，為其裔孫沃若等所刊。當萬曆中葉，稅璫用事，弊政百出。永盛以御史巡視浙江鹽政，適姦人奏請增課，稅璫持之甚急。永盛獨抗疏糾論，屢折不回，卒以無擾。今諸疏及《措置浙鹽始末》一篇，具在集中。《明史》本傳亦採錄其略①。其他序、啟、祭文之類，僅二十餘首，則其子孫姑存手澤而已。末附《名宦錄》一卷，皆萬曆中請祀呈詳批答案牘及《去思德政碑》。又《鄉會中式錄》一卷，則永盛倡建崇文書院，疏請許商人占籍應試，因紀歷科中式姓氏，以誌不忘。所載至國朝康熙中，蓋後人所續入也。是亦足見浙人之不忘永盛矣。

【彙訂】

①《明史》無葉永盛傳，其名僅一見於《明史·劉元珍傳》。（楊武泉：《四庫全書總目辨誤》）

李湘洲集十卷補遺一卷（湖北巡撫採進本）

明李騰芳撰。騰芳字子實，湘潭人。萬曆壬辰進士，官至禮部尚書。其學宗王守仁，故集中第二卷有《陽明集鈔》序，反覆幾二千言，發明良知之旨，至以事功、節義與辭章、養生均為正道之障。又有《金剛經集註》序、《金剛經註采》序、《蓮池自知錄》序，皆提唱二氏之説。亦頗尊崇李贄，稱為卓吾老子。蓋明季士大夫所見大抵如斯，不但騰芳一人也。然騰芳留心經世，喜談兵事。其策倭《安攘至計疏》及《進戚繼光兵略》諸疏，猶非徒以狂禪縱論者矣。集無序跋，不知何人所編。據卷首《家傳》，稱其生平著作燬於峒寇。此本蓋由掇拾而成，故十卷中多有錄無書者①，別以《補遺》一卷刻於末云。

【彙訂】

① "者"字，殿本無。

關中集四卷（兩江總督採進本）

明余懋衡撰。懋衡字持國，婺源人。萬曆壬辰進士，官至南京吏部尚書。事蹟具《明史》本傳。是集乃其巡按陝西時所作，凡論説雜文共七十八篇。所評古今人物，皆蹈襲陳言，至謂封建井田為可行，尤屬拘迂之見。自序稱："萬曆丁未，杜門請告，四閲月而成帙。"中有《自嗤》一篇云："窮年焚膏，不得一二。偶得一二，索紙書之。紙墨未乾，已規規失。"其大略可觀矣。

綠滋館槀九卷（江蘇巡撫採進本）

明吳士奇撰。士奇有《史裁》，已著錄。是集文八卷，詩一卷。其文雖不能步趨歸、唐，而文從字順，尚不蹈王、李贗古之習，惟韻語牽率頗甚。朱彝尊《靜志居詩話》稱其"長於史學，詩特餘藝"，其殆然歟？

靈護閣集八卷（浙江孫仰曾家藏本）

明湯兆京撰。兆京字伯閎，宜興人。萬曆壬辰進士，官至監察御史。事蹟具《明史》本傳。兆京廉正鯁直，佐孫丕揚掌察典，尤力持公議，為群小所嫉。然律身嚴正，雖屢遭排擊，卒不能以一言污之。其制行甚高。詩文非所屬意，亦皆不入格。

西樓集十八卷（福建巡撫採進本）

明鄧原岳撰。原岳字汝高，閩縣人。萬曆壬辰進士，官至湖廣按察司副使。《明史·文苑傳》附載《鄭善夫傳》中。是集詩十卷，文八卷。卷首謝肇淛所作小傳，謂原岳為詩，"初學鄭善夫，已又學七子。既而一意摹古，要以唐人為宗。末年益復宏肆"。今閱其詩，功候頗為不淺，惟未免有摹擬之痕也。

繁露園集二十二卷（直隸總督採進本）

明董復亨撰。復亨字元仲，元城人。萬曆壬辰進士，官至吏部郎中。外轉布政司參政，未上而卒。是集凡文十七卷，詩五卷。復亨沒後，其同里張銓序而刻之。其文喜勦掇詞藻，如《廣武郡理胡懷南治最承恩序》曰："閒請所謂舉業讀之。其沈詞怫悅，如游魚銜鉤，而出重淵之深；其浮藻聯翩，若翰鳥嬰繳，而墜層雲之峻；其涵綿邈而吐滂沛，又若風飛焱豎，若芳蕤馥而青條森也。"割裂文賦，以入散體，古今有是格律耶？詩尤非所擅長矣。

袁中郎集四十卷（兩江總督採進本）

明袁宏道撰。宏道有《觴政》，已著錄。其詩文所謂公安派也。蓋明自"三楊"倡臺閣之體，遞相摹仿，日就庸膚。李夢陽、何景明起而變之，李攀龍、王世貞繼而和之。前、後七子，遂以仿漢摹唐，轉移一代之風氣。迨其末流，漸成偽體。塗澤字句，鉤棘篇章，萬喙一音，陳因生厭。於是公安"三袁"又乘其弊而排抵之。三袁者,一庶子宗道,一吏部郎中中道,一即宏道也。其詩文變板重為輕巧①,變粉飾為本色,致天下耳目於一新②,又復靡然而從之。然七子猶根於學問,三袁則惟恃聰明;學七子者不過贗古,學三袁者乃至矜其小慧,破律而壞度。名為救七子之弊,而弊又甚焉。觀於是集,亦足見文體遷流之故矣。

【彙訂】

①"輕巧",殿本作"清巧"。

②"致天下耳目於一新",殿本作"天下耳目於是一新"。

游燕集二卷小草齋槀一卷(安徽巡撫採進本)

明謝肇淛撰。肇淛有《史觿》,已著錄。《游燕集》二卷,為萬曆己丑肇淛公車北上時所作;《小草齋槀》一卷,則己丑還山後至辛卯復上公車時所作。案黃虞稷《千頃堂書目》,肇淛有《小草齋詩集》三十卷,《文集》二十八卷,又《續集》二卷①。此二集乃集中之二種,非完帙也。

【彙訂】

①《小草齋詩集》乃《小草齋集》之誤,《續集》為三卷而非二卷。(陳慶元:《謝肇淛著述考》)

芙蓉館集二卷(浙江孫仰曾家藏本)

明楊一葵撰。一葵字翹卿,漳浦人。萬曆壬辰進士,官至雲南布政司。是集詩一卷,文一卷。詩格頗清,文則多應酬之作。首有蔣孟育序,稱一葵先有《豫章集》及《畫脂編》行世。今二書未見傳本,其自序二篇則在此集中云。

旭山集十六卷(浙江孫仰曾家藏本)

明金忠士撰。忠士字元卿,宿松人。萬曆壬辰進士,官至右僉都御史巡撫延綏。是集詩止一卷，餘皆雜文。忠士歷任邊疆，所至皆有所建立，其施設頗見於集中。第六卷內《榆林》《河套》諸考，條列顛末，述盛衰之勢，備撫治之方，多可與史事相參核。蓋皆得之閱歷之實，故其言確鑿可據。固不必其文詞之工也。

石伯成詩槀四卷（直隸總督採進本）

明石九奏撰。九奏字伯成，冀州人。萬曆壬辰進士，官至兵備副使，進右參政。其詩多學《才調集》而風格未成。朱彝尊《明詩綜》選入《春郊》一絕。閱其全槀，實無有過之者也。

水明樓集十四卷（福建巡撫採進本）

明陳薦夫撰。薦夫名藻，以字行，更字幼孺，閩縣人①，萬曆甲午舉人。朱彝尊《明詩綜》作名邦藻。以集中《行狀》考之，《明詩綜》誤衍一“邦”字也。是集詩九卷，詩餘一卷，賦及雜文四卷。考徐㶿《曾安風雅》，自薦夫之曾祖烶、祖達、父輔之與其兄價大皆以詩名。其家學淵源，固有所自。曹學佺為之序，稱其“質癯而腹腴，語險而法中。雖目不涉詩書，跡不交山水，能使下帷之夫駭其博雅，好遊之士推其韻致”，則過其實矣。

【彙訂】

① 明萬曆刻本此集題“閩中陳薦夫幼孺著”，則其字幼孺，作“幼儒”誤。（杜澤遜：《四庫存目標注》）

折腰漫草八卷（浙江孫仰曾家藏本）

明華善繼撰。善繼字孟達，無錫人，官至永昌府通判。善繼與弟善述，並有才名。朱彝尊謂其詩不及善述。然王世貞序列四十子詩①，顧取善繼而善述不與焉。殆以善述詩體格不純，操縱任意，不若善繼之愜適歟？是集刻於萬曆甲午，蓋善繼所自編也。

【彙訂】

①“世”，殿本脫。王世貞《弇州續稿》卷三《四十詠》有華太學善繼，收詩二首。

奉使槀無卷數（兩江總督採進本）

明朱之蕃撰。之蕃字元介，茌平人，南京錦衣衛籍。萬曆乙未進士第一，官至吏部右侍郎。之蕃以萬曆乙巳冬被命使朝鮮，丙午春仲出都，夏杪入關。與館伴周旋，有倡必和，錄為二大册。第一册為《奉使朝鮮槀》，前詩後雜著，之蕃作也；第二册為《東方和音》，朝鮮國議政府左贊成柳根等詩也。末有乙未制策一道及東閣倡和詩數首，為讀卷官沈演等作，蓋後人所附入。案《千頃堂書目》載之蕃《使朝鮮槀》四卷，《紀勝詩》一卷，《南還雜著》一卷，《廷試策》一卷，《落花詩》一卷，與此大同小異。蓋所見者又一別本云。

清暉館集二卷（兩江總督採進本）

明謝廷諒撰。廷諒有《千金堤志》，已著錄。是集上卷為詩，下卷為文，前有萬曆戊子陳文燭序，稱其學問日富①，變化無窮，與胡應麟並稱。今觀其所作，亦頗工麗自喜，而邊幅太狹，猶在《少室山房集》下也。

【彙訂】

①“富”，殿本作“畜”，誤。明萬曆刻本陳文燭《二酉園續集》卷四《〈清暉館集〉序》云：“友可（謝廷諒字）歸山中，問學日富，文日益有名……余讀友可作，而嘆變化之無窮焉。”

薄遊草十五卷（浙江巡撫採進本）

明謝廷諒撰。此集皆其宦游時所作①，故以“薄遊”為名。

凡詩六卷,文九卷。《明史·藝文志》載廷諒《薄遊草》二十四卷。此止十五卷,殆非完本矣。

【彙訂】

① "宦遊",殿本作"從宦"。

自愉堂集十卷(浙江巡撫採進本)

明來儼然撰。儼然字望之,三原人。萬曆乙未進士,官兵部主事。是集凡文四卷,詩六卷,乃其子復、臨所刊①。酬應尺牘居其大半,他作亦多冗厲之音。朱彝尊《明詩綜》不登一字,殆病其龘歟?

【彙訂】

① 明萬曆四十七年來復、來臨刻本此集作文六卷詩四卷。(杜澤遜:《四庫存目標注》)

駱台晉文集八卷(福建巡撫採進本)

明駱日升撰。日升字台晉,泉州人。萬曆乙未進士,官至四川布政司參政。殉奢崇明之難,贈光祿寺卿。日升以節義顯,而文章不免漸染時趨。末附解經數則及學約規條,則其為廣西提學僉事時以示諸生者也。

尚友堂集二卷忠諫遺橐一卷(福建巡撫採進本)

明林秉漢撰。秉漢字伯昭,一字聚五,長泰人。萬曆乙未進士,官至浙江道監察御史巡按廣東。卒贈太僕寺卿,諡文端。事蹟具《明史》本傳。據張懋建所作秉漢《傳》,稱所著有《館橐》、《疏草》、《尚友堂橐》、《若鵁草》、《長山集》。此總名《尚友堂集》,蓋高密單德謨為之選定,裒為一編。惟其《忠諫遺橐》別為一卷,皆案粵時奏疏也。

元〔玄〕居集九卷附哀榮錄一卷（福建巡撫採進本）

明李春熙撰。春熙字暐如，號泰階，建寧人。萬曆戊戌進士，官至南京户部郎中。是集詩五卷，文四卷，後附《哀榮錄》一卷。詩分《姑熟草》、《彭城草》、《旅言》、《粤游草》、《燕游草》、《白門草》、《鄴中草》七集①。文則奏疏及征交阤時文移、公牘、條議，悉編入之。第七卷中論代藩爭立一疏，尤其大節也。集為崇禎辛巳其子嗣元〔玄〕所編，此本又其裔孫芳所重雕。據嗣元序，當有十二卷。今止十卷，然首尾完具，又似非闕佚。疑芳又有所合併，非盡原帙矣。

【彙訂】

① “集”，殿本作“卷”，誤。

蟄菴日錄四卷（兵部侍郎紀昀家藏本）

明顧起元撰。起元有《説略》，已著錄①。是集乃其天啟壬戌、癸亥兩年所作詩文。曰“蟄菴”者，自序謂：“足瘍至冬輒發，每寒月即自繭一室，塞向墐户。嘗自笑以為似昆蟲之入蟄。”因以名其菴云。

【彙訂】

① 依《總目》體例，當作“起元有《金陵古金石考》，已著錄”。

檺全集七卷附錄一卷（福建巡撫採進本）

明王畿撰。畿字翼邑，號慕蓼，晉江人。萬曆戊戌進士，官至浙江布政使。與講學之王畿同名，非一人也。是集詩、文共七卷，末附《家譜勸戒》二十則為一卷。畿立身居官，矯矯自勵，故所為詩文皆質樸類其為人。卷首序為施邦曜所作。畿視學浙江時拔邦曜第一，邦曜貧不能婚，畿為備聘，拜鴈於官署。邦曜即於是秋登第，後殉節為完人。其識鑒為世所推服云①。

【彙訂】

① "服"，殿本無。

大旭山房集一卷（江西巡撫採進本）

明鄧渼撰。渼字遠遊，自號簫曲山人，建昌人。萬曆戊戌進士，官至僉都御史巡撫順天。忤魏忠賢，謫戍貴州。崇禎初放還，卒。是集皆散體之文。案明版《唐文粹》之首有渼序曰："文家法秦、漢，非不善也。然摹擬工則蹊徑太露，構撰富則窠臼轉多。至近日膚淺之法，畏難好易，眉山盛而昌黎、河東二氏詘。"云云，頗中明季古文兩派之病。其自作則未能凌跨一時也。《千頃堂書目》有渼《留夷館集》四卷、《南中集》四卷、《紅帛集》四卷①，不載此集。殆偶未見歟？

【彙訂】

①《千頃堂書目》卷二五著錄鄧渼撰《紅泉集》四卷，明萬曆天啟間豫章鄧氏刻本、崇禎五年刻本亦作《紅泉集》。（杜澤遜：《四庫存目標注》）

百花洲集二卷（江蘇巡撫採進本）

明鄧雲霄撰。雲霄字元〔玄〕度，東莞人。萬曆戊戌進士，官至廣西布政使參政。是集乃其官長洲時所作，故以"百花洲"為名。其詩近體居十之八九。

解弢集一卷（兩淮鹽政採進本）

明鄧雲霄撰。雲霄作《冷邸小言》，論詩以妙悟為宗，以自然為用。故茲集所載，多仿王、孟之音，而醖釀深厚則未及古人。

昔嚴羽作《滄浪詩話》，標舉盛唐，而所作乃惟存浮響。雲霄所論所作，蓋均似之矣。

　　一齋詩集十三卷（福建巡撫採進本）

　　明陳第撰。第有《伏羲圖贊》，已著錄。是集凡《粵草》一卷，詩、文各半，萬曆戊戌至庚子游廣東時作也。《寄心集》六卷，焦竑為之選定，皆四言、五言古詩，多涉論宗，故別為一集。《五岳游草》六卷，大抵紀遊之詠，而雜詩亦散見其中，不盡為山水作也。據原序尚有一集名《塞曲》，乃官薊州遊擊時作。此集不載，蓋佚之矣①。第韻書妙有神解，遂為言古音者之開山。詩則信筆而成，非所擅長。然第亦不必以此擅長也。

　　【彙訂】

　　① 明萬曆會山堂刻《一齋集》本《五岳游草》為七卷。《薊門塞曲》一集亦未佚。

　　緱山集二十七卷（浙江汪汝瑮家藏本）

　　明王衡撰。衡有《紀遊槀》，已著錄。萬曆戊子，衡舉順天鄉試第一。時其父錫爵在政府，為高桂、饒伸所劾，遂不復會試。錫爵罷相後，始登萬曆辛丑進士第二，入翰林。旋即歸養，得以其閒肆力於古學。與王世貞雖同里閈而不蹈其蹊徑，然頗染陳繼儒之俗格。《明史・隱逸傳》稱錫爵招繼儒與衡讀書支硎山，其所由來者漸矣。

　　許鍾斗集五卷（浙江孫仰曾家藏本）

　　明許獬撰，獬有《八經類集》，已著錄。是集大抵應俗之作，館課又居其強半。蓋明自正、嘉以後，甲科愈重。儒者率殫心制義，而不復用意於古文詞。洎登第宦成，精華已竭，乃出餘力以為之。故根柢不深，去古日遠。況獬之制義，論者已有異議。則漫為古調，其所造可知矣。

劉練江集七卷附錄一卷（編修程晉芳家藏本）

明劉永澄撰。永澄字靜之，寶應人。萬曆辛丑進士，官國子監學正。乞歸省親，起兵部職方司主事，未上卒。事蹟具《明史》本傳①。是集文六卷，詩一卷。《附錄》一卷，乃永澄没後，其友劉宗周等共為裒輯。其文章平正通達而大致謹嚴，篇首《〈程朱藥言〉序》尤為深切。蓋永澄雖與東林諸人遊，而操履篤實，故詞采不足而持論不詭於正，無門户標榜之習云。

【彙訂】

①《明史》無劉永澄傳。其名僅一見於《明史·劉宗周傳》。（楊武泉：《四庫全書總目辨誤》）

葉子詩言志十二卷（浙江巡撫採進本）

明葉秉敬撰。秉敬有《字孿》，已著錄。是編首載《述職吟心》五卷，乃大計入覲時作；次載《賦類》一卷①，《吟類》一卷，乃督學河南時作；次《遒徇編》五卷，則雜錄對聯偶語。自序稱取《虞書》"詩言志"、《論語》"志於學"二語，以為作詩要領，故以此名其集。秉敬淹貫群書，著述甚富，而所作韻語乃過於質樸，殆所謂詩有別才耶？

【彙訂】

①"一卷"，殿本作"十卷"，疑誤。《浙江省第十二次呈送書目》作《葉子詩言志》九卷、《遒徇編》三卷。

元凱集五卷（福建巡撫採進本）

明陳勳撰。勳字元凱，閩縣人。萬曆辛丑進士，官至户部郎中。《福建通志》載《元凱集》四十卷。此本僅文三卷,詩二卷,然首尾完足,初非有闕。集為其同年呂純如所刻,或經純如選定耶①?勳為鄭善夫外曾孫,其瓣香有自,故雖無傑構而尚有典型。

【彙訂】

①《江蘇採輯遺書目録》有《元凱集詩》六卷《文》八卷。今存明刻《陳元凱先生文集》十四卷。《福建通志》云"四十卷",當係"十四"誤倒。(杜澤遜:《四庫存目標注》)

白榆集二十卷(江蘇巡撫採進本)

明屠隆撰。隆有《篇海類編》,已著録。是集詩八卷,文十二卷。隆為人放誕風流,文章亦才士之綺語。陳子龍《明詩選》謂其詩"如衝繁驛舍,陳列壺觴,頃刻辦就,而少堪下箸"。文尤語多藻繪而漫無持擇,蓋沿王、李之塗飾,而又兼涉三袁之纖佻也。

由拳集二十三卷(內府藏本)

明屠隆撰。是集凡賦一卷,古、今體詩十卷,雜文十二卷。時隆方知青浦縣,故以"由拳"為名。

玉茗堂集二十九卷(兩江總督採進本)

明湯顯祖撰。顯祖有《五侯鯖字海》,已著録。顯祖於王世貞為後進。世貞與李攀龍持上追秦、漢之說,奔走天下,歸有光獨詆為庸妄。顯祖亦毅然不附,至塗乙其《四部稿》,使世貞見之。然有光才不逮世貞,而學問深密過之;顯祖則才與學皆不逮,而議論識見則較世貞為篤實。故排王、李者亦稱焉。是集凡詩十三卷,文十卷,尺牘六卷。前有南豐朱廷諫序,稱其解《陰符》五賊禽制之法,序《春秋輯略》發仁孝動天下之旨,記《小辨》

明復小乾大之一致，非無根據之學者。然終非有光匹也。

　　適適齋鑑鬚集七卷（福建巡撫採進本）

　　明陳玉輝撰。玉輝字達卿，號荆碧，惠安人。萬曆辛丑進士，官至南京監察御史。所著有《客客軒散言》、《皇苓草》、《公餘課兒草》、《岳陽草》諸種，此集乃其一也。凡語錄一卷，文五卷，詩一卷。其子龍巖題識，謂全集未刻，已經淪軼，故所存者止此。玉輝從鄒元標講學，其文章根柢尚為醇正。詩則隨意抒寫，不求甚工，又多佚脫。如《白門紀懷》七言律詩，稱依上、下平韻次第，當有三十首，今僅存二十首。則其殘闕可知已。

　　薛文介公文集四卷（江蘇巡撫採進本）

　　明薛三省撰。三省字魯叔，定海人。萬曆辛丑進士，官至南京禮部尚書。卒諡文介。是編有文無詩，奏疏幾居其半，奏疏中辭謝者又居其半。惟請福王之國一疏最為激切，其官檢討時所上也。

　　叢桂軒集二卷（浙江朱彝尊家曝書亭藏本）

　　明吳大經撰。大經字元常，常熟人。是集大經所自編。前有萬曆癸卯自序，稱謝去帖括之學，蓋山林之士也。其詩酷摹劍南，圓熟有餘，深微不足。魏浣初序乃謂袁宏道推明代詩人以徐渭為第一，而大經配之。殆非篤論矣。

　　蟋蟀軒草無卷數（山東巡撫採進本）

　　明劉士驥撰。士驥字允良，禹城人。萬曆甲辰進士，官翰林院編修。士驥於李攀龍為鄉人，而不循其門徑。是集前有李若訥序，稱允良自言：「少年濡首李、王諸家。顧李、王生今日，宜另繡其腸。”其不肯從風而靡，不為無見。然集中詩文，乃作嘽緩之音。是則楚既失之，齊亦未為得也。

四然齋集十卷（兵部侍郎紀昀家藏本）

明黃體元撰。體元字長卿，穀城人[①]。萬曆甲辰進士，官至山東按察司副使。是集體元所自編，取《中和集》“身、心、世、事謂之四緣，委身寂然，委心洞然，委世混然，委事自然”之語。故以“四然”名齋，因以名集。蓋明季士大夫耽二氏者，十之九也。

【彙訂】

① 明萬曆自刻本此集題“上海黃體仁長卿父譔”，作“黃體元、穀城人”誤。（杜澤遜：《四庫存目標注》）

樊致虛詩集四卷（兩淮鹽政採進本）

明樊良樞撰。良樞字尚植，一號致虛，進賢人。萬曆甲辰進士，官至浙江提學副使。是編凡《匡山社集》一卷，《二山草》三卷，皆以所居地名之。《匡山》取居近匡廬之義，《二山》則官淮南時取淮南大、小山之義也。《二山草》中又附以其叔儁，弟尚燧、良楹，子重鵬等次和之作，大抵多規橅七子聲調。

峽雲閣存草七卷後存草七卷（福建巡撫採進本）

明魏濬撰。濬有《易義古象通》，已著錄。其《詩草》本四十卷，是集僅刪取十四卷，故謂之《存草》。《存草》為未第時之詩，《後存草》為既第後之詩。其《後存草》內又分為初燕詩、農詩、桂詩、粵詩、粵後詩、家詩、衡詩各一卷，蓋皆隨宦跡所及，各舉地名之一字以為標目。其詩不出贗古之習。蓋萬曆以後之詩，不公安、竟陵，則仍太倉、歷下耳。

隆德堂詩文彙二卷（直隸總督採進本）

明魏純粹撰。純粹字仲乾，柏鄉人。萬曆甲辰進士，官至監察御史。是集詩、文各一卷，多其官永城知縣時作。末附為御史時請假省親疏一篇①。

【彙訂】

① "時"，殿本無。

黈言六卷（兩江總督採進本）

明余懋孳撰。懋孳字舜仲，婺源人。萬曆甲辰進士，官至給事中。此集乃懋孳所自編，凡文五卷，詩一卷。其曰"黈言"者，蓋取黈秭之意。自謂："學而無當於道者稗學也，言而無當於道者黈言也。"又謂："命題屬草，聊供酬應。"今觀其文，如《門牆桃李册序》、《刻聯捷彙引》、《細草流芳册小引》、《題龍山課藝》等篇，皆不免俗體，蓋疎於芟汰之過也。

皆春園集四卷（兩淮鹽政採進本）

明陳完撰。完字名甫，號海沙，南通州人。萬曆丙午舉人。是集為完所自編。其詩多恬適敷暢而不見性情。較黃省曾《五岳山人集》格調相似，而才力尚不能逮也。

達觀樓集二十四卷（江西巡撫採進本）

明鄒維璉撰。維璉字德輝，號匪石，新昌人。萬曆丁未進士。官吏部郎中時，以疏劾魏忠賢，謫戍貴州。崇禎初，召為南京太僕寺卿。洊擢右僉都御史巡撫福建，剿海寇有功，終為溫體仁所忌罷。崇禎八年，起為兵部右侍郎，未上而卒。事蹟具《明史》本傳。是編詩集凡六卷，曰《願學編》，蓋早年初學之作；曰《宦遊草》，作於司理延平時；曰《友白草》，作於貴州謫戍時，蓋擬太白之流夜郎也；曰《友歐草》，作於起官太僕時，蓋南太僕署在滁州，多歐陽修遺迹也；曰《導噫草》，中多感慨時事之什，蓋作於撫閩時也。文集凡十八卷，首冠以《四書五經疑義》，中如信豐坊偽石經、信俞庭椿改《周禮》、信蔡沈“三代改時不改月”諸説，皆未為卓識。蓋其氣節才略足以自傳，學問則未深造也。據編首自序，尚有《大夢槀》、《又夢槀》、《自警編》諸目[1]，此本皆無之。或維璉自刪，或後來所佚，均不可考矣。

【彙訂】

[1]“自警編”，底本作“自驚編”，據殿本改。清乾隆三十一年重刻本此集卷前有《自儆録引》。（王重民：《跋新印本〈四庫全書總目〉》）

掃餘之餘三卷附歸涂閒紀一卷（浙江巡撫採進本）

明劉錫元〔玄〕撰。錫元字玉受，長洲人。萬曆丁未進士，官至貴州提學僉事。是集第一卷《庚夏七發》，記其庚申夏病疫事。二卷為序記、簡牘、雜文。三卷為雜文[1]，乃其官祠部時考驗眾僧雜作。附《歸涂閒紀》一卷，則記其官黔中苗亂事。大抵多作佛家偈語，間涉俳體。

【彙訂】

[1]“雜文”，殿本作“雜注”。

湛園集十卷（山西巡撫採進本）

明程正己撰。正己字道先，號澄源，長治人。萬曆丁未進士，官至僉都御史巡撫保定，以忤奄黨削職。後終於兵部侍郎。是集為其子之璿所編，凡詩五卷，文五卷。大抵惟取自適，無意求工。

集 部 三 十 三

別集類存目七

太古堂集二卷（山東巡撫採進本）

明高宏〔弘〕圖撰。宏圖字子猶，號砏齋，膠州人。萬曆庚戌進士，官至南京戶部尚書。福王時為東閣大學士。南京破後，不食死。事蹟具《明史》本傳。其詩文經兵燹之後，多散佚不存。是集詩一卷，文一卷，為其同里法坤厚及族孫敬業所蒐輯，蓋僅存其什一矣。

泊水齋文鈔三卷（山西巡撫採進本）

明張慎言撰。慎言字金銘，號藐山。《千頃堂書目》作“號藐姑”，疑其自號“藐姑山人”，而稱者各省其文也。陽城人。萬曆庚戌進士，官至南京吏部尚書。事蹟具《明史》本傳。初慎言官御史時，以論“三案”謫戍肅州，撰《悔草》。後官刑部侍郎時，讞獄失旨，罷官家居。著《泊水詩文集》，皆已散落。此集僅存奏疏三首，餘皆序記及雜著。卷首有康熙庚辰陳廷敬序，謂慎言在其鄉“有興起文學之功”云。

妙遠堂集四十卷（兩淮鹽政採進本）

明馬之駿撰。之駿字仲良，新野人。萬曆庚戌進士，官戶部主事。是集凡詩十四卷,文二十六卷。萬曆季年,文體漸變,竟陵鍾惺、譚元春倡尖新幽冷之派,以《詩歸》一編易天下之耳目。之駿於鍾惺為同年[1],亦與王穉登之子留造作新聲,務以鮮警秀異相倡和,均別派也。鍾、譚之名最盛,後來受詬亦至深。之駿與留名不甚盛,故所作亦如花香草媚,不久而自萎[2]。談藝者遂不復抨擊,此集蓋偶爾得存耳。

【彙訂】

① “鍾”,殿本無。

② “而”,殿本無。

東極篇 無卷數(浙江巡撫採進本)

明文翔鳳撰。翔鳳有《太微經》,已著錄。是集皆官萊陽令時所作。嘗自製五嶽冠,並以“五嶽”為號。“東極”亦其號也,故以之名篇。是集不分卷數,詩總目曰《海雲集》,文總目曰《日門橐》。其中子目有所謂《蓬萊詩》者,以登州之蓬萊閣也;《日華詩》者,以聽訟之日華堂也;《九青詩》者,以遊大澤山,遂易大澤為九青也;《入院詩》者,奉檄入棘闈前後題詠也。詩文率多怪僻。紀夢詩無非自為夸詡,尤狂而近於誕矣。

文太青文集二卷(陝西巡撫採進本)

明文翔鳳撰。此本為其七代孫三捷所手鈔。上卷為講章,下卷為詩賦、雜作,乃偶然選錄之本,非完帙也[1]。

【彙訂】

① “非完帙也”,殿本作“非其完帙”。

慧閣詩八卷(浙江巡撫採進本)

明陳翼飛撰。翼飛字元明,平河人[1]。萬曆庚戌進士,官宜興縣知縣。所著有《慧閣》、《長梧》二集，己未、庚申、辛酉、壬戌行卷，此特其中一種。大抵墨守七子流派，音節宏壯而切響甚稀。閒附以四六序，尚頗工整。

【彙訂】

① "平河"，殿本作"平湖"。據雍正《福建通志》卷三六《選舉志》，載明萬曆三十八年庚戌科進士陳翼飛乃漳州府平和縣人，同書卷五一有本傳。嘉慶《宜興縣舊志》卷五《歷代職官考》，萬曆時任守令者中有"陳翼飛，平和人，進士，三十八年任"。（楊武泉：《四庫全書總目辨誤》）

漆園卮言二十四卷（浙江巡撫採進本）

明莊起元撰。起元字仲孺，武進人。萬曆庚戌進士，官至太僕寺少卿。是集大抵應酬之作，下至吏牘、公移、告示，靡不彙錄。且多編次叢脞，目中列目。如"啟"類之中分宰執、翰林諸門，已可不必。乃又列"交際通用"一門①，殆近類書。《昭明文選》之分類與杜詩、蘇詩之分類，均無是也。

【彙訂】

① "一"，殿本作"之"。

銅馬編二卷（浙江巡撫採進本）

明楊德周撰。德周有《澹圃芋記》，已著錄。是集乃其崇禎中為古田知縣入覲京師，往返記程之作。上卷冠以《北征記》，次以北行諸詩。下卷冠以《南征記》，次以南旋諸詩。文格頗歷落自喜，詩則庸音也。

許靈長集無卷數（浙江巡撫採進本）

明許光祚撰。光祚字靈長，陝西人。是集刻於萬曆壬子。

詩格平易，罕逢警策。刊本不分卷數，而各體之首必題曰“初集”，蓋猶未竟之本也。

無欲齋詩鈔一卷（直隸總督採進本）

明鹿善繼撰。善繼有《四書說約》，已著錄。此乃所作詩槀，稱“成雲洞定本”。詩後間有評語，不知何人所選輯也。案，李光地有《成雲洞詩韻》，或光地所評歟？善繼成仁取義，大節凜然。詩筆亦有遒勁之氣，而不耐苦吟，未免失之觕率。

明德堂文集二十六卷（浙江巡撫採進本）

明呂維祺撰。維祺有《四禮約言》，已著錄。維祺晚殉闖難，以節義顯。其生平蓋主於篤實踐履，而不求以文章名世。然所論建多樸實，亦異乎空談經濟之流。集為崇禎庚辰吳偉業所編，一名《慎獨堂集》。凡文十七卷，詩三卷，《會約》二卷，《語錄》四卷。後載制藝三首。又張鼎延所作《全城定變記》一篇[1]，紀崇禎庚辰維祺家居平土寇王之典事，則康熙二年維祺子兆璜刻集時所附入也。

【彙訂】

[1]“所作”，殿本無。

逸園新詩一卷詠懷詩一卷（陝西巡撫採進本）

明耿志煒撰。志煒字明夫，逸園其別號也，武功人。萬曆癸丑進士，官至提督四譯館少卿。是編乃志煒歸田後所作，於詩境未能深造。至於《詠懷詩》一卷，追和步兵，且一一次其原韻，尤為攻所必不能勝矣。

文敏遺集三卷（直隸總督採進本）

明李國檮撰。國檮字元冶，號績溪[1]，高陽人。萬曆癸丑進士,官至中極殿大學士。事蹟附見《明史·李標傳》。國楷遺文,明季佚於兵燹。國朝順治己亥②,其子大學士霨掇拾殘闕,輯為一編。康熙丁未,始獲其刻本於同里張亦純。刪除重複,得文二十二篇,詩一百一十四首。辛酉纂修《明史》,復於書局得其奏疏十三篇。因重編為三卷,而以誌銘、墓表、碑附焉,即此本也。其詩文多館閣酬應之作。蓋霨所得於亦純者,本其官翰林時課槀,故所存止是云。

【彙訂】

① 清康熙七年李霨刻本此集題"高陽續溪李國楷著",則其號為續溪,作"績溪"誤。(杜澤遜:《四庫存目標注》)

② "國朝",殿本作"本朝"。

豐蔍集七卷(江西巡撫採進本)

明吳兆璧撰。兆璧字文煥,一字子毅,豐蔍其別號也,金谿人。萬曆乙卯、辛酉兩中副榜,卒不第。以廩貢生官連州學正。是集皆所著雜文。末附《壙誌》,而以門人周懋文所作《家傳》冠於卷端。

博望山人槀二十卷(安徽巡撫採進本)

明曹履吉撰。履吉字元甫,當塗人。萬曆丙辰進士,官至河南提學僉事。是集詩六卷,文十一卷,尺牘三卷。刻於崇禎戊辰,乃履吉歸田以後所自編。卷首別載《書目》一葉,稱未刻者有《漁山堂槀》、《攜謝閣槀》、《青在閣槀》、《辰文閣槀》,則此猶非其全集矣。

蘧園集十卷(浙江巡撫採進本)

明顧簡撰。簡字默孫,自號蘧園居士,歸安人。萬曆戊午舉人。不樂仕進,年僅五十而卒。其壻錢鴻哀錄遺槀,編為是集。凡詩五卷,文五卷。

白下集十一卷(兩江總督採進本)

明黃姬水撰。姬水有《貧士傳》,已著錄。是集詩六卷,賦一卷,文四卷。姬水自吳門徙居金陵所作,故以"白下"為名。王世貞序謂姬水"始務以清麗宏博自喜。中年游白下,稍趨淡辭雅調。晚節益自喜為工語。東南諸詩人,不能先淳父而指屈也"。其文則不復置論。然觀姬水自序,似所編實止各體詩。其餘數卷,為其子後來增入也。姬水本五嶽山人省曾子,而世貞序謂省曾為姬水之王父。同時之人不應有誤,殆刊本衍一"王"字歟?

高素齋集二十九卷(江蘇巡撫採進本)

明黃姬水撰。是集凡賦一卷,詩十二卷,雜文十六卷。王世貞《藝苑卮言》稱其詩"如北里名姬作酒糾,時出俊語"。褒中寓貶,已足見其一斑矣。

黃淳父集二十四卷(浙江汪汝瑮家藏本)

明黃姬水撰。是編乃萬曆乙酉其壻顧大思哀《白下》[①]、《高素齋》二集及所未刊者並梓之。凡賦、頌、贊、詩十六卷,雜文八卷。

【彙訂】

① 明萬曆十三年刻本此集題"壻顧九思編",作"顧大思"誤。(杜澤遜:《四庫存目標注》)

元〔玄〕蓋副草二十卷(浙江孫仰曾家藏本)

明吳稼登撰。稼登字翁晉,孝豐人。官南京光祿寺典簿,累

遷雲南通判。稼登素與吳應暘、臧懋循游,故是集之序應暘撰而
懋循書之。其稱《元蓋副草》者,應暘序謂:"元蓋,天目山別名。
其藏書有在,姑謂之副。"蓋夸大之詞,謂尚非其名山之正本耳。
稼登少年,以詩見稱於王世貞,朱彝尊《靜志居詩話》亦稱其樂府
"如健兒騎駿馬,左右馳突,靡不如意"。近體頗合西崑,然摹古
終太有痕也。

　　皆非集二卷附一枝軒吟草二卷(浙江鄭大節家藏本)

　　明萬達甫撰。達甫字仲章,號純初,鄞縣人。都督僉事表之
子。少襲世職,官至廣東海防參將。表雖將家子,而篤好詞翰。
達甫承其淵源,亦喜吟咏①,此集其詩槀也。末附《一枝軒吟
草》,乃其子邦孚所作,僅五十餘首。邦孚亦以世蔭官至福建總
兵官、左軍都督府僉事。

　　【彙訂】

　　①"喜",殿本作"善"。

　　瞿囧卿集十四卷(江蘇巡撫採進本)

　　明瞿汝稷撰。汝稷字元立,常熟人。禮部侍郎景淳子,用父
蔭,官主事,仕至太僕寺少卿。事蹟附見《明史·景淳傳》。是集
為眉州張養正所編,凡詩五卷,文九卷。前有葉向高所作《墓誌
銘》,稱汝稷最不喜溫陵李贄,以為得罪名教。其識實出明季士
大夫上。其詩文則未能凌跨流輩也。

　　梅顛槀選二十卷(兩江總督採進本)

　　明周履靖撰。履靖有《夷門廣牘》,已著錄。所著有《閒雲
槀》、《泛泖吟》、《咏物詩》、《螺冠子詩餘》、《茹草編》諸集。陳繼
儒彙而選之,以成此編,蓋二人氣類相近也。

雅尚齋詩草二集二卷（浙江汪汝瑮家藏本）

明高濂撰。濂字深甫，號瑞南，仁和人①。其詩先有《初集》，今未之見。此其《二集》也。前有萬曆辛巳自序，大旨主於得乎自然，以悅性情，故往往稱心而出，無復鍛鍊之功。其時山人、墨客多此派也。

【彙訂】

① 依《總目》體例，當作“濂有《遵生八牋》，已著錄”。

甬東山人稾七卷（浙江巡撫採進本）

明吕時撰。時一名時臣，字仲父，鄞縣人。遊衡王、潘王諸邸，亦當時所謂山人者也。時年六十，即治生壙於句章之夕陽里。自撰《墓銘》，述所著有詩文集及樂府等稾。此集刻於萬曆辛巳，皆詩無文。陳子龍《明詩選》稱其頗有高、岑遺調。蓋萬曆以後，公安、竟陵交煽偽體，幺絃側調，無復正聲。時詩在淫哇嘈囋之秋，尚為不墜風格。故子龍見近似者而喜也。

李山人詩二卷（浙江范懋柱家天一閣藏本）

明李生寅撰。生寅字賓父，鄞縣人。是集為其邑人楊承鯤所選。詩皆短章，音節頗諧，而乏深警之思，亦頗窘於邊幅。蓋思清而才弱者也。前有萬曆壬午鄞縣知縣楊芳序，稱：“其名可得而聞，人不可得而見。”則其品在當時山人上，宜其詩之不俗矣①。

【彙訂】

①“之”，殿本作“尚”。

復初集三十六卷（庶吉士戴震家藏本）

明方承訓撰。承訓號郊郵，徽州人。是集乃承訓所自編，前有萬曆癸未自序，稱：“家世役什一，不樂仕進①。”蓋賈人子。又稱：“閒以玉獻，即被擯斥弗用。”蓋終於不遇之士也。集首冠以《原初漫談》七條，大抵揚何、李之餘波而變本加厲。於唐以來詩文，如李、杜、韓、柳，無不排擊。然核其所作，乃了不異人。

【彙訂】

① “樂”，殿本作“趨”。

玩畫齋雜著編八卷（浙江汪汝㻞家藏本）

明姚翼撰。翼字翔卿，歸安人，由歲貢生官廣濟縣知縣。是集皆所著雜文，編年排次。翼為茅坤婦弟，其文格亦略相近。第八卷內附以瞿九思評語。前有其門人沈位序，作於隆慶丁卯，而所錄文至萬曆乙亥。蓋自三卷以下皆作序後所續刻也。

性靈槀二卷（浙江巡撫採進本）

明朱師孔撰。師孔字時行，徽州人，家於武昌。萬曆中歲貢生。是集名以“性靈”，蓋欲抒寫襟抱，不落窠臼之意。然師孔為吳國倫弟子，究不能出七子之軌轍。

石秀齋集十卷（江蘇巡撫採進本）

明莫是龍撰。是龍有《畫說》，已著錄。是龍書畫皆有名，而為詩不屑深思。《明詩綜》載有《莫廷韓遺槀》，不著卷數。此本前有《傳》一篇，於是龍平生事蹟不甚詳備。又無序跋及目錄，其末卷亦有闕佚①。然《明史·藝文志》云：“莫是龍《石秀齋集》十卷。”與此本合。豈彝尊所見又別一本歟？

【彙訂】

① 臺北“中央圖書館”藏明萬曆三十三年潘氏刊本，有其外孫上海潘煥宸刊版序。（王次澄：《〈四庫全書總目提要〉正補二

十五則》)

段黄甫詩槀無卷數(兩江總督採進本)

明段繡撰。繡字黄甫,別號景山樵客,曹州人。萬曆中諸生。是集為其友人王士龍所編。朱彝尊《明詩綜》稱繡所著有《抱璞集》,未知為此槀之別名抑或別有一編也。

汪遺民詩一卷(兩江總督採進本)

明汪逸撰。逸字遺民,歙縣人。是集詩一卷,皆與馬時良、仲良兄弟倡和之作。首載《友聲敘》一篇①,為内黄司迺疆作。稱:"《友聲》兩卷,余得而展玩之,獨抒如展綺縠,合奏如答笙簧。"是其詩本編入《友聲集》中。此本乃錄出逸詩,別為一卷耳。末附汪以俊詩二首。以俊字用章,亦與馬氏兄弟為詩友者也。

【彙訂】

①"篇",殿本作"卷",誤。

環翠堂坐隱集選四卷(安徽巡撫採進本)

明汪廷訥撰。廷訥字無如,休寧人。是集古今體詩一卷,詞一卷,南北曲一卷,隨錄一卷。蕭和中序稱廷訥本有《環翠堂集》三十卷,與此本多重見。蓋"坐隱"乃其園名,故別自摘選為此集,而仍以"環翠堂"冠之。集中酬唱,皆陳繼儒、方于魯之流。又與李贄贈答,至稱其"著書皆了義,評古善誅心"。旨趣如此,其漸於當時氣習者深矣。

笑拙墅槀一卷(浙江汪汝瑮家藏本)

明金建中撰。建中字仲立,海陽人。萬曆中國子監生。"笑

拙墅"者，其別業名也。是編前列諸人序、記、傳、贊。次為建中
所作詩，多詠園中景物。後附其子麟祥跋並《志感》詩。

古雪齋近槀一卷（浙江孫仰曾家藏本）

明朱多頴撰。多頴字以昭，號斗齋，南昌人，寧藩裔也。在
萬曆閒，與李維楨、曹學佺等唱和。其詩修飾風調，流易有餘而
短於精詣。

蔗堂集十卷（浙江孫仰曾家藏本）

明吳文奎撰。文奎字茂文，歙縣人。是集凡詩六卷，雜文四
卷。文奎受業於興國吳國倫，故所作全效國倫之體。李維楨序
亦稱其淵源如是云。

江皋吟一卷（浙江孫仰曾家藏本）

明劉師朱撰。師朱字仲文，號嵩潭，大名人。萬曆中，由貢
生官至廬州府同知。是集原序稱作於廬州，故名曰《江皋吟》。
然集中有都門所作，有出塞所作，有超然臺所作，則亦不盡廬州
詩，特刻於廬州耳。詩多淺語。原序亦稱其由兗州閒曹改廬江
劇任，有顧盼自喜之意云。

潘象安詩集四卷（浙江孫仰曾家藏本）

明潘緯撰。緯字仲文，一字象安，歙縣人，家於白岳之下。
萬曆中，以貲官武英殿中書舍人。歸田以後，有《養疴》、《遊淮》、
《園居》諸集。此其彙刻之本也。五言古體多摹《文選》，七言古
體學初唐，近體亦頗有大曆諸人風調。然音節暢而性情少，所謂
"得皮而未得髓"者也。中閒潁陽許國、嶺南區大相二人評語，如
批點時文之法，亦非古人體例。

白雲集七卷（浙江巡撫採進本）

明陳昂撰。昂字爾瞻，一字雲仲，莆田人，自號白雲先生。是集前有鍾惺所作《傳》，稱集本十六卷，又排律一卷。昂没後，散佚無存。萬曆戊午，其同里宋珏重加裒集，僅得五言律詩七百首，七言律詩十二首。其詩頗學少陵、右丞，得其形似。

黄元龍詩集八卷附尺牘二卷（浙江巡撫採進本）

明黄奐撰。奐有《元龍小品》，已著錄。其詩意主獨造，而失之生硬。集中諸體皆備，獨無七言律詩。蓋流俗唱和，多以七言律詩，故奐薄而弗為。然詩之雅俗在格韻，不在體裁。苟詞旨凡近，即四言亦屬庸音；苟興象深微，即七字亦成高調[1]。必禁此一體不作，是又山林畸士矯枉過直之失也。

【彙訂】

[1] "亦"，殿本作"自"。

張太初集八卷（浙江孫仰曾家藏本）

明張汝元撰。汝元字太初，江寧人，萬曆中諸生。以詩受知於學使陳文燭，文燭為序而刊之。其七言短歌，閒有作意，而陶冶未精。他體則更減色，文燭序中多引"二謝"以下詩人擬之，蓋獎成後進之意，不必甚確也。

吾野詩集五卷（福建巡撫採進本）

明黄克晦撰。克晦字孔昭，號吾野，惠安人。少工繪事，《御定佩文齋書畫譜》列之《畫家傳》中。其詩有《金陵游橐》、《匡廬集》、《北游草》、《金臺詩》、《宛城集》、《五羊草》、《西山唱和編》、《觀風錄》等，凡四十卷。其《金陵橐》則張仲立刊之，《西山唱和編》則李于美刊之，《金臺詩》則林登卿刊之。没後二年，同里黄克纘復刻其遺詩六卷於聊城。歲久皆散佚。此本乃康熙壬午其五世孫象潛摭家藏遺帙，裒而重鋟。其編次頗多未善。如《小金山詩》本五言律詩二首，而聯為一篇，列之五言古體中，殊為失檢。然克晦詩別無傳本，亦賴此刻以傳。其詩亦出歷下、太倉之門戶，而漸染稍輕。朱彝尊《靜志居詩話》謂："青溪社集諸人，允當推克晦為祭酒。"蓋以此也。

　　夢草堂槀十二卷（浙江孫仰曾家藏本）

　　明胡鎮撰。鎮字子重，歙縣人。萬曆中賈人。其詩以宮、商、角、徵、羽分五集，每卷又以天時、園圃等門分類，各有圈點評識。皆坊刻俗本之體例，即詩可知矣。

　　程仲權詩集十卷文集十二卷（浙江巡撫採進本）

　　明程可中撰。可中字仲權，休寧人。是集每體為一卷，每卷不過數頁。其六言律、七言排律及賦、頌諸體，至以一首為一卷。編次殊為繁碎。其詩亦七子末派也。

　　豐正元集四卷（浙江巡撫採進本）

　　明豐越人撰。越人字正元，鄞縣人。坊之孫也。嘗自號天放野人，故《千頃堂書目》作《天放野人集》，所載卷數與此本相合，蓋即一書而異名也。後有其子建跋，稱其"遭逢骨肉之難，故往往有悽咽之音"云。

　　甜雪齋集二十卷（兩江總督採進本）

　　明單思恭撰。思恭字惠仍，揚州人。是編凡詩十卷，文十卷，氣格纖瑣，皆無足取。前有思恭自序，大旨以竟陵為宗。

　　梅禹金集二十卷（安徽巡撫採進本）

　　明梅鼎祚撰。鼎祚有《才鬼記》，已著錄。是集乃其詩[①]，凡分《庚辛草》四卷,《與元草》八卷,《予寧草》八卷。鼎祚輯《八代詩乘》,又輯《古樂苑》,於詩家正變源流,不為不審。而所作止此,則囿於風氣,委曲諧俗之過也。

【彙訂】

① "乃其詩",殿本無。

牒草四卷(直隸總督採進本)

明趙宦光撰。宦光有《說文長牋》,已著錄。此集皆其尺牘。有明中葉以後,山人墨客標牓成風。稍能書畫詩文者,下則廁食客之班,上則飾隱君之號。借士大夫以為利,士大夫亦借以為名。觀於是集,可以見當時風氣矣。此本標目參差,前兩卷題曰《寒山藏》,而以《牒草》為子目。一卷題曰《附錄》,皆他人之作。又一卷題曰《牒草》卷之八,則當不止此四卷。蓋隨時刊刻,以為贈遺之具,故不得而畫一也。

益齋存稾一卷(兩淮鹽政採進本)

明翁正春撰。正春初名允璋,字克生,金華人。明季縱游江湖間,其詩頗多哀厲之音。是集詩凡一百十三首,其子煊、煐錄之,附編宋翁卷《西巖集》後。疑為卷之後裔也。

謝耳伯詩集八卷文集十六卷(福建巡撫採進本)

明謝兆申撰。兆申字伯元,號耳伯,邵武人。萬曆中貢生,兆申好深沈豀刻之思,又多雜以奇字。其文塞棘幽晦,至使人齚口慘腹而不可句。其鄉人曹能始序謂為"遠溯揚子《太元》之脈以為文",黃居中序謂其"平生喜交異人,購異書,摭異聞異見",蓋好奇而過者也。詩稍可成誦,皆四言、五言古體。因不屑唐以後語,故不為律詩。昔歐陽修柄文,斥劉幾為險怪。兆申險怪,殆甚於幾，當時省闈、京兆，試輒報罷，宜矣。其詩題曰"全集"，文則題曰"初集"，當尚有"二集"，今未之見也。

雪浪集二卷（兩江總督採進本）

明釋洪恩撰。洪恩字三懷，上元人。居長干寺。嘗説法雪浪山中，故以名集。上卷為詩，下卷為偈語、雜著。朱彝尊《明詩綜》載其詩二首。然未離世法之僧，不能語帶煙霞也。

空華集二卷飲河集二卷止啼集一卷石頭菴集五卷（兩江總督採進本）

明釋如愚撰。如愚字蘊璞，江夏人。祝髮後行腳四方，尋居金陵碧峯寺，從詩僧洪恩學。周汝登、曹學佺、袁宗道兄弟皆與之遊。是集凡四種。初曰《空華集》，詩二卷；次曰《飲河集》，詩二卷；次曰《止啼集》，文一卷；次曰《石頭菴集》，詩三卷、文二卷。《明詩綜》但稱有《飲河》、《石頭》二集，蓋未覩其全也。據自序，最後有《寶善堂集》，今亦未見①。序言："文無定質。詩不必有唐，文不必《六經》、秦、漢。"自許甚高。然材地粗疏，徒好為大言耳。

【彙訂】

① "亦"，殿本無。

幻華集二卷（浙江孫仰曾家藏本）

明釋斯學撰。斯學字悦支，號瘦山，海鹽慈會寺僧。是集為萬曆丁酉斯學歿後，屠隆哀其遺槀，與姚士粦同編。斯學天分絶高，故吐詞多自然秀拔。五言古體多用排偶，欲摹三謝而力所不逮，遂落中唐，《燕山述懷》其最也。七言古體如《贈錢參軍》詩，落落有氣；《敬亭山歌》，即散漫頹唐。樂府如《任俠行》一篇，幾成笑具，更非所長。五言律詩篇什頗多。中間如"空林人打栗，深樹鳥驚蟬"、"客來黃葉雨，鬼嘯白楊風"、"山光詩句得，湖色酒杯開"之類，則多近四靈。如"薄衾寒入夢，深雨遠沈鐘"、"一別春山淥，幾經秋葉黃"、"海門生片月，江寺入殘陽"、"一片孤峯影，青浮水面來"、"風雨山中榻，兵戈海外村"、"檐花飛片雨，庭草帶微霜"、"碧雲深夕院，黃葉隱寒燈"、"入門寒月出，掃石暝雲開"、"掃榻分寒雨，然燈破暝煙"之類，則頗近九僧。其七言律詩及絕句皆不能及，蓋所長在此體。然首首格意略同，又多沾染公安、竟陵習氣。故時有可採之句，而終不能自成一家也。

嬾園漫稾五卷（浙江巡撫採進本）[1]

明王寰洽撰。寰洽字仁子，亳州人。年十五，餼於庠。九試不第。天啟元年，以恩貢赴吏部試，擬授知縣，未補官而卒。此集詩二卷，文三卷，率多應酬之作。詩以纖麗為工，文亦平弱。

【彙訂】

[1] 此書見《浙江省第四次孫仰曾家呈送書目》，"浙江巡撫采進本"當作"浙江孫仰曾家藏本"。（杜澤遜：《讀〈四庫提要〉別記》）

檀雪齋集四十卷（內府藏本）

明胡敬辰撰。敬辰字直卿，餘姚人。天啟壬戌進士，官至江西驛傳道，終光祿寺錄事。是集以所著詩賦、雜文及官縣令時讞牘共為一編。其文故為澀體，幾不可句讀。詩格亦公安之末派。

白雪堂詩一卷（直隸總督採進本）

明李嵩撰。嵩有《按晉疏草》，已著錄。是集乃其巡按湖廣時所刻，故以"郢中白雪"為名。凡古、律體詩一百餘首，有萊陽董嗣樸等四人評點^①，皆如時文之式。

【彙訂】

① 明末刻本此集題"屬下吏萊陽董嗣璞、新喻晏日喬、巴江孫明孝、南昌萬元吉全閱"，作"董嗣樸"誤。（杜澤遜：《四庫存目標注》）

楮留集一卷（福建巡撫採進本）

明黃文煥撰。文煥有《詩經考》，已著錄。是集詩文共為一卷，乃其與黃道周同下詔獄時所作，故以"楮留"為名。詞多感慨，而不能甚工。舊附刻《陶詩析義》後，以所註陶詩亦多借以寄意，與此集若相發明也。然追步淵明，談何容易。合為一帙，未免擬不於倫。故析之別著於錄焉。

獄歸堂集十卷（兩淮鹽政採進本）

明譚元春撰。元春字友夏，天門人^①，天啟丁卯舉人。《明史·文苑傳》附見《袁宏道傳》中。隆、萬以後，公安三袁始攻擊王、李詩派，以清巧為工，風氣一變。天門鍾惺更標舉尖新幽冷之詞，與元春相唱和。評點《詩歸》，流布天下，相率而趨纖仄。有明一代之詩，遂至是而極弊。論者比之"詩妖"，非過刻也。元春之才較惺為劣，而詭僻如出一手。日久論定，徒為嗤點之資。觀其遺集，亦足為好行小慧之戒矣。

【彙訂】

① 天門是竟陵在清康熙之後改定之名，若鍾惺署為竟陵人，譚元春也當標為竟陵人。（王昕：《〈四庫提要〉竟陵派條目辨證》）

譚友夏合集二十三卷（安徽巡撫採進本）

明譚元春撰。是編乃明季蘇州張澤合元春詩文而刻之。一

卷至五卷為《嶽歸堂新詩》,六卷至十四卷為《鵠灣文草》,十五卷
至二十三卷為《嶽歸堂已刻詩選》①。每篇各有批評,皆刻意摹
仿元春語。

【彙訂】

① 據明崇禎六年(1633)張澤刻本,實際《嶽歸堂已刻詩選》
只到二十二卷,第二十三卷為諸稿自序。(王昕:《〈四庫提要〉
竟陵派條目辨證》)

譚子詩歸十卷(江西巡撫採進本)①

明譚元春撰。此集乃其選本,題曰"刔菴訂定",不知何許
人。前有自序,並載諸槀自題之文。如《西陵草》、《秋尋草》、《客
心草》之類,凡十餘種。蓋其詩之別刻者尚多云②。

【彙訂】

① 此書見《江蘇省第一次書目》。"江西巡撫采進本"當作
"江蘇巡撫採進本"。(杜澤遜:《讀〈四庫提要〉別記》)

② 據明末嶽歸堂刻本此集其卷目和内容與《嶽歸堂合集》
相同,當屬同一集子的不同排印本。總目前"諸稿自題輯錄"
計十篇,非"凡十餘種"。(王昕:《〈四庫提要〉竟陵派條目
辨證》)

寸碧堂槀二卷(内府藏本)

明汪膚撰。膚字元御,號玉淙,長洲人。天啟丁卯舉人。童
年即喜為詩,年四十餘而卒。所存遺槀無多,康熙中其子琬始為
編次,刻於所作《鈍翁類槀》之首,名之曰《汪氏家傳集》云。

此觀堂集六卷(江西巡撫採進本)

明羅萬藻撰。萬藻有《十三經類語》,已著錄。萬藻與同邑

章世純、陳際泰、東鄉艾南英，並以制義名一時，號“江西四家”。《明史》以是收之《文苑傳》中。此集制義之序居三分之一，蓋其平生精力所萃也。四家之中，南英最好立門户，近與南城張自烈互訌，遠與華亭陳子龍相爭。又最祖護嚴嵩，務與公論相反。以是終南英之身，無日不叫囂跳踉，呶呶然與天下辨。雖世純、際泰，後亦隙末。惟萬藻日與南英游，而泊然一無所與。蓋其天性靜穆，不以聲氣為名高。故其文氣焰不及南英，而恬雅則勝之云。

編蓬集十卷後集十五卷（浙江巡撫採進本）①

明唐汝詢撰。汝詢字仲言，華亭人。五歲而瞽，父兄抱膝上，授以“三百篇”及唐詩，無不成誦。旁通經史。嘗撰《唐詩解》《唐詩十集》等書，援據賅博，當時目為異人。惟其兄汝諤篤嗜王、李之學，故汝詢所作亦演七子流派。開卷即《擬古十九首》，次以《擬古百篇》、《感懷四十六首》，皆沿襲窠臼，貌似而神非。後集附雜文數十篇，其三五七言、四六八言、一字至十字諸雜體，尤傷纖巧也。

【彙訂】

①“編蓬集”，殿本作“編蓬集”，誤。明萬曆原刻本此集作《酉陽山人編蓬集》。（杜澤遜：《四庫存目標注》）

國門集一卷國門乙集一卷（浙江巡撫採進本）

明凌濛初撰。濛初有《聖門傳詩嫡冢》，已著錄。是集以皆入國門以後所作，故謂之《國門》。再入再刻，故有《乙集》也。二集並於詩末附雜文數篇。蓋屢躓場屋之時，故頗多抑鬱無聊之作云。

貞元子詩草<small>無卷數</small>（浙江孫仰曾家藏本）

明項穆撰。穆有《書法雅言》，已著錄。穆生於博古賞鑒之家，藉文雅交游之盛，耳濡目染，都無俗事。故其詩皆楚楚有清致，所謂"謝家子弟，雖復不端正者，亦自有一種風氣也"。惟偶然寄意，不似書法之精耳。

綺詠一卷綺詠續集一卷（安徽巡撫採進本）

明汪汝謙撰。汝謙字然明，歙縣人。《江南通志》稱其"移居武林，招集勝流，為湖山詩酒之會"。故是集大抵徵歌選妓之作。然其《前集》陳繼儒序之，《後集》又繼儒所選定。濡染熏蒸，久而與化。朱彝尊《明詩綜》不錄一字，蓋有由矣。

棲老堂集一卷（浙江巡撫採進本）

明殷仲春撰。仲春字方叔，秀水人。嘗慕王績為人，自號東皋子。隱居教授，又精於醫，得錢輒入市買斷爛書讀之。集首載賦騷，次古今體詩，次引辭贊疏，僅二十餘葉。末有順治丁酉其孫觀國跋，稱："原集詩千餘首，此本僅存什一。"今核所作，不出明季山人之派。故其墓誌亦陳繼儒作也。

上生集八卷（浙江巡撫採進本）

明秦熞撰。熞字日上，一字廣齋，無錫人。萬曆中諸生。"上生"其號也。是集乃崇禎初其子堝、坊所刊。前四卷為詩，後四卷為文。前有小傳，稱其"長齋繡佛，跌坐焚修"，蓋耽於禪悅之士。故所作韻語，多近偈頌。文集自壽序、祭文外，亦募緣疏引為多。

自娛齋詩集二卷（兩江總督採進本）

明黃應徵撰。應徵字君求，江都人。天啟中諸生，偃蹇不第以卒。其子哀其遺詩為此集。前有冒愈昌序，稱："取數未多，為體差備。浸假中年亡恙，而晚不苦於無年，所纂結何以加焉。"蓋頗有微詞矣。

天啟宮中詞一卷（浙江巡撫採進本）

明陳悰撰。悰字次杜，常熟人。是集前有悰自序。其詩仿王建《宮詞》，雜咏天啟軼事，凡一百首。自註亦極詳悉，頗足以廣異聞。朱彝尊嘗錄入《明詩綜》。其《靜志居詩話》述徐昂發之言，以為本秦徵蘭撰，悰攘而有之。徵蘭字楚芳，亦常熟人也。

曲澗遺槀十五卷（江蘇巡撫採進本）[1]

明孫奎撰。奎字啟文，南城人。生平以講學為事，故詩文多雜理語，蓋非所長。至溺信堪輿之説，反覆辨明，不一而足。其《風水評》一篇，援引營洛卜兆事及駁朱彦修語，尤為未允矣。

【彙訂】

[1] "江蘇巡撫採進本"，殿本作"江西巡撫採進本"，誤。《四庫採進書目》中"江蘇省第一次進呈書目"、"江蘇採輯遺書目錄簡目"著錄此書。（江慶柏：《殿本、浙本〈四庫全書總目〉著錄圖書進獻者主名異同考》）

齊志齋集十卷（浙江孫仰曾家藏本）

明陳泰交撰。泰交有《尚書註考》，已著錄。是集中有《自述》一篇，言："初字穉乎，更字同倩，號鰈海。少時名元侃，字三緘。其後三緘稱獨著，遂以為號。"是集為其子鉉所刻。凡詩一卷[1]，雜文九卷。泰交嘗與修《秀水志》，志文多載集中。詩文俱無以異人。至《優童志》一篇，尤過於放誕風流矣。

【彙訂】

① "卷"，殿本作"篇"，誤。

玩梅亭詩集二卷（兩江總督採進本）

明柴惟道撰。惟道字允中，號白巖山人，嚴州人。是集前有原序，而此本闕其末頁，遂不知誰作。序稱①："山人以才不遇，而所抱有以自樂。遊公卿閒，泊然無所求，乃稱其高。"然其詩則未成家也。

【彙訂】

① 底本"稱"上有"自"字，據殿本刪。

叢桂堂全集四卷詩集四卷（福建巡撫採進本）

明顏廷榘撰。廷榘字範卿，永春人，官岷府右長史。其詩文揮灑千言，頗多率易。其槁亦多散佚，蓋不甚經意於是也。國初，其孫堯揆、曾孫鑛始搜輯遺篇，編為此集①。

【彙訂】

① 清初刻本《叢桂堂全集》四卷，題"孫堯揆孝敘甫、曾孫胤鑛幼筆甫輯"。（杜澤遜：《四庫存目標注》）

蕪園詩集六卷（浙江巡撫採進本）

明葛徵奇撰。徵奇字無奇，號介龕，海寧人。崇禎戊辰進士，官至光祿寺少卿。告歸邀遊湖山閒，故其詩頗有閒適之致。集中多及其家姬是菴①。是菴者，徵奇妾李因之字②。善畫花草禽鳥，亦頗能吟詠，徵奇嘗與酬和。其頗傷纖弱，或以此歟？

【彙訂】

① "是菴"，據殿本補。

② 黃宗羲《李因傳》云："李因，字今生，號是菴。"吳本泰《竹

笑軒吟草敍》亦稱稱其師母李因為"是菴夫人"。(楊秀禮:《李因生年字號考》)

隴首集一卷(山東巡撫採進本)

明王與允〔胤〕撰。與允字百斯,山東新城人。崇禎戊辰進士,官至湖廣道監察御史,以劾總兵鄧玘,降補光祿寺署正。明亡,與妻于氏、子士和同自經。是集乃其巡視陝西茶馬時所作,故名"隴首"。其姪士禎編次之,僅詩四十二首,又劾鄧玘淫掠疏一篇,自撰《墓誌》一篇,而以《傳》及《墓表》、《逸事狀》附焉。

瑤光閣集十三卷(江西巡撫採進本)

明黃端伯撰。端伯有《易疏》,已著錄。端伯生平好佛,嘗鐫私印曰"海岸道人",取《楞嚴經》"引諸沈冥,出於苦海"之語。及晚年,磨去印文,改鐫"忠孝廉節"四字,終以殉國流芳,可謂不負其志。是集古、近體詩二卷,雜文十卷。為僧作者居其大半,其措詞如偈、如疏、如禪家語錄,非欲以詞章名世者,甚至《五經四書頌》亦以禪語闌入。如《春秋頌》云:"通身手、通身膽,句中有眼定乾坤,識者須從聲外鑿。"云云。蓋其性癖如是。其人足重,其學則不可訓也。別附《外篇》一卷,李紱序謂其"當明季古文大壞之時,獨安雅無迂怪之習,惟時時雜佛氏語。因別擇編為《外編》,以明其先迷後悟之旨[1],無使世俗之人以佛溷先生,亦不令學佛者借先生以張佛"云云。亦委曲回護之言耳。

【彙訂】

[1] "旨",殿本作"語",誤,參清乾隆黃祐刻本此集李紱序。

涂子一杯水五卷(江西巡撫採進本)

明涂伯昌撰。伯昌字子期,南昌人,崇禎庚午舉人。是集名

“一杯水”者，自序云：“取澹然無味之義也。”集中多雜釋、老之說。其《書唐武宗毀佛復僧後》一篇①，以三才、三教並稱。其《格物述》及《古本大學通序》數篇，頗以朱子為非。蓋江右之學，多從陸氏，自宋、元已然也。詩多染竟陵末派，惟五言律詩閒有可觀。

【彙訂】

① 據清康熙四十五年涂見春刻本此集卷四，篇名應為《書唐武宗毀佛復僧尼詔後》。

　　敬亭集十卷補遺一卷（兩江總督採進本）

　　明姜埰撰。埰字如農，萊陽人。崇禎辛未進士，授儀真縣知縣，擢授禮科給事中。以建言廷杖，謫戍宣州衛。國亡後，流寓蘇州，鐫私印曰“宣州老兵”。臨没遺命葬宣城，以明帝未有赦命，不敢歸也。事蹟具《明史》本傳。埰少以氣節著。自得罪流竄後，始學為詩。朱彝尊《靜志居詩話》稱其風格一本杜陵。今觀所作，大抵才本清剛，氣尤激壯。故詩文皆直抒胸臆，自能落落不凡。然縱筆所如，不暇鍛鍊，故粗獷之語亦時時錯雜其閒。蓋性情用事居多也①。集本埰自定②，分《敬亭》、《餬飦》二集。其子安節等刊行，乃併合為一，統名《敬亭集》。後有《補遺》一卷，又埰没後安節掇拾而成③。其《揚州諸子燕集次韻》一首，已見第四卷④，乃更收入。殆偶然失檢歟？

【彙訂】

① 殿本“居”上有“者”字。

② 殿本“自”上有“所”字。

③ 殿本“後”上有“之”字。

④ 殿本“卷”下有“中”字。

更生吟_{無卷數}（山東巡撫採進本）

明高名衡撰。名衡字平仲，號鷺磯，沂州人。崇禎辛未進士，官至監察御史，以城守功，晉兵部左侍郎。崇禎壬午，大兵破沂州，名衡死之。事蹟具《明史》本傳。乾隆四十一年，賜諡忠節。是編乃名衡巡按河南時，值李自成攻開封，在圍城中所作。自成凡三攻開封，此其初攻解去之時也。前有自序。末有其元孫淑曾跋，稱其"生平著述甚夥。屢經兵燹，拾之灰燼之餘者，類多殘闕。惟此詩粗備首尾，因鈔藏之"云云。考《漢書·藝文志》詩賦類，雖一二篇亦著錄。而世傳張巡守睢陽作亦僅二篇。是編雖止七言律詩八首，不成卷帙，而忠義之氣，凜然簡外。今聖朝大公至正，扶植綱常，凡勝國死節之臣，咸邀褒祀，名衡亦在其中。則此零章斷簡，實千古名教之所寄。謹特存其目，以昭表章之義焉。

章格菴遺書五卷（福建巡撫採進本）

明章正宸撰。正宸字羽侯，號格菴，晚號俟東餓夫，會稽人。崇禎辛未進士，官至吏科給事中。事蹟具《明史》本傳。正宸為劉宗周弟子，生平以氣節自負。是書所載凡奏疏七十九篇，論著十八首，記傳九首，詩賦四十一首，又補遺一首，則《俟東餓夫自傳》也。正宸於明亡之後，不知所終，遺槀亦多散佚。此本蓋其族孫詗掇拾殘闕，補綴成帙云。

鶴和篇三卷（江蘇周厚堉家藏本）

明閔仲侗撰。仲侗字士覺^①，永昌人。其仕履未詳。考明天啟乙丑進士有閔仲儼，官至少詹事，亦永昌人，當即其兄弟。仲侗自稱崇禎辛未下第，則亦舉於鄉矣。然《雲南通志·鄉舉》

中不載其名，所未詳也②。是集一卷為雜文，一卷為詩，一卷為制義，皆明末儇佻之派。曰《鶴和篇》者，仲侗時侍其父遊吳越間，故取《中孚》九二爻詞，以名所作也。

【彙訂】

①“士覺”，殿本作“仲覺”。清乾隆《雲南通志》卷二十一之一“人物·永昌府”有閃仲儼，字人望。則仲侗字似當作“士覺”。

②《雲南通志》卷二十中“天啟丁卯科中式”舉人有閃仲侗，永昌人，非“不載其名”。

花王閣賸稿一卷（兵部侍郎紀昀家藏本）

明紀坤撰。坤字厚齋，獻縣人，崇禎中諸生。是集後有其孫容舒跋，稱坤“少有經世志，久而不遇，乃息意逃禪。晚牓所居曰花王閣。蓋自傷文章無用，如牡丹之華而不實也。崇禎己卯，嘗自編其詩為六卷，沒後盡燬於兵燹”①。此本為其子鈺所重編，蓋於敗篋中得藉物殘紙，錄其可辨識者，僅得一百餘首，非原帙矣。其詩大致學蘇軾，而戛戛自造，不循蹊徑。惟遭逢亂世，坎壈以終，多感時傷俗之言。故刻露之語為多，含蓄之致較少焉。

【彙訂】

① 據清嘉慶四年紀氏閱微草堂刻本此集紀容舒跋，容舒乃其曾孫，“崇禎己卯”乃“崇禎辛巳”之誤。

雅似堂文集十卷詩集三卷（浙江巡撫採進本）

明文德翼撰。德翼有《宋史存》，已著錄。德翼人品清逸，而學問未能精邃。所作《傭吹錄》之類，大抵以餖飣為工。故詩文亦未能超詣。

文嘻堂詩集三卷（浙江巡撫採進本）

明朱芾煌撰。芾煌字子衷，又字玉瑠，自號濡須江漁，無為州人。崇禎甲戌進士，官至兵部武選司郎中。是集大都蒿目時艱，語多感慨。七言律詩中如《秋懷》、《春愁》諸篇，紀明末朝政紛紜亂亡之象，亦可見其大概。末有其孫端跋，稱芾煌嘗自題四語於詩槀卷首云：“詩須有為而作，文至無心乃傳。”又云：“從前各夢事①，見我篋中詩。”其生平作詩之旨，具見於是矣。

【彙訂】

① 據清康熙三十七年紫陽書院此集朱端跋，“各”乃“如”之誤。

心遠堂集二十卷（江蘇周厚堉家藏本）

明王永積撰。永積字稺實，無錫人。崇禎甲戌進士，官至兵部職方司員外郎①。是編文十四卷，詩六卷，末附詩餘四闋。前後無序跋。永積在兵部時，嘗以推舉遲延事獲譴。今以集中自記觀之，蓋太監王之心欲用其弟之仁為浙江總兵官，永積持不肯從，而之心以是中之者也。

【彙訂】

①《總目》卷七六“錫山景物略”條已著錄王永積仕履，此條當作“永積有《錫山景物略》，已著錄”。

野獲園集二卷（江西巡撫採進本）

明歐陽鉉撰。鉉字子玉，江西龍泉人。崇禎丁丑進士，官休寧縣知縣。其詩意境頗淺。自序謂：“寧淡毋綴，寧潔毋蕪，安在今人不如古人。”蓋醖釀未深而欲驟語平淡，故所就止此。題曰“野獲園”者，謂性耽野趣，其詩半於野得之也。

文齋文集十一卷（浙江鮑士恭家藏本）[①]

明余祚徵撰。祚徵字符之，永豐人，“文齋”其號也。崇禎癸未會試副榜，授鳳陽府推官。時唐王聿鍵錮高牆，祚徵待之有禮。及聿鍵自立，而祚徵已卒，因贈應天府丞，諡曰忠貞。次子玠，後為僧，名洪瀚，蒐集其遺文刻之。凡雜文三卷，詩六卷，書啓二卷，皆不見所長。惟《請誅劉良佐疏》，載其跋扈之迹極詳，為史所不盡載云。

【彙訂】

① 此書見《浙江省第四次汪啓淑家呈送書目》，作《忠貞文齋公文集》十一卷二本。疑“鮑士恭”為“汪啓淑”之誤。（杜澤遜：《讀〈四庫提要〉別記》）

雲樵文集八卷（江西巡撫採進本）

明程士鯤撰。士鯤字天修，號雲山樵叟，永豐人。崇禎癸未副榜，官至樂平府推官。是集雜文二百餘篇，所紀物產珍異之類，體或同於稗官。其編次體例亦頗無緒。

羅溪閣韻語無卷數（山東巡撫採進本）

明董養河撰。養河字叔會，閩縣人。崇禎中，黃道周以鉤黨下獄，所波累並逮者，有黃文煥等七人，養河其一也。集中在獄對簿諸詩，頗有氣格，而粗豪則所不免。又多狹斜贈答之作。蓋明季士大夫多以風流相尚，養河亦沿其習耳。養河名載《福建通志》，此本卷首題名“董卷阿”，殆傳寫之誤。至羅溪乃閩中地名，而《通志》乃作“羅漢”，則《志》誤也。中多闕落不可讀，亦未分卷。蓋殘稾僅存，未及校正編次，故錯亂如是矣。

畫響無卷數（浙江巡撫採進本）

明李永昌撰。永昌字周生，自署曰黃海，蓋徽州人[①]。林古度為之序,則當明末也。其書皆自題所畫之作,分為四冊。俱五言絕句而不著題,氣韻亦未能蕭灑。

【彙訂】

① 永昌,惠州休寧縣人,見《皖人書錄》。(杜澤遜:《讀〈四庫提要〉別記》)

采菊雜詠一卷(江西巡撫採進本)

明馬宏衙撰。宏衙字人伯,號退山,蘇州人。是編詩止一十五首,刻於《群芳清玩》中。毛晉識其後云:"五岳山人製《治菊月令》,故吳下藝菊家頗得三昧。吾友人伯發為詩歌,《高平》、《京兆》二譜,收拾錦囊尺幅中。"今觀其詩,乃明季山人刻為投贄結社之具者耳①。

【彙訂】

① "耳",殿本作"也"。

射堂詩鈔十四卷(浙江巡撫採進本)

明吳夢暘撰。夢暘字允兆,歸安布衣,"射堂"其所居室也。是集乃其曾孫自巖所編①。末附朱大復等輓詩。大復自註,稱夢暘"年老氣衰,頗有文通之盡。没後友人檢其遺槀,大半散失"云云。則知夢暘之詩盡在此編,雖曰《詩鈔》,實即其全集矣。胡應麟《甲乙賸言》極稱其《春草詩》十首。閔景賢輯《明布衣詩》,稱夢暘為明季布衣之冠,未免阿其所好。朱彝尊《靜志居詩話》謂與程嘉燧"政則魯、衛,風同曹、檜",真二家之定論矣。

【彙訂】

① 此集明末刻本卷末"曾孫自巖重輯"一行乃後來剜補。茅維輓詩自注云:"允兆有姪蕭齋君,恬雅最叨契洽,因以檢括遺

稿委之。"則編集者茅維與夢暘姪蕭齋君。(王重民:《中國善本
書提要》)

誠齋文集二卷附西銘問答一卷(安徽巡撫採進本)

明施璜撰。璜字虹玉,休寧人。是編乃所著雜文,皆講學之
語,排斥陸、王,不遺餘力。末附《西銘問答》,別為一卷。蓋自馬
端臨《文獻通考》,《西銘》註已別著錄。故璜亦不編入文集中[①],
見鄭重之意云。

【彙訂】

① "不",殿本脫。

榴館初函集選十二卷(江西巡撫採進本)

明楊思本撰。思本有《筆史》,已著錄。是集首為《釋道十
箋》一卷[①],中佚二篇,已非完本。其中如《形神篇》云:"君子靜
對於無,動觀諸有,不勞形以壞神之舍,不傷神以竭形之君。"諸
語,宗旨頗雜於二氏。次為《經國十書》一卷,其《榮氣》、《集虛》、
《尊神》諸篇,亦同清淨之旨。又《續經國十書》一卷,其《化盜篇》
言:"盜與民互相消長,有一定之民,而無一定之盜。"《鈞俗篇》
言:"奢侈之費甚於天菑。"皆切明季時事以立言。次為《古疑義》
一卷,大抵臆斷之語。至謂:"《西廂》一曲實具一大公案,世誤認
為淫詞。但觀'西廂'二字,則知王實甫從聲色場中轉大法輪。"
云云,尤不可為訓。次為《太平三策》。次為文五卷,賦一卷,詩
詞二卷,皆以藻繢為宗,世俗所謂才子之文也。

【彙訂】

① 據清康熙十三年楊日升刻《榴館初函集選》十卷卷一,應
為《繹道十箋》。

東江集鈔九卷別集一卷（浙江巡撫採進本）

明沈謙撰。謙字去矜，仁和人。崇禎末，杭州有"西陵十子"之稱，謙其一也。所著文集數十卷，晚年手自刪汰，僅存詩文八卷，雜說一卷，名曰《集鈔》。末附塡詞、南北曲為別集一卷，大半皆香奩之作。其《雜記》末一條云："彭金粟在廣陵，見余小詞及董文友《蓉渡集》，謂鄒程村曰：'泥犁中皆若人，故無俗物。'案，此蓋指宋僧法秀戒黃庭堅以小詞誨淫[1]，當入泥犁獄事。夫韓偓、秦觀、黃庭堅及楊慎輩[2]，皆有鄭聲，既不足害諸公之品，悠悠冥報，有則共之。"云云。其放誕可見矣。

【彙訂】

[1] "以"，殿本無。

[2] "及"，殿本脫，據清康熙十五年沈聖昭、沈聖暉刻本《東江集鈔》卷九原文。

彈劍草無卷數（江蘇巡撫採進本）

明陳邦儀撰。邦儀字開甫，高安人，崇禎中諸生。是編分為二集，《前集》刻於崇禎庚午，《續集》則崇禎壬午至甲申作也。邦儀生當亂世，奔竄於兵火之間，故所作語多悲楚。然如《聞亂飲酒》詩所云[1]："今日也飲酒，明日也飲酒，飲得醉時天地寬。"云云，殊傷觕率也。

【彙訂】

[1] "所云"，殿本作"曰"。

樂府一卷（浙江孫仰曾家藏本）

明周道仁撰。道仁字以修，烏程人。所作擬漢、魏樂府凡一百三章，原附於所刊孫一元《太白山人稾》後。自序謂："道不師孔、顏，學不則經史，性不本忠孝，法不憲天王，豈伊無才，致譏寡識。"其論甚正，其詩則仍摹擬形似而已。蓋樂府音節，唐人已不能考矣。

王冠九文集_{無卷數}（江西巡撫採進本）

明王業撰。業字蔚上，號冠九，其里貫未詳。明末嘗為諸生，尋棄去。吳楚材序稱其所著有《五經釋義》、《性理約言》及《文集》八卷。是書僅雜文數十首，不分卷數。其史論諸篇，大抵為明季秕政而發，而文多冗贅。

仁節遺槁_{無卷數}（江蘇巡撫採進本）

明陶琬〔琰〕撰①。琬字稚圭②，號別峯，崑山人。崇禎末諸生。明亡，殉節死。是集為其邑人柴源岷所編。其學以佛為宗，詩文多類禪偈，不出李贄、屠隆舊習。而捐生殉國，節概凜然，其殆黃端伯之流歟？

【彙訂】

①"琬"，當作"琰"，下同，底本乃避嘉慶諱改。殿本作"琰"。

②"稚圭"，殿本作"圭稚"。清乾隆《江南通志》卷一五三《人物志·忠節一·蘇州府》載："陶琰，字稚圭，崑山人。"道光《崑山新陽兩縣志》卷二四《人物·忠節》載："陶琰，字圭稚。"皇甫汸《長洲志》載宋人林琰，亦字稚圭。疑當從底本，"稚"表行第較末。

七十二候詩一卷（浙江孫仰曾家藏本）

明顧德基撰。德基字用晦，常熟人。是集以《月令》七十二候各為七言律詩一首，詞旨凡鄙，殆不足觀。以古人從無此題，姑存以備一體耳。

繡佛齋草一卷（兩淮鹽政採進本）

明馮元鼎妻陳氏撰。陳氏，天台人。年二十餘，夫亡守節。其詩多幽怨之音。國朝康熙初，其孫刑部侍郎甦為刊行之。

祝子遺書四卷附錄一卷（浙江巡撫採進本）

明祝淵撰。淵字開美，海寧人，崇禎癸酉舉人。初，崇禎壬午[①]，劉宗周以劾周延儒下獄。淵與宗周不相識，上書救之。逮治拷掠幾殆，卒抗詞不撓。既而延儒敗，流寇逼京師，始有詔赦出，而城已陷。會吳麟徵殉節死，淵與相善，乃乘間護其喪以歸。時馬士英亂政，又擬具疏劾之，未及上而南都破。乃亟葬其母[②]，自經而死。事蹟附見《明史·劉宗周傳》。柴紹炳《省軒集》載其始末甚詳[③]。乾隆乙未，賜諡忠節。是集為其友陳確、吳蕃昌所編[④]。卷一為《問學錄》，卷二為《傳習錄》，皆與宗周講學之語。蓋淵初上書時，尚未被罪，故得與宗周同舟南歸，因而受業。後周延儒欲羅織吳麟徵，乃票嚴旨，遣緹騎追攝赴京。此皆其上書以後，未逮以前所記也。三卷為奏疏、書札，其《劾馬士英疏》僅殘稾半篇，以福王時已就擒，而輟筆未竟也。四卷為詩，及所記吳麟徵殉節事實及祭文，而終以《自警條規》十六條。《附錄》一卷，則劉宗周疏及所作別淵序、贈淵詩，而以談遷等所作《小傳》綴其後焉。

【彙訂】

①“壬午”，殿本作“壬子”，誤。崇禎無壬子。據《明史·劉宗周傳》，乃崇禎十五年壬午事。

②“亟”，底本作“函”，據殿本改。《明史·劉宗周傳》載：“杭州

失守,(祝)淵方葬母,趣竣工。既葬,還家設祭,即投繯而卒。"

③"省軒集",殿本作"省堂集",誤。《清史稿》卷四八四《文苑一》云:"(柴紹炳)有《省軒集》。"今存清康熙刻本《柴省軒先生文鈔》十二卷,《外集》一卷。《總目》卷一八一著錄柴紹炳《省軒文鈔》十卷。

④"吳蕃昌",殿本作"吳蕃"。清茹實齋抄本《祝子遺書》六卷,卷二《問學錄》末載題識二篇,各署"乙酉十月初六日同學弟陳確謹識"、"癸巳八月朔日同學弟吳蕃再識";卷六附錄載《開美祝子遺事》,亦署"癸巳六月廿有九日同學弟吳蕃拜識"。按吳蕃昌,《清史稿·孝義》有傳:"字仲木,浙江海鹽人。父麟徵。"應係同一人。

徵古堂類稾十八卷(湖北巡撫採進本)

明陳文濤撰。文濤字濤生,廣濟人。是集凡論六卷,經解二卷,史議二卷,子略一卷,書、序、傳、記、誌林各一卷,詩二卷。前有自序及《徵古堂書目》,序列生平著述凡七十五卷。謂:"諸書編輯成帙,貲貧務謬,不能悉以問世,僅梓其略。"云云。即四卷至十一卷是也。

黌中草一卷蜀中草一卷(江蘇周厚堉家藏本)

明董應揚撰。應揚字于廷,武進人,官翰林院待詔。《黌中草》乃其司鐸銅陵時所作,《蜀中草》乃其蜀闈分校時所作。自序謂"五載署銅,一朝聘蜀"是也。其詩寄託頗淺,往往牽率成篇。

采芝堂集十六卷(浙江巡撫採進本)

明周益祥撰。益祥字履吉,侯官人,崇禎末貢生①。所著有

《潛穎》、《鹿草》、《摭星》、《錦囊》等集,此乃合編之本。中閒《木
鍼》一卷,雜記時事,意取警世而頗失之俚。詩則有意奇放,縱筆
揮灑,不復裁以古法也。

【彙訂】

① 據明萬曆四十一年陳氏家刻本此集卷首行狀、墓誌銘,
"周益祥"乃"陳益祥"之誤,"崇禎末貢生"亦誤。(陳旭東:《清
修〈四庫全書〉福建採進本與禁毀書研究》)

西溪百詠二卷(浙江巡撫採進本)

明釋大善撰。大善號虛閒道人①,其始末未詳。以其詩考
之,蓋崇禎初人也。西溪在武林西北欽賢鄉,宋高宗欲都其地,
後卜遷鳳凰山。在南渡時,梵刹甚盛。宋人舊有《西溪百詠》,此
復追詠古蹟,每題七律一首,凡百首,拾遺五首。又附《福勝菴八
詠》、《曲水菴八詠》、《梅花十絕》於末。

【彙訂】

① 清光緒八年丁氏八千卷樓刻本此集題"虛閒道人大善
著",作"虛聞道人"誤。(杜澤遜:《四庫存目標注》)

石屋山居詩一卷(浙江巡撫採進本)

題曰石屋禪師撰,不著其名。《明史·藝文志》、《浙江通志》
亦不載其目。詩中有"吾家住在雪溪西"之語,蓋明代湖州僧
也①。是集前為山居各體詩,後附偈頌九十首。首署"參學門人
至柔編,新安吳明春校正"。其詩不脫釋家語錄之氣,不足以接
蹟吟壇。

【彙訂】

① 明洪武刻本《石屋和尚住嘉興當湖福源禪寺語錄》一卷、

《山居頌》一卷，元釋至柔編。後有洪武九年元旭撰塔銘，謂師諱清珙，字石屋，蘇之常熟人，生於宋咸淳八年壬申，卒於元至正壬辰，壽八十有一。疑為明僧，大誤。（胡玉縉：《四庫全書總目提要補正》；杜澤遜：《四庫存目標注》）

集部三十四

別集類存目八

燕香齋文集四卷詩集六卷（直隸總督採進本）

國朝劉餘祐撰。餘祐字申徵，號玉吾，又號燕香居士，宛平人。其自稱"濱宛"者，先世濱州人也。前明萬曆丙辰進士，官兵部左侍郎。入國朝，官至户部尚書。是集為其子芳喆所編。每篇之末皆有評語，如坊刻時文之式。後附《餘祐行略》，猶前人所有之例。至附以其妻之行略、其父母之墓誌，則非古法矣。

金文通集二十卷（湖北巡撫採進本）

國朝金之俊撰。之俊字豈凡，吳江人。前明萬曆己未進士，入國朝，官至中和殿大學士，"文通"其諡也。之俊為茅坤之外孫①，故其文摹仿唐、宋，一遵坤法。又與陳名夏相善，凡有所作，大抵名夏定之，見於自序甚詳。

【彙訂】

① "之"，殿本無。

灌研齋集四卷（江西巡撫採進本）

國朝李元鼎撰。元鼎字梅公，吉水人。前明天啟壬戌進士，入國朝,官至兵部左侍郎。所著詩文凡三十卷,統名之曰《石園集》。此集雜文四卷,乃其中之一種也。其曰"灌研齋"者,陸廷燦《南邨筆記》稱:"元鼎家有古研,五瓣如梅花,質如黃玉,相傳為灌嬰廟瓦,故以名齋,因以名集。"考曾敏行《獨醒雜志》稱:"贛之雩都尉廳後,舊有灌嬰廟,臨其池上。廟毀,往往瓴甓墮池中[①],歲年不可計矣。因刀鑷工取半瓦為礪石[②],人見而異之,遂求其瓦為研,於是有'灌瓦'之名。"云云。則亦非元鼎之創目也。

【彙訂】

① "往往",據《獨醒雜志》卷九原文及殿本補。

② 底本"為"上有"以"字,據《獨醒雜志》卷九原文及殿本刪。

用六集十二卷(直隸總督採進本)

國朝刁包撰。包有《易酌》,已著錄。是集包所手編,自謂有得於《易》,故取"永貞"之義,以"用六"為名。其中如《寄魏環極書》,稱"砥礪躬行,不欲以議論爭勝[①]";《希聖堂學規》[②],多留意於灑掃應對,語皆平易近人。又謂:"時文之士,不知考究史事,昧於治亂之原。"每舉《春秋》、《綱目》書法,風諭學者。在講學家中,較空談心性者特為篤實。然持論每多苛刻,如裴度、韓愈皆懸度其事,力加詆毀,殊失《春秋》"善善從長"之意[③]。又如《重修秦王廟疏》,多引委巷無稽之言,不知折衷於古,亦其所短也。

【彙訂】

① "以",殿本無。康熙三年熊仲龍刻本此集無《寄魏環極書》。

② "希聖",殿本作"希勝",誤,參康熙三年刻本此集卷十二

原文。

③“春秋”，殿本無。

秀巖集三十一卷（浙江巡撫採進本）

國朝胡世安撰。世安有《大易則通》，已著錄。是集凡詩二十二卷，文九卷。前有順治丙戌世安自序云：“己卯秋以前槀，因罹兵燹，露電委之。頃檢其存者，彙錄成帙。甲申春以前詩曰《秀巖存詠》，以後曰《石芝軒集》，雜文曰《客竹居偶存》、《石芝軒續存》。”蓋哀四小集以為一編。卷首別載所著書名，分逸目、存目。其逸目凡十六種，存目凡十九種，中已刻者十種，今所見者《異魚圖贊箋》、《禊帖綜聞》、《操縵錄》數種而已。

澹友軒集十六卷（浙江巡撫採進本）

國朝薛所蘊撰。所蘊字子展，前明崇禎戊辰進士，入國朝，官至禮部侍郎。是集凡雜文百餘篇，乃其歸田後所手定。前有劉正宗序，謂其“直抒胸臆，意必準情，言必擇雅”。蓋所蘊文主典質，謹守繩墨，規規不失尺寸，故正宗云然。然未能神明於規矩之外也。

桴菴集四卷（江蘇巡撫採進本）①

國朝薛所蘊撰。是編乃其詩集，其子奮生等所錄。奮生即王士禎詩所謂“十載雕蟲稍擅名，未曾縛袴學長征。他年我若登三事，但乞蕭郎作騎兵”者是也。集刊於順治癸巳，其門人彭志古跋稱其詩“創闢似王建，蘊藉似張籍，豪縱似李白，悲壯似杜甫”，蓋弟子尊師之詞也。

【彙訂】

①《江蘇省第一次書目》有《桴菴集》四本，《江蘇採輯遺書

目錄》有薛所蘊著《桴菴詩集》五卷,清順治刻本亦作《桴菴詩集》五卷。《總目》殆誤四本為四卷。（杜澤遜:《四庫存目標注》）

搜遺槀四卷(江蘇周厚堉家藏本)

國朝彭賓撰。賓字燕又,一字穆如,華亭人。前明崇禎庚午舉人,入國朝,官汝寧府推官。賓少入幾社,與夏允彝、陳子龍友善,而文章則各成一格。歿後遺槀散佚。康熙後壬寅,其孫士超始從亂帙中掇拾殘賸,錄為此編①。凡文三卷,詩一卷。

【彙訂】

①　今存清初刻本《偶存草》二卷,"玄"不缺筆,有吳偉業序曰:"余同年彭燕又刻其詩《偶存草》以示余。"（崔建英等:《明別集版本志》）

青溪遺槀二十八卷(浙江孫仰曾家藏本)

國朝程正揆撰。正揆有《讀書偶然錄》,已著錄。是集凡詩十六卷,文十一卷,序一卷,附《奇夢錄》一卷①。正揆少從董其昌游,故頗工於畫。集中亦多題畫、論畫之作。王士禎序稱其《江山臥遊圖》散在人間者有數百本,士禎亦藏其二,又有題正揆畫詩,蓋當時亦重其筆墨也。其詩文則不出其鄉公安、竟陵之習。其《浮記》一篇,殆類小説,《奇夢記》一卷②,益荒誕矣。

【彙訂】

①　"錄",殿本作"記",誤,參清天怒閣刻本此集卷二十八。

②　"記",當作"錄"。

己亥存槀一卷(直隸總督採進本)

國朝孫承澤撰。承澤有《尚書集解》,已著錄。此編乃其文槀,順治己亥解官退居時作也。

浮雲集十一卷（江蘇周厚堉家藏本）

國朝陳之遴撰。之遴字素菴，海寧人。《太學進士題名》作海鹽人，疑其寄籍也。前明崇禎丁丑進士，授編修，陞中允。入國朝①，官至宏〔弘〕文院大學士。順治十三年，以交結近侍擬斬，免死，謫戍尚陽堡②。是集前有自序，起康熙丙午，蓋戍所編次也③。其詩才藻有餘，而不出前、後七子之格。

【彙訂】

① “入”，據殿本補。

② 據《清史列傳》卷七九、《清史稿》卷二四五本傳，陳之遴以賄結內監吳良輔，免死謫戍尚陽堡乃順治十五年事。（江慶柏：《〈四庫全書總目〉考訂十七則》）

③ 殿本重“所”字。

靜惕堂詩集四十四卷（江蘇巡撫採進本）

國朝曹溶撰。溶有《崇禎五十宰相傳》，已著錄。溶記誦淹博，詩文亦富。然其集初無定本，篇帙多寡不一。有作三十卷者，有作《正集》八卷、《續集》三卷者，皆不知何人所編。此本為雍正乙巳刊行，凡古、今體詩幾四千首，乃其外孫朱不戢所裒輯。溶生平吟咏，蓋具在於是矣。

粵游草一卷（兩江總督採進本）

國朝曹溶撰。是集乃其順治丙申、丁酉官廣東時所作。凡古體三十首，近體二百八十一首，已編入《靜惕堂集》中。此乃其初出別行之本。

橘洲詩集六卷（直隸總督採進本）

國朝范士楫撰。士楫字箕生，定興人。前明崇禎丁丑進士，入國朝,官至吏部郎中。是集皆其順治乙西以後之作,其詩尚染明季偽體①。卷首自序一篇,故為奧澀,亦當時習氣也。

【彙訂】

① 其報吳偉業詩云:"雅頌猶多事,千年况國工。"自負甚高。譏鍾、譚體弱,自謂不古不今,實則欲學長吉而無其奇麗。(鄧之誠:《清詩紀事初編》)

犀崖文集二十五卷(江西巡撫採進本)

國朝易學實撰。學實字去浮,雩都人。前明崇禎己卯舉人。是集學實所自編,其文一往有駿氣,而微傷於剽。

雲湖堂集六卷(江西巡撫採進本)

國朝易學實撰。是編乃其詩集,第一卷曰《湖山詩》,二卷曰《北征詩》,三卷曰《南歸詩》,四卷曰《寓情詩》,五卷曰《贈懷詩》,六卷曰《離憂詩》,皆入國朝以後作也。

且園近集四卷且園近詩五卷(江蘇周厚垍家藏本)

國朝王岱撰。岱字山長,湘潭人。前明崇禎己卯舉人,入國朝,官隨州學正。康熙己未,嘗薦舉博學鴻詞。其雜文題曰《近集》,蓋以別於《近詩》。然"集"非文之專名,古例具存,分隷殊未允也。《近詩》之末有《楚書姪編校〈且園集〉竣》一首,則兩編皆岱所自定。其名"且園"者,《近集》中有《且園記》,稱:"康熙丙午七月,就隨州任。贇宮有隙地,宅而園之,曰且園。"故以名其集云。

了莽文集九卷(浙江巡撫採進本)

國朝王岱撰。是集九卷皆雜文,第八卷則全錄募疏,殊失删汰。其文雅俗相參,而好為詬詈之詞,猶明末門户之餘習。

內省齋文集三十二卷(江西巡撫採進本)

國朝湯來賀撰。來賀字佐平,改字念平,號惕菴,南豐人。前明崇禎庚辰進士,官至廣東按察司僉事。明亡歸里,主白鹿書院,講席以終。其文多以砥礪薄俗,警勸愚蒙,故詞多質樸,務求盡意而後止。江右之俗,無不尊其鄉先生。而來賀論王彥章為忠於賊,不可為死節,獨深斥歐陽修《新五代史》之非。則為明季降闖諸人而發,所謂有為而言之者也。

古處堂集四卷(直隸總督採進本)

國朝高爾儼撰。爾儼字岱輿,靜海人。前明崇禎庚辰進士,授編修。入國朝,官至大學士,諡文端。是集大抵應酬之作,亦尚沿明季之餘習。

沚亭文集二卷(山東巡撫採進本)

國朝孫廷銓撰。廷銓有《南征紀略》,已著錄。是集為其門人慕天顏所編。國初景運光明,人才蔚起。廷銓文筆雖未能與一時作者抗衡,而平正通達,究無纖仄噍殺之音,蓋時會之盛為之也。

薪齋集八卷(浙江巡撫採進本)

國朝呂陽撰。陽字全五,無錫人。前明崇禎庚辰進士,入國朝,官至浙江布政司參議。是集凡詩一卷,文六卷,歌行、賦、詩餘又為一卷。

讀史亭詩集十六卷文集二十二卷(浙江巡撫採進本)

國朝彭而述撰。而述字禹峯,鄧州人。前明崇禎庚辰進士,授陽曲縣知縣。入國朝，官至貴州巡撫，終於雲南布政使。而述久歷邊陲，所為詩文皆雄奇峭拔，不受前人羈勒，而不免才多之患。朱彝尊序謂："其人所應有盡有，人所應無不盡無。"斯評當矣。

　　道山堂前集四卷後集七卷（福建巡撫採進本）

　　國朝陳軾撰。軾字靜機，侯官人。前明崇禎庚辰進士，入國朝，官至廣西蒼梧道①。是編前集文一卷，詩三卷，詩餘附之。後集文二卷②，詩三卷，詩餘二卷。軾詩文皆清婉和雅，特未深厚。七言古體亦多未諧音節，蓋非其所長。

　　【彙訂】

　　① 黎士弘《道山堂集序》云："先生……值鼎革歸來，優游里巷之間者五十餘年。"道光《福建通志》卷二一三《文苑傳》謂其任廣西蒼梧道參議乃追隨桂王（永曆帝）時。（陸勇强：《〈四庫全書總目提要〉訂補》）

　　② "二卷"，殿本作"一卷"，疑誤。清康熙刻本《後集》十卷，文五卷。

　　山圃堂集二十三卷（福建巡撫採進本）

　　國朝鄭宗圭撰。宗圭字圭甫，號瞻亭。前明崇禎壬午舉人，入國朝，官烏程縣知縣。是集前十卷皆史論，自春秋迄於元代，名曰《讀史卮言》。十一卷至十七卷皆詩，十八卷至二十卷為序、記，二十一卷、二十二卷為《續讀史卮言》，乃專論明代君臣。二十三卷為雜著，亦史論之餘也。宗圭留心史學，其褒譏頗平允，無《讀史管見》諸書好為詆訶吹索之弊。至論明事，仍載建文出亡諸語，則野史傳疑，尚未經訂定故耳。

石雲居士集十五卷詩七卷（江蘇巡撫採進本）①

國朝陳名夏撰。名夏字百史，溧陽人。前明崇禎癸未進士，授翰林院編修。入國朝，官至大學士，緣事伏誅。此集卷首有名夏順治三年自序，而集中《賀成青甤冢宰序》稱"順治九年"，則集成之後又有所增續矣。集中祭其師項煜文，歷稱煜之智與煜之忠，又云："吾師不死於仇而死於賊。"殊乖公論。厥後歸命國朝，棄瑕錄用，復以怙權罹法。《御製人臣警心錄》即為名夏所作，至今為鑒，其立身蓋不足稱。特以當時著作，商榷典制，足資考核，故遺集流布，尚在人閒。今亦姑存其目，而並辨其顛倒是非之失，俾來者無惑焉。

【彙訂】

①《江蘇省第二次書目》："《石雲居集》十本。"清順治三年刻本作《石雲居文集》十五卷，清初刻本作《石雲居詩集》七卷。則"石雲居士集"當作"石雲居文集"。（杜澤遜：《四庫存目標注》）

栖雲閣詩十六卷拾遺三卷（山東巡撫採進本）

國朝高珩撰。珩字蔥佩，號念東，晚號紫霞道人。前明崇禎癸未進士，入國朝，官至刑部侍郎。王士禎《居易錄》稱其生平撰著，不減萬篇。是集為趙執信所編。又《拾遺》三卷，則宋弼所輯。其詩多率意而成，故往往近元、白《長慶集》體。

栖雲閣詩略無卷數（編修勵守謙家藏本）

國朝高珩撰。此集猶鈔寫之本，以各體編次，不分卷數，題曰"男之駬、之駒同校閱"，蓋未刻全集以前，其家錄存之稾也。

誠正齋集八卷（山西巡撫採進本）

國朝上官鉉撰。鉉字三立，號松石，翼城人。前明崇禎癸未進士，入國朝，官至副都御史，終於太常寺卿。是集自一卷至五卷之前半為雜文，五卷後半至六卷皆詩，七卷以後又皆文，且第六卷詩集未完，又雜以對聯，其編次殊為無法。其詩文惟意所如，不可繩以格律。

青箱堂文集三十三卷詩集三十三卷（直隸總督採進本）[1]

國朝王崇簡撰。崇簡有《冬夜箋記》，已著錄。崇簡練習掌故，為禮官，嘗議移祀北嶽於渾源州，今其疏具在集中。然其文類皆平近流易，徐乾學序謂其"厄詞讕語，無非仁義道德"，殆不免於微詞。詩集以編年為次，始於天啟丙寅，迄於國朝康熙戊午，蓋萊陽宋琬所刪定也[2]。

【彙訂】

① 清康熙刻本為《詩集》三十三卷《文集》十卷、《遺稿續刻》一卷，或《詩集》三十三卷、《文集》十二卷、《遺稿續刻》一卷、《年譜》一卷，作《文集》三十三卷者或衍前一"三"字。（柯愈春：《清人詩文集總目提要》；杜澤遜：《四庫存目標注》）

② 戊午為康熙十七年，而宋琬卒於康熙十三年，見《國朝先正事略》卷三七《宋琬事略》及《清史稿·宋琬傳》。（楊武泉：《四庫全書總目辨誤》）

東村集十卷（山東巡撫採進本）

國朝李呈祥撰。呈祥字其旋，一字吉津，號木齋，霑化人。前明崇禎癸未進士，改庶吉士。入國朝，官至詹事府少詹事。是編詩、文各五卷，詩分十集，曰《邸中槀》、《使程自刪》、《木齋詩槀》、《游中山草》、《唐城草》、《秋尋草》、《南游詩》、《紀行詩》、《秋游詩》、《東村詩》。集前各有小序。查慎行序稱其與李攀龍①、王士禎前後鼎足。今觀所作,慎行非定評也。

【彙訂】

①"其",殿本無。

蕉林詩集無卷數(直隸總督採進本)

國朝梁清標撰。清標字玉立,清苑人。前明崇禎癸未進士,改庶吉士。入國朝,官至保和殿大學士①。所著詩橐,各以古、近體為分,不列卷次。其詩作於明季者,多感慨諷刺之言,及入本朝以後,則渢渢乎春容之音矣。

【彙訂】

①《清史列傳》卷七九《貳臣傳·梁清標傳》作"直隸正定人"。雍正《畿輔通志》卷七二《正定府·人物》亦云"正定人,明兵部尚書夢龍曾孫",《明史·梁夢龍傳》正作"真定人"(清雍正元年,改真定為正定,見《清史稿·地理志》)。(楊武泉:《四庫全書總目辨誤》)

東谷集三十四卷歸庸集四卷桑榆集三卷(山西巡撫採進本)

國朝白允〔胤〕謙撰。允謙有《學言》,已著錄。此集為其子方鴻等所編刊①。自順治十八年辛丑作於致仕以前者曰《東谷集》,共詩正、續二十二卷,文正、續十二卷。自康熙元年壬寅至丁未作於致仕之後者曰《歸庸集》,共詩、文四卷。自戊申至壬子晚年所作者曰《桑榆集》,共詩、文三卷。允謙刻意講學,故所作直抒胸臆,不以文字求工也。

【彙訂】

①"刊",殿本無。

陳士業全集十六卷（江西巡撫採進本）

國朝陳宏緒撰。宏緒有《江城名蹟錄》，已著錄。是編凡分六種，曰《石莊初集》六卷，《寒崖近槀》二卷①，《敦宿堂留槀》二卷，《鴻桷集》二卷，《鴻桷續集》二卷，《恒山存槀》二卷。《石莊集》斷自甲申以前，餘集多甲申以後之作。

【彙訂】

① "寒崖近稿"，殿本作"塞崖近稿"，誤，參清康熙二十六年刻本此集。

九山游草一卷（浙江巡撫採進本）

國朝李確撰。確有《平寇志》，已著錄。是編皆其紀游之作。九山者，雅山、苦竹山、湯山、觀山、龍湫山、暈頂山、高冠山、益山、獨山也。皆在當湖海濱，確隨所游歷，各紀以詩，彙為此編。

梅花百詠一卷（江蘇周厚堉家藏本）

國朝李確撰。是編乃確甲申以後遁跡龍湫山中，一月閒詠梅花七律百首①。自序謂："寄一枝於山中，有同枯樹；感三生於石上，恍覩殘魂。"大抵以愁苦之詞寄意。然詠梅本為塵劫，衍至百首，尤難為工。宋張洽、元馮子振皆有是作，而皆不免利鈍互見，則亦不必好為苟難矣。

【彙訂】

① 殿本"閒"上有"之"字。

二槐草存無卷數（兩淮鹽政採進本）

國朝王翃撰。翃字介人，嘉興人。王晫《今世說》嘗記其"還妾"一事，稱為厚德。又稱其"少失學，《論》、《孟》不卒讀，識字而已。弱冠偶覽《琵琶記》，欣然會意，曰：'此無難，吾亦能之。'即據案唔唔學填詞，竟合調。自後學不稍懈，工詞曲，又進攻詩。然貧日甚，抱膝苦吟，落落不問家人產”云云，則亦姚士粦之流矣。天、崇之間，《詩歸》盛行，人沿竟陵流派。翅毅然獨尚唐音，嘗以“前路夕陽外，行人春草中”句為陳子龍所賞①。沒後無子，遺槀多佚。是本乃朱彝尊所選定者也。

【彙訂】

① 殿本“句”上有“之”字。

直木堂詩集七卷（浙江巡撫採進本）

國朝釋本晝撰。本晝字天岳，號寒泉子，居紹興平陽寺。此集乃其晚年所著，凡詩四百餘首。其詩不作禪語，絕無僧家蔬筍氣。故李鄴嗣序曰：“非有人作序，幾不知為曲彔座上人也。”餘姚黃宗羲稱其五律“上入王、孟之室，次不落大復以下”，則似稍過矣。

南耕草堂詩槀_{無卷數}（浙江巡撫採進本）

國朝曹亮武撰。亮武字渭公，號南耕，宜興人。其填詞有名於時，詩不多見。此集乃其讀書廬山時所作，凡一百八首，題曰“第二集”。後又附以甲子歲詩十八首，題曰“第三集”。蓋殘闕不完之槀也。集中有《謝文德翼作詩序》詩，而集首祇有蔣超、陳維崧二序。德翼序當在“第一集”內，今佚之也。

南雷文定十一卷文約四卷（江蘇巡撫採進本）

國朝黃宗羲撰。宗羲有《周易象數論》，已著錄①。其所作古文，舊有《南雷文案》，《吾悔》、《撰杖》、《吾山》等集。晚年手自刪削，名曰《文定》。後更刊存四卷，故名曰《文約》云。

【彙訂】

①《總目》卷六著錄黃宗羲撰《易學象數論》六卷。

紫峰集十四卷（直隸總督採進本）

國朝杜越撰。越字君異，號紫峰，容城人①。前明諸生，康熙己未薦舉博學鴻詞②，以老疾，未及赴試而罷。是集乃其門人楊湛等所編③，凡詩四卷，詩餘附焉，雜文共十卷。越受業於定興鹿善繼，平生惟以砥礪行誼，講明道學為事，故鄉里推為耆宿，而文章則非所長。湛等所編，既多錄應酬代筆之作，又不甚諳體例。其《雜錄》中有《龍王廟募緣》一篇，乃七言古詩，而編於文中。其所作祠聯、壁聯、書齋聯，一一備載，尤為冗雜。《玉山雅集》載聯額，別自有義，非此之謂也。

【彙訂】

①《碑傳集》卷一二五載李興祖《杜先生越墓誌銘》云：“其初小興州人。明永樂間，內徙定興之東江村。”光緒《畿輔通志》卷二三〇《定興・人物・杜越傳》所敍略同。《總目》卷一八一“五公山人集”條亦云“定興杜越”。（楊武泉：《四庫全書總目辨誤》）

②“己未”，殿本作“乙未”，誤，參《清史稿・選舉四》。

③據清康熙刻本此集卷十三卷端校訂者姓名，其門人應為楊爾淑，字湛子。此集卷首崔蔚林序、魏一鼇序亦稱“門人楊湛子”、“門弟子楊湛子”。（江慶柏：《〈四庫全書總目〉考訂十七則》）

白茅堂集四十六卷（湖北巡撫採進本）

國朝顧景星撰。景星有《黃公說字》，已著錄。景星著述甚富，初有《童子集》三卷、《願學集》八卷，《書目》十卷，皆崇禎壬午以前作，明末燬於寇。《顧氏列傳》十五卷，《阮嗣宗〈詠懷〉詩註》

二卷,《李長吉詩註》四卷,《讀史集論》九卷,《贈池錄》一百十八卷,《南渡集》、《來耕集》共七十三卷,皆崇禎癸未以後作。康熙丙午燬於火,僅《南渡》、《來耕》二集存十之三四。乙酉、丙戌之閒,又有《登樓集》、《避地泖澱集》,亦皆散佚。是集為其子暢所輯,而其子昌編次音釋之。凡賦、騷一卷,樂府一卷,詩二十二卷,文二十卷①。景星記誦淹博,才氣尤縱橫不羈,詩文雄贍,亦一時之霸才。而細大不捐,榛楛勿翦。其後人收拾遺橐,又不甚別裁。傅毅之不能自休,陸機之才多為患,殆俱有焉。

【彙訂】

①《總目》所列合計僅四十四卷。清康熙刻本此集卷一為賦、騷,卷二至四為樂府,方合四十六卷之數。

泖堂前集九卷續集六卷後集六卷詩餘二卷(陝西巡撫採進本)

國朝孫枝蔚撰。枝蔚字豹人,三原人。康熙己未,舉博學宏詞①,以老病不能入試,授中書舍人,罷歸。枝蔚於甲申闖賊亂時,曾結里中少年殺賊,失足墮土坎中,幸不死。後至廣陵學賈,三置千金。既而僦居董相祠,扃戶讀書,刻意為歌詩。此集題曰"泖堂",即所僦居處也。前集十卷②,各以體分。續集六卷,則起康熙丙午,止戊午。後集六卷,起己未還山以後,迄丙寅。皆編年為次。詩餘則以小令、中調為一卷,長調為一卷。枝蔚在當時名甚重,然詩本秦聲,多激壯之詞。大抵如昔人評蘇軾詞"如銅將軍鐵綽板唱'大江東去'"也。

【彙訂】

①"舉博學宏詞",殿本作"薦舉博學鴻詞"。

②"十卷"乃"九卷"之誤。清康熙刻本此集前集即為九卷。

五公山人集十四卷（直隸總督採進本）①

國朝王餘祐撰。餘祐本姓宓，先世為王氏，後因不復改。字申之，一字介祺，直隸新城人。明末避亂易州五公山，因號五公山人。後流寓獻縣，子孫遂為獻縣人。餘祐在前明為諸生，受知於桐城左光斗，故喜談氣節。其學則出自容城孫奇逢、定興杜越，以砥礪品行、講求經濟為主，故立身孤介刻苦，有古獨行之風。然恒以談兵說劍為事，又精於技擊，喜通任俠，不甚循儒者繩墨。其詩文亦皆不入格，考證尤疎。如謂："西洋呼月為'老瓦'，杜詩'莫笑田家老瓦盆'，即月盆也，如月琴、月臺之類取其形似。"按，歐邏巴人至明萬曆開利瑪竇始入中國，杜甫何自識其譯語？又謂："《古詩》'為樂當及時，焉能待來滋'，'滋'為草名，又名'緜縷'，易於滋長，即藤也。"案，古詩本作"來茲"字，本《呂氏春秋》"今茲"、"來茲"，猶今年、明年，高誘註甚明。餘祐殆見誤本《古詩》"茲"字加"水"，因生曲說。又題《灕水亭印藪》，稱："本《說文》、《正譌》、《玉篇》諸書。"周伯琦《六書正譌》論雖偏僻，猶是篆體。顧野王、孫強之《玉篇》則全是隸書，何與摹印之事？亦太不詳檢矣。

【彙訂】

①"王餘祐"當作"王餘佑"。（杜澤遜：《四庫存目標注》）

二曲集二十二卷（浙江巡撫採進本）

國朝李容〔顒〕撰①。容有《四書反身錄》，已著錄。集為門人王心敬所編②。每卷分標篇目，曰《悔過自新說》，曰《學髓》，曰《兩庠彙語》，曰《靖江語要》，曰《錫山語要》，曰《傳心錄》，曰《體用全學》，曰《讀書次第》，曰《東行述》，曰《南行述》，曰《東林書院會語》，曰《匡時要務》，曰《關中書院會約》，曰《醫屋答問》，曰《富平答問》，曰《觀感錄》，皆其講學教授之語。或出自著，或門弟子所輯，凡十六種，本各自為書，故卷前開錄原序。其第十六至二十二卷，則容所著雜文也③。二十三卷以下曰《襄城記異》，乃容父可從明末從汪喬年擊流寇戰歿，容建祠襄城，有聞鬼語之事，各作詩文記之，而劉宗泗裒輯成帙者①。曰《義林記》，則記容招魂葬父事，亦宗泗所輯。曰《李氏家乘》，曰《賢母祠記》，則皆為可從及容母彭氏所作傳記、詩文，而富平惠鼉嗣彙次之，刊集時並以編入，蓋用宋人附錄之例。然卷帙繁重而無關容之著作，殊為疣贅。

【彙訂】

①"李容"，"容"字當作"顒"，乃避嘉慶諱改，下同。殿本作"顒"。

②殿本"門"上有"其"字。

③"也"，殿本無。

④"者"，殿本無。

聰山集十四卷（直隸總督採進本）

國朝申涵光撰。涵光字孚孟，亦作符孟，又曰孟和，復自號曰鳬盟，取與符孟字音近也。永年人，明太僕寺丞佳允〔胤〕之子。順治中恩貢生。是編首列年譜、傳誌一卷，次文三卷，詩八卷，附《荊園小語》一卷、《荊園進語》一卷，皆所作語錄也①。

【彙訂】

①"荊園進語"，殿本作"荊國進語"，誤。清康熙刻本《聰山集》十二卷附《荊園小語》一卷、《荊園進語》一卷。（江慶柏：

《〈四庫全書總目〉考訂十七則》

蒿菴集三卷（編修周永年家藏本）

國朝張爾岐撰。爾岐有《周易說略》，已著錄。是集爾岐所自定，凡雜文七十篇。大抵才鋒駿利，縱橫曼衍，多似蘇軾，而持論不免駁雜。蓋爾岐之專門名家究在鄭氏學也。

雲龕遺稾一卷（編修鄭際唐家藏本）

國朝梁春暉撰。春暉字時皇，號淑三，福建長樂人。考《淳熙三山志》，雲龕山即龍龕山，在長樂縣南千溪潭上，有歸雲洞、望海亭、香鑪峰諸勝。春暉晚年卜居其地，以吟咏自娛，故以名集。此本乃雍正癸卯其孫澄漪所錄。末有澄漪跋，稱：“初名《雲龕吟稾》，嘗謀鋟版而力未逮。藏弆既久，不幸為蠹鼠所戕，剝蝕斷爛，至不可讀。細加檢錄，得其首尾完具者，僅十之一二。裒為一卷，顏曰《雲龕遺稾》。”云。

茂綠軒集四卷（江蘇巡撫採進本）

國朝顧夢游撰。夢游字與治，江寧人，前明諸生。曹學佺刻《十二代詩選》，嘗錄其詩，題曰《偶存稾》。至順治庚子，夢遊既卒，施閏章又廣為收輯，合學佺所刻，得五百四十二篇，刪其什二，定為此本。夢游與葛一龍、邢昉諸人相倡和，詩格皆近中、晚。閏章序稱：“昉詩學勝才，夢遊詩才勝學。”亦二人之定評也。

苧菴二集十二卷（江蘇周厚堉家藏本）

國朝吳懋謙撰。懋謙字六益，松江人。早從陳子龍、李雯諸人遊，故力追七子之派，稱詩多以漢魏、盛唐為宗。然時有蹻張之失。

水田居士文集五卷（江西巡撫採進本）[1]

國朝賀貽孫撰。貽孫有《詩觸》，已著錄。是集有文無詩，所作皆跌宕自喜。其《與艾千子書》云："文章貴有妙悟，而能悟者必於古人文集之外別有自得。"是雖鍼砭東鄉之言，而貽孫所以自命者亦大略可見。特一氣揮寫，過於雄快，亦不免於太盡之患也。

【彙訂】

①《江西巡撫海第三次呈送書目》有《水田居文集》五本，清康熙刻本等亦作《水田居文集》五卷。（杜澤遜：《四庫存目標注》）

闇修齋稿一卷（湖北巡撫採進本）

國朝蕭企昭撰。企昭有《性理譜》，已著錄。是集凡文三十二篇[1]，前有其兄廣昭序，述企昭始末甚詳。企昭為學之梗概，則見於《與熊賜履書》中。蓋無所師承，而篤志自立之士也。然企昭雖尊法朱子，排斥王氏，而心平氣和，無明人喧鬧之習。故《與賜履書》中有"某平昔講學，不欲立門戶、肆口耳"之語。其《〈東林要錄〉序》曰："當其始也，出於士大夫意見之相岐、聲名之相奪，而其後也，與國家之大命隨之。"其《〈同時尚論錄〉書後》曰："當日東林、魏璫之門戶，牢結而不可破。一勝一敗，正不敵邪，遂至殺戮忠良，剝削元氣，感召災祲，醞釀盜賊。雖食小人之肉而寢其皮，寧足以紓其恨哉？然而小人不足責也。彼所稱為君子者，持意見，快恩讎，以和衷易處之事，為詬語相加之行，激而生端[2]，禍貽於國，又安得盡歸罪於小人乎？"均可謂平心之論。至其文章，則不及汪琬諸人之深厚。觀所著《性理譜》中論讀書之序,稱始於小學、《四書》、《五經》,而《性理大全》、《二程遺書》、《朱子文集》、《語類》、《魯齋遺書》、《薛氏讀書錄》、《胡氏居業錄》、《高子遺書》次之,西山《大學衍義》又次之,《通鑑綱目》、《十七史詳節》、《吾學編》又次之,韓文、歐文、陶詩、杜詩、《文章正宗》及宋金華、歸震川《文集》又次之。則其學問根柢可見矣。

【彙訂】

①"是",殿本脫。

②"生端",殿本作"生變"。(盧弼:《四庫湖北先正遺書札記》)

藕灣全集二十九卷(湖北巡撫採進本)

國朝張仁熙撰。仁熙有《雪堂墨品》,已著錄。其詩凡初集十卷,二集十卷,餘九卷則文集也。初集作於前明,身經離亂,多悲苦之音。大旨宗尚北地太倉、歷下諸人,未脫摹仿之跡。其論詩,謂:"時弊雖深,慎勿相救。公安救歷下,至於佻;竟陵救公安,陷於屠。"其《與王昊廬論文書》謂:"歸太僕之文秀善而衷於宋氏之理,秀善則易柔,衷於宋氏則理信而詘於氣。"又謂:"琅琊、歷下與毗陵、歸安兩家角立,毗陵、歸安之流幾欲駕琅琊、歷下而上之。然徒以其秀善婉媚,沓迤千里,白葦平疇者,又安能服琅琊諸君子制作諸大篇哉?"觀其持論,可知其生平宗旨矣①。

【彙訂】

①"觀其持論可知其生平宗旨矣",殿本作"蓋王李勢挫以後又復申舊説也"。

芝在堂集十五卷(湖北巡撫採進本)

國朝劉醇驥撰。醇驥有《古本大學解》,已著錄。是集凡詩六卷,雜文九卷。其自序云:"奉嘉、隆閒二三名人集,要去其襲迹,以近古為是,不能作宋、元下廉纖支折語。"又作《鍾惺譚元春傳》,謂:"學王、李未至,襲風格,備鏗鏘,猶俟諸三餘。儉儒苦古帙浩繁,便援公安、竟陵,而以其竅鳴也。"觀其所論,可知其所宗法矣。

織齋集鈔八卷(山東巡撫採進本)

國朝李煥章撰。煥章字象先,號織齋,山東樂安人。前明諸生。後棄舉子業,專肆力於詩文古詞。所著有《龍灣集》、《無學堂集》、《老樹村集》,凡百餘萬言,後合諸集而刊削之,定為此本[①]。其文跌宕排奡,氣機頗壯,而汪洋縱放,未免一瀉無餘。至於明季忠烈諸臣,多為立傳,其表微闡幽,亦可謂留意史學。然所載不能一一審核。如周遇吉妻《周夫人傳》,載"李自成攻寧武,遇吉數大敗之。追戰陷重圍,馬蹶,公拔佩刀自殺。夫人貫重鎧陷陣,連斬賊驍將。及聞遇吉死,亦自殺"云云。案《明史》,遇吉巷戰被執,為賊叢射而死,實非自殺。其妻劉氏素勇健,率婦女數十人據山巔公廨,登屋而射賊。賊不敢逼,縱火焚之,闔家盡死。亦與煥章所載陷陣及自殺事不合。且佚其姓,但稱周夫人。蓋草莽傳聞之詞,隨筆紀錄,未足據為定論也。

【彙訂】

① 此本乃李煥章弟澄中所選,非"合諸集而刊削之"。(趙錄綽:《織齋文集提要》)

謝程山集十八卷(江西巡撫採進本)[①]

國朝謝文洊撰。文洊有《學庸切己錄》,已著錄。是集初祇《日錄》三卷,《講易義》三卷,《書》三卷,乃其門人甘京、黃采所編。乾隆乙丑文洊元孫鳴謙又收合雜文遺槀,與新城涂登、陳道編為此本。甘京序稱其"早習舉子業,為諸生。年二十,學禪有所得。三十後始宗儒。越四十,始一以程、朱為宗,年六十七而卒。將卒,自作《墓誌》曰:'《大學》、《中庸切己錄》凡八九易槀始定,竊欲折衷先儒,期足以啟發來學,自訂所體驗者《日錄》三卷。易堂諸友節行文章為海內所重,某不自量,亦欲學其詩文,才短終不能就,而己學亦遂旁泄'"云云。蓋文洊生平以講學為主,文章則其餘事耳。

【彙訂】

①"江西巡撫採進本",底本作"江蘇巡撫採進本",據殿本改。《總目》卷三七"學庸切己錄"條云謝文洊乃江西南豐人,《學庸切己錄》為江西巡撫採進,則此集或亦為江西巡撫採進。(江慶柏:《殿本、浙本〈四庫全書總目〉著錄圖書進獻者主名異同考》)

燕峰文鈔一卷(江蘇巡撫採進本)

國朝費密撰。密字此度,成都人。遭張獻忠之亂,棄家為道士,流寓吳江以終。王士禎詩所謂"成都跛道士,萬里下峨岷"者是也①。士禎盛稱其詩,而其文不甚著。今觀是集不涉王、李之摹擬,亦不涉袁、鍾之纖仄,奇矯自喜,頗有可觀。然往往好持異論。如《春秋論》謂《春秋》為"三桓"而作,則舉一廢百;《明堂配上帝論》兼斥鄭康成、王肅之說,而以上帝為上世之帝,則經典從無此稱。《魯用天子禮樂辨》兼斥程子及楊慎所引《呂覽》之說,而謂:"周公有王者之功,宜用王者之禮樂,成王之賜,未足為非。魯人用之於群廟,乃為僭上。"不知惟名與器不可假人。有王者之功,宜用王者之禮樂,然則有王者之功,亦可用王者之名號乎?
是率天下而亂也。

【彙訂】

① 王士禛《池北偶談》:"費密,字此度,成都人……少遇亂
竄身不毛之地,已乃溯漢江,下游吳楚,居淮南老焉。"可知費密
終老淮南。又《漁洋詩話》:"余在廣陵,偶見成都費密詩,極擊
節,賦詩曰:'成都跛道士,萬里下峨岷。'密遂來定交,如平生
歡。"此詩作於康熙五年丙午,收入《漁洋精華錄》。又楊賓康熙
四十六年丁亥五月二十三日日記提到當天在揚州,"過費紫蘅,
同訪石道人"。紫蘅乃費錫璜號,可知費氏父子家於揚州。李斗
《揚州畫舫錄》卷三:"費家花園本費密故宅……密孫軒,字執御,
有《揚州夢香詞》。"可知費密之孫仍住揚州。楊復吉《昭代叢書》
收有《漢詩說》并跋云:"《漢詩説》十卷,新繁費滋衡與鑲塘沈方
舟同撰……滋衡為燕峰山人之子,燕峰以蜀人流寓吳陵。"吳陵
即江蘇泰州市古稱,與鄧之誠《清詩紀事初編》"費密小傳"所云
"密卜居泰州野田村"吻合。(馬里千:《讀書劄記二則》)

虎溪漁叟集十卷(江西巡撫採進本)

國朝劉命清撰。命清字穆叔,臨川人。是書前後無序跋,惟
冠以《臨川縣志》"小傳"一篇,稱其"明末捍禦土寇有方略,福王
時,揭重熙薦充館職,辭不就。入國朝,以布衣終"。是集凡經論
二卷,史論二卷,文二卷,詩三卷,詞一卷。其《經論》稱朱子棄子
貢《詩傳》、子夏《詩序》,有駭於聽聞。案,朱子但嘗駁《詩序》耳,
其子貢《詩傳》至明始出,朱子烏得而見之? 又謂魯之《春秋》本
用周正,孔子始改用夏正。以秦正建亥,而呂不韋作《月令》,乃

用夏時為例。是不特按之經文無一相合,且案《史記‧秦始皇本紀》,呂不韋死在十二年,以十月為歲首在二十六年。又《呂氏春秋‧後序》稱"歲在涒灘",乃始皇之八年,與改用亥正遠不相及①。引以為證,尤考之不詳。史論頗多臆斷,其詆諸葛誅馬謖之非,及力袒王安石,而深斥蘇洵《辨姦論》及呂公著《彈文》②,尤不免顛倒是非。詩文亦皆不入格。蓋倜儻自豪之士,負氣縱橫,而學問則未能深造也。

【彙訂】

① 昭王四十二年,《史記‧秦本紀》敘"十月宣太后薨",下敘"九月穰侯出之陶"。四十八年敘"十月韓獻垣雍",下敘"正月兵罷,復守上黨"。皆可證秦國時期早已行以十月為歲首,以九月為歲末之建亥曆。(楊武泉:《四庫全書總目辨誤》)

② "及",殿本作"與"。

徐太拙詩橐無卷數(山東巡撫採進本)

國朝徐振芳撰。振芳字太拙,山東樂安人。是集凡分三種,一曰《雪鴻草》,一曰《三素草》,一曰《楚萍草》。所作奇氣坌湧,時出入於李賀、盧仝之間,而竟陵、公安之餘習未盡湔除,故往往失之纖仄。變徵之聲,酸吟激楚,其學謝翱而未成者與?

彭省廬文集七卷詩集十卷(江蘇周厚堉家藏本)

國朝彭師度撰。師度字古晉,號省廬,華亭人。崇禎戊寅,吳下諸人為千英之會,畢集於虎邱。師度年十五,即席成《虎邱夜宴同人序》。吳偉業有"江左三鳳凰"之目,蓋謂師度及吳兆騫、陳維崧也。集中兵謀十餘篇,頗見用世之志。詩格沿雲間之派,富豔有餘。

蓬廬詩無卷數（浙江巡撫採進本）

國朝韓純玉撰。純玉字子蓬，別號蓬廬居士，歸安人，明翰林韓敬之子也。敬以黨附湯賓尹見擯於時，純玉以是抱憾終身，不求仕進。其行蹤略具所作自序及集中《癸丑五十生朝示兒》詩中。是集不分卷帙，但每體別編，中多悽楚之音。蓋皆明季兵燹及國初江南初定，餘孽未平，山居避寇之作也。

省軒文鈔十卷（浙江巡撫採進本）[1]

國朝柴紹炳撰。紹炳有《古韻通》，已著錄。此集前有程其成引，稱："《古韻通》卷帙浩繁，艱於付梓，因先以部首諸作載於五卷。"蓋刻在《古韻通》之前也。紹炳在"西泠十子"中文名最著，持躬亦復端謹[2]。集首有朱協咸所作《小傳》，至稱其歿後為冥官，蓋當時重其行誼，故造作是說。其文大抵清快有餘，而根柢較薄，金石之文尤無法。如《張德聲誌》篇首既曰："余備館甥於張氏，始與德聲君遊。"隔一行後又云："德聲姓張氏。"何其複也？且壻稱"館甥"，尤似典而非典也。又《張俊卿誌》曰："錢塘邑諸生也，張本武林華族。"錢塘、武林連綴而見，是一地耶，兩地耶？其他往往似此。蓋長於持論，而短於敘事云。

【彙訂】

①《浙江省第十一次呈送書目》、《浙江採集遺書總錄》均著錄此集十二卷，清康熙刻本亦作十二卷。（杜澤遜：《四庫存目標注》）

②"持躬"，殿本作"立身"。

張秦亭詩集十二卷（浙江巡撫採進本）[1]

國朝張丹撰。丹字祖望，原名綱孫，錢塘人。與陸圻、柴紹

炳、陳廷會、毛先舒、丁澎、吳百朋、孫治、沈謙、虞黃昊相倡和，稱
"西泠十子"。此集其晚年所刻，原名《從野堂集》。前有《自敍》
一篇，述其游歷所經，而詩格與之俱變。毛先舒稱其"悲涼沈遠，
矯然不群"。朱彝尊亦謂其五言古體"波瀾老成，南北行旅諸篇，
尤為奇崛"。又嘗批其《北歸》詩云："句句學杜，句句不襲杜。句
句做，句句不做。"其傾挹甚至。故丹寄彝尊詩有"慚我詩詞遘知
己，思君杖履定登臺"之句。今觀全集，其七言古體亦宕逸可誦，
不獨五言。特諸體未能悉稱，律詩尤不免率易。

【彙訂】

①《浙江省第十一次呈送書目》、《浙江採集遺書總錄》均著
錄此集十四卷，清康熙二十四年刻本亦作十四卷。（杜澤遜：
《四庫存目標注》）

潠書八卷（浙江巡撫採進本）

國朝毛先舒撰。先舒有《聲韻叢說》，已著錄。是編皆所作雜
文。諸篇之末，間附王猷定、柴紹炳、沈謙評語。先舒自記云："惟
三君語略載數條，以其為亡友之筆故也。"則是集乃先舒自訂矣。
中頗多考證之文，而不能皆有根據，其議禮尤多臆斷。行筆頗雋
爽，而不免於作態弄姿，大致好辨如毛奇齡，而才與學則皆不逮
之。其論"太王好貨好色"一篇，謂孟子意是而言非。論"說大人
則藐之"一篇，又謂其言太過，猶王充、李覯之餘習。論"格物"為
"格去物欲"，亦姚江之緒語。觀其《答徐古周書》，稱："近於坐功
頗有所窺，祇是佛氏無所住，孟子不動心。"又稱："住即是動，動即
是住，無住則不動，不動則無住。"其所學固可見矣。論韻諸書用
力較深，而亦未究其本原。如《答友人論韻學通指》二書，謂"音當分

古今,不當更分南北",其説為是;謂"古三聲不通用",則非。《與柴紹炳論翻切》三書,專取合聲,亦後來之捷法。必謂"下一字不拘本部",則紹炳所辨饑、機、虺、灰、清、青諸字,先舒終不能難也。

思古堂集四卷(浙江汪汝瑮家藏本)

國朝毛先舒撰。前有康熙乙丑潘耒序,稱:"所著有《潠書》、《匡林格物問答》、《聖學真語》、《東苑文鈔》、《詩鈔》凡若干册,不下數十萬言,而復有此集。"則此集之成在諸書之後。而先舒裒刻其書十四種,乃以此集為首。殆自以晚年定本,故用為弁冕耶? 然所見與早年等也。

東苑文鈔二卷詩鈔一卷(浙江汪汝瑮家藏本)

國朝毛先舒撰。先舒嘗讀書杭州之東園,即宋東苑故址,因以名其所作詩文①。《文鈔》凡三十三篇。其《趙盾論》解"越境"為"出奔不歸",較前人所説為允。《方正學論》責其"當巽詞以免十族",則其説刻而且迂。當生死呼吸之際,稍一轉念瞻顧,豈復能抗節不撓? 且成祖天性慘毒,瓜蔓之抄,亦不因此一語。至引侯君集謀反伏誅,乞免一子以存宗祀為例,尤為不倫。其《武成論》謂"聖人存'血流漂杵'一語,見紂之世臣捐軀報國者衆"。雖因鼎革之際抗節死事者發,然未免附會經義,穿鑿太過。《詩鈔》凡九十六首,大抵音調瀏亮,猶有七子之餘風焉。

【彙訂】

① "所作",殿本無。

小匡文鈔四卷(浙江汪汝瑮家藏本)

國朝毛先舒撰。前有自序曰:"《小匡文鈔》者,文皆小有所匡者也。"又自稱謂:"求契於天心,懷其意久,而後落筆。"今觀所錄之文，大抵以口舌相辨難。如《劉璋論》謂其召昭烈為智；《北地王論》謂其殺妻子為忍；《謚議》以秦始皇為合道；《駁王襃七出議》謂襃奉使雲南被殺，屍無處所，乃此議教人出妻之果報；《書三案論後》謂"梃擊"一事，諸臣當體神宗之意，不可罪鄭貴妃，引申生不明驪姬之譖為證；《書魏冰叔文》謂李國禎實死節之臣，不當誣以降賊。皆不足為訓，未見果契於天心也。

蕊雲集一卷晚唱一卷（浙江汪汝瑮家藏本）

國朝毛先舒撰。《蕊雲集》皆所作豔體。其曰"蕊雲"者，取古《織錦詞》"蕊亂雲盤相間深，此意欲傳傳不得"也。《晚唱》皆摹李商隱、李賀、溫庭筠、韓偓四家之體，以別於初唐、盛唐之格，故以"晚"名焉。

學園集六卷續編一卷（浙江巡撫採進本）

國朝沈起撰。起有《墨菴經學》五種，已著錄。《靜志居詩話》稱起嘗擬撰《明書》[1]，絕筆於成化之設東廠。而曾王孫作《起墓誌》，述其所撰書，又有《測杜少陵詩》一卷、《今國語》八卷、《宗門近錄》二卷，今皆未見。此乃所著詩文集，為起門人曾安世所編。安世即王孫之子也。起天姿穎俊，筆力亦殊勁爽，然與金人瑞相善，故薰染亦深。其《與李煒書》自稱："近來評點《會真記》[2]，頗多奇解。嘗終夜不寐，求作者之意，知王實甫悲憫物情，立言變化。即其十六闋立名，上下相對，猶之乾與坤對，屯與蒙對，以大《易》之體而行《左氏》之法。"云云。其所見解，頗與世所傳人瑞《六才子書》議論相近也。

【彙訂】

① 殿本"靜志居詩話"上有"朱彝尊"三字。

② “評點”，殿本作“批評”。

榆墩集選文九卷詩二卷（江西巡撫採進本）

國朝徐世溥撰。世溥有《夏小正解》，已著錄。是集前有熊人霖序，稱“僅存十之一”，蓋選本也。中閒《諸葛武侯無成論》一篇，謂：“諸葛之出師，即周公居東之志，其盡瘁而無成功，則昭烈‘如其不才，卿可自取’一言酖之也。”又云：“昭烈之疑忌，盡見生平深險畢露。”又云：“諸葛若久留在蜀，必有不利孺子之讒。”又云：“昭烈之有是言，則亮勸攻劉璋之言有以致之。一事之不仁，百行忠厚不足以蓋之。亮始教備殺璋以取蜀，卒也致備疑其圖禪以終身。”云云，其持論殊為偏激。昭烈君臣之契，光明磊落，為三代以後所僅有。永安託孤之言，亦出至誠，陳壽於《昭烈傳》中已極論之。即後主之於諸葛，始終尊信，亦未嘗有毫髮之閒言，何得因“卿可自取”一語，而遂謂其有所疑忌乎？至諸葛勸昭烈取蜀，則自三顧隆中時已定其計，而昭烈卒用其策，以少延漢緒。若如所論，則昭烈生平與諸葛周旋者，皆日在猜嫌疑忌之中，雖魏主叡之於司馬懿，尚不忍出此，而謂魚水相合者若是哉？文人好為翻案之說，殊非論古之正軌。王士禎為《居易錄》①，極斥其妄，固非太過矣。

【彙訂】

① “為”，殿本無。

筠谿集七卷（江蘇巡撫採進本）

國朝范青撰。青字筠堅，上海人。是集分《北遊草》、《北遊續草》、《峽遊草》、《金陵草》、《歸田草》諸目。第一卷有挽制府范承謨詩十首，閒載承謨殉難事蹟。其末首有云：“炙雞過酹君知否，十九人中是一人。"蓋嘗為承諛之客者也。

橘苑詩鈔十一卷（浙江巡撫採進本）

國朝諸匡鼎撰。匡鼎字虎男，錢塘人。是編子目曰《橘苑詩鈔》，而總題則曰《説詩堂集》，蓋全集之一種也。匡鼎生於國初，猶及見西泠十子，故所作亦沿其流派，圓美有餘而深厚不足。

安靜子集十三卷（山東巡撫採進本）

國朝安致遠撰。致遠字靜子，一名如磐，字拙石，壽光人。貢生。自順治乙酉至康熙甲子，十五舉不售，卒僵寒以没。是集凡為文集九卷，曰《玉礎集》四卷，《紀城文槀》四卷，《戲音》一卷。《詩集》四卷，曰《柳村雜咏》二卷，《嶽江草》、《倦遊草》各一卷，總名之曰《紀城詩草》。而《嶽江草》獨標"卷六"字，似非完本。詞集一卷，曰《吳江旅嘯》。自序謂："詩喜摩詰，文慕廬陵，愛其從容閒雅，不事鉤棘。"故能不染明末纖詭之習，而精神魄力亦未能凌跨諸家。

完玉堂詩集十卷（浙江巡撫採進本）

國朝釋元璟撰。元璟字借山，浙江天童寺僧也。是編分十集，曰《東湖集》、《名山集》、《紅椒集》、《紫柏集》、《太白集》、《綠瓊集》、《京師百詠》、《晚香集》、《黃琮集》、《鵲南集》。每集為一卷，前有元璟自序及題辭二十餘則。其詩以清雅為宗，時有秀句。如"纖憐孤嶠遠，斗轉一峰迎"、"淺碧膠魚沫，殘紅落鴈聲"、"水繞西施浣紗石，雲藏子敬讀書山"、"二月草堂逢社燕，一春花事到山茶"等句，為盧元昌所賞，見卷首題辭。又如"一笛破寒渚，千帆湊夕陽"、"船如米家小，水似瀼西偏"、"秋思啼螿集，歸心落葉知"、"吟詩不閉梅花閣，懷古獨登文選樓"、"才堪與世作蓍草，道在忘情似木雞"等句，王士禎亦摘入《居易錄》中。蓋其居杭州時，曾結西溪吟社。所與酬倡者，皆一代勝流。耳擩目染，落筆自能遠俗。但根柢不深，氣味不免太薄耳。

冬關詩鈔六卷（浙江巡撫採進本）

國朝釋通復撰。通復字文可，嘉興人。少與曹溶同學，晚乃託跡於緇服。溶贈以詩，有"共排流俗論，重起杜陵人"之句，蓋其宗尚如此。遺槀多散佚，朱彝尊選《詩綜》，搜訪不能得。至康熙己丑，其友人盛遠等始為裒輯刊版。前三卷皆遠所輯，後三卷則汪文楨、汪森兄弟所輯，前有遠與森二序。通復以《春草》詩著名，遠等取以壓卷。然如"魂消南浦人將遠，夢落西堂句忽成"之類，格落晚唐，非其至者也。

嬾齋別集十四卷（內府藏本）

國朝僧通門撰。通門字牧雲，姓張氏，常熟人。明季祝髮於興福禪林，尋主古南、鶴林、天童等寺。頗與士大夫游，故文士往往稱之。是集為其同里毛晉所刊，凡雜文三卷，書啟三卷，頌贊、偈語二卷，詩六卷。

西北文集四卷（江蘇巡撫採進本）

國朝畢振姬撰。振姬有《四州文獻摘鈔》，已著錄。其文頗縱橫有奇氣，然劍拔弩張之狀亦覺太甚。其云"西北文"者，太原傅山所題，以東南之人謂之西北之文也。元好問《中州集》題詞有曰："鄴下曹、劉氣儘豪，江東諸謝韻尤高。若從華實評詩品，未便吳儂得錦袍。"傅山所題，蓋猶是意。然文章公器，何限方隅。韓、柳皆非南人，歐、曾亦非北士，門户相誇，總拘墟之見耳。

涑水編五卷（山西巡撫採進本）

國朝翟鳳翥撰。鳳翥字象陸，聞喜人。順治丙戌進士，官至福建布政使。是集文四卷，詩一卷。因嘗講學於其鄉之涑水書院，故題曰《涑水編》。卷首有徐元文序，稱原集本六卷，第五為制義。今制義不知何人所刪，目錄內亦為鐫去，故只存五卷云。

蘭雪堂詩集三卷（山東巡撫採進本）

國朝謝賓王撰。賓王字起東，臨淄人。順治丙戌進士，官南康府推官。是集為未刻鈔本，凡古體詩一卷，近體詩二卷。意興頗遒，而骨格未就。卷首題"王士禛評選"，蓋山左談詩之士罕不問津於士禛者，此其一也。

袚園集九卷（直隸總督採進本）

國朝梁清遠撰。清遠有《雕邱雜錄》，已著錄。是集清遠所自編，凡詩四卷，文四卷，詞一卷。其詩直抒性情，頗能蟬蛻於習俗之外。而人所應無盡無，人所應有尚未能盡有也。

黃山詩留十六卷（山東巡撫採進本）

國朝法若真撰。若真字漢儒，號黃石，一號黃山，膠州人。順治乙酉，以"五經"特賜中式，授中書舍人。丙戌成進士，改庶吉士，官至江南布政使。若真詩、古文詞[①]，少宗李賀，晚乃歸心少陵，不屑櫛比字句，依倚門戶。惟其意所欲為，不古不今，自成一格。此本為張謙宜所編，共詩四千一百三首。

【彙訂】

①"若真"，殿本作"其"。

心遠堂詩集十二卷（直隸總督採進本）

國朝李霨撰。霨字坦園，高陽人。順治丙戌進士，官至大學士，諡文勤。是集為霨所自編，初刻於康熙辛亥，至於丁巳①，又續廣之。其論詩，謂：“王、李、鍾、譚其詞皆予，而所不予者，在其郊顰學步之流。”持論最為平允。故集中諸作皆沖和雅正，不為叫囂之音，亦不蹈纖仄之習。其門人陳廷敬序稱其“寫一時交泰之盛”。蓋遭際盛時，故其詩有雍容太平之象，古人所謂臺閣文章者，蓋若是矣。

【彙訂】

①“於”，殿本無。

聿修堂集一卷（山東巡撫採進本）

國朝藍潤撰。潤字海重，即墨人。順治丙戌進士，官至湖廣布政使。潤初名滋，故《國學進士題名碑》及《館選錄》舊本皆作藍滋。後官侍讀時，乃賜今名。其為江南學政時，有《視學錄》；為福建參政時，有《視閩紀略》；為廣東參政時，有《入粵條議》；為江南按察使時，有《臬政紀略》，今皆未見。惟此集為其子孫鈔傳①。詩、古文寥寥數首，皆應酬之作，殆非所長。

【彙訂】

①《入粵條議》、《臬政紀略》有順治十八年藍氏自刊本存世。（竇秀豔等：《青島歷代著述考》）

寒松堂集九十二卷（江蘇巡撫採進本）①

國朝魏象樞撰。象樞字環極，蔚州人。順治丙戌進士，歷官至都察院左都御史，遷刑部尚書，以病乞休。聖祖御書“寒松堂”額以寵其歸，卒諡敏果。其平生立朝端勁，為人望所歸。講學亦醇正篤實，無空談標榜之習。文章樸直，亦如其為人。惟其子學誠編此集時，意在於先人手澤，一字無遺，遂細大不捐，幾盈百卷，未免有榛楛勿翦之憾耳。

【彙訂】

①《江蘇省採輯遺書目錄》、《兩淮商人馬裕家呈送書目》均著錄此集十二卷，清康熙刻本亦作十二卷。（杜澤遜：《四庫存目標注》）

且亭詩集無卷數（直隸總督採進本）

國朝楊思聖撰。思聖字猶龍，鉅鹿人。順治丙戌進士，官至四川布政使。申涵光所作小傳，稱有《且亭詩》七集，然不著其卷數。此本乃思聖既歿，其子履吉所編，凡詩八百餘首。其入蜀諸作，刻意摹杜，而刻畫之痕未化也。

夢吟集一卷續集一卷（內府藏本）

國朝王天春撰。天春字魯源，濟寧人。順治丙戌進士①，官至兵部侍郎。致仕後，惟以吟咏自娛。故此集皆暢所欲言，頗多率句。

【彙訂】

① 雍正《山東通志》卷一五之二《選舉志》及卷二八之四本傳、道光《濟寧直隸州志》卷八《人物志》本傳皆作王天眷。清康熙刻本亦作王天眷撰。（楊武泉：《四庫全書總目辨誤》；杜澤遜：《四庫存目標注》）

崑林小品三卷崑林外集無卷數（直隸總督採進本）

國朝魏裔介撰。裔介有《孝經註義》，已著錄。此其雜著諸篇，集外別行者也。《小品》分上、中、下卷，《外集》則剟剩未竟，尚不分卷。裔介學宗朱子，著有《約言錄》、《知統錄》等書。而此集於二氏之學，亦若有取焉，豈晚耽禪悅耶？其文閒有俚語，頗沿宋人《語類》餘派，而時露古質，亦復可觀。至駢體則非所擅長，雖無作可也①。

【彙訂】

① "也"，殿本作"矣"。

四思堂文集八卷（直隸總督採進本）

國朝傅維鱗撰。維鱗有《明書》，已著錄。是集奏疏一卷，記、序、雜著二卷，詩五卷。所載如《更役法》、《嚴巡方考覈》諸疏及《屯田苦民書》諸作，頗有侃直之風。至《土傳民語》諸謠曲，盡明末兵荒流離之狀。然統其全集觀之，則頗傷麤率。蓋天性耿直，直抒胸臆，不甚留意於文章云。

燕川漁唱詩二卷植齋文集二卷（直隸總督採進本）

國朝傅維櫺撰。維櫺字培公，號霄影，靈壽人。明吏部尚書永淳之子。雖生於貴族，而恬退不求仕進。早歲即棄舉子業，以詩文自娛。迹其品度，當屬勝流。然是集所錄，大抵應酬之作，罕逢高唱，豈並文章視為麤迹歟？

倚雉集十二卷（直隸總督採進本）

國朝竇遴奇撰。遴奇字松濤，大名人。順治丁亥進士，官至僉都御史。是編為其友賀應旌所編，凡文五卷，詩六卷，詞一卷。"倚雉"者，其所居堂名也。

王文靖集二十四卷附錄一卷（直隸總督採進本）

國朝王熙撰。熙字子撰①，一字胥廷，宛平人。順治丁亥進士，官至大學士，諡文靖。是集為其子克昌所編。凡奏疏二卷，頌、賦一卷，詩六卷，文十五卷，以自作年譜及行狀、誌銘、碑傳附錄於末。前有其門人張玉書、吳震方二序，又有朱彝尊序。核其詞意，皆熙在時所作。而標題亦稱其諡，或刊版者追改也。

【彙訂】

① 雍正《畿輔通志》卷七一《人物志·名臣》條作："王熙，字子雍，宛平人，崇簡子，順治丁亥進士。"《國朝先正事略》卷四《王熙事略》、周中孚《鄭堂讀書記》卷七〇"王文靖公集"條、《清史列傳》卷二五〇本傳、《清史稿》本傳、《國朝耆獻類徵初編》卷四載《國史賢良小傳·王熙傳》、王士禛撰《神道碑銘》、陶正靖撰《王熙傳》、韓菼撰《行狀》均謂"字子雍"。（楊武泉：《四庫全書總目辨誤》）

佳山堂集十卷（山東巡撫採進本）

國朝馮溥撰。溥字易齋，益都人。順治丁亥進士，官至大學士。康熙己未，召試博學鴻詞，溥與高陽李霨、寶坻杜臻、崑山葉方藹四人同為閱卷官，得人最盛。故毛奇齡等為作集序，皆稱門人。其詩則未為精詣也。

林屋文槀十六卷詩槀十四卷（江蘇周厚堉家藏本）

國朝宋徵輿撰。徵輿字轅文，華亭人。順治丁亥進士，官至都察院左副都御史。徵輿為諸生時，與陳子龍、李雯等倡幾社，以古學相砥礪。所作以博贍見長。其才氣睥睨一世，而精鍊不及子龍，故聲譽亦稍亞之云。

慎齋遇集五卷莅楚學記一卷日懷堂奏疏四卷（江蘇巡撫採進本）

國朝蔣永修撰。永修有《孝經集解》，已著錄。是集哀其平生之文，名曰《遇集》，言即所遇而成文也。中多記貴州、湖廣風土，蓋永修初官應山縣知縣,繼官平越府知府,終官湖廣提學副使也。其《學記》則康熙十九年提學時作,《奏疏》則官刑科給事中時所上。《江南通志》稱其"在應山,有守禦功。在平越,清丈苗民虛稅八千有奇。在湖廣,振興文教,楚風為之一變,列於《宦績傳》中"云。

潛滄集七卷(直隸總督採進本)

國朝余一元撰。一元字占一,號潛滄,山海衛人。順治丁亥進士[①],官至禮部郎中。是集卷一為《四書解》,卷二至卷六為雜文,卷七為詩。其《次韻答張築夫》詩有"良知自是姚江旨,躬秉幾亭夫子傳"句。附載張贈詩,有"姚江絕學重開闢,直續良知兩字傳"句。蓋其學出於陳龍正,集中所謂"幾亭師"者,龍正別號也。故其《四書解》中,以小學為格物,而深譏朱子《補傳》為非,猶宗王守仁之說而小變之者也。是集其所自編,卷端有凡例六條,述所以編次之意甚詳,然詩文皆不入格。觀其自編而自發凡例,或自譽,或自怨,儼如刪纂他人之集者。是於古來著述體裁皆未及考,則所作可略見矣。

【彙訂】

① 光緒《畿輔通志》卷四○《選舉志》及卷二三《人物志》、民國續修《臨榆縣志》卷三《選舉志》及卷一九本傳均作佘一元。雍正《畿輔通志》卷六二作"佘允","允"蓋"一元"二字之誤合,然亦可證其人姓佘。清刻本此集五卷,題"榆關佘一元占一著"。(楊武泉:《四庫全書總目辨誤》;杜澤遜:《四庫存目標注》)

安雅堂詩安雅堂拾遺詩皆無卷數安雅堂拾遺文二卷附二鄉亭詞四卷(大理寺卿陸錫熊家藏本)

國朝宋琬撰。琬有《永平府志》,已著錄。案王士禎《池北偶談》曰："康熙以來,詩人無出'南施北宋'之右,宣城施閏章愚山、萊陽宋琬荔裳也。"又曰："宋浙江後詩,頗擬放翁,五古歌行時闖杜、韓之奧。康熙壬子春,在京師求余定其詩筆為三十卷。其秋,與余先後入蜀。余歸之明年,宋以梟使入覲。蜀亂,妻孥皆寄成都,宋鬱鬱没於京邸,此集不知流落何地矣。"又《漁洋詩話》曰："康熙庚辰,余官刑部尚書,荔裳之子思勃來京師,以《入蜀集》相示,亟錄而存之。集中古選詩歌行,氣格深穩,余多補入《感舊集》。"云云。今三十卷之本,久已散佚,所謂《入蜀集》者,其後人亦無傳本。此本題《安雅堂詩》者,不分卷數,有來集之、蔣超二序,皆題順治庚子,蓋猶少作。題《安雅堂拾遺詩》者,與其《文集》、《詞集》,皆乾隆丙辰其族孫邦憲所刻。掇拾殘剩,非但珠礫並陳,亦恐真贗莫别,均不足見琬所長。其視閏章,蓋有幸有不幸矣。

退菴集二十一卷(江蘇巡撫採進本)

國朝李敬撰。敬字退菴,江寧人。順治丁亥進士,官至監察御史巡按湖南。是集詩詞十二卷,奏疏及雜著九卷。詩集自序謂："必深知元氣流行,使心口之閒律吕相合,以適於喜怒哀樂之正。"蓋即白沙、定山之宗旨。文集自序謂按楚時"審錄盡心,至於甘澍大降。死囚為兵刼去,自請歸獄",亦未免好自譽矣。

西山集九卷(山西巡撫採進本)

國朝張能鱗撰。能鱗有《詩經傳說取裁》,已著錄。是集凡文八卷,詩一卷。能鱗喜談理學,其詩文多率爾操觚,體裁未盡合於古。

馮定遠集十一卷(浙江巡撫採進本)

國朝馮班撰。班有《鈍吟雜錄》,已著錄[1]。班與其兄舒皆以詩名一時,稱"海虞二馮"。其姪馮武作所評《才調集》凡例,稱舒之論詩,講起承轉合最嚴;而班之論詩,則欲化去起承轉合,定法微有不同。然二人皆以晚唐為宗,由溫、李以上溯齊、梁。故《才調集》外,又有《玉臺新咏》評本,蓋其淵源在二書也。其説力排嚴羽,尤不取江西宗派,持論亦時有獨到。然所作則不出於崑體,大抵情思有餘,而風格未高,纖佻綺靡,均所不免。是集凡《定遠小集》二卷,《鈍吟集》三卷,《別集》一卷,《鈍吟餘集》一卷,《集外詩》一卷。又《樂府》一卷,《遊仙詩》一卷,《鈍吟文槀》一卷,亦附於末。其中論詩之説多可取。惟《日記》所論吳棫《韻補》一條,推為"奧入鬼神",則失之遠矣。

【彙訂】

①《鈍吟雜錄》,殿本作《鈍吟雜集》,誤。《總目》卷一二三著錄馮班撰《鈍吟雜錄》十卷。

文襄公別錄六卷(山東巡撫採進本)

國朝李之芳撰。之芳有《文襄奏疏》,已著錄。是書首《行閒紀略》二卷,次《軍旅紀略》二卷,皆討耿精忠時文移。次《文告紀事》二卷,皆居官時告諭之文。

擬故宮詞一卷(浙江巡撫採進本)

國朝徐宇昭撰。宇昭不知何許人①。是集凡詩四十首。序稱:"順治丁亥春月,寓止燕都。遇長春寺僧,乃明宦者。因從閒話,得故宮遺事四十條。"其詞不甚工,註亦止寥寥數條。

【彙訂】

①"徐宇昭"當作"唐宇昭",《清代毘陵名人小傳》卷一有傳。清鈔本此集卷首序作"毘陵半圍外史唐宇昭紀"。(江慶柏:

《〈四庫全書總目〉考訂十七則》》

　　春樹草堂集六卷（監察御史孟生蕙家藏本）

　　國朝杜恒燦撰。恒燦字杜若，號蒼舒，三原人。順治戊子副榜貢生，考職授通判，未仕而卒。其卒也，寧都魏禧表其墓，關中李因篤為作傳，皆悼惜其才。是編凡詩二卷，文四卷，塗乙縱橫，猶當時原槀。中多代人之作。蓋恒燦歷為郎廷極、賈漢復、梁化鳳諸人客，畢生出入幕府中，故以賣文為活。所作富贍有餘而多不修飾，殆亦由於取辦倉卒也。

　　屺思臺文集八卷詩集一卷（湖北巡撫採進本）①

　　國朝劉子壯撰。子壯字克猷，黃岡人。明崇禎庚午舉人，困公車者幾二十年。至順治己丑，乃進士第一人及第，授翰林院修撰。子壯制藝與熊伯龍齊名，雄厚排奡，凌轢一切。其詩、古文亦以氣勝，然精華果銳已銷耗於八比之中。又年僅四十四而卒，未能於登第之後，復殫心於古學。純以天資用事，往往或失之龐豪。二其翼者兩其足，予之角者去其齒，固亦事理之恒耳。是編為其孫永錫等所刻，壽序、賀序連篇累牘，而獨不載其對策。恐所拾掇②，亦未必子壯意也。

　　【彙訂】

　　①《湖南巡撫呈送第二次書目》：“《屺思堂集》四本。”康熙刻本作《屺思堂文集》八卷《屺思堂詩集》一卷。則“屺思臺”乃“屺思堂”之誤。（杜澤遜：《四庫存目標注》）

　　②“拾掇”，殿本作“掇拾”。

　　熊學士詩文集三卷（湖南巡撫採進本）①

　　國朝熊伯龍撰。伯龍字次侯，號鍾陵，漢陽人。順治己丑進士,官至翰林院侍讀學士。其古文較勝劉子壯。詩雖直抒胸臆,而五言古體亦時有淳古之音。惟刊版漫漶②,篇葉倒亂,遂至於斷爛不可讀。

【彙訂】

① 此書見《湖北巡撫呈送第三次書目》及《兩江第一次書目》。作者熊伯龍係湖北漢陽人。則"湖南巡撫"疑爲"湖北巡撫"之誤。(杜澤遜:《四庫存目標注》)

② "刊",殿本作"刻"。

志壑堂詩十五卷(浙江巡撫採進本)

國朝唐夢賚撰。夢賚字濟武,淄川人。順治己丑進士,官翰林院檢討。是編爲新城王士禎所定,間有士禎評識。前有士禎序,稱其"文近於蒙莊,詩近於東坡",慈溪姜宸英序亦言:"讀其經世之言,所爲籌餉、積穀、銅鈔、改漕之法,嘉謨碩畫①,鑿鑿皆可見之施行。"皆兼序其詩文集。而是集有詩無文,蓋其集中之一種也。其詩運思頗深摯,吐屬亦頗溫雅。然較其才力,則稍謝士禎及趙執信、田雯諸人。

【彙訂】

① "嘉謨",殿本作"訏謨"。清康熙刻本此集姜宸英序作"訏謨"。

耿巖文選無卷數(浙江巡撫採進本)

國朝沈珩撰。珩字昭子,海寧人。康熙甲辰會試第一人,殿試二甲第一人,授内閣中書舍人。己未,薦舉博學鴻詞,召試授編修。是集皆所作雜文,不標卷帙,但以體分。其目錄題《耿巖文鈔初集》,而卷端則題《耿巖文選》。每篇自爲起訖,不相聯屬,疑校刊未竟之本,偶然印行,非其全也。其文平易近人,大抵規仿廬陵,而尚未能入室。

樂圃詩集七卷(山東巡撫採進本)

國朝顏光敏撰。光敏字遜甫,一字修來,曲阜人。康熙丁未進士,官至吏部考功司郎中。此集為王士禎所定,版心題曰《十子詩略》[①]。蓋士禎嘗選商邱宋犖、郃陽王又旦、安邱曹貞吉、黃岡葉封、德州田雯、謝重輝、晉江丁煒、江陰曹禾、江都汪懋麟及光敏之詩,共編一集。而十人各為卷帙,其版亦分藏於各家,往往別本單行。版心所題,猶其全編之總名也[②]。

【彙訂】

① 清康熙刻《十子詩略》本此集版心題"樂圃集卷幾"。(杜澤遜:《四庫存目標注》)

② "嘗選商邱宋犖"至"猶其全編之總名也",殿本作"時去明未遠猶沿詩社之餘風嘗選商邱宋犖等十人之詩共為一編光敏與焉其書十人各為卷帙不相聯屬板亦分藏於各家往往別本單行而板心所題則不能改其總名也"。

湯潛菴文集節要八卷(兩江總督採進本)

國朝彭定求編。定求有《周忠介公遺事》,已著錄。湯斌文集有《湯子遺書》諸刻。定求又擇其切於身心者,倣聶豹《南軒節要》之例,纂為此編。定求,斌門人也。《蘇州府志》載其有《儒門法語》、《蒙正錄》、《南畇詩文集》,而不及此書,殆修志時偶未見歟?

寶綸堂集五卷(浙江巡撫採進本)[①]

國朝許纘曾撰。纘曾有《滇行紀程》,已著錄。是集樂府規仿舊文,七言古詩多學初唐四傑之體,皆擬議而未能變化。

【彙訂】

①"寶綸堂集",殿本作"寶編堂集",誤,參今存清稿本此集。(杜澤遜:《讀〈四庫提要〉小識》)

漫餘草一卷(浙江巡撫採進本)

國朝王庭撰。庭有《理學辨》,已著錄。其所為詩有《秋閒》、《三仕》、《二西》諸草。是集刻於康熙戊辰,乃其晚歲所訂,時年已八十有二矣。凡五百餘首,大約近體多於古體,七律一種又多於諸體。其曰"漫餘"者,自序云:"余詩之漫久矣①,此無非漫之餘也。"

【彙訂】

①"余",殿本作"予"。

循寄堂詩槀無卷數(陝西巡撫採進本)

國朝朱廷燝撰。廷燝字山輝,富平人。順治己丑進士,官至河南布政司參政。是集先名《澄漱堂詩》,後改今名。編次不分體裁,但以年月為前後①。自序二篇,一作於河南,一作於里居之時。其詩結字鑄句,皆未堅緻②,古體尤風骨未就。

【彙訂】

①"但",殿本作"惟"。

②"皆",殿本作"多"。

鶴靜堂集十九卷(浙江巡撫採進本)

國朝周茂源撰。茂源字宿來,號釜山,華亭人。順治己丑進士,官至處州府知府。是集前十四卷為詩,後五卷為文,所作葩藻麗縟,沿齊、梁之餘豔。其《同郡五君詠》中所稱夏允彝、陳子龍、李雯三人,皆其幾社舊友,而才力尚不逮子龍等也。

貽清堂集十三卷補遺四卷（兩淮馬裕家藏本）

國朝張習孔撰。習孔有《雲谷臥餘》，已著錄。是集凡詩八卷，附以詩餘[①]。《補遺》凡文三卷，詩一卷。多直抒胸臆，無明末鉤棘纖佻之習。施閏章序其詩，蓋其趨向為近也[②]。

【彙訂】

①《兩淮商人馬裕家呈送書目》、《武英殿第二次書目》均著錄此集書名作《詒清堂集》，與清康熙刻本所題同。此本正集卷一至五文，卷六至十二詩，卷十二末附詩餘，非"詩八卷，附以詩餘"。（杜澤遜：《四庫存目標注》）

②"施閏章序其詩蓋其趨向為近也"，殿本無。

願學堂集二十卷（陝西巡撫採進本）

國朝周燦撰。燦字星公，臨潼人。順治己亥進士，官至南康府知府。是集凡文十八卷，詩二卷，詩格宏敞，頗勝於文。然規橅唐音，浮聲多而切響少，猶襲北地之舊調者也。

月巖集五卷（江西巡撫採進本）

國朝周禮撰。禮字情畊，號月巖，宜黃人。是集文四卷，詩一卷。其文力摹歐、蘇，頓挫曲折，頗為形似。詩則多不入格。蓋殫力於古文，而吟詠其餘事也。

容菴詩集十卷辛卯集一卷（浙江巡撫採進本）

國朝孫爽撰。爽字子度，錢塘人。集中有《嘉禾哭冢宰寶摩徐公》詩，寶摩，徐石麒字，則爽為國初人。所謂《辛卯集》者，順治八年作也。其詩刻於學古，亦刻於用意，而摹擬雕鑿之痕，俱不能化。此本不知何人所鈔。每卷或僅三四首，非出刪節，即由掇拾，亦非其完本也。

卷一八二

集部三十四

別集類存目九

萬山樓詩集二十四卷（江西巡撫採進本）

國朝許虯撰。虯字竹隱，長洲人。順治辛卯舉人，官至思南府知府[①]。其詩前數卷多擬古之作，刻意摹仿，頗嫌太似。其擬陸機《迢迢牽牛星》詩後有自跋曰："予已於《十九首》中和此題矣，今復因曙戒之訂，共和陸平原。篇成，自詠一過，確是晉古，非漢古也。詩之陞降微矣。"觀其持論，知無往非雙鉤古帖也。

【彙訂】

① 據乾隆《長洲縣志》卷二五《人物四·許虯傳》、道光《崑新兩縣志》卷一五《選舉表》，許虯中舉後，還曾寄籍崑山，中順治十五年戊戌科進士。（楊武泉：《四庫全書總目辨誤》）

萬青閣全集八卷（內府藏本）

國朝趙吉士撰。吉士有《續表忠記》，已著錄。是集為吉士所自編，凡雜文二卷，詩一卷，《勘河詩紀》等十三種共一卷，制藝一卷，平交山寇公牘、詩文一卷，讞牘一卷。交山在交城境，姜瓖平後，餘孽竄伏山中，出沒為患。吉士以計討平之，材略有足稱者。文章則非專門也。

林臥遙集三卷（浙江巡撫採進本）

國朝趙吉士撰。康熙戊辰，吉士由户科給事中罷職閒居，僑住宣武門西之寄園。適金壇于漢翔貽詩四首，吉士依韻酬答。後凡遇他題，皆疊此韻。積成千首，命曰《疊韻千律》，分為上、下二卷。尋又續得五百餘首，編為一卷，命曰《千疊波餘》，合刻以為此編。案和韻為詩，本不能曲折如志。又疊至千五百首，此雖香山、東坡，亦斷無能工之理矣。

遂初堂文集九卷（江蘇巡撫採進本）

國朝楊兆魯撰。兆魯字青巖，武進人。順治壬辰進士，官至福建延平道按察司副使。兆魯官建寧時，巨寇蕭維堂等作亂，兆魯招撫有功，集中《平寇紀略》述其始末頗詳。惟多載案牘之文，詞不雅馴。

畫壁遺槀一卷（通行本）[1]

國朝范承謨撰。承謨有《忠貞集》，已著錄。康熙壬子，承謨總督閩浙。值逆藩耿精忠謀反，巡撫劉秉政輸情於賊，紿承謨入見，脅令從逆。承謨詆罵不屈，遂為所拘繫。被幽者三載，備受窨毒。時作為詩歌，以自抒忠憤。守者屏絕筆墨，乃以栲炭畫字壁上。其尤激烈者，輒為賊黨墁去，僅存四十七首。承謨自為之序，已彙載入《忠貞集》中。此乃石門吳震方錄入《說鈴》之本也。

【彙訂】

[1] "壁"，殿本作"筆"，誤，參今存清康熙刻本此集。（杜澤遜：《四庫存目標注》）

見山樓詩文集_{無卷數}（陝西巡撫採進本）

國朝楊素蘊撰。素蘊有《西臺奏議》，已著錄。其詩集刻於康熙壬子，文集則無序無跋，不知刻於何時。均不分卷帙，不列目錄，皆似乎隨有所作，隨以付雕。其詩頗摹李夢陽，文則皆應俗之作也。

撫皖治略一卷撫楚治略一卷穀城水運紀略一卷（陝西巡撫採進本）

國朝楊素蘊撰。《撫皖治略》乃其官安徽巡道時條教、奏疏。《撫楚治略》皆其官湖廣巡撫時條教、奏疏[①]。《穀城水運紀略》則素蘊官荆南道時，會大軍剿逆藩吳三桂，兵儲陸運頗艱，因訪明季楊嗣昌剿張獻忠時水運故道，修復縴路。裒其文移，以成是編。素蘊為御史時，曾疏劾吳三桂，號為敢言。此三書則皆尋常案牘也，中多奏疏，宜入"奏議類"中。而文告居其人半，故仍附之"別集類"焉。

【彙訂】

①《碑傳集》卷六五載邵長蘅代某撰楊素蘊《墓表》稱，康熙二十六年，楊為"右副都御史巡撫安徽"，後轉任"湖北巡撫"。可知《總目》"安徽巡道"乃"安徽巡撫"之誤，"湖廣巡撫"乃"湖北巡撫"之誤。（楊武泉：《四庫全書總目辨誤》）

張康侯詩草十一卷（陝西巡撫採進本）

國朝張晉撰。晉字康侯，狄道人。順治壬辰進士，官丹徒縣知縣。其詩頗學李白，兼及李賀之體。第一卷為《黍谷吟》，第二卷為《秋舫一嘯》，第三卷為《薊門篇》，第四卷為《勞勞篇》，第五卷為《石芝山房草》，第六卷、七卷為《雍草》，第八卷為《稅雲草》，而以詩餘附焉。第九卷為《律陶》，集陶詩為五言律也。第十卷為《集杜》，第十一卷為《集唐》，亦皆五言律。據後跋云，尚有七律集句未經編入云。

　　愁齋存稾四卷（陝西巡撫採進本）

　　國朝白乃貞撰。乃貞字廉叔，號藥淵。順治壬辰進士，官翰林院檢討。其詩敍述真樸，不加文飾。故余恂序以為善學香山，蓋舉其近似者爾。

　　堪齋詩存八卷（江蘇周厚堉家藏本）

　　國朝顧大申撰。大申字震雉，一字見山，華亭人。順治壬辰進士，官至工部郎中。大申初與同郡王廣心、周茂源、宋徵輿諸人唱和，後又與施閏章相酬答，所作有《鶴巢集》，又有《燕京倡和》及《泗亭》諸集①。後自删併為此集，故曰"詩存"②。陳伯璣撰《國雅集》，稱其"樂府於古人可謂毫髮無遺憾。七律高華，可追王、李"。今觀其集，大抵襲明七子之餘風，"可追王、李"，庶乎近之。至於樂府，則談何容易也。

　　【彙訂】

　　① "又"，殿本無。

　　② 雍正七年大申曾孫顧思孝刻本此集，有顧思孝跋云："因取所藏未刻詩重為校訂，付之梨棗。水部公向有《鶴巢集》行世，迄己亥歲而止。是集所編，燕京唱和及泗亭諸詩，皆仍《鶴巢》之舊。"則燕京倡和、泗亭並非詩集名。（杜澤遜：《四庫存目標注》）

　　學源堂文集十八卷（直隸總督採進本）

　　國朝郭棻撰。棻字快圃，清苑人。順治壬辰進士，官至翰林院侍讀學士。其文頗為華贍，惟酬應之作太多，未免失於刪汰。榮曾修《畿輔志》及《保定府志》。今集內所載《星野》、《沿革》等說，皆《志》中之文，蓋用《鄂州小集》載《〈新安志〉序》之例也。

　　蓮龕集十五卷（江西巡撫採進本）[1]

　　國朝李來泰撰。來泰字仲章，號石臺，臨川人。順治壬辰進士，官工部虞衡司主事。康熙己未，召試博學鴻詞，授翰林院侍講。其制藝才藻富豔，有幾社之餘風。詩、古文則不逮也。

　　【彙訂】

　　① 清雍正十三年其孫李轍等刻本此集為十六卷。（葉德輝：《郋園讀書志》）

　　司勳五種集二十卷（副都御史黃登賢家藏本）

　　國朝王士祿撰。士祿有《讀史蒙拾》，已著錄。是集一曰《表餘堂詩存》二卷，一曰《十笏草堂詩選》九卷，一曰《辛甲集》七卷，一曰《上浮集》二卷，皆古、今體詩。一曰《炊聞卮語》二卷[1]，則詞也。然《表餘堂詩存》未刻，刻者實止四種耳。

　　【彙訂】

　　① “炊聞卮語”，殿本作“炊間卮語”，誤，參《總目》卷二百《炊聞詞》條。

　　天延閣詩前集十六卷後集十三卷附花果會唱和詩一卷贈言集四卷（內府藏本）

　　國朝梅清撰。清字淵公[1]，號瞿山。宣城人，順治甲午舉人。是編分前、後二集，前集分十六編：一曰《樂府》，二曰《稼園草》，三曰《新田集》，四曰《燕征草》，五曰《宛東草》，六曰《休夏集》，七曰《驅塵集》，八曰《越游草》，九曰《匣琴集》，十曰《寒江集》，十一曰《歸舟集》，十二曰《嶽雲集》，十三曰《梅花谿上集》，十四曰《雪廬草》，十五曰《菊閒草》，十六曰《唱和詩》。以一集為一卷，卷各有序。後集編年分十三卷，自康熙甲寅至戊辰，或以一年為一卷，或以二年為一卷。末附《花果會唱和詩》一卷，《贈言》四卷，則皆同人讌游酬答之作也。

【彙訂】

①"淵公"，底本作"潤公"，據殿本改。清康熙刻本《天延閣刪後詩集》各卷均題"宣城梅清淵公著"，諸家序文亦稱淵公。光緒《宣城縣志》卷十八《文苑傳》稱梅清字淵公，上海博物館藏梅清《仿古山水冊》、故宮博物院藏梅清《黃山圖冊》均鈐有"淵公"印記。（王重民：《跋新印本〈四庫全書總目〉》）

瞿山詩略三十三卷（安徽巡撫採進本）

國朝梅清撰。清舊刻有《天延閣》前、後集，皆七十以前之作，版燬於火。故又取未刻三卷合而編之，以成此本。

飲和堂集二十一卷（浙江巡撫採進本）

國朝姚夔撰。夔字胄師，號成菴，山陰人。順治甲午舉人，官安化縣知縣①。是集凡詩十三卷，曰《梅軒草》、《公車草》、《歷游草》、《天都草》、《金谿草》、《金谿又草》、《叱馭草》、《思唐草》、《思唐又草》、《三草》、《四草》、《五草》、《東行草》，每一集為一卷②。雜文八卷，則分體編次。其詩流易有餘，頗傷圓熟。文亦肉多於骨，若《十二種功德連珠》等作，尤墮入纖巧一派矣。

【彙訂】

① 據清康熙刻本《飲和堂文集》卷六《成菴自序》及乾隆《曹州府志》卷十一《職官志》，姚夔最後的官職為曹州知州。（陸勇

強：《〈四庫全書總目提要〉訂補》）

　　② 康熙刻本尚多詩三卷《曹南草》、《曹南又草》、《曹南三草》。（同上）

　　涑亭詩略一卷（福建巡撫採進本）

　　國朝林堯光撰。堯光字覲伯，莆田人。順治中，以選拔貢生官行人司行人。近鄭王臣選《莆風清籟集》，謂堯光伯仲詩各臻妙境，而堯光尤秀拔，當為馬氏白眉①。然所作亦頗涉纖麗，於元人蹊徑為近也。

　　【彙訂】

　　①《莆風清籟集》卷四十"林堯光"下注引《蘭陔詩話》："涑亭伯仲詩各臻妙境，而涑亭尤為秀拔……其馬氏之白眉歟？"則實為鄭氏《蘭陔詩話》所言。

　　浣亭詩略二卷浣亭歸來吟一卷附山薑花堁長短句一卷（福建巡撫採進本）

　　國朝林堯華撰。堯華字開伯，莆田人。順治甲午舉人，官榆次縣知縣。是集《浣亭詩略》二卷，皆早年所作。《浣亭歸來吟》一卷，皆罷官以後所作。《山薑花堁長短句》，則附載其詞集也①。其詩集編次頗為叢雜，如《詩略》中有《詠園花》十四首，《歸來吟》中有《詠園花》四首，而其中《酴醾》一首，一字不易，殆校勘之疎歟？ 其詩才氣儁爽，早年刻意雕鐫，而未造渾成。晚年又頗涉頹唐，縱筆太早。其詞有南宋人格意②，而罕睹新聲③，亦擬議而未變化也④。

　　【彙訂】

　　①"集"，殿本無。

② “人”，殿本無。

③ “睹”，底本作“睹”，據殿本改。

④ “也”，殿本無。

託素齋集十卷（浙江巡撫採進本）

國朝黎士宏〔弘〕撰。士宏字媿曾，長汀人。順治甲午舉人，官至陝西布政司參政①。是集詩四卷，文六卷。詩集凡四刻，文集凡三刻。蓋積數年而彙為一册，故每刻各體皆備。士宏没後，其子文遠復合而刊之。自序稱：“少時詩好李賀，文好王勃。”今觀集中諸作，大抵多宋人末派，絶無一篇與子安、長吉相近者。蓋嗜好雖篤，而才地則與之不近也。

【彙訂】

① “參政”，底本作“參議”，據殿本改。清乾隆《福建通志》卷四十八《人物六·汀州府》“黎士弘”條、《甘肅通志》卷三十二《名宦·寧夏府》“黎士弘”條均作“陝西布政司參政”。

漣漪堂遺稾二卷（浙江巡撫採進本）

國朝沈峻曾撰。峻曾字竆菴，仁和人，順治甲午副榜貢生。是集為晉安林雲銘所選定，上卷為雜文，下卷為詩。末附雜言數十條，皆談理之語，頗近陳繼儒小品。

半農齋集八卷（兩江總督採進本）

國朝蔣中和撰。中和字本達，又字眉三，靖江人。順治乙未進士，官蘭陽知縣，遷滄州州判。是集分詩、文、論、策、史、説六部。其文頗辨博自喜，而多拾李贄餘論，未脱明季町畦也①。

【彙訂】

① “未脱明季町畦也”，殿本作“未脱明季之町畦”。

陸密菴文集二十卷錄餘二卷詩集八卷詩餘四卷（浙江鄭大節家藏本）

國朝陸求可撰。求可字咸一，淮安人。順治乙未進士，官至刑部郎中。其古文頗疎暢，而機調多類時藝。詩詞亦酬應之作居多。

鶴嶺山人詩集十六卷（浙江巡撫採進本）

國朝王澤宏〔弘〕撰。澤宏字涓來，黄岡人。順治乙未進士，官至禮部尚書。是集乃其子材振所編，前三卷皆題“已刻詩”若干首，蓋皆澤宏舊作，嘗為魏憲錄入《石倉詩選》者。四卷以下用編年體，自丁巳迄庚辰，題“某年詩”若干首，附註曰“未刻槀”，則材振所裒輯也。前有魏憲原序，又附其祖用予《傳》一篇，及澤宏《請復九江關》一疏。澤宏喜與諸名士游，王士禎、姜宸英、洪昇等皆嘗點定其詩。所作類皆和平安雅，不失臺閣氣象。而骨體未堅，醞釀未厚，尚不能凌轢一時。

恥躬堂文集二十卷（江西巡撫採進本）

國朝王命岳撰。命岳字伯咨，號恥古，晉江人。順治乙未進士，官至刑科都給事中。是集自卷一至卷五為奏疏，卷六至卷十七為雜文，卷十八為詩，卷十九為《周易雜卦牖中天》，卷二十為《讀詩》。《牖中天》據其自序，謂：“辛卯冬，夢文王、周公先後車蓋，喝道甚盛。命岳自牖中窺視，故以名也。”其書分十二篇，大旨謂《易·雜卦》無錯簡，而以互卦之法推求其義。《讀詩》凡五十條，皆標識簡端之語，一篇或止一兩句。如《讀〈簡兮〉》曰：“使我懷古之情更深。”《讀〈王風〉》曰：“《大車》之淫甚於《丘麻》，《丘麻》淫人，《大車》淫鬼。”尤非説經之正軌也。

澹餘軒集八卷（山東巡撫採進本）①

國朝孫光祀撰。光祀字作庭，號溯玉，歷城人。順治乙未進士，官至兵部侍郎。是集凡文七卷，詩一卷。

【彙訂】

① 康熙三十五年家刻本作《膽餘軒集》不分卷八冊。（杜澤遜：《四庫存目標注》）

南沙文集八卷附錄一卷（浙江巡撫採進本）

國朝洪若皋撰。若皋字虞鄰，臨海人。順治乙未進士，官至福建按察司僉事。是集凡詩二卷，文六卷。其文頗以恢奇自喜，然縱橫太過。附錄一卷，乃其鄉會試中式制藝，蓋用吳伯宗《榮進集》例也。

緜津山人詩集十八卷附楓香詞一卷緯蕭草堂詩一卷（內府藏本）

國朝宋犖撰。犖有《滄浪小志》，已著錄。犖所作詩有《古竹圃稾》，有《嘉禾堂稾》，有《柳湖草》，有《將母樓稾》，有《和松菴稾》，有《都官草》，有《雙江倡和集》，有《回中集》，有《西山倡和詩》，有《續都官草》，有《海上雜詩》，有《漫堂草》，有《漫堂倡和詩》，又有《漫堂草》，凡十四集。大抵沿明季詩社之習，旋得旋刊。出之太早，故利鈍不免互見。此集則犖為江西巡撫時，重自刪汰，併為一編，而仍存諸集之舊目。故有六首為一卷者，視舊集為精簡矣。前有汪琬、劉榛二序。榛序以種樹為喻，言：「方其初植，雖一病葉不忍摘，久之而繁枝芟焉，又久之而岐幹斲焉。」亦篤論也。宋楊萬里、陸游並一代巨擘，而萬里《誠齋集》、游《劍南詩》①，金礫混淆，往往為後人口實。豈非愛不能割，依違牽就至是乎？後犖自定《西陂類稾》，凡此集之詩皆不收②，毋亦學與年進，悔其少作歟？後附《緯蕭草堂詩》一卷，乃其子翰林院編修至所作，才力殆又亞於犖焉。

【彙訂】

① 殿本"詩"下有"集"字。

② 《總目》卷一七三《西陂類稾》條曰："其詩之目曰《古竹圃稾》，曰《嘉禾堂稾》，曰《柳湖草》，曰《將母樓稾》，曰《古竹圃續稾》，曰《都官草》，曰《雙江唱和集》，曰《回中集》，曰《西山倡和詩》，曰《續都官草》，曰《海上雜詩》，曰《漫堂草》，曰《漫堂倡和詩》……曰《聯句集》，凡二十有五。"其中《聯句集》一卷，即"六首為一卷者"。與此集多屬重收，未經刪汰。（王樹林：《宋犖的詩歌創作與詩歌結集》）

精華錄訓纂十卷（大理寺卿陸錫熊家藏本）

國朝王士禎撰，惠棟註。士禎有《古懽錄》，棟有《易漢學》，皆已著錄①。士禎晚年仿宋黄庭堅《精華錄》例，自定其詩為此本。棟祖周惕為士禎門人，故棟亦仿任淵、史季溫例註之。以引證浩繁，每卷各分為上、下。其凡例稱："所採書共數百餘種②，悉從本書中出，不敢一字拾人牙後慧。"然亦大概言之耳。即以第一卷而論，如溫庭筠《靚妝錄》、蔡賢《漢官典職》、孫氏《瑞應圖》、陸機《洛陽記》、沈懷遠《南越志》、蔡邕《琴操》、《河圖括地象》、顧野王《玉篇》、案，今《大廣益會玉篇》乃宋大中祥符六年重修③，非惟非野王之舊，並非孫強之舊。《輿地志》、《管輅別傳》、《梁京寺記》、檀道鸞《續晉陽秋》十二書，宋以來久不著錄，棟何由見本書哉？案，棟註例，凡引已佚書者，皆冠以現存書名，如《藝文類聚》、《太平御覽》之類。又棟邃於經學，於詞賦所涉頗淺，所引或不得原本，於顯然共見者，或有遺漏。如註"寒肌起粟"字，引蘇軾"旅館孤眠體生粟"句，不知此用軾雪詩"凍合玉樓寒起粟"句也；註"吹香"字，引李賀"山頭老桂吹古香"句，不知此用李頎《愛敬寺古藤歌》"密葉吹香飯僧徧"句也；註"麥飯"字，引劉克莊"漢寢唐陵無麥飯"句，不知為《五代史·家人傳》語也[①]；註"大漠"字，引程大昌《北邊備對》，不知為《後漢書·竇憲傳》語也。至於每條既各自標目[⑤]，則其文不相連屬，乃於數條共引一書者，不另標名。如《轅固里》詩註"曲學"字曰"今上初即位"云云，蓋蒙上條《史記》之文，然不標《史記》而首句突稱"今上"，是何代之帝也？其體例亦閒有未善。案，以上亦姑舉第一卷言之。是書先有金榮牋註，盛行於時。棟書出而榮書遂為所軋，要亦勝於金註耳[⑥]。至於元元本本，則不及其詁經之書多矣。人各有能有不能，不必以此註而輕棟[⑦]，亦不必以棟而併重此註也。

【彙訂】

① 依《總目》體例，當作"棟有《新本鄭氏周易》，皆已著錄"。

② "餘"，殿本脫，參清惠氏紅豆齋刻本此集凡例。

③ "大"，底本作"太"，據殿本改。

④ 《新五代史·家人傳》無此語，乃見於《後漢書·馮異傳》。（沈濂：《紀文達纂書有誤》）

⑤ "既"，殿本無。

⑥ 金榮《精華錄箋注·凡例》曰："乙卯秋，於友人處得惠君棟注本……亟錄之以補余所未逮。"惠棟《九曜齋筆記》卷三"《竹南漫錄》補二則"曰："余注《精華錄》初成，有妄庸子者，竊其書以行於世。"又曰："某氏竊余注，妄有增益，余因作《辯譌》一

卷。"《精華錄箋注辯譌》今存，專摘金氏之誤。則惠氏《訓纂》實出於金氏《箋注》之前。(漆永祥：《〈四庫總目提要〉惠棟著述糾誤》)

⑦ "此"，殿本脱。

漁洋詩集二十二卷續集十六卷(山東巡撫採進本)

國朝王士禎撰。士禎初刻《落牋堂詩》，又刻順治丙申至辛丑所作爲《阮亭詩》，復有《過江》、《入吴》、《白門》前後諸集。後乃删併諸作，定爲《漁洋前集》，始於丙申，終於康熙己酉，凡十四年之詩。是集出而少作諸集悉微，故今不甚傳。康熙甲子，又裒其辛亥至癸亥之詩十六卷，爲《漁洋續集》，蓋其爲詹事時也。其時菁華方盛，與天下作者馳逐矜名，故平生刻意之作，見於二集者爲多焉。

漁洋文略十四卷(山東巡撫採進本)①

國朝王士禎撰。蓋康熙乙亥士禎所自編。前有其門人張雲章序。士禎以詩名一時，而古文特以天姿朗悟，自然修潔，實則非所專門。雲章序謂："以先生爲今之太白、子美，群知非溢美矣。語以先生之文，昌黎、柳州之文也，容有或信或不信者。"蓋當時公論已爾。而雲章必以詩文並稱，非篤論矣。

【彙訂】

① "十四卷"，殿本作"十三卷"，誤。康熙刻本此集作十四卷。(杜澤遜：《讀〈四庫提要〉小識》)

蠶尾集十卷續集二卷後集二卷(山東巡撫採進本)

國朝王士禎撰。士禎以康熙甲子祭告南海，阻雪東平。望小洞庭中蠶尾山，悦其清遠，因取以名其山房，併以名集。案，盛符升作《雍益集》序，稱：“合戊辰至乙亥詩文為《蠶尾集》十卷。”此集目錄下乃註詩自甲子年起，其年冬及乙丑年作別為《南海集》。文自庚午年起。士禎自序又稱：“偶次甲子使粵以前及丁卯以後詩文，稍成卷帙，因以‘蠶尾’名集。”士禎集皆所自刊，而三說錯互如是，未喻其故。文中題跋凡三卷，頗足考證，然皆與《居易錄》重出。又《蠶尾集》序一篇，既刊卷端①，又刻之集中，亦乖體例。其《續集》二卷，皆乙亥迄甲申之詩，惟無丙子一年詩，以是年奉使祭告，別為《雍益集》也。《後集》二卷，則戊子歸田後所作，五、七言絶句居十之九。自序謂：“時方刪定洪邁《萬首絶句》，因效為之。”然是年士禎七十五歲矣，殆亦精力漸減，不耐為長篇巨製也。

【彙訂】

① “刊”，殿本作“列”。

南海集二卷（山東巡撫採進本）

國朝王士禎撰。皆其奉使祭告南海往還之作。上卷自京師至廣州，下卷自廣州至其家新城而止。蓋其《北歸志》亦止於新城也。趙執信作《談龍錄》，摭其開卷二詩，以為似羈臣遷客之語，其言誠是。然士禎之詩長於山水，別為一調，未可以二馮之法繩之也。

雍益集一卷（山東巡撫採進本）

國朝王士禎撰。皆康熙丙子奉使祭告西岳、西鎮、江瀆途中所作。前有其門人盛符升序，述士禎自言：“再使秦、蜀，往返萬里，得詩纔百餘篇。皆寥寥短章，無復當年《蜀道》、《南海》豪放之格。”其門人蔣仁錫後序亦述士禎自言：“老耽禪寂，遇事短吟，略倣西竺氏偈頌,不應更作文字觀也。"可謂明於自知者矣。

掄山集選一卷(山東巡撫採進本)①

國朝王士禧撰。士禧字禮吉,山東新城人。與其兄士祿,弟士禛、士祜,自幼以詩相唱和。三人皆成進士,而士禧獨以歲貢終。没後四年,士禛選其遺詩三分之一刊之。其詩綽有風調,而才地較弱。

【彙訂】

① 清康熙刻《王漁洋遺書》本作《抱山集選》,《掄山集選》誤。(杜澤遜:《四庫存目標注》)

鈍翁前後類稿一百十八卷(內府藏本)

國朝汪琬撰。琬有《堯峰文鈔》,已著錄。始琬請告以前所作詩文,自輯為《類稿》六十二卷,先刊版,置之堯峰皆山閣。其歸田後十三年之作,則輯為《續稿》三十卷。又取《明史列傳稿》一百七十五首,附以《汪氏族譜》及其父《行略》,為別集二十六卷,有周公贊者為校刻之①。後琬復自芟擇,取其愜意者為《堯峰詩文鈔》,屬林佶繕本刊行。世閒多有其本,而《類稿》原刻遂不顯矣。

【彙訂】

① 汪琬初撰《毓德堂》、《戊己》、《玉遮山人》諸集,刪為《類稿》二十四卷。後復增益續作,故曰《前後類稿》。合《前後類稿》、《續稿》兩稿為《汪氏傳家集》。題曰《鈍翁前後類稿》一百十八卷,非也。(鄧之誠:《清詩紀事初編》)

七頌堂集十四卷(安徽巡撫採進本)

國朝劉體仁撰。體仁有《識小錄》,已著錄。是集凡詩八卷,文四卷[1]，又《空中語》一卷，《尺牘》一卷。其曰“七頌堂”者，體仁嘗慕成連、陸賈、司馬徽、桓伊、沈麟士、王績、韋應物之為人，人為之頌，故以名堂，因以名集。王士禎燕臺倡和集與體仁往來之作最多[2]，卷首施閏章序亦謂其詩清雋遙深。然體仁欲力脫七子之窠臼，而詩或生硬，文或纖佻，實出入於竟陵、公安之間，明末山人之習未盡除也。其《空中語》一卷，皆所作豔詞，故取黃庭堅語名之。其於集外別行，則《香奩集》例也。

【彙訂】

① 清康熙刻本作詩九卷，文四卷。（鄧之誠：《清詩紀事初編》）

②“集”，殿本作“詩”。

閒居草一卷（江蘇周厚堉家藏本）

國朝董含撰。含字榕菴，華亭人，董俞弟也。詩名不及其兄，而詩格高雅過其兄[1]。是編卷首稱《藝葵草堂稾》，而卷中稱《閒居草》，蓋其全集之一種也。大抵蒼涼幽咽，有騷人哀怨之遺。而惝恍其詞，知其意有所寓，而莫名其寓意之所在焉。

【彙訂】

① 董含字閬石，一字蓉城，號榕菴，年長董俞五歲。（張忠綱：《杜甫詩話六種校註》）

雪鴻堂文集十八卷（山東巡撫採進本）

國朝李蕃撰。蕃字錫徵，號懶菴，通江人。順治丁酉舉人，官黃縣知縣。是集為其子鍾峩所刊。集中《〈黃志略〉序》謂：“黃有四累，而廛肆宜復，社甲宜均，風尚宜更，士習宜端，稅課宜減。”《蕃編徭役序》極言派銀雜費之患[1]。他如《憶堂記》、《旱魃辨》、《〈黃志〉跋》諸篇,皆汲汲以興利除弊為事,蓋有古良吏之風。其文亦皆樸直不支,意其人必悃愊無華,故文亦如之歟?然蕃之意固不在以詞藻見也[2]。

【彙訂】

①“蕃”,殿本作“審”。據清康熙刻本此集卷一,應為《編審均徭序》。

②“見”,殿本作“傳”。

秋笳集八卷(江蘇巡撫採進本)

國朝吳兆騫撰。兆騫字漢槎,吳江人。順治丁酉舉人。戊戌以科場貲緣事,戍寧古塔,後蒙恩赦還。此集前四卷為徐乾學所刊,後四卷為其子振所刊[1],而編次無序,通為八卷。前三卷題《秋笳集》,四卷題《西曹雜詩》,五卷題《秋笳前集》,六卷題曰《擬古後雜體詩》,七卷曰《秋笳後集》,八卷則五頁以前題《雜著》,六頁以後題《後集》[2]。蓋隨得隨刊,故舛譌如是。兆騫詩天分特高,風骨遒上。又荷戈邊塞,窮愁之語易工,故當時以才人目之。而立身一敗,萬事瓦裂,其詩亦頗為當代所輕。特其自知罪重譴輕,甘心竄謫,但有悲苦之音,而絕無怨懟君上之意,猶為可諒,故仍存其目焉。如兆騫者,使其謹守防檢,克保身名,豈非國初一作手哉!

【彙訂】

① 吳兆騫子名振臣。揚雄《甘泉賦》“列宿乃施於上榮,日月才經於挨桭”,韋昭曰:“榮,屋翼。”服虔曰:“桭,屋梠。”桭臣字南榮,取義於此,司馬相如《上林賦》:“偓佺之倫,暴於南榮。”康熙徐乾學刻雍正四年吳桭臣增刻本此集,末有吳桭臣跋云:“其

前四卷係健翁所刻,後四卷則梀臣所增。(李詳:《塊生叢錄》;杜澤遜:《四庫存目標注》)

　　改亭詩集六卷文集十六卷(江蘇巡撫採進本)

　　國朝計東撰。東字甫草,吳江人,順治丁酉舉人。以江南奏銷案被黜,又十餘年而歿。東少負奇氣,中年出遊四方,遍覽山川之勝,詩文日富。康熙癸酉,宋犖巡撫蘇州,為刻其文集。其詩集則刻於戊子,王廷揚所助成也。王晫《今世說》載其客鄴城日,嘗訪謝榛之墓,為樹碣表之。蓋以游食四方,行蹤相近,故用以寄意。其生平事迹具見尤侗所作《計孝廉傳》,亦載卷首云。

　　庸書二十卷(江西巡撫採進本)

　　國朝張貞生撰。貞生有《玉山遺響》,已著錄。是集為其子世坤、世坊所刊。第一卷為《講義》十條,二卷至十五卷為文,十六卷至二十卷為詩,末附《館試賦》一首。貞生家居,搆我師祠,又捐宅為誠意書院講學。故所作多近語錄,藻麗非所尚也。

　　安序堂文鈔二十卷(浙江巡撫採進本)

　　國朝毛際可撰。際可字會侯,號鶴舫,遂安人。順治戊戌進士,官彰德府推官。際可與毛先舒、毛奇齡有“三毛”之稱。其學不及奇齡之博,而亦不至如奇齡之強悍堅僻,與先舒則鴈行矣。

　　會侯文鈔二十卷(浙江巡撫採進本)

　　國朝毛際可撰。此本刻於康熙己亥,乃淳安方楘如所重輯①。

【彙訂】

　　①“方楘如”,底本作“方蘙如”,據殿本改。清康熙刻本此集題“後學方楘如文輈重輯”。方楘如,淳安人,康熙丙戌進士。

《清史列傳》卷七一有傳。《總目》、《清史稿·藝文志》著錄其《離騷經解》一卷、《集虛齋學古文》十二卷。

午亭集五十五卷（江蘇周厚堉家藏本）

國朝陳廷敬撰。廷敬有《午亭文編》，已著錄。是集詩三十卷，古樂府及古、今體賦一卷，經解十卷，雜著十四卷①。蓋刻在《文編》之前，猶未經刪定之本也。

【彙訂】

① 康熙刻本此集八十卷，詩三十卷，文五十卷。（杜澤遜：《四庫存目標注》）

挹奎樓文集十二卷（江西巡撫採進本）

國朝林雲銘撰。雲銘有《楚詞燈》，已著錄。耿精忠之叛，雲銘方家居，抗不從賊，被囚十八月。會王師破閩，始得釋。其志操有足多者，然學問則頗為弇陋。所評註選刻，大抵用時藝之法，不能得古文之源本。故集中諸文，亦皆不入格云。

吳山鷇音八卷（福建巡撫採進本）

國朝林雲銘撰。此其寓杭州時所作詩文，故署以吳山。其曰“鷇音”，則取《莊子》語也。據自序云，分為四卷，而書實八卷。或刻時每卷分而為二歟①？

【彙訂】

① 清康熙損齋刻本此集作四卷，增修本作八卷。（杜澤遜：《四庫存目標注》）

經義齋集十八卷（翰林院孔目熊志契家藏本）

國朝熊賜履撰。賜履有《學統》，已著錄。此集乃康熙庚午賜履以禮部尚書丁憂家居時所刻。凡文十四卷,詩四卷,其名"經義齋"者,聖祖仁皇帝所賜御題也。

澡修堂集十六卷(兩江總督採進本)

國朝熊賜履撰。賜履既刻《經義齋集》,又裒輯辛未起復及癸未致仕十三年中所作,以成是編,而書札獨多。所題匾額對聯,咸附載末卷。"澡修堂"亦聖祖仁皇帝御題之名,故以名續集焉。

槐軒集十卷(山東巡撫採進本)

國朝王曰高撰。曰高字北山,號槐軒,茌平人。順治戊戌進士,由庶吉士改給事中。是集詩五卷,文五卷[①]。曰高與新城王士禛兄弟相倡和[②],耳擩目染,詩格時復近之,而才與學則未逮也。

【彙訂】

① 清康熙八年自刻本此集為詩四卷,文六卷。(江慶柏:《〈四庫全書總目〉考訂十七則》)

②"相",殿本作"同"。

霞園詩集三卷文集一卷(福建巡撫採進本)

國朝鄭重撰。重字山公,建安人。順治戊戌進士,官至刑部左侍郎。是集詩三卷。第一卷令靖江時作。第二卷為《越使吟》,祭告會稽南鎮時作。第三卷為《秦遊草》,典試陝西時作。又雜文一卷。考重典試陝西在康熙十七年戊午,使越祭告在康熙二十三年甲子,今反錄《越使吟》於《秦遊草》之前,殆編次者誤歟?

荊南墨農全集無卷數（江蘇巡撫採進本）

國朝徐喈鳳撰。喈鳳字竹逸，宜興人。順治戊戌進士，官永昌府推官，是編首曰《滇遊詩集》，官永昌時所作①。次曰《願息齋詩文集》，里居後所作。又附《蔭綠軒詞初集》、《續集》及《秋泛詩餘》、《兩遊詩餘》四種，而以《荊南墨農集》為總名。“荊南墨農”，喈鳳晚年自號也。

【彙訂】

① 殿本“時”上有“府”字。

嵩菴集五卷（浙江巡撫採進本）

國朝馮甦撰。甦有《滇考》，已著錄。甦官雲南時，先刻有《南中集》。會吳三桂作亂，甦不屈被囚，遂燬於兵。歸里後，詩文亦多散佚。此集乃其外孫洪承澤所刻，凡古、今體詩三百八十餘首。蓋甦晚年掇拾殘橐，以付其女，故承澤得而刊之也。

靜菴集十二卷（江西巡撫採進本）

國朝鄭日奎撰。日奎字次公，貴谿人。順治己亥進士，改庶吉士，散館授禮部主事。康熙壬子，與新城王士禎同典四川鄉試，士禎詩所謂“水部風流似鄭虔”者也。是集凡詩五卷。又別集詩一卷。文五卷，中多留心時事之言。又《談膡》一卷，一名《醒世格言》，則劄記語也。

日知堂文集六卷（直隸總督採進本）

國朝鄭端撰。端有《政學錄》，已著錄。是集凡奏疏二卷，文告一卷，記序、書啟、傳誌三卷。其奏章、公牘大抵曲暢事理，而不以雕鐫字句為工。第三卷中狀式七頁，乃呂坤《實政錄》中全文①。端為江蘇巡撫時，刊版以示所屬。載其事於誌狀則可，以前人之作刻於文集之中，則非體例矣。

【彙訂】

① 殿本"中"下有"之"字。

世德堂集四卷（山東巡撫採進本）^①

國朝王鉞撰，鉞有《粵遊日記》，已著錄。是集文二卷，詩二卷。其文多通暢詳贍，不為詰屈聱牙。詩學宋人而不流於纖穠，一邱一壑，亦自成結構。在國初作者之中，則未能金鼓抗行也。

【彙訂】

① "山東巡撫採進本"，殿本作"山西巡撫採進本"，誤。《四庫採進書目》中"山東巡撫第二次呈送書目"著錄此集。（江慶柏：《殿本、浙本〈四庫全書總目〉著錄圖書進獻者主名異同考》）

行素堂詩集一卷（直隸總督採進本）

國朝李如澐撰。如澐字仲淵，高陽人。其祖、父明末皆死於亂，如澐閒關冒死，訪遺骸於兵火之中，其行誼為鄉黨所稱。入國朝，登順治己亥進士，官鄆都縣知縣。是集如澐所自編，前有李霱序。霱，如澐諸父行也。

思誠堂集二卷（山西巡撫採進本）

國朝吳琠撰。琠號銅川，沁州人。順治己亥進士，官至大學士，諡文端。此集詩僅五十三首，餘皆奏疏、雜文並督撫楚中時牌示。舊無刊本，乾隆己丑，其鄉人趙熟典始裒而刻之^①。

【彙訂】

① "始"，殿本無。

古愚心言八卷（浙江巡撫採進本）

國朝彭鵬撰。鵬字奮斯，莆田人，順治庚子舉人。康熙甲寅，耿精忠叛，逼脅受職，凡九拒偽命，卒得不污。賊平後，授三河縣知縣，後官至廣東巡撫。其平生以節氣著，故集中多誓神之文。其他奏疏、案牘亦皆辭氣侃侃，無所撓屈。官三河時，與妻、子書，皆以清苦刻厲相勉，足以見其為人。其他詩文則率臆而成，字句皆不入格矣。鵬行誼本末具載國史，至今婦女孺子人人能道其名，固不必以文章傳也。

聊園全集十五卷（山東巡撫採進本）

國朝孔貞瑄撰。貞瑄有《大成樂律》，已著錄。貞瑄少遊江淮，既而官泰安、濟南，繼乃遠宰大姚。所歷山水頗多，炎荒萬里，獷俗苗境，多所記載。故軼聞逸事，多散見於此集中。其文則奇逸之氣往往不可控羈，而頹唐潦倒之處亦不一而足云。

葉忠節遺槀十三卷（江蘇周厚堉家藏本）

國朝葉映榴撰。映榴字炳霞，號蒼巖，上海人。順治辛丑進士，官至湖廣布政司參議。武昌撫標叛兵夏包子作亂，映榴死之。特贈工部右侍郎，賜諡忠節。初，映榴嘗與李基和合刻詩集，朱彝尊為之序。映榴死難以後，其子勇等又哀其遺文與詩，合為此集重刻之①。凡文八卷，詩、賦四卷，詩餘一卷。彝尊又為之序，稱：“映榴之節，不待此區區之文以傳。”其論當矣。

【彙訂】

① “重刻之”，殿本無。

張文貞外集二卷（江蘇巡撫採進本）

國朝張玉書撰。玉書有《文集》，已著錄。此其《外集》也。

凡序九篇,跋一篇,募疏一篇,祭文十七篇。蓋當日刪棄之餘,而後人掇拾存之者也。

笠山詩選五卷(山東巡撫採進本)

國朝孫蕙撰。蕙有《歷代循良錄》,已著錄。是集為汪懋麟所選定①,詩格清麗,無塵俗之氣,而邊幅微狹,蓋才分弱也。王士禛序稱其五七言詩"雖古作者無以加",亦一時獎進之言耳②。

【彙訂】

① 清康熙刻本此集卷一、三、五卷端題作"新城王士禛貽上選",卷二、四卷端題作"揚州汪懋麟季角選"。則此集由王、汪合選。(江慶柏:《〈四庫全書總目〉考訂十七則》)

②"亦",殿本無。

谷口山房詩集十卷(陝西巡撫採進本)

國朝李念慈撰。念慈字屺瞻,號劬菴,涇陽人。順治戊戌進士①,授河間府推官,後改補新城縣知縣,以催科不力褫職。吳三桂叛,大兵駐荊襄,以奉檄運餉有功,再授天門縣知縣。康熙己未,薦舉博學鴻詞,試不入格而罷。其詩吐屬渾雅,無秦人亢厲之氣。是集皆其未第以前所作,故歡愉之詞少,而愁苦之音多②。其題曰"谷口山房"者,史稱池陽谷口在涇陽西北四十里,為念慈舊廬所在,故以名其集云。

【彙訂】

①"戊戌",殿本作"辛丑",誤,參《清史稿》卷四八四《文苑一》本傳、清雍正《陝西通志》卷六十三《人物九·文學》"李念慈"條。《明清進士題名碑錄》作順治十五年戊戌科二甲第五十六名。

②清康熙二十八年楊素蘊刻本作《谷口山房詩集》三十二卷《文集》六卷,其《詩集》卷八有《壬寅元日開封初度》詩,卷十有《乙巳元日》詩,壬寅、乙巳為康熙元年、四年,均在李念慈已第之後。《總目》所據非全本。(江慶柏:《〈四庫全書總目〉考訂十七則》)

證山堂集八卷(兩江總督採進本)①

國朝周斯盛撰。斯盛字屺公,鄞縣人。順治辛丑進士,官即墨縣知縣。嘗以事論繫,出獄後奔走燕、趙、吳、楚閒,足迹半天下。與李澄中、洪嘉植以談詩相契,共斥當時劍南流派之非,力主祧宋以宗唐。然筆力薾弱,亦僅得唐人之形似而已②。

【彙訂】

①"總督",底本作"督總",據殿本乙。

②"筆力薾弱亦",殿本無。

時一吟詩四卷(內府藏本)

國朝黎耿然撰。耿然字介菴,晉江人。久困諸生,乃棄而從軍,積功至雲南總兵官。詩皆率意而成,殊不入格。

柴村集十九卷附錄一卷(山東巡撫採進本)

國朝邱志廣撰。志廣字粟海,號洪區,又號蝶菴,諸城人,柴村其世居也。順治中,由貢生官長清縣訓導。是集文十二卷,《蝶菴自藥》一卷,蓋其箴銘、語錄之類,詩集五卷,賦一卷。末附其孫性善所著《德滋堂歌詩》及志廣《小傳》共一卷。志廣少好神仙,學於道士齊本守,後乃從馬從龍講學,故所見雜出儒、墨之閒。其文長於議論,然稱所欲言,詞多不擇,詩尤涉《擊壤集》派。其甥李澄中序謂:"雜以詼諧,出以調笑,亦覺風流蘊藉,罔不宜人。"澄中,山左勝流,非無鑒別,殆以母黨尊行,故婉詞見意歟?

晚簾集七卷(福建巡撫採進本)

國朝陳箴撰。箴字于寶,龍溪人,由貢生官連城縣教諭。是集文三卷,詩四卷。前三卷分體,後一卷則不分體,蓋續刻也,其古文多雜偶句,不古不今。詩頗澤於古而不能得其格律。蓋刻意有為,而限於無師者也。

中巖集六卷(江西巡撫採進本)

國朝宋振麟撰。振麟字子禎,號中巖,淳化人。順治中拔貢生。是集於振麟歿後僅存殘槁,其女孫適王氏者得而藏之。至乾隆辛未,女孫之子文昭官於福建,乃校刊之[1]。凡詩四卷,文二卷。末有富平李因篤所作《傳略》。文昭序則稱:"郭明府九芝延居餘園書館,崑山顧亭林、二曲李中孚皆執弟子禮。"亭林,顧炎武號;二曲,李容〔顒〕號也[2]。二人皆國初通儒,似不輕北面於人者。存其說可矣。

【彙訂】

①"刊",殿本作"刻"。

②"李容",當作"李顒",乃避嘉慶諱改。殿本作"李顒"。

積書巖詩選無卷數(直隸總督採進本)

國朝劉逢源撰。逢源字津逮,廣平人。與同里申涵光相唱和[1]。是編分初集、二集,後附前、後《漫興》詩各五十首。逢源生當明季,崎嶇轉徙於江、漢、淮、海之閒,故幽憂之語多,而和平之韻鮮焉。

【彙訂】

①"申涵光",殿本作"申涵先",誤。《總目》卷一八一著錄

中涵光撰《聰山集》十四卷。清康熙刻本《聰山集》卷三有《赴伯嚴招白函三侍御郝元直苑酉柳王雨若劉津逮霍亮雅張覆與殷伯芽同集》詩。

鴻逸堂稾無卷數（安徽巡撫採進本）

國朝王艮撰。艮有《易贊》，已著錄。是集前有顧祖禹序，稱"王子名煒"，蓋艮本名煒，作序時猶未更名也。艮與顧炎武等遊，故文章頗有法度，而謹守古格，未能變化，其長短均在於是。惟《偃師紀事》、《内江紀事》諸篇，載明季流寇事頗為詳備，足資參考云。

稽留山人集二十卷（浙江巡撫採進本）

國朝陳祚明撰。祚明字允〔胤〕倩，錢塘人。《浙江通志》稱其博學善屬文，以貧傭書京師，歿於客邸。所著有詩二十卷，詞一卷，古文尤富。其古文與詞今皆未見。此編乃其詩集也，亦名《敝帚集》。自順治乙未至康熙癸丑凡十九年之作，編年排次。

止泉文集八卷（户部尚書王際華家藏本）

國朝朱澤澐撰。澤澐有《朱子聖學考略》，已著錄。此集乃其子光進所編。凡詩一卷，語錄一卷，書牘四卷，雜著二卷。大抵亦皆講學之語，蓋其生平惟以崇奉朱子為事也。

性學吟二卷（兩江總督採進本）

國朝徐世沐撰。世沐有《易經惜陰錄》，已著錄①。是編以詩講學，皆拈理語為題，如"太極仁義"之類。又時附夾註數語，如葛長庚《道德寶章》之式。

【彙訂】

①《總目》卷九著錄徐世沐撰《周易惜陰錄》四十六卷。

陋軒詩四卷(江蘇巡撫採進本)

國朝吳嘉紀撰。嘉紀字野人,泰州人。泰州多以煮海為業,嘉紀獨食貧吟咏,屏處東淘。自銘所居曰"陋軒"①,因以名集。其詩頗為王士禎所稱。後刊板散佚,此本乃其友人方干雲裒集重刻者也②。其詩風骨頗遒,運思亦復剗刻。而生於明季,遭逢荒亂,不免多怨咽之音。

【彙訂】

①"銘",殿本作"名"。

②"方干雲",底本作"方千雲",據殿本改。康熙間方鴻逵刻《陋軒詩》六卷,今存。《藝文類聚》卷五七引後漢劉梁《七舉》:"鴻臺百層,干雲參差。"則方鴻逵之字應為"干雲"。

欣然堂集十卷(江蘇巡撫採進本)

國朝陶孚尹撰。孚尹字誕仙,江陰人。官桐城縣訓導。是集詩六卷,詩餘附焉。文四卷,王士禎、尤侗為之序,皆深相推挹。實則無好無惡之作也。

定峰樂府十卷(江蘇巡撫採進本)

國朝沙張白撰。張白原名一卿,號定峰,江陰人。是集皆所作樂府,或用古題,或自製新題,曹禾為之評點。第五卷中有為王熙作《青箱堂頌》,為魏裔介作《脩竹頌》。禾跋其後曰:"或問《青箱堂》、《脩竹》二頌何以俱入樂府。予曰①:'子不見郭茂倩《全書》乎? 宋泰始歌舞曲詞,其中《皇華頌》、《聖祖頌》、《天符頌》、《明德頌》、《帝圖頌》皆頌也,頌何可不入樂府哉? 不獨頌也,自六朝至唐,凡古七言律詩[②]、絶句、排律,無不入樂府者。
俱取其聲律格調,非可執一論也。'"云云。案禾此説似乎博洽,
而實未詳考。如從其始而論,則"頌"居四詩之一,是為樂府之原
本,又何必牽引宋舞曲詞以相附會? 如核其派別而論,則律逐調
移,詞隨律變。郊祀、燕享,有殊於鼓吹;平調、清商,有殊於吳
聲,以至舞曲、琴操,體例各殊,郭茂倩書可以覆按。如必混而一
之,總歸諸樂府,則合而併之,正可總謂之"詩",又何"樂府"之云
乎? 至謂"五七言律詩[③]、絶句、排律,無不入樂府者",其説又知
一而不知二。禾所謂五、七言律者,非沈佺期《古意》、姚崇《享龍
池樂章》之類乎? 所謂排律者,非薛道衡《昔昔鹽》、楊巨源《萬
壽無疆》詞之類乎? 漢、魏至唐,自朝廟樂章以外,大抵採詩入
樂者多,倚聲製詞者少。其詩人擬作亦緣題取意者多,按譜填
腔者少。故《竹枝詞》、《楊柳枝》、《囉嗊曲》之屬,其倚聲製詞,
按譜填腔者也。王維《送元二使安西》詩,譜為《陽關曲》,此採
詩入樂者也。《蜀道難》即賦蜀道,《巫山高》即賦巫山,此緣題
取意者也。當其入樂,與詩絶不相關。且有割取詩末四句,如
李嶠《汾陰行》;割取詩前四句,如高適《哭單父梁二少府》詩
者。當其作詩,與樂亦絶不相關。甚有以古題衍為七言律詩,
如胡曾之《關山月》者;又甚至每句衍為一首,如趙嘏之《昔昔
鹽》者。其閒連篇大曲入破,多用五言絶句,而謂五言絶句為
入破則不可;遣隊多用七言絶句,而謂七言絶句為遣隊則不
可。張白既不知詩樂之分,禾又徒見樂府之用律詩,遂執律詩
以為樂府,均失之矣。

【彙訂】

①"予曰",殿本作"子曰",誤,參清康熙刻本此集曹禾跋。

② 據曹禾跋，"古七言律詩"乃"五七言律詩"之誤。

③ "詩"，殿本脫。

葭里集六卷葭里二集六卷葭里三集五卷（直隸總督採進本）

國朝周鐈撰。鐈字若柯，南和人。順治中諸生。屢試不售，棄舉業，專力為詩。與廣平申涵光游，故所作不失矩度。然才地頗弱，僅涉唐人之藩籬。魏裔介序是集①，稱其詩"溫潤清脫，在唐人中項斯、馬戴可以伯仲"，蓋舉其近似耳。

【彙訂】

① "是集"，殿本無。

突星閣詩鈔十五卷（檢討蕭芝家藏本）

國朝王戢撰。戢字孟穀，漢陽人。新城王士禎最稱其《池陽山行》長句，以為突過歐陽修《廬山高》。蓋士禎於歐詩不喜《廬山高》，是以見有長句崛奇者，即謂能過之。其實未能也。是集前有士禎序云："出前後詩屬予論序。"而戢自跋云："排纘續集，合前集共十卷。"其姪栢跋云："前五卷阮亭付梓，後九卷朱愷仲、董養齋所鐫，末一卷則許謙次諸人所刻。"蓋此本合前後諸刻彙輯成編也。

吳季野遺集一卷（浙江巡撫採進本）

國朝吳垌撰。垌字季野，宣城人。王士禎《居易錄》云："吳垌文，學戰國《短長》及管、韓、荀卿子。作《準言》以擬《權書》，其《正學》、《觀時》、《斂禍》諸篇，可自作一子。"今觀其文，大抵摹擬周、秦，得其形似。士禎所云，猶明人標榜之餘習也。

杏村詩集七卷（山東巡撫採進本）

國朝謝重輝撰。重輝字千仞，號方山，德州人。大學士陞之子，以蔭授中書舍人，官至刑部郎中。王士禎嘗選刻《十子詩》，重輝其一也。

蕭亭詩選六卷（山東巡撫採進本）

國朝張實居撰，王士禎所評選也。實居字賓公，號蕭亭，鄒平人。士禎序稱其“古今詩盈千首，樂府古選尤有神解，為擇其最者三百餘篇，為此集”云。

後圃編年稾十六卷（浙江巡撫採進本）

國朝李嶟瑞撰。嶟瑞字蒼存，旴眙人。王士禎嘗稱其縱橫有奇氣。今觀其詩，士禎之說不謬。而過求磊落，轉近粗豪，則陶冶之功未至也。

荊樹居文略十卷（湖北巡撫採進本）

國朝李懋緒撰。懋緒字汝時，號正所，江陵人。是編乃其門人楊士瓊所編。凡語錄五卷，詩文五卷。懋緒與趙御眾、漆士昌為友。御眾，孫奇逢弟子也，故耳目擩染，其語錄亦宗姚江之學。然不為明季門户之見，以奇逢亦不立門户故也。至於文格樸拙，詩多說理之作，則講學家之舊派，不自懋緒始矣。

冠豸山堂文集三卷（福建巡撫採進本）

國朝童能靈撰。能靈有《周易剝義》，已著錄。是編刻本一卷，為《中天河洛五倫說》；鈔本二卷，皆論學之文。然刻本題曰“卷一”，必尚有他卷，非完書也。其論河圖之中數三、五配《大學》之三綱領，外八數配八條目，一二三四為“明明德”之條目，六七八九為“新民”之條目，未免牽合。至於辨六十四卦與大衍相合之數，又以九卦即《序卦》之餘蘊，《序卦》為氣，九卦為朔，亦苦心研索之學。然大抵附會於術數，朱子所謂《易》外別傳者也。

谷水集二十二卷（浙江巡撫採進本）

國朝胡夏客撰。夏客字宣子，海鹽人。順治中諸生，明兵部職方司郎中震亨子也。是集凡詩二十卷，文二卷。康熙中，其同邑陳光繹為之序並傳，又為之箋。震亨家富藏書，其撰《唐音統籤》，夏客實與有力。泛濫古人，耳目既闊，故負其才調，頗以氣骨自高，而纇豪之失亦由於此。

丁野鶴詩鈔十卷（江西巡撫採進本）

國朝丁耀亢撰。耀亢字西生，號野鶴，諸城人。順治中，由貢生官至惠安縣知縣。是集凡分五種：曰《椒邱〔丘〕集》二卷，起甲午終戊戌，官容城教諭時所作；曰《陸舫詩草》五卷，起戊子終癸巳，皆其入都以後所作；曰《江干草》一卷，起己亥終庚子；曰《歸山草》一卷，起壬寅終丙午；曰《聽山亭草》一卷，起丁未止己酉。自《陸舫詩草》以前，耀亢所自刻。《江干草》以下，皆其子慎行所續刻也。耀亢少負雋才，中更變亂，栖遲羈旅，時多激楚之音。自入都以後，交遊漸廣，聲氣日盛，而性情之故亦日薄。王士禎《池北偶談》載其《陶令兒郎諸葛妻》一律，謂野鶴“晚遊京師，與王文安諸公倡和。其詩亢厲，無此風致”。蓋亦有所不滿矣。

吾好遺藁一卷（江蘇巡撫採進本）

國朝章靜宜撰。靜宜字湘御，吳縣人，順治中諸生。此本凡詩三百餘首，列近體於前，而次古體於後。卷首具標姓字、里貫，如小傳式，疑即從選本中析出者也。靜宜嘗從學於宋實穎，又與吳偉業酬贈，故歌行清麗激楚，頗近《梅村集》門徑。特才華未為富贍,故邊幅太狹,終不能與之抗行耳①。

【彙訂】

①"耳",殿本無。

萊山堂集八卷遺橐五卷(浙江巡撫採進本)

國朝章金牧撰。金牧字雲李,歸安人,由監生官柏鄉縣知縣。其時文縱橫博麗,雖不中規矩,而勃勃有奇氣,在當時其名甚噪,日久論定,究不免有偽體之譏。至今談制藝者舉為厲禁。計其詩格,亦當在盧仝、李賀之間。而是集所載,了不異人。其殆才有偏長歟?

呆堂文鈔六卷詩鈔七卷(江蘇巡撫採進本)

國朝李鄴嗣撰。鄴嗣字呆堂,鄞縣人,順治中諸生。其《文鈔》①,餘姚黃宗羲所定;《詩鈔》,其同里徐鳳垣所定也②。鄴嗣自序稱:"得黃梨洲而後敢為文,得梁中狄而後敢為詩。"宗羲序稱其"皆胸中流出,無比擬皮毛之習"。蓋破除王、李、鍾、譚之窠臼,而毅然自為者也。

【彙訂】

①"其",殿本無。

② 清康熙刻本此集《詩鈔》卷首題"吳郡鄧漢儀 同里徐鳳垣選"。

孔天徵文集無卷數(江蘇巡撫採進本)①

國朝孔尚典撰。尚典字天徵,號汶林,江西新城人。順治中歲貢生。《新城縣志》載尚典有文集數卷,乃其師魏禧所評定。今此本祇二册,詩文雜編,又附以他人之詩,殆編次未成之橐歟?

【彙訂】

①《四庫採進書目》中僅《江西巡撫海續購書目》著錄《孔天徵集》二本。"江蘇巡撫採進本"應係"江西巡撫採進本"之誤。（杜澤遜：《四庫存目標注》）

懷葛堂文集十五卷（江西巡撫採進本）

國朝梁份撰。份字質人，南豐人。嘗學於寧都魏禧，得其文律①。是集前十四卷為雜文，末一卷為詩十二首，《漫遊雜錄》十一條②。

【彙訂】

① 殿本"得"上有"頗"字。

② 國家圖書館藏清雍正刻本此集應即四庫進呈底本，末卷為《懷葛堂詩集》，有《集唐詩》兩組共十二首，其後之《漫遊雜槀》有五、七言詩亦共十二首。（秦良：《梁份〈懷葛堂集〉版本考》）

草亭文集一卷（江西巡撫採進本）

國朝彭任撰。任字遜仕，號中叔，寧都人。同邑魏禧嘗集同志九人，講學於易堂，任其一也。是集前有《行略》一篇，稱所著有《草堂詩文集》二卷。此一卷其文集也，大致與魏禧同派，而質勝於文，詞多於意，未能與禧抗行。其辨朱、陸異同，謂學者之病不在於辯之不晰，而在於行之不篤，持論頗平。至尊信豐坊偽《詩傳》，則失考矣。

孔鍾英集十卷（江西巡撫採進本）

國朝孔毓瓊撰。毓瓊字鍾英，江西新城人。嘗學於魏禮。禮為是集序，稱其"學古於世所不學之日"。其文頗有健氣，而意言並盡,殆由蘊釀未深歟?

孔惟敘集六卷(江西巡撫採進本)

國朝孔毓功撰。毓功字惟敘,江西新城人。亦受學於魏禮。是集皆所作雜文,以年為次,不分體類。目錄前有自記,歉歉然自以為未信,而欲待他年之刪改,亦可謂篤志斯事者。雖骨格未堅,其規橅固有自矣。

江泠閣詩集十四卷(浙江巡撫採進本)①

國朝冷士嵋撰。士嵋字又湄②,丹徒人。居傍大江,其讀書之閣曰"江泠",故以名集。其詩刻意學杜,多為激壯之音。晚年節饔飧之費,自梓是集。凡古、今體詩十二卷。首載琴操古樂府一卷,末附詩餘一卷。

【彙訂】

①"江泠",殿本作"江泠",下同,誤,參清康熙刻本此集。

② 清康熙刻本此集題"京江冷士嵋又嵋氏著","字又湄"疑誤。(杜澤遜:《四庫存目標注》)

江泠閣文集四卷續集二卷(浙江巡撫採進本)①

國朝冷士嵋撰。其文詞意條達,頗為博辨,而亦失之好盡,朱子所謂"少先輩淳實氣象"者也。其《與張鍊菴論"春王正月"書》及《答或人》一書,均為平生得意之筆,然其說似辨而不確。所引"秦以亥為歲首,漢因之,而史書始建國曰'元年冬十月'",後世之文既不可以證經,即所引《伊訓》"元祀十有二月",亦不知其為《古文尚書》。蓋明知周正之必不可移,而又必欲申夏時之說,於是謂:"書'春'以敬天,春為夏之春;書'王正月'以尊王,月為周之月。"仍胡安國之緒論而已矣。

【彙訂】

①“江泠”，殿本作“江冷”，誤，參清康熙刻本此集。

懷舫集三十六卷（直隸總督採進本）

國朝魏荔彤撰。荔彤有《大易通解》，已著錄。是集凡詩十二卷，又續集詩九卷，別集詩六卷，《偶遂草》兩卷，《紀恩詩》一卷，外雜著三卷，《懷舫詞》一卷①，《雜曲》一卷，《彈詞》一卷。末附《自述》一篇，蓋仿揚雄之體。然所云②：“手註九古經，望道窺一貫，發微言，明大義，不落前儒窠臼。”云云，自負亦頗不淺矣。

【彙訂】

①“詞”，殿本作“集”，誤，參清康熙雍正間自刻本此集。

②“然”，殿本無。

秋水集十六卷（御史戈岱家藏本）

國朝馮如京撰。如京字紫乙，代州人。順治中，由拔貢生歷官至廣東左布政使。是集凡詩八卷，文四卷，宮詞一卷，《粵槎日記》一卷，《北征紀略》二卷。其詩頗清利，尤工於五言。文亦平正，惟駢體不為擅長。詩文皆有批評，為其宗人士標所點定。《粵槎日記》者，乃自江南之廣東任時，紀其行役所見。《北征紀略》則自廣入覲時作也。

偶然云集十卷（江蘇巡撫採進本）

國朝湯之錡撰。之錡字世調，宜興人。是集冠以《約言》一卷。《江南通志》稱其論學以周子主靜之說為宗，仿高攀龍《復七規》“春秋兩會”，即指是約也。《文錄》二卷，解《易》、《春秋》獨多，餘亦講學之文。《詩錄》三卷，仿《擊壤集》體。《語錄》二卷，大抵衍先儒緒論。《行錄》、《行狀》共一卷，則其門人所輯也。其

《隱公論》謂隱公"仇君懟父"，未免鍛鍊深文；《春王正月解》謂：
"始乎子者，十二月之序；始乎寅者，四時之序。惟商與秦建丑、
建亥，時與月皆不可首。"亦未免勇於非古。解《大學》以"明明
德"為"格物"，又云"物者，可見可聞者也；至善者，不可見不可聞
者也"。然既不可見聞矣，又烏從而止之乎？至於假寐見先師孔
子，拊其背而呼之；未卒之先，夢周公約其同行，又吳與弼《日錄》
之續矣。

皋軒文編一卷（福建巡撫採進本）

國朝李光坡撰。光坡有《周禮述註》，已著錄。是集凡文二
十篇，皆發揮性理，闡明經義之作。其論學主程、朱；論《禮》主鄭
氏；論《易》則宗邵子，而兼取揚雄《太元》，以為僭經雖有罪，而存
《易》則有功。然必以太極、先天二圖為不出自陳摶，則未免回護
之見。晁以道作《李之才傳》，序述源流，至為明白。同時之人，
當非無據，非朱震一人之私言也。

澄江集無卷數（浙江巡撫採進本）

國朝陸次雲撰。次雲有《八紘譯史》[①]，已著錄[②]。是集皆
古、今體詩，蓋其官江陰時所作，故以"澄江"為名。集中五古短
篇及宮詞之類[③]，頗能自出新裁，而蹊徑不免於太狹。尤侗序稱
次雲尚有《玉山集》，附此以傳。此本無之，殆偶佚歟？

【彙訂】

①《八紘譯史》，底本作《八紘繹史》，據殿本改。《總目》卷
七八著錄陸次雲撰《八紘譯史》四卷。

② 依《總目》體例，當作"次雲有《湖壖雜記》，已著錄"。

③ "五古"，殿本作"五言"。

北墅緒言五卷（浙江巡撫採進本）

國朝陸次雲撰。是集皆所作雜文，而俳諧游戲之篇居其大半。蓋尤侗《西堂雜俎》之流，世俗所謂才子之文也。

恕齋偶存七卷（浙江巡撫採進本）

國朝方士穎撰。士穎字伯陽，淳安人。順治末諸生。是集凡詩六卷，賦一卷，末附其子葇如《衛恤吟》一篇。士穎四子，叔子棨如登康熙丙戌進士，以制藝名，葇如其季也。士穎沒後，葇如手寫遺槀刊行，毛奇齡、毛際可諸人為之序。其詩惟五言古體稍有氣格。

集 部 三 十 四

別集類存目十

耐俗軒詩集三卷（直隸總督採進本）

國朝申頲撰。頲字敬立，廣平人，副榜貢生。明太僕寺丞佳允之孫，涵光之姪也。涵光所著《聰山集》，以杜甫為宗。頲詩則惟作古體，無近體，古體又皆五言，無七言。大抵源出阮籍《詠懷》，陳子昂、張九齡《感遇》，多託意寓言之作。而其運思取徑，又出入於黃庭堅、蘇軾之間，頗為拔俗。然其間或有縱筆一往，傷於快縱者；或有故以波峭取姿，掩抑示意，傷於纖佻者；或有太涉理語，傷於實相者。瑕瑜互見，尚未能一一超詣也。

一溉堂詩集一卷（江西巡撫採進本）

國朝余光耿撰。光耿字介遵，婺源人。康熙初諸生，《江南通志》作康熙乙酉舉人。案，光耿之父懋衡為明萬曆壬辰進士，距康熙乙酉凡一百一十四年，斷不相及。非“順治乙酉”之譌，即別一人同姓名也①。懋衡與鄒元標、馮從吾等講學，同罹黨禍。光耿承其父教，淡泊自守，故詩格亦樸實平近，不尚藻采。其《拆貧字口號》所云“有分宜安分，營財本乏才”者，乃里巷字謎之詞，尤不宜入集也。

【彙訂】

①《民國重修婺源縣志》卷二三《人物四·學林》載："余光
耿，字覲文，一字介遵，號念齋，兵部主事維樞子。"同書卷十五
《選舉一·科第》康熙四十四年乙酉江南鄉試有余光耿。《江南
通志》不誤。又卷十六《選舉四·貢職》順治五年戊子拔貢有余
維樞，"懋衡孫，字中臺，歷官兵部職方司督捕主事"。可知光耿
乃懋衡曾孫。

尋壑外言五卷（浙江巡撫採進本）

國朝李繩遠撰。繩遠有《姓氏譜》，已著錄。是集詩二卷，文
三卷。其詩格意頗清，文亦謹飭，近人集中之有法度者。然束於
邊幅，未能凌踔古人也①。

【彙訂】

①"也"，殿本無。

陽山詩集十卷（浙江巡撫採進本）

國朝陳炳撰。炳字虎文①，長洲人。居陽山裘巷里，因以自
號。是集分《青桂巖槀》、《潤州草》、《風蓬吟》、《楚遊草》、《始開
吟》、《寶華山槀》、《蕉雨閒房寓中槀》、《簪鈴集》、《仙人塘上吟》、
《竺隖遺槀》，凡十集，大致妥帖而頗乏遒警。黃中堅作《傳》，稱
其少時有"松頂紅裙拖綠上，山腰白鳥破青飛"之句，由是知名。
然二語實卑俗，非詩家上乘，不知當時何以傳誦也。

【彙訂】

① 雍正九年陳簣山刻本此集，正文題"陽山陳炳虎紋"，則
陳炳字虎紋。（杜澤遜：《四庫存目標注》）

黃葉村莊詩集十卷（浙江巡撫採進本）

國朝吳之振撰。之振字孟舉，石門人。以貢生授中書科中書。常選《宋詩鈔》行世，故其詩流派亦頗近宋人。是編凡初集八卷，後集一卷，續集一卷。

白漊文集四卷（江西巡撫採進本）

國朝沈受宏撰。受宏字台臣，太倉人。所居地名洗白漊，故以名集。《江南通志》載受宏《白漊集》十卷，而此本止四卷。核其目錄，亦無闕佚，殆後人汰削之本耶？

璇璣碎錦二卷（安徽巡撫採進本）

國朝萬樹撰。樹字紅友，宜興人。是集皆迴文詩圖，上卷三十幅，下卷三十幅，各以名物寓題。組織頗巧，然亦弊精神於無用之地矣。蘇若蘭事不可無一，亦不必有二也。

強恕堂詩集八卷（山東巡撫採進本）

國朝高之騱撰。之騱字仲治，淄川人，侍郎珩之子也。詩學《西崑》、《香奩》之體，姿致有餘。敖陶孫謂秦少游“如時女步春，終傷婉弱”，於《淮海集》非確評，移評此集則確矣。張篤慶序謂：“詩無定法，與年俱進，將又有老健於是者。”亦可謂婉而章也。

芙蓉集十七卷（兩江總督採進本）

國朝宗元鼎撰。元鼎字定九，號梅岑，江都人。嘗從王士禛學詩，《漁洋詩話》稱其詩“以風調勝，酷似《才調集》”，又稱其“緣情綺靡，不減《西崑》、《丁卯》”。蓋其所取法者如此。前有鄒祗謨序，謂其“憔悴江濱，挂戶高吟，年已四十，猶在捉鼻時”。則此集所編，皆其少作也。凡樂府一卷，古體詩三卷，律詩四卷，徘律二卷，絕句二卷，詞一卷，賦一卷，雜文三卷。元鼎弟之瑾為之箋註，頗傷冗贅。其以詩餘居賦、雜文之前，亦之瑾編次之失也。

不礙雲山樓稾無卷數（江蘇周厚堉家藏本）

國朝周綸撰。綸字鷹垂，華亭人，周茂源之子。康熙初，以貢生官國子監學正[①]。受業王士禎之門，士禎作《居易錄》，稱為"才士不偶"者是也。是編詩文以體分，詞以小令、中調、長調分，皆不題卷數，亦無目錄及序跋，似為刊刻未竟之本。

【彙訂】

① 依《總目》體例，當作"綸有《石樓臆編》，已著錄"。

重知堂詩二卷（兵部侍郎紀昀家藏本）

國朝趙善慶撰。善慶字怡齋，德州人。由貢生授國子監助教，官至金華府知府。嘗學詩於新城王士禎。是集即士禎所點定，前有士禎序，稱其"妙在本色"，頗為得實。惟序稱"論次都為一卷"，而此本實二卷。又稱善慶將赴官國學，而下卷有歸田之作。殆後復續刻，而序則未追改歟？

寵壽堂詩集三十卷（浙江巡撫採進本）

國朝張競光撰。競光字覺菴，杭州人。其詩每首之後，評語雜遝，殆於喧客奪主。蓋猶明季詩社之餘習也。

雪菴詩存二卷（浙江巡撫採進本）

國朝丁嗣徵撰[①]。嗣徵字集虛，嘉善人。性嗜古，喜藏書，又頗耽心禪悅。故其詩格在宋、元之間，亦時時有清逸之致[②]。嘗自訂其集十卷，與巨硯同扃箒中，為盜者誤持去。購之不獲，乃掇拾殘剩,重緝此集,故名曰"詩存"云③。

【彙訂】

① 清雍正丁桂芳刻本此集題"武永丁嗣澄集虛",《浙江採集遺書總錄》亦作"國朝嘉善丁嗣澄撰"。(杜澤遜:《四庫存目標注》)

② "時時",殿本作"時"。

③ "名",殿本作"命"。

天外談四卷(安徽巡撫採進本)

國朝石龐撰。龐字天外,太湖人。詩文皆纖仄佻巧,墮入魔趣。惟迴文《雪賦》一首、《春賦》一首為自古所無之格。蓋小有才而未讀書,聰明過於學問者也。至《遊春賦》之每句用一部偏旁之字,則彌無可取矣。

復園文集六卷(浙江巡撫採進本)

國朝董聞京撰。聞京字丹鳴,烏程人。康熙初,官吉安府知府。是集皆所作雜文,自序謂:"明理以端其源,博學以廣其識,尊經以正其歸,養氣以覈其實,和聲以發其華。"持論甚高。然核其所作,不能出公安、竟陵門户也。

章江集五卷(内府藏本)

國朝安世鼎撰。世鼎字鑄九,鑲紅旗漢軍。由保德州知州官至江西巡撫。此集乃世鼎自輯歷官奏疏以及文移、條告諸篇,編為是集①。後附以書、記、序二十一篇,皆在江西時所作也。

【彙訂】

① "編為是集",殿本作"合為一編"。

尺五堂詩删六卷（浙江巡撫採進本）

國朝嚴我斯撰。我斯字存菴，歸安人。康熙甲辰進士第一，官至禮部左侍郎。其詩近體最富，古體僅十之二三。大抵長於華贍之作，湯惠休所謂"如鏤金錯采，亦雕繢滿眼"者也。

讀書堂集四十六卷（江蘇巡撫採進本）

國朝趙士麟撰。士麟，雲南河陽人。康熙甲辰進士，官至吏部侍郎。是集為士麟所自編。凡語錄四卷，文十七卷，詩二十一卷，條約四卷，大抵應酬之作。冠以序一卷，題詞一卷，密行細字，凡八十二頁，裒然自為一巨册。亦向來刻集者所未有也。

珂雪詩無卷數（山東巡撫採進本）

國朝曹貞吉撰。貞吉字升六，號實菴，安邱人。康熙甲辰進士，官至禮部員外郎①。初，王士禎有《十子詩略》之刻，貞吉與焉。因其版分藏各家，故往往各以別本單行。後其曾孫益厚，即士禎所錄，附以《朝天》、《鴻爪》、《黃山紀遊》等集，總顏之曰《珂雪詩》。貞吉詩格遒鍊，其黃山諸作，極為宋犖所推。在京師時，和其《文姬歸漢圖》等長歌，極有筆力。今檢集中不載。又士禎《感舊集》所選《登望海樓》、《吳山晚眺》、《金山》諸詩，亦皆不見集中。則全橐之散失者多矣。

【彙訂】

①《清史稿》本傳、《清史列傳》卷七〇《曹貞吉傳》、《國朝先正事略·宋荔裳先生事略》附《曹貞吉事略》均作官禮部郎中。禮部郎中正五品，員外郎從五品。（楊武泉：《四庫全書總目辨誤》）

九谷集十六卷（兩江總督採進本）

國朝方殿元撰。殿元字蒙章，九谷其別號也，番禺人。康熙甲辰進士,歷官郊城、江寧二縣知縣。是集凡樂府二卷,諸體詩二卷,雜文一卷。末卷為《環書》上、下篇,附以《四書》講語數則。其《環書》下篇多發明《易》義,蓋亦雜家流也。

戒菴詩存一卷(浙江巡撫採進本)

國朝邵遠平撰。遠平本名吳遠,字戒三,仁和人。康熙甲辰進士,官至光祿寺少卿。己未召試博學宏詞,授翰林院侍讀,官至詹事府少詹事。此集首行下署曰《京邸集》,自序謂:"己未再入京,五載內所作。"多典禮紀頌之章,酷摹唐音,頗見宏贍。長洲韓菼序謂其"使粵時唱酬甚富,別為集以行於世",則此卷乃其全集之一種耳。

雪園詩集六卷(編修鄭際唐家藏本)

國朝梁珏撰。珏字至鉉,號雪園,福建長樂人。是集前有其友袁奐序,作於康熙甲辰。其詩凡分六集,一曰《靈峰草》,二曰《江南遊草》,三曰《循陔草》,四曰《楚遊草》,五曰《江西遊草》,六曰《恒山遊草》。惟《靈峰》、《循陔》二草為居家奉母時所作,餘皆其客遊南北,登覽山川之什也。

健松齋集二十四卷續集十卷(浙江巡撫採進本)[1]

國朝方象瑛撰。象瑛有《封長白山記》,已著錄。是集象瑛所自編。凡文十六卷,少作及入翰林以後之作悉在焉。十七卷以下為詩集,《秋琴閣詩》一卷,刻於康熙己未,少作也。《展臺詩鈔》二卷,展臺,燕昭王展禮賢士之臺,即金臺而變其名也。《錦官集》二卷,康熙癸亥典試四川所作。時蜀亂始平,補行鄉試,故以癸亥行也。《舊遊詩》一卷,未仕時遊鄴、遊燕、遊越、遊楚作也。《萍留草》一卷,國初浙閩未定時,避兵杭州時作也。《都門懷古詩》、《倦還篇》共一卷。《都門懷古詩》作於辛酉官翰林時，《倦還篇》則乞假歸里時作也。其編次不以作詩年月為先後，不解其意。《續集》六卷②，刻於康熙壬辰，凡文八卷，詩二卷，詩題曰《所之草》，皆歸田以後作也③。

【彙訂】

①《浙江省第九次呈送書目》、《浙江採集遺書總錄》載《健松齋集》二十四卷，《江蘇省第一次書目》載《健松齋續集》二本，《江蘇採輯遺書目錄》載《健松齋續集》十卷。可知此書正集浙撫進，續集蘇撫進。（杜澤遜：《四庫存目標注》）

②“六卷”乃“十卷”之誤。（同上）

③“也”，殿本無。

百尺梧桐閣集二十六卷（兩淮馬裕家藏本）

國朝汪懋麟撰。懋麟字季角，號蛟門，江都人。康熙丁未進士，授祕書院中書舍人，官至刑部主事。其詩法傳自王士禎，而才氣縱橫，視士禎又為別格。趙執信《談龍錄》記，嘗見其《浯溪中興頌》詩，起句云：“楊家姊妹顏妖狐。”即擲去不視，謂：“頌中興而自天寶致亂敘起，雖萬言不難辦也。”雖以懋麟為新城弟子，借懋麟以攻士禎，未免操之已蹙。然亦足見其少所翦裁矣。

學文堂集四十三卷（江蘇周厚埧家藏本）

國朝陳玉璂撰。玉璂字賡明，號椒峰，武進人。康熙丁未進士，官中書舍人。是集雜文三十一卷，詩八卷，詞四卷。其說經之文及辨議諸作，亦頗有源委，不同剿說。然大致逶迤平衍，學宋格而未成，詩則更非所長矣。

別本學文堂集四十七卷（浙江巡撫採進本）

國朝陳玉璂撰。此本凡文四十三卷，詩十卷，詞三卷，總五十六卷。然文集之中有錄無書者九卷，實為四十七卷，與前一本大同小異。然兩本皆無總目①，疑皆隨作隨刊之本，非其全帙也。王晫《今世說》稱玉璂“每讀書至夜分，兩眸欲合如綫，輒用艾灼臂，久之成痂”，蓋亦苦學之士。又稱其所為詩文“旬日之間，動至盈尺，見者遜其俊才”，則貪多務博可知，宜其集不一本也。

【彙訂】

① “然”，殿本無。

五經堂文集五卷語錄一卷（山西巡撫採進本）

國朝范鄗鼎撰。鄗鼎有《理學備考》，已著錄。是集皆各體雜文，本名《草草草》。卷首有鄗鼎自序，文格酷摹《尚書》。雖本之夏侯元〔玄〕《昆弟誥》①，然未免太近遊戲。末附《語錄》一卷，乃其子翱搜輯諸刻書中鄗鼎評識之語，彙成一帙，因並梓之，實非鄗鼎自作，亦非門人所記也。

【彙訂】

① 據《晉書·夏侯湛傳》，《昆弟誥》為夏侯湛所作，非夏侯玄作。《總目》卷一七六《谿田文集》條亦謂：“惟其文喜摹《尚書》，似夏侯湛《昆弟誥》之體。”

柳村詩集十二卷（山東巡撫採進本）

國朝董訥撰。訥有《督漕疏草》，已著錄。其詩皆訥手自刪定①。因有別墅在平原城南二里，名曰柳村，遂以名集。《平原縣志》稱康熙四十一年聖祖南巡，駐蹕柳村之南樓。詢訥詩集，其子思凝繕寫恭呈御覽。殆即此本歟？

【彙訂】

① "手"，殿本無。

石屋詩鈔八卷補鈔一卷（浙江巡撫採進本）

國朝魏麐徵撰。麐徵字蒼石，溧陽人。康熙丁未進士，官至邵武府知府。此集即在邵武所刊。第二卷為《西湖和蘇詩》，第七卷為《和白香山樂府》，其瓣香所在，可以想見。第五卷為《擬漢樂府》，雖未至於苦學妃豨，而形骸之外，去之轉遠。蓋唐樂府重在諷諭，其文章可以力追；漢樂府重在音律，其節奏不可以臆揣也。第三卷為《閩行日記詩》，第四卷為《閩中吟》，第六卷為《漁山詩》，皆以地記。第一卷與第八卷則總題曰《雜詩》，《補鈔》一卷，亦無標目。大抵詩材清拔，而根柢不深。如《曉行》詩"暗燈移附壁"句，自是束裝真景，而刻畫瑣碎，已入武功末派矣。

縱釣居文集八卷（江西巡撫採進本）

國朝應是撰。是有《讀孝經》，已著錄。是編皆所著雜文。集中多載論策，蓋康熙丁未改八比為論策時所擬作。其文多摹擬蘇氏父子，辨論瀾翻，而未免過求駿快，遂剽而不留。其他序、記、傳、誌諸篇，則欲擬其鄉人王安石，而邊幅亦微狹焉。

慎修堂詩集八卷（福建巡撫採進本）

國朝廖騰煃撰。騰煃字占五，號蓮山，將樂人。康熙己酉舉人，官至戶部侍郎。其服官頗著清節，詩則尚未成家。

匏菴遺集三卷（兩江總督採進本）

國朝石璜撰。璜字夏宗，別號匏菴，如皋人。是集為其子沀等所編①。據目錄當為五卷,而此本僅三卷,蓋不全之本也。

【彙訂】

①"尹",殿本作"伊",皆誤。清康熙陳君仲刻本《鮑菴先生遺集》五卷,卷端署"如皋石璜夏宗甫著,男沄月川甫敬輯"。

憺園集三十八卷(兩淮馬裕家藏本)

國朝徐乾學撰。乾學有《讀禮通考》,已著錄。乾學家富圖籍,聖祖仁皇帝購求遺書,乾學奏進十二部,其疏今在集中。近所藏雖已散佚,而《傳是樓書目》猶存於世。所著《讀禮通考》及《續宋元通鑑長編》,皆閎通淹貫,確有可傳。集中考辨、議說之類,亦多與傳註相闡發。蓋乾學為顧炎武之甥,而閻若璩諸人亦多客其家。師友淵源,具有所自,故學問頗有根據。然文章則功候未深,大抵隨題衍說,不甚講求古格。賦、頌用韻,尤多失考。尚未能掉鞅詞壇,與諸作者爭雄長也。是集刻於康熙丁丑,據宋犖原序,稱尚有外集。今未之見,或此本偶佚歟?

白石山房稾十三卷(江西巡撫採進本)①

國朝李振裕撰。振裕字維饒,吉水人。康熙庚戌進士,官至兵部尚書。是集凡詩三卷,文九卷,又附江南所作詩一卷,乃振裕督學江南時所刊。前有施世綸、汪琬序。世綸序惟述政績,不及文章。琬序稱其工於臺閣之體,亦頗著微詞。

【彙訂】

①《浙江省第十二次呈送書目》載《白石山房集》十三卷,而江西進呈書目未載此集。(杜澤遜:《四庫存目標注》)

別本白石山房稾二十六卷(浙江巡撫採進本)

國朝李振裕撰。此本詩文各十三卷,與刻於江南者大同小異，前後無序跋，亦無目錄，不知何時所刻也。

已畦集二十一卷原詩四卷（江蘇巡撫採進本）

國朝葉燮撰。燮有《江南星野辨》，已著錄。是集前有自序，論文章利病，頗為有見。然檢閱集中諸作，則頗不逮其所言。至於意態波瀾，彼此重複。如《聽松堂》、《秀野堂》二記，其尤甚者也。

趙恭毅剩稿八卷附裘萼賸稿三卷（兩江總督採進本）

國朝趙申喬撰。申喬字松伍，武進人。康熙庚戌進士，官至戶部尚書，諡恭毅。是編首奏議，次序記，次案牘之文，終以雜著，其孫侗敥所編也。後附《裘萼賸稿》三卷，則申喬之子熊詔撰。熊詔，康熙己丑進士第一，官至翰林院侍讀，裘萼其號也。

玉巖詩集七卷（福建巡撫採進本）

國朝林麟焻撰。麟焻字石來，莆田人。康熙庚戌進士，官至貴州提學僉事。其詩法受自王士禎。初官中書舍人時，嘗偕檢討汪楫奉使琉球，途中唱酬甚夥。是編凡《前集》二卷，皆初年所作。又《星槎草》一卷，《中山竹枝詞》五十首為一卷，皆出使時所作。《郊居集》一卷，則官提學後家居時作也。自《中山竹枝詞》以前，皆載士禎評點。《竹枝詞》後，又以當時同人贈別之作附焉。

孜堂文集二卷（内府藏本）

國朝張烈撰。烈有《讀易日鈔》，已著錄。烈篤守朱子之説，故集中多講學之文。然如《朱陸異同論》、《王學質疑》，皆未免有鍛鍊周内之意，不及其《賈董同異論》之持平。蓋漢學但有傳經之支派,各守師説而已。宋學既爭門户,則不得不百計以求勝,亦勢之不得不然者歟?

臨野堂文集十卷(兩淮馬裕家藏本)

國朝鈕琇撰。琇有《觚賸》,已著録。是集前有潘耒序,盛推其四六之工。今觀所撰,疏儁頗勝近人,而渾雅終不逮古人。其外篇俳諧諸作,如《商陸侯傳》之類,則不作可也[1]。

【彙訂】

[1] "不作可也",底本作"不可作也",據殿本改。

立命堂二集十三卷(安徽巡撫採進本)

國朝嵇宗孟撰。宗孟字淑子,山陽人,官至杭州府知府。是集前有康熙壬子沈珩序,稱已刻賦若干卷,詩若干卷,文若干卷。故又編為二集,計賦十二首,詩四百三首,文八十八首,凡七卷。其七卷以下[1],附刻各種小集,曰《蠹史》,曰《星路陽秋》,曰《識小箋》,曰《詩拇》,曰《甌樂行舊録》,各為一卷。又詩餘一卷,曰《酒古董》。蓋其時去明未遠,故通體皆規摹鍾、譚,以幽冷纖巧為宗。觀諸集之名,而其詩可見矣。

【彙訂】

[1] "七",殿本作"八"。

古鉢集選一卷(山東巡撫採進本)

國朝王士祜撰[1]。士祜字叔子,一字子側,號東亭,又號古鉢山人,山東新城人。康熙庚戌進士,未仕而卒。是集為其弟士禛所編。其詩長於情韻,士禛序述計東之言曰:"三王並著詩名,西樵、阮亭早達,故聲譽易起[2]。若東亭之才,詎肯作蜂腰哉?"然自是士禛篤念友于[3],存此標榜之詞耳。其實士禄不及士禛,士祜不及士祿,天下之公評也。

【彙訂】

①“士祜”,殿本作“士祜”,下同,誤。王士祜,《清史稿》卷四八四、《清史列傳》卷七十有傳。

②“易”,殿本脱,參清康熙王士禛刻本此集序。

③“是”,殿本無。

有懷堂詩文稾二十八卷(内府藏本)

國朝韓菼撰。菼字元少,號慕廬,長洲人。康熙癸丑進士第一,官至禮部尚書。乾隆三十年,賜諡文懿①。是集為菼所自編。凡詩六卷,分《踽躇》、《歸愚》、《病坊》、《繫迷》四集②,文二十二卷。菼以制藝著名,其古文亦法度嚴謹。凡安章宅句,皆刻意研削。然其不能脱然於畦封,亦即在此。詩則又其餘事矣。

【彙訂】

①《清史稿》本傳:“乾隆十七年……追諡文懿。”《清史列傳》本傳、《國朝先正事略》卷一○《韓菼事略》亦謂乾隆十七年。(楊武泉:《四庫全書總目辨誤》)

②“繫”,殿本作“撃”,誤,參清康熙四十二年刻本此集。

蘋村類稾三十卷附錄二卷(編修徐天柱家藏本)

國朝徐倬撰。倬字方虎,蘋村其號也,德清人。康熙癸丑進士,官至翰林院侍讀。聖祖南巡,進所纂《全唐詩錄》,晉禮部侍郎。是集凡《修吉堂文稾》八卷,《應制集》二卷①,《寓園小草》一卷,《燕臺小草》一卷,《梧下雜鈔》二卷,《蘋蓼閒集》二卷,《甲乙友鈔》一卷,《汗漫集》二卷,《野航集》二卷,《鼓缶集》三卷,《黄髮集》二卷,《詞集》二卷,《耄餘殘瀋》二卷。附錄其子元正《遺稾》

二卷：一曰《清嘯樓草》，皆未第以前作；一曰《鶯坡存草》，則自入詞館以後應制、紀恩、遊讌、贈答之什也。元正字子貞，號靜園。康熙乙丑進士，官至工部尚書。徐氏五世翰林，倬其第二世，元正其第三世云。

【彙訂】

① 清康熙刻、乾隆續刻本作《修吉堂文稿》八卷、《道貴堂類稿》十一種二十一卷、《耄餘殘瀋》二卷，附徐元正《修吉堂遺稿》二卷。其中《應制集》三卷，故總卷數亦應作三十一卷。（杜澤遜：《四庫存目標注》）

禮山園文集八卷（浙江巡撫採進本）

國朝李來章撰，來章有《連陽八排風土記》，已著錄。是集摹倣歐、曾，頗為近似，以作意點綴求姿，故或失之微縟。中如《李氏紫雲山莊記》、《辛公了傳》諸篇，規撫古人，亦覺墨痕未化，謂之不失典型則可矣。

殘本經史緒言一卷（兩江總督採進本）

國朝朱董祥撰。董祥有《讀禮記略》，已著錄。是編名似筆記，實則文集。前有雜論數篇，其餘多言居家禮制，而喪禮尤多。大抵執古義以繩今，與所作《讀禮記略》相出入。如“居喪不當稱制”之類，一字之爭，動輒累牘，多非大義所關也。其書題曰“上卷”，則尚有下卷而佚之。目錄列文四十七篇，而闕其《原學》、《上大司農本政書》、《教子晟讀詩說》三篇。蓋併此卷亦非完本矣。

南畇文集十二卷（江蘇巡撫採進本）

國朝彭定求撰。定求有《周忠介公遺事》，已著錄。案，定求之學出於湯斌，斌之學出於孫奇逢，奇逢之學出於鹿善繼，善繼之學則宗王守仁《傳習錄》。故自奇逢以下，皆根柢於姚江，而能參酌朱、陸之閒，各擇其善，不規規於門戶之異同。定求是集於文章之有關於學術者，尤所留意。而持論則兼採二家，無所偏倚云。

寶菑堂詩彙四卷（直隸總督採進本）

國朝張榕端撰。榕端有《海岱日記》，已著錄。是集為榕端官內閣學士時所刊，皆其康熙己未至己卯之詩。前有任邱龐塏序，稱其詩“和而不迫，秀而不纖，逸而不肆。宛轉纏綿，一寫其胸中之趣，而未嘗借以宣其喜怒不平之氣”，頗近其實。然婉約有餘，遂乏雄渾之氣、深湛之思。蓋其長在是，其短亦在是矣。

河上草二卷（直隸總督採進本）

國朝張榕端撰。康熙庚辰，榕端以內閣學士預治河之役，至癸未，始召還。此編皆其四年之中在工次所作。前有宋犖序，稱其“泥塗橇橇，楗石沈薪，卒以塞決。乃殊不見其有歌咏勤苦之勞，而往往道其達天適性之樂”。今觀其詩，雖醞釀不深而和平恬靜，犖言蓋不誣云。

蘭樵歸田彙一卷（直隸總督採進本）

國朝張榕端撰。皆康熙甲申以後致仕歸里之作。其詩直抒胸臆，多入香山一派。蓋老境優遊，頹然自放，不復以文字為意矣。

彭椒巖詩彙二十二卷（江蘇周厚堉家藏本）

國朝彭開祐撰[①]。開祐字孝緒[②]，號椒巖，婁縣人。康熙丙辰進士，官至武岡州知州。是集分四種，曰《瞻雲彙》，曰《游琴彙》，曰《一螺彙》，各六卷；曰《彈丸彙》，四卷。《游琴》、《一螺》、

《橐丸》三橐,皆其官河閒及游大梁、濟南時所著。《瞻雲橐》則其官武岡時所著也③。

【彙訂】

① 清康熙刻《一螺稿》、《嘯廬稿》皆作彭開祐著,《明清進士題名碑錄》亦作彭開祐。(杜澤遜:《四庫存目標注》)

② “孝緒”,殿本作“孝績”,誤。清乾隆《江南通志》卷一六六《人物志·文苑二·松江府》“彭開祐”條、光緒《重修華亭縣志》卷十六《人物五》“彭開祐”條均作“字孝緒”。

③ 殿本“武岡”下有“州”字。

旭華堂文集十四卷補遺一卷續編一卷(山西巡撫採進本)

國朝王奐曾撰。奐曾字元亮,別字思顯,號誠軒,山西太平人①。康熙丙辰進士,官至湖廣道監察御史。是編為其孫壻趙勳典所刊②。凡奏議一卷,雜文十三卷。附以補遺一卷,則奏議二首,并序文、雜著八首也。

【彙訂】

① “太平”,殿本作“太原”,誤。清雍正《山西通志》卷七一《科目七》“康熙八年己酉科鄉試”舉人、“康熙十五年丙辰科彭定求榜”進士均有王奐曾,太平人。

② 清乾隆十六年刻本此集題“孫婿趙熟典厚五校刊”,作“趙勳典”誤。(杜澤遜:《四庫存目標注》)

通志堂集十八卷附錄二卷(江西巡撫採進本)

國朝納喇性德撰。性德有《合訂删補大易集義粹言》,已著錄。性德生長華閥,勤於學問①。鄉試出徐乾學之門,遂受業焉。《九經解》即其所刻,而徐乾學延顧湄校正之。以書成於性德歿後,版藏徐氏,世遂稱《徐氏九經解》,並通志堂而移之徐氏,實相傳之誤也②。是編為乾學所裒輯③。凡詩五卷,詞四卷,文五卷,《淥水亭雜識》四卷,又附錄碑志、哀輓之作為二卷。

【彙訂】

①"勤於學問",殿本作"頗喜文翰"。

②《九經解》即《通志堂經解》,有康熙十二年序,是時性德僅十九歲,自不能博通群經。其書為徐乾學所編(徐亦籍門客、僚屬之力),已成定讞。(楊武泉:《四庫全書總目辨誤》)

③"為",殿本無。

翠滴樓詩集六卷(監察御史戈岱家藏本)

國朝馮雲驦撰。雲驦字懿生,代州人。康熙丙辰進士,官翰林院編修。是集皆所作古、今體詩,惟冠以賦一篇,殿以詞一闋。蓋雲驦沒後,其門人鹿祐所編。故掇拾殘賸,所存僅此云。

兼山堂集八卷(浙江巡撫採進本)

國朝陳錫嘏撰。錫嘏字介眉,號怡庭,鄞縣人。康熙丙辰進士,官翰林院編修。是集為慈谿鄭梁所選錄①。凡文六卷,詩二卷,頗不失矩度。然錫嘏本以制義擅長,此則其餘力及之者也②。

【彙訂】

①"錄",殿本無。

②"則",殿本無。

清芬堂存槀八卷(浙江巡撫採進本)

國朝胡會恩撰。會恩字孟綸,德清人。康熙丙辰進士,官至刑部尚書。其館閣諸詩別編為《廣颺集》,今未見傳本。是集所錄，則由丙辰至庚寅三十五年所作也。詩有清腴之致，而風骨未遒。故於一時流輩之中，尚不能排突諸家，自成一隊。

蓬廬草一卷（兩江總督採進本）

國朝黃鐘撰。鐘字宏音，號蓬廬，如皋人。康熙中諸生[①]。是集為其門人鄧士英所編。凡文四十四篇，前列總目。總目之後仿《史記・自序》《漢書・敘傳》之例，每篇各為之序，述所以立言之意。自有別集以來，茲為創體。然亦足以見其文不苟作，必有所取義矣。其文大抵縱橫奇肆，自達所見。其《與友人論文書》大旨主於不似古人，乃能為古人，亦迥異貌擬秦、漢，詞雜齊、梁之習。惟其文多作於明末，感觸時事，往往言之過當。如《洪範論》謂：「治世之天甚願乎人之為君子也，則所嚮在此矣；亂世之天甚怒乎人之為君子也，則所威在此矣。」至終篇歸於順受其正，亦仍沿劉峻《辯命論》之旨，非和平中正之道。其《楊墨論》雖為偽談忠孝者發，而以墨翟為偽，楊朱為誠，亦未免憤激太甚。大抵其才力足以馳驟古人，而學養之深醇則未之逮也。

【彙訂】

① 黃鐘卒於順治十七年（1660）。清光緒《通州直隸州志・人物志下・文苑傳》有《黃鐘傳》，然《選舉志》未載其名。（柯愈春：《清人詩文集總目提要》）

西澗初集六卷（江蘇周厚堉家藏本）

國朝劉然撰。然字簡齋，江寧人。卷首有康熙戊午杜濬序，稱其詩文「閎深奧衍，不可名狀」。今觀斯集，殊不副斯言。其《水中雁字》七言律詩，用上、下平韻至三十首，亦太誇多鬬靡。以如是題目作如是體裁，雖李、杜不能工也。

青門簏稾十六卷附邵氏家錄一卷青門旅稾六卷青門賸稾八卷（安徽巡撫採進本）

國朝邵長蘅撰。長蘅一名衡，字子湘，武進人。是集乃其兄子璂等編次。康熙戊午以前為《青門簏稾》，詩六卷，文十卷。己未訖辛未為《旅稾》，詩二卷，文四卷。壬申後為《賸稾》，詩三卷，文五卷。其《邵氏家錄》則以康節祠堂碑記之類彙為一編者也。

竹垞文類二十六卷（內府藏本）

國朝朱彝尊撰。彝尊有《經義考》，已著錄。是集乃其未遇時所刻。中有《曝書亭》所未錄者，皆悔其少作，自為刪汰也。

受祺堂詩集三十四卷（陝西巡撫採進本）

國朝李因篤撰。因篤字子德，又字天生，富平人。康熙己未，召試博學鴻詞，授翰林院檢討。顧炎武作《音學五書》，特載與因篤一札，蓋頗重之。閻若璩作《潛邱劄記》，則云：“杜造故事，莫過於李天生。”然所謂“杜造故事”者，今不可考，則姑存其說矣①。是集為因篤所自定，本三十五卷。此本獨闕第四卷，目錄註云“未出”，其為因篤自刪之，或為隨寫隨刻，誤排卷數，不得已而立一虛卷，均未可知也。其詩大抵意氣蒼莽，才力富贍，而亢厲之氣一往無前，失於粗豪者，蓋亦時時有之。殆所謂利鈍互陳者歟？

【彙訂】

① 據《潛丘劄記》卷五《與李天生書》、《尚書古文疏證》卷四“晉用夏正”事，可知所謂“杜造故事”之大概。（余嘉錫：《四庫提要辨證》）

世恩堂集三十五卷（江蘇巡撫採進本）

國朝王頊齡撰。頊齡號瑁湖，華亭人。康熙丙辰進士，己未召試博學鴻詞，授編修，官至大學士，諡文恭。是編凡詩集三十卷，《經進集》三卷，詩餘二卷。頊齡值文治昌明之日，奏太平黼黻之音，故一時臺閣文章，迥異乎“郊寒島瘦”。即早年未達時作，亦無衰颯哀怨之意，足以見其襟抱矣。

深秀亭近草五卷（江蘇周厚坮家藏本）

國朝潘鍾麟撰。鍾麟字層峰，華亭人。是編皆七言律詩。前四卷為乞酒之作，所投贈者凡二百六十五人。後一卷為寄懷之作，所投贈者凡三十人，以大學士王頊齡、户部尚書王鴻緒為冠。蓋借此以存其人，乞酒、寄懷特假託之詞耳。

遂初堂詩集十五卷文集二十卷別集四卷（江蘇巡撫採進本）

國朝潘耒撰。耒有《類音》，已著錄。詩分《少遊》、《夢遊》、《近遊》、《江嶺遊》、《海岱遊》、《臺蕩遊》、《閩遊》、《黃廬遊》、《楚粵遊》、《豫遊》、《卧遊》諸草，分年編次。文則各以體分。惟為二氏作者入之《別集》，用楊傑《無為集》例也。耒性好遊名山，足跡甚廣。其詩不事雕飾，直抒所見。古文蹊徑較平，稍遜於魏禧諸人。而氣體渾厚，空所依傍，則又耒所獨得也。耒家吳江之爛溪，少受業於顧炎武，頗得其傳，故詩文皆有原本。特其議論之文往往反覆求快①，太傷於盡，未免失之好辯焉。

【彙訂】

①“往往”，殿本作“皆”。

抱經齋集二十卷附焚餘草一卷（浙江巡撫採進本）

國朝徐嘉炎撰。嘉炎字華隱，秀水人。康熙己未，召試博學鴻詞，授翰林院檢討①，官至內閣學士兼禮部侍郎。是集凡應制詩一卷[②]，樂府一卷，古詩四卷，律詩五卷，絕句二卷，玉臺詞一卷，賦、頌一卷，論一卷，序三卷，雜文一卷。末附《焚餘草》一卷，乃嘉炎父肇森所作。遭亂散失，僅存二十餘首。嘉炎記而錄之，猶《山谷集》後附《伐檀集》意也。

【彙訂】

①"翰林院"，殿本無。

②"凡"，殿本無。

叢碧山房集五十七卷附詩義固說二卷（內府藏本）

國朝龐塏撰。塏字霽公，號雪崖，任邱人。康熙己未，召試博學鴻詞，授翰林院檢討，降中書舍人，終於建寧府知府。是集凡文八卷，雜著三卷，《翰苑槀》十四卷，《舍人槀》六卷，《工部槀》十一卷，《戶部槀》十卷，《建州槀》五卷，皆其所手自編定也。塏為詩主於平正沖澹，不求文飾。當王士禎名極盛時，能文之士率奔走門牆，假借聲譽。塏獨落落不相親附，故士禎亦不甚稱之，惟記其《病足》詩"切防美人笑躄者，春來不過平原門"一絕而已。然塏早歲所作，頗得深婉清微之致。晚年菁華既竭，流於枯淡。其《舍人槀》不及《翰苑》，《工部槀》不及《舍人》，《戶部槀》不及《工部》，至《建州槀》以後，頹唐益甚。田雯為作《戶部槀》序，以白居易、陸游比之[①]，塏意頗愊，然實箴規之言也。末附《詩義固說》二卷，論亦切實。惟推衍嚴羽之說，以禪談詩，轉至於支離曼衍，是其好高之過矣[②]。

【彙訂】

①"之"，殿本無。

②此書實以《毛詩・小序》"發乎性情，止乎禮義"和孔子

"辭達而已矣"爲宗旨。所引禪語，並非真欲補嚴羽以禪説詩的"未盡處"，而是以抒情言志詮釋之，正話反説。（劉德重、張寅彭：《詩話概説》）

卧象山房集三卷附錄二卷（山東巡撫採進本）

國朝李澄中撰。澄中有《滇南日紀》，已著錄①。是編賦一卷，文一卷，詩一卷，附《滇南集》一卷，又《艮齋文選》一卷。安若訥爲作《墓誌》，記其夢爲李攀龍後身。趙執信亦稱其生而父夢攀龍入室，故其詩仍學攀龍。龐塏《論文絶句》則有"壽光安子非知己，强爲于鱗認後身"句。今觀其集，頗不類滄溟體格。是塏所論者爲允②，若訥、執信皆好奇之論也。

【彙訂】

①《總目》卷六四著錄李澄中撰《滇行日記》。

②"是"，殿本無。

白雲邨集八卷（山東巡撫採進本）

國朝李澄中撰。康熙己未以召試入史館者，澄中與龐塏交最契，文格、詩格二人往往互似。是集即塏官建寧府知府時，爲刻於福建者①。塏序稱："王新城阮亭、田德州綸霞，壇坫久成於時，望重龍門。漁村入都，與鼎足而立，士林稱'山左三大家'。"然澄中詩文修潔有餘，至魄力雄厚，終非王、田比也。王士禎《感舊集》載其《齊謳行》三首、《細草谷》一首，此集皆未載。又《魚龍圖》一篇，亦與《感舊集》所載數字不同。蓋塏與士禎門徑稍別，故去取亦稍異也。

【彙訂】

① 清康熙龐塏刻本爲《白雲邨文集》四卷。

秋錦山房集二十二卷（江蘇巡撫採進本）

國朝李良年撰。良年字武曾，秀水人。康熙己未，嘗薦舉博學鴻詞，初冒姓虞氏，名兆潢，故當時薦牘無良年名。朱彝尊所作《墓誌》僅載其原名，而未載其冒姓，亦偶疎也①。是編凡詩集十卷，詞二卷，文集十卷②。良年少有雋才，其游蹤幾遍天下，所未至者秦蜀、嶺嶠耳。其詩清峭灑落，亦頗得江山之助。惟自少至老，風調不變，其蹊徑之狹，殆才分所偏歟？文則長於議論，而短於敍述，不逮其詩。詞則已刻入《六家詞》中者，殆三分之二，品在其詩、文之閒云。

【彙訂】

① 朱彝尊《曝書亭集》卷八〇《徵士李君行狀（非墓誌）》曰："君諱良年，字武曾，初名法遠，又名兆潢，年三十，乃更焉。先世江陰人，明洪武初，提舉行千四者，徙居嘉興長水上梅會里。"周中孚《鄭堂讀書記》卷七〇"秋錦山房集"條、光緒《嘉興府志》卷四六《選舉表》均謂嘉興人。《總目》卷一三九"姓氏譜"條言其兄李繩遠、卷一八三《香草居集》言其弟李符，亦作嘉興人。（楊武泉：《四庫全書總目辨誤》）

② "十卷"，殿本作"一卷"，誤。清康熙刻乾隆續刻《李氏家集四種》本此集卷十三至二十二為文集。

別本蓮洋集二十卷（刑部員外郎張道源家刻本）

國朝吳雯撰。雯《蓮洋集》，已著錄①。案，王士禎作《雯墓誌》，稱其詩"一刻於吳，再刻於都下，三刻於津門"，今皆未見。趙執信《懷舊詩》序稱雯以遺槀付王士禎，雯歿後將二十年，其集未出，疑士禎毫而忘之。又稱："池北藏書散失殆盡，是集可知。"

則雯之原稾似乎散佚。近時乃疊出三本：一為臨汾劉組曾所刻，一為山東孫岳所刻，一即此本，為浮山張體乾所刻。劉本稱得自士禎門人黃叔琳家，孫本及此本并稱得自雯姪秉厚家，皆以士禎評點相夸。孫本並考核評語之同異，此本更較量圈點之真偽。考第七卷中《留別仝車同》詩載士禎評曰②：“今車仝果領解中州，此亦讖也，惜天章不及見耳。”灼為雯没後之語。則士禎所定，或歸諸吳氏③，亦未可知也。然士禎諸說部中，所品題獎借者，幾於指不勝屈。今其集率久覆醬瓿，無人重其姓名，而雯詩獨數刻而未已。是知雯詩足以自傳，不以士禎始重也。刻雯集者，反若借士禎以傳雯，然則使雯不及識士禎，即謂雯詩不工乎？三本之中，劉本詳備於孫本，此本又詳備於劉本。要之詩之工拙，不係篇帙之多少。今繕孫本入祕閣，而此本則存其目焉。

【彙訂】

①《總目》未著錄《蓮洋集》，卷一七三著錄吳雯撰《蓮洋詩鈔》十卷。

②“仝車同”，底本作“車仝”，據殿本改。清乾隆三十九年荊圃草堂刻本此集卷六有《留別仝車同三首》，其後評曰：“今車同果領解中州，此亦讖也，惜天章不及見耳。”

③“諸”，殿本無。

雪石堂詩草無卷數（陝西巡撫採進本）

國朝劉爾懌撰。爾懌字敬又，宜君人。康熙己未，嘗薦舉博學鴻詞。其詩刻意摹杜，然大抵在形似之間。

思復堂集十卷（浙江巡撫採進本）

國朝邵廷采撰。廷采字念魯，餘姚人，康熙初諸生。嘗從毛奇齡遊。是集刊於康熙壬辰，以龔翔麟所撰《墓誌》、邵思淵所撰《墓表》、萬經所撰《小傳》冠諸編首①。

【彙訂】

① 壬辰為康熙五十一年，而陶思淵（非邵思淵）《墓表》作於康熙五十二年。（何冠彪：《從日本靜嘉堂文庫所藏〈邵念魯文稿〉論邵廷采的文集》）

徐都講詩一卷（浙江巡撫採進本）

國朝徐昭華撰。昭華字亦曰。昭華，駱加采之妻也。其父咸清，與毛奇齡善。奇齡暮年里居，昭華從之學詩①，稱女弟子，故有"都講"之目。是集即奇齡所點定，附刻《西河集》中者也。

【彙訂】

① "之"，殿本無。

拙齋集五卷（浙江巡撫採進本）

國朝朱奇齡撰。奇齡有《春秋測微》，已著錄。其平生潦倒場屋，老而不遇，刻意以古文自任。所作皆簡潔明鬯，無鉤章棘句之態，而邊幅不免於稍狹。

張邇可集四卷（浙江巡撫採進本）

國朝張遠撰。遠有《杜詩薈粹》，已著錄。是集凡分三種，曰《雲嶠集》一卷，《蕉園集》一卷，《梅莊集》二卷。《梅莊集》兼載詩、文，《蕉園》、《雲嶠》二集則有詩無文。顧汧序謂其詩凡三變，《蕉園》最先，《梅莊》次之，《雲嶠》則官緝雲時所作，為最後。三集格調皆與毛奇齡相近。蓋二人同里，得法於奇齡者多云。

超然詩集八卷（福建巡撫採進本）

國朝張遠撰。遠字超然，侯官人。康熙己卯舉人，官祿豐縣知縣。與蕭山張遠同姓名，而其生稍後。是集諸詩多近元、白"長慶體"，在晉安詩派之中，自為別調。杭世駿《榕城詩話》曰："張遠領康熙己卯鄉薦第一，游京師，與竹垞、初白諸人倡和甚富，有集梓行。初嘗挾策游四方，未有所遇。登滕王閣題詩，一達官嗟賞，為之延譽，詩名遂振。"其《詠松濤》有"月明何處雨，風定數聲鍾"，亦佳句也。

山曉閣詩十二卷（浙江巡撫採進本）

國朝孫琮撰。琮字執升，嘉善人。"山曉閣"其讀書處也。集前有魏坤序，謂其"初集不下千首，其後數十年，復成兩集"。今計此本所存，僅十之二三耳。其詩頗有警句，而醞釀未深。

香草居集七卷（浙江巡撫採進本）

國朝李符撰。符本名符遠，字分虎，號耕客，嘉興人。是集後有其從孫菊房跋，稱所作詩詞刻於滇南者曰《香草居詩》，刻於金陵者曰《耒邊詞》，未刻詩詞曰《花南老屋集》，排偶之文曰《補袍集》，《後補袍集》寄於容城胡具慶家，遂亡其本①。《花南老屋集》亦僅存詩一冊。此集即菊房以《香草》、《花南》二集，合為一編，凡古、今體五卷。第六卷以下為詞，即所謂《耒邊詞》也。符早受知於曹溶，得讀其藏書。又與朱彝尊等結詩社，故其學頗有淵源。詩則詞意清婉，似源出於范成大，與彝尊等格又異焉。

【彙訂】

① "本"，殿本作"木"，誤。

秋水閣文鈔一卷（江蘇巡撫採進本）

國朝陳維岳撰。維岳字緯雲，宜興人，檢討維崧之弟也。晚年自定古文百篇，詩二册，詞二册。其季弟欲附梓於維崧《迦陵集》後，未果，遂多散佚。此其傳寫殘本，僅存賦十篇，雜文十五篇。卷首有同里蔣景祁序，以維岳比其兄維崧。然駢體略得維崧之格，至魄力根柢[①]，皆遠遜之。雜文中如《十三經考》、《特科舉策》略無所發明，《漆園生傳》亦《毛穎傳》之窠臼，《仲兄半雪傳》亦失諱親之義。考景祁序乃為全集而作，豈別有佳製，佚不可覩歟？

【彙訂】

① "至"，殿本無。

寶菌堂遺詩二卷（山東巡撫採進本）

國朝趙執端撰。執端號綏菴，益都人。雍正中，分益都置博山，趙氏所居割隸焉，故此本追題為博山人。執端於趙執信為從弟，而於王士禎為甥。執信、士禎以爭名構釁，著書互詆，兩家詬爭如水火。執端獨舍執信而從士禎，其詩句擬字摹，亦頗得其一體。集中有《過士禎舊居》詩曰："突兀龍門群仰望，飄零宅相獨徘徊。依然萬壑朝宗在，不禁蚍蜉撼樹來。"蓋為執信《談龍錄》發也。執信《談龍錄》負氣指摘，或不免失之太過，而所言不盡無理。執端直以群兒謗傷詆之，是其門戶之見尚未澌明季餘習矣。

友柏堂遺詩選二卷（編修周永年家藏本）

國朝馮協一撰。協一字躬暨，益都人，大學士馮溥第三子也。以溥蔭，官至臺灣府知府。是集乃協一歿後，其子厚檢收遺稾[①]，求正於其姻家趙執信。執信託目疾不省覽，命門人常熟仲是保代删之,而執信為之序,是保跋焉。其詩雖未極工,亦非極惡。而執信序嘲誚百端,殊可怪訝,亦可云"魏收驚蛺蝶"矣。

【彙訂】

①"厚",殿本作"原"。趙執信《飴山文集》卷八《中憲大夫福建臺灣府知府退菴馮君墓誌并銘》云:"抵吳留止,子愿生焉……顧愿曰:'後當改卜。'未幾,君無疾下世。愿得今兆,以禮安君,遷祔二母,遵治命也。"則其子名愿。

野香亭集十三卷(浙江巡撫採進本)

國朝李孚青撰。孚青字丹壑,合肥人,大學士天馥子。康熙己未進士,官翰林院編修。是集詩編年分卷,起康熙戊寅,訖己亥①。毛奇齡《西河詩話》中極稱其吐屬工敏,蓋其穎悟有過人者。其氣骨未遒,則年未四十而歿,功候猶淺之故也②。

【彙訂】

① 是集起自康熙丙寅(1686),訖於康熙戊寅(1698)。康熙己亥(1719)已在其卒後。(江慶柏:《〈四庫全書總目〉考訂十七則》)

② 其《道旁散人集》收康熙四十三年至五十四年所作詩,卷四《五十自慰》詩謂"早慚十六獻微身",則康熙十八年成進士時年僅十六。至康熙五十四年(1715)卒,年已五十二歲。(柯愈春:《清人詩文集總目提要》)

夢鼎堂文集四卷若谿集一卷(大理寺少卿劉天成家藏本)

國朝任觀瀛撰。觀瀛字子登,或書曰紫登,以同音相假借也,蕭縣人。康熙己未進士,官至陝西潼商道。是二集皆其官長興知縣時所作。《若溪集》以水名名其詩。夢鼎堂在長興署中,明歸有光所建，觀瀛重構之，因以名其文集云。

晚樹樓詩彙四卷（江蘇周厚堉家藏本）

國朝吳震方撰。震方有《讀書正音》，已著錄。是編乃其詩彙，始於康熙己未初館選時，終於甲申遊滁州時所作①。初，震方以御史罷歸。康熙癸未，恭逢聖祖仁皇帝南巡，以所輯《朱子論定文鈔》進呈，蒙恩復職，且御書白居易詩以賜。因摘詩中“晚樹”二字以名其樓，併以名集云。

【彙訂】

①“所作”，殿本無。

雙溪草堂詩集一卷附遊西山詩一卷（兩淮鹽政採進本）

國朝汪晉徵撰①。晉徵字涵齋，休寧人。康熙己未進士，官至戶部侍郎。是集為晉徵所自定，以編年為次，始於康熙癸丑，終於戊子。

【彙訂】

①“汪晉徵”，底本作“王晉徵”，據殿本改。清康熙刻本《雙溪草堂詩集》十卷《西山草》一卷，題“休寧汪晉徵涵齋撰”。（杜澤遜：《四庫存目標注》）

老雲齋詩刪十卷（浙江巡撫採進本）

國朝沈不負撰。不負字集九，一字次山，平湖人。是集據乾隆庚申陸奎勳序，謂：“康熙己卯，不負手刪其詩，存十之五，編年而不分體。以授其子方蕙曰：‘汝他日力能開雕，當名之曰《老雲齋詩刪》，不必更有增入。’”云云。而俞懋琪所作不負《小傳》，乃稱：“不負病呕時，客有傳濟南劉中丞幕中貫花主人降於乩。案，貫花主人謂金人瑞也。不負慨然而興，口吟云云。竟絕筆於此。"今此詩刻於卷末，則似非盡自定之本。或以其事奇異，故附存耶？

馮舍人遺詩六卷（山東巡撫採進本）

國朝馮廷櫆撰。廷櫆字大木，德州人。康熙壬戌進士，官中書舍人。丁卯典試湖廣，作詩一卷，名曰《晴川集》，王士禎嘗序之。是集乃廷櫆歿後，趙執信所編。首爲《京集》三卷①，次即《晴川集》一卷，又《雪林集》一卷、《曹村集》一卷，併爲作序，以士禎序爲知之未盡。蓋當日執信方以論詩與士禎相左，故雖同一推獎，亦持異議云。

【彙訂】

① 清雍正十一年刻本卷一、三、四爲《京集》，卷二爲《晴川集》，卷五爲《雪林集》，卷六爲《曹村集》。（杜澤遜：《四庫存目標注》）

居業齋文集二十卷別集十卷（湖南巡撫採進本）①

國朝金德嘉撰。德嘉字會公，廣濟人。康熙壬戌進士，官翰林院檢討。德嘉晚年，鍵戶著書。時同郡顧景星、張仁熙、劉醇驥往往追摹秦、漢，宗尚王、李，皆歸有光爲秀善婉媚。德嘉獨不爲高論，力摹韓、歐。雖其閎肆博贍遜於國初前輩，而先民矩矱仿佛猶存。惟《復胡石莊書》謂："史館方開，吾楚先輩故事，尚待折衷。江陵當國，綜覈名實，富國強兵數十年，而論者以專病之。熊、楊慷慨任事，而熊以過剛見嫉於當世，楊專闐仗鉞，憂憤以死，或曰自縊。當時失機逸賊，別有主名，武陵豈自經溝瀆者耶？"云云。爲狃於鄉曲之私，未可爲萬世之公論也。

【彙訂】

①《四庫採進書目》中僅《湖北巡撫呈送第三次書目》著錄此集，著者金德嘉係湖北廣濟人，"湖南巡撫採進本"恐誤。（杜澤遜：《四庫存目標注》）

艾納山房集五卷（江蘇周厚堉家藏本）

國朝王九齡撰。九齡字子武，華亭人，廣心之仲子也。康熙壬戌進士，官至監察御史①。其詩欲挹何、李之流波，而才思富豔，加以纖穠。如《金陵雜感》云："十里青樓原上草，六朝紅粉路旁花。"殆純以情韻勝矣②。

【彙訂】

① 雍正《江南通志》卷一四一《人物·宦績·王頊齡傳》云："弟九齡，字子武，康熙壬戌進士，由庶吉士，歷官左都御史。"《國朝先正事略》卷一〇《王頊齡事略》、《清史列傳》卷一〇《王頊齡傳》附弟九齡傳、《清史稿·王頊齡傳》附弟九齡傳亦謂官至左都御史。（楊武泉：《四庫全書總目辨誤》）

②"純"，殿本無。

德星堂文集八卷續集一卷河工集一卷詩集五卷（浙江巡撫採進本）

國朝許汝霖撰。汝霖字時菴，海寧人。康熙壬戌進士，官至禮部尚書。是編文集目列十四卷，而十一卷以下有錄無書①，註曰"以下嗣出"。又目列卷九為《課士條約》，卷十為《河工集》，而書中九卷題曰《續集》，《河工集》則自為一帙，不入卷數。且書有刊刻未完之處。蓋初刻未校之本，故體例不畫一也，詩集五卷，而分為八編，曰《祥獻集》，曰《應制集》，曰《冰銜集》，曰《使旋

集》,曰《河干集》,曰《還朝集》,曰《歸田集》,曰《酬應集》。汝霖
才思富贍,集中諸體皆備。然如《河工集》內《批高陽水災詳文》
云"仰速行確查,候撫部堂批示繳"之類,僅十二字,亦列之集中。
則授梓之時,舉其平生手跡,一字不遺,未免不能割愛耳。

【彙訂】

① "無",殿本作"有",誤。

素巖文槀二十六卷(江蘇巡撫採進本)

　　國朝王喆生撰。喆生有《懿言日錄》,已著錄。是編所載皆
雜文,末卷並錄及訟牒,則太甚矣①。

【彙訂】

① "甚",殿本作"異"。

周廣菴全集三十八卷(浙江巡撫採進本)

　　國朝周金然撰。金然字廣菴,上海人。康熙壬戌進士,官至
司經局洗馬。是編分為七種:《飲醇堂文集》八卷,《抱膝庭詩
草》二十卷,《娛暉堂集》二卷,《和陶靖節集》三卷,《和李昌谷集》
一卷,《西山紀遊詩》一卷,《南浦詞》三卷。金然與施閏章、宋琬
遊,其才思格力亦介於二人之閒。

奉使滇南集無卷數(兩江總督採進本)

　　國朝許嗣隆撰。嗣隆字山濤,如皋人。康熙壬戌進士,官翰
林院編修。是編乃康熙癸酉奉命典試雲南往來紀行之作,多述
山川名勝。

嶺南二紀二卷(浙江巡撫採進本)

　　國朝茅兆儒撰。兆儒號雪鴻,錢塘人。是編皆其紀遊之詩,

一曰《嶺南方物紀》，乃康熙壬戌居韶州時所作。凡二百四十種，各以絕句一首紀之，而略註其狀於題下。一曰《粵行日紀》，則述其戊午歲自錢塘至廣州途中六十二日所經。凡一百四十餘首，亦每題為一絕句。

正誼堂集十二卷（江西巡撫採進本）

國朝張伯行撰。伯行有《道統錄》，已著錄。是編前二卷為奏議。第三卷至第五卷皆尋常案牘之文。第六卷為書，大抵講學之語。第七卷、八卷為序，皆已見所刊各書中。第九卷至十二卷為記、論、說、議、傳、墓誌、墓表、祭文、雜著。跡其一生，大抵步趨陸隴其也。

愛日堂詩二十七卷（浙江巡撫採進本）

國朝陳元龍撰。元龍有《格致鏡原》，已著錄。"愛日堂"者，聖祖仁皇帝御書，故以名集。其詩編年分集，凡十二種。

鶴侶齋集三卷（山東巡撫採進本）

國朝孫勷撰。勷字子未，一字予未，號莪山，又號誠齋，德州人。康熙乙丑進士，官至大理寺少卿，終於通政司參議。其集凡詩一卷，文二卷。勷性簡傲，不諧於俗。集中《石丈》詩云："山鬼矜伎倆，此老如不聞。或具袍笏拜，此老亦不尊。坦然自高臥，雨蝕青苔痕。"蓋亦自寓云。

寶宸堂集四卷（湖北巡撫採進本）

國朝張希良撰。希良有《春秋大義》，已著錄。是集凡文二卷，詩二卷。希良久困名場，早年著述，頗多冗厲之音。自選入詞館後，其體格乃一變焉①。

【彙訂】

① "格"，殿本無。

倚雲閣詩集一卷（山東巡撫採進本）

國朝汪灝撰。灝字文漪，一字天泉，臨清人。康熙乙丑進士，官至貴州巡撫。是集為王士禎所定，凡評點悉仍士禎之舊。自《題蔣都憲家慶圖》以下，則士禎所未見，故評點闕焉。灝詩一以士禎為法，集中有《讀〈唐賢三昧集〉》二絕句，殆於鑄金呼佛。然姿韻略同，而近體多湊泊語，不及士禎之天然也。同時別有汪灝，字紫滄，休寧人。康熙癸未進士，官翰林院編修。二人詩文，傳寫者往往相淆，惟以字為別識而已。

岕老編年詩鈔十三卷（浙江巡撫採進本）

國朝金張撰。張字介山，錢塘人。其詩起康熙乙丑，迄癸酉，凡九年之作，分年為卷。甲戌至丙子詩四卷，題曰《續鈔》。其外集五種，曰《己未詩删》，曰《幺鳳詩》，曰《庚申詩删》，曰《學誠齋詩話》，曰《雜著》，則皆有錄無書，不知為殘闕、為未刻也。張詩力掃明人蹈襲之弊，而間失之輕。自稱學楊誠齋。今檢所作，其得失皆去之不遠，所言可謂不誣矣。

崑嵩山房集三卷（山東巡撫採進本）

國朝張篤慶撰。篤慶有《班范肪截》，已著錄。其詩、古文頗知名於時。此集乃有文而無詩，疑編次未竟之本也。篤慶才藻富有，洋洋纚纚，動輒千言，風發泉涌，不可節制。如集中所載代王士禎作《候補中書吳燦墓誌銘》，今錄入《蠶尾續集》者，已删削十之三四，則亦頗病其冗漫矣。其曰"崑嵩山房"者，以所居室旁有小山號崑嵩，因以名集云。

帚津草堂詩集無卷數（山東巡撫採進本）

國朝田霡撰。霡字子益，號樂園，又號香城居士，德州人。康熙丙寅拔貢生，授堂邑縣教諭，以病未赴。霡與兄雯、需並能詩。雯才調縱橫，沿幾社之餘風，以奇偉鉅麗自喜，與王士禎同郡同時，而隱然負氣不相下。士禎《池北偶談》中載其“服藥必取異名”一事，亦陰不滿之。霡乃獨從士禎遊。是編凡《帚津草堂五字古體詩》一卷，《五字今體詩》一卷，皆士禎評而序之。序稱：“唐有詩，不必建安、黃初也；元和以後有詩，不必神龍、開元也；北宋有詩，不必李、杜、高、岑也。”語蓋為雯而發。又《帚津草堂絕句詩》一卷，里人孫勷序之。序稱：“吾州近時前輩以詩名者，無閒於時。余性不近詩，然當披編佩句之餘，亦或頗有所覿。於作者之旨，大都若格格於余懷，未能強以為無閒然也。”語亦侵雯。然觀霡所作，雖密咏恬吟，成一邱一壑之趣，至才力富健，究不足以敵雯也。集後又有《菊隱集》一卷，《南遊槀》一卷，總題曰《帚津草堂七十以後詩》。黃越序之，稱其“垂老所作，彌淡彌甘”。大抵霡生平為詩，以七言絕句自負。自少至老，亦惟是體特多云。

匡山集六卷（山東巡撫採進本）

國朝王沛恂撰。沛恂字書巖，諸城人，官兵部主事。是集凡文五卷，詩一卷[1]。詩文皆伉直有氣，而亦有恃氣之處。故意之所至，暢所欲言，不免時有累句。

【彙訂】

[1] 清雍正刻本此集實為文一卷，詩五卷。（柯愈春：《清人詩文集總目提要》）

綺樹閣槀一卷(山東巡撫採進本)

國朝安箕撰[①]。箕字青士,壽光人。致遠之次子。是集止詩二十八首,賦九首,記一篇,附載《致遠集》末。箕,名父之子,承其家學,故詩文皆有矩度。惟波瀾尚未老成,則問世太早之故也。

【彙訂】

① "安箕"乃"安箕"之訛。(柯愈春:《清人詩文集總目提要》)

菁菴遺槀一卷(內府藏本)[①]

國朝汪筠撰。筠字禹吹,編修琬之長子。少補吳江學諸生,年三十二,病咯血卒。琬得其遺詩數十篇,為刊附於《汪氏家傳集》後。

【彙訂】

① 清康熙刻《鈍翁全集》附刻本作《汪伯子菁菴遺稿》一卷,可知"菁菴"乃"菁菴"之訛。(杜澤遜:《四庫存目標注》)

學古堂詩集六卷(浙江巡撫採進本)

國朝沈季友撰。季友字客子,平湖人,康熙丁卯副榜貢生。其集卷一至卷三曰《南旋集》,卷四至卷六曰《秋蓬集》,乃其孫鑰所合刊[①]。季友為陸菜之壻,與汪琬、毛奇齡以詩相倡和。奇齡為作集序,亦以"才子"目之,然抑揚皆在是兩字矣。

【彙訂】

① 清乾隆二十九年沈鑰刻本此集有孫男鑰跋,前三卷曰《南疑集》,作"其孫鑰"、"南旋集",皆誤。(杜澤遜:《四庫存目標注》)

半菴詩槀無卷數(山東巡撫採進本)

國朝勞嶼撰。嶼字貞著,陽信人。《山左詩鈔》作勞碼,其字從石。然此本為其家刻,字皆從山,則《山左詩鈔》誤也。巋年五十四為詩,故工候未深,多不入律。高適曠代之才,固不容於有二矣①。

【彙訂】

① "有二",殿本作"數見"。

東湖文集三卷(江蘇周厚堉家藏本)

國朝朱璘撰。璘所編《諸葛丞相集》,已著錄。是集前二卷為雜文。第三卷即所作《通鑑輯略》之論斷,然止於唐末,似非完本也。

藥亭詩集二卷(江蘇周厚堉家藏本)

國朝梁佩蘭撰。佩蘭字藥亭,番禺人。康熙戊辰進士①,改庶吉士。是編乃休寧汪觀所選,皆近體詩。卷首有朱文小印,曰"古體嗣出"。則不但非其全集,即選本亦尚未刻竣矣。

【彙訂】

①《清史列傳》卷七一《梁佩蘭傳》云:"字芝五,號藥亭,廣東南海人⋯⋯康熙二十七年成進士⋯⋯"《國朝先正事略》卷三八《陳元孝事略》附《梁佩蘭事略》、《清史稿》卷四八《文苑·陳恭尹傳附梁佩蘭傳》、雍正《廣東通志》卷三五《選舉志》均云南海人。(楊武泉:《四庫全書總目辨誤》)

鉢山堂詩集十九卷(浙江巡撫採進本)

國朝陳阿平撰。阿平字獻吉,東莞人①,康熙中諸生。與梁佩蘭同時。是集即佩蘭為之序。其古體勁直而少醞釀。五言律詩如"東風歸故國,孤燭對高樓"、"明月又將滿,秋風吹別離"諸聯,頗有風味,惜不多得耳。

【彙訂】

①《浙江採集遺書總錄》載陳阿平字獻孟。民國八年東莞陳氏刻有《陳獻孟遺詩》一卷,收入《聚德堂叢書》。則"獻吉"乃"獻孟"之誤。(杜澤遜:《讀〈四庫提要〉識疑》)

紺寒亭詩集十卷文集四卷(江西巡撫採進本)

國朝趙俞撰。俞號蒙泉,嘉定人。康熙戊辰進士,官定陶縣知縣。是集俞所自編。詩格極為遒上,但才鋒太銳,少一唱三嘆之致。文則縱筆而成,傷於平易,又不及其詩。

林左堂詩集六卷詞四卷續集三卷(江西巡撫採進本)

國朝孫致彌撰。致彌字愷似,嘉定人。康熙中被薦,以太學生賜二品服出使朝鮮採詩。戊辰成進士,改庶吉士,官至翰林院侍讀學士。歿後詩稿散佚。雍正中,張鵬翀、朱厚章得鈔本於戴瓀家,始選而刻之。詞凡三種,曰《別花餘事》,曰《海泩》,曰《衲琴》,皆其門人樓儼所定。《續集》附詞後,則未詳何人編次也。致彌以書名,得董其昌之法。詩則以跌宕流逸為長,而率易亦所不免。

峇嚧山人集無卷數(山東巡撫採進本)

國朝謝乃實撰。乃實字華函,福山人。福山有峇嚧山,因號峇嚧山人。康熙戊辰進士,官興寧縣知縣。是集不分卷數,但以各體類從,而附詩餘於末。其《詞名絕句一百三十首》別為一冊,為古今所未有。然雜體昉自齊、梁,究為小品,可偶一為之,不可以為擅長之技也。

過江集四卷(兩淮馬裕家藏本)

國朝史申義撰。申義字叔時,號蕉飲,江都人。康熙戊辰進士,選庶吉士,散館改給事中。時新城王士禎方以詩名海內,嘗稱申義及湯右曾足傳其衣鉢,見集中自註。聖祖仁皇帝嘗以後進詩人詢澤州陳廷敬,廷敬以申義及周起渭對,見廷敬序中。其官翰林時有《蕪城集》,典試雲南時有《使滇集》。此則官給事中時前後數年作也。

寒村集三十六卷(江蘇周厚堉家藏本)

國朝鄭梁撰。梁字禹梅,慈谿人。康熙戊辰進士,官至高州府知府。是編詩分十一集,一曰《見黃稾詩删》五卷,二曰《五丁詩稾》五卷,三曰《安庸集》一卷,四曰《玉堂集》一卷,五曰《歸省偶錄》一卷,六曰《還朝詩存》一卷,七曰《玉堂後集》一卷,八曰《寶善堂集》一卷,九曰《白雲軒集》一卷①,十曰《南行雜錄》一卷,十一曰《高州詩集》二卷。文分四集,一曰《見黃稾》二卷,二曰《五丁集》二卷,三曰《安庸集》二卷,四曰《寒村雜錄》二卷補一卷。又《半生亭集》一卷,《息尚編》四卷,則詩文合刻也。梁受學於黃宗羲,嘗謂:“陳師道年三十一見黃魯直,蓋焚其稾而學焉。”梁見宗羲時亦三十一,故詩文皆以《見黃稾》為冠。其文得之宗羲者為多,而根柢較宗羲少薄。詩則旁門別徑,殆所謂有韻之語錄。其《書定山詩鈔》句云:“明朝詩學崔公甫,若語仙才拜定山。”可以得其宗旨之所在矣。

【彙訂】

① 清康熙刻本作《寒村詩文選》三十六卷,其子目有《寶善堂集》二卷,《白雲軒集》二卷。(杜澤遜:《四庫存目標注》)

雙雲堂文稾六卷詩稾六卷(浙江巡撫採進本)

國朝范光陽撰。光陽字國雯,號北山,鄞縣人。康熙戊辰進士,改庶吉士,官至福建延平府知府。是集為其晚年所手定,没後其孫從律等以《充安堂近稾》附入刊行。其曰"雙雲"者,以其先墓有紅雲、白雲二山,故名所居,以示不忘其祖之義云。

藜乘初集一卷二集二卷(山東巡撫採進本)

國朝劉以貴撰。以貴字滄嵐,濰縣人,康熙戊辰進士。是編初集先詩後文,二集先文後詩。每篇之後,俱附王道烓評語①。道烓序稱其"語意獨造,刻鑿精深",蓋生澀為工者。後附《初學正鵠》數十則,則皆鄉塾講師語也②。

【彙訂】

①"俱",殿本無。

②"則",殿本無。

嶢山文集四卷詩集一卷(山西巡撫採進本)①

國朝田從典撰。從典字克正,陽城人。康熙戊辰進士②,官至文華殿大學士,諡文端。是集奏疏、序傳等雜文五十餘篇,為四卷。詩三十餘首,為一卷。又附以補刻文一册。據卷首儲大文序,謂從典文多散佚,此乃其子暨族屬所搜輯者,故僅止於此,非全本也。

【彙訂】

①"山西巡撫採進本",殿本作"山東巡撫採進本",誤。《四庫採進書目》中僅"山西省呈送書目"著錄此集。(江慶柏:《殿本、浙本〈四庫全書總目〉著錄圖書進獻者主名異同考》)

②雍正《山西通志》卷一二二《澤州府·人物·田從典傳》謂"字克五",《國朝先正事略》卷一〇田從典《事略》、《清史稿》本傳亦作"字克五"。《書·堯典》曰:"慎徽五典,五典克從。"(楊武

泉：《四庫全書總目辨誤》）

潘中丞集四卷（江蘇巡撫採進本）

國朝潘宗洛撰。宗洛字書原，號巢雲，又號垠谷，宜興人。康熙戊辰進士，官至湖南巡撫。詩文多臺閣之作，奏疏、序記、家訓等篇，明白質直，視其文頗為勝之。卷末有儲大文所作《傳》，以為古文詞上宗《史記》，詩由玉谿詣少陵。皆以千古第一人推之，則非其實也。

棟亭詩鈔五卷附詞鈔一卷（江蘇巡撫採進本）

國朝曹寅撰。寅有《居常飲饌錄》，已著錄。其詩一刻於揚州，計盈千首。再刻於儀徵，則寅自汰其舊刻，而吳尚中開雕於東園者①。此本即儀徵刻也。其詩出入於白居易、蘇軾之閒。

【彙訂】

①《棟亭詩鈔》有己丑年（1709）王朝讌序："棟亭詩集千首，自刪存什之六，廣陵諸同志以詩請益者，即手鈔付梓矣。既而棟亭重加精采，又去三分之一，并詩餘一卷……真州吳尚中力請以歸，別於東園開雕。此詩鈔所以有兩刻也。"則揚州一刻時僅存六百首。（吉少甫：《曹寅刻書考》）

時用集無卷數（浙江巡撫採進本）

國朝陳訏撰。訏有《句股引蒙》，已著錄。訏為黃宗羲門人，又與查慎行同里友善，故文格、詩格俱有所受，然所作終亞於二人。是集為訏所自編，凡四十歲以前所作悉刪去之。斷自己巳，迄戊子為正編；又自己丑，迄壬子為續編，則其晚所增刻也。其曰《時用集》者，訏自序謂為家塾署聯①，用東坡語"《春秋》古史乃家法，詩筆《離騷》亦時用"。故手訂正、續集，遂以"時用"標題云。

【彙訂】

① "為"，殿本無。

善卷堂四六十卷（浙江巡撫採進本）

國朝陸繁弨撰。吳自高註。繁弨字拒石，錢塘人。自高字若山，桐城人，官翰林院待詔①。是集皆騈體之文，崑山徐炯為刻板，陳廷會序之，而章藻功為之跋。藻功，繁弨之門人，即作《思綺堂四六》者也。本止四卷。雍正甲寅，自高為之註，始分十卷。王晫《今世說》載繁弨自許儷語為"海內少雙"。蓋是時陳維崧、吳綺皆已下世矣。

【彙訂】

① 據《桐城縣志·文苑傳》，吳自高官至刑部員外郎，翰林院待詔乃其初授之官。（《善卷堂四六註》提要）